K-IFRS
고급재무회계

제7판

K-IFRS 고급재무회계

황문호 · 안성희

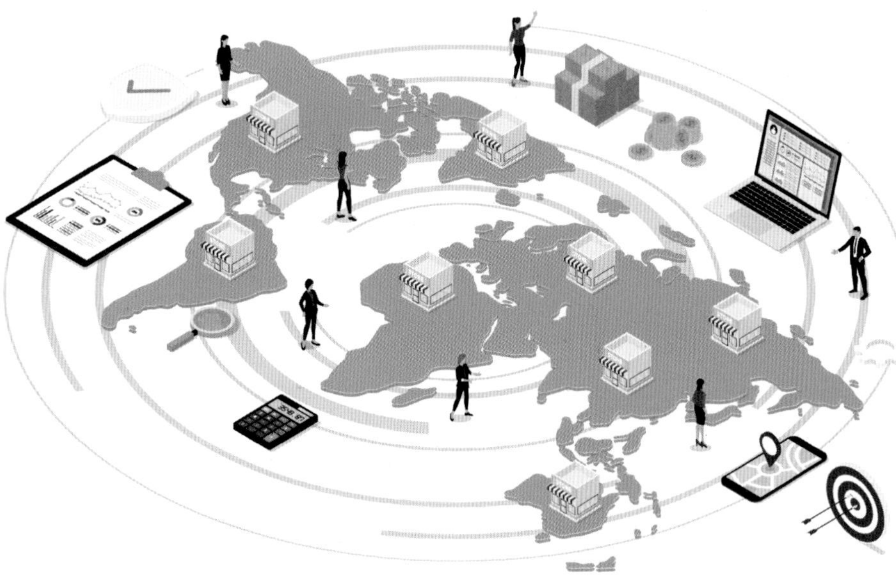

신영사

제7판 머리말

2019년에 『K-IFRS 고급재무회계』 제6판을 출간한 지 5년 만에 제7판을 출간하게 되었다. 그간 본서를 교재로 채택해 주신 교수님들과 본서에 대해 많은 조언을 아끼지 않으신 독자들께 감사드린다.

제7판은 크게 다음의 다섯 부문으로 구성되어 있다.

제 Ⅰ 부　사업결합(제1장)

제 Ⅱ 부　연결회계(제2～7장)

제 Ⅲ 부　지분법회계(제8장)

제 Ⅳ 부　환율변동효과(제9장)

제 Ⅴ 부　파생상품회계(제10장)

제7판에서 주요하게 보완·변경된 내용은 다음과 같다.

첫째, 본서에서 다루고 있는 주요 주제별로 기업의 실제 사례를 '사례로 배우기'에 포함하였다. 이는 수업시간에 배운 이론이 실무에서 어떻게 적용되는지를 학습하는 기회가 될 것이다.

둘째, 최신 공인회계사 기출문제와 신규 연습문제를 추가하여 공인회계사 시험을 준비하는 수험생들이 최근의 출제경향에 맞추어 학습할 수 있도록 하였다.

마지막으로, 개념적인 설명이 부족하거나 명확하지 않은 부분에 대한 설명을 추가하였으며, 오자와 탈자 및 어색한 표현을 수정 보완하였다.

본서의 초판부터 제6판까지 저술에 참여해 주신 김문철 교수님, 전영순 교수님이 이번 개정판부터 집필진에서 은퇴하시게 되었다. K-IFRS가 도입되기 이전의 『고급재무회계』 출간부터 25년 가까운 기간 동안 본서의 집필과 개정에 헌신적인 노력과 열정을 쏟아주신 송인만 교수님, 김문철 교수님, 전영순 교수님께 깊은 감사를 드린다. 아울러 제7판의 개정 작업에는 가톨릭대 안성희 교수가 새로이 공저자로 참여하였다. 풍부한 실무경험과 강의경험을 바탕으로 본서의 내용을 더욱 충실하게 만드는 데 기여할 것으로 기대한다.

본 개정판의 출간에는 많은 분들의 도움과 배려가 바탕이 되었다. 사랑과 믿음으로 힘이 되어준 가족들에게 감사하며, 저자들의 부족함을 일깨워주신 동료 교수님들과 학생들에게 감사를 드린다. 또한 신영사의 권영섭 사장님과 박지영 편집국장님을 비롯한 직원 여러분들께도 깊은 감사의 말씀을 드린다.

2024년 8월

경 희 대 황 문 호

가톨릭대 안 성 희

초판 머리말

기업의 경영활동이 국제화되고 자본시장에서도 국경이 사라짐에 따라 국가간 회계정보의 투명성과 비교가능성 확보는 과거 어느 때보다도 중요한 과제로 부각되고 있다. 이와 같은 환경 변화에 대응하여 전세계적으로 적용할 수 있는 높은 수준의 단일 회계기준에 대한 필요성이 제기되면서 국제회계기준(IFRS)이 그 대안으로 떠오르게 되었다. 2008년까지 EU, 호주, 홍콩 등 100여 개국이 이미 국제회계기준을 수용하였으며, 2011년까지는 150여 개국이 국제회계기준을 수용할 것으로 전망된다. 우리나라도 다가오는 2011년부터 국제회계기준을 전면 채택하도록 예정되어 있다. 따라서 2011년부터는 모든 상장기업이 한국채택국제회계기준(K-IFRS)에 따라 재무제표를 작성 · 공시하여야 한다.

국제회계기준을 채택함에 따라 발생하는 주요 변화 중 하나는 연결재무제표 중심의 공시체제로 이행한다는 점이다. 이에 따라 우리나라에서도 자산규모가 2조원 이상인 상장기업에 대해서는 2011년부터, 기타 상장기업에 대해서는 2013년부터 연결재무제표 중심의 공시체제로 전환될 예정이다. 즉, 2013년부터는 종속기업을 가진 모든 상장기업에 대하여 연결재무제표가 주식시장에서 통용되는 기본재무제표가 된다. 따라서 재무제표를 작성하고 감사하는 기업의 회계담당자와 외부감사인뿐만 아니라 재무제표를 이용하는 재무분석가와 투자자도 연결회계에 대한 보다 심도 있는 이해와 지식을 갖추는 것이 중요하다.

본서는 K-IFRS에 따라 고급회계의 주요 내용을 기술하고 있다. 본서의 집필 과정에서 가장 중점을 둔 사항은 다음과 같다.

첫째, 본서는 K-IFRS를 충실하게 반영하기 위해 노력하였다. 그러나 K-IFRS는 그 내용이 방대할 뿐만 아니라 원칙중심(principle-based)의 기준으로 구체적인 회계처리를 제시하지 않은 경우가 빈번하다. 따라서 본서는 고급회계와 관련된 K-IFRS의 내용 중 가급적 핵심적인 내용 위주로 기술하고자 하였으며, 너무 세세한 내용은 과감하게 생략함으로써 학생들의 효과적인 학습에 도움이 되고자하였다.

둘째, 본서는 고급회계를 처음 접하는 독자들도 쉽게 이해할 수 있도록 노력하였다. 이에 따라, 본문에서는 주제와 관련된 기본개념을 충실히 이해하는 데 중점을 두고 간단한 예제를 활용하였으며 좀더 복잡하고 어려운 내용은 종합예제, 보론 및 연습문제에서 다루도록 하였다.

셋째, 각 주제를 설명함에 있어서 단순히 회계처리방법을 제시하는 데 그치지 않고 회계처리의 기본개념을 설명하고자 노력하였다. 특히, 경영자가 해당 기업의 경제적 실질에 맞는 구체적인 회계처리방법을 결정해야 하는 원칙중심의 K-IFRS에서는 기본원칙을 이해하는 것이 더욱 중요하기 때문이다.

본서의 내용은 다음과 같이 4부로 구성되어 있다.

제Ⅰ부 사업결합(제1~2장)

제Ⅱ부 연결회계(제3~8장)

제Ⅲ부 환율변동효과(제9장)

제Ⅳ부 파생상품회계(제10장)

전체적으로 본서는 한 학기 강의용으로 집필되었다. 그러나 이보다 짧은 기간에 고급회계를 강의하거나 처음 고급회계를 접하는 학생의 경우에는 제6장, 제7장 및 제8장을 생략하여도 본 교재에서 다루고 있는 주제들에 대한 흐름을 이해하는 데는 어려움이 없을 것으로 생각된다. 본서는 아직 보완할 점이 많이 있으리라 생각된다. 앞으로 저자들의 계속적인 연구와 독자 여러분께서 주시는 많은 의견을 토대로 본서의 내용을 다듬어 나갈 수 있기를 기대한다.

본서의 출간을 위하여 많은 도움을 주신 분들께 감사드린다. 특히, 원고를 열심히 읽고 교정작업에 큰 도움을 준 경희대학교 김용효 군과 박상용 군 그리고 중앙대학교 한대근 군에게 고마운 마음을 전한다. 또한 도서출판 신영사의 권영섭 사장님과 박지영 부장을 비롯한 직원 여러분들께도 깊은 감사의 말씀을 드린다.

2009년 8월

경 희 대 김 문 철

성균관대 송 인 만

중 앙 대 전 영 순

차 례

PART I 사업결합

제 1 장 사업결합회계

PART II 연결회계

제 2 장 연결재무제표의 의의와 작성원칙

제 4 장 내부거래와 미실현손익

제 5 장 지분변동

제 6 장 다양한 소유구조

제 7 장 연결회계와 관련된 기타 주제

PART Ⅲ 지분법회계

제 8 장 관계기업과 공동기업에 대한 투자

PART Ⅳ 환율변동효과

제 9 장 환율변동효과

PART V 파생상품회계

제10장 파생상품회계

PART I 사업결합

제 1 장　사업결합회계

CHAPTER

1 사업결합회계

사업결합은 신규사업진출이나 기업을 확장하는 수단으로 널리 이용되고 있다. 기업소유구조가 변화하고 사업결합의 형태가 다양해질수록 사업결합의 회계처리방법은 꾸준히 발전해 나갈 것이다. 본장에서는 사업결합의 개념과 이에 대한 회계처리방법을 살펴보고자 한다.

제 1 절 사업결합의 개념

1. 사업결합의 의의 및 동기

사업결합(business combination)이란 취득자가 하나 이상의 사업에 대한 지배력을 획득하는 거래나 그 밖의 사건을 말한다. 그렇다면 기업들은 이러한 사업결합을 왜 추진하는 것일까?

기업 활동의 주요 목표 중 하나는 지속적인 성장을 달성하는 것이다. 기업의 성장에는 발생이익을 내부에 유보시켜 이 재무자원으로 영업을 확장해 가는 내적성장과 기존의 다른 기업과 결합하여 영업규모를 확대해 가는 외적성장이 있다. 이 중 사업결합을 통한 외적성장은 비교적 단시간 내에 상당한 효과가 나타나기 때문에 널리 이용되고 있다.

사업결합으로 인해 '$2+2=4+\alpha$'라는 시너지효과(synergy effect)가 발생할 수 있다. 사업결합은 시너지효과를 통하여 기업가치를 증가시키고자 하는 투자 의사결정인데, 양(+)의 순현재가치(net present value)를 지닐 때 경제적 타당성을 갖는다고 할 수 있다. 사업결합은 일반적으로 다음과 같은 동기를 가지고 추진된다.

① **성장 및 경영전략적 동기**: 기존의 기업과 결합함으로써 내적성장보다 저렴한 비용과 작은 위험으로 단시일 내에 기업규모를 확대할 수 있다. 또한 경영전략적인 관점에서 사업결합은 제품다양화, 시장다변화 등을 통해 기업으로 하여금 환경변화에 대비할 수 있도록 한다.

② **시장지배력증대 동기**: 동종 산업 내 기업간에 사업결합이 이루어질 경우 시장점유율의 확대를 통해 시장에서 지배적인 위치를 확보할 수 있다.

③ **원가절감 및 관리능력개선을 통한 경영합리화 동기**: 사업결합은 규모의 경제(economy of scale)를 통한 원가절감에 기여할 수 있다. 사업결합을 통하여 영업활동이나 생산시설의 중복을 피하고 생산량의 증대로 인하여 단위당 생산원가의 감소가 이루어진다. 또한 유능한 관리자가 있는 회사와 결합함으로써 관리능력이 개선될 수도 있다.

④ **위험 및 자본비용 감소를 위한 재무적 동기** : 사업결합으로 영업이 다양해지면 주기적 또는 계절적인 수익의 불안정성을 줄일 수 있어 영업위험이 감소한다. 즉 사업결합으로 수익안정화 효과(income stabilization effect)가 발생하며, 이에 따라 자본비용이 감소하게 된다. 또한 사업결합은 기업간에 위험을 공동으로 부담하는 효과(coinsurance effect)를 가져와 기업의 파산위험을 감소시키게 되며, 이를 통해서 낮은 자본비용으로 자금을 조달할 수 있게 된다. 이 외에도 사업결합으로 기업규모가 확대되면 기업의 대외공신력이 증가하여 기업의 부채차입능력이 증대되고 자금조달비용 또한 저렴해져서 재무상 규모의 경제(financial economy of scale)를 누릴 수 있다.

⑤ **세금혜택 활용 동기**[1] : 기업에 결손금이 발생하면 향후 일정기간(우리나라는 15년) 동안에 발생하는 순이익에 대해 세금을 산정할 때 이 금액만큼 과세소득에서 공제된다. 그러나 일정기간 동안 충분한 이익이 발생하지 않는다면, 결손금으로 인한 법인세혜택을 얻을 수 없다. 따라서 누적결손금이 있는 기업이 흑자규모가 큰 기업과 결합하게 되면, 이에 상당하는 법인세혜택을 활용할 수 있다.

사례로 배우기 1-1 **루이비통 회장은 왜 계속해서 명품회사들을 인수하는 걸까?**

LVMH그룹의 아르노 회장은 겐조, 쇼메, 펜디, 태그호이어, 불가리, 티파니앤코 등의 명품브랜드를 잇달아 계열사로 편입해 왔다. '베르나르 아르노' 루이비통 회장은 왜 계속해서 명품회사들을 인수한 걸까?

에르메스와 샤넬을 애호하는 소비자라도 에르메스와 샤넬만 구매하지 않는다. 루이비통과 디올도 구매한다. 이런 이유로 명품브랜드를 다양하게 가져가는 전략이 시장지배력을 높이고 매출성장에 절대적으로 유리할 수 있다. 즉, LVMH그룹에 명품브랜드가 많을수록 더 강력한 브랜드 파워가 생기고 시너지효과가 나타난다. 유통과 마케팅을 단일화해 그룹 전체의 비용을 크게 절감한 것도 성공 비결 중 하나다.

또한 LVMH그룹은 티파니앤코 M&A를 통해 '주얼리' 사업 분야를 강화해 균형 있는 사업다각화에 힘을 실었다. 이에 따라, 티파니앤코 인수 전 8%였던 '시계 및 보석류'의 매출 비중은 2023년 기준으로는 13%까지 급상승했다. 현재 LVMH에는 대표 브랜드인 '루이비통' 외에도 70여개의 럭셔리 브랜드들이 가득하며, 이러한 베르나르 아르노의 명품회사 인수전략은 LVMH를 유럽 증시 시가총액 1위로 만들었다. 이러한 LVMH '베르나르 아르노' 회장의 M&A 전략은 사업간 시너지효과를 극대화하며 기업가치를 증가시키는 결과를 창출했다.

1) 세법에서 이에 대해 여러 가지 제한을 두고 있으므로 자세한 내용은 세법교재를 참고하기 바란다.

2. 사업결합의 유형과 방법

사업결합을 법적 형태에 따라 분류하면 합병과 지분취득으로 나눌 수 있다(〈표 1-1〉을 참조).

〈표 1-1〉 **법적 형태에 따른 사업결합의 유형**

합 병		지분취득(Acquisition)
흡수합병(Merger)	신설합병(Consolidation)	
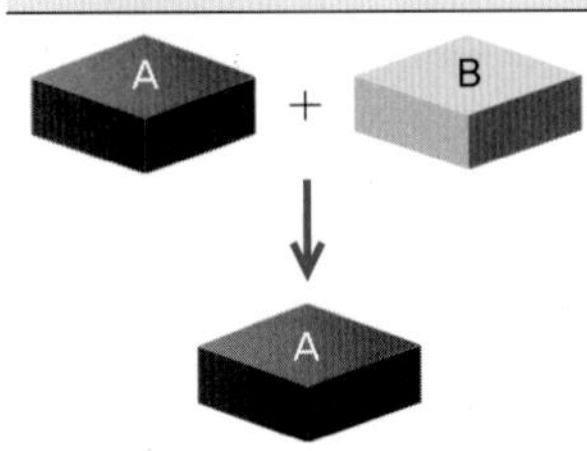	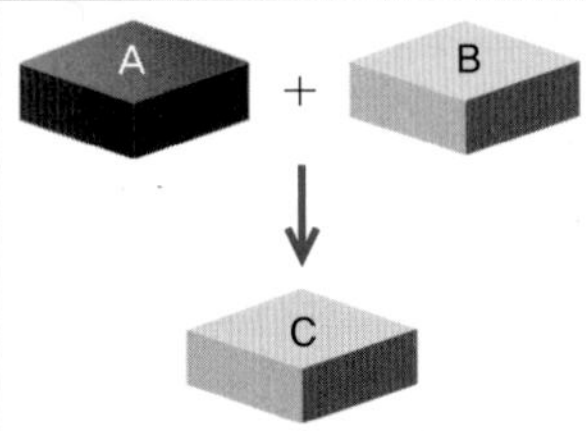	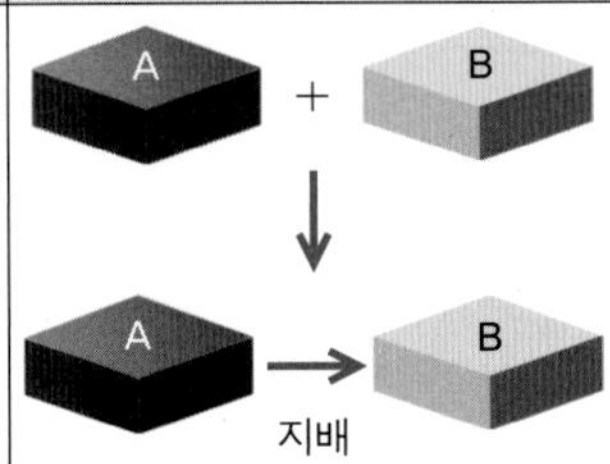
B의 법률적 실체가 소멸 →A가 B의 자산 · 부채 승계	A와 B의 법률적 실체가 소멸 →C가 A와 B의 자산 · 부채 승계	A와 B의 법률적 실체가 존속 →A와 B가 지배 · 종속관계를 형성, 매년 연결재무제표 작성

(1) 합 병

합병이란 법적으로 서로 독립된 두 개 이상의 기업이 법적으로 하나의 기업으로 통합되는 사업결합이다. 합병의 종류에는 한 기업(취득기업)이 다른 기업(피취득기업)의 자산과 부채를 모두 승계하고 피취득기업은 해산하여 법률적 실체가 소멸하는 흡수합병(merger)과, 결합하는 기업들의 법률적 실체가 모두 소멸하고 새로운 기업이 설립되는 신설합병(consolidation)이 있다.[2)]

합병형태와 상관없이 취득기업과 피취득기업이 법적으로도 하나의 실체가 된다. 특히 합병형태가 회계상으로 큰 차이를 가져오지는 않는데, 이는 신설합병의 경우에도 합병된 회사 중에서 하나를 취득기업으로 식별하여 이 취득기업이

2) 새로운 회사의 설립에는 시간과 경비가 소요되고 세법상으로 불리한 경우가 많아 신설합병은 거의 이용되지 않고 있기 때문에 합병이라고 할 때에는 일반적으로 흡수합병을 의미한다. 이에 따라 사업결합을 총체적으로 M&A, 즉 Merger(합병)와 Acquisition(지분취득)으로 부르고 있다.

피취득기업의 자산과 부채, 즉 권리와 의무를 모두 승계하는 것으로 회계처리하기 때문이다.

(2) 지분취득

지분취득(acquisition)이란 한 기업이 다른 기업 주식의 전부 또는 일부를 취득하여 지배력을 확보함으로써 단일의 경제적 실체를 형성하는 사업결합이다. 취득기업이 주식취득을 통하여 지배력을 확보하였다 함은 취득기업과 피취득기업 사이에 지배·종속관계가 성립되었음을 의미한다. 지분취득의 경우 피취득기업의 일부 지분은 다른 투자자들이 보유할 수 있는데, 이를 비지배지분(non-controlling interest)이라고 한다.

지분취득의 경우 지배기업과 종속기업이 경제적으로는 하나의 실체라 하더라도 법적으로는 별도의 독립된 실체로 계속 존재하게 된다. 따라서 사업결합 후에도 지배기업과 종속기업은 각각 개별적인 회계시스템을 유지한다.

합병과 지분취득의 법적 형태의 차이로 인해 사업결합회계가 적용되는 방법에는 차이가 있다. 합병의 경우 단일 경제적 실체가 법적으로도 하나의 실체가 되므로 사업결합 후 존속하는 기업이 사업결합시점에 사업결합의 회계처리를 하고 그 후에는 별도의 회계처리를 필요로 하지 않는다. 그러나 지분취득의 경우에는 지배기업과 종속기업이 각각 독립된 법적 실체로 존재하면서 개별적인 회계시스템을 유지하므로 지배기업의 개별 회계시스템에서 사업결합회계처리를 할 수가 없다. 따라서 지배기업의 개별재무제표에서는 종속기업에 대한 투자를 투자자산으로 인식하고, 매 회계기말에 지배기업과 종속기업을 하나의 경제적 실체로 보아 연결재무제표를 작성해야 한다.

3. 회계목적상의 사업결합

합병 및 지분취득을 포괄하는 사업결합의 전반적인 회계처리는 K-IFRS 제1103호(사업결합)에서 규정하고 있다.[3] 동 기준서에서는 사업결합(business combination)

---

3) K-IFRS 제1103호(사업결합)는 합병이나 지분취득 모두에 적용되는데, 본장에서는 비교적 이해하기 쉬운 합병거래

을 '취득자가 하나 이상의 사업에 대한 지배력을 획득하는 거래나 그 밖의 사건'으로 정의하고 있는데, 이러한 사업결합의 정의에 포함된 중요한 개념은 다음 세 가지이다.

사업결합의 정의

① 사업결합에는 **취득자**(acquirer)가 존재한다.
② 취득의 대상은 **사업**(business)이어야 한다.
③ 취득한 사업에 대해 **지배력**(control)을 행사할 수 있어야 한다.

이 중 취득자에 대한 구체적인 설명은 후술하는 제2절에서 하기로 하고, 아래에서는 사업과 지배력에 대해 보다 상세히 살펴보도록 한다.

(1) 사업의 정의

사업결합회계를 적용하기 위해서는 취득 자산과 인수 부채가 사업을 구성해야 한다. 사업(business)이란 '고객에게 재화나 용역을 제공하거나, 투자수익(예를 들어, 배당금이나 이자)을 창출하거나 통상적인 활동에서 기타수익을 창출할 목적으로 수행되고 관리될 수 있는 활동과 자산의 통합된 집합'을 말한다. 즉 사업은 투입물 그리고 그 투입물에 적용하여 산출물의 창출에 기여할 수 있는 과정으로 구성된다.[4)]

사업의 정의에서 식별된 목적을 위하여 실행하고 운영하려면 활동과 자산의 통합된 집합에는 두 가지 필수 요소, 즉 투입물과 그 투입물에 적용하는 과정이 필요하다. 다만 사업은 보통 산출물이 있지만, 활동과 자산의 통합된 집합이 사업의 정의를 충족하기 위해 산출물이 반드시 요구되는 것은 아니다.

를 중심으로 설명하고자 한다.

4) 사업을 구성하는 세 가지 요소는 다음과 같이 정의한다.
① 투입물 : 하나 이상의 과정이 적용될 때 산출물을 창출하거나 산출물의 창출에 기여할 수 있는 능력이 있는 모든 경제적 자원
② 과정 : 투입물에 적용할 때 산출물을 창출하거나 산출물의 창출에 기여할 수 있는 모든 시스템, 표준, 프로토콜, 관례, 규칙
③ 산출물 : 투입물과 그 투입물에 적용하는 과정의 결과물로 고객에게 재화나 용역을 제공하거나, 투자수익을 창출하거나 통상적인 활동에서 기타수익을 창출하는 것

만약 취득한 총자산의 공정가치 대부분이 식별가능한 단일 자산 또는 비슷한 자산의 집합에 집중되어 있다면, 이는 사업으로 보지 않는다. K-IFRS 제1103호(사업결합)에서는 취득한 활동과 자산의 집합이 사업이 아닌지를 간단하게 평가할 수 있는 집중테스트(concentration test)를 정하고 있다.[5] 기업은 이 테스트의 적용 여부를 선택할 수 있으며, 집중테스트를 통과하면 그 활동과 자산의 집합은 사업이 아니라고 결정할 수 있다.

활동과 자산의 특정 집합이 사업인지 여부는 "시장참여자"가 그 통합된 집합을 사업으로 수행하고 운영할 수 있는지에 기초하여 결정한다. 따라서 특정 집합이 사업인지의 여부를 평가할 때 "피취득자"가 그 집합을 사업으로 운영하였는지 또는 "취득자"가 그 집합을 사업으로 운영할 의도가 있는지 여부는 관계하지 않는다.

(2) 지배력

사업결합회계에서 식별되는 취득자란 사업결합대상기업 중에서 지배력을 취득하는 기업을 말한다. 여기에서 지배력(control)이란 피투자자의 관련활동[6]을 지시할 수 있는 능력을 의미하는데, 이에 대한 구체적인 판단기준은 K-IFRS 제1110호(연결재무제표)에서 제시하고 있다.

간략히 살펴보면, 투자자가 피투자자에 대한 힘(power)을 가지고 있고 피투자자에 대한 관여로 변동이익에 노출되거나 변동이익에 대한 권리가 있을 뿐만 아니라, 자신의 이익금액에 영향을 미치기 위하여 피투자자에 대하여 자신의 힘을 사용하는 능력을 가지고 있을 때 지배력이 있다고 본다.[7]

4. 회계목적상 사업결합이 아닌 경우

회계목적상 다음 경우는 사업결합의 정의를 충족하지 않는다.

---

5) 집중테스트의 세부 절차는 K-IFRS 제1103호 문단 B7B를 참조하기 바란다.
6) 관련활동(relevant activities)이란 영업정책이나 재무정책의 결정, 주요 경영진의 임명, 기초자산의 관리 등과 같이 피투자자의 이익에 유의적으로 관련되는, 즉 영향을 미치는 활동을 의미한다.
7) 지배력에 대한 보다 상세한 판단기준은 본 교재의 제2장(또는 K-IFRS 제1110호)을 참조하기 바란다.

회계목적상 사업결합이 아닌 경우

① 공동약정(joint arrangement)의 구성
② 사업(business)을 구성하지 않는 자산이나 자산집단의 취득
③ 동일지배(common control)하에 있는 기업이나 사업 간의 결합

따라서 이들 거래에 대해서는 K-IFRS 제1103호(사업결합)를 적용하지 않는다.

(1) 공동약정의 구성

공동약정이란 둘 이상의 당사자가 공동지배력을 보유하는 계약상 약정을 말한다. 따라서 공동약정의 참여자는 그 누구도 단독으로 지배력을 행사하지 못하므로 공동약정을 구성하는 거래는 사업결합에 해당하지 않는다. 공동약정은 약정의 당사자들의 권리와 의무에 따라 공동영업이나 공동기업으로 분류되는데, 이에 대한 구체적인 설명과 회계처리는 본 교재의 제8장(보론)에서 다루고 있다.

(2) 사업을 구성하지 않는 자산이나 자산집단의 취득

사업결합에서 취득의 대상은 사업이므로 사업을 구성하지 않는 자산이나 자산집단의 취득은 사업결합에 해당하지 않는다. 사업을 구성하지 않는 자산이나 자산집단을 취득하는 경우에 취득자는 식별가능한 각각의 취득 자산과 인수 부채를 식별하고 인식하며, 자산집단의 원가는 매수일의 상대적 공정가치에 기초하여 배분한다. 이러한 거래나 사건에서는 영업권이 발생하지 않는다.

(3) 동일지배하의 사업결합

동일지배하에 있는 기업이나 사업 간의 결합은 동일 당사자가 모든 결합참여 기업 또는 사업을, 사업결합 전후에 걸쳐, 궁극적으로 지배하고 그 지배력이 일시적이지 않은 사업결합을 의미한다. 예를 들면, 지배기업이 같은 두 종속기업이 합병하거나, 지배기업과 종속기업 간에 합병이 이루어지는 경우이다.

동일지배하에 있는 기업이나 사업 간의 결합에서는 사실상 지배력의 변경이 발생하지 않으므로 사업결합회계를 적용하지 않는다.[8)]

제 2 절 사업결합의 회계처리

K-IFRS 도입 전에는 사업결합의 성격에 따라 취득법(acquisition method)과 지분통합법(pooling of interests method) 중 하나를 적용하였다.[9] 그러나 K-IFRS는 거의 모든 사업결합이 지배력 획득을 전제로 하는 사실상 취득거래라는 결론을 내리고 모든 사업결합에 대해 취득법을 사용하여 회계처리하도록 하였다. 이는 경제적으로 유사한 거래에 대하여 동일한 회계처리방법을 사용함으로써 비교가능성을 제고하여 보다 유용한 정보를 제공하고자 함이다.

취득법은 사업결합을 취득자, 즉 다른 결합참여사업에 대해 지배력을 획득하는 기업의 관점에서 바라본다. 이에 따라 거의 모든 취득 자산과 인수 부채를 최초에 공정가치로 인식하도록 하고 있다. 공정가치로 인식하면, 그 자산 및 부채와 관련된 미래현금흐름에 대한 시장의 기대에 대해서 더 많은 정보를 재무제표에 나타내게 하고, 제공되는 정보의 목적적합성을 제고한다고 본다.

사업결합에 취득법을 적용하기 위해서는 다음 절차를 따른다.

사업결합의 회계처리과정

① 취득자의 식별
② 취득일의 결정
③ 식별가능한 취득 자산, 인수 부채 및 비지배지분의 인식과 측정
④ 영업권 또는 염가매수차익의 인식과 측정

---

8) 현행 K-IFRS에는 동일지배하의 사업결합에 대한 회계처리기준서가 없는 상태이다. 따라서 기업들은 K-IFRS 제1008호에 따라 회계정책을 개발하여 회계처리하고 있다.

9) 지분통합의 본질은 회사간의 매수가 아니라 사업결합 전에 개별적으로 존재하였던 위험과 효익을 결합 후에도 계속적으로 상호분담한다는 것이다. 이러한 본질에 따라 지분통합법은 사업결합참여기업이 사업결합 이후에도 사업결합 전과 동일하게 지속되고 있는 것처럼 회계처리한다. 따라서 사업결합참여기업의 자산 · 부채 · 자본은 지분통합일의 장부금액으로 승계하며 영업권이 발생하지 않는다.

1. 취득자의 식별

취득법을 적용하기 위해서는 각 사업결합에서 결합참여기업 중 한 기업을 취득자로 식별해야 한다. 취득자(acquirer)는 피취득자(acquiree)에 대한 지배력을 획득하는 기업이다.

여기에서 결합참여기업 중 누가 지배력을 획득하느냐 하는 것이 중요한데, 지배력은 K-IFRS 제1110호(연결재무제표)의 지침을 적용하여 판단한다. 이 지침을 적용하여도 지배력을 획득하게 되는 취득자를 명확히 파악하지 못한다면, 다음의 요소를 고려한다.

① 현금이나 그 밖의 자산을 이전하거나 부채를 부담하여 이루어지는 사업결합의 경우 : 보통 현금이나 그 밖의 자산을 이전한 기업 또는 부채를 부담하는 기업이 취득자임

② 지분교환으로 이루어지는 사업결합의 경우 : 보통 지분을 발행하는 기업이 취득자임[10)]

취득자는 보통 다른 결합참여기업이나 결합참여기업들보다 상대적 크기(자산, 수익 또는 이익으로 측정)가 유의적이게 큰 결합참여기업이다. 다만 기업이 셋 이상 포함된 사업결합에서 취득자는 결합참여기업의 상대적 크기뿐만 아니라 결

사례로 배우기 1-2　다음커뮤니케이션과 카카오의 합병에 있어 회계상 취득자

카카오와 다음커뮤니케이션은 2014년 5월 23일 이사회 결의에 의거 2014년 10월 1일을 합병기일로 합병하였다. 합병은 법률적으로 상장회사인 다음커뮤니케이션(합병회사)이 비상장회사인 카카오(피합병회사)를 흡수합병하는 형식으로 카카오의 보통주 1주당 다음커뮤니케이션 보통주 1.5555137주(발행한 주식 총수 : 43,000,434주)를 발행하였다. 그러나 합병 후 최대주주가 카카오 측이었고 카카오의 지분가치가 상대적으로 크다는 점 등을 토대로, 회계상으로는 카카오가 다음커뮤니케이션을 합병한 것으로 보아 역합병 회계처리를 수행하였다. 즉 회계상 취득자는 피합병기업인 카카오라는 것이다.

카카오의 2014년도 연결재무제표 주석공시 자료에 의하면, 카카오가 본 역합병과 관련하여 지급한 이전대가는 2,138,826백만원, 취득한 순자산공정가치는 724,446백만원이며, 1,414,380백만원의 영업권을 인식하였음을 알 수 있다.

---

10) 역취득(reverse acquisition)의 경우에는 사업결합에서 지분을 발행하는 기업이 피취득자이다. 이에 대해서는 본장의 〈보론 2〉에서 구체적으로 다룬다.

합참여기업 중 어느 기업이 결합을 제안하였는지도 고려하여 결정한다. 또한 사업결합을 추진하기 위하여 설립된 새로운 기업이 반드시 취득자는 아니다. 만약 새로운 기업이 지분을 발행하여 설립된 경우에는 사업결합 전에 존재하였던 결합참여기업 중 한 기업을 취득자로 식별한다.

2. 취득일의 결정

취득법을 적용하기 위해서는 취득일(acquisition date)을 식별해야 하는데, 취득일은 피취득자에 대한 지배력을 획득한 날로서, 일반적으로 취득자가 법적으로 대가를 이전하여, 피취득자의 자산을 취득하고 부채를 인수한 날인 종료일이다.

취득자는 종료일보다 이른 날 또는 늦은 날에 지배력을 획득하는 경우도 있다. 예를 들면, 서면합의를 통하여 취득자가 종료일 전에 피취득자에 대한 지배력을 획득한다면, 취득일은 종료일보다 앞선다.

3. 취득 자산, 인수 부채 및 비지배지분의 인식과 측정

(1) 인식원칙

취득일 현재 취득자는 영업권과 분리하여 식별가능한 취득 자산, 인수 부채 및 피취득자에 대한 비지배지분을 인식한다. 먼저 식별가능한 취득 자산, 인수 부채를 인식하려면, 다음 인식원칙을 모두 충족해야 한다.

인식원칙

① **자산과 부채의 정의 충족 :** 식별가능한 취득 자산과 인수 부채는 취득일에 자산과 부채의 정의('재무제표의 작성과 표시를 위한 개념체계'를 참조)를 충족해야 한다.
② **사업결합거래에 의한 교환 :** 식별가능한 취득 자산과 인수 부채는 별도 거래의 결과가 아니라 사업결합거래에서 취득자와 피취득자(또는 피취득자의 이전 소유주) 사이에서 교환된 항목의 일부이어야 한다.

첫 번째 인식원칙은 사업결합거래로 인한 취득 자산과 인수 부채가 '개념체계'의 자산과 부채의 정의를 충족해야 한다는 것이다. '개념체계'에서 자산은 과거사건의 결과로 기업이 통제하는 현재의 경제적 자원으로 정의되며, 부채는 과거사건의 결과로 기업이 경제적 자원을 이전해야 하는 현재의무로 정의된다. 따라서 피취득자의 영업활동을 종료하거나 피취득자의 고용관계를 종료하거나 재배치하는 것과 같은 계획의 실행에 의해 미래에 발생할 것으로 예상되지만 "현재의 의무"가 아닌 원가는 취득일의 부채가 아니다.

두 번째 인식원칙은 취득 자산과 인수 부채는 사업결합거래에서 취득자와 피취득자(또는 피취득자의 이전 소유자) 사이에서 교환된 항목의 일부이어야 한다는 것이다. 취득자와 피취득자는 사업결합 협상을 개시하기 전에 기존 관계나 그 밖의 약정이 있을 수 있으며, 또는 협상하는 동안에 사업결합과 별도로 약정을 맺을 수 있다. 이러한 상황에서는 취득자가 피취득자에 대한 교환의 일부가 아닌 금액을 식별해야 한다. 또한 이와 같은 별도의 거래는 취득법을 적용하지 않고 관련 K-IFRS에 따라 회계처리해야 한다.

취득자가 위 인식원칙과 조건을 적용할 경우 피취득자의 이전 재무제표에 자산과 부채로 인식되지 않았던 자산과 부채를 일부 인식할 수 있다. 예를 들면, 피취득자가 내부에서 개발하고 관련 원가를 비용으로 처리하였기 때문에 피취득자 자신의 재무제표에 자산으로 인식하지 않았던 특허권, 고객관계 또는 브랜드명과 같이 취득한 식별가능한 무형자산을 자산으로 인식할 수 있다.

1) 무형자산의 인식

취득자는 사업결합에서 취득한 식별가능한 무형자산을 영업권과 분리하여 인식한다. 무형자산이 다음 중 "하나"의 기준을 충족하면 식별가능한 자산이라고 본다.

식별가능한 무형자산

① 계약적 · 법적 기준 : 자산이 계약상 권리나 기타 법적 권리에서 발생한다.
② 분리가능성 기준 : 분리가능한 자산이다.

계약적 · 법적 기준을 충족하는 무형자산은 피취득자로부터 또는 그 밖의 권리와 의무로부터 이전하거나 분리할 수 없더라도 식별가능하다고 본다. 예를 들면, 등록상표, 상표명, 서비스마크 등은 정부기관에 등록하거나 상업적으로 계속 사용하거나 또는 그 밖의 방법에 의해 법적으로 보호받을 수 있으므로 계약적 · 법적 기준을 충족하는 무형자산이다. 또한 사업결합에서 취득한 주문잔고나 생산잔고는 매입주문이나 판매주문이 취소될 수 있는 경우에도 계약적 · 법적 기준을 충족한다.

무형자산의 분리가능성(separability)은 취득한 무형자산이 피취득자에게서 분리되거나 분할될 수 있고, 개별적으로 또는 관련된 계약, 식별가능한 자산이나 부채와 함께 매각, 이전, 라이선스, 임대 또는 가치 있는 것과 교환할 수 있음을 의미한다.

취득자의 의도가 없더라도 매각, 이전, 라이선스, 임대 또는 가치 있는 것과 교환할 수 있는 무형자산은 분리가능성 기준을 충족한다. 예를 들면, 고객과 구독자 목록은 종종 리스되거나 교환된다. 따라서 사업결합에서 취득한 고객목록은 분리가능성 기준을 충족한다.[11] 또한 피취득자 또는 결합기업으로부터 개별적으로 분리할 수 없더라도 무형자산이 관련 계약, 식별가능한 자산이나 부채와 결합하여 분리할 수 있다면, 이는 분리가능성 기준을 충족하는 것으로 본다. 예를 들어, 시장에서 예금부채에 관련된 예금자관계 무형자산이 거래를 통해 교환되고 있다면, 취득자는 이를 영업권과 분리하여 인식한다.

취득자가 사업결합 이전에 피취득자에게 자신의 자산(장부에 인식하지 않은 경우도 포함)을 사용하도록 부여했던 권리를 사업결합의 일부로서 다시 취득할 수 있다. 그러한 다시 취득한 권리의 예로는 프랜차이즈 약정에 따라 취득자의 상표명을 사용하는 권리가 있다. 다시 취득한 권리는 취득자가 영업권과 분리하여 인식하는 식별가능한 무형자산이다.

사업결합에서 취득한 식별가능한 무형자산의 사례는 〈표 1-2〉와 같다.

---

11) 그러나 사업결합에서 취득한 고객목록이 비밀유지조건 또는 기타 약정의 조건에서 고객에 관한 정보를 매각, 리스 또는 다른 교환을 할 수 없도록 금지한 경우에는 분리가능성 기준이 충족되지 않는다.

〈표 1-2〉 식별가능한 무형자산

구 분	종 류	기 준
마케팅관련 무형자산	등록상표, 상표명, 서비스마크, 단체마크(collective marks) 및 인증마크, 거래표식(독특한 색, 모양 또는 포장 디자인), 신문 제호, 인터넷 도메인명, 비경쟁 합의	계약적
고객관련 무형자산	고객목록, 비계약적 고객관계	비계약적
	주문잔고나 생산잔고, 고객계약 및 관련 고객관계	계약적
예술관련 무형자산	연극, 오페라 및 발레, 책, 잡지, 신문 및 그 밖의 저술작품, 작곡, 노래가사 및 광고용 노래 등과 같은 음악작품, 그림, 사진, 동영상이나 필름, 뮤직비디오 및 텔레비전 프로그램 등 시각 및 시청각 자료	계약적
계약에 기초한 무형자산	라이선스, 로열티 및 불가침약정, 광고, 건설, 경영, 용역 또는 공급 계약, 건축 허가, 프랜차이즈 합의, 운영권 및 방송권, 관리용역계약(예 : 모기지관리용역계약), 고용계약, 시추, 물, 공기, 벌목 및 노선 등에 대한 사용 권리	계약적
기술에 기초한 무형자산	특허기술, 컴퓨터 소프트웨어와 마스크 작업물, 비밀 공식, 공정 및 조리법 등과 같은 거래상의 비밀	계약적
	특허받지 않은 기술, 권원기록부(title plants)를 포함한 데이터베이스	비계약적

2) 무형자산으로 인식할 수 없는 경우

취득일 현재 식별가능하지 않은 취득한 무형자산의 가치는 영업권에 포함한다. 예를 들면, 취득한 사업의 집합적 노동력은 취득한 사업의 운영이 지속될 수 있게 해주는 가치를 가질 수 있다. 그러나 이러한 집합적 노동력은 식별가능한 자산이 아니기 때문에 별도의 무형자산으로 인식해서는 안 된다. 또한 취득일에 자산의 요건을 충족하지 못한 항목에 귀속될 만한 가치가 있다면 그 가치를 영업권에 포함한다. 예를 들면, 취득자는 취득일에 피취득자가 미래의 새로운 고객과 협상중인 잠재적 계약의 가치를 영업권에 귀속시킬 수 있다. 그러나 그러한 잠재적 계약은 그 자체로서는 자산이 아니기 때문에 영업권과 분리하여 인식하지 않는다.

(2) 취득 자산과 인수 부채의 분류 및 지정

취득일에 취득자는 후속적으로 다른 K-IFRS를 적용하기 위하여 식별가능한 취득 자산과 인수 부채를 분류하거나 지정한다. 그러한 분류나 지정은 "취득일"에 존재하는 계약조건, 경제상황, 취득자의 영업정책이나 회계정책 그리고 그 밖의 관련 조건에 기초하여 이루어진다.[12] 예를 들면, 특정 금융자산은 취득일에 존재하는 관련 조건에 기초하여 K-IFRS 제1109호(금융상품)에 따라 당기손익-공정가치측정금융자산, 상각후원가측정금융자산, 기타포괄손익-공정가치측정금융자산으로 분류한다.[13]

(3) 측정원칙

1) 취득 자산과 인수 부채의 측정

취득자는 식별가능한 취득 자산과 인수 부채를 취득일의 공정가치로 측정한다. 여기에서 공정가치(fair value)란 '시장참여자' 사이의 정상거래에서 자산을 매도하면서 수취하거나 부채를 이전하면서 지급하게 될 가격을 말한다. 식별가능한 특정 자산·부채 항목의 공정가치를 측정하는 지침을 살펴보면 다음과 같다.

① **불확실한 현금흐름을 가지는 자산**(평가충당금의 인식) : 취득일의 공정가치로 측정된 취득 자산에 대하여 별도의 평가충당금은 인식하지 않는다. 이는 미래현금흐름의 불확실성의 효과를 이미 공정가치 측정에 포함하였기 때문이다. 예를 들면, 취득한 수취채권을 취득일의 공정가치로 측정하되 취득일에 회수불가능으로 간주되는 계약상 현금흐름에 대하여 별도의 평가충당금 또는 기대신용손실에 대한 손실충당금은 인식하지 않는다.

② **피취득자가 리스제공자인 경우 운용리스 대상 자산** : 피취득자가 리스제

---

12) 여기에는 다음 두 가지 예외가 있다.
① 리스계약을 K-IFRS 제1116호(리스)에 따라 운용리스 또는 금융리스로 분류
② 특정 계약을 K-IFRS 제1104호(보험계약)에 따라 보험계약으로 분류
취득자는 이러한 계약을 계약 개시시점(또는 계약조건이 분류가 변경되는 방식으로 수정되어 왔다면 그러한 수정일. 이는 취득일이 될 수도 있음)의 계약조건과 그 밖의 요소에 기초하여 분류한다.

13) 이 밖에도 다음과 같은 예가 있다.
① 파생상품을 K-IFRS 제1109호에 따라 위험회피수단으로 지정
② 내재파생상품을 K-IFRS 제1109호에 따라 주계약에서 분리해야 하는지에 대한 검토

공자인 경우에 취득자는 그 운용리스의 대상인 건물이나 특허권과 같은 자산을 해당 리스조건을 고려하여 취득일의 공정가치로 측정한다.

③ 취득자가 사용하지 않거나 시장참여자와 다른 방법으로 사용할 의도가 있는 자산 : 경쟁이나 그 밖의 이유로 취득자가 연구·개발 무형자산과 같은 취득 자산을 사용하지 않을 수도 있고, 그 밖의 시장참여자가 사용하는 방법과 다른 방법으로 취득자가 그 자산을 사용할 수도 있다. 그렇지만 취득자는 그 자산을 그 밖의 "시장참여자"의 사용에 따라 결정된 공정가치로 측정한다.

2) 비지배지분의 측정

비지배지분(non-controlling interest)이란 종속기업에 대한 지분 중 지배기업에 직접 또는 간접으로 귀속되지 않는 지분을 말한다.[14] 비지배지분의 측정방법으로는 다음과 같은 두 가지 방법이 허용된다.

비지배지분 측정방법

[방법 1] 취득일의 공정가치
[방법 2] 취득일 현재 피취득자의 식별가능한 순자산 중 비지배지분의 비례적 지분

이때 비지배지분의 공정가치는 활성시장가격에 기초하여 측정할 수 있다.[15] 활성시장가격을 이용할 수 없다면, 다른 가치평가기법을 이용하여 공정가치를 측정한다.

예제 1-1 식별가능한 취득 자산과 인수 부채의 인식과 측정(Ⅰ)

갑(주)는 20×1년 1월 1일을 취득일로 하여 을(주)를 흡수합병하였다. 취득일 현재 피취득자인 을(주)의 식별가능한 순자산 장부금액과 공정가치는 다음과 같다.

---

14) 피취득기업이 법률적으로 소멸되는 합병회계처리에서는 비지배지분계정이 나타나지 않는다.

15) 활성시장이란 ① 거래되는 항목이 동질적이고, ② 일반적으로 거래의사가 있는 구매자들과 판매자들을 언제든지 찾을 수 있으며, ③ 가격이 공개되어 이용가능한 시장이다. 적절한 시장가격은 일반적으로 현행 매입호가이다. 만약 현행 매입호가를 이용할 수 없다면 최근의 거래가격을 근거로 순공정가치를 추정할 수 있다. 다만, 최근 거래일과 추정일 사이에 경제적 상황이 중요하게 변동하지 않아야 한다.

재무상태표

을(주) 20×1년 1월 1일 현재

	장부금액	공정가치		장부금액	공정가치
유동자산	₩40,000	₩44,000	부 채	₩30,000	₩30,000
유형자산	30,000	35,000	자 본	50,000	–
무형자산	10,000	12,000			
합 계	₩80,000		합 계	₩80,000	

추가로 을(주)에 대해 다음과 같은 사실이 발견되었다.

1) 을(주)의 유동자산 장부금액에는 수취채권 ₩12,000이 포함되어 있는데, 이 중 ₩2,000은 회수가 어려울 것으로 추정된다. 취득일 현재 수취채권의 공정가치는 ₩9,500이며, 유동자산의 공정가치에 포함되어 있다.
2) 을(주)는 운용리스로 분류되는 리스계약의 리스제공자인데, 당해 리스의 조건은 시장조건에 비해 불리하다고 판단된다. 불리한 리스조건의 공정가치는 ₩500으로 추정되며, 동 금액은 유형자산(리스자산을 포함)의 공정가치에 반영되어 있지 않다.
3) 진행중인 연구개발 프로젝트가 있는데, 취득일 현재 이 프로젝트의 공정가치는 ₩5,000으로 추정된다. 동 금액은 무형자산의 공정가치에 반영되어 있지 않다.
4) 취득일 현재 반복구매고객으로부터 받은 매입주문잔고가 있으며, 이의 가치는 ₩1,000으로 추정된다. 또한 취득일 현재 미래의 새로운 고객과 협상중인 잠재적 계약이 있으며, 이 계약의 가치는 ₩4,000으로 추정된다.
5) 을(주)에는 연구개발을 수행하는 우수한 연구원들이 많으며, 합병시 미래 경제적 효익 창출에 기여할 것으로 기대된다. 동 인적자원의 공정가치는 ₩10,000이다.

취득한 식별가능한 순자산의 공정가치를 계산하라.

해답

자산의 공정가치 :			
유동자산	₩44,000 + ₩0*1) =	₩44,000	
유형자산	₩35,000 − ₩500*2) =	34,500	
무형자산	₩12,000 + ₩5,000*3) + ₩1,000*3) + ₩0*3) =	18,000	₩96,500
부채의 공정가치 :			
부 채	₩30,000 =	₩30,000	(30,000)
식별가능한 순자산공정가치			₩66,500

*1) 수취채권은 취득일의 공정가치로 측정하되, 취득일에 회수불가능으로 간주되는 계약상 현금흐름에 대해 별도의 손실충당금을 인식하지 않는다.

2) 피취득자가 리스제공자이고 해당 리스의 조건이 시장조건에 비해 불리한 경우, 불리한 조건의 공정가치를 해당 리스자산의 공정가치에 조정한다.
3) 피취득자가 재무제표에 인식하지 않은 식별가능한 무형자산(연구개발 프로젝트, 주문잔고)은 취득 자산에 포함한다. 집합적 노동력은 식별가능한 자산이 아니므로 별도의 무형자산으로 인식하지 않는다.

(4) 인식원칙 또는 측정원칙의 예외

인식원칙 또는 측정원칙에 대하여 일부 제한적인 예외가 있다. 이 경우 앞에서 언급된 인식원칙 외에 추가적인 인식원칙을 적용하거나 다른 K-IFRS의 요구사항을 적용하여 인식하게 되고, 취득일의 공정가치가 아닌 금액으로 측정한다.

1) 우발부채

사업결합에서 인수한 우발부채의 경우 과거사건에서 발생한 현재의무이고 그 공정가치를 신뢰성 있게 측정할 수 있다면, 취득자는 이를 장부에 인식한다. 즉 K-IFRS 제1037호(충당부채, 우발부채 및 우발자산)와는 달리,[16] 해당 의무를 이행하기 위하여 경제적 효익이 있는 자원이 유출될 가능성이 "높지 않더라도" 해당 의무의 이행에 필요한 금액을 신뢰성 있게 측정할 수 있다면 취득자는 취득일에 사업결합으로 인수한 우발부채를 장부에 인식한다. 다만 취득자는 취득일에 우발자산을 인식하지 않는다.

2) 법인세

취득자는 사업결합으로 취득 자산과 인수 부채에서 생기는 이연법인세 자산이나 부채를 K-IFRS 제1012호(법인세)에 따라 인식하고 측정한다. 또한 취득일에 존재하거나 취득의 결과로 생기는 일시적 차이와 이월액이 잠재적으로 법인세에 미치는 영향을 K-IFRS 제1012호에 따라 회계처리한다.

---

16) K-IFRS 제1037호(충당부채, 우발부채 및 우발자산)는 우발부채를 다음의 ① 또는 ②에 해당하는 의무로 정의하고 있다.
① 과거사건에 의하여 발생하였으나, 기업이 전적으로 통제할 수는 없는 하나 이상의 불확실한 미래사건의 발생 여부에 의하여서만 그 존재가 확인되는 잠재적 의무
② 과거사건에 의하여 발생하였으나 다음 (가) 또는 (나)의 경우에 해당하여 인식하지 아니하는 현재의무
(가) 당해 의무를 이행하기 위하여 경제적 효익을 갖는 자원이 유출될 가능성이 높지 아니한 경우
(나) 당해 의무를 이행하여야 할 금액을 신뢰성 있게 측정할 수 없는 경우

일반적으로 이연법인세 자산이나 부채는 K-IFRS 제1012호에 따라 할인하지 않은 금액으로 측정한다. 이에 사업결합에서 취득한 이연법인세 자산이나 부채에 공정가치 측정의 예외를 적용하고 있다. 사업결합에 따른 법인세 회계처리는 본 교재 제7장 제4절에서 다시 다루기로 한다.

3) 종업원급여

취득자는 피취득자의 종업원급여 약정과 관련된 부채 또는 자산을 K-IFRS 제1019호(종업원급여)에 따라 인식하고 측정한다.

K-IFRS 제1019호는 종업원급여를 단기종업원급여, 퇴직급여, 기타장기종업원급여, 해고급여로 구분하고 있으며, 이들 항목에 대해 공정가치 측정을 요구하지 않는다. 따라서 사업결합에서 취득한 피취득자의 종업원급여 약정에 대해서도 공정가치 측정의 예외를 적용하고 있다.

4) 보상자산

사업결합에서 매도자는 취득자에게 특정 자산이나 부채의 전부 또는 일부와 관련된 우발상황이나 불확실성의 결과에 대한 계약상 보상을 할 수 있다. 예를 들면, 취득일 현재 계류중인 소송사건에서 피취득자가 최종 패소하는 경우 소송비용의 일부를 매도자가 취득자에게 보상할 수 있다.

이렇게 획득한 보상자산은 보상대상항목과 동일한 근거로 인식하고 측정한다. 만약 보상이 취득일에 인식되고 공정가치로 측정된 자산이나 부채와 관련되었다면, 취득자는 취득일의 공정가치로 측정하여 취득일에 보상자산을 인식한다.[17)]

상황에 따라서는 보상이 인식원칙이나 측정원칙의 예외에 해당하는 자산이나 부채(예 : 종업원 급여에서 발생하는 자산이나 부채)와 관련될 수 있다. 이 경우 보상자산은 보상대상항목을 측정하기 위하여 사용한 가정과 일관된 가정을 사용하여 측정하고 인식하며, 보상자산의 회수가능성에 대한 경영진의 검토와 보상금액에 대한 계약상 제한을 반영한다. 따라서 보상자산에 대한 이러한 회계처리

---

17) 보상자산의 회수불가능한 금액에 대해서는 평가충당금을 설정해야 한다. 그러나 보상이 공정가치로 측정된 자산/부채와 관련되었다면 보상자산을 취득일의 공정가치로 측정하여 인식하지만 회수가능성으로 인한 미래현금흐름의 불확실성의 효과는 공정가치 측정에 포함하였으므로 별도의 평가충당금은 필요하지 않다.

는 인식과 측정원칙에 대한 예외에 해당한다.[18)]

5) 피취득자가 리스이용자인 경우의 리스

피취득자가 리스이용자인 경우 K-IFRS 제1116호(리스)에 따라 식별되는 리스에 대하여 취득자는 해당 리스가 취득일에 취득한 새로운 리스인 것처럼 회계처리한다. 즉 취득일 이후 지급할 나머지 리스료(K-IFRS 제1116호에서 정의함)의 현재가치로 리스부채를 측정한다. 또한 취득자는 리스부채와 같은 금액으로 사용권자산을 측정하되, 시장조건과 비교하여 유리하거나 불리한 리스조건이 있다면 이를 반영하기 위하여 조정한다. 다만, 취득자는 리스기간이 취득일로부터 12개월 이내에 종료되거나 소액 기초자산 리스에 대해서는 사용권자산과 리스부채를 인식하지 않아도 된다.

6) 다시 취득한 권리

다시 취득한 권리가 사업결합의 일부로 포함되어 취득자가 이를 무형자산으로 인식할 때에는, 시장참여자가 그 권리의 공정가치를 결정할 때 계약에 대한 잠재적 갱신을 고려하는지와 무관하게, 관련 계약의 잔여계약기간에 기초하여 측정한다.

7) 주식기준보상

피취득자의 주식기준보상거래 또는 피취득자의 주식기준보상을 취득자 자신의 주식기준보상으로 대체하는 경우, 취득자는 관련된 부채나 지분상품을 K-IFRS 제1102호(주식기준보상)의 방법에 따라 측정한다.

취득자가 피취득자의 종업원이 보유하고 있는 보상을 취득자의 주식기준보상으로 대체하는 경우에, 대체보상에 대한 시장기준측정치의 전부 또는 일부는 사업결합의 이전대가 측정에 포함될 수 있다.[19)] 이 경우 이전대가에 포함되는 대체보상 부분과 사업결합 후 근무용역에 대한 보수 부분을 결정하기 위하여, 취

18) 자산의 인식은 그 자산이 인식기준을 만족시키는 시점에서 이루어지고 측정은 원칙적으로 공정가치를 기준으로 한다. 따라서 특정 부채와 관련된 보상자산을 그 부채와 동일한 기준으로 인식하고 측정하도록 규정한 것은 인식기준과 측정기준의 예외를 인정하는 것이 된다.

19) 취득자가 보상을 대체할 의무가 없음에도 불구하고 대체하는 경우에는 대체보상의 시장기준측정치 전체를 사업결합의 이전대가가 아닌 사업결합 후 재무제표에 보수원가로 인식한다.

득자는 취득일 현재 자신이 부여한 대체보상과 피취득자의 보상을 K-IFRS 제1102호에 따라 측정한다. 피취득자에 대한 이전대가의 일부인 대체보상의 시장기준측정치 부분은 사업결합 전 근무용역에 귀속하는 피취득자 보상 부분과 일치한다.

8) 매각예정자산

취득일에 매각예정자산으로 분류된 취득 비유동자산(또는 처분자산집단)은 K-IFRS 제1105호(매각예정비유동자산과 중단영업)에 따라 공정가치에서 처분부대원가를 차감한 순공정가치로 측정한다.[20)]

예제 1-2 식별가능한 취득 자산과 인수 부채의 인식과 측정(Ⅱ)

갑(주)는 20×1년 1월 1일을 취득일로 하여 을(주)를 흡수합병하였다. 취득일 현재 피취득자인 을(주)의 식별가능한 순자산 장부금액과 공정가치는 다음과 같다.

재무상태표

을(주) 20×1년 1월 1일 현재

	장부금액	공정가치		장부금액	공정가치
유동자산	₩35,000	₩37,000	부 채	₩30,000	₩30,000
유형자산	32,000	36,000	자 본	60,000	–
무형자산	11,000	12,000			
매각예정자산	12,000	13,500			
합 계	₩90,000		합 계	₩90,000	

추가로 을(주)에 대해 다음과 같은 사실이 발견되었다.

1) 취득일 현재 을(주)는 손해배상소송에 피소되어 있다. 다만 패소가능성은 높지 않은 것으로 전망된다. 만약 동 소송사건에서 을(주)가 최종 패소할 경우, 을(주)의 기존 주주는 갑(주)에게 ₩5,000을 한도로 보상하기로 하였다. 을(주)의 계류중인 소송에 대한 우발부채의 공정가치는 ₩3,000이며, 을(주)의 기존 주주로부터 보상받을 금액의 공정가치는 ₩1,500으로 추정된다.

20) K-IFRS 제1105호(매각예정비유동자산과 중단영업)는 신규로 취득한 자산(또는 자산처분집단)이 매각예정분류기준을 충족한다면 최초 인식시점에 순공정가치와 매각예정으로 분류되지 않았을 경우의 장부금액 중 작은 금액으로 측정한다. 따라서 사업결합의 일부로 취득한 자산(또는 처분자산집단)은 매각예정으로 분류되지 않았을 경우의 장부금액(공정가치)보다 작은 순공정가치로 측정한다.

2) 합병으로 취득 자산과 인수 부채에서 발생한 이연법인세부채는 ₩2,500으로 측정된다. 동 금액은 부채의 공정가치에 반영되어 있지 않다.
3) 갑(주)는 을(주)가 보유한 고객목록의 공정가치를 ₩3,800으로 평가하였으며, 무형자산의 정의를 충족한다고 판단하였다. 고객목록은 을(주)의 자산으로 반영되어 있지 않다.
4) 을(주)가 인식하고 있는 매각예정자산(비유동자산)은 매각시 ₩1,000의 처분비용이 발생할 것으로 예상된다.

취득한 식별가능한 순자산의 공정가치를 계산하라.

해답

자산의 공정가치 :			
유동자산	₩37,000 =	₩37,000	
유형자산	₩36,000 =	36,000	
보상자산	₩1,500*1) =	1,500	
무형자산	₩12,000 + ₩3,800*2) =	15,800	
매각예정자산	₩13,500 − ₩1,000*3) =	12,500	₩102,800
부채의 공정가치 :			
부 채	₩30,000 + ₩3,000*1) + ₩2,500*4) =	₩35,500	(35,500)
식별가능한 순자산공정가치			₩67,300

*1) 사업결합을 통해 인수한 우발부채는 자원의 유출가능성이 높지 않더라도 인식하며, 보상자산은 보상대상항목과 동일한 근거로 인식하고 측정한다.
2) 취득한 식별가능한 무형자산을 영업권과 분리하여 인식한다.
3) 매각예정자산으로 분류된 취득 자산은 순공정가치로 측정한다.
4) 사업결합으로 취득 자산과 인수 부채에서 발생한 이연법인세부채는 K-IFRS 제1012호(법인세)에 따라 인식하고 측정한다.

4. 이전대가의 측정

(1) 일반적인 이전대가

사업결합에서 이전대가(transferred consideration)는 피취득자에 대한 지배력을 획득하기 위해 피취득자의 이전 소유주(또는 피취득자)에게 지급한 대가로서 공정가치로 측정한다. 사업결합에서 취득자는 다음과 같이 다양한 방법으로 피취득자에 대한 지배력을 획득할 수 있다.

① 현금, 현금성자산이나 그 밖의 자산(사업을 구성하는 순자산 포함)의 이전
② 부채의 부담
③ 지분의 발행
④ 두 가지 형태 이상의 대가의 제공
⑤ 계약만으로 이루어지는 경우를 포함하여 대가의 이전이 없는 방식

따라서 이전대가의 공정가치는 취득자가 이전하는 자산, 취득자가 피취득자의 이전 소유주에 대하여 부담하는 부채 및 취득자가 발행한 지분의 취득일의 공정가치 합계로 산정한다.[21]

이전대가의 측정

이전대가 = 이전하는 자산의 공정가치 + 부담하는 부채의 공정가치
+ 취득자가 발행한 지분의 공정가치 + 조건부대가의 공정가치

이전대가에는 공정가치와 장부금액이 같지 않은 자산과 부채가 포함될 수 있다. 이 경우 취득자는 이전된 자산이나 부채를 취득일 현재 공정가치로 재측정하고, 그 결과 장부금액과의 차이는 당기손익으로 인식한다.

그러나 때로는 이전된 자산이나 부채가 사업결합 후에도 결합기업에 계속 남아 있고(예를 들면, 자산이나 부채가 피취득자의 이전 소유주가 아니라 피취득자에게 이전됨), 취득자가 이에 대한 통제를 계속 보유하는 경우가 있다. 이 경우 취득자는 그 자산과 부채를 취득일 직전의 장부금액으로 측정하고, 처분손익을 인식하지 않는다.

(2) 조건부대가

취득자가 피취득자에 대한 교환으로 이전한 대가는 조건부대가를 포함한다. 조건부대가란 보통 특정 미래사건이 발생하거나 특정 조건이 충족되는 경우에, 피취득자에 대한 지배력과의 교환의 일부로 피취득자의 이전 소유주에게 추가로 자산이나 지분을 이전해야 하는 취득자의 의무를 말한다.[22]

21) 그러나 피취득자의 종업원이 보유하고 있는 보상과 교환하여 취득자가 부여한 주식기준보상은 공정가치로 측정하지 않고 K-IFRS 제1102호(주식기준보상)의 방법에 따라 측정한다.

조건부대가는 취득일의 공정가치로 측정하며, K-IFRS 제1032호(금융상품 : 표시)의 지분상품과 금융부채의 정의나 그 밖의 적용가능한 K-IFRS에 기초하여 금융부채 또는 자본으로 분류한다. 사업결합 이후에 조건부대가는 취득일의 분류에 따라 금융부채로 분류되는 경우에는 공정가치로 재측정하고 변동액을 당기손익으로 인식하며, 자본으로 분류되는 경우에는 재측정하지 않는다.

예제 1-3 조건부대가의 분류

갑(주)는 사업결합거래를 통하여 을(주)의 지분 100%를 취득하고, 이전대가로 을(주)의 기존 주주에게 갑(주)의 주식 10만주를 지급하였다. 다음의 상황은 각각 독립적이라고 가정하고, 각각의 상황에서 갑(주)가 을(주)의 기존 주주에게 지급하게 되는 조건부대가를 분류하라.

(상황 1) 취득일 이후 1년간의 매출액이 10억원 이상이면 갑(주)는 을(주)의 기존 주주에게 갑(주)의 주식 1,000주를 추가로 지급하기로 약정하였다.

(상황 2) 취득일 이후 1년간의 매출액이 다음과 같이 달성되었을 경우 갑(주)는 을(주)의 기존 주주에게 갑(주)의 주식을 최대 2,000주까지 추가로 지급하기로 약정하였다.

조 건	추가 주식수
매출액＝10억원	1,000주
10억원 < 매출액 < 20억원	초과금액 1억원당 100주
매출액 > 20억원	2,000주

(상황 3) 취득일 이후 1년간의 매출액이 10억원 이상이면, 갑(주)는 을(주)의 기존 주주에게 갑(주)의 주식 최대 1,000주를 추가로 지급하기로 약정하였다. 또한 2년차의 매출액이 15억원 이상이면, 500주를 추가로 지급하기로 약정하였다.

(상황 4) 취득일 이후 2년간의 매출액이 다음과 같이 달성되었을 경우 갑(주)는 을(주)의 기존 주주에게 갑(주)의 주식을 추가로 지급하기로 약정하였다.

구 분	조 건	추가 주식수
1년차	매출액 ≥ 10억원	1,000주
2년차	매출액 ≥ 20억원	1,000주
1~2년차	합산매출액 ≥ 30억원	1,000주

22) 한편 조건부대가는 특정 조건이 충족될 경우 이전대가를 반환받는 권리를 취득자에게 부여할 수도 있으며, 이 경우에는 자산으로 분류한다.

해답

(상황 1) K-IFRS 제1032호(문단 16)에 따라 자기지분상품으로 결제되거나 결제될 수 있는 계약으로서 변동가능한 자기지분상품을 인도할 계약상 의무가 없는 비파생상품은 자본으로 분류한다. 따라서 자기지분상품 발행은 자본으로 분류한다.

(상황 2) 조건부약정이 분리될 수 있는지 여부를 고려해야 한다. 각각의 약정상의 조건이 서로 다른 위험에 노출되어 있으며 각각 용이하게 분리할 수 있고 서로 독립적이면 각각의 조건을 분리하여 회계처리한다. (상황 2)의 경우는 2개의 조건이 같은 위험에 노출되어 있으며 분리할 수 없고 서로 독립적이지 않으므로 단일약정으로 판단된다. 이 약정에 따라 발행할 주식수가 미래의 조건달성에 따라 변동가능하므로 자기지분상품 발행은 부채로 분류한다.

(상황 3) (상황 2)의 경우와는 달리 (상황 3)은 2개의 조건이 분리되어 각각의 조건이 확정수량의 자기지분상품을 발행하므로 자기지분상품 발행은 자본으로 분류한다.

(상황 4) 3개의 조건 중에서 첫 번째 조건과 두 번째 조건은 독립적이나 세 번째 조건은 분리가능하지 않으므로 (상황 4)는 복수의 조건으로 이루어진 단일약정으로 판단된다. 여기에서 인도할 자기지분상품의 수량이 변동가능하므로 자기지분상품 발행은 부채로 분류한다.

5. 영업권과 염가매수차익의 인식과 측정

사업결합에서 피취득자의 식별가능한 순자산가액과 이전대가(transferred consideration)는 일치하지 않는 것이 일반적이며, 해당 차액은 다음과 같이 인식된다.

영업권 또는 염가매수차익의 인식과 측정

- 영업권 : ①이 ②보다 클 경우, 그 초과금액으로 측정하여 인식
- 염가매수차익 : ②가 ①보다 클 경우, 그 초과금액으로 측정하여 인식

① 다음의 합계금액
  ㉠ 이전대가
  ㉡ 피취득자에 대한 비지배지분의 금액
  ㉢ 단계적으로 이루어지는 사업결합의 경우 취득자가 이전에 보유하고 있던 피취득자에 대한 지분의 취득일 공정가치

② 취득일에 식별가능한 취득 자산과 인수 부채의 순액

(1) 영업권의 인식과 측정

영업권(goodwill)이란 개별적으로 식별하여 별도로 인식할 수 없으나, 사업결합에서 획득한 그 밖의 자산에서 발생하는 미래 경제적 효익을 나타내는 자산을 의미한다. 영업권은 '무형자산 중의 무형자산'이라고도 부르는데, 이는 영업권이 특정 사업과 분리되어 독립적으로 거래될 수 없는 자산이기 때문이다. 이에 따라 영업권은 특정 사업을 매수하는 사업결합의 경우에만 인식된다.[23]

취득자와 피취득자(또는 피취득자의 이전 소유자)가 지분만을 교환하여 사업결합을 하는 경우, 피취득자 지분의 공정가치가 취득자 지분의 공정가치보다 더 신뢰성 있게 측정되는 경우가 있다. 이 경우 취득자는 이전한 지분의 공정가치 대신에 피취득자 지분의 공정가치를 이용하여 영업권의 금액을 결정한다.

영업권은 비지배지분을 어떻게 측정하는가에 따라 영업권 전부가 인식될 수 있고, 아니면 지배지분에 해당하는 영업권만 인식될 수도 있다.[24]

① **전부영업권의 인식**(full goodwill) : 비지배지분을 공정가치로 측정하면, 지배지분과 비지배지분 각각에서 영업권이 발생한다.

② **부분영업권의 인식**(partial goodwill) : 비지배지분을 피취득자의 식별가능한 순자산의 공정가치에 비례하여 결정하면, 비지배지분에서는 영업권이 발생하지 않고 지배기업지분에서만 영업권이 발생한다.

(2) 염가매수차익의 인식과 측정

사업결합에서 때로는 염가매수(bargain purchase)가 발생할 수도 있는데, 염가매수가 이루어지는 상황은 다양하다. 예를 들면, 피취득자가 회사의 다급한 사정 등으로 비정상적인 강제 매각을 할 수밖에 없는 경우, 취득자의 협상능력이 피취득

23) 영업권은 정상적인 영업활동과정에서 내부적으로 창출될 수도 있다. 그러나 이러한 내부창출영업권은 자산으로 인식하지 않는다. 내부창출영업권을 자산으로 인식하지 않는 이유는 다음과 같다. 첫째, 미래 경제적 효익을 창출하기 위해 발생한 지출은 내부적으로 영업권을 창출할 수 있지만 내부창출영업권이 식별 불가능함에 따라 그 원가를 신뢰성 있게 측정하기는 어렵다. 둘째, 내부창출영업권은 외부와의 직접적인 거래로 인하여 발생한 것이 아니므로 영업권의 측정이 매우 주관적이거나 부정확할 가능성이 높다.

24) 비지배지분의 측정방법에 따른 전부영업권과 부분영업권의 인식은 제3장(연결재무제표 작성)에서 보다 구체적으로 다루기로 한다.

자보다 우위에 있는 경우, 피취득자의 자산·부채를 개별적으로 거래하였을 때보다 낮은 금액으로 피취득자 전체를 취득할 수 있는 경우, 피취득자의 특정 자산이나 부채와 직접 연관짓기는 어려우나 기업가치를 하락시키는 제반 문제점(예를 들어, 종업원의 사기 저하, 고객으로부터의 부정적인 회사이미지 등)들이 존재하는 경우에는 염가매수가 이루어질 수 있다.

염가매수차익은 영업권이 인식되는 경우와 반대의 상황에서 인식되며, ②의 금액(취득일에 식별가능한 취득 자산과 인수 부채의 순액)이 ①의 합계금액(이전대가 등)을 초과하는 경우 그 초과액으로 측정한다. 그러나 그 초과액을 염가매수차익으로 인식하기 전에, 취득자는 모든 취득 자산과 인수 부채를 정확하게 식별하였는지와 그 측정절차를 재검토하고, 이러한 재검토에서 식별된 추가 자산이나 부채가 있다면 이를 인식한다.

이러한 재검토는 취득일 현재 이용가능한 모든 정보를 고려하여 관련 측정치에 적절히 반영하였는지 확인하기 위해서이다. 재검토 후에도 ②가 ①을 초과하는 염가매수차익이 존재하면, 이를 취득일에 당기이익으로 인식한다.

사례로 배우기 1-3 **염가매수차익, 싼 게 비지떡? 일거양득?**

피취득자의 순자산 금액 대비 저렴하게 인수대가를 지급할 경우는 취득자의 가격협상력이 매우 높거나, 피취득자가 시간에 쫓겨 급하게 매각하는 경우 등이 있다. 이러한 경우가 일반적이지는 않기 때문에 관련 회계처리시 취득자는 모든 취득 자산과 인수 부채를 정확하게 식별하였는지와 그 측정절차를 재검토하고, 그 이후에도 염가매수차익이 발생하면 취득일에 이를 당기이익으로 인식한다. 사업결합에서 염가매수차익이 인식될 경우, '싼 게 비지떡'인 것인가, 아니면 '일거양득'인 것인가.

적어도 회계에서는 염가매수차익이라는 개념을 도입해 저렴한 인수를 긍정적으로 평가할 수 있다. 지난 2012년에 하나은행이 외환은행 인수시 약 1조원 정도의 염가매수차익을 인식한 바 있고 JB금융지주가 광주은행 인수시 약 5,000억원을, KB금융지주가 현대증권을 인수시 약 6,000억원의 염가매수차익을 손익계산서상 이익으로 계상했다. 이렇게 인식된 염가매수차익은 이익잉여금으로 계상됨으로써 자본확충을 통한 재무개선 효과와 배당가능이익 증대를 통한 주주이익 개선에 긍정적인 영향을 미칠 수 있다.

이와 같이, 염가매수차익은 취득자에게 저렴한 구입에 대한 선물일 수 있으며, M&A 의사결정에서 염가매수차익이란 부분도 잘 고려할 경우에는 '싼 게 비지떡'이 아닌 '일거양득'이 될 수 있다.

(서울경제, 염가매수차익은 M&A의 선물, 2018.1.4 일부 발췌)

예제 1-4 영업권과 염가매수차익

갑(주)는 20×1년 1월 1일을 취득일로 하여 을(주)를 흡수합병하였다. 취득일 현재 피취득자인 을(주)의 식별가능한 순자산 장부금액과 공정가치는 다음과 같다.

재무상태표

을(주) 20×1. 1. 1 현재

	장부금액	공정가치		장부금액	공정가치
현 금	₩100,000	₩100,000	차 입 금	₩50,000	₩50,000
재고자산	100,000	160,000	자본금(주당 ₩5,000)	130,000	
비유동자산	100,000	150,000	이익잉여금	120,000	
합 계	₩300,000		합 계	₩300,000	

이전대가로 갑(주)가 각각 20주(상황 1)와 10주(상황 2)를 발행하였고, 발행한 주식의 주당 공정가치는 주당 ₩15,000이다. 20×1년말에 시장점유율이 10% 이상 증가하면 추가로 10주를 발행 · 교부하기로 하였다. 이러한 조건부대가의 공정가치는 ₩120,000이다.

합병과 관련하여 갑(주)가 수행해야 할 회계처리를 제시하라.

해답

(상황 1) 20주를 발행

(차) 현 금	100,000	(대)	차 입 금	50,000
재고자산	160,000		자 본 금	100,000
비유동자산	150,000		주식발행초과금	200,000*
영 업 권	60,000		조건부대가(자본)	120,000

* 20주 × (₩15,000 − ₩5,000) = ₩200,000

(상황 2) 10주를 발행

(차) 현 금	100,000	(대)	차 입 금	50,000
재고자산	160,000		자 본 금	50,000
비유동자산	150,000		주식발행초과금	100,000*
			조건부대가(자본)	120,000
			염가매수차익(당기이익)	90,000

* 10주 × (₩15,000 − ₩5,000) = ₩100,000

(3) 영업권의 사후 회계처리

사업결합을 통해 취득한 영업권은 내용연수가 비한정인 무형자산으로 보아 상각하지 않는다. 대신, K-IFRS 제1036호(자산손상)에 따라 매 보고기간마다 회수가능액을 평가하여 손상차손이 발생한 경우에는 이를 당기비용으로 회계처리한다. 이러한 회계처리는 해당 영업권의 가치를 유지 · 향상시키기 위한 취득자의 노력(예를 들어, 광고활동이나 고객서비스 개선활동)이 계속 이루어질 것이므로 영업권을 획일적으로 상각하기보다는 매 보고기간마다 손상검사를 수행하는 것이 보다 합리적이라는 시각에 기초한다.

아울러 다른 무형자산과는 달리 감액된 영업권에 대해서는 손상차손환입을 허용하지 않는다. 왜냐하면 영업권에 대해 손상차손을 인식하고 난 후 후속기간에 증가된 회수가능액은 내부적으로 창출된 영업권의 증가액으로 보기 때문이다. 영업권의 사후 회계처리에 대해서는 본장의 〈보론 1〉 영업권의 손상차손과 환입에 상세히 언급되어 있다.

제3절 사업결합과 관련된 기타 사항

1. 특수한 형태의 사업결합

(1) 단계적으로 이루어지는 사업결합

취득일 직전에 지분을 보유하고 있던 피취득자에 대한 지배력을 획득하는 경우가 있다. 예를 들면, 20×1년 12월 31일에 갑(주)는 을(주)에 대한 비지배지분 30%를 보유하고 있다. 동 일자에 을(주)의 지분 40%를 추가로 매수하여 을(주)에 대한 지배력을 갖게 되었다. 이러한 거래를 단계적으로 이루어지는 사업결합 또는 단계적 취득이라고 한다.

단계적으로 이루어지는 사업결합의 경우 취득자가 이전에 보유하고 있던 피취득자에 대한 지분의 취득일의 공정가치와 이전대가의 합계금액을 식별가능한 취득 자산과 인수 부채의 순액과 비교하여 영업권 또는 염가매수차익을 인식한다. 그리고 이전에 보유하고 있던 피취득자에 대한 지분을 취득일의 공정가치로 재측정한 결과 차손익이 나타난다면 이는 당기손익 또는 기타포괄손익(적절한 경우)으로 인식한다. 이전의 보고기간에 취득자가 피취득자에 대한 지분의 가치변동을 기타포괄손익(예 : 투자자산이 기타포괄손익-공정가치측정항목으로 분류된 경우)으로 인식하였다면 해당 차손익은 기타포괄손익으로 인식한다. 이는 취득자가 이전에 보유하던 지분을 직접 처분한다면 적용하였을 회계처리와 동일하다.

예제 1-5 단계적으로 이루어지는 사업결합

20×0년말 현재 갑(주)는 을(주)의 지분 10%를 보유하고 있으며, 이를 FVOCI금융자산으로 분류하고 있다. 20×0년말 현재 동 주식의 공정가치는 ₩29,000이다. 갑(주)는 20×1년 1월 1일에 을(주)의 나머지 지분 90%를 취득하여 합병하였다. 그 대가로 갑(주)는 보통주식 18주(주당 공정가치 ₩15,000, 주당 액면가액 ₩5,000)를 신규로 발행 · 교부하였으며, 기존에 보유하던 을(주) 주식에 대해서는 신주를 교부하지 않았다. 취득일에 을(주) 10%의 공정가치는 ₩30,000이다. 취득일 현재 피취득자인 을(주)의 식별가능한 순자산 장부금액과 공정가치는 다음과 같다.

재무상태표

을(주) 20×1. 1. 1 현재

	장부금액	공정가치		장부금액	공정가치
현 금	₩100,000	₩100,000	차 입 금	₩80,000	₩80,000
재고자산	100,000	130,000	자 본 금	100,000	
비유동자산	100,000	140,000	이익잉여금	120,000	
합 계	₩300,000		합 계	₩300,000	

합병과 관련하여 20×1년 1월 1일에 갑(주)가 수행해야 할 회계처리를 제시하라.

해답

(차) FVOCI금융자산	1,000	(대) FVOCI금융자산평가이익	1,000
(차) 현 금	100,000	(대) 차 입 금	80,000
재고자산	130,000	자 본 금	90,000
비유동자산	140,000	주식발행초과금	180,000*
영 업 권	10,000	FVOCI금융자산	30,000

* 18주 × (₩15,000 − ₩5,000) = ₩180,000

(2) 대가의 이전 없이 이루어지는 사업결합

취득자는 때로 대가를 이전하지 않고 피취득자에 대한 지배력을 획득한다. 이러한 상황은 다음의 경우를 포함한다.

① 기존 투자자(취득자)가 지배력을 획득할 수 있도록 피취득자가 충분한 수의 자기주식을 재매수하는 경우
② 피취득자 의결권의 과반수를 보유하고 있는 취득자의 지배를 가로막고 있던 소수거부권이 소멸한 경우
③ 취득자와 피취득자가 계약만으로 사업결합하기로 약정한 경우[25)]

대가의 이전이 없는 사업결합에서는 영업권 금액을 결정할 때 이전대가의 공정가치 대신에 "가치평가기법"을 사용하여 피취득자에 대한 취득자 지분의 공정가치를 결정하여 사용한다.[26)]

2. 취득관련원가

취득관련원가란 취득자가 사업결합을 하기 위해 발생시킨 원가이다. 그러한 원가에는 중개수수료(예 : 자문, 법률, 회계, 가치평가 및 그 밖의 전문가 또는 컨설팅 수수료), 내부취득부서의 유지원가를 포함한 일반관리원가, 채무증권과 지분증권의 등록·발행원가를 포함한다. 취득자는 취득관련원가를 사업결합과 별도로 회계처리하며 해당 원가가 발생하고 용역을 제공받은 기간에 비용으로 회계처리한다. 예외적으로 채무증권과 지분증권의 발행원가는 K-IFRS 제1032호(금융상품 : 표시)와 제1109호(금융상품)에 따라 당해 증권의 발행금액에서 차감한다.

---

25) 이 경우 취득자는 피취득자에 대한 지배력과 교환하여 대가를 이전하지 않으며, 취득일 또는 그 이전에도 피취득자의 지분을 보유하지 않는다. 계약만으로 이루어지는 사업결합의 예로는 단일화 약정으로 두 개의 사업을 통합하거나 이중 상장기업(dual listed corporation)을 설립하는 것을 포함한다.

26) 그 상황에 적절하고 이용가능한 충분한 자료를 갖고 하나 또는 그 이상의 가치평가기법을 사용하여 피취득자 지분의 취득일의 공정가치를 측정한다. 둘 이상의 가치평가기법이 사용될 경우 취득자는 사용된 투입물의 목적적합성과 신뢰성 그리고 이용가능한 자료의 범위를 고려하여 그 기법의 결과를 평가해야 한다.

예제 1-6 취득관련원가

갑(주)는 20×1년 1월 1일을 취득일로 하여 을(주)를 흡수합병하였다. 취득일 현재 을(주)의 식별가능한 자산과 부채의 공정가치는 각각 ₩80,000, 부채는 ₩50,000이다. 이전대가로 갑(주)는 보통주 5주(주당 공정가치 ₩15,000, 주당 액면가액 ₩5,000)를 신규 발행 · 교부하였으며, 사업결합과정에서 발생한 신주발행비용 ₩1,000, 비유동자산 취득부대비용(취득세 및 등록세) ₩2,000, 변호사 수수료 ₩3,000, 내부취득부서의 유지원가 ₩5,000을 모두 현금으로 지출하였다. 합병과 관련하여 갑(주)가 수행해야 할 회계처리를 제시하라.

해답

(차) 제 자 산	80,000	(대) 제 부 채	50,000
영 업 권	45,000	자 본 금	25,000
		주식발행초과금	50,000*

* 5주 × (₩15,000 − ₩5,000) = ₩50,000

(차) 주식발행초과금	1,000	(대) 현 금	11,000
비유동자산	2,000*		
지급수수료	3,000		
판매관리비	5,000		

* K-IFRS 제1103호(사업결합)에서 비유동자산의 취득관련 부대원가(예 : 취득세, 등록세 등)에 대한 언급은 없으나, 특정 자산의 취득과 관련하여 직접적으로 발생하는 원가는 해당 자산의 취득원가에 가산하는 것이 합리적이라고 판단된다.

3. 측정기간

사업결합에 대한 최초 회계처리가 사업결합이 발생한 보고기간말까지 완료되지 못한다면, 우선 취득자는 회계처리가 완료되지 못한 항목의 잠정 금액을 재무제표에 보고하고, 사업결합에서 인식한 잠정 금액을 사업결합 후 조정할 수 있는 기간인 측정기간(measurement period)을 가지게 된다. 단, 측정기간은 취득일로부터 1년을 초과할 수 없다.

이러한 측정기간은 취득자에게 취득일 현재 다음 사항을 식별하고 측정하기 위하여 필요한 정보를 획득하는 데 소요되는 합리적인 시간을 제공한다.

① 식별가능한 취득 자산, 인수 부채 및 피취득자에 대한 비지배지분

② 피취득자에 대한 이전대가(또는 영업권 측정에 사용된 그 밖의 금액)
③ 단계적 사업결합의 경우 취득자가 이전에 보유하고 있던 피취득자에 대한 지분
④ 결과적으로 발생한 영업권 또는 염가매수차익

취득일 현재 존재하던 사실과 상황에 대한 정보를 측정기간에 새롭게 입수하게 되는 경우 취득자는 당해 정보를 취득일에 획득하였다면 취득일에 인식한 금액의 측정이 영향을 받게 되는지를 고려한다. 만약 그러하다면, 당해 정보를 반영하여 취득일에 인식한 잠정 금액을 소급하여 조정한다.

위와 같은 소급조정이 발생하는 경우 취득자는 식별가능한 자산(부채)으로 인식한 잠정 금액의 증가(감소)를 영업권의 감소(증가)로 인식하며, 잠정 금액에 근거한 취득일 이후의 회계처리(예 : 감가상각 등의 손익 효과)도 소급 조정된 금액에 근거한 회계처리로 수정해야 한다. 또한 재무제표에 표시된 과거기간의 비교정보 역시 필요한 경우 수정한다.

취득일 현재 존재하던 사실과 상황에 대하여 찾고자 하는 정보를 얻거나 더 이상의 정보를 얻을 수 없다는 것을 알게 된 시점에 측정기간은 종료한다. 그러나 측정기간은 취득일로부터 1년을 초과할 수 없다. 측정기간이 종료된 후에는 K-IFRS 제1008호(회계정책, 회계추정의 변경 및 오류)에 따른 오류수정의 경우에만 사업결합의 회계처리를 수정할 수 있다.

예제 1-7 측정기간

갑(주)는 20×1년 9월 30일에 을(주)를 합병하였다. 취득일 현재 을(주)의 순자산공정가치는 ₩800,000이었으며 갑(주)는 을(주)의 주주에게 이전대가로 현금 ₩1,000,000을 지급하였다. 갑(주)는 사업결합에서 취득한 유형자산의 항목에 대한 가치평가를 20×1년 12월 31일에 종료하는 회계연도의 재무제표 발행을 승인할 때까지 완료하지 못했다. 갑(주)는 20×1년 연차재무제표에서 잠정적으로 당해 유형자산의 공정가치를 ₩30,000으로 인식하였다. 취득일에 그 유형자산의 잔여내용연수는 5년이고, 정액법으로 상각한다. 20×2년 1월 1일에 갑(주)는 그 유형자산의 취득일의 공정가치를 ₩40,000으로 추정한 독립된 가치평가결과를 받았다.

갑(주)가 20×2년 1월 1일에 행할 회계처리를 제시하라.

해답

갑(주)는 20×2년 1월 1일에 다음과 같은 분개를 행한다.

(1) 유형자산 취득원가 및 영업권의 수정

(차) 유 형 자 산	10,000	(대) 영 업 권	10,000*

* 취득일의 공정가치 조정액 ₩10,000을 유형자산 취득원가에 가산한다. 그 결과 20×1년 12월 31일 현재 영업권의 장부금액은 ₩10,000만큼 감소한다.

(2) 과소계상된 20×1년 감가상각비에 대한 수정

(차) 이익잉여금	500*	(대) 감가상각누계액	500

* 유형자산의 취득일의 취득원가가 처음부터 ₩40,000으로 인식되었더라면 인식했을 3개월간의 추가 감가상각비 ₩500(=₩10,000÷5년×3/12)을 계상한다. 또한 20×1년에 대해 과소계상한 감가상각비 ₩500을 기초이익잉여금에 조정한다.

4. 후속 측정과 회계처리

사업결합으로 취득한 자산, 인수하거나 부담한 부채, 그리고 발행한 지분상품에 대해 취득자는 해당 항목의 성격에 따라 적용가능한 다른 K-IFRS에 따라 후속 측정하고 회계처리한다.[27] 그러나 다음 항목에 대해서는 별도로 후속 측정 및 회계처리지침이 제시되고 있다.

① 다시 취득한 권리 : 무형자산으로 인식한 다시 취득한 권리는 그 권리가 부여된 계약의 "잔존 계약기간"에 걸쳐 상각한다.

② 우발부채 : 사업결합에서 인식한 우발부채는 이후에 정산, 취소 또는 소멸되기 전까지 다음 중 큰 금액으로 측정한다.

- K-IFRS 제1037호(충당부채, 우발부채 및 우발자산)에 따라 인식되어야 할 금액

27) 사업결합에서 취득한 자산과 인수하거나 부담한 부채에 대한 후속 측정 및 회계처리에 대한 지침을 제공하는 다른 K-IFRS의 예는 다음과 같다.
① K-IFRS 제1038호는 사업결합에서 취득한 식별가능한 무형자산의 회계처리를 규정한다. K-IFRS 제1036호는 손상차손에 대한 회계처리를 규정한다.
② K-IFRS 제1104호는 사업결합으로 취득한 보험계약의 후속 회계처리에 대한 지침을 제공한다.
③ K-IFRS 제1012호는 사업결합에서 취득한 이연법인세자산/부채에 대한 후속적인 회계처리를 규정한다.
④ K-IFRS 제1102호는 종업원의 미래 근무용역에 귀속되는, 취득자가 발행하여 보상한 대체 주식기준보상 부분에 대한 후속 측정 및 회계처리에 대해 지침을 제공한다.
⑤ K-IFRS 제1027호는 지배력을 획득한 후의 종속기업에 대한 지배기업의 소유주 지분율의 변동에 대한 회계처리지침을 제공한다.

- 최초 인식금액에서, 적절하다면 K-IFRS 제1115호(고객과의 계약에서 생기는 수익)에 따라 누적 수익 금액을 차감한 금액

③ **보상자산 :** 사업결합에서 인식한 보상자산은 각 보고기간말에 보상금액에 대한 계약상 제한(특히 공정가치로 측정되지 않는 보상자산의 경우에는 회수가능성에 대한 경영진의 검토)을 반영하여 후속 측정한다. 또한 취득자는 보상자산을 회수하거나 매각하거나 그 밖에 보상자산에 대한 권리를 상실하는 경우에만 그 보상자산을 제거한다.

④ **조건부대가 :** 조건부대가의 공정가치 변동이 취득일에 존재한 사실과 상황에 대해 취득일 후에 추가로 입수한 정보로 인한 것이라면, 측정기간 동안의 조정으로 보아 취득일로 소급 수정한다. 그러나 목표수익의 달성, 특정 주가의 도달 등 취득일 이후에 발생한 사건에서 발생한 변동은 다음과 같이 회계처리한다.

- 자본으로 분류된 조건부대가 : 재측정하지 않으며, 그 후속 정산은 자본 내에서 회계처리한다.
- 자산이나 부채로 분류된 조건부대가 : 각 보고기간말에 공정가치로 측정하고 공정가치 변동은 당기손익으로 인식한다.

예제 1-8 후속 측정 – 조건부대가의 공정가치 변동

갑(주)는 20×1년 1월초에 을(주)를 합병하였다. 취득일 현재 을(주) 자산의 공정가치는 ₩250,000이고 부채의 공정가치는 ₩130,000이었다. 갑(주)는 을(주)의 주주에게 이전대가로 100주(주당 액면금액 ₩1,000, 공정가치 ₩1,500)를 교부하였다. 또한 갑(주)는 다음과 같은 내용의 조건부대가 계약을 체결하였다.

- 20×1년 12월말에 갑(주) 주식의 공정가치가 ₩1,200보다 낮으면, 갑(주)의 주식 10주를 추가 교부하여 이전대가의 가치하락을 보상한다.
- 20×1년의 매출액 성장률이 20%를 초과하면, 갑(주)는 을(주)의 주주에게 일정금액의 현금을 추가 지급한다.

취득일 시점에서 측정한 주식교부관련 조건부대가의 공정가치는 ₩11,000이고, 현금지급관련 조건부대가의 공정가치는 ₩5,000이었다. 20×1년 12월 31일 갑(주) 주식의 공정가치가 ₩1,000으로 하락하여 갑(주)는 을(주)의 주주에게 추가로 10주를 발행하여 교부하였다. 또한 20×1년 매출성장률이 20%를 초과하여 을(주)의 주주에게 ₩8,000의 현금을 추가로 지급하였다.

갑(주)가 취득일과 20×1년 12월 31일에 행할 회계처리를 제시하라. 단, 주식교부관련 조건부대가는 자본으로 분류되고, 현금지급관련 조건부대가는 부채(금융상품)로 분류된다.

해답

(1) 취득일의 분개

(차)			(대)	
자 산	250,000		부 채	130,000
영 업 권	46,000		자 본 금	100,000
			주식발행초과금	50,000
			조건부대가(자본)	11,000
			조건부대가(부채)	5,000

(2) 20×1년 12월 31일

① 주식의 추가교부

(차)		(대)	
조건부대가(자본)	11,000	자 본 금	10,000*
		주식발행초과금	1,000*

* 자본으로 분류된 조건부대가는 재측정하지 않으며, 그 후속 정산은 자본 내에서 회계처리한다. 따라서 추가로 발행되는 주식의 액면금액 ₩10,000(=10주×₩1,000)은 자본금으로 대체하고, 차액 ₩1,000은 주식발행초과금으로 처리한다.

② 현금의 추가지급

(차)		(대)	
조건부대가(부채)	5,000	현 금	8,000*
조건부대가상환손실	3,000		

* 현금을 추가지급하는 조건부대가는 금융상품으로서 부채로 분류되었다. 따라서 공정가치(이 경우는 지급한 금액)로 측정하고 관련 차손익은 당기손익으로 인식한다.

5. 공 시

재무제표이용자가 다음 기간에 발생한 사업결합의 내용과 재무효과를 평가할 수 있도록 정보를 공시해야 한다.

① 당해 보고기간
② 보고기간 종료일로부터 재무제표 발행승인 전까지의 기간

이러한 목적을 달성하기 위하여 K-IFRS 제1103호(사업결합)에서는 상세히 공시할 사항을 규정하고 있다. 또한 재무제표이용자가 당해 보고기간이나 이전 보고기간에 발생한 사업결합과 관련하여 당해 보고기간에 인식한 조정의 재무효과를 평가할 수 있는 정보를 공시해야 한다.

보론 1 영업권의 손상차손과 환입

1. 자산손상 회계처리의 개요

K-IFRS 제1036호(자산손상)에서는 매 회계기간말마다 자산손상을 시사하는 징후가 있는지 검토하고, 만약 그러한 징후가 있다면 당해 자산의 회수가능액을 추정하도록 규정하고 있다. 단, 손상평가대상인 자산이 영업권이거나 내용연수가 비한정인 무형자산인 경우에는 자산손상을 시사하는 징후에 관계없이 반드시 매년 사용가치를 계산해 보고 자산손상 여부를 검토해야 한다. 이 경우 사용가치를 이용하는 이유는 이러한 자산의 경우 활성시장이 존재하지 않기 때문이다.

자산의 회수가능액이 장부금액에 미달하는 경우에는 자산의 장부금액을 회수가능액으로 감소시키고, 그 감소액을 손상차손으로 인식한다([그림 보1-1]을 참조). 여기서 장부금액은 상각후원가(또는 상각후 재평가금액)를 의미하고, 회수가능액은 순공정가치와 사용가치 중에서 큰 금액을 말한다.

회수가능액은 원칙적으로 개별자산별로 추정한다. 그러나 만일 개별자산별로 회수가능액을 추정할 수 없다면, 당해 자산이 속해 있는 현금창출단위별로 추정한다.

2. 영업권과 손상차손

영업권은 일반 자산과 상당히 다른 특성을 지니고 있다. 영업권은 무형자산의 특성인 식별가능성이 없고, 다른 자산과 독립적으로 존재하지 못하며 독립적인 수익창출능력이 없다. 따라서 영업권이 실질적인 경제적 가치가 있는지에 대해서는 높은 불확실성이 있다. 이에 따라 K-IFRS에서는 영업권에 대해서는 손상의 징후가 없더라도 매년 손상검사를 실시하도록 규정하고 있다.

[그림 보1-1] 자산손상의 회계처리에 대한 개념도

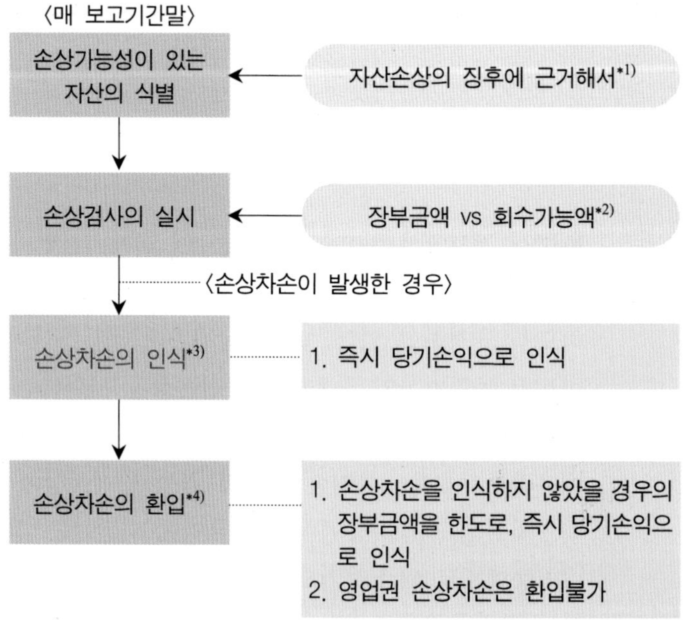

*1) 내용연수가 비한정인 무형자산, 아직 사용할 수 없는 무형자산, 그리고 사업결합으로 취득한 영업권에 대해서는 손상징후와 관계없이 매년 손상검사를 실시한다.

2) 회수가능액＝Max(순공정가치, 사용가치)
회수가능액이 해당 자산의 장부금액보다 작으면 자산손상이 발생했다고 본다.

3) 손상차손＝장부금액－회수가능액

4) 손상차손환입은 손상차손의 인식 이후에 당시 회수가능액을 결정하는 데 사용된 추정치의 변화가 있을 경우에만 실시한다. 단 영업권의 손상차손은 환입하지 않는다.

(1) 영업권을 현금창출단위에 배분

사업결합으로 취득한 영업권은 취득자가 개별적으로 식별할 수 없는 자산에서 미래 경제적 효익이 유입될 것을 기대하여 지급한 금액이다. 영업권은 다른 자산이나 자산집단과 독립적으로 구별되는 현금흐름을 창출하지 못한다. 따라서 이러한 영업권은 사업결합으로 인한 시너지효과의 혜택을 받게 될 것으로 기대되는 각 현금창출단위나 현금창출단위집단에 배분해야 한다.

영업권이 배분되는 각 현금창출단위나 현금창출단위집단은 다음 조건을 모두 충족해야 한다.

① 내부관리 목적상 영업권을 관찰하는 기업 내 최소수준이어야 한다.
② K-IFRS 제1108호(영업부문)에 따라 결정되는 영업부문보다 크지 않아야 한다.

(2) 영업권을 포함하는 현금창출단위의 손상검사

영업권이 배분된 현금창출단위에 대해서는 매년 영업권을 포함한 현금창출단위의 장부금액과 회수가능액을 비교하여 손상검사를 한다. 손상검사는 회계연도중 어느 때라도 할 수 있으며 매년 같은 시기에 실시한다. 서로 다른 현금창출단위에 대해서는 회계연도중 상이한 시점에서 손상검사를 할 수 있다.[28)]

영업권이 배분된 현금창출단위(또는 현금창출단위집단)의 손상검사를 하는 시점에서 당해 현금창출단위 내의 자산에 대해 손상을 시사하는 징후가 있을 수도 있다. 이러한 경우에는 당해 현금창출단위에 대해 손상검사를 하기 전에 먼저 자산에 대해 손상검사를 하여 손상차손을 인식한다. 이후에 조정된 현금창출단위(또는 현금창출단위집단)의 장부금액과 회수가능액을 비교하여 영업권이 배분된 현금창출단위(또는 현금창출단위집단)와 영업권이 손상되었는지를 검사한다.

(3) 영업권을 포함하는 현금창출단위의 손상차손 인식

현금창출단위의 회수가능액이 장부금액에 미달하는 경우에는 손상차손을 인식한다. 손상차손은 현금창출단위(또는 현금창출단위집단)에 속하는 자산의 장부금액을 다음 순서로 감소시킨다.

① 영업권의 장부금액을 감소시킨다.
② 다른 자산에 대해서는 각각 장부금액 비례로 배분하여 감소시킨다.

장부금액의 감소는 개별자산에 대한 손상차손으로 회계처리하고, 즉시 당기손실로 인식한다.[29)] 그러나 현금창출단위(또는 현금창출단위집단)의 손상차손을

28) 다만, 당해 회계연도중에 일어난 사업결합에서 취득한 영업권을 포함하는 현금창출단위에 대해서는 당해 회계연도말 이전에 최초로 손상검사를 해야 한다.

29) 현금창출단위 내 개별자산의 회수가능액을 결정할 수 없는 경우에는 다음과 같이 회계처리한다.
① 개별자산의 순공정가치와 앞에서 언급한 손상차손의 인식으로 배분한 결과치 중에서 큰 금액이 장부금액보다 작은 경우에는 개별자산에 대해 손상차손을 인식한다.

배분할 때 개별자산의 장부금액은 다음 중 가장 큰 금액 이하로 감소시킬 수 없다.

① 순공정가치(결정가능한 경우)
② 사용가치(결정가능한 경우)
③ 영(₩0)

위와 같은 제약으로 인해 특정 자산에 배분되지 않은 손상차손은 현금창출단위(또는 현금창출단위집단) 내의 다른 자산에 각각 장부금액에 비례하여 배분한다.

예제 보1-1 현금창출단위의 손상차손

20×1년초에 갑(주)는 을(주)를 ₩10,000에 인수하였다. 을(주)는 3개국에 제조공장을 보유하고 있다. 사업결합원가는 A국, B국 및 C국에 각각 다음과 같이 배분되었다.

20×1년초	사업결합원가의 배분	식별가능자산의 공정가치	영업권*
A국 활동	₩3,000	₩2,000	₩1,000
B국 활동	2,000	1,500	500
C국 활동	5,000	3,500	1,500
합 계	₩10,000	₩7,000	₩3,000

* 각 국가에서의 활동은 내부관리 목적으로 영업권에 대한 관할이 이루어지는 최소한의 수준을 나타낸다(영업권은 계약서에 명시된 각 활동의 사업결합원가에서 그 식별가능한 자산의 공정가치를 차감하여 계산된다).

(주) 식별가능한 자산의 내용연수는 10년이고, 정액법으로 감가상각하며, 잔존가치는 없는 것으로 추정하였다.

각 국가에서의 활동(현금창출단위)의 회수가능액은 사용가치에 근거하여 결정된다. 20×1년말에 각 현금창출단위의 사용가치는 그 장부금액을 초과하였다. 따라서 각 국가의 식별가능자산과 배분된 영업권은 손상되지 않은 것으로 간주되었다.

20×2년말 A국에서는 새 정부가 출범하였다. 새 정부는 갑(주) 주제품의 수출을 엄격히 제한하는 법률을 통과시켰다. 이로 인해 예측가능한 미래에 갑(주) 생산이 40% 정도 감소할 것으로 보인다. 이에 따라 갑(주)는 20×2년말에 A국 활동(현금창출단위)의 회수가능액(사용가치)을 ₩1,200으로 다시 추정하였다.

손상차손을 인식한 후 A국 활동의 장부금액을 영업권과 식별가능한 자산으로 구분하여 제시하라.

② 관련 현금창출단위에서 손상차손이 발생하지 아니한 경우에는 개별자산에 대해 손상차손을 인식하지 아니한다. 이는 개별자산의 순공정가치가 장부금액보다 작은 경우에도 적용된다.

단, 법인세효과는 고려하지 않는다.

해답

각 국가에서의 활동에 영업권이 배분되었기 때문에 각 활동에 대한 손상검사는 손상을 시사하는 징후가 발견되는 경우뿐만 아니라 최소한 매년 실시해야 한다.

A국 현금창출단위의 회수가능액을 ₩1,200으로 다시 추정했으므로 이를 장부금액과 비교하여 손상차손 ₩1,400을 인식하고 다음과 같이 배분한다.

20×2년말	영업권	식별가능한 자산	합 계
취 득 원 가	₩1,000	₩2,000	₩3,000
상각누계액	–	(400)*	(400)
장 부 금 액	₩1,000	₩1,600	₩2,600
손 상 차 손	(1,000)	(400)	(1,400)
손상차손 인식 후 장부금액	₩ –	₩1,200	₩1,200

* (₩2,000 − ₩0) ÷ 10년 × 2년 = ₩400

회수가능액이 장부금액에 미달하므로 미달금액(₩1,400)을 즉시 당기손익으로 인식한다. 먼저, A국 사업에 관련된 영업권의 장부금액을 감액하여 ₩0으로 하고, 잔여 손상금액은 A국 현금창출단위에 포함되는 다른 식별가능한 자산의 장부금액을 각각의 장부금액에 비례하여 감소시킨다.

(4) 손상차손의 환입

매 재무상태표일마다 영업권을 제외한 자산에 대해 과거에 인식한 손상차손이 더 이상 존재하지 않거나 감소된 것을 시사하는 징후가 있는지를 검토한다. 만약, 이러한 징후가 있는 경우 당해 자산에 대하여 손상차손환입을 인식한다.

현금창출단위의 손상차손환입은 영업권을 제외한 자산들의 장부금액을 장부금액비례로 배분하여 감소시킨다. 이러한 장부금액의 증가는 개별자산에 대한 손상차손환입으로 회계처리하고, 이를 즉시 당기이익으로 인식한다.

현금창출단위의 손상차손환입을 배분할 때 개별자산의 장부금액은 다음 중 작은 금액을 초과하여 증가시킬 수 없다.

① 회수가능액(결정가능한 경우)

② 과거에 손상차손을 인식하기 전 장부금액의 감가상각 또는 상각후 잔액

손상차손환입 회계처리에서 중요한 점은 영업권에 대해서는 절대로 손상차손환입을 인식하지 않는다는 점이다. 왜냐하면 영업권에 대해 손상차손을 인식하고 난 후 후속기간에 증가된 회수가능액은 내부적으로 창출된 영업권 증가액으로 보기 때문이다.

예제 보1-2 손상차손의 환입

[예제 보1-1]에서 제시된 갑(주)의 자료를 사용한다.

20×3년에도 A국 정부는 교체되지 않고 계속 유지되고 있지만 사업환경이 점차 개선되고 있다. 갑(주)의 제품에 대한 수출규제법률의 영향은 경영자가 당초에 예상했던 것만큼 심각하지 않은 것으로 밝혀지고 있다. 따라서 경영자는 생산이 30% 정도 증가될 것으로 추정하고 있다. 이렇게 상황이 호전됨에 따라 20×3년말 현재 A국 활동의 순자산(현금창출단위)의 회수가능액은 ₩1,700으로 산출되었다.

손상차손환입액을 인식한 후 A국 활동의 장부금액을 영업권과 식별가능한 자산으로 구분하여 제시하라. 단, 법인세효과는 고려하지 않는다.

해답

손상차손을 인식한 후 A국 활동 순자산의 회수가능액을 결정하는 데 사용된 추정치에서 유리한 변화가 발생했으므로 20×2년에 인식했던 손상차손을 환입할 수 있다.

A국 현금창출단위의 20×3년말 장부금액(₩1,050)은 다음과 같이 산출된다.

20×3년말	영업권	식별가능한 자산	합 계
손상차손 인식 후 장부금액([예제 보1-1] 참조)	₩0	₩1,200	₩1,200
추가상각비(1년)*	–	(150)	(150)
장 부 금 액	–	₩1,050	₩1,050

* 20×2년말에 손상차손을 인식한 후 갑(주)의 추가상각비는 A국 활동의 식별가능한 자산에 대해 수정된 장부금액과 잔여내용연수(8년)에 근거하여 다음과 같이 산출된다.

$$(₩1,200 - ₩0) \div 8년 \times 1년 = ₩150$$

한편, A국 활동의 식별가능한 자산의 "손상차손 인식 전의 상각후 취득원가"는 다음과 같이 ₩1,400으로 산출된다.

$$₩2,000 - (₩2,000 - ₩0) \times (3년/10년) = ₩1,400$$

A국 활동의 식별가능한 자산의 장부금액(₩1,050)을 회수가능액 ₩1,700과 상각후 취득원가 ₩1,400 중 낮은 금액, 즉 ₩1,400으로 수정해야 한다. 따라서 A국 활동의 식별가능한 자산의 장부금액을 ₩350(= ₩1,400 − ₩1,050)만큼 증가시킨다.

이러한 장부금액 증가는 손상차손환입으로 즉시 당기손익으로 인식한다. 이에 따라 "20×3년말 손상차손환입 후 A국 활동 자산의 장부금액"은 다음과 같다.

20×3년말	영업권	식별가능한 자산	합 계
취 득 원 가	₩1,000	₩2,000	₩3,000
상각누계액	–	(550)	(550)
(누적)손상차손 인식금액	(1,000)	(400)	(1,400)
장 부 금 액	₩0	₩1,050	₩1,050
손상차손환입액	–	350	350
손상차손환입 후 장부금액	–	₩1,400	₩1,400

이때 영업권에서 발생한 손상차손은 환입하지 않음에 유의해야 한다.

보론 2 역취득

역취득은 증권을 발행한 기업(법적 취득자)이 회계목적상 피취득자로 식별될 때 발생한다. 지분을 취득당한 기업(법적 피취득자)은 역취득으로 고려되는 거래에서 회계목적상 취득자이다. 예를 들면, 비상장기업이 상장되기를 원하지만 자신의 지분이 등록되는 것은 원하지 않는 경우가 있다. 이를 위하여 비상장기업은 상장기업이 자신의 지분과 교환하여 비상장기업의 지분을 취득하도록 상장기업과 약정할 수 있다. 이 경우 상장기업은 지분을 발행하기 때문에 법적 취득자가 된다. 그러나 취득자의 식별기준에 따를 때 회계목적상으로는 비상장기업이 취득자(회계상 취득자)로 식별된다면, 이는 역취득이 된다. 물론 거래가 역취득으로 회계처리되기 위하여 회계상 피취득자는 사업의 정의를 충족시켜야 한다.

1. 이전대가의 측정

역취득에서 회계상 피취득자가 회계상 취득자의 소유주에게 자신의 주식을 발행한다. 따라서 회계상 이전대가는 법적 취득자의 소유주가 역취득의 결과로 결합기업에서 보유하는 지분과 동일한 비율의 지분이 유지되도록 법적 피취득자가 법적 취득자의 소유주에게 교부하였어야 할 법적 피취득자 주식의 수량에 기초하여 산출한다.

예제 보1-3 역취득에서 이전대가의 결정

20×6년 9월 30일에 갑(주)가 을(주)를 취득하였다. 갑(주)는 을(주)의 보통주 각 1주와 교환하여 갑(주)의 보통주 2.5주를 발행하기로 하였다. 이로써 갑(주)는 을(주)의 보통주 60주 모두에 대해 갑(주) 보통주 150주를 발행하였다.

사업결합 직전 갑(주)와 을(주)의 재무상태표는 다음과 같다(여기에서는 법인세효과에 대한 회계처리는 무시한다).

	갑(주) (법적 취득자) 〈회계상 피취득자〉	을(주) (법적 피취득자) 〈회계상 취득자〉
〈자산〉		
유동자산	₩5,000	₩7,000
비유동자산	13,000	30,000
자산총계	₩18,000	₩37,000
〈부채〉		
유동부채	₩3,000	₩6,000
비유동부채	4,000	11,000
부채총계	₩7,000	₩17,000
〈자본〉		
이익잉여금	₩8,000	₩14,000
발행자본 : 보통주 100주	3,000	
보통주 60주		6,000
자본총계	₩11,000	₩20,000
부채 및 자본총계	₩18,000	₩37,000

〈추가정보〉

① 20×6년 9월 30일에 을(주)의 보통주 1주의 공정가치는 ₩400으로 추정된다. 동 일자에 갑(주) 보통주의 공시된 시장가격은 ₩160이다.

② 20×6년 9월 30일에 갑(주)의 비유동자산의 공정가치는 ₩15,000이며, 이를 제외하고 갑(주)의 식별가능한 자산과 부채의 공정가치는 장부금액과 동일하다.

이전대가와 영업권을 산출하라.

해답

사업결합으로 인해 갑(주)(법적 취득자)가 보통주 150주를 발행한 결과, 을(주)의 주주는 결합기업 발행주식의 60%(발행주식 250주 중 150주)를 소유한다. 그 나머지 40%는 갑(주)의 주주가 소유한다. 따라서 회계상으로는 을(주)가 취득자가 된다. 즉 이는 역취득에 해당한다.

〈이전대가의 산출〉

을(주)가 갑(주)의 보통주와 교환하여 갑(주)의 주주에게 추가 주식을 발행하는 형식을 취했다면, 을(주)는 결합기업에 대한 지분비율(60%)과 동일하게 유지하기 위해 40주를 발행해야 했을 것이다.

$$60\% = 60주/(60주 + 발행주식수) \Rightarrow 발행주식수 = 40주$$

따라서 을(주)의 사실상 이전대가는 다음과 같이 산출된다.

이전대가＝을(주) 보통주의 주당 공정가치(₩400)×40주＝₩16,000

그러나 여기에서는 갑(주) 주식의 공시된 시장가격이 을(주) 주식의 추정 공정가치보다 더 신뢰성이 있으므로 이전대가는 갑(주) 주식의 시장가격을 사용하여 다음과 같이 측정한다.

이전대가＝갑(주) 보통주의 주당 공정가치 ₩160×100주＝₩16,000

(주) 본 사례에서는 산출된 금액이 동일하지만 다른 방법으로 이전대가를 결정하고 있음에 유의해야 한다.

〈영업권의 산출〉

영업권은 다음과 같이 산출된다.

(사실상) 이전대가		₩16,000
갑(주)의 식별가능한 자산과 부채의 인식된 순가치		
유동자산	₩5,000	
비유동자산(공정가치)	15,000	
유동부채	(3,000)	
비유동부채	(4,000)	(13,000)
영업권		₩3,000

2. 연결재무제표의 작성과 표시

역취득에 따른 연결재무제표는 법적 취득자(회계상 피취득자)의 이름으로 발행하지만 법적 피취득자(회계상 취득자)의 재무제표가 지속되는 것으로 작성한다. 즉, 법적 피취득자(회계상 취득자)의 자산과 부채는 사업결합 전의 장부금액으로 인식하는 한편, 법적 취득자(회계상 피취득자)의 자산과 부채는 사업결합의 회계처리, 즉 취득법에 따라 인식하고 측정한다.

그러나 연결재무제표의 자본구조(발행된 지분의 수량과 종류)는 법적 취득자의 자본구조를 반영한다. 따라서 법적 피취득자(회계상 취득자)의 자본구조는 역취득에서 발행한 법적 취득자(회계상 피취득자)의 지분 수량을 반영하기 위해 취득 약정에서 정한 교환비율로 소급 조정한다.

예제 보1-4 역취득 후의 연결재무제표 작성

[예제 보1-3]에서 제시된 갑(주)와 을(주)의 자료를 사용하여, 20×6년 9월 30일(사업결합 직후)의 연결재무상태표를 작성하라.

해답

20×6년 9월 30일(사업결합 직후)의 연결재무상태표를 작성하면 다음과 같다.

〈자산〉	
유동자산(= ₩7,000 + ₩5,000)	₩12,000
비유동자산(= ₩30,000 + ₩15,000)	45,000
영업권	3,000
자산총계	₩60,000
〈부채〉	
유동부채(= ₩6,000 + ₩3,000)	₩9,000
비유동부채(= ₩11,000 + ₩4,000)	15,000
부채총계	₩24,000
〈자본〉	
납입자본 : 보통주 250주(=100주+150주, ₩6,000 + ₩16,000)*	₩22,000
이익잉여금	14,000
자본총계	₩36,000
부채 및 자본총계	₩60,000

* 연결재무제표에 납입자본으로 인식된 금액(₩22,000)은 사실상 이전대가의 공정가치(₩16,000)와 사업결합 직전 법적 피취득자의 발행자본 금액(₩6,000)을 합산하여 결정한다. 그러나 연결재무제표에 나타나는 자본구조(즉, 발행된 주식수와 유형)는 결합을 이루기 위해 법적 취득자가 발행한 지분을 포함한 법적 취득자의 자본구조를 반영하였다.

종합예제 취득법에 의한 사업결합 회계처리

갑(주)는 20×1년 7월 1일자로 일부 투자하고 있던 을(주)를 합병하는 합병계약을 체결하였다. 합병계약에 따라 갑(주)는 을(주)의 주식 1주에 대하여 주식 1주를 발행하였다. 합병 직전 양사의 수정후시산표와 합병에 관련된 자료는 다음과 같다.

수정후시산표

	갑(주)	을(주)	
	장부금액	장부금액	공정가치
현 금	₩30,000	₩24,000	
매출채권(순액)	150,000	40,000	
재고자산	75,000	25,000	₩36,000
FVOCI금융자산	20,000	6,000	6,000
운용리스자산		10,000	15,000
유형자산	170,000	30,000	50,000
(감가상각누계액)	(50,000)	(13,000)	
사용권자산		20,000	
(감가상각누계액)		(8,000)	
매출원가	300,000	120,000	
판매관리비	60,000	50,000	
	₩755,000	₩304,000	
매입채무	₩75,000	₩30,000	₩30,000
리스부채		12,000	12,000
자 본 금(주당액면 ₩500)	200,000	50,000	
자본잉여금	15,000	10,000	
FVOCI금융자산평가이익	5,000	2,000	
이익잉여금	40,000	20,000	
매 출	420,000	180,000	
	₩755,000	₩304,000	

1) 갑(주)의 기타포괄손익-공정가치측정금융자산(FVOCI금융자산)은 모두 을(주)의 주식 15주이다. 동 주식의 공정가치는 ₩20,000이며, 이와 관련된 FVOCI금융자산평가이익 ₩5,000이 기타포괄손익누계액으로 계상되어 있다. 갑(주)는 합병으로 동 주식을 소각하기로 하였다. 한편, 을(주)의 FVOCI금융자산은

전액 갑(주)의 주식이다. 갑(주)의 시가는 주당 ₩750이다.

2) 갑(주)는 다음과 같은 사업결합과 관련된 지출을 하였다.

법률자문 수수료	₩10,000	유형자산 소유권이전 비용	₩3,000
주식발행비용	5,000	기타 사업결합관련비용	2,000

3) 갑(주)는 합병 후 1년 동안 시장점유율이 40%를 초과하면 추가대가를 현금으로 지급하기로 하였으며, 조건부대가의 공정가치는 ₩20,000으로 측정되었다.

4) 취득시점에 을(주)의 세무상 이월결손금은 ₩80,000이 있었으며, 이에 대한 실현가능성은 매우 낮다. 법인세율은 두 회사가 모두 30%이다. 단, 장부금액과 공정가치가 다른 자산, 부채에 대해서는 이연법인세 자산, 부채를 인식하지 않는다.

5) 리스제공자인 을(주)의 운용리스자산의 공정가치는 ₩15,000이며, 이 금액에는 당해 운용리스계약이 시장조건에 비하여 불리하다고 판단되는 금액 ₩3,000이 포함되어 있다.

6) 을(주)가 리스이용자인 리스계약의 종료시점은 20×4년 6월 30일이며 매년 6월 30일 ₩5,000의 리스료를 지급하고 있다. 합병일 현재 잔여기간 리스료의 현재가치는 ₩12,000이다. 해당 리스의 조건은 시장조건과 비교하여 유리하다고 판단되며, 유리한 리스조건의 공정가치는 ₩1,000으로 추정된다.

7) 을(주)는 현재 고객과 계약을 진행하고 있으며, 계약이 체결되는 경우 많은 현금이 유입될 것으로 기대된다. 이 계약의 잠재적 가치는 ₩20,000으로 측정된다.

8) 을(주)는 진행중인 연구프로젝트개발에 ₩20,000을 지출하였으며, 갑(주)는 이 프로젝트의 공정가치를 ₩22,000으로 측정하였다.

9) 을(주)는 기존의 특허권과 관련하여 ₩40,000의 소송을 제기받았으며, 현재시점에서 손해배상금액을 측정할 수 없다.

10) 을(주) 연구 · 개발부서에는 우수한 인적자원이 있으며 이로 인한 합병 후의 시너지효과는 상당할 것으로 기대된다. 을(주)가 측정한 인적자원의 가치는 ₩5,000이다.

11) 갑(주)는 합병 후 을(주)의 일부 사업부를 폐쇄할 예정이며, 이때 발생하는 구조조정비용을 ₩20,000으로 예상하고 있다.

요구사항

1. 사업결합일에 갑(주)가 필요한 분개를 하고, 사업결합일의 포괄손익계산서와 재무상태표를 작성하라.
2. (1) 20×1년 조건부대가의 공정가치는 ₩18,000으로 변경되었다. 공정가치의 변동이 취득일에 존재한 사실과 상황에 대하여 취득일 후에 추가로 입수한 정보에 의한 것일 때 분개를 제시하라.
   (2) 20×2년 8월 1일 조건부대가 ₩20,500을 지급하였다. 이와 관련된 분개를 제시하라.

해 답

1. ① 갑(주)의 사업결합관련분개

(차)	현 금	24,000	(대) 매 입 채 무	30,000
	매 출 채 권	40,000	리 스 부 채	12,000
	재 고 자 산	36,000	자 본 금	42,500*
	운용리스자산	15,000	자본잉여금-주식발행초과금	21,250**
	유 형 자 산	50,000	조건부대가(부채)	20,000
	사용권자산	13,000***	FVOCI금융자산	20,000
	무 형 자 산	22,000#	염가매수차익	60,250##
	자 기 주 식	6,000		

* (100주 − 15주) × ₩500 = ₩42,500

** (100주 − 15주) × (₩750 − ₩500) = ₩21,250

*** ₩12,000 + ₩1,000(유리한 조건) = ₩13,000

\# ₩22,000(연구프로젝트 공정가치)을 식별가능한 무형자산으로 인식함

## 이전대가[(100주 − 15주) × ₩750 + ₩20,000 + ₩20,000]	₩103,750
순자산공정가치(₩206,000 − ₩42,000)	(164,000)
염가매수차익	(₩60,250)

1) 세무상 이월결손금은 실현가능성이 매우 낮아 취득시점에는 별도로 이연법인세자산, 부채를 인식하지 않는다. 단, 향후에 실현된 경우 취득자는 그 결과로 인한 이연법인세를 손익으로 인식한다.
2) 피취득자의 운용리스자산은 리스조건을 고려하여 취득일의 공정가치로 측정한다.
3) 피취득자가 리스이용자인 경우 잔여기간 리스료의 현재가치를 리스부채로 인식한다. 또한 리스부채와 동일한 금액을 사용권자산으로 인식하되 시장조건에 비해 유리한 리스조건의 공정가치는 사용권자산에 가산하여 조정한다.
4) 잠재적 계약은 그 자체로 자산이 아니기 때문에 영업권과 분리하여 인식하지 않는다.
5) 우발부채의 경우 과거사건에서 발생한 현재의무이고 그 공정가치를 신뢰성 있게 측정할 수 있을 때 인식한다.
6) 집합적 노동력은 식별가능한 자산이 아니기 때문에 별도의 무형자산으로 인식해서는 안 된다.
7) 피취득자가 인식하지 않은 구조조정계획의 충당부채는 인수 부채에 포함하지 않는다.

(차)	판매관리비	12,000	(대) 현 금	20,000
	유 형 자 산	3,000		
	자본잉여금-주식발행초과금	5,000		

[선택사항]

(차)	FVOCI금융자산평가이익	5,000	(대) 이익잉여금	5,000

1) FVOCI금융자산으로 분류하여 공정가치 변동을 기타포괄손익으로 인식하는 금액은 후속적으로 당기손익으로 이전하지 않는다. 다만 자본 내에서 누적된 FVOCI금융자산평가손익을 이익잉여금으로 대체할 수 있다.

② 사업결합일의 갑(주) 재무제표

[포괄손익계산서] 20×1. 1. 1～7. 1

매 출	₩420,000	
매 출 원 가	(300,000)	
매출총이익	₩120,000	
판매비와 관리비	(72,000)	(= ₩60,000 + ₩12,000)
영 업 이 익	₩48,000	
염가매수차익	60,250	
당기순이익	₩108,250	

[재무상태표] 20×1. 7. 1 현재

현 금	₩34,000*	매 입 채 무	₩105,000
매 출 채 권	190,000	리 스 부 채	12,000
재 고 자 산	111,000**	조건부대가(부채)	20,000
운용리스자산	15,000	자 본 금	242,500#
유 형 자 산	223,000***	자본잉여금	31,250##
감가상각누계액	(50,000)	자 기 주 식	(6,000)
사용권자산	13,000	이익잉여금	153,250###
무 형 자 산	22,000		
자산총계	₩558,000	부채와 자본총계	₩558,000

* ₩30,000 + ₩24,000 − ₩8,000(합병직접비용) − ₩12,000(합병간접비용) = ₩34,000

** ₩75,000 + ₩36,000 = ₩111,000

*** ₩170,000 + ₩50,000 + ₩3,000 = ₩223,000

\# ₩200,000 + ₩42,500 = ₩242,500

\## ₩15,000 + ₩21,250 − ₩5,000 = ₩31,250

\### ₩40,000 + ₩108,250(당기순이익) + ₩5,000(FVCOI금융자산평가이익 대체) = ₩153,250

2. (1) (차) 조건부대가(부채) 2,000 (대) 염가매수차익* 2,000

* 취득일에 존재한 사실과 상황에 대하여 취득일 후에 추가로 입수한 정보에 의한 공정가치 변동은 측정기간 동안의 조정으로 본다. 측정기간 동안의 조정은 염가매수차익의 조정으로 처리한다.

(2) (차) 조건부대가(부채) 18,000 (대) 현 금 20,500

추 정 손 실* 2,500

* 취득일 이후에 발생한 조건부대가(부채)의 공정가치 차액은 당기손익으로 반영한다.

익힘문제

1. 사업결합의 동기는 무엇인가?
2. 합병과 지분취득의 차이점을 설명하라. 또한 흡수합병과 신설합병의 차이점도 설명하라.
3. 사업결합의 회계처리방법으로서 취득법의 개념을 설명하라.
4. 취득법을 적용할 때 취득 자산과 인수 부채의 인식원칙과 측정원칙을 설명하라.
5. 무형자산을 영업권과 분리하여 인식할 수 있는 조건을 설명하라.
6. 다시 취득한 권리란 무엇인가? 이를 무형자산으로 기록할 수 있는가?
7. 취득자가 사용하지 않거나 시장참여자가 다른 방법으로 사용할 의도가 있는 자산의 측정방법을 설명하라.
8. 인식원칙 또는 측정원칙의 예외가 적용되는 경우를 각각 설명하라.
9. 보상자산의 인식과 측정원칙을 설명하라.
10. 이전대가를 결정하는 방법은 무엇인가?
11. 영업권과 염가매수차익이 발생하게 되는 상황을 설명하고, 영업권과 염가매수차익의 회계처리방법에 대해서도 기술하라.
12. 비지배지분의 측정방법을 기술하라. 이에 따라 영업권이 상이하게 측정될 수 있는가?
13. 단계적 취득이란 무엇이며, 이 경우 이전대가는 어떻게 결정하는가?
14. 측정기간 이후에 자산 · 부채의 가치에 변화가 발생했을 때의 필요한 회계처리를 설명하라.
15. 대가의 이전이 없이 이루어지는 사업결합의 예를 제시하라.

보-1. 영업권에 대한 손상차손 회계처리를 설명하라.

보-2. 역취득 경우에 다음 질문에 답하라.
(1) 인수대가의 측정방법
(2) 결합기업 자본의 표시방법

연습문제

01 기본개념의 이해

다음 각 문장이 옳으면 ○, 틀리면 ×로 답하라.

(1) 사업결합이란 취득자가 하나 이상의 사업에 대하여 지배력을 획득하는 거래나 그 밖의 사건을 말한다.

(2) 합병이란 한 기업이 다른 기업 주식의 전부 또는 일부를 취득하여 지배력을 확보함으로써 단일의 경제적 실체를 형성하는 사업결합이다.

(3) 활동과 자산의 통합된 집합이 사업의 정의를 충족하기 위해서는 투입물과 그 투입물에 적용하는 과정 그리고 산출물을 반드시 포함하고 있어야 한다.

(4) 공동약정의 구성이나 동일지배하에 있는 기업간의 결합은 K-IFRS 제1103호의 사업결합의 범위에 포함되지 않는다.

(5) 사업결합은 결합의 성격에 따라 취득법 또는 지분통합법으로 회계처리한다.

(6) 취득일은 일반적으로 취득자가 법적으로 대가를 이전하여 피취득자의 자산을 취득하고 부채를 인수한 날인 종료일이다.

(7) 사업결합에서 취득한 식별가능한 무형자산은 계약상 권리나 기타 법적 권리에서 발생하면서 분리가능한 자산을 말한다.

(8) 취득자가 사업결합 이전에 피취득자에게 자신의 자산을 사용하도록 부여했던 권리를 사업결합의 일부로서 다시 취득하는 경우, 이러한 권리는 취득자가 영업권과 분리하여 인식하는 식별가능한 무형자산이다.

(9) 취득한 수취채권을 취득일의 공정가치로 측정하는 경우, 취득일에 회수불가능으로 추정되는 계약상 현금흐름에 대한 기대신용손실충당금을 별도로 인식한다.

(10) 취득일 현재 사업결합에서 인수한 우발부채의 경우 과거사건에서 발생한 현재의무이고 그 공정가치를 신뢰성 있게 측정할 수 있다면 이를 장부에 인식한다.

(11) 이전대가에 포함되는 자산의 장부금액과 공정가치가 다를 경우, 이전된 자산을 취득일 현재 공정가치로 재측정하고 장부금액과의 차이는 당기손익으로 인식한다.

(12) 이전대가가 식별가능한 취득 자산과 인수 부채의 순액을 초과하는 경우 염가매수차익을 인식한다.

(13) 사업결합을 통해 취득한 영업권은 20년 이내의 합리적인 내용연수에 걸쳐 상각한다.

(14) 단계적으로 이루어지는 사업결합의 경우, 취득자가 이전에 보유하고 있던 피취득자의 지분을 취득일의 공정가치로 재측정한 결과 차손익이 나타난다면 이는 당기손익으로 인식한다.

(15) 채무증권과 지분증권의 발행원가를 포함한 모든 취득관련원가는 해당 원가가 발생하고 용역을 제공받은 기간에 비용으로 회계처리한다.
(16) 측정기간은 취득일로부터 1년을 초과할 수 없으며, 측정기간이 종료된 후에는 K-IFRS 제1008호에 따른 오류수정의 경우에만 사업결합회계처리를 수정할 수 있다.
(17) 자본으로 분류된 조건부대가의 취득일 후 공정가치 변동은 재측정하지 않으며, 그 후속 정산은 자본 내에서 회계처리한다.
(18) 영업권은 손상의 징후가 없더라도 매년 손상검사를 실시해야 한다.
(19) 영업권에 대한 손상차손환입은 당기손익으로 인식한다.
(20) 역취득에서 법적 취득자의 자산과 부채는 사업결합 전의 장부금액으로 인식한다.

02 사업결합회계 – 기본(Ⅰ)

(2005년 공인회계사 시험(1차) 수정)

20×1년 1월 1일에 갑(주)는 을(주)를 흡수합병하였다. 합병시점에 갑(주)는 자사 보통주 2,000주(주당 액면금액 ₩500, 주당 시가 ₩1,000)를 새로 발행하여 을(주)의 기존 주주에게 교부하였다. 합병직전 두 기업의 재무상태표는 다음과 같다.

갑(주) **재무상태표**

〈자 산〉		〈부채 및 자본〉	
유 형 자 산	₩10,000,000	비유동부채	₩4,000,000
		자 본 금	3,000,000
		자본잉여금	1,000,000
		이익잉여금	2,000,000
자산총계	₩10,000,000	부채와 자본총계	₩10,000,000

을(주) **재무상태표**

〈자 산〉		〈부채 및 자본〉	
FVOCI금융자산	₩220,000	비유동부채	₩3,000,000
유 형 자 산	4,300,000	자 본 금	500,000
		자본잉여금	300,000
		FVOCI금융자산평가이익	30,000
		이익잉여금	690,000
자산총계	₩4,520,000	부채와 자본총계	₩4,520,000

합병일 현재 을(주)의 기타포괄손익-공정가치측정금융자산(FVOCI금융자산)의 공정가치는 ₩250,000, 유형자산의 공정가치는 ₩5,000,000, 비유동부채의 공정가치는 ₩3,500,000이다. 을(주)의 FVOCI금융자산과 FVOCI금융자산평가이익은 합병 전에 취득한 갑(주)의 보통주 200주와 관련된 것이다.

요구사항

1. 합병일에 작성한 재무상태표에 계상될 다음 계정과목의 금액을 계산하라.
   (1) 영업권 (2) 자본금 (3) 자본잉여금 (4) 이익잉여금
2. 갑(주)가 합병일에 수행해야 할 분개를 제시하라.

03 사업결합회계 – 기본(Ⅱ)

갑(주)는 을(주)를 흡수합병하고자 한다. 다음은 양사의 재무상태표이다.

	갑(주)		을(주)	
	장부금액	공정가치	장부금액	공정가치
유동자산	₩70,000	₩100,000	₩30,000	₩40,000
건 물	100,000	120,000	55,000	70,000
기 계	30,000	50,000	15,000	20,000
차 입 금	10,000	9,000	20,000	20,000
자 본 금(주당 ₩5,000)	100,000		40,000	
자본잉여금	50,000		15,000	
이익잉여금	40,000		25,000	

[추가자료]

1) 갑(주)는 합병과 관련하여 다음과 같은 비용을 지출하였다.
   - 신주발행비 ₩5,000
   - 건물소유권 이전비용 ₩2,000
   - 합병자문수수료 ₩1,500
   - 내부부서 관리비용 ₩3,000
2) 을(주)의 유동자산 중 수취채권의 장부금액은 ₩12,000이며 회수불가능한 금액은 ₩1,500으로 추정된다. 취득일 현재 해당 수취채권의 공정가치는 ₩8,000으로 측정하였다.

요구사항

취득법에 따라 회계처리한다고 가정하고 다음 각 경우에 합병시 갑(주)가 필요한 분개를 하라. 단, 갑(주) 주식의 시가는 주당 ₩9,200이다.

1. 주식을 10주 교부시
2. 주식을 15주 교부시

04 취득 자산 및 인수 부채(I)

20×1년 1월 1일에 갑(주)는 을(주)를 ₩14,000에 취득하였다. 다음은 사업결합 직전 두 기업의 재무상태표이다.

재무상태표

20×1. 1. 1 현재

	갑(주)	을(주)	공정가치
유동자산	₩400,000	₩100,000	₩100,000
매각예정자산		50,000	70,000
유형자산	300,000	100,000	120,000
무형자산		40,000	42,000
자산총계	₩700,000	₩290,000	
부채	₩150,000	₩100,000	₩100,000
자본금	350,000	140,000	
자본잉여금	100,000	–	
자기주식	(25,000)	–	
이익잉여금	125,000	50,000	
부채와 자본총계	₩700,000	₩290,000	

[추가자료]

1) 갑(주)는 현금 이외에 장부금액 ₩8,000, 공정가치 ₩12,000인 유형자산을 을(주)의 이전 소유주에게 지급하였으며 이 유형자산은 을(주)에 남아 있지 않다.
2) 을(주)의 매각예정자산은 취득일에 매각예정자산으로 분류된 비유동자산이며, 처분시 발생할 것으로 예상되는 비용은 ₩4,000이다.
3) 을(주)의 무형자산 중 장부금액 ₩30,000은 프랜차이즈 약정에 따라 갑(주)의 전속모델을 사용할 수 있는 권리이다. 관련계약의 잔여계약기간은 4년이며, 잔여계약기간에 기초한 해당 권리의 가치는 ₩12,000으로 측정된다. 이 권리는 무형자산의 공정가치 산정에서 제외되었다.

요구사항

20×1년 1월 1일 현재 갑(주)가 수행해야 할 합병분개를 제시하라.

05 취득 자산 및 인수 부채(Ⅱ) (2023년 공인회계사 시험(1차) 수정)

갑(주)는 20×1년중에 을(주)의 의결권 있는 보통주 150주(지분율 15%)를 ₩150,000에 취득하고, 이를 기타포괄손익-공정가치측정금융자산(FVOCI금융자산)으로 분류하였다. 갑(주)는 20×2년초에 추가로 을(주)의 나머지 의결권 있는 보통주 850주(지분율 85%)를 취득하여 합병하였다. 이 주식의 취득을 위해 갑(주)는 ₩200,000의 현금과 함께 보통주 500주(액면총액 ₩500,000, 공정가치 ₩800,000)를 발행하여 을(주)의 주주들에게 지급하였다. 합병일 현재 을(주)의 요약재무상태표는 다음과 같다.

요약재무상태표

20×2. 1. 1 현재

	장부금액	공정가치
유동자산	₩150,000	₩200,000
유형자산(순액)	1,050,000	1,280,000
자 산	₩1,200,000	
부 채	₩600,000	₩600,000
자본금	200,000	
이익잉여금	400,000	
부채와 자본총계	₩1,200,000	

[추가자료]

1) 합병일 현재 을(주)의 의결권 있는 보통주 공정가치는 주당 ₩1,200, 액면가는 주당 ₩1,000이다.
2) 합병일 현재 을(주)의 종업원들은 회사 경영권의 변동에도 불구하고 대부분 이직하지 않았다. 이 때문에 갑(주)는 합병일 이후 즉시 을(주)가 영위하던 사업을 계속 진행할 수 있었으며, 갑(주)는 이러한 을(주) 종업원들의 가치를 ₩80,000으로 추정하였다.
3) 합병일 현재 을(주)의 상표명 'K-World'는 상표권 등록이 되어 있지 않아 법적으로 보호받을 수 없다. 그러나 을(주)가 해당 상표를 오랫동안 사용해왔다는 것을 업계 및 고객들이 인지하고 있어, 갑(주)는 이 상표를 제3자에게 매각하거나 라이선스계약을 체결할 수 있을 것으로 판단하였다. 갑(주)는 이 상표권의 가치를 ₩30,000으로 추정하였다.

요구사항

20×2년 1월 1일 현재 갑(주)가 수행해야 할 합병분개를 제시하라.

06 염가매수차익

20×1년 1월 1일 갑(주)는 을(주)를 흡수합병하고자 보통주 400주(액면 ₩500, 공정가치 ₩1,500)와 현금 ₩200,000을 지급하였다. 합병일 현재 양사의 재무상태표는 다음과 같다.

재무상태표

20×1. 1. 1 현재

	갑(주)	을(주)			갑(주)	을(주)	
	장부금액	장부금액	공정가치		장부금액	장부금액	공정가치
현금	₩500,000	₩300,000	₩300,000	매입채무	₩200,000	₩100,000	₩100,000
매출채권	300,000	100,000	100,000	비유동부채	300,000	100,000	130,000
재고자산	200,000	100,000	150,000	자본금	500,000	400,000	–
건물(순액)	800,000	400,000	500,000	자본잉여금	500,000	300,000	–
기계장치(순액)	200,000	100,000	200,000	이익잉여금	1,000,000	400,000	–
토지	500,000	300,000	400,000				
자산총계	₩2,500,000	₩1,300,000		부채와 자본총계	₩2,500,000	₩1,300,000	

[추가자료]

1) 갑(주)는 합병 당일 현재 을(주)의 고객들로부터의 손해배상소송의 제기가능성이 존재함을 인지하였다. 동 소송과 관련하여 갑(주)가 예상한 미래손실액은 ₩120,000이었으며, 20×2년말까지 동 소송이 완료될 것으로 기대하고 있다.
2) 을(주)는 합병이 이루어질 경우 을(주)의 종업원들에게 ₩40,000(K-IFRS 제1019호에 따라 측정된 금액)을 지급하기로 약정하였다. 이 금액의 공정가치는 ₩60,000으로 측정되며 비유동부채의 공정가치에 포함되어 있다.
3) 을(주)의 비유동부채 장부금액 중 ₩30,000은 현금결제형 주식선택권과 관련되어 있다. 갑(주)는 이를 자신의 주식기준보상(현금결제형)으로 대체하려고 한다. 취득일 시점 K-IFRS 제1102호의 방법에 따라 갑(주)가 측정한 금액은 ₩25,000이며, 공정가치는 ₩33,000이다. 을(주)의 비유동부채 공정가치는 현금결제형 주식선택권에 관한 금액을 포함하고 있지 않다.

요구사항

1. 20×1년 1월 1일 현재 갑(주)가 수행해야 할 합병분개를 제시하라.
2. 20×1년 7월 1일 실제 손해배상소송이 제기되어 20×2년 12월 31일자로 손해배상액 ₩150,000이 확정되었다. 20×2년 12월 31일 현재 염가매수차익과 관련하여 갑(주)가 수행해야 할 분개를 제시하라.

07 단계적 취득에 의한 사업결합

갑(주)는 20×1년에 을(주) 지분의 10%를 ₩2,000에 취득하였고, 이를 기타포괄손익-공정가치측정금융자산(FVOCI금융자산)으로 분류하였다. 당해 주식의 20×1년 12월 31일의 공정가치는 ₩4,000이었다.

갑(주)는 20×2년 1월 1일에 을(주)의 나머지 지분 90%를 취득하여 합병하였다. 그 대가로 갑(주)는 보통주식 18주를 발행하여 교부하였다. 취득일 현재 갑(주) 보통주의 공정가치는 주당 ₩3,000, 액면금액은 주당 ₩1,000이다. 취득일 직전에 갑(주)가 보유하고 있는 을(주) 10% 지분의 공정가치는 ₩5,000이었다.

취득일인 20×2년 1월 1일 현재 을(주)의 재무상태표는 다음과 같다.

재무상태표

을(주) 20×2. 1. 1 현재

	장부금액	공정가치		장부금액	공정가치
현금및현금성자산	₩5,000	₩5,000	부 채	₩25,000	₩25,000
매 출 채 권	15,000	20,000	자 본	10,000	
재 고 자 산	10,000	9,000	이익잉여금	15,000	
비유동자산	20,000	36,000			
계	₩50,000	₩70,000	계	₩50,000	

요구사항

1. 갑(주)가 사업결합으로 인하여 인식할 영업권을 산출하라.
2. 갑(주)가 사업결합과 관련하여 취득일인 20×2년 1월 1일에 필요한 분개를 하라.

08 측정기간의 잠정 금액 조정

갑(주)는 20×1년 11월 30일(취득일)에 을(주)를 합병하는 계약을 체결하였다. 갑(주)는 인수대가로 현금 ₩80,000을 지급하였다. 취득일 현재 을(주)의 식별가능한 자산과 부채의 장부금액과 공정가치는 각각 다음과 같다.

구 분	장부금액	공정가치
유형자산	₩25,000	?*
기타자산	45,000	₩45,000
부 채	(30,000)	(30,000)
순자산	₩40,000	

* 20×1년 연차재무제표 발행승인일까지 유형자산의 가치평가가 완료되지 못했다. 따라서 이를 잠정적 공정가치인 ₩60,000으로 기록하였다. 취득일 현재 유형자산의 잔존내용연수는 5년이다.

갑(주)는 취득일 이후 5개월 만인 20×2년 4월 30일에 당해 유형자산의 취득일 현재 공정가치를 ₩75,000으로 추정한 독립된 가치평가 결과를 받았다.

요구사항

1. 갑(주)가 20×1년 11월 30일(취득일)에 사업결합과 관련하여 필요한 분개를 제시하라.
2. 갑(주)가 20×2년 12월 31일의 비교재무상태표에서 20×1년 12월 31일 현재 보고할 유형자산과 영업권의 장부금액을 계산하라.
3. 갑(주)가 유형자산과 관련하여 20×1년 12월 31일, 20×2년 4월 30일, 그리고 20×2년 12월 31일에 각각 수행해야 할 분개를 제시하라.

09 조건부대가

(2017년 공인회계사 시험(1차) 수정)

갑(주)는 20×1년 10월 1일에 을(주)의 모든 자산과 부채를 ₩450,000에 취득 · 인수하는 사업결합을 하였다. 20×1년 10월 1일 현재 을(주)의 요약재무상태표는 다음과 같다.

요약재무상태표

을(주) 20×1. 10. 1 현재

계정과목	장부금액	공정가치	계정과목	장부금액	공정가치
자산	₩500,000	₩600,000	부채	₩100,000	₩100,000
			자본금	100,000	
			자본잉여금	200,000	
			이익잉여금	100,000	
	₩500,000			₩500,000	

갑(주)는 20×2년말에 시장점유율이 15%를 초과하면 을(주)의 기존 주주들에게 추가로 ₩100,000을 지급하기로 하였다. 20×1년 10월 1일 현재 이러한 조건부대가의 공정가치는 ₩60,000으로 추정되었다. 그러나 갑(주)는 20×1년 12월 31일에 동 조건부대가의 추정된 공정가치를 ₩80,000으로 변경하였다. 이러한 공정가치 변동은 20×1년 10월 1일에 존재한 사실과 상황에 대하여 추가로 입수한 정보에 기초한 것이다. 20×2년말 갑(주)의 시장점유율이 18%가 되어 을(주)의 기존 주주들에게 ₩100,000을 지급하였다.

요구사항

1. 갑(주)가 20×1년 10월 1일(취득일)에 사업결합과 관련하여 필요한 분개를 제시하라.
2. 갑(주)가 20×1년말 재무상태표에 보고할 영업권의 장부금액을 계산하라.
3. 갑(주)가 20×2년말 조건부대가의 지급시점에 수행해야 할 분개를 제시하라.

10 측정기간 및 조건부대가

(2021년 공인회계사 시험(1차) 수정)

자동차제조사인 갑(주)는 향후 전기자동차 시장에서의 경쟁력 확보를 위해 배터리제조사인 을(주)를 20×1년 7월 1일을 취득일로 하여 흡수합병했으며, 합병대가로 을(주)의 기존 주주에게 을(주)의 보통주(1주당 액면가 ₩100) 2주당 갑(주)의 보통주(1주당 액면가 ₩200, 1주당 공정가치 ₩1,400) 1주를 교부하였다. 취득일 현재 을(주)의 요약재무상태표는 다음과 같다.

요약재무상태표

을(주) 20×1. 7. 1 현재

계정과목	장부금액	공정가치	계정과목	장부금액	공정가치
현금	₩50,000	₩50,000	매입채무	₩80,000	₩80,000
재고자산	140,000	200,000	차입금	450,000	450,000
유형자산(순액)	740,000	800,000	자본금	160,000	
무형자산(순액)	270,000	290,000	주식발행초과금	320,000	
			이익잉여금	190,000	
자산총계	₩1,200,000		부채와 자본총계	₩1,200,000	

[추가자료]

1) 갑(주)는 을(주)의 유형자산에 대해 독립적인 가치평가를 진행하려 하였으나, 20×1년 재무제표 발행이 승인되기 전까지 불가피한 사유로 인해 완료하지 못하였다. 이에 갑(주)는 을(주)의 유형자산을 잠정적 공정가치인 ₩800,000으로 인식하였다. 갑(주)는 취득일 현재 동 유형자산(원가모형 적용)의 잔존내용연수를 5년으로 추정하였으며, 잔존가치 없이 정액법으로 감가상각(월할상각)하기로 하였다.
2) 갑(주)는 합병 후 연말까지 배터리사업 부문의 영업성과가 약정된 목표치를 초과할 경우 을(주)의 기존 주주에게 현금 ₩100,000의 추가 보상을 실시할 예정이며, 취득일 현재 이러한 조건부대가에 대한 합리적 추정치는 ₩60,000이다.
3) 20×1년 12월 31일 현재 을(주)의 기존 주주에게 추가 보상을 실시하기 위한 영업성과 목표치가 달성되지 못했다. 그 결과 갑(주)의 추가 현금보상 지급의무가 소멸되었다.
4) 갑(주)가 을(주)로부터 취득한 유형자산에 대한 독립적인 가치평가는 20×2년 4월 30일에 완료되었으며, 동 가치평가에 의한 취득일 당시 을(주)의 유형자산 공정가치는 ₩900,000이다. 잔존내용연수, 잔존가치, 감가상각방법 등 기타 사항은 변동이 없다.

요구사항

1. 갑(주)가 20×1년 7월 1일(취득일)에 사업결합과 관련하여 필요한 분개를 제시하라.
2. 갑(주)가 20×1년말 조건부대가의 지급시점에 수행해야 할 분개를 제시하라.
3. 갑(주)가 을(주)로부터 취득한 유형자산과 관련하여 20×1년 12월 31일과 20×2년 4월 30일에 수행해야 할 분개를 제시하라.

11 취득 자산과 인수 부채의 공정가치 조정 (2019년 공인회계사 시험(2차) 수정)

(주)대한은 20×1년 7월 1일 (주)민국의 지분 100%를 취득하는 합병계약을 체결하였다. 취득일 현재 (주)민국의 순자산 공정가치는 잠정적으로 ₩50,000(자산 ₩67,000, 부채 ₩17,000)인 것으로 파악되었으며, (주)대한은 (주)민국의 자산과 부채를 실사하는 과정에서 다음의 항목들이 순자산의 공정가치에 반영되지 않았음을 발견하였다.

[추가자료]

1) (주)민국은 신제품 연구개발 프로젝트를 진행하고 있다. 취득일 현재 이 프로젝트의 공정가치는 ₩1,000으로 측정된다.
2) (주)민국에는 신기술을 개발하는 우수한 인력들이 많이 있다. 합병으로 인해 이들은 더 많은 미래의 경제적 효익을 창출할 것으로 예상된다. 이들 연구인력의 합병 전 공정가치는 ₩2,000이며, 합병 후 공정가치는 ₩3,000으로 측정된다.
3) (주)민국은 제품의 생산공정에 관련된 비밀기술을 보유하고 있다. 동 비밀기술은 특허를 받지 않았지만 미래 경제적 효익을 기대할 수 있으며, 그 공정가치는 ₩500이다.
4) (주)민국은 취득일 현재 새로운 고객과 5년 동안 제품을 공급하는 계약을 협상중이다. 동 계약의 체결가능성은 매우 높으며, 그 공정가치는 ₩800이다.
5) (주)민국은 취득일 현재 손해배상소송에 피소되어 있으나 패소할 가능성이 높지 않아 관련 충당부채를 인식하지 않았다. 관련 충당부채의 공정가치는 ₩300이다.
6) (주)민국은 위 손해배상소송과 관련하여 향후 손해배상금액이 ₩300을 초과하는 경우 그 초과액을 (주)대한에 보상해 주기로 하였다. 손해배상충당부채와 동일한 근거로 측정한 보상의 공정가치는 ₩50이다.
7) (주)민국은 종업원에게 현금결제형 주식기준보상을 부여하고 있으며, (주)대한은 합병계약에 따라 이를 자신의 주식기준보상(현금결제형)으로 대체하려고 한다. 취득일 현재 K-IFRS 제1102호(주식기준보상)의 방법에 따라 (주)대한의 대체보상을 측정한 금액은 ₩1,800이며, (주)민국의 주식기준보상(합병 전 근무용역 귀속분)을 측정한 금액은 ₩1,700이다. 한편, 동 주식기준보상의 공정가치는 ₩2,100이며, 인수 부채의 공정가치 측정에는 ₩2,000으로 반영되어 있다.

요구사항

위 [추가자료] 항목들이 (주)대한의 식별가능한 취득 자산과 인수 부채의 측정에 미치는 영향을 각각 평가하라. 단, 자산 및 부채의 과목(항목)은 유형자산, 무형자산, 기타자산, 부채, 영향 없음(이상 다섯 가지)으로 구분한다.

고급 연습문제

12 사업결합회계 – 종합(I)

20×1년 1월 1일 갑(주)는 을(주)를 흡수합병하기로 결정하였다. 취득일 현재 을(주)의 순자산장부금액은 ₩400,000(자산 ₩1,000,000, 부채 ₩600,000)이며, 추가자료에서 설명하는 항목을 제외하고 장부금액과 공정가치는 일치한다. 갑(주)는 을(주)에 합병대가로 현금 ₩750,000과 보통주 100주(액면금액 ₩500, 공정가치 ₩1,000)를 지급하였다. 또한 합병 후 1년 이내에 주가가 현재의 20% 이상 상승하면 보통주 20주를 추가지급하기로 하였다. 이러한 조건부대가의 공정가치는 ₩20,000이다. 추가자료가 다음과 같을 때 물음에 답하라.

〈자료 1〉 을(주)의 리스계약자료

1) 을(주)는 리스제공자에게 매년말 ₩20,000을 지급하는 취득일로부터 3년 만기의 리스계약을 이용하고 있으며, 해당 리스의 잔여기간 리스료의 현재가치는 ₩50,000이다. 해당 리스계약에 따른 사용권자산(순액)의 장부금액은 ₩60,000이며, 리스부채의 장부금액은 ₩50,000이다.
2) 을(주)는 리스이용자로부터 매년말 ₩30,000을 수령하는 취득일로부터 3년 만기의 운용리스계약을 보유하고 있다. 다른 시장이용자들로부터는 ₩40,000을 수령한다. 할인율에 대한 3년, 연금현가계수는 2.5이며, 리스계약조건을 고려하지 않은 해당 운용리스자산의 공정가치는 장부금액과 일치하는 ₩90,000이다.
3) 을(주)는 리스이용자로부터 매년말 ₩40,000을 수령하는 취득일로부터 2년 만기의 금융리스계약을 보유하고 있다. 금융리스채권의 장부금액은 ₩60,000이며 공정가치는 ₩75,000이다.

〈자료 2〉 을(주)의 재무상태표에 누락된 항목

1) 신제품 연구프로젝트와 관련하여 ₩70,000을 지출하였는데, 취득일 현재 이 프로젝트의 공정가치는 ₩50,000으로 측정되었다.
2) 신제품 연구프로젝트에는 우수한 연구원들이 많으며 합병으로 인해서 더 큰 미래 경제적 효익을 발생시킬 것으로 기대된다. 이러한 인적자원의 합병 전 공정가치는 ₩20,000이며 합병 후의 공정가치는 ₩40,000으로 측정된다.
3) 을(주)는 병(주)와의 계약을 협상중에 있으며 동 계약이 체결된다면 더 큰 수익을 벌어들일 것으로 기대된다. 동 계약의 공정가치는 ₩250,000이다.
4) 을(주)는 취득일 현재 손해배상소송사건에 계류중이며 패소할 가능성이 높지 않아 충당부채를 인식하지 않았으나 손해배상금액의 공정가치는 ₩100,000으로 측정된다. 한편 을(주)의 이전 소유주는 동 소송에 패소하여 손해배상액이 ₩150,000을 초과할 경우 차액을 갑(주)에 보상해 주기로 하였는데, 보상금액의 공정가치는 ₩40,000으로 측정된다.

요구사항

1. 합병일의 분개를 실시하라.

2. 20×1년 8월 1일 주가가 현재보다 20% 이상 증가하여 주가가 ₩1,300이 되었다. 갑(주)가 20주를 추가로 지급했을 경우의 분개를 제시하라.

13 사업결합회계 – 종합(Ⅱ)

20×1년 7월 1일 갑(주)는 을(주)를 흡수합병하고자 보통주 500주(액면금액 ₩500, 공정가치 ₩700)와 현금 ₩300,000을 지급하였다. 다음은 합병 직전 양사의 장부금액으로 작성된 재무상태표이다.

재무상태표

20×1. 7. 1 현재

	갑(주)	을(주)		갑(주)	을(주)
현금및현금성자산	₩400,000	₩150,000	매입채무	₩400,000	₩100,000
매출채권	300,000	200,000	기타유동부채	300,000	200,000
FVOCI금융자산	100,000		사채	500,000	300,000
제품	500,000	300,000	기타비유동부채	100,000	300,000
건물(순액)	200,000	100,000	자본금	300,000	100,000
기계장치(순액)	200,000	150,000	자본잉여금	200,000	50,000
토지	600,000	250,000	FVOCI금융자산평가이익	30,000	
무형자산	100,000	50,000	이익잉여금	570,000	150,000
	₩2,400,000	₩1,200,000		₩2,400,000	₩1,200,000

[추가자료]

다음에서 설명하는 사항을 제외하고 장부금액과 공정가치는 일치한다.

1) 을(주)의 매출채권 중 회수불가능할 것으로 예상되는 금액은 ₩30,000이며, 공정가치는 ₩150,000이다.
2) 을(주)의 고객 관련자료는 다음과 같다.
   ① 을(주)는 고객 A에게 제품을 3년 동안 공급하는 계약을 가지고 있다. 갑(주)는 동 계약의 만료시점인 20×2년 12월 31일에 고객이 이 계약을 갱신할 것이라고 생각하며, 동 계약의 공정가치를 ₩30,000으로 측정하였다.
   ② 을(주)는 취득일 현재 고객 B에게 제품을 4년 동안 공급하는 계약을 협상하고 있다. 동 계약의 체결가능성은 매우 높으며 공정가치는 ₩50,000으로 추정하였다.
3) 갑(주)는 을(주)의 건물에 대해 독립적인 평가를 하지 못하여 합병시점에 잠정 금액을 ₩150,000으로 측정하였다. 하지만 20×2년초에 건물의 공정가치가 ₩160,000이라는 독립적인 평가를 받았다. 합병시점에서 양사의 잔존가치는 ₩0이며 잔존내용연수는 4년, 정액법으로 상각한다.
4) 을(주)의 무형자산 금액 중 ₩20,000은 갑(주)의 상표권을 5년 동안 사용할 수 있는 권리이다. 잔여계약기간(3년)에 기초하여 측정한 매 연도의 가치는 ₩11,000이며 다른 무형자산의 잔존내용연수는 5년이다.

5) 갑(주)가 보유하는 FVOCI금융자산은 을(주)에 대한 투자주식이며 재무상태표상의 금액은 20×0년 12월 31일에 측정한 금액이다. 합병일 현재 을(주) 주식의 공정가치는 ₩120,000이며, 갑(주)는 합병과정에서 동 주식을 소각하였다.

요구사항

1. 갑(주)가 취득일에 작성하는 재무상태표에 계상될 다음의 금액을 계산하라.
   ① 현금 ② 매출채권 ③ 제품 ④ 건물(순액)
   ⑤ 기계(순액) ⑥ 무형자산 ⑦ 부채 ⑧ 자본금
   ⑨ 영업권
2. 위에서 제시한 자료를 제외하고 추가사항이 없을 때 20×2년 1월 1일 재무상태표상에 계상될 다음의 금액을 계산하라.
   ① 건물(순액) ② 무형자산 ③ 영업권

14 사업결합회계 – 종합(Ⅲ)

(2012년 공인회계사 시험(2차) 수정)

갑(주)는 20×1년 12월 31일에 을(주)의 주식 90%를 추가로 취득함으로써 을(주)를 흡수합병하였다. 취득일까지 합병 관련 거래를 제외한 모든 거래를 반영하여 작성된 갑(주)와 을(주)의 시산표는 다음과 같다. 단, 양사의 결산일은 모두 12월 31일이고, 갑(주)와 을(주)는 동일지배하에 있는 기업이 아니다.

합병 직전 양사의 시산표

	갑(주)	을(주)	
	장부금액	장부금액	공정가치
현금	₩200,000	₩55,000	₩55,000
FVOCI금융자산	35,000	45,000	45,000
건물(순액)	400,000	200,000	250,000
토지	250,000	100,000	150,000
매출원가	300,000	200,000	
기타비용	80,000	130,000	
	₩1,265,000	₩730,000	
자본금	₩250,000	₩200,000	
자본잉여금	310,000	80,000	
이익잉여금	200,000	50,000	
기타포괄손익누계액	5,000	–	
매출	500,000	400,000	
	₩1,265,000	₩730,000	

합병과 관련한 추가자료는 다음과 같다.

[이전대가에 대한 자료]

(1) 갑(주)는 추가 취득의 대가로 자사 보통주 250주(1주당 액면금액 ₩500, 1주당 공정가치 ₩1,500)를 신규로 발행하였으며, 현금 ₩150,000을 함께 교부하였다.

(2) 합병을 위한 추가 취득 이전에 갑(주)는 을(주)의 주식 10주(총발행주식 중 10%)를 보유하고 있었으며, 이를 기타포괄손익-공정가치측정금융자산(FVOCI금융자산)으로 분류하고 있다. 합병일 현재 을(주) 주식의 공정가치는 합병 직전일과 동일하다. 갑(주)는 보유중인 을(주) 주식에 대해 신주를 교부하지 않았으며, 합병일에 소각하였다.

[합병과 관련한 갑(주)의 지출 내역]

(1) 법률자문 수수료 : ₩4,500

(2) 주식발행비용 : ₩5,000

(3) 건물 소유권 등기비용 : ₩7,000

[취득 자산 및 인수 부채에 대한 추가자료]

(1) 을(주)가 보유한 FVOCI금융자산은 전액 갑(주)의 주식을 취득하여 보유하고 있는 것이다.

(2) 을(주)는 생산부문, 영업부문, 관리부문으로 사업이 구성되어 있다.

(3) 갑(주)는 합병 직후 갑(주)의 종업원과 업무가 중복되는 을(주)의 관리부문 종업원에 대한 구조조정을 단행할 계획이며, 합병일 현재 을(주)와 해당 종업원에게 이러한 사실을 통지하였다. 구조조정 대상 종업원에게는 통상적인 퇴직금 이외에 추가적인 보상금을 지급할 예정이며, 갑(주)는 추가 보상액이 총 ₩30,000 발생할 것으로 추정하고 있다.

(4) 갑(주)는 을(주)의 사업을 지속적으로 영위하기 위해서는 을(주)의 영업부서 종업원이 반드시 필요한 것으로 판단하였다. 합병일 현재 갑(주)는 이러한 '집합적 노동력'의 가치가 ₩15,000 정도일 것으로 추정하고 있다.

(5) 갑(주)는 을(주)가 경쟁업체와 차별화된 제품을 생산할 수 있는 이유가 을(주)의 생산부문이 갖는 독특한 '공정 비밀'에 기인한 것으로 판단하고 있다. 갑(주)은 합병 후에도 제품 경쟁력을 유지할 수 있도록 이러한 '공정 비밀'에 대한 보안을 강화할 계획이다. 동 '공정 비밀'을 경쟁기업에 판매할 수도 있으며, 이의 경제적 가치는 ₩20,000으로 추정된다.

요구사항

1. 합병일에 갑(주)가 위 합병 거래를 반영하여 작성하는 재무제표상 다음 항목의 금액을 계산하라. 단, 자본금, 자본잉여금, 이익잉여금을 제외한 자본요소는 '기타자본'으로 한다. 항목별로 해당하는 금액이 없는 경우에는 "0"으로 표시하고, 자본 항목 중 자본을 감소시키는 경우에는 금액 앞에 (−)를 표시한다.

① 매출 ② 현금 ③ FVOCI금융자산 ④ 건물(순액)
⑤ 무형자산(영업권 제외) ⑥ 충당부채 ⑦ 자본금
⑧ 자본잉여금 ⑨ 이익잉여금 ⑩ 영업권

2. 사업결합 이후 갑(주)는 을(주)를 독립된 영업부문(을사업부)으로 운영하고 있다. 갑(주)는 을(주)와의 합병시 인식한 영업권을 현금창출단위에 배분하여 매년 해당 현금창출단위에 대한 손상검사를 하고 있다. 20×2년 1월 1일 현재 을사업부는 국내영업부문과 해외영업부문이라는 두 개의 현금창출단위로 구성되어 있으며, 이 중 국내영업부문과 관련하여 식별가능한 자산과 배분된 영업권은 다음과 같다.

항 목	장부금액	비 고
건 물	₩150,000	잔존내용연수 5년, 정액법 상각, 잔존가치는 없음
토 지	60,000	
영 업 권	30,000	

20×2년말에 내수침체로 인해 국내영업부문의 회수가능액이 ₩150,000으로 추정됨에 따라 손상에 대한 회계처리를 적정하게 수행하였다. 20×3년말에 국내영업부문의 회수가능액이 ₩180,000으로 회복되었다. 이 경우 ① 20×2년말에 인식할 손상차손 중 건물에 배분될 금액과 ② 20×3년말에 인식할 건물의 손상차손환입액, ③ 20×3년말 손상차손환입을 인식한 후 영업권의 장부금액을 제시하라. 단, 감가상각비와 손상차손 및 손상차손환입은 개별 자산별로 구분하여 회계처리한다. 항목별로 해당 금액이 없는 경우에는 "0"으로 표시한다.

15 사업결합회계 – 종합(Ⅳ)

(2014년 공인회계사 시험(2차) 수정)

(주)대한은 20×1년 1월 1일에 (주)민국의 주식 100%를 취득함으로써 (주)민국을 흡수합병하였다. (주)대한은 합병대가로 (주)민국의 주주에게 자사 보통주 300주(1주당 액면금액 ₩1,000, 1주당 공정가치 ₩1,500)를 발행·교부하고, 현금 ₩100,000을 지급하였다. 단, (주)대한과 (주)민국은 동일지배하에 있는 기업이 아니다. 합병 직전 (주)대한과 (주)민국의 재무상태표는 다음과 같다.

합병 직전 양사의 재무상태표

	(주)대한	(주)민국		(주)대한	(주)민국
유동자산	₩300,000	₩200,000	부 채	₩300,000	₩100,000
유형자산	500,000	150,000	납입자본	400,000	250,000
무형자산	100,000	150,000	기타자본*	200,000	150,000
	₩900,000	₩500,000		₩900,000	₩500,000

* 납입자본을 제외한 나머지 자본요소는 모두 '기타자본'으로 보고한다.

합병 직전에 (주)민국의 자산과 부채에 대해 '예비실사를 통해 (주)대한이 산정한 공정가치(이하 예비실사가액)' 자료는 다음과 같다. 단, 아래 '(2) 취득 자산·부채의 공정가치 관련 추가자료'에 제시되는 사항을 제외하고는 (주)대한이 공정가치를 적정하게 산정한 것으로 가정한다.

	예비실사가액
유동자산	₩220,000
유형자산	200,000
무형자산	160,000
부　　채	100,000

[합병과 관련한 추가자료]

(1) 조건부대가 계약

1) 합병 후 1년간 시장점유율이 25%를 초과하면 20주를 발행하여 추가 교부한다. 합병일 현재 동 '주식교부 조건부대가'는 자본으로 분류되고, 공정가치는 ₩25,000이다.

2) 20×1년의 이익실적에 따라 일정금액의 현금을 추가 지급한다. 합병일 현재 동 '현금지급 조건부대가'는 부채로 분류되고, 공정가치는 ₩7,000이다.

(2) 취득 자산 · 부채의 공정가치 관련 추가자료

1) (주)민국의 유동자산에는 수취채권(장부금액 ₩10,000)이 포함되어 있다. (주)대한은 예비실사시 동 수취채권 중 ₩3,000만큼은 회수가 어려울 것으로 판단하여, 동 수취채권을 ₩7,000으로 산정하였다. 취득일에 동 수취채권의 공정가치는 ₩8,000이다.

2) (주)민국의 유형자산에는 운용리스자산이 포함되어 있다. (주)대한은 운용리스계약이 시장조건에 비해 ₩5,000만큼 유리한 것으로 판단하여 동 금액을 무형자산의 예비실사가액에 포함하였다.

3) (주)민국의 무형자산에는 (주)한국으로부터 취득한 라이선스계약(장부금액 ₩5,000 및 취득일의 공정가치 ₩6,000)이 포함되어 있는데, (주)대한도 이미 동일한 라이선스계약을 보유하고 있다. (주)대한은 동 라이선스계약을 중복 보유하게 됨에 따라 사용가치가 없는 것으로 판단하여 예비실사가액 산정시 반영하지 않았다.

요구사항

1. 제시된 [합병과 관련한 추가자료]를 반영하여 합병일에 (주)대한이 작성하는 재무상태표상 아래 항목에 해당하는 금액을 구하라. 해당 금액이 없는 경우에는 "0"으로 표시한다.

① 영업권　② 무형자산(영업권 제외)　③ 부채
④ 납입자본　⑤ 기타자본

2. 20×1년 12월 31일 현재 [합병과 관련한 추가자료]에 따른 2개의 조건부대가 계약에 대한 조건이 모두 충족되었다. 이와 관련하여 (주)대한은 (주)민국의 주주에게 (주)대한의 주식 20주와 현금 ₩5,000을 지급하였다. 20×1년 12월 31일 현재 (주)대한 주식의 공정가치는 1주당 ₩2,000이다. 조건부대가에 대한 지급이 ① 납입자본에 영향을 미치는 금액과 ② 당기손익에 영향을 미치는 금액을 각각 구하라.

보–1 현금창출단위의 손상검사

(2022년 공인회계사 시험(1차) 수정)

갑(주)는 20×1년초 두 개의 현금창출단위(A사업부, B사업부)를 보유하고 있는 을(주)를 흡수합병하였으며, 이전대가로 지급한 ₩30,000은 각 현금창출단위에 다음과 같이 배분되었다.

구 분	이전대가	식별가능 순자산의 공정가치
A사업부	₩22,000	₩19,000
B사업부	8,000	6,000
	₩30,000	₩25,000

20×1년말 현재 강력한 경쟁기업의 등장으로 인해 A사업부의 매출이 상당히 위축될 것으로 예상되자, 갑(주)는 A사업부(현금창출단위)의 회수가능액을 ₩13,500으로 추정하였다. 손상차손을 인식하기 전 A사업부에 속하는 모든 자산의 20×1년말 장부금액과 추가정보는 다음과 같다.

구 분	장부금액	추가정보
토 지	₩5,000	순공정가치는 ₩5,500임
건 물	8,000	순공정가치는 ₩6,800이며, 사용가치는 ₩7,200임
기계장치	2,000	회수가능액을 측정할 수 없음
영 업 권	?	

요구사항

손상차손을 인식한 후, 갑(주)의 20×1년말 재무상태표에 보고되는 A사업부의 기계장치 장부금액을 구하라. 단, 갑(주)는 유형자산에 대해 원가모형을 적용하고 있다.

보–2 영업권의 후속 측정

갑(주)는 20×1년 1월 1일 여러 사업부문을 운영하고 있는 을(주)를 흡수합병하였다. 을(주)의 각 사업부문은 각각 현금창출단위를 구성한다. 이 중에서 해외사업부문과 관련하여 식별가능한 자산과 배분된 영업권은 다음과 같다.

구 분	토 지	건 물	기계장치	영업권
공정가치	₩20,000	₩10,000	₩10,000	₩10,000
추정내용연수		10년	4년	

* 건물과 기계의 잔존가치는 없으며, 정액법으로 감가상각한다.

해외사업부문은 시장에서 신규수요를 창출하지 못하여 20×2년 1월 1일에 이의 회수가능액이 ₩21,900으로 추정되었다. 그러나 20×3년 1월 1일 해외사업부문은 신제품의 출시로 신규수요를 창출하는 데 성공하였으며, 이로 인하여 해외사업부문의 회수가능액은 ₩27,720으로 추정되었다.

요구사항

갑(주)가 해외사업부문과 관련하여 다음의 각 일자에 해야 할 분개를 제시하라. 단, 감가상각비와 손상차손 및 손상차손환입은 개별 자산별로 구분하여 회계처리한다.

1. 20×2년 1월 1일
2. 20×3년 1월 1일

보-3 역취득

(2011년 공인회계사 시험(2차) 수정)

상장기업인 갑(주)는 20×3년 4월 1일에 비상장기업인 을(주)와 주식교환을 통해 합병하였다. 이러한 사업결합을 통해 갑(주)와 을(주)는 각각 법적 지배기업과 법적 종속기업이 되었다. 취득일 현재 두 회사의 재무상태표는 다음과 같다.

	갑(주)		을(주)	
	장부금액	공정가치	장부금액	공정가치
자산총계	₩55,000	₩70,000	₩110,000	₩120,000
부채총계	30,000	33,000	60,000	70,000
자본총계	25,000		50,000	
납입자본	10,000		30,000	
이익잉여금	15,000		20,000	

[추가자료]

1) 취득 직전일 현재 두 회사의 발행주식은 다음과 같다.

구 분	갑(주)	을(주)
발행주식수(보통주)	100주	150주
주당 액면금액	₩100	₩200
주당 공정가치	400	800

2) 갑(주)는 사업결합과정에서 을(주) 주식 1주와 교환하여 갑(주) 주식 2주를 발행하기로 하고 총 300주를 발행하였다.
3) 관련 회계처리에서 법인세 효과는 고려하지 않는다.

요구사항

1. 이 사업결합거래의 회계상 취득자는 누구인가?
2. 합병일에 작성한 재무상태표에 계상될 다음 계정과목의 금액을 계산하라.
   ① 자산총계(영업권 포함) ② 부채총계
   ③ 납입자본 ④ 이익잉여금

PART

Ⅱ 연결회계

CHAPTER

2 연결재무제표의 의의와 작성원칙

사업결합이 지분취득(acquisition)의 형태로 이루어지면 사업결합 참여기업간에 지배 · 종속관계가 형성되며, 지배기업과 종속기업을 하나의 경제적 실체로 보고 매 결산기에 연결재무제표를 작성해야 한다. 본장에서는 연결회계의 기초개념과 지배력에 대해 살펴보고 연결재무제표의 종류, 의의 및 연결재무제표의 작성원칙에 대하여 검토한다. 아울러 별도재무제표의 개념도 소개한다.

제 1 절 연결재무제표의 기초

사업결합이 합병을 통해 이루어지면 합병회사와 피합병회사가 하나의 법률적 실체가 되는 데 비해, 지분취득을 통한 사업결합의 경우에는 결합에 참여한 기업들의 법률적 실체가 소멸하지 않고 지배기업과 종속기업으로 존속한다. 따라서 매 회계연도마다 지배기업과 종속기업은 각각의 재무제표를 작성해야 할 뿐만 아니라 지배기업은 지배기업과 종속기업으로 이루어지는 경제적 실체에 대하여 연결재무제표를 작성해야 한다.

1. 연결재무제표의 의의

회계는 특정 경제적 실체의 이해관계자들에게 그들의 의사결정에 유용한 정보를 제공하는 것을 주요 목적으로 하는데, 여기서 회계가 보고대상으로 하는 경제적 실체(economic entity)는 법률적으로 독립된 개별 실체만을 의미하는 것은 아니다.[1] [그림 2-1]은 사업결합의 입장에서 본 경제적 실체와 법률적 실체의 차이를

[그림 2-1] **경제적 실체와 법률적 실체**

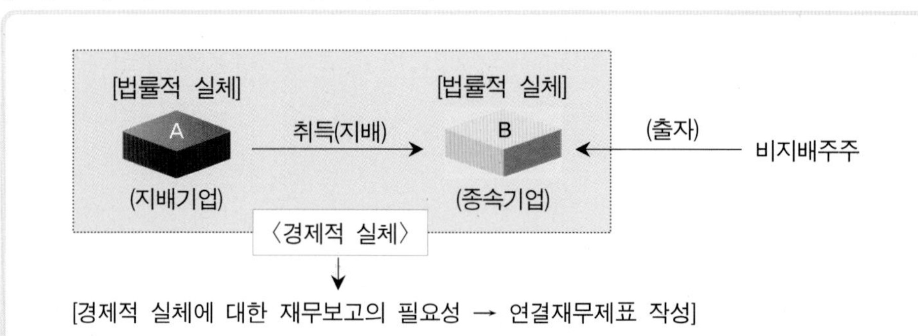

1) 사업결합의 경우 연결재무제표를 작성할 때 경제적 실체는 법률적 실체인 기업보다 넓은 의미로 이용되지만, 경제적 실체가 법률적 실체보다 좁은 경우도 있다. 예를 들면 기업 내의 개별 사업부서도 경제적 실체가 될 수 있다. 또한 법률적 실체와 전혀 관련이 없는 경제적 실체도 존재하는데, 예를 들면 동창회와 같은 집단도 법률적 실체는 아니지만 경제적 실체이므로 회계의 대상이 될 수 있다.

나타내고 있다.

사업결합으로 한 기업이 다른 기업을 지배하게 되면 개별기업의 재무제표만을 가지고 관련된 기업들의 경제적 실질을 정확히 파악할 수 없다. 따라서 지배·종속관계가 성립하는 관련기업들을 하나의 경제적 실체로 보고 이에 대한 재무보고서를 작성할 필요가 있다.

연결재무제표(consolidated financial statements)는 단일 경제적 실체인 연결실체의 재무제표를 말하며 연결실체를 구성하는 지배기업과 그 종속기업의 자산, 부채, 자본, 수익, 비용 및 현금흐름을 표시한다. 이러한 연결재무제표를 이해하는 데에는 연결회계에 관련된 기초적 개념을 분명히 할 필요가 있으므로 이에 대해 논의해 보도록 하자.

먼저 지배력(control)은 연결대상기업을 결정하는 단일의 기준이다. 투자자는 피투자자에 대한 관여로 변동이익에 노출되거나 변동이익에 대한 권리를 가지고 있고 피투자자에 대한 자신의 힘으로 그러한 이익에 영향을 미치는 현재의 능력이 있을 경우 피투자자를 지배한다.

지배기업(parent)은 하나 이상의 종속기업을 가지고 있는 회사를 말하며, 종속기업(subsidiary)은 다른 기업(지배기업)의 지배를 받고 있는 기업을 말한다. 연결재무제표 작성대상이 되는 연결실체(group)는 지배기업과 그 지배기업의 모든 종속기업을 말한다. 지배기업이 종속기업에 대한 지배력을 획득하기 위해 종속기업의 지분을 100% 소유할 필요는 없다. 이와 같이 종속기업 지분의 100% 미만을 소유하여 종속기업에 대한 지배력을 획득하는 경우에는 종속기업의 지분 중 지배기업에 직접 또는 간접으로 귀속되지 않는 지분이 존재하게 되며 이를 비지배지분(non-controlling interest)이라고 한다.

2. 연결회계의 최근 동향

우리나라의 경우 1974년의 「상장법인 등의 회계처리에 관한 규정」과 1975년의 「상장법인 등의 재무제표에 관한 규칙」에 의거하여 1976년 1월 1일에 시작되는 회계연도부터 연결재무제표를 작성하도록 최초로 제도화하였다.

이후 수차례의 개정을 거치다가 2011년부터 국제회계기준을 전면 도입하게 되었으며 이에 따라 K-IFRS 제1027호(연결재무제표와 별도재무제표)를 적용하여 연결재무제표를 작성하였다. 아울러 특수목적기업의 연결에 대해서는 해석서 K-IFRS 제2012호(연결 : 특수목적기업)를 적용하였다. 그러나 K-IFRS 제1027호에서는 지배력모형에 기초하고 있었고 K-IFRS 제2012호에서는 위험-보상모형을 근간으로 하고 있었다. 이와 같이 두 기준서에서 제시한 연결모형의 상이함으로 말미암아 실무적으로 혼란이 발생되었다.

구체적으로, K-IFRS 제1027호에서는 지배력을 경제활동에서 효익을 얻기 위하여 회사의 재무정책과 영업정책을 결정할 수 있는 능력으로 정의하고 있었으며 보고기업의 지배를 받는 기업의 연결을 요구하였다. 한편 K-IFRS 제2012호는 특수목적기업에 대한 K-IFRS 제1027호의 요구사항을 해석한 것으로, 위험과 보상을 더욱 강조하였다. 두 기준의 강조점이 서로 상이함에 따라 일관된 지배력 개념을 적용하지 못하는 결과를 초래하였고 이에 따라 실무적 다양성이 야기되어 재무제표의 비교가능성이 감소되었다. 또한 이러한 연결대상기업 선정과 관련된 불명확성은 특정 기업을 연결에 포함하거나 제외시키기 위해 거래를 설계할 유인을 제공하는 부작용을 낳기도 하였다.

이러한 혼란을 해소하고자 IASB는 IFRS 10의 제정을 통해 모든 기업에 적용될 단일의 지배력 정의를 제안하였다. 동 기준서는 우리나라에서 2012년 K-IFRS 제1110호(연결재무제표)로 공표되어 2013년 1월 1일 이후 최초로 개시되는 연도부터 적용되고 있다.

사례로 배우기 2-1 현대자동차의 K-IFRS 도입으로 인한 연결재무제표 실적 변화

현대자동차는 1999년 외환위기 당시 기아자동차를 인수하였으며, 2023년말 약 34%의 지분을 보유하고 있다. 현대자동차는 기아자동차를 2010년까지 종속기업으로 판단하여 연결재무제표를 작성해 오다가 2011년 K-IFRS가 도입되면서 관계기업으로 분류변경하여 연결대상기업에서 제외하였다. K-GAAP에서는 지분율이 30%를 초과하면서 최대주주이면 지배력이 있는 것으로 판단하지만, K-IFRS에서는 지분율이 50%를 초과하거나 50% 이하라도 실질지배력이 있으면 지배력이 있다고 판단한다. 현대자동차는 기아자동차에 대한 지분율이 50% 미만이며 실질지배력이 없는 것으로 판단하여 관계기업으로 분류를 변경한 것이다. 현대자동차는 2011년에 기아자동차 외 몇 개의 종속회사를 관계기업으로 분류변경하면서 공정가치 평가를 통해 약 6,500억원의 처분이익을 인식하였다. 그러나 이로 인해 현대자동차의 기업가치가 증가한 것은 아니라는 점에 유의해야 한다. 왜냐하면 회계처리방법만 변경된 것이지 현대자동차가 보유하고 있는 기아자동차 및 기타 관계기업의 지분이나 내재가치가 변경된 것은 아니기 때문이다. 회계정보이용자는 회계기준의 변화로 인한 재무제표의 변화가 근본적으로 내재가치를 변화시키는 요인인지에 대해 주의를 기울일 필요가 있다.

제2절 연결기준으로서의 지배력

본절에서는 연결재무제표 작성시 연결대상기업의 판단근거가 되는 지배력의 개념을 살펴보고 지배력의 평가기준에 대해 구체적으로 설명한다. 또한 연결재무제표 작성의무가 면제되는 조건에 대해서도 설명한다.

1. 지배력의 개념과 판단기준

연결재무제표는 지배기업과 종속기업으로 이루어지는 연결실체에 대한 재무제표이다. 따라서 연결재무제표는 지배기업이 지배하는 모든 종속기업을 포함해야 한다. 그리고 연결재무제표에 포함되는 종속기업을 결정하기 위해서는 투자자와 피투자자 사이에 지배력(control)이 존재하는지를 판단하기 위한 명확한 기준이 필요하다.

투자자는 피투자자에 대한 관여로 변동이익에 노출되거나 변동이익에 대한 권리가 있고 피투자자에 대하여 자신의 힘으로 그러한 이익에 영향을 미치는 능력이 있을 때 피투자자를 지배한다. 따라서 투자자는 다음 조건을 모두 만족시키는 경우에만 지배력을 가진다.[2)]

---

2) 지배력 판단기준에 따라 투자자가 피투자자를 지배하는지 결정할 때 다음의 요소들을 종합적으로 검토한다.
① 피투자자의 목적과 설계
② 관련활동의 내용과 관련활동이 어떻게 결정되는가?
③ 투자자의 권리가 관련활동을 지시하는 현재의 능력을 투자자에게 갖게 하는가?
④ 피투자자에 대한 투자자의 관여로 변동이익에 노출되거나 변동이익에 대한 권리가 있는가?
⑤ 투자자가 자신의 이익금액에 영향을 미치기 위하여 피투자자에 대하여 자신의 힘을 사용하는 능력이 있는가?
⑥ 투자자와 다른 상대방 간의 관계에 대한 성격
위 요소 중 ①과 ⑥은 전반적 고려요인이며 ②와 ③은 힘의 존재 여부에 대한 평가와 관련되어 있고 ④는 변동이익에 대한 노출 또는 권리의 평가와 관련되며 ⑤는 힘과 변동이익에 대한 노출 또는 권리 사이의 연관성에 대한 평가와 관련된다.

지배력 판단기준

① 피투자자에 대한 힘
② 피투자자에 대한 관여로 인한 변동이익에 대한 노출 또는 권리
③ 투자자의 이익금액에 영향을 미치기 위하여 피투자자에 대하여 자신의 힘을 사용하는 능력

2. 힘

피투자자에 대한 힘(power)은 관련활동(relevant activities)을 지시하는 현재의 능력을 갖게 하는 현존권리(existing rights)로 정의된다. 따라서 투자자가 피투자자에 대한 힘을 보유하는지를 평가하기 위해서는 먼저 관련활동을 파악하고 투자자의 권리가 관련활동을 지시하는 현재의 능력을 투자자에게 부여하고 있는지 결정해야 한다.

(1) 관련활동

지배력을 평가함에 있어서 피투자자의 관련활동과 그러한 관련활동에 대한 의사결정방법을 파악하는 것은 매우 중요하다. 여기서 관련활동(relevant activities)은 피투자자의 이익에 유의적인 영향을 미치는 피투자자의 활동을 의미한다. 피투자자들의 관련활동에는 다양한 영업활동과 재무활동이 포함되는데, 관련활동을 예시하면 다음과 같다.

① 재화나 용역의 판매와 구매
② 존속기간 동안의 금융자산 관리(채무불이행시 포함)
③ 자산의 선택, 취득 또는 처분
④ 새로운 제품이나 공정의 연구와 개발
⑤ 자금조달 구조 결정이나 자금의 조달

또한 관련활동에 대한 의사결정의 예로는 예산을 포함하여 피투자자에 대한 영업의사결정과 자본의사결정의 수립이라든지 피투자자의 주요 경영진이나 용역제공자의 임명과 보상 및 그들의 용역이나 고용의 중지 등을 들 수 있다.

(2) 피투자자에 대한 힘을 갖게 하는 권리

피투자자의 관련활동에 대해 파악이 이루어지면 다음 단계로 어느 투자자가 피투자자에 대해 힘을 보유하는지를 결정해야 한다. 힘은 권리에서 생긴다. 따라서 피투자자에 대한 힘이 주식과 같은 지분상품에 의해 부여된 의결권만으로 직접 획득되고, 투자자가 피투자자에 대한 충분한 의결권을 보유한다면 힘을 가지는지 여부는 쉽게 평가할 수 있다. 그러나 힘이 계약상의 약정에 기반하는 경우와 같이 복잡한 상황에는 하나 이상의 요소들을 고려하여 지배력을 평가한다.

투자자가 힘을 가질 수 있게 하는 권리의 구체적인 예를 들면 다음과 같다.

① 피투자자에 대한 의결권(또는 잠재적 의결권) 형태의 권리
② 관련활동을 지시하는 능력이 있는 피투자자의 주요 경영진 구성원의 선임, 재배치 또는 해임 권리
③ 관련활동을 지시하는 다른 기업의 선임 또는 해임 권리
④ 투자자의 효익을 위하여 거래를 체결하거나 거래의 변경을 거부하도록 피투자자를 지시하는 권리
⑤ 관련활동을 지시하는 능력을 권리의 보유자가 갖게 하는 그 밖의 권리 (예 : 경영관리계약에 명시된 의사결정권)

투자자가 힘을 가지고 있는지 평가하기 위해 현존권리의 존재 여부를 판단할 때에는 그 권리가 실질적인지(substantive)[3] 그리고 해당 권리가 방어권(protective rights)[4]에 해당하는 것은 아닌지 분석해야 한다.

한편 둘 이상의 투자자가 관련활동을 지시하기 위해 함께 행동해야 하는 경우 어떠한 투자자도 다른 투자자의 협력 없이 관련활동을 지시할 수 없으므로

3) 권리가 실질적이기 위해서는, 보유자는 그 권리를 행사할 실제 능력을 가져야 한다. 권리가 실질적인지 여부를 결정할 때에는 다음과 같은 요소를 고려할 필요가 있다.
① 보유자(또는 보유자들)의 권리 행사를 방해하는 장애물(경제적 또는 그 외)의 존재 여부
② 권리를 행사하기 위해 하나 이상의 당사자의 동의가 필요한 경우나 하나 이상의 당사자가 권리를 갖는 경우, 당사자들이 원한다면 그들의 권리를 집합적으로 행사할 실질적 능력을 제공하는 제도의 존재 여부
③ 권리를 갖는 당사자나 당사자들이 권리의 행사로 효익을 얻을지 여부

4) 방어권은 해당 권리 보유자의 이익을 보호하기 위해 설계된 권리로서, 피투자자가 비정상적으로 큰 규모의 자본적 지출을 행할 때 승인을 얻도록 하거나 지분증권 또는 채무증권의 발행시 승인을 얻도록 하는 요구사항 등이 해당된다. 방어권만을 보유하는 투자자는 피투자자에 대한 힘을 가지지 않으며, 따라서 피투자자를 지배하는 것으로 볼 수 없다.

개별적으로 피투자자를 지배하지 못한다. 그러나 둘 이상의 투자자 각각이 다른 관련활동을 지시하는 일방적인 능력을 갖게 하는 현존권리를 보유하는 경우에는 피투자자의 이익에 가장 유의적으로 영향을 미치는 활동을 지시하는 현재의 능력이 있는 투자자가 피투자자에 대한 힘을 보유한다.

(3) 의결권에 기초한 힘의 존재 판단

투자자들은 흔히 의결권(voting rights) 또는 유사한 권리를 통하여 관련활동을 지시하는 현재의 능력을 보유한다. 투자자가 의결권의 과반수를 보유하면 지배력 보유 여부는 쉽게 평가될 수 있다. 그러나 상황에 따라서는 의결권의 과반수를 보유하더라도 힘을 가지지 않는 경우도 있고 반대로 의결권의 과반수를 보유하지 않아도 힘을 가지는 경우도 있다.

1) 의결권의 과반수 보유로 힘을 가지는 경우

피투자자에 대한 의결권의 과반수를 보유하는 투자자는 일반적으로 의결권 과반수 보유자의 결의에 의해 관련활동이 지시되거나, 관련활동을 지시하는 의사결정기구 구성원의 과반수가 의결권 과반수 보유자의 결의에 의해 선임될 수 있으므로 피투자자에 대한 힘을 가진다.

2) 의결권의 과반수를 보유하나 힘을 가지지 않는 경우

피투자자에 대한 의결권의 과반수를 보유하는 투자자가 피투자자에 대한 힘을 보유하기 위해서는 투자자의 의결권이 실질적이어야 하며, 의결권이 실질적이지 않다면 피투자자에 대한 힘을 가지지 못한다. 예를 들어, 투자자가 피투자자에 대한 의결권의 과반수를 보유하고 있더라도 관련활동이 정부, 법원, 관재인, 채권자, 청산인 또는 감독당국의 지시 대상이 된다면 그러한 권리는 실질적인 권리라고 볼 수 없으므로 피투자자에 대한 힘을 가지지 않는다.

3) 의결권의 과반수 보유 없이도 힘을 가지는 경우

투자자는 피투자자에 대한 의결권의 과반수 미만을 보유하더라도 다음에 제시하는 경우에는 힘을 가질 수 있다.

의결권의 과반수 미만을 보유해도 힘을 가지는 경우

① 투자자와 다른 의결권 보유자 간의 계약상 약정에 의해 과반수의 의결권을 행사할 수 있는 경우
② 그 밖의 계약상 약정을 통해 피투자자의 관련활동을 지시할 수 있는 경우
③ 투자자가 관련활동을 지시하는 실질적 능력을 가진 경우

① **투자자와 다른 의결권 보유자 간의 계약상 약정 :** 투자자와 다른 의결권 보유자 간의 계약상 약정을 맺음으로써 투자자에게 힘을 부여하기에 충분한 의결권을 행사할 권리를 갖게 할 수 있다.

② **그 밖의 계약상 약정에서 발생하는 권리 :** 예를 들어 계약상 약정에 명시된 권리는 의결권과 결합하여, 투자자에게 피투자자의 이익에 유의적으로 영향을 미치는 피투자자의 제조공정이나 다른 영업활동 또는 재무활동을 지시하는 현재의 능력을 부여하기에 충분할 수도 있다.

③ **투자자의 실질적 능력 :** 의결권의 과반수 미만을 보유한 투자자는 일방적으로 관련활동을 지시하는 실질적 능력(de facto control)을 가진 경우에는 힘을 가질 수 있다. 투자자의 의결권이 힘을 부여하기에 충분한지 평가할 때, 투자자는 다음을 포함하는 모든 사실과 상황을 고려한다.

㉠ 투자자의 보유 의결권의 상대적 규모와 다른 의결권 보유자의 주식 분산 정도
㉡ 투자자, 다른 의결권 보유자 또는 다른 당사자가 보유한 잠재적 의결권
㉢ 그 밖의 계약상 약정에서 발생하는 권리
㉣ 과거 주주총회에서의 의결양상을 포함하여, 결정이 이루어져야 하는 시점에서 투자자가 관련활동을 지시하는 현재의 능력을 가지고 있는지 나타내는 추가적인 사실과 상황

실질적 지배력 개념을 실무에 적용하는 데에는 분명한 구분기준선이 없기 때문에 필연적으로 주관적인 판단을 피할 수 없게 된다. 따라서 제반 상황과 사실을 모두 고려하여 신중한 판단을 내려야 할 것이다. [예제 2-1]은 실질적 지배력의 존재 여부를 판단하는 방법을 예시하고 있다.

예제 2-1 실질적 지배력에 대한 판단 : 과반수 미만의 의결권

다음의 각 상황별로 투자자 A, B, C가 실질적 지배력을 보유하는지 판단하라.

(상황 1) 투자자 A는 피투자자 의결권의 48%를 보유하고 있다. 나머지 의결권은 수천 명의 주주들이 보유하고 있으며, 어느 누구도 개별적으로 의결권의 1%를 초과하여 보유하고 있지 않다. 주주들은 서로 상의하거나 집합적인 의사결정을 하기 위한 어떠한 약정도 없다.

(상황 2) 투자자 B는 피투자자의 의결권 40%를 보유하고 있으며 나머지 12명의 투자자들이 각 5%씩 피투자자의 의결권을 보유하고 있다. 주주간 합의에서 투자자 B는 관련활동을 지시할 책임이 있는 경영진을 선임, 해임 그리고 보수를 결정할 수 있는 권리를 부여받았다. 이 합의를 변경하려면 주주의 3분의 2의 다수 표결이 필요하다.

(상황 3) 투자자 C는 피투자자의 의결권 35%를 보유하고 있다. 3명의 다른 주주들은 피투자자의 의결권을 각 5%씩 보유하고 있다. 나머지 의결권은 수많은 다른 주주들이 보유하고 있으며, 아무도 개별적으로 의결권의 1%를 초과하여 보유하고 있지 않다. 주주들은 서로 상의하거나 집합적으로 의사결정을 하기 위한 어떠한 약정도 없다. 피투자자의 관련활동에 대한 결정은 관련 주주총회에서 의결권 과반수의 승인을 요구한다. 최근 관련 주주총회에서 피투자자 의결권의 75%가 투표하였다.

해답

(상황 1) 다른 의결권 보유자의 주식 분포에 따른 지배력 확보 판단 : 다른 주주들 의결권의 상대적 규모에 근거하여 투자자 A가 취득한 의결권의 비율을 평가하는 경우, 투자자 A의 48% 지분은 피투자자를 지배하기에 충분할 것이다. 이러한 경우에 투자자 A는 힘에 대한 다른 증거를 고려할 필요 없이 힘의 기준을 충족하는 지배적인 의결권을 충분히 지니고 있다는 결론을 내릴 수 있다.

(상황 2) 약정을 통한 지배력 확보 판단 : 투자자 B가 보유하는 의결권의 절대적 규모와 다른 주주들 의결권의 상대적 규모만으로는 투자자 B가 힘을 가지는지 결정하기 명확하지 않다. 그러나 투자자 B는 경영진의 선임, 해임 및 보수를 결정할 자신의 계약상 권리를 가지므로 피투자자에 대한 힘을 갖고 있다는 결론을 내릴 수 있다. 한편 투자자 B가 이 권리를 행사하지 않을 수 있다는 사실이나 행사가능성은 투자자 B가 힘을 갖고 있는지 평가할 때 고려하지 않는다.

(상황 3) 과거 주주총회 의결양상을 기초로 지배력 미확보 판단 : 최근 주주총회에서 나타난 다른 주주들의 능동적인 참여는 투자자 C가 일방적으로 관련활동을 지시하는 실질적 능력을 갖고 있지 않음을 보여준다. 이러한 결론은 과거에 다른 주주들이 투자자와 동일한 의견에 투표하였기 때문에 투자자가 관련활동을 지시한 적이 있다 하더라도 변하지 않는다.

4) 잠재적 의결권

지배력을 평가할 때, 투자자는 자신이 힘을 갖는지 결정하기 위하여 다른 당사자가 보유한 잠재적 의결권뿐만 아니라 자신이 보유한 잠재적 의결권도 고려한다. 잠재적 의결권은 선도계약을 포함하는 전환상품이나 옵션에서 발생하는 권리와 같이 피투자자의 의결권을 획득하는 권리이다. 잠재적 의결권은 권리가 실질적일 경우에만 고려한다. 실질적인 잠재적 의결권은 단독으로 또는 다른 권리와 결합하여 투자자에게 관련활동을 지시하는 현재의 능력을 부여할 수 있다. 예를 들어, 투자자가 피투자자의 의결권을 40% 보유하고 있고 추가로 의결권의 20%를 취득할 수 있는 옵션에서 발생하는 실질적인 권리를 갖고 있을 때, 이러한 경우가 될 가능성이 높다. [예제 2-2]는 잠재적 의결권이 존재하는 경우 투자자가 힘을 보유하는지를 판단하는 방법을 예시하고 있다.

예제 2-2 잠재적 의결권

다음의 각 상황별로 투자자 A와 C가 피투자자에 대한 힘을 보유하고 있는지 판단하라.

(상황 1) 투자자 A는 피투자자의 의결권 70%를 보유하고 있다. 투자자 B는 피투자자의 의결권 30% 및 투자자 A의 의결권 절반을 취득할 수 있는 옵션을 보유하고 있다. 옵션은 향후 2년 동안 깊은 외가격 상태인 고정된 가격으로 행사가능하며, 그 2년의 기간 동안 깊은 외가격 상태로 있을 것으로 기대된다. 투자자 A는 자신의 의결권을 행사하고 있으며 피투자자의 관련활동을 적극적으로 지시하고 있다.

(상황 2) 투자자 C와 2명의 투자자는 피투자자의 의결권을 각 3분의 1씩 보유하고 있다. 피투자자의 사업활동은 투자자 C와 밀접하게 관련되어 있다. 지분상품 이외에도 투자자 C는 언제라도 고정된 가격(현재 외가격 상태이나 깊은 외가격 상태는 아님)으로 피투자자의 보통주로 전환할 수 있는 채무상품을 보유하고 있다. 만약 채무상품이 전환된다면, 투자자 C는 피투자자의 의결권 60%를 보유할 것이다. 또한 채무상품이 보통주로 전환된다면, 투자자 C는 시너지 실현으로 인하여 효익을 얻을 것이다.

해답

(상황 1) 옵션 : 투자자 A는 관련활동을 지시하는 현재의 능력을 가지는 것으로 보이므로 힘의 기준을 충족시킬 가능성이 높다. 비록 투자자 B가 추가적인 의결권을 구입할 수 있는 현재 행사가능한 옵션을 가지고 있더라도, 그러한 옵션과 관련된 계약조항과 조건은 그 옵션을 실질적이지 않은 것으로 고려하게 한다.

(상황 2) 전환가능 채무상품 : 투자자 C는 관련활동을 지시하는 현재의 능력을 자신에게 갖게 하는 실질적인 잠재적 의결권과 더불어 피투자자의 의결권을 보유하고 있으므로 피투자자에 대한 힘을 갖는다.

(4) 힘의 존재 판단시 고려할 기타 요인

상황에 따라서는 투자자의 권리가 피투자자에게 힘을 갖게 하기에 충분한지 결정하기 어려울 수 있다. 이러한 경우에는 다음의 사항들을 고려해야 하며 이와 아울러 투자자가 피투자자와 특별한 관계에 있다는 징후를 보이는 지표가 있으면 이러한 지표도 함께 고려한다.

① 투자자는 관련활동을 지시하는 능력을 가지는 피투자자의 주요 경영진을 계약상의 권리가 없어도 선임 또는 승인할 수 있다.

사례로 배우기 2-2 현대오일뱅크의 상장을 발목 잡은 실질지배력

연결대상을 결정하는 실질지배력 판단에는 주관적인 부분이 많이 작용한다. 그렇다 보니, 실질지배력에 대한 회사, 감사인, 감독당국 간의 의견이 다른 경우도 종종 발생하고 있다. 그 예 중 하나가 현대오일뱅크이다. 현대오일뱅크는 윤활기유 사업에 진출하기로 결정하면서, 글로벌 정유기업인 쉘과 현대쉘베이스오일을 설립한다. 현대쉘베이스오일의 현대오일뱅크와 쉘의 지분은 각각 60%와 40%이며, 이사회 구성원 5인 중 현대오일뱅크 측이 3인, 쉘 측이 2인을 임명했다. 현대오일뱅크는 현대쉘베이스오일의 지분 60%를 보유하면서 이사의 과반수 이상을 임명할 수 있으므로 실질지배력이 있는 것으로 보아 연결재무제표를 작성 · 보고하였다. 그러던 중 현대오일뱅크가 2018년 상장을 위해 지정감사를 받게 되면서 현대오일뱅크가 현대쉘베이스오일에 실질지배력을 갖고 있는지에 대한 의문이 제기되었다. 주주간 합작계약서에 의하면, 75% 이상의 이사가 찬성해야 특별결의 항목으로 규정된 안건이 통과될 수 있는 것으로 규정되어 있었으며, 이사 5명 중 4인 이상의 동의가 없으면 특별결의를 할 수가 없었다. 즉, 현대오일뱅크 측에서 선임한 이사 3인만으로는 특별결의를 할 수 없다는 것이다. 더욱이 합작계약서에 특별결의사항으로 규정된 내용은 사업계획 및 재무실행계획 승인, 자본적 지출 승인 등 일상적인 경영활동과 관련된 것으로 다른 회사에서는 특별결의가 아닌 일반결의사항에 해당한다. 즉, 대부분의 경영활동이 특별결의사항이므로 사실상 현대오일뱅크 단독으로 이사회를 열어 특별결의를 할 수 없는 상황인 것이다. 이에 대해 현대오일뱅크는 이러한 특별결의사항들은 소수지분을 보유한 쉘의 이익이 현대오일뱅크 측의 부당한 의사결정으로 침해되는 것을 방지하기 위한 방어권 차원의 규정일 뿐 경영권은 현대오일뱅크가 보유한다고 주장하였다. 그러나 동 사항에 대해 질의를 받은 금융감독원은 방어권은 근본적이고 예외적인 변화와 관련된 사항에 적용되는 사항인데, 합작계약서상 특별결의사항은 경영활동에서 일반적으로 발생하는 사항에 대한 것이기 때문에 방어권이라 할 수 없다고 규정하면서, 현대오일뱅크와 쉘이 공동으로 현대쉘베이스오일을 지배하고 있다고 판단하였다. 그 결과 현대오일뱅크는 2012년부터 2017년까지 연결재무제표를 작성하였던 것을 중지하고 지분법으로 회계처리를 변경하였고, 2017년의 재무제표 기준으로 볼 때 총자산이 약 3,200억원, 영업이익은 약 1,227억원 감소하였다. 현대오일뱅크는 중요한 수준의 재무제표 수정으로 회계감리 대상이 되었으며, 이로 인해 상장을 포기하고 제3자에게 지분을 매각했다.

② 투자자는 계약상의 권리가 없어도 자신의 효익을 위하여 유의적인 거래를 체결하거나 거래의 변경을 거부하도록 피투자자를 지시할 수 있다.
③ 투자자는 피투자자의 의사결정기구 구성원을 선출하는 선임 절차를 지배할 수 있거나, 다른 의결권 보유자로부터 위임장 획득을 장악할 수 있다.
④ 피투자자의 주요 경영진이 투자자의 특수관계자이다(예 : 피투자자의 대표이사와 투자자의 대표이사가 동일한 인물이다).
⑤ 피투자자의 의사결정기구 구성원의 과반수가 투자자의 특수관계자이다.

3. 변동이익에 대한 노출

투자자가 피투자자에 대해 지배력을 가지는지 평가하는 두 번째 기준은 투자자가 피투자자에 대한 관여로 변동이익(variable returns)에 노출되거나 그에 대한 권리를 갖는지 여부이다. 피투자자에 대한 투자자의 관여로 투자자의 이익이 피투자자의 성과에 따라 달라질 가능성이 있는 경우 투자자는 변동이익에 노출되거나 변동이익에 대한 권리를 가진다.

투자자의 이익은 양(+)의 금액만이거나, 부(−)의 금액만이거나, 또는 두 경우 모두에 해당될 수 있다. 이익은 배당금, 피투자자가 발행한 채무증권의 이자, 투자자가 보유하는 피투자자에 대한 투자주식 가치의 변화, 피투자자의 자산이나 부채의 관리용역에 대한 보상, 규모의 경제, 원가절감, 독점적 지식에 대한 접근 확보 등의 다른 지분 보유자들은 이용할 수 없는 이익 등으로 다양하다.

투자자는 피투자자의 이익이 변동되는지와 이익의 법적 형식과 관계없이 약정의 실질에 근거하여 이익 변동 정도를 평가한다. 예를 들어, 투자자는 고정금리를 지급하는 채권을 보유하고 있다. 고정금리 지급은 채무불이행 위험의 대상이 되고 투자자를 채권 발행자의 신용위험에 노출시키기 때문에 고정금리 지급은 변동이익이다. 변동금액(즉, 이익 변동 정도)은 채권의 신용위험에 따라 달라진다. 이와 유사하게 피투자자의 자산관리에 대한 고정 성과 수수료는 투자자를 피투자자의 성과위험에 노출시키기 때문에 변동이익이다. 그 변동금액은 수수료를 지불할 수 있는 충분한 수익을 창출하는 피투자자의 능력에 따라 달라질 수 있다.

4. 힘과 이익의 연관

투자자가 피투자자에 대한 힘을 갖고 있고 피투자자에 대한 관여로 변동이익에 노출되거나 변동이익에 대한 권리가 있을 뿐만 아니라, 피투자자에 대한 관여로 자신의 이익금액에 영향을 미치기 위하여 자신의 힘을 사용하는 능력이 있다면 투자자는 피투자자를 지배하는 것이다. 따라서 의사결정권이 있는 투자자는 자신이 본인인지 또는 대리인인지를 결정해야 한다.

대리인은 주로 다른 당사자(본인)를 대신하거나 그들의 이익을 위해 행동하도록 고용된 자이므로 대리인이 의사결정권한을 행사하는 경우에는 피투자자를 지배하는 것이 아니다. 때때로 본인의 힘을 대리인이 보유하거나 행사할 수도 있으나 이는 본인을 대신한 것이다. 그러나 단지 다른 당사자가 의사결정자의 결정으로 효익을 얻을 수 있다는 점 때문에 의사결정자가 대리인인 것은 아니다. 투자자가 피투자자를 지배하는지 평가할 때, 투자자는 대리인에게 위임한 의사결정권을 자신이 직접 보유한 것처럼 간주한다.

의사결정자는 자신이 대리인인지를 결정할 때 특히 아래의 모든 요소를 고려해야 한다.

의사결정자의 대리인 여부 결정시 고려요소

① 피투자자에 대한 의사결정자의 의사결정권한의 범위
② 다른 당사자들이 갖는 권리
③ 보상약정에 따른 적격한 보상
④ 피투자자에 대하여 가지고 있는 다른 지분의 이익 변동에 대한 의사결정자의 노출

(1) 의사결정권한의 범위

의사결정권한의 범위는 의사결정 약정에 따라 허용되고 법에 규정된 활동 및 그러한 활동을 결정할 때 의사결정자가 갖는 재량권을 모두 고려하여 평가한다.

의사결정자는 피투자자의 목적과 설계, 위험에 노출되도록 설계된 피투자자의 위험, 관련 당사자에게 그 위험이 전가되도록 설계된 피투자자의 위험, 피투자자의 설계에 대한 의사결정자의 관여 수준을 고려한다. 예를 들어 의사결정자가 피투자자의 설계에 유의적으로 관여한 경우에는 의사결정자가 자신에게 관련

활동을 지시하는 능력을 부여하는 권리를 획득하기 위한 기회와 유인이 있었음을 의미할 수 있다.

(2) 다른 당사자가 갖는 권리

다른 당사자가 갖는 실질적인 권리는 피투자자의 관련활동을 지시하는 의사결정자의 능력에 영향을 미칠 수도 있다. 예를 들어, 한 당사자가 실질적인 해임권을 갖고 있고 이유를 불문하고 의사결정자를 해임할 수 있는 경우, 이것만으로도 의사결정자가 대리인이라는 결론을 내리기에 충분하다. 그러나 만약 둘 이상의 당사자가 그러한 권리를 갖는다면(그리고 개별적인 당사자는 다른 당사자들의 동의 없이 의사결정자를 해임할 수 없다면), 그 권리만으로는 의사결정자가 주로 당사자들을 대신하고 그들의 이익을 위해 행동한다는 결정을 확실하게 내릴 수는 없다.

의사결정자의 재량권을 제한하는, 다른 당사자들이 갖는 실질적인 권리는 의사결정자가 대리인인지 평가할 때 해임권과 유사한 방식으로 고려한다. 예를 들면 자신의 행동에 대하여 소수의 다른 당사자들의 승인을 필요로 하는 의사결정자는 일반적으로 대리인이다.

(3) 보 상

피투자자의 활동에서 기대된 이익과 관련된 의사결정자의 보상 및 관련된 변동성의 크기가 클수록, 의사결정자가 본인일 가능성이 더 높다. 이에 따라 의사결정자는 다음 두 가지 조건이 존재하지 않으면 대리인이 될 수 없다.

① 의사결정자의 보상은 제공된 용역에 상응한다.
② 보상약정은 독립적 당사자간의 협상을 통해 유사한 용역과 기술 수준에 대한 약정에 통상적으로 존재하는 조건, 상황 또는 금액만을 포함한다.

그러나 이러한 조건을 충족하는 것만으로는 의사결정자가 대리인이라는 결론을 내리는 것은 적절하지 않다.

(4) 다른 지분의 이익 변동에 대한 노출

피투자자에 대해 다른 지분(예 : 피투자자에 대한 투자 또는 피투자자의 성과에 대한 보증 제공)을 갖고 있는 의사결정자는 자신이 대리인인지 평가할 때 그 지분의 이익 변동에 대한 자신의 노출을 고려한다. 피투자자에 대한 다른 지분을 갖는 것은 의사결정자가 본인일 수도 있다는 것을 나타낸다.

의사결정자가 본인인지 대리인인지 결정해야 하는 상황은 펀드운용사나 자산운용사에서 자주 나타난다. [예제 2-3]은 의사결정자가 본인인지 대리인인지를 판단하는 예시이다.

예제 2-3 본인 · 대리인 판단

다음의 각 상황별로 의사결정자(펀드운용사, 자산운용사)가 본인인지 대리인인지 판단하라.

(상황 1) 의사결정자(펀드운용사)는 현지 법률과 규정에서 요구하는 투자 위임장에 명시된 제한적으로 정해진 한도 내에서 공개적으로 거래되고 규제되는 펀드를 설립, 판매 및 관리한다. 펀드운용사는 정해진 한도 내에서 투자할 자산에 대한 재량권을 가진다. 펀드운용사는 펀드에 10% 비례하여 투자하고 있으며, 자신의 용역에 대한 보수로 펀드 순자산가치의 1%에 해당하는 시장 기준 수수료를 수취한다. 이 수수료는 제공한 용역에 상응한다. 펀드운용사는 자신의 10% 투자를 초과하는 펀드 손실에 대하여 어떠한 책임도 지지 않는다. 펀드는 독립적인 이사회의 설치가 요구되지도 않으며, 설치하지도 않고 있다. 투자자들은 펀드운용사의 의사결정권한에 영향을 미칠 수 있을 어떠한 실질적인 권리도 갖고 있지 않지만, 펀드가 설정한 특정 한도 내에서 자신의 지분을 돌려받을 수 있다.

(상황 2) 피투자자는 고정금리 채무상품과 지분상품으로 자금을 조달하여 설립되며 고정금리 자산유동화증권의 포트폴리오를 구매한다. 지분상품은 우선 채무투자의 손실을 보호해 주고 피투자자의 잔여이익을 수취하도록 설계되어 있다. 포트폴리오 내 자산유동화증권 발행자의 채무불이행 가능성과 관련된 신용위험 및 포트폴리오의 관리와 관련된 이자율 위험에 대한 노출을 수반한 포트폴리오 투자가 잠재적 채무 투자자를 대상으로 시장에서 거래되었다. 설립시 지분상품은 구매된 자산가치의 10%에 해당한다. 의사결정자(자산운용사)는 피투자자의 투자안내서에 명시된 한도 내에서 투자의사결정을 통해 활성 자산 포트폴리오를 관리한다. 이러한 용역에 대해 자산운용사는 시장 기준 고정급(즉, 관리자산의 1%)을 수수료로 받으며, 피투자자의 이익이 명시된 수준을 초과하면 성과급(즉, 이익의 10%)을 수수료로 받는다. 수수료는 제공하는 용역에 상응한다. 자산운용사는 피투자자에 대한 지분 35%를 보유한다. 지분의 나머지 65%와 모든 채무상품은 다수

의 널리 분산된 특수관계 없는 제3자가 보유하고 있다. 자산운용사는 다른 투자자들의 단순다수결에 의해 이유를 불문하고 해임될 수 있다.

해답

(상황 1) 펀드운용사는 비록 위임장에서 정해진 한도 내에서 그리고 규제요건에 따라 펀드를 운용할지라도, 펀드의 관련활동을 지시할 현재의 능력을 부여하는 의사결정권을 가지고 있다. 투자자들은 펀드운용사의 의사결정권한에 영향을 미칠 수 있는 실질적인 권리를 갖고 있지 않다. 펀드운용사는 제공한 용역에 상응하는 시장 기준 수수료를 받으며 또한 펀드에 일정비율로 투자하고 있다. 그러한 보상과 투자는, 펀드운용사를 펀드활동으로 인한 이익 변동에 노출시키기는 하지만 펀드운용사를 본인으로 판단할 정도로 유의적이지는 않다. 따라서 제한된 한도 내에서의 펀드운용사의 의사결정권한과 함께 펀드의 이익 변동에 대한 노출을 고려할 때 펀드운용사가 대리인이며 펀드를 지배하지 않는다고 볼 수 있다.

(상황 2) 자산운용사는 제공하는 용역에 상응하는 고정급과 성과급을 수수료로 받는다. 보상은 펀드의 가치를 증가시키기 위한 펀드운용사의 이해관계와 다른 투자자들의 이해관계를 일치시킨다. 자산운용사는 지분의 35%를 보유하고 있기 때문에 펀드의 활동과 보상의 이익 변동에 노출된다.

자산운용사는 피투자자의 투자안내서에 명시된 한도 내에서 펀드를 운용하지만 피투자자의 이익에 유의적으로 영향을 미치는 투자결정을 할 수 있는 현재의 능력을 가진다. 다른 투자자들이 갖는 해임권은 다수의 널리 분산된 투자자들이 갖고 있으므로 분석시 중요시되지 않는다. 따라서 자산운용사는 자신의 힘으로서 피투자자를 지배한다고 결론을 내릴 수 있다.

5. 지배력 평가와 관련된 기타 사항

투자자는 피투자자에 대한 지배력을 평가할 때, 다른 상대방과의 관계에서의 성격을 고려해야 하며, 지배력의 세 가지 요소에 변화가 있는지를 확인해야 한다.

(1) 다른 당사자와의 관계

지배력을 평가할 때 다른 당사자들과의 관계의 성격과 그 당사자들이 투자자를 대신하여 행동할 사실상 대리인(de facto agents)인지를 고려해야 한다. 투자자가 자신을 대신하여 행동할 당사자를 지시하는 능력이나 활동을 지시하는 능력을 가지는 경우 그 당사자는 사실상 대리인이다. 이러한 상황에서 투자자는 피투자자에 대한 지배력을 평가할 때 자신의 보유 지분과 함께 자신의 사실상 대리인의 의사결정권과 사실상 대리인을 통한 변동이익에 대한 간접적인 노출 또는 권리를 고려한다.

(2) 계속적 평가

지배력의 세 가지 요소 중 하나 이상에 변화가 있음을 나타내는 사실과 상황이 있다면 투자자는 피투자자를 지배하는지 재평가한다. 구체적 고려사항은 다음과 같다.

① 피투자자에 대한 힘을 행사할 수 있는 방법에 변화가 있다면 투자자가 피투자자에 대한 자신의 힘을 평가하는 방법에 그 변화를 반영해야 한다.
② 어떤 사건은 투자자가 그 사건에 관여하지 않아도 피투자자에 대한 힘을 얻거나 상실하게 할 수 있다. 예를 들어 과거에는 투자자가 피투자자를 지배하지는 못하도록 했었던 다른 당사자들이 갖는 의사결정권이 시간의 경과로 인해 소멸되어 투자자가 피투자자에 대한 힘을 얻을 수 있다.
③ 피투자자에 대한 관여로 변동이익에 노출되거나 변동이익에 대한 권리에 영향을 미치는 변화를 고려한다.
④ 투자자는 자신이 대리인이나 본인으로 행동하는지에 대한 평가가 변경되었는지 고려한다.
⑤ 시장상황에 대한 변화로 지배력의 세 가지 요소 중 하나 이상이 변화되거나 본인과 대리인 간의 전반적인 관계가 변화되지 않는 한, 지배력이나 본인 또는 대리인으로서의 지위에 대한 투자자의 최초 평가는 단순히 시장상황의 변화(예 : 시장상황에 따른 피투자자의 이익 변화) 때문에 영향을 받지는 않을 것이다.

제 3 절 연결재무제표 작성의무의 면제

원칙적으로 모든 지배기업은 지배력을 획득한 종속기업을 연결하는 연결재무제표를 작성한다. 그러나 K-IFRS 제1110호에서는 다음과 같은 경우에 대해 연결재무제표 작성의무를 면제하고 있다.

1. 중간지배기업

지배 · 종속관계가 순차적으로 이루어진 경우에는 최상위지배기업뿐만 아니라 중간지배기업도 연결재무제표를 작성해야 한다.

[그림 2-2] **중간지배기업**

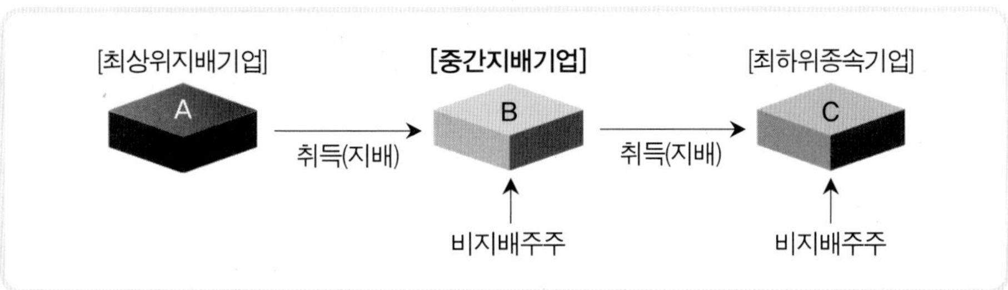

다만, 중간지배기업의 경우에 다음의 네 가지 조건을 모두 충족하는 경우에는 연결재무제표 작성의무가 면제된다.

중간지배기업의 연결재무제표 작성 면제조건

① 지배기업이 그 자체의 지분 전부를 소유하고 있는 다른 기업의 종속기업이거나, 지배기업이 그 자체의 지분 일부를 소유하고 있는 다른 기업의 종속기업이면서 그 지배기업이 연결재무제표를 작성하지 않는다는 사실을 그 지배기업의 다른 소유주들(의결권이 없는 소유주 포함)에게 알리고 그 다른 소유주들이 그것을 반대하지 않는 경우

> ② 지배기업의 채무상품 또는 지분상품이 공개시장(국내 · 외 증권거래소나 장외시장, 지역시장 포함)에서 거래되지 않는 경우
> ③ 지배기업이 공개시장에서 증권을 발행할 목적으로 증권감독기구나 그 밖의 감독기관에 재무제표를 제출한 적이 없으며 제출하는 과정에 있지도 않은 경우
> ④ 지배기업의 최상위지배기업이나 중간지배기업이 K-IFRS를 적용하여 공용가능한 연결재무제표를 작성한 경우

위에서 ①의 조건은 연결재무제표의 작성을 면제함으로써 해당 기업의 소유주들이 원하는 정보가 제공되지 못할 가능성을 고려하여 제시된 것으로 생각된다. ②와 ③의 조건이 부과된 것은 공개시장에서 채무상품 또는 지분상품이 거래되는 기업의 재무제표이용자의 정보요구는 연결재무제표를 통하여 가장 잘 충족된다고 보기 때문이다. 따라서 공개시장에서 채무상품 또는 지분상품이 거래되는 기업이나 또는 공개시장에서 금융상품을 발행하는 과정에 있는 기업에 대해서는 연결재무제표의 작성을 면제해서는 안 된다고 규정한 것이다. ④의 조건은 중간지배기업 연결재무제표 작성을 면제하더라도 재무제표이용자들이 해당 기업의 지배기업이 작성한 연결재무제표를 이용하여 그들의 목적에 맞는 충분한 정보를 입수할 수 있어야 함을 의미한다.

중간지배기업의 연결재무제표에 대한 정보수요가 크지 않고 또 필요하다면 해당 기업의 지배기업이 작성한 연결재무제표를 통해 충분한 정보를 입수할 수 있는 경우에는 중간지배기업이 연결재무제표를 작성할 실익이 크지 않다. 이런 상황에서도 중간지배기업에 연결재무제표를 작성하도록 한다면 그 경제적 효익보다는 비용이 더 클 수 있다. 따라서 과도한 재무제표 작성부담을 경감해 주기 위해 중간지배기업에 대해 이러한 연결재무제표 작성면제규정을 둔 것으로 보인다.

2. 기타 면제기업

(1) 퇴직급여제도 또는 기타 장기급여제도

K-IFRS 제1019호(종업원급여)를 적용하는 퇴직급여제도 또는 기타 장기급여제도에 대해서는 연결기준서를 적용하지 않도록 하고 있다. 이는 퇴직급여제도나 기타 장기급여제도의 경우 K-IFRS 제1019호를 적용하여 회계처리하도록 규정되어 있으므로 이에 따를 것을 명확히 한 것으로 보인다.

(2) 투자기업

지배기업이 다음에 제시되는 조건을 모두 만족하는 경우에는 투자기업에 해당한다.

① 투자관리용역을 제공할 목적으로 하나 이상의 투자자로부터 자금을 획득한다.
② 사업목적이 시세차익, 투자수익, 또는 둘 모두를 위해서만 자금을 투자하는 것임을 투자자에게 확약한다.
③ 실질적으로 모든 투자자산에 대한 성과를 공정가치로 측정하고 평가한다.

기업이 투자기업의 요건을 충족하는 경우 종속기업을 연결하지 않고 종속기업에 대한 투자자산을 K-IFRS 제1109호(금융상품)에 따라 공정가치로 측정하고 공정가치 변동액은 당기손익에 반영한다.[5)]

투자기업에 연결 예외를 허용한 근거는 공정가치 정보가 종속기업에 대한 투자자산을 포함한 투자기업의 투자자산에 대해 가장 목적적합한 정보라는 것이다. 투자기업이 종속기업에 투자하는 유일한 목적은 시세차익이나 투자수익(또는 둘 모두)의 획득에 있다. 따라서 이러한 투자기업의 경우에는 종속기업을 연결하기보다 종속기업에 대한 투자자산을 공정가치로 측정 · 공시함으로써 보다 유용한 정보를 제공할 수 있다는 것이다.

5) 단, 투자기업의 투자활동에 관련된 용역을 제공하는 종속기업을 소유하는 경우에는 그 종속기업을 연결한다.

제4절 연결재무제표의 양식 및 작성원칙

1. 연결재무제표의 종류 및 양식

연결재무제표는 연결재무상태표, 연결포괄손익계산서, 연결자본변동표 및 연결현금흐름표로 구성되며 주석을 포함한다.

(1) 연결재무상태표

〈표 2-1〉에는 연결재무상태표가 약식으로 나타나 있다.

연결재무상태표상 자본은 지배기업의 소유주에게 귀속되는 자본과 비지배지분으로 구분하여 표시한다. 지배기업 소유주에게 귀속되는 자본은 다시 납입자본, 이익잉여금 및 기타 자본구성요소로 구분한다. 비지배지분은 지배·종속관계가 성립된 시점의 종속기업 순자산 중 비지배지분율에 해당하는 금액과 지배력획득일 이후 종속기업의 순자산변동분 중 비지배지분율에 해당하는 금액으로 구성되며 자본의 세부항목별로 구분하지 않고 단일금액으로 표시한다.

종속기업의 순자산 중 비지배지분에 해당하는 금액을 연결재무상태표상 자본으로 표시하는 것은 비지배주주도 연결실체의 주주의 일부로 보는 실체이론(entity theory)에 따른 것이다(이에 대해서는 제6절에서 보다 상세히 다룸). 실체이론은 연결실체를 그 주주와는 독립된 경제적 실체로 보며 연결재무제표의 보고주체로 보는 개념이다. 즉, 연결재무제표는 연결실체의 입장에서 작성되며 지배기업과 종속기업으로 구성된 연결실체에 대한 정보를 제공하는 것을 목적으로 한다.

〈표 2-1〉 **연결재무상태표(약식)**

연결재무상태표

△△ 회사	제×기 20××년 ×월 ×일 현재	(단위 : 원)

과 목	당 기	전 기
〈자 산〉		
유 동 자 산	×××	×××
비유동자산	×××	×××
기타포괄손익-공정가치측정금융자산	×××	×××
관계기업투자	×××	×××
기타무형자산	×××	×××
영 업 권		
유 형 자 산		
………		
기타비유동자산	×××	×××
자산총계	×××	×××
〈부 채〉		
유 동 부 채	×××	×××
비유동부채	×××	×××
부채총계	×××	×××
〈자 본〉		
지배기업의 소유주에게 귀속되는 자본		
납 입 자 본	×××	×××
이익잉여금	×××	×××
기타자본구성요소	×××	×××
	×××	×××
비지배지분	×××	×××
자본총계	×××	×××
부채 및 자본 총계	×××	×××

(2) 연결포괄손익계산서

〈표 2-2〉에는 포괄손익을 단일 보고서에 표시하는 방식의 연결포괄손익계산서가 약식으로 제시되어 있다.

당기순이익(손실)은 연결실체 전체의 당기순이익이며 지배기업의 소유주에게 귀속되는 부분과 비지배지분에 귀속되는 부분으로 구분하여 연결포괄손익계산서 본문에 표시한다. 당기순이익을 표시한 다음에는 기타포괄손익을 나타낸다. 당기순이익과 기타포괄손익을 합한 금액이 총포괄이익이고 이 역시 지배기업의 소유주에게 귀속되는 부분과 비지배지분에 귀속되는 부분으로 구분하여 표시한다. 주당손익정보는 총포괄손익의 내역을 표시한 다음에 표시하며, 연결실체의 당기순이익 중 지배기업의 소유주에게 귀속되는 주당손익만을 보고한다.

〈표 2-2〉 **연결포괄손익계산서(약식)**

연결포괄손익계산서

제×기 20××년×월×일부터 20××년×월×일까지

△△ 회사 제×기 20××년×월×일부터 20××년×월×일까지 (단위 : 원)

과 목	당 기	전 기
수 익	×××	×××
⋮		
⋮		
법인세비용차감전순이익	×××	×××
법인세비용	×××	×××
계속영업이익	×××	×××
중단영업손실	×××	×××
당기순이익	×××	×××
기타포괄손익 :		
⋮	×××	×××
법인세비용차감후기타포괄손익	×××	×××
총포괄이익	×××	×××
당기순이익의 귀속 :		
지배기업의 소유주	×××	×××
비지배지분	×××	×××
	×××	×××
총포괄이익의 귀속 :		
지배기업의 소유주	×××	×××
비지배지분	×××	×××
	×××	×××
주당이익		
기본 및 희석	×××	×××

(3) 연결자본변동표와 연결현금흐름표

연결자본변동표와 연결현금흐름표의 구체적인 내용은 제7장에서 상세히 소개되므로 여기에서는 간략히 언급하고자 한다.

연결자본변동표는 납입자본(자본금과 주식발행초과금으로 구성), 이익잉여금, 기타 자본구성요소(예를 들면 기타포괄손익, 재평가잉여금, 자기주식 등) 및 비지배지분의 변동사항을 나타내기 위하여 작성한다.

연결현금흐름표는 연결실체의 현금흐름을 영업활동, 투자활동 및 재무활동으로 구분하여 보고한다.

2. 연결재무제표의 작성원칙

연결재무제표의 구체적인 작성방법은 다음 장부터 설명하기로 하고, 여기에서는 연결재무제표의 작성에 관한 일반원칙을 살펴본다.

(1) 연결재무제표 작성기준일

연결재무제표는 동일한 보고기간종료일에 작성된 지배기업의 재무제표와 종속기업의 재무제표를 사용하여 작성한다. 지배기업의 보고기간종료일과 종속기업의 보고기간종료일이 다른 경우, 종속기업은 연결재무제표를 작성하기 위하여 지배기업의 재무제표와 동일한 보고기간종료일의 재무제표를 추가로 작성해야 한다.

실무적으로 불가능하여 종속기업의 재무제표를 지배기업의 보고기간종료일을 기준으로 재작성하지 못하는 경우에는 지배기업 재무제표의 보고기간종료일과 종속기업 재무제표의 보고기간종료일 사이에 발생한 유의적인 거래나 사건의 영향을 반영해야 한다.[6] 그러나 이러한 경우에도 종속기업의 보고기간종료일과 지배기업의 보고기간종료일의 차이는 3개월을 초과해서는 안 된다. 또한 보고기간의 길이 그리고 보고기간종료일의 차이는 매 기간마다 동일해야 한다.

6) 여기서 지배기업의 보고기간종료일과 종속기업의 보고기간종료일 사이에 발생한 유의적인 거래나 사건이란 개별적으로 특히 중요한 변동이 발생하여 재무제표에 중요한 영향을 미친 거래나 사건을 의미한다. 즉, 화재손실, 토지처분손실 등 주로 비경상적이거나 비반복적인 성격을 가진 거래나 사건이 이에 해당한다.

예를 들면, 보고기간종료일이 12월말인 지배기업이 보고기간종료일이 9월말인 종속기업의 재무제표를 이용하는 경우 10월에서 12월 사이에 종속기업에 개별적으로 발생한 특히 중요한 변동사항은 연결재무제표 작성시 반영되어야 한다. 아울러 이렇게 반영된 중요한 변동사항은 다음 회계연도의 연결재무제표 작성시에는 중복하여 반영되지 않도록 제거해야 한다.

(2) 동일한 회계정책의 적용

연결재무제표 작성시 유사한 상황에서 발생한 동일한 거래와 사건에 대해 지배기업과 종속기업 모두에 동일한 회계정책을 적용하여 연결재무제표를 작성한다. 만일 연결실체를 구성하는 기업이 유사한 상황에서 발생한 동일한 거래와 사건에 대해 연결재무제표에서 채택한 회계정책과 다른 회계정책을 사용한 경우에는 그 재무제표를 적절히 수정하여 연결재무제표를 작성한다. 예를 들어 지배기업은 건물의 감가상각을 정액법에 따라 계상하고 종속기업은 유사한 건물의 감가상각을 정률법에 따라 계상하였다면 종속기업의 건물 감가상각비를 정액법에 의한 금액으로 수정한 후 연결재무제표를 작성해야 한다.

제 5 절 별도재무제표

1. 별도재무제표의 의의

별도재무제표(separate financial statements)란 기업이 종속기업, 공동기업 및 관계기업에 대한 투자를 원가법, K-IFRS 제1109호(금융상품)에 따른 방법, K-IFRS 제1028호(관계기업과 공동기업에 대한 투자)에서 규정하고 있는 지분법 중 어느 하나를 적용하여 표시한 재무제표를 의미한다. 별도재무제표에 대한 회계처리 및 공시규정은 K-IFRS 제1027호(별도재무제표)에 규정되어 있다.

연결재무제표와의 관계를 살펴보면 별도재무제표는 연결재무제표에 추가하여 작성하고 표시하는 재무제표이나 연결재무제표에 반드시 첨부되거나 연결재무제표와 동반되어야 할 필요는 없다. 예를 들어, 연결재무제표를 작성하는 지배기업이 연결재무제표에 더하여 자사를 별도의 기업으로 보고 재무제표를 작성하면 이는 별도재무제표에 해당한다.

또한 종속기업, 관계기업 또는 공동기업 참여자로서의 투자지분을 소유하지 않은 기업의 재무제표는 별도재무제표가 아니다. 한편 K-IFRS 제1110호에 따라 연결이 면제되거나 K-IFRS 제1028호에 따라 지분법 적용이 면제되는 경우, 그 기업의 유일한 재무제표로서 별도재무제표만을 재무제표로 작성할 수 있다.

2. 별도재무제표의 작성

K-IFRS 제1027호에는 어떠한 기업이 일반목적으로 이용가능한 별도재무제표를 작성해야 하는지에 대해 규정하고 있지 않다. 다만 회사가 별도재무제표를 작성하기로 선택하거나(예를 들어, 과세당국에 제출하기 위한 목적) 또는 법규 등에서 별도재무제표의 작성을 요구하는 경우에 따라야 하는 회계처리를 규정하고 있다.

별도재무제표를 작성할 때, 종속기업, 공동기업 및 관계기업에 대한 투자자산은 다음 ①, ②, ③ 중 어느 하나를 선택하여 회계처리한다.

별도재무제표상 종속기업 투자에 대한 회계처리방법

① 원가법
② K-IFRS 제1109호(금융상품)에 따른 방법(공정가치법)
③ K-IFRS 제1028호(관계기업과 공동기업에 대한 투자)에서 규정하는 지분법

위의 방법을 선택하여 적용함에 있어서는 투자자산의 각 범주별로 동일한 회계처리방법을 적용해야 한다. 예를 들면, 두 개의 관계기업에 대한 투자자산이 있다고 할 때 A회사에 대한 투자자산에는 원가법을 적용하고 B회사에 대한 투자자산에는 공정가치법을 적용하면 안 된다.

원가법 또는 지분법을 사용하여 회계처리된 투자자산은 K-IFRS 제1105호(매각예정비유동자산과 중단영업)에 따라 매각예정으로 분류(또는 매각예정으로 분류되는 처분자산집단에 포함)되는 경우 K-IFRS 제1105호에 따라 회계처리한다. 그러나

K-IFRS 제1109호에 따라 회계처리되는 투자의 측정은 매각예정으로 분류되는 상황에서 변경되지 않고 그대로 적용하면 된다.

별도재무제표에서 지배기업이 종속기업에 대한 투자를 회계처리할 때에는 투자자산으로서 자산의 성과에 초점을 두고 있다. 이러한 관점에서 보면 종속기업 투자에 대하여 공정가치법을 적용하거나 원가법을 적용하여 작성한 별도재무제표가 목적적합할 수 있다.[7] 이에 반해 별도재무제표에서 지분법을 적용하면 연결로 얻을 수 있는 정보와 유사한 정보를 제공하기 때문에 정보제공의 측면에서는 별 기여가 없다. 그러나 국가에 따라서는 별도재무제표에서 지분법을 적용하도록 법규로 요구하는 경우가 있다. 이에 따라 별도재무제표에 대한 IFRS와 각국 회계기준 간의 정합성을 확보하고 일부 기업들이 정보의 손실 없이 법규준수 원가를 절감할 수 있도록 별도재무제표에서 지분법도 허용하고 있다.

제 6 절 연결회계이론

연결재무제표 작성시에 적용되는 연결회계이론에는 실체이론과 지배기업이론이 있으며,[8] 어느 연결이론에 기초하는가에 따라 연결과정에서의 회계처리가 상이하게 된다. 다음에서는 실체이론과 지배기업이론 간에 어떠한 차이가 있는지를 연결회계상의 주요 이슈별로 살펴본다.

---

7) K-IFRS 제1109호에 따른 공정가치법을 사용하게 되면 투자자산의 경제적 가치의 측정치를 제공하게 된다. 또한 원가법을 사용하게 되면 별도재무제표를 작성하는 목적에 따라서는 목적적합한 정보를 제공할 수 있다. 예를 들어, 종속기업으로부터의 배당수익을 결정하기 위하여 특정 당사자가 별도재무제표를 요구할 수 있다.

8) 또한 자본주이론(proprietary theory)도 있는데, 이 이론에 따르면 종속기업의 자산 · 부채, 그리고 수익 · 비용 중에서 지배기업지분만을 연결재무제표에 포함시킨다. 자본주이론은 지분법의 연장 또는 지배기업이론의 축소형태라고도 본다. 이 이론은 보편적인 연결회계이론은 아니다.

1. 연결재무제표 보고실체

실체이론(entity theory)은 경제단위이론(economic unit theory)이라고도 불리며 단일 경영권에 의한 지배력을 강조한다. 실체이론에서 연결재무제표는 지배기업과 종속기업으로 구성된 단일실체에 대한 정보를 제공하는 것으로 본다. 따라서 연결실체를 구성하는 지배기업과 종속기업의 자산, 부채, 수익, 비용이 그대로 연결실체의 자산, 부채, 수익, 비용으로 보고된다.

지배기업이론(parent company theory)은 지배기업의 주주지분을 강조한다. 따라서 연결재무제표는 지배기업 자체의 주주지분 및 종속기업 순자산 중에서 지배기업에 속하는 지분에 대한 정보를 반영한다고 본다. 이 이론에서 연결재무제표는 지배기업 재무제표의 연장이다. 연결재무상태표는 본질적으로 지배기업의 재무상태표에서 투자계정 대신에 종속기업의 자산과 부채를 대체한 것이며, 연결포괄손익계산서는 지배기업의 포괄손익계산서에서 투자수익을 종속기업의 수익, 비용으로 대체한 것이다.

2. 비지배지분과 비지배지분순이익

실체이론에서 비지배주주는 지배기업과 종속기업으로 구성되는 연결실체의 주주로서 지배기업주주와 동일하게 취급된다. 한편, 지배기업이론에서는 연결실체의 소유주로서 지배기업주주에 초점을 두고 있으며, 비지배주주를 지배기업주주와 동일하게 취급하지 않고 종속기업 순자산에 대해 일정지분을 갖는 채권자로 본다. 그러나 이 경우 지배기업이 비지배주주에 대해 일반적인 부채의 경우처럼 강제적인 지급의무를 부담하고 있는 것은 아니므로 순수한 부채라고 보기도 어렵다. 따라서 일반적으로 지배기업이론에서는 비지배지분을 소유자지분과 부채 사이에 준부채(quasi liability)로 표시해 왔다.

두 연결이론간에는 연결포괄손익계산서상에서 순이익을 표시하는 방법에도 차이가 있다. 즉 실체이론에서 비지배지분순이익이 연결실체의 순이익을 구성하는 요소로 포함되는 데 반해, 지배기업이론에서는 당기순이익을 계산하는 과정에서 차감되는 비용항목이 된다.

3. 종속기업의 자산, 부채의 평가 및 영업권 계산

실체이론에서는 지배기업지분과 비지배지분 간에 구분이 없기 때문에 종속기업의 모든 식별가능한 자산과 부채를 지배력획득일 현재의 공정가치로 평가하여 연결재무제표에 계상한다. 그리고 종속기업의 영업권 전액, 즉 지배기업에 해당하는 영업권뿐만 아니라 비지배지분에 해당하는 영업권도 인식한다.

K-IFRS 제1103호(사업결합)는 지배기업이 종속기업 주식을 취득하기 위하여 지급한 이전대가와 종속기업에 대한 비지배지분의 합계금액이 종속기업의 식별가능한 순자산공정가치를 초과하는 경우 그 초과액을 영업권으로 계상하도록 하고 있다. 따라서 비지배지분으로 측정된 금액이 종속기업의 식별가능한 순자산공정가치 중 비지배지분에 해당하는 금액을 초과하면 비지배지분에 대해서도 영업권을 인식하게 된다. 따라서 K-IFRS 제1103호는 실체이론에 기초하여 종속기업의 식별가능한 자산·부채 및 영업권을 인식한다고 할 수 있다.[9)]

지배기업이론에서는 종속기업의 식별가능한 자산과 부채 중에서 지배기업지분에 해당하는 부분만을 공정가치로 평가하고 비지배지분에 속하는 부분은 장부금액으로 평가한다. 따라서 영업권과 염가매수차익은 지배기업의 투자액과 종속기업의 식별가능한 순자산공정가치 중 지배기업지분에 속하는 금액과의 차이로 계산된다. 따라서 비지배지분에 대한 영업권이나 염가매수차익은 계상되지 않는다.

4. 내부미실현손익의 제거

실체이론에서 연결대상회사간의 거래는 모두 연결실체 내의 거래이다. 따라서 하향판매와 상향판매에 관계없이 모든 내부거래에서 발생된 미실현손익은 전액 제거되어야 한다.

지배기업이론에서 비지배주주는 지배기업주주와 구분되는 외부자로 보기 때

9) 그러나 실체이론을 엄밀히 적용하여 영업권을 인식하는 경우에 개념적인 문제가 있다. 지배기업이 종속기업의 주식을 취득하기 위해 지급한 가격에는 지배력취득을 위한 프리미엄(control premium)이 포함되어 있다. 그런데 이러한 프리미엄이 비지배지분에도 적용되는 것으로 간주하여 영업권을 계상하는 것은 적절하지 않다는 것이다. 따라서 실체이론에서도 영업권 계상문제에 관하여는 지배기업 해당분만 인식해야 한다는 주장도 제기된다.

문에 지배기업과 종속기업의 거래 중 비지배지분의 몫은 실현된 것으로 간주된다. 따라서 내부거래에서 발생한 미실현손익은 지배기업의 몫만 제거하고 비지배주주의 몫은 실현된 것으로 한다.

K-IFRS 제1110호는 연결대상회사간의 거래에서 발생한 미실현손익을 전액 제거하고 있어, 실체이론에 따르고 있다고 본다.

제 7 절 연결재무제표의 유용성과 한계점

1. 연결재무제표의 유용성

연결재무제표를 작성하기 위해서는 많은 비용과 노력이 소요된다. 그럼에도 불구하고 연결재무제표를 작성하는 이유는 연결재무제표가 다른 기업과 지배 · 종속관계를 유지하고 있을 때 각 회사별 재무제표가 제공할 수 없는 유용한 정보를 제공해 주기 때문이다. 이러한 연결재무제표의 유용성은 다음과 같이 요약된다.

(1) 단일 경제실체인 연결실체에 대한 정보제공

지배기업의 이해관계자 입장에서 별도재무제표만으로는 지배기업의 전체적인 재무상황에 대한 정보를 얻는 데 한계가 있다. 지배기업은 종속기업과 함께 단일의 경제적 실체를 구성하므로 지배기업의 경제적 자원이나 경영성과를 적절히 평가하기 위해서는 지배기업과 종속기업을 함께 고려해야 한다.

연결재무제표는 지배 · 종속관계에 있는 기업들을 경제적인 관점에서 하나의 통합된 경제주체로 보고 작성되므로, 연결재무제표를 통해 지배기업과 종속기업으로 이루어지는 경제적 실체의 재무상태 및 경영성과를 포괄적으로 파악할 수 있게 된다. 이러한 연결재무제표정보는 지배기업에 대해 장기적 이해관계를 가지는 이해관계자 집단, 예를 들면 현재 및 미래 잠재적 투자자에게 유용하다고 할 수 있다.

또한 연결재무제표가 제공하는 정보는 지배기업의 재무건전성과 지급능력을 파악하는 데 유용하게 사용될 수 있으므로 채권자도 관심을 갖게 된다. 아울러 외부이해관계자 외에도 지배기업의 경영자 역시 연결재무제표정보에 큰 관심을 가지는데, 그 이유는 일반적으로 자본시장에서 기업의 경영성과를 평가함에 있어 연결실체 전체의 성과를 기초로 하기 때문이다.

(2) 지배 · 종속기업간의 부당한 회계처리의 방지

개별재무제표에서는 지배 · 종속관계에 있는 기업간의 내부거래로 회계조작이 손쉽게 이루어질 수 있다. 이러한 사실을 적발하기 위해서는 관련된 회사간의 매출 · 매입, 채권 · 채무 등을 상세히 검토해야 한다. 연결재무제표에서는 내부거래가 상계되고 내부거래로 인한 미실현손익이 제거되기 때문에 회계조작의 효과가 사라지게 된다. 따라서 연결재무제표는 기업회계의 투명성 제고에 기여할 수 있다.

(3) 기업집단에 대한 효과적 규제

연결재무제표는 정부기관이 기업을 규제하고 관리할 때 유용하게 이용될 수 있다. 특히 독과점기업이나 그룹기업의 현황파악으로 물가관리, 여신관리 등을 하고자 할 경우 연결재무제표가 유용하게 이용될 수 있을 것이다.

2. 연결재무제표의 한계점

연결재무제표는 여러 가지 유용성을 지니고 있으나 연결재무제표가 회사별 재무제표와 비교할 때 다음과 같은 한계점을 가지고 있다.

(1) 연결재무제표정보의 특성과 관련된 한계점

연결재무제표만으로는 개별회사의 재무정보를 파악하기 어렵고, 연결회사간의 내부거래도 연결재무제표에서는 상계제거되기 때문에 연결회사간의 내부거래에 대한 정보도 알 수가 없다.

연결재무제표에 표시된 금액은 여러 기업의 계정과목을 합산한 금액이다. 따라서 연결재무제표에 근거하여 산출되는 재무비율 등 각종 재무분석 수치는 단순한 가중평균치에 불과하다. 그 결과 연결대상이 되는 기업 중에서 재무구조가 취약한 일부 기업의 실상이 은폐되고, 가중평균된 수치가 재무지표로 이용될 가능성이 있다. 따라서 연결재무제표에 근거한 재무분석은 각별한 주의를 요한다.

부문별 보고는 연결재무제표의 이러한 한계점을 보완하는 데 있어서 매우 중요하다. 연결재무제표가 합산(aggregation)치를 통해 연결실체에 대한 정보를 제공하는 데 반해, 부문별 보고는 이를 분해(disaggregation)한 정보를 제공함으로써 연결재무제표에 계상되는 합산 금액의 뒤에 숨겨진 연결실체의 개별부분에 대한 정보를 제공해 준다.

(2) 채권자와 비지배주주 입장에서의 한계점

연결재무제표만 공시하면 주주들이 그들에게 귀속되는 지분에 대해 오해할 수 있다. 주주들에게 배당가능한 금액은 연결재무제표상의 이익잉여금이 아니고 회사별 재무제표상의 이익잉여금이기 때문이다. 특히 종속기업의 비지배주주들의 경우 연결재무제표는 그들의 의사결정에 크게 도움이 되지 못한다. 비지배주주들의 투자대상이 되는 회사는 지배기업이 아니고 그들이 실제로 투자하고 있는 종속기업이다. 따라서 종속기업의 비지배주주들의 투자의사결정에는 종속기업의 개별재무제표가 보다 유용한 정보가 된다.

채권자, 특히 종속기업 채권자의 입장에서 그들의 청구권은 개별기업에 대한 것이다. 따라서 채권자들은 연결재무제표로 판단되는 경제적 단일체로서의 연결회사가 갖는 지급능력보다는 채권자들이 실제로 청구권을 가지고 있는 개별기업의 재무상태와 경영성과에 보다 관심을 가질 것이다.

익힘문제

1. 연결재무제표를 작성하는 이유는 무엇인가?
2. 연결기준으로 사용되는 지배력의 세 가지 요소에 대해 설명하라.
3. 의결권의 과반수 미만을 보유하더라도 투자자는 일방적으로 관련활동을 지시하는 실질적 능력을 가진 경우에는 힘을 가질 수 있다. 이에 해당하는 예를 제시하라.
4. 피투자자에 대한 지배력을 평가하는 과정에서 의사결정자가 대리인인지를 결정해야 할 경우가 있다. 이때 고려해야 할 요소는 무엇인지 설명하라.
5. 지배기업이 연결재무제표의 작성의무를 면제받기 위한 조건을 설명하라.
6. 연결재무상태표가 개별기업의 재무상태표와 다른 항목은 무엇인가? 이러한 항목의 발생원천을 설명하라.
7. 연결포괄손익계산서가 개별기업의 포괄손익계산서와 다른 항목은 무엇인가? 이러한 항목의 발생원천을 설명하라.
8. 지배기업의 보고기간종료일과 종속기업의 보고기간종료일이 다른 경우, 연결재무제표 작성시 어떠한 조치를 취해야 하는가?
9. 연결실체를 구성하는 종속기업이 유사한 상황에서 발생한 동일한 거래와 사건에 대하여 연결재무제표에서 채택한 회계정책과 다른 회계정책을 사용한 경우에 연결재무제표의 작성시 어떠한 조치를 취해야 하는가?
10. 별도재무제표의 의미를 설명하고 별도재무제표 작성시 종속기업, 공동기업 및 관계기업에 대한 투자자산에 대해 적용하는 회계처리방법에 대해 설명하라.
11. 연결회계이론으로서 실체이론과 지배기업이론을 비교하라.
12. 연결재무제표의 유용성과 한계점은 무엇인가?

연습문제

01 기본개념의 이해

다음 각 문장이 옳으면 ○, 틀리면 ×로 답하라.

(1) 투자자가 피투자자에 대한 힘이 있거나 피투자자에 관여함에 따라 변동이익에 노출되거나 피투자자에 대한 자신의 힘을 사용하는 능력이 있을 때 피투자자를 지배한다.

(2) 투자자가 피투자자의 의결권을 과반수 보유하더라도 관련활동이 정부, 법원, 관재인 등의 지시대상이 되는 경우에는 힘을 가질 수 없다.

(3) 투자자가 피투자자 의결권의 과반수 미만을 보유하더라도 일방적으로 관련활동을 지시하는 실질적 능력을 가진 경우에는 힘을 가질 수 있다.

(4) 둘 이상의 투자자 각각이 다른 관련활동을 지시하는 일방적인 능력을 갖게 하는 현존권리를 보유하는 경우, 투자자 어느 누구도 개별적으로 피투자자를 지배하지 못한다.

(5) 투자자가 고정금리 지급조건의 채권을 보유하는 경우, 고정금리 지급은 채무불이행 위험의 대상이 되고 투자자를 채권 발행자의 신용위험에 노출시킬 수 있지만 고정금리 지급을 변동이익으로 보지는 않는다.

(6) 대리인인 투자자가 자신에게 위임된 의사결정권을 행사하는 경우에는 의결권의 과반수를 행사하더라도 피투자자를 지배하는 것으로 볼 수 없다.

(7) 지배·종속관계가 순차적으로 이루어진 경우에 중간지배기업은 연결재무제표를 작성할 필요가 없다.

(8) 연결재무제표는 연결재무상태표, 연결포괄손익계산서, 연결자본변동표, 연결현금흐름표로 구성되며 주석을 포함한다.

(9) 연결재무상태표에 표시되는 자본금계정과 이익잉여금계정의 금액은 모두 지배기업에 속하는 것이다.

(10) 지배기업과 종속기업의 재무제표는 보고기간종료일이 같아야 하는 것이 원칙이며, 어떠한 경우라도 종속기업의 재무제표일과 연결재무제표일의 차이는 6개월을 초과해서는 안 된다.

(11) 연결실체를 구성하는 기업이 유사한 상황에서 발생한 동일한 거래와 사건에 대하여 연결재무제표에서 채택한 회계정책과 다른 회계정책을 사용한 경우에는 그 재무제표를 적절히 수정하여 연결재무제표를 작성한다.

(12) 별도재무제표는 연결재무제표에 추가하여 작성하고 표시하는 재무제표이므로 종속기업, 관계기업, 공동기업 참여자로서 투자지분을 소유하지 않은 기업의 재무제표는 별도재무제표가 아니다.

(13) 별도재무제표를 작성할 때, 종속기업에 대한 투자자산은 원가법이나 지분법 중 하나를 선택하여 회계처리한다.
(14) 실체이론에 따르면, 비지배지분은 연결재무상태표상에 자본의 항목으로 표시된다.
(15) 지배기업이론에 따르면, 내부거래에서 발생한 미실현손익은 전액 제거되어야 한다.
(16) 연결재무제표는 지배기업의 채권자뿐만 아니라 종속기업의 채권자에게도 자신들의 채권회수 가능성을 평가하는 데 유용한 정보를 제공한다.

02 힘의 존재 판단

다음의 각 독립적인 상황에서 투자자가 피투자자에 대해 힘을 갖는지 여부를 판단하라.

(1) 투자자는 피투자자의 의결권 45%를 보유하고 있다. 다른 2명의 투자자는 피투자자의 의결권을 각각 26%씩 보유하고 있다. 나머지 의결권은 그 밖의 3명의 주주들이 각 1%씩 보유하고 있다. 의사결정에 영향을 미치는 다른 약정은 없다.
(2) 투자자는 피투자자의 의결권 45%를 보유하고 있다. 11명의 다른 주주들은 피투자자의 의결권을 각 5%씩 보유하고 있다. 주주들은 서로 상의하거나 집합적인 의사결정을 하기 위한 어떠한 약정도 없다.

03 대리인 여부의 판단

펀드운용사는 다수의 투자자에게 투자기회를 제공하는 펀드를 설립, 판매 및 관리한다. 펀드운용사는 모든 투자자들의 이익을 극대화하고 펀드운용약정에 따라 의사결정을 해야 한다. 그럼에도 불구하고 펀드운용사는 광범위한 의사결정 재량권을 가진다. 펀드운용사는 제공하는 용역에 상응하는 고정급과 성과급을 수수료로 받는다. 이러한 보상은 펀드의 가치를 증가시키기 위한 펀드운용사의 이해관계와 다른 투자자들의 이해관계를 일치시킨다.

위 내용에 기초하여, 다음의 각 독립적인 상황에서 펀드운용사가 펀드를 지배하는지 판단하라.

(1) 펀드운용사는 펀드에 2% 비율로 투자하고 있으며 이것은 자신의 이해관계와 다른 투자자들의 이해관계를 일치시킨다. 펀드운용사는 자신의 2% 투자를 초과하는 펀드 손실에 대하여 어떠한 책임도 지지 않는다. 투자자들은 단순다수결에 의해 펀드운용사를 해임할 수 있으나, 이는 펀드운용사가 계약을 위반한 경우에만 가능하다.
(2) 펀드운용사는 펀드에 20% 비율로 투자하고 있으나, 그 투자를 초과하는 펀드 손실에 대하여 어떠한 책임도 지지 않는다. 투자자들은 단순다수결에 의해 펀드운용사를 해임할 수 있으나, 이는 펀드운용사가 계약을 위반한 경우에만 가능하다.
(3) 펀드운용사는 펀드에 20% 비율로 투자하고 있으나, 그 투자를 초과하는 펀드 손실에 대하여 어떠한 책임도 지지 않는다. 펀드에는 이사회가 있고, 이사회의 모든 구성원은 펀드운용사와 독립적이며 다른 투자자들에 의하여 임명된다. 이사회는 매년 펀드운용사를 임명한다. 만약 이사회가 펀드운용사의 계약을 연장하지 않기로 결정한다면, 펀드운용사가 수행하는 용역은 그 업계 내 다른 운용사에 의해 수행될 수 있다.

CHAPTER

3 연결재무제표 작성

본장에서는 구체적으로 연결재무제표 작성방법에 대하여 알아보고자 한다. 먼저 연결재무제표의 기본원리를 살펴보고, 다음으로 지배력획득시점 및 지배력획득일 이후의 연결재무제표 작성에 대해서 다룬다.

제 1 절 연결재무제표 작성의 기초

1. 연결절차에 대한 개관

연결재무제표는 지배기업의 별도재무제표와 연결대상 종속기업의 개별재무제표를 먼저 계정과목별로 합산하고, 합산된 재무제표가 연결실체의 재무상태와 경영성과를 적절히 나타내도록 하는 일련의 조정과정을 거쳐 작성된다. 따라서 연결대상기업간에 이루어진 투자관계와 내부거래로 인한 효과 등은 연결과정에서 모두 제거된다.

지분취득(acquisition) 형태의 사업결합을 통하여 연결실체가 성립되면 그 시점 이후부터 연결실체의 재무상태 및 경영성과에 대한 정보를 제공해야 하므로 연결재무제표는 지배력획득시점뿐만 아니라 그 이후 연도에도 계속적으로 작성된다.

본절에서는 지배기업과 종속기업의 재무제표를 이용하여 연결실체의 재무제표를 작성하는 과정을 설명하고, 연결재무제표를 작성하는 과정에서 자주 이용되는 연결정산표를 간단히 소개한다.

2. 연결재무제표의 기본원리

(1) 연결재무상태표 : 지배력획득시점부터 작성

1) 지배기업이 장부금액으로 종속기업의 지분 100%를 취득한 경우

갑(주)는 20×1년 1월 1일 을(주)의 발행주식 100%를 ₩10,000에 취득하였다고 가정하자. 취득 직후의 각 회사의 재무상태표는 다음과 같으며 을(주)의 자산과 부채의 장부금액은 공정가치와 일치한다.

재무상태표

갑(주) 20×1. 1. 1 현재

투자주식	₩10,000	부 채	₩15,000
기타자산	20,000	자 본 금	13,000
		이익잉여금	2,000
	₩30,000		₩30,000

재무상태표

을(주) 20×1. 1. 1 현재

기타자산	₩20,000	부 채	₩10,000
		자 본 금	8,000
		이익잉여금	2,000
	₩20,000		₩20,000

갑(주)의 재무상태표에 있는 투자주식 ₩10,000은 종속기업인 을(주)의 순자산 ₩10,000을 취득하면서 기록된 것이다. 갑(주)의 재무상태표에는 갑(주)와 을(주)의 관계가 단지 투자주식 ₩10,000으로만 기록되어 있을 뿐 종속기업의 재무상태 내역이 나타나지 않는다. 그러나 갑(주)가 재무상태표의 단일 투자주식계정 대신 을(주)의 순자산을 구성하는 개별 자산과 부채 항목을 보여주는 연결재무상태표를 작성하면 갑(주)와 을(주)로 이루어진 연결실체에 대한 경제적 실질을 보다 잘 보여줄 수 있다.

갑(주)와 을(주)의 연결재무상태표를 작성하기 위해서는 갑(주)와 을(주)의 재무상태표상 자산·부채를 합한 후 갑(주)의 투자주식계정과 을(주)의 자본관련계정을 상계제거한다. 갑(주)의 투자주식을 제거해야 하는 이유는 연결재무상태표상에 을(주)의 순자산을 구성하는 개별자산과 부채가 직접 포함되므로 투자주식을 제거하지 않으면 을(주)의 순자산이 중복되어 포함되는 결과가 발생하기 때문이다. 또한 을(주)의 자본계정이 제거되어야 하는 이유는 을(주)의 자본을 갑(주), 즉 연결실체 내부에서 소유하고 있기 때문이다. 연결재무상태표상 자본은 일반 재무상태표의 자본과 마찬가지로 연결실체의 주주들이 소유하고 있는 지분을 보여주어야 한다. 따라서 연결실체 내부적으로 갑(주)가 소유하고 있는 을(주)의 자본을 제거함으로써 연결재무상태표상 자본은 연결실체의 주주인 갑(주)의 주주가 소유하고 있는 자본만을 표시하게 된다.

위의 예에서 갑(주) 재무상태표의 순자산과 연결재무상태표의 순자산은 일치한다. 이는 갑(주) 재무상태표에서는 을(주)의 순자산을 투자주식이라는 단일계정으로 포함하고 있는 한편, 연결재무상태표는 투자주식 대신 을(주)의 순자산을 구성하는 개별 자산·부채항목을 포함하고 있기 때문이다. 이처럼 지배력획득시점에서 갑(주)의 재무상태표와 연결재무상태표가 보고하는 순자산은 동일하다 하더라도 연결재무상태표는 투자주식 대신에 이를 구성하고 있는 연결실체의 개별 자산·부채의 내역을 나타냄으로써 연결실체의 재무상태에 대한 보다 유용한 정보를 제공할 수 있다.

연결재무상태표 (작성준비)

투자주식	10,000	부채	15,000＋10,000
기타자산	20,000 ＋20,000	자본금	13,000＋ 8,000
		이익잉여금	2,000＋ 2,000
			100%(₩10,000)

(상계제거)

연결재무상태표 20×1. 1. 1 현재

기타자산	₩40,000	부채	₩25,000
		자본금	13,000
		이익잉여금	2,000
자산총계	₩40,000	부채와 자본총계	₩40,000

2) 지배기업이 장부금액보다 높거나 또는 낮은 가격으로 종속기업의 지분 100%를 취득한 경우

앞에서 갑(주)가 20×1년 1월 1일 을(주)의 발행주식 100%를 취득하면서 을(주)의 순자산장부금액보다 더 큰 금액을 지급할 수도 있고 더 낮은 금액을 지급하는 경우도 있다. 만일 종속기업의 초과수익력을 인정하여 순자산금액보다 더 높은 가격으로 취득한 경우에는 투자주식계정과 종속기업 자본계정을 상계제거할 때 차액이 차변에 발생하는데, 이는 영업권(자산)으로 기록한다. 이와 반대로 더 낮은 가격으로 취득한 경우에는 차액이 대변에 발생하게 되고, 이는 염가매수차익(당기손익)으로 기록한다. 다음의 구체적인 예를 통해 이를 살펴보자.

앞의 예에서 갑(주)가 을(주)의 주식을 ₩11,000에 취득하였다고 가정하자. 이에 따라 갑(주)의 재무상태표의 투자주식은 ₩11,000이고 기타자산은 ₩19,000으로 기록되어 있으며 그 이외의 항목은 동일하다. 이 경우 연결시 투자주식계정과 자본계정을 상계제거하면 ₩1,000의 차액이 차변에 발생하게 되며, 이는 영업권으로 기록한다. 연결재무상태표를 작성하면 다음과 같다.

연결재무상태표 (작성준비)

투자주식	11,000	부 채	15,000 + 10,000
기타자산	19,000 + 20,000	자 본 금	13,000 + 8,000
		이익잉여금	2,000 + 2,000
			100%(₩10,000)

(상계제거하고 차액은 영업권으로 계상)

연결재무상태표 20×1. 1. 1 현재

기타자산	₩39,000	부 채	₩25,000
영 업 권	1,000	자 본 금	13,000
		이익잉여금	2,000
자산총계	₩40,000	부채와 자본총계	₩40,000

3) 지배기업이 장부금액보다 높거나 또는 낮은 가격으로 종속기업의 지분 100% 미만을 취득한 경우

한 기업이 다른 기업에 대한 지배력을 획득하기 위해서 대상기업의 지분 전부를 취득할 필요는 없다. 오히려 지배기업의 종속기업에 대한 지분이 100% 미만인 경우가 일반적이다. 따라서 종속기업에는 지배기업이 소유하는 지분을 제외한 나머지 지분을 보유하는 주주가 있게 되며 이들을 비지배주주라고 부르고 이들의 지분을 비지배지분이라고 한다. 비지배주주는 지배기업의 주주와 마찬가지로 연결실체에 대한 주주에 해당한다. 따라서 종속기업의 지분 중 비지배주주에게 속하는 지분은 비지배지분으로 구분하여 연결재무상태표에서 별도의 자본항목으로 보고한다. 구체적인 예를 통해 살펴보자.

앞의 예에서 갑(주)는 20×1년 1월 1일 을(주)의 발행주식 60%를 ₩7,000에 취득하였다고 하자. 이 경우 갑(주) 재무상태표의 투자주식은 ₩7,000이고 기타자산은 ₩23,000으로 기록되어 있으며 그 이외의 항목은 동일하다.

연결시 갑(주)의 투자주식 ₩7,000과 을(주)의 자본 중 갑(주)의 지분에 해당하는 ₩6,000(=₩10,000×60%)을 상계제거하고, 차액 ₩1,000은 영업권으로 기록한다. 또한 을(주)의 자본 중 40%인 ₩4,000(=₩10,000×40%)은 연결실체의 외부에 있는 을(주)의 비지배주주가 소유하고 있으므로 비지배지분이라는 별도의 항목으로 계상한다. 연결재무상태표를 작성하면 다음과 같다.

연결재무상태표 (작성준비)

투자주식	7,000 + 0	부 채	15,000 + 10,000
기타자산	23,000 + 20,000	자 본 금	13,000 + 8,000
		이익잉여금	2,000 + 2,000

60%(₩6,000) 40%(₩4,000)

(상계제거하고 차액은 영업권으로 계상)

비지배지분으로 별도 표시

연결재무상태표 20×1. 1. 1 현재

기타자산	₩43,000	부 채	₩25,000
영 업 권	1,000	자 본 금	13,000
		이익잉여금	2,000
		비지배지분	4,000
자산총계	₩44,000	부채와 자본총계	₩44,000

(2) 연결포괄손익계산서 : 지배력획득일 이후 회계연도부터 작성

앞에서는 지배기업이 종속기업의 주식을 취득함으로써 지배력을 획득한 시점에서 연결재무상태표가 작성되는 원리를 설명하였다. 일단 지배력을 획득하면 그 후의 기간에서는 지배기업과 종속기업으로 구성된 단일 경제적 실체로서의 연결실체에 대한 경영성과도 보고해야 한다. 따라서 연결재무상태표뿐만 아니라 연결포괄손익계산서도 작성해야 한다. 그리고 연결포괄손익계산서를 작성하기 위해서는 지배기업과 종속기업의 각 포괄손익계산서상의 수익과 비용을 동일 항목별로 합산해야 한다.

갑(주)가 20×1년 1월 1일 을(주)의 발행주식 60%를 장부금액(공정가치와 동일)인 ₩6,000에 취득하였다고 하자. 취득 직후 연도에 대한 갑(주)와 을(주)의 포괄손익계산서가 다음과 같다고 가정하고 연결포괄손익계산서를 작성해 보자.

포괄손익계산서

갑(주)	20×1. 1. 1∼12. 31
매 출 액	₩30,000
매출원가	(20,000)
매출총이익	₩10,000
영 업 비	(5,000)
당기순이익	₩5,000

포괄손익계산서

을(주)	20×1. 1. 1∼12. 31
매 출 액	₩10,000
매출원가	(8,000)
매출총이익	₩2,000
영 업 비	(1,000)
당기순이익	₩1,000

연결포괄손익계산서를 작성하기 위해서는 먼저 갑(주)와 을(주)의 각 포괄손익계산서상 수익과 비용을 각각 합산한다. 합산한 결과 연결포괄손익계산서에는 연결실체의 당기순이익인 ₩6,000이 계상된다. 연결실체의 당기순이익은 지배기업의 소유주에게 귀속되는 순이익과 비지배지분에 귀속되는 순이익으로 구분하여 당기순이익 아래에 표시한다. 이 예제에서 비지배지분에 귀속되는 순이익은 연결포괄손익계산서에 포함된 을(주)의 당기순이익 중 40%인 ₩400(＝₩1,000×40%)이며, 이를 연결실체의 당기순이익에서 차감하면 지배기업의 소유주에게 돌아가는 순이익 ₩5,600(＝₩6,000－₩400)이 계산된다.

만일 지배력을 획득한 이후 갑(주)와 을(주) 간에 거래가 있는 경우 이러한 거래는 연결실체 내부에서 발생한 내부거래로서 연결재무제표 작성시 제거되어야 한다. 예를 들어, 20×1년에 갑(주)는 원가 ₩1,000인 재고자산을 을(주)에 ₩1,500의 현금을 받고 판매하였으며 동 재고자산은 20×1년말까지 외부로 판매되지 않고 을(주)에 재고자산으로 남아 있다고 가정해 보자. 이러한 내부거래로 인하여 동 재고자산의 보관장소만 갑(주)에서 을(주)로 바뀌었을 뿐 여전히 연결실체 내의 재고자산이라는 점에서는 아무런 차이가 없다. 따라서 이러한 내부거래로 인해 발생한 ₩1,500의 매출과 ₩1,000의 매출원가 그리고 보관장소만 바뀜으로써 과대계상된 ₩500의 재고자산은 연결재무제표 작성과정에서 제거되어야 한다. 연결재무제표 작성시 내부거래에 대한 회계처리는 제4장에서 보다 자세히 다루게 된다.

연결포괄손익계산서(20×1. 1. 1～12. 31)

매 출 액	₩30,000 + ₩10,000 =	₩40,000
매 출 원 가	₩20,000 + ₩8,000 =	(28,000)
매출총이익		₩12,000
영 업 비	₩5,000 + ₩1,000 =	(6,000)
당기순이익		₩6,000
당기순이익의 귀속 :		
지배기업의 소유주		₩5,600
비지배지분*		400
		₩6,000

* ₩1,000(종속기업순이익) × 40%(비지배지분율) = ₩400

사례로 배우기 3-1 비지배주주, 누구냐 넌?

재무상태표에서 자본은 자산에서 부채를 차감한 잔액으로 정의되며, 주주의 몫을 의미한다. 그렇다면 연결재무제표상 자본은 누구의 몫인가? 당연히 연결주주의 몫이다. 그렇다면 연결주주는 누구인가? 실체이론에 의하면, 연결주주는 지배기업주주와 비지배주주로 구성된다. 예를 들어, 삼성전자가 종속회사 B의 지분을 90% 보유하고 있으며, 제3의 회사인 C가 B의 지분을 10% 보유하고 있다고 가정하자. 종속회사 B의 자산과 부채가 포함된 연결재무제표상에서 B 순자산의 10%는 C(비지배주주)의 몫이고 나머지는 지배기업주주의 몫일 것이다. 또한 종속회사 B가 창출한 당기순이익의 10%는 C(비지배주주)에게 귀속되고 나머지는 지배주주에게 귀속될 것이다. 즉, 삼성전자는 지배주주로서 연결실체를 지배하고 있으나 C(비지배주주)는 B회사 지분의 10%를 보유함으로써 연결실체의 일부에 대해서 영향력을 행사한다고 이해할 수 있다.

한편, 비지배주주의 개념을 이해하면 지배기업의 가치평가시 연결당기순이익이나 연결자본에서 지배주주 몫을 분리하여 분석하는 것이 보다 목적적합하다는 것을 알 수 있다. 연결재무제표는 지배기업 소유주에게 귀속되는 자본과 당기순이익을 구분하여 표시한다. 즉, 지배기업의 주식가치 평가시 연결순이익과 연결자본에 기초하는 것보다는 지배기업에게 귀속되는 순이익과 지배기업 소유주지분을 이용해 PER, PBR, ROE 등의 지표를 산출하는 것이 더 유용할 것이다.

3. 연결정산표

(1) 연결분개와 연결정산표

연결대상기업들은 회계연도중에 발생된 거래를 각 개별기업의 입장에서 장부에 기록하며, 이때에는 연결대상기업들이 경제적으로 하나의 실체를 구성한다는 연결실체의 개념은 고려되지 않는다. 따라서 각 개별기업은 연결실체 내에서 이루어지는 연결대상기업간의 거래도 연결실체 외부와의 거래와 구분하지 않고 동일하게 회계처리한다. 즉 지배기업과 종속기업은 각각 독립적인 법적 실체이자 회계실체로서 각자의 독립된 장부체계를 유지한다.

연결실체는 개별기업과는 달리 법적 실체가 아니므로 연결실체에 대한 공식적인 장부가 존재하지 않는다. 즉, 연결재무제표는 별도의 장부체계로부터 작성되는 것이 아니며, 연결대상기업들이 각자 작성한 재무제표를 각 계정별로 합계하여 작성된다. 그런데 이러한 단순합계액은 연결실체의 입장에서 적절한 금액이 아니므로 조정이 필요하다.

연결분개[1]는 연결대상기업의 개별 계정합계액이 연결실체의 입장에서 적절한 수치가 될 수 있도록 조정하는 분개이다. 다만 이러한 연결분개는 연결과정에서만 나타날 뿐이며 연결대상기업들의 개별 회계장부에는 영향을 주지 않음에

[그림 3-1] **연결재무제표 작성개요**

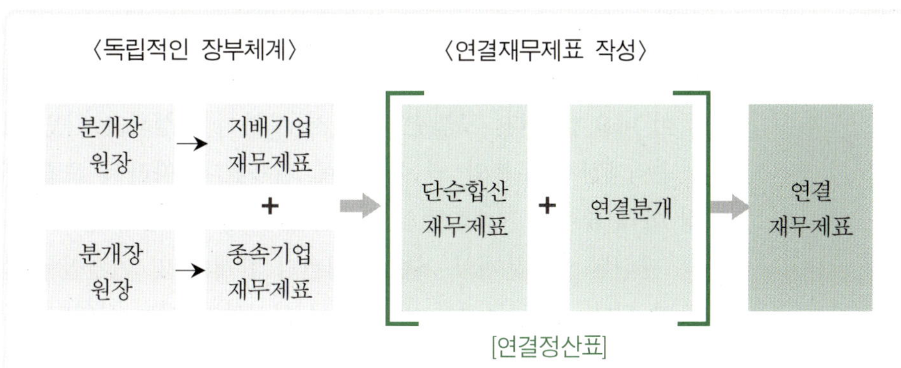

1) 연결분개를 연결조정분개(adjustments entries) 혹은 연결제거분개(eliminating entries)라고 부르기도 한다. 본서에서는 연결재무제표 작성시 필요한 분개의 성격에 조정분개와 제거분개가 모두 포함된다는 점을 고려하여 '연결분개'라는 용어를 사용한다.

유의해야 한다.

연결정산표(consolidation worksheet)는 연결과정에 포함되는 개별기업 재무제표의 각 계정금액을 합계하고 필요한 연결분개를 반영함으로써 연결절차를 효율적으로 수행하기 위하여 사용하는 정산표이다.

(2) 연결정산표의 양식

실무에서는 연결재무제표 작성시 다양한 형태의 연결정산표를 이용하고 있다. 그중 가장 빈번히 이용되는 양식 중의 하나가 3단계 연결정산표(〈표 3-1〉 참조)이다.[2] 3단계 연결정산표는 포괄손익계산서, 이익잉여금계산서, 재무상태표의 3부분으로 구성되어 있다.

먼저 연결정산표의 구조를 횡적으로 살펴보자. 가장 왼쪽에는 개별기업의 재무제표로부터 계정과목들을 적고 그 다음 난에는 개별기업의 해당 계정별 금액을 기입한다. 그 다음에 있는 합계란에는 연결대상기업들의 계정별 합계액을 기입한다. 합계란의 오른쪽에 있는 연결분개란에는 연결대상기업들의 재무제표로부터 합산된 금액이 연결실체의 재무제표에 표시되어야 할 적절한 금액이 되도록 수정하는 연결분개를 기입한다. 맨 오른쪽에 있는 연결재무제표란에는 계정별로 개별기업의 합계액에 연결분개가 반영된 최종금액이 기입되며, 바로 이 금액이 연결재무제표에 나타나게 된다.

다음으로 연결정산표의 상하구조를 살펴보자. 3단계 연결정산표의 가장 상단부는 연결포괄손익계산서를 작성하기 위한 장소이다. 포괄손익계산서 항목 중에서 대변잔액을 가진 항목들이 먼저 나열되고 그 다음에 차변잔액이 있는 항목들이 나오게 된다. 포괄손익계산서 부분이 완성되고 나면 각 열의 합계액이 포괄손익계산서 부분의 맨 아래쪽에 기록된다. 따라서 포괄손익계산서 부분의 가장 아래 줄에는 지배기업의 당기순이익, 종속기업의 당기순이익, 포괄손익계산서와 관련된 연결분개의 차변과 대변의 합계액 및 연결실체의 당기순이익을 보여주게 된다. 이들 금액은 바로 밑에 위치하고 있는 이익잉여금계산서의 당기순이익 부분으로 옮겨 기입된다.

---

2) 여기서는 설명의 편의상 기타포괄손익이 없는 경우를 가정한다. 기타포괄손익이 있는 경우의 연결은 본장의 〈보론〉에서 자세히 설명된다.

〈표 3-1〉 3단계 연결정산표의 구조(기타포괄손익이 없는 경우)

계정과목	지배기업	종속기업	합 계	연결분개		연결 재무제표
				차 변	대 변	
대변과목 :						
수　　익						
이　　득						
차변과목 :			포괄손익계산서 부분			
수익차감계정						
비　　용						
손　　실						
●당기순이익						
기초이익잉여금						
가산 : 당기순이익			이익잉여금계산서 부분			
차감 : 배당금						
비지배지분순이익						
●기말이익잉여금						
차변과목 :						
자　　산						
대변과목 :						
부　　채			재무상태표 부분			
자 본 금						
자본잉여금						
이익잉여금						
비지배지분						

다음으로 연결정산표상의 이익잉여금계산서 부분은 다음과 같이 작성된다. 개별기업의 기초이익잉여금에 포괄손익계산서 부분에서 계산된 당기순이익을 가산하고 배당금과 비지배지분순이익을 차감하여 기말이익잉여금을 산정한다.[3] 여기서도 연결실체의 입장에서 조정되어야 할 사항은 연결분개를 통해 수정한다.

마지막으로 연결정산표상의 재무상태표 부분은 기말시점의 지배기업, 종속기업 및 연결실체의 재무상태표 금액들을 나타낸다. 이와 같이 연결정산표가 완성되면 가장 오른쪽 난에 적힌 금액들을 가지고 연결재무제표를 작성하게 된다.

---

3) 연결재무상태표상의 연결이익잉여금은 지배기업지분에 귀속되는 금액이므로 종속기업의 당기순이익 중 비지배지분에 귀속되는 금액은 연결이익잉여금을 계산하는 과정에서 차감된다.

연결정산표와 연결분개는 지배기업이나 종속기업의 장부에 반영되는 것이 아니고, 단지 연결을 위하여 임시로 작성되는 것임에 유의할 필요가 있다. 따라서 연결재무제표를 작성할 때마다 이전의 연결분개가 수행되지 않은 것으로 가정하고 새롭게 연결분개를 수행해야 한다. 본 교재에서는 연결분개 앞에 영문자 'E'(elimination을 지칭함)를 붙여 개별기업장부에 나타나는 일반분개와 구별하고자 한다.

제 2 절 지배력획득일의 연결재무제표 작성

지배력획득일에 연결재무제표를 작성하는 과정은 사업결합을 연결재무제표에 회계처리하는 것이라고 할 수 있다. 따라서 지배력획득일에 작성된 연결재무제표에는 다음과 같이 사업결합의 결과가 반영되어야 한다.

사업결합을 반영하는 지배력획득일의 연결재무제표

① 종속기업의 식별가능한 자산·부채를 공정가치로 인식
② 사업결합에서 발생한 영업권 또는 염가매수차익을 인식
③ 지배기업이 별도재무제표에서 인식한 종속기업투자주식을 제거
④ 비지배주주가 존재하는 경우 비지배지분을 별도의 자본계정으로 인식

위의 사업결합을 반영하는 연결재무제표의 작성은 지배기업의 재무상태표와 종속기업의 재무상태표를 각 계정별로 합산하는 것으로부터 시작한다. 이후 연결분개를 통해 지배기업의 종속기업투자주식과 종속기업의 자본계정을 상계제거하고, 종속기업의 식별가능한 자산·부채의 장부금액을 공정가치로 조정하며, 비지배지분을 별도의 자본계정으로 인식한다. 이 과정에서 영업권(또는 염가매수차익)이 인식되며 연결재무상태표가 완성된다.

먼저 연결재무상태표 작성과정에서 수행해야 할 가장 기본적인 절차는 지배기업이 종속기업에 대해 보유하는 투자주식과 이에 대응하는 종속기업의 자본계정을 상계제거하는 것이다. 이들 계정은 지배·종속관계가 성립하는 날(지배력획

득일)을 기준으로 상계제거해야 한다. 이 과정에서 종속기업의 자산과 부채의 공정가치와 장부금액이 차이가 나는 경우에는 공정가치로 표시하기 위해 필요한 수정을 한다. 일반적으로 지배력획득시점에서 종속기업의 공정가치와 장부금액은 일치하지 않는데, 그 이유는 다음과 같다.

① 종속기업의 자산과 부채의 장부금액이 공정가치보다 높거나 낮게 기록되어 있을 수 있다. 종속기업의 자산과 부채의 장부금액은 각 항목별로 다양한 측정방법에 기초하고 있으므로 지배력획득시점의 공정가치와는 차이가 나게 된다.

② 종속기업의 장부에 기록되지 않은 영업권이 존재하는 경우이다. 만일 기업 내부적으로 창출된 영업권이 존재한다 하더라도 객관적 측정의 어려움 때문에 현행 회계상으로는 이를 자산으로 인식하지 않고 있다. 그러나 이러한 영업권은 종속기업의 공정가치를 구성하는 한 요소이다. 반면에, 종속기업의 공정가치가 순자산공정가치에 못 미치는 경우도 있다. 이 경우에는 지배력획득시점에서 그 차액을 염가매수차익으로 처리한다.

그 다음으로는 비지배주주에 속하는 자본항목을 비지배지분으로 대체하는 작업이다. 지배기업은 종속기업의 100% 미만을 소유하는 것이 일반적인데 이때에는 종속기업 자본 중 지배기업 이외의 주주에게 해당하는 비지배지분이 존재한다. 비지배지분도 지배기업의 주주지분과 마찬가지로 연결실체를 구성하는 주주지분이므로 연결재무상태표상에 자본항목으로 표시하되 지배기업의 소유주지분과 구분하여 별도로 표시한다.

이때 비지배지분은 공정가치로 측정하는 방법과 종속기업의 식별가능한 순자산공정가치의 비례지분으로 측정하는 방법이 모두 가능하다.

비지배지분의 측정방법

[방법 1] 비지배지분을 공정가치로 측정하는 방법 : 비지배지분을 활성시장가격(active market prices)에 기초하여 공정가치로 측정하거나, 만일 활성시장가격을 이용할 수 없다면 다른 가치평가기법을 이용하여 측정[4)]

[방법 2] 비지배지분을 종속기업의 식별가능한 순자산공정가치의 비례지분으로 측정하는 방법 : 종속기업의 식별가능한 순자산의 공정가치 중 비지배지분의 지분율에 해당하는 부분을 비지배지분으로 계상

[방법 1]에 따라 비지배지분을 공정가치로 측정하면 지배기업지분에 속하는 영업권 및 비지배지분에 속하는 영업권이 모두 연결재무상태표에 계상된다(전부영업권 방법). 이에 비해, [방법 2]에 따라 종속기업의 식별가능한 순자산의 공정가치를 기초로 비지배지분을 측정하면 비지배지분에 속하는 영업권은 계상되지 않는다(부분영업권 방법).

이상에서 설명한 연결회계를 도표로 요약하면 [그림 3-2]와 같다. [그림 3-2]는 지배기업이 종속기업의 보통주 60%를 취득하면서 지배력을 획득하였고, 영업

[그림 3-2] **지배력획득시점에서의 연결회계**

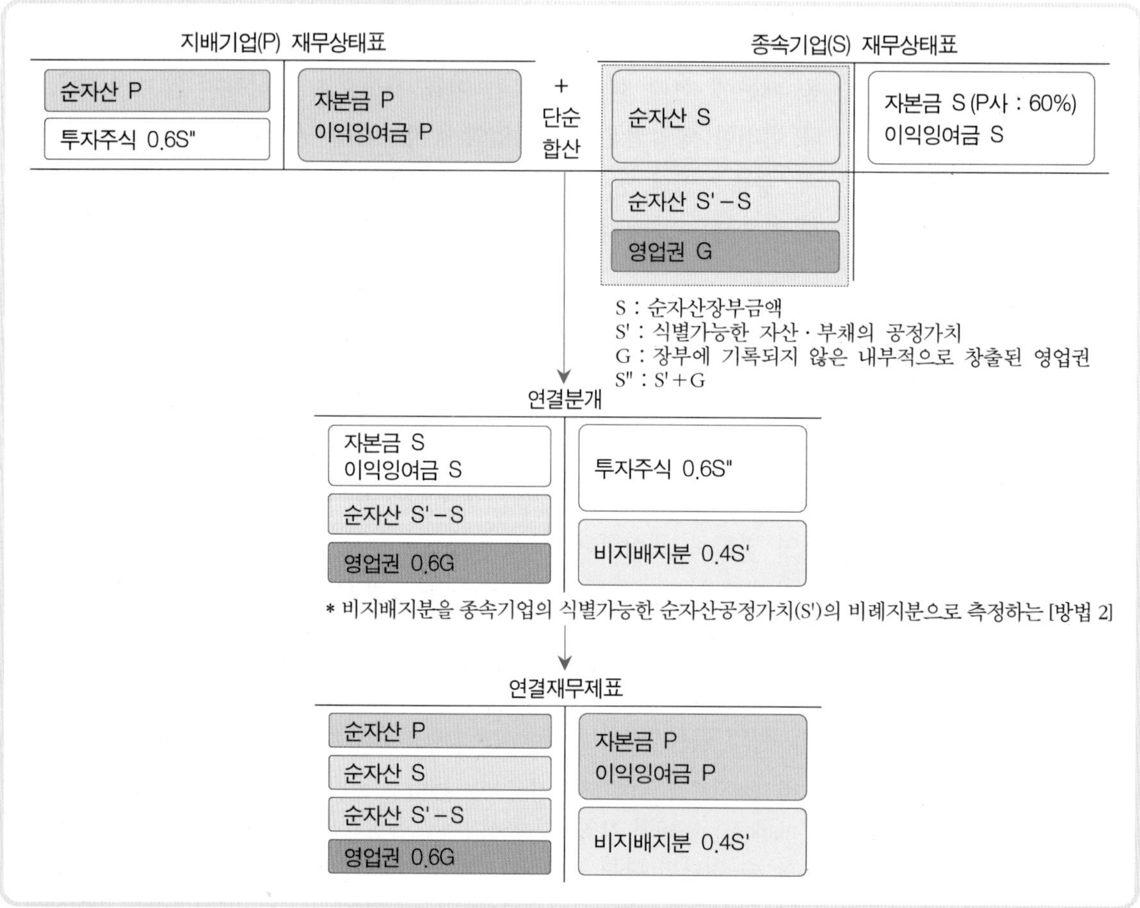

4) 일반적으로 종속기업에 대한 지배기업지분의 주당 공정가치와 비지배지분의 주당 공정가치는 다를 수 있다. 이러한 차이는 종속기업에 대한 지배기업지분의 주당 공정가치에 지배력의 프리미엄이 포함되거나, 반대로 비지배지분의 주당 공정가치에 지배력의 결여에 대한 할인(비지배지분 할인이라고도 한다)이 포함되면 나타날 수 있다.

권이 발생하는 상황을 가정한 경우이다.

[그림 3-2]의 연결분개를 간략히 표시하면 다음과 같다.

(차) 종속기업자본	×××	(대) 투 자 주 식	×××
자산과부채공정가치조정액*	×××	비지배지분	×××
영 업 권**	×××		

* 자산과 부채의 공정가치 조정액은 비지배지분에 해당하는 부분까지 모두 인식
** 비지배지분에 속하는 영업권은 비지배지분의 평가방법에 따라 인식 여부 결정

다음으로 영업권 회계처리방법에 대해 좀더 살펴보자. 실체이론에 따르면 지배기업지분과 비지배지분에 속하는 영업권이 모두 계상되어야 논리적이다. 즉, 비지배지분을 공정가치로 측정해야 한다. 그러나 K-IFRS에서는 비지배지분에 대한 영업권을 인정하는 방법(전부영업권 방법)과 인정하지 않는 방법(부분영업권 방법)을 모두 허용하고 있으며, 이에 따라 기업간 비교가능성이 저해되는 문제점이 발생할 수 있다. 그럼에도 불구하고 두 가지 회계처리를 모두 허용한 이유는 비지배지분을 취득일의 공정가치로 측정함으로써 얻는 증분효익이 충분치 않다는 견해를 수용하고 있기 때문이다. 즉, 비지배지분의 공정가치를 신뢰성 있게 측정하는 것은 쉽지 않으며, 신뢰성 있는 측정이 가능하다고 하더라도 측정에 소요되는 비용이 피취득자의 식별가능한 순자산에 대한 비례적 지분으로 측정하는 방법보다 더 많이 소요된다는 것이다. 또한 비지배지분의 측정방법과 상관없이, 보고된 비지배지분의 정보가치는 거의 없다는 주장도 제기되고 있다. 따라서 K-IFRS에서는 비지배지분을 공정가치로 측정하는 방법만을 의무화하는 대신, 식별가능한 순자산의 공정가치에 대한 비례적 지분을 이용하여 측정하는 방법도 선택할 수 있도록 하였다.

예제 3-1 지배력획득일의 연결 – 연결정산표와 연결분개

20×1년 1월 1일에 갑(주)는 을(주) 발행주식의 60%를 ₩180,000에 취득하여 지배력을 획득하였다. 주식취득시점 현재 갑(주)와 을(주)의 재무상태표는 다음과 같다.

	갑(주)	을(주)	
	장부금액	장부금액	공정가치
현　　금	₩100,000	₩90,000	₩90,000
재고자산	50,000	70,000	80,000
투자주식	180,000	–	
건　　물(순액)	250,000	100,000	150,000
자산총계	₩580,000	₩260,000	
차 입 금	₩100,000	₩50,000	50,000
자 본 금(주당액면 ₩5,000)	250,000	100,000	
자본잉여금	80,000	50,000	
이익잉여금	150,000	60,000	
부채와 자본총계	₩580,000	₩260,000	

위의 자료를 이용하여 지배력획득일의 연결재무상태표를 작성하는 데 필요한 연결정산표를 작성하고 관련된 연결분개도 제시하라. 단, 비지배지분은 종속기업의 식별가능한 순자산공정가치에 비례하여 결정한다.

해답

(1) 갑(주)가 을(주)의 주식을 취득한 시점의 회계처리

(차) 투자주식	180,000	(대) 현　　금	180,000

(2) 연결재무제표 작성을 위한 회계처리

1) 연결분개

E-① 을(주)의 자본계정과 갑(주)의 투자주식계정을 상계제거하고 비지배지분에 귀속되는 금액을 별도의 계정으로 대체하는 분개

(차) 자 본 금	100,000	(대) 투자주식	180,000
자본잉여금	50,000	비지배지분	108,000*
이익잉여금	60,000		
재고자산	10,000**		
건　　물	50,000**		
영 업 권	18,000***		

* 을(주)의 순자산공정가치 = ₩100,000 + ₩50,000 + ₩60,000 + ₩10,000 + ₩50,000 = ₩270,000
비지배지분 = ₩270,000 × 40% = ₩108,000

** 자산의 공정가치와 장부금액의 차액 조정 및 배분

	공정가치	장부금액	차 액	갑(주)지분	비지배지분
재고자산	₩80,000	₩70,000	₩10,000	₩6,000	₩4,000
건 물	150,000	100,000	50,000	30,000	20,000
	₩230,000	₩170,000	₩60,000	₩36,000	₩24,000

*** 영업권 = (₩180,000 + ₩270,000 × 40%) − ₩270,000 = ₩18,000

2) 연결정산표(20×1. 1. 1 현재 연결재무상태표 작성용) (단위 : 천원)

과 목	갑(주)	을(주)	합 계	연결분개		연결재무제표	
				차 변	대 변	차 변	대 변
〈차변〉							
현 금	₩100	₩90	₩190			₩190	
재고자산	50	70	120	① 10		130	
투자주식	180	−	180		①180	−	
건 물	250	100	350	① 50		400	
영 업 권	−	−	−	① 18		18	
〈대변〉							
차 입 금	100	50	150				₩150
자 본 금	250	100	350	①100			250
자본잉여금	80	50	130	① 50			80
이익잉여금	150	60	210	① 60			150
비지배지분	−	−	−		①108		108
				₩288	₩288	₩738	₩738

3) 연결재무상태표 작성

연결재무상태표

갑(주) 및 종속기업 20×1. 1. 1 현재 (단위 : 원)

〈자산〉		〈부채〉	
Ⅰ. 유동자산		Ⅰ. 유동부채	
현 금	₩190,000	차 입 금	₩150,000
재고자산	130,000	Ⅱ. 비유동부채	−
Ⅱ. 비유동자산		부채총계	₩150,000
1. 투자자산	−	〈자본〉	
2. 유형자산		Ⅰ. 지배기업소유주자본	
건 물	400,000	1. 자 본 금	₩250,000
3. 무형자산		2. 자본잉여금	80,000
영 업 권	18,000	3. 이익잉여금	150,000
		Ⅱ. 비지배지분	108,000
		자본총계	₩588,000
자산총계	₩738,000	부채와 자본총계	₩738,000

만일 [예제 3-1]에서 비지배지분을 공정가치로 평가하며 지배력획득일 시점에서 비지배지분의 주당 공정가치는 ₩14,000이었다고 가정하면 분개 E-①은 다음과 같이 바뀌게 된다.

(차) 자 본 금	100,000	(대) 투 자 주 식	180,000
자본잉여금	50,000	비지배지분	112,000**
이익잉여금	60,000		
재 고 자 산	10,000*		
건 물	50,000*		
영 업 권	22,000***		

* 자산의 공정가치와 장부금액의 차액 조정 및 배분
** 비지배지분 공정가치 = ₩14,000 × 8주 = ₩112,000
*** (₩180,000 + ₩14,000 × 8주) − ₩270,000 = ₩22,000

위의 분개를 [예제 3-1]의 원래 분개와 비교하면 영업권과 비지배지분의 금액이 각각 ₩4,000씩 증가되었음을 알 수 있다. 이는 비지배지분의 공정가치에 포함되어 있던 영업권을 인식했기 때문에 나타난 결과이다. 즉, 위의 분개에서 인식한 영업권 ₩22,000은 지배력획득시점에서 을(주) 전체 지분의 공정가치 ₩292,000(= ₩180,000 + ₩14,000 × 8주)에서 을(주)의 식별가능한 순자산의 공정가치

사례로 배우기 3-2 **손실청구서 받은 롯데쇼핑의 M&A**

롯데쇼핑은 점포 구조조정과 조직개편 등으로 2022년 연결기준 영업이익 약 3,862억원을 달성하였다. 이는 2021년 영업이익 2,076억원 대비 크게 증가한 수치이다. 그러나 기타비용의 현저한 증가로 2022년에 당기순손실(약 3,186억원)을 보고하였으며, 오히려 전년도 당기순손실(약 2,729억원)보다 적자폭이 더 커졌다. 롯데쇼핑의 당기순손실이 커진 이유 중 하나는 영업권 손상차손(약 2,980억원)이며, 이는 대부분 10년 전에 인수한 롯데하이마트의 영업권 손상에 기인한다. 롯데하이마트는 2019년부터 적자를 기록하고 있으며, 2022년에는 약 5,577억원의 적자를 보고하였다. 롯데쇼핑은 2012년에 롯데하이마트의 지분 65.2%를 약 1조 2,300억원에 인수했으며, 인수 당시 식별가능한 순자산 가액은 (−)530억원, 롯데쇼핑이 인식한 영업권은 1조 2,830억원에 달한다. 롯데하이마트를 인수할 때만 해도 높은 영업권은 그리 문제가 되지 않았다. 롯데하이마트의 시장점유율과 성장성 등을 고려할 때 롯데쇼핑과 시너지를 충분히 극대화할 수 있을 것이라고 판단했기 때문이다. 그러나 2019년부터 롯데하이마트의 수익성이 악화되면서 롯데하이마트 인수가 위기로 작용되고 있으며, 인수시 인식한 막대한 영업권은 모회사인 롯데쇼핑이 실적을 개선하는 데 발목을 잡고 있다.

₩270,000(=₩210,000+₩10,000+₩50,000)의 차액으로 구해진다. 여기서 유의할 점은 지배기업지분에 속하는 영업권은 ₩18,000인 데 반하여 비지배지분의 영업권은 ₩4,000으로서 지분율과 비례적이지 않다는 점이다. 즉, 60%의 지분율에 해당하는 영업권은 ₩18,000인 데 반하여 40%의 지분율에 속하는 영업권은 ₩4,000에 불과하다. 이는 을(주)에 대한 지배력 유무에 따른 프리미엄이나 할인으로 인해 나타난 결과로 볼 수 있다.[5]

제 3 절 지배력획득일 후의 연결재무제표 작성

본절에서는 지배력획득일 후에 연결재무제표를 작성하는 절차를 설명한다. 이때 연결재무제표를 작성하는 절차는 지배기업이 종속기업의 투자주식을 회계처리하는 방법(원가법, 지분법 등)에 따라 다소 차이가 난다. 본서에서는 다른 언급이 없는 한 지배기업이 투자주식을 원가법으로 회계처리하였을 경우의 연결재무제표 작성에 대해 설명한다.

1. 연결분개

지배력획득일 후에는 연결재무상태표뿐만 아니라 연결포괄손익계산서도 작성해야 한다. 이 경우 연결포괄손익계산서에는 지배기업의 경영성과뿐만 아니라 지배력획득일 후에 발생한 종속기업의 경영성과도 포함되어 나타난다.

연결분개는 지배기업과 종속기업의 계정합계액이 연결실체의 적절한 금액을 표시할 수 있도록 연결시점에 수행된다. 그러나 연결분개는 연결재무제표 작성을 위한 임시분개로서 연결정산표에만 반영되며 지배기업이나 종속기업의 개별

---

5) 따라서 비지배지분에 속하는 영업권 계산시 지배기업에 해당하는 영업권 ₩18,000을 지분율에 따라 역산하여(즉, ₩18,000÷0.6×0.4=₩12,000과 같이) 계산하는 것은 올바른 방법이 아니다.

장부에는 반영되지 않는다. 따라서 연결분개는 당해 회계기간에만 효과를 미치므로 그 후 회계연도에 연결을 하는 경우에는 이전에 연결분개가 수행되지 않은 것으로 가정하고 새롭게 연결분개를 수행해야 한다. 〈표 3-2〉에는 주요 연결분개절차가 요약되어 있다.

〈표 3-2〉 **연결분개의 요약**

[준비단계]	(1) 배당금 관련 계정과 이익잉여금을 조정 당기중에 종속기업이 지급한 배당금을 제거하고 종속기업의 이익잉여금을 연결재무제표 작성연도초 시점으로 환원
[주요단계]	(2) 투자주식계정과 종속기업의 자본계정의 상계제거 ① 지배력획득시점 • 지배기업의 투자주식계정과 종속기업의 자본계정을 지배력획득시점을 기준으로 상계제거하고 비지배주주에 해당하는 금액은 비지배지분으로 대체 • 종속기업의 자산과 부채를 공정가치로 조정 • 투자주식계정과 비지배지분의 합계액이 종속기업의 순자산공정가치를 초과(미달)하면 그 차액을 영업권(염가매수차익)으로 기록 ② 지배력획득일 이후 • 지배력획득일 이후부터 연결재무제표 작성연도초까지 발생한 종속기업의 이익잉여금 변동분 중 비지배주주에 속한 금액은 비지배지분계정으로 대체 (3) 공정가치 조정액의 손익효과 인식 (2)의 ①에서 공정가치로 조정한 결과, 증가 또는 감소한 자산·부채와 관련하여 발생하는 손익효과를 인식 (4) 종속기업의 당기순이익(손실) 중 비지배지분 대체 종속기업의 당기순이익(손실) 중 비지배지분순이익에 해당하는 금액을 연결이익잉여금에서 차감(가산)하고 이를 비지배지분으로 대체

(1)의 연결분개는 연결재무제표의 준비단계로서 당기중에 종속기업이 지급한 배당금을 취소하고 종속기업의 이익잉여금을 동액만큼 증가시킨다. 이로써 종속기업이 지급한 배당 중에서 지배기업이 수령한 연결실체 내의 배당금은 취소된다. 아울러 비지배지분에 속하는 배당금만큼 비지배지분이 감소되며 종속기

업의 이익잉여금은 배당처분 전의 기초금액으로 환원된다(연결분개 (1)).

지배기업이 종속기업의 투자주식을 원가법으로 회계처리하면 종속기업투자주식은 지배력획득시점의 금액으로 기록된다. 따라서 (1)의 연결분개를 수행한 다음 지배기업의 종속기업에 대한 투자주식계정과 종속기업의 자본계정 중 지배기업 지분에 해당하는 금액을 지배력획득시점을 기준으로 상계제거한다(연결분개 (2)-①).[6] 또한 지배력획득시점의 종속기업 자본계정 중 비지배지분에 해당하는 금액은 비지배지분으로 대체한다. 비지배지분은 공정가치로 계상하거나 종속기업의 식별가능한 순자산공정가치의 비례지분으로 계상할 수 있다.

투자주식과 종속기업 자본계정을 상계제거하는 과정에서 종속기업의 자산과 부채의 공정가치와 장부금액이 차이가 나는 경우에는 공정가치로 표시하기 위해 필요한 수정을 한다. 또한 투자주식계정과 비지배지분의 합계액이 종속기업의 순자산공정가치를(에) 초과(미달)하면 그 차액을 영업권(염가매수차익)으로 기록한다(연결분개 (2)-①).

한편 연결정산표에 합산된 종속기업의 기초이익잉여금은 연결재무제표 작성연도초 현재의 금액이다. 만일 아무런 조정을 하지 않으면 지배력획득시점 이후부터 연결재무제표 작성연도초까지 발생한 종속기업의 이익잉여금 증감분 전액이 지배기업 소유주에게 귀속되는 연결이익잉여금에 포함되게 된다. 따라서 지배력획득시점 이후부터 연결재무제표 작성연도초까지 발생한 종속기업의 이익잉여금 증감분 중 비지배지분에 해당하는 금액은 비지배지분계정으로 대체해야 한다(연결분개 (2)-②).

(3)의 연결분개는 (2)-①에서 종속기업의 자산과 부채를 공정가치로 조정한 결과에 따라 후속적으로 발생하는 손익효과를 인식하는 것이다. 예를 들어, 종속기업의 건물을 공정가치로 측정함에 따라 장부금액이 상승한 경우 연결재무제표에서는 이에 상응하는 감가상각비를 추가적으로 인식해야 한다. 이때 지배력획득 이후부터 직전연도까지의 기간에 해당하는 손익효과는 이익잉여금과 비지배지분에서 조정하고 연결재무제표 작성연도에 해당하는 금액은 해당 수익·비용항목에 직접 조정한다.

---

6) 만일 지배기업이 종속기업의 주식을 공정가치법(또는 지분법)으로 평가하면 지배력획득일 이후에 발생한 공정가치변동누적액(또는 순자산 변동누적액 등)이 기타포괄손익누계액(또는 이익잉여금 등)으로 기록되어 있다. 이때에는 투자계정과 자본계정의 상계제거에 앞서 지배력획득일 이후 발생한 변동누적액을 제거하고 동액을 투자주식계정에서 조정함으로써 지배력획득시점의 금액으로 환원시킨 후에 상계제거하면 된다.

연결재무제표 작성연도의 당기순이익으로 인한 종속기업의 이익잉여금 변동은 연결포괄손익계산서를 통해 연결이익잉여금에 반영된다. 구체적으로 종속기업의 포괄손익계산서상 개별 손익항목이 연결포괄손익계산서 작성을 위한 합산과정에서 모두 포함됨에 따라 연결포괄손익계산서상의 당기순이익은 지배기업지분뿐만 아니라 비지배지분에 해당하는 금액까지도 포함하게 된다. 하지만 연결재무상태표상의 연결이익잉여금은 지배기업지분만 포함하므로 종속기업의 당기순이익 중 비지배지분에 귀속되는 금액은 연결이익잉여금에서 차감하여 비지배지분으로 대체한다(연결분개 (4)).

[그림 3-3]에는 연결재무제표 작성시 앞서 설명한 종속기업 이익잉여금의 배분관계가 요약되어 있다.

[그림 3-3] **종속기업 이익잉여금의 배분**

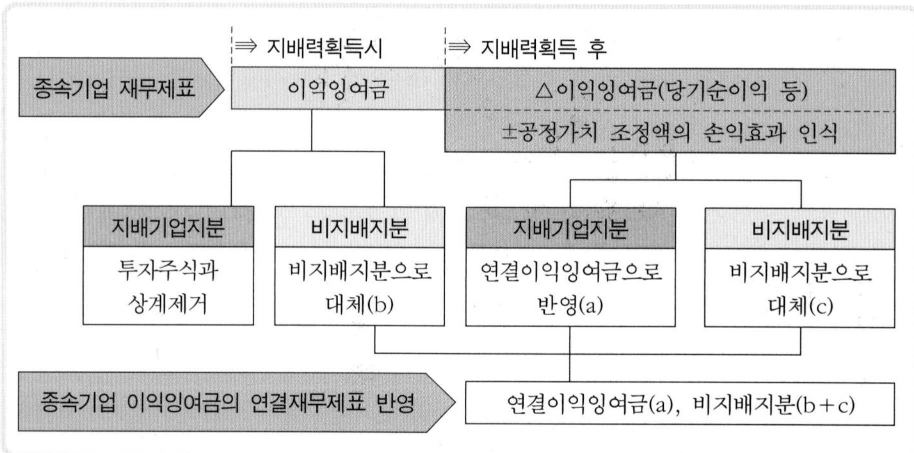

예제 3-2 지배력획득연도말의 연결 – 연결정산표와 연결분개

[예제 3-1]의 자료와 다음에 주어지는 갑(주)와 을(주)의 20×1년도 재무제표를 이용하여 지배력획득연도인 20×1년도말에 행해야 할 연결분개를 제시하고 연결정산표와 연결재무제표를 작성하라. 단, 건물의 내용연수는 10년이고 잔존가치는 없으며 정액법으로 상각한다. 또한 재고자산은 당기중에 모두 처분되었다고 가정하며, 비지배지분은 종속기업의 식별가능한 순자산공정가치에 비례하여 결정한다.

재무상태표

20×1. 12. 31

	갑(주)	을(주)		갑(주)	을(주)
현 금	₩130,000	₩120,000	차 입 금	₩100,000	₩40,000
재고자산	165,000	140,000	자 본 금	250,000	100,000
투자주식	180,000	−	자본잉여금	80,000	50,000
건물(순액)	225,000	90,000	이익잉여금	270,000	160,000
계	₩700,000	₩350,000		₩700,000	₩350,000

포괄손익계산서

20×1. 1. 1∼12. 31

	갑(주)	을(주)
매 출	₩600,000	₩400,000
매출원가	(350,000)	(240,000)
매출총이익	₩250,000	₩160,000
판매관리비	(130,000)	(60,000)
당기순이익	₩120,000	₩100,000

해답

20×1년말 수행해야 할 연결분개와 연결정산표를 살펴보기로 하자.

(1) 연결분개

〈준비단계〉

E-① 배당금을 지급한 바 없으므로 해당 연결분개는 없음

〈주요단계〉

E-② (차) 자 본 금	100,000	(대) 투자주식	180,000*
자본잉여금	50,000	비지배지분	108,000**
이익잉여금	60,000		
재고자산	10,000		
건 물	50,000		
영 업 권	18,000***		

* 지배력획득시점에서의 투자주식 금액임

** (₩100,000 + ₩50,000 + ₩60,000 + ₩10,000 + ₩50,000) × 40% = ₩108,000

*** 투자주식계정(₩180,000)과 비지배지분(₩108,000)의 합계액(₩288,000)이 종속기업의 순자산공정가치(₩270,000)를 초과하는 금액을 영업권으로 기록한다.

E-③ (차) 매출원가	10,000*	(대) 재고자산	10,000
(차) 판매관리비 (감가상각비)	5,000**	(대) 건 물 (감가상각누계액)	5,000

* 지배력획득시 을(주)가 보유하던 재고자산(₩70,000)이 당기중에 판매되었으며, 연결실체 입장에서 동 재고자산의 평가액은 ₩80,000이므로 매출원가 ₩10,000을 추가로 계상한다.

** E-②의 분개를 통해 건물의 공정가치와 장부금액의 차액이 조정되었으므로, 연결실체 입장에서 건물에 대해 추가로 인식해야 하는 감가상각비는 ₩5,000(= ₩50,000(건물증가분)/10년(내용연수))이다.

E-④ (차) 이익잉여금 34,000* (대) 비지배지분 34,000

* [(₩100,000(을(주)당기순이익) − ₩10,000(매출원가 수정) − ₩5,000(감가상각비 수정)] × 40%(비지배지분율) = ₩34,000

** 을(주)가 20×1년 동안 벌어들인 이익 중 비지배주주에 귀속되는 금액을 비지배지분으로 대체한다. 이때, 비지배지분으로 대체하는 금액은 을(주)의 당기순이익인 ₩100,000의 40%가 아니라 지배력획득시점에서 공정가치와 장부금액이 차이나는 자산에서 발생하는 손익효과까지를 고려한 금액인 ₩85,000의 40%이다.

(2) 연결정산표

(단위 : 원)

과 목	갑(주)	을(주)	합 계	연결분개		연결재무제표
				차 변	대 변	
〈포괄손익계산서〉						
매 출	600,000	400,000	1,000,000			1,000,000
매출원가	(350,000)	(240,000)	(590,000)	③ 10,000		(600,000)
판매관리비	(130,000)	(60,000)	(190,000)	③ 5,000		(195,000)
당기순이익	120,000	100,000	220,000	15,000[a]	−	205,000[a]
〈이익잉여금계산서〉						
기초이익잉여금	150,000	60,000	210,000	② 60,000		150,000
당기순이익	120,000	100,000	220,000	15,000[a]	−	205,000[a]
비지배지분순이익				④ 34,000		(34,000)
기말이익잉여금	270,000	160,000	430,000	109,000[b]		321,000[b]
〈재무상태표〉						
현 금	130,000	120,000	250,000			250,000
재고자산	165,000	140,000	305,000	② 10,000	③ 10,000	305,000
투자주식	180,000	−	180,000		② 180,000	−
건 물(순액)	225,000	90,000	315,000	② 50,000	③ 5,000	360,000
영 업 권	−	−		② 18,000		18,000
합 계	700,000	350,000	1,050,000	78,000	195,000	933,000
차 입 금	100,000	40,000	140,000			140,000
자 본 금	250,000	100,000	350,000	② 100,000		250,000
자본잉여금	80,000	50,000	130,000	② 50,000		80,000
이익잉여금	270,000	160,000	430,000	109,000[b]		321,000[b]
비지배지분	−	−	−		② 108,000 ④ 34,000	142,000
합 계	700,000	350,000	1,050,000	259,000	142,000	933,000

a. 포괄손익계산서에서 결정된 당기순이익이 이익잉여금계산서로 대체된다.
b. 이익잉여금계산서에서 결정된 기말연결이익잉여금이 재무상태표로 대체된다.
(주) 연결분개의 차변(대변)금액은 개별재무제표합계액의 자산 및 비용에는 가산(차감)되고, 부채, 자본 및 수익에는 차감(가산)된다.

(3) 연결재무제표

연결포괄손익계산서

갑(주) 및 종속기업 20×1. 1. 1∼12. 31

매 출 액	₩1,000,000
매 출 원 가	(600,000)
매출총이익	₩400,000
판매비와관리비	(195,000)
당기순이익	₩205,000
지배기업의 소유주	₩171,000
비지배지분	34,000
	₩205,000

연결재무상태표

갑(주) 및 종속기업 20×1. 12. 31 현재

〈자산〉		〈부채〉	
유동자산		유동부채	
현 금	₩250,000	차 입 금	₩140,000
재고자산	305,000	비유동부채	−
비유동자산		부채총계	₩140,000
투자자산	−	〈자본〉	
유형자산		지배기업소유주자본	
건 물	360,000	자 본 금	₩250,000
무형자산		자본잉여금	80,000
영 업 권	18,000	이익잉여금	321,000
		비지배지분	142,000
		자본총계	₩793,000
자산총계	₩933,000	부채와 자본총계	₩933,000

참고로 20×1년도 지배기업의 소유주에게 귀속되는 순이익의 구성내용을 살펴보면 다음과 같다.

지배기업의 당기순이익	₩120,000
(+) 종속기업 당기순이익 중 지배기업지분(₩100,000×60%)	60,000
(−) 공정가치조정액의 손익효과 중 지배기업지분	
[매출원가(₩6,000*)+감가상각비(₩3,000**)]	(9,000)
= 지배기업의 소유주 순이익	₩171,000

* ₩10,000×60%=₩6,000
** ₩5,000×60%=₩3,000

지배기업은 종속기업에 대한 투자주식을 원가법으로 처리하고 있기 때문에 지배기업의 포괄손익계산서에 종속기업의 순이익에 대한 지배기업의 몫은 포함되어 있지 않다. 이에 반해 연결포괄손익계산서에는 종속기업의 개별 손익항목이 지배기업의 손익항목과 합산됨으로써 연결포괄손익계산서상 당기순이익은 지배기업지분뿐만 아니라 종속기업 순이익 중에서 비지배지분에 해당하는 금액까지 포함하게 된다. 따라서 연결포괄손익계산서상의 당기순이익은 지배기업의 소유주 순이익과 종속기업의 비지배주주에게 귀속되는 비지배지분순이익을 구분하여 별도 보고하고 있다. 이처럼 연결포괄손익계산서에 연결실체 전체의 당기순이익을 표시하는 K-IFRS는 연결실체를 주주와는 분리된 독립된 실체이며 비지배주주도 지배주주와 동일한 연결실체의 주주로 보는 실체이론에 부합한다.[7)]

마지막으로 지배기업의 별도재무상태표와 연결재무상태표를 비교하면, 지배기업의 별도재무상태표에 나타났던 투자주식이 연결재무상태표에는 나타나지 않는다는 것이다. 대신에 종속기업의 개별 자산과 부채가 합산되고 자본금, 자본잉여금 및 이익잉여금은 지배기업소유주에게 귀속되는 금액만을 표시하고 있으며 비지배지분에 해당하는 금액은 자본에 별도의 항목으로 표시한다.

연결재무상태표에 나타나는 비지배지분은 다음과 같이 산출된다(비지배지분을 종속기업의 식별가능한 순자산공정가치의 비례지분으로 측정하는 경우).

7) 반면, 지배기업이론에 근거하여 연결포괄손익계산서를 작성하는 경우에는 연결포괄손익계산서상 연결실체의 총당기순이익에서 종속기업의 순이익 중 비지배지분순이익에 해당하는 금액을 차감함으로써 지배기업지분순이익에 해당하는 금액만을 연결당기순이익으로 보고하게 된다.

종속기업 기초 자본총계 중 비지배지분(₩210,000 × 40%)	₩84,000
(+) 종속기업 자산 · 부채 장부금액과 공정가치의 차액 중 비지배지분[=(₩10,000 + ₩50,000) × 40%]	24,000
(+) 종속기업 수정 당기순이익 중 비지배지분(₩85,000* × 40%)	34,000
= 기말 비지배지분	₩142,000

* ₩100,000 − ₩10,000(매출원가) − ₩5,000(감가상각비) = ₩85,000

2. 종속기업의 현금배당이 있는 경우의 연결

지금까지는 종속기업의 현금배당이 없는 경우에 연결재무제표를 작성하는 과정을 살펴보았다. 다음은 종속기업이 현금배당금을 결의 · 지급한 경우의 연결재무제표 작성과정을 살펴보자. 종속기업이 현금배당의 지급결의를 하면 지배기업은 수취할 현금배당금에 대해 미수배당금을 계상하고 아울러 배당수익을 인식한다. 그리고 현금을 수취하는 시점에는 현금을 증가시키고 미수배당금을 감소시킨다.

종속기업이 현금배당금을 결의 · 지급한 경우에 연결과정에서 필요한 조정분개는 다음과 같이 배당수익을 취소하고 비지배지분에 해당하는 배당금만큼 비지배지분계정에서 차감하면서 배당금 총액만큼 이익잉여금계정을 증가시킴으로써 종속기업의 이익잉여금을 배당전 기초시점의 이익잉여금으로 환원시킨다.

(차) 배 당 수 익	×××	(대) 이익잉여금	×××
비지배지분	×××		

이와 같은 연결분개가 필요한 이유는 다음과 같다. 먼저 종속기업이 지배기업에 지급한 배당금은 연결실체의 입장에서 배당으로 인정될 수 없으므로 취소해야 한다. 또한, 종속기업의 배당금 중에서 비지배주주에게 지급된 배당금은 연결실체 외부로 현금유출을 발생시키기 때문에 연결실체의 배당금으로 인정되며 이에 따라 동액만큼 비지배지분을 감소시킨다.

이러한 연결분개를 통하여 연결실체 내부의 배당은 제거되고 배당으로 인한 비지배지분의 감소를 인식하며 아울러 지배기업의 연결재무제표상 이익잉여금이 적절히 산정될 수 있게 해준다.

예제 3-3 지배력획득 다음연도말의 연결 – 연결정산표와 연결분개

[예제 3-1] 및 [예제 3-2]의 자료와 다음에 주어지는 갑(주)와 을(주)의 20×2년도 재무제표를 이용하여 지배력획득 다음연도인 20×2년도말에 행해야 할 연결분개를 제시하고 연결정산표와 연결재무제표를 작성하라. 단, 갑(주)와 을(주)는 20×2년에 각각 ₩80,000과 ₩50,000의 배당을 결의하고 지급하였다. 또한, 비지배지분은 종속기업의 식별가능한 순자산공정가치에 비례하여 결정한다.

재무상태표

20×2. 12. 31 현재

	갑(주)	을(주)		갑(주)	을(주)
현금	₩190,000	₩160,000	차입금	₩100,000	₩40,000
재고자산	210,000	200,000	자본금	250,000	100,000
투자주식	180,000	–	자본잉여금	80,000	50,000
건물(순액)	200,000	80,000	이익잉여금	350,000	250,000
계	₩780,000	₩440,000	계	₩780,000	₩440,000

포괄손익계산서

20×2. 1. 1～12. 31

	갑(주)	을(주)
매출	₩800,000	₩500,000
매출원가	(530,000)	(260,000)
매출총이익	₩270,000	₩240,000
판매관리비	(140,000)	(100,000)
배당수익	30,000	
당기순이익	₩160,000	₩140,000

해답

20×2년중에 갑(주)가 개별회계상 을(주)로부터의 배당금 수령과 관련하여 실시한 분개는 다음과 같다.

〈을(주)의 20×1년분 배당금 수령〉

(차) 현금	30,000*	(대) 배당수익	30,000

* ₩50,000×60%＝₩30,000

(주) 갑(주)의 개별회계상 20×1년에 대한 배당금관련 분개는 다음과 같을 것이다.

(결의시점)	(차) 미수배당금	30,000	(대) 배당수익	30,000
(수령시점)	(차) 현금	30,000	(대) 미수배당금	30,000

그러나 위와 같이 배당금 지급결의 및 현금 수령거래를 매번 구분하여 제시하면 번잡하므로 본서에서는 배당금 지급결의와 동시에 배당금을 수령한다고 가정하고 하나의 분개로 축약하여 표시한다.

이제부터 20×2년말에 수행해야 할 연결분개의 내용을 살펴보자.

(1) 연결분개

〈준비단계〉

E-①	(차) 배 당 수 익	30,000	(대) 이익잉여금	50,000
	비지배지분	20,000		

[해설]

20×2년중에 을(주)가 결의 · 지급한 배당금(₩50,000) 중 갑(주)에 지급된 부분(배당수익 ₩30,000)은 연결실체 내의 배당이므로 취소하고, 비지배지분에 대한 배당금(₩20,000)은 비지배지분에서 직접 차감한다.

〈주요단계〉

E-②-1)	(차) 자 본 금	100,000 *	(대) 투 자 주 식	180,000 *
	자본잉여금	50,000 *	비지배지분	108,000 **
	이익잉여금	60,000 *		
	재 고 자 산	10,000		
	건 물(순액)	50,000		
	영 업 권	18,000		

* 투자주식과 을(주)의 자본계정은 지배력획득시점을 기준으로 상계제거된다.

** (₩100,000 + ₩50,000 + ₩60,000 + ₩10,000 + ₩50,000) × 40% = ₩108,000

2)	(차) 이익잉여금	40,000 *	(대) 비지배지분	40,000

* ₩100,000(지배력획득 이후 직전연도말까지 증가한 이익잉여금으로 20×1년 을(주)의 순이익에서 발생) × 40% = ₩40,000

E-③	(차) 이익잉여금	6,000	(대) 재 고 자 산	10,000
	비지배지분	4,000		
	(차) 이익잉여금	3,000	(대) 건 물	10,000
	비지배지분	2,000	(감가상각누계액)	
	판매관리비	5,000		
	(감가상각비)			

[해설]

재고자산은 20×1년에 이미 외부에 판매되었으므로 연결실체에 남아 있는 자산이 아니다. 동 재고자산이 팔리는 시점에서 을(주)는 재고자산의 장부금액을 기준으로 매출원가를 인식하였을 것이고 이는 연결의 관점에서 보면 매출원가가 ₩10,000만큼 과소계상(당기순이익은 과대계상)되었음을 의미한다. 이러한 매출원가의 과소계상으로 인해 20×2년 기초이익잉여금이 과대계상된다. 따라서 지배기업지분 해당액은 연결이익잉여금에서 조정하고 나머지는 비지배지분에서 조정한다.

[해설]

건물은 지배력획득시점에서 ₩10,000만큼 과소계상되었으므로 을(주)의 개별회계에서 인식한 감가상각비 역시 과소계상된다. 따라서 20×1년과 20×2년에 대한 감가상각비를 각각 ₩5,000씩 증가시키는 수정이 필요하다. 20×1년에 대한 감가상각비 추가계상은 연결이익잉여금 및 비지배지분에 수정해야 하고 20×2년에 대한 추가감가상각비는 직접 추가비용으로 인식하면 된다.

E-④ (차) 이익잉여금 54,000* (대) 비지배지분 54,000

* [(₩140,000(을(주)당기순이익) − ₩5,000(감가상각비 수정)] × 40%(비지배지분율) = ₩54,000

(2) 연결정산표

(단위 : 원)

과 목	갑(주)	을(주)	합 계	연결분개		연결 재무제표
				차 변	대 변	
〈포괄손익계산서〉						
매 출	800,000	500,000	1,300,000			1,300,000
매 출 원 가	(530,000)	(260,000)	(790,000)			(790,000)
판매관리비	(140,000)	(100,000)	(240,000)	③ 5,000		(245,000)
배 당 수 익	30,000		30,000	① 30,000		–
당기순이익	160,000	140,000	300,000	35,000	–	265,000[a]
〈이익잉여금계산서〉						
기초이익잉여금	270,000	160,000	430,000	②1) 60,000 ②2) 40,000 ③ 6,000 ③ 3,000		321,000
당기순이익	160,000	140,000	300,000	35,000	–	265,000[a]
배 당 지 급	(80,000)	(50,000)	(130,000)		① 50,000	(80,000)
비지배지분순이익	–	–	–	④ 54,000		(54,000)
기말이익잉여금	350,000	250,000	600,000	198,000[c]	50,000[c]	452,000[b]
〈재무상태표〉						
현 금	190,000	160,000	350,000			350,000
재 고 자 산	210,000	200,000	410,000	②1) 10,000	③ 10,000	410,000
투 자 주 식	180,000	–	180,000		②1) 180,000	–
건 물(순액)	200,000	80,000	280,000	②1) 50,000	③ 10,000	320,000
영 업 권	–	–	–	②1) 18,000		18,000
합 계	780,000	440,000	1,220,000	78,000	200,000	1,098,000
차 입 금	100,000	40,000	140,000			140,000
자 본 금	250,000	100,000	350,000	②1) 100,000		250,000
자본잉여금	80,000	50,000	130,000	②1) 50,000		80,000
이익잉여금	350,000	250,000	600,000	198,000[c]	50,000[c]	452,000[b]
비지배지분	–	–	–	① 20,000 ③ 4,000 ③ 2,000	②1) 108,000 ②2) 40,000 ④ 54,000	176,000
합 계	780,000	440,000	1,220,000	374,000	252,000	1,098,000

a. 포괄손익계산서에서 결정된 당기순이익이 이익잉여금계산서로 대체된다.
b. 이익잉여금계산서에서 결정된 기말 연결이익잉여금이 재무상태표로 대체된다.
c. 이익잉여금계산서와 관련된 연결분개의 차변합계액과 대변합계액을 그대로 옮겨온다.

(3) 연결재무제표

연결포괄손익계산서

갑(주) 및 종속기업 20×2. 1. 1～12. 31

매 출 액	₩1,300,000
매 출 원 가	(790,000)
매출총이익	₩510,000
판매비와관리비	(245,000)
당기순이익	₩265,000
지배기업지분순이익	₩211,000
비지배지분순이익	54,000
	₩265,000

연결재무상태표

갑(주) 및 종속기업 20×2. 12. 31 현재

〈자산〉		〈부채〉	
유동자산		유동부채	
현 금	₩350,000	차 입 금	₩140,000
재고자산	410,000	비유동부채	–
비유동자산		부채총계	₩140,000
투자자산	–	〈자본〉	
유형자산		지배기업소유주자본	
건 물	320,000	자 본 금	₩250,000
무형자산		자본잉여금	80,000
영 업 권	18,000	이익잉여금	452,000*
		비지배지분	176,000
		자본총계	₩958,000
자산총계	₩1,098,000	부채와 자본총계	₩1,098,000

* 기말연결이익잉여금(₩452,000)은 기초연결이익잉여금(₩321,000)에 연결실체 전체의 당기순이익(₩265,000)을 가산하고 지배기업의 당기중 배당지급액(₩80,000) 및 비지배지분순이익(₩54,000)을 차감하여 산출할 수도 있다.

위 [예제 3-3]에서 당기순이익 ₩265,000은 다음과 같이 분석해 볼 수도 있다.

지배기업 고유의 당기순이익(₩160,000 − ₩30,000)	₩130,000
(+) 종속기업 당기순이익(₩140,000)	140,000
(−) 공정가치조정액의 손익효과(₩5,000)	(5,000)
= 당기순이익	₩265,000

지금까지 지배기업이 종속기업의 현금배당금 중 일부를 수령할 권리가 있는 경우를 살펴보았다. 그러나 종속기업이 지배력획득연도에 현금배당을 지급하여 지배기업이 동 배당금을 수령할 권리가 없는 경우도 발생한다. 이 경우 지배기업이 수행해야 할 연결분개를 다음의 예제를 통해 살펴보자.

예제 3-4 종속기업이 지배력획득연도에 현금배당을 지급한 경우

[예제 3-1]과 [예제 3-2]에서 20×1년초에 을(주)가 배당금 ₩10,000을 지급하였다고 가정해 보자. 갑(주)는 을(주)의 주식을 20×1년 1월 1일에 취득하였기 때문에 20×0년말을 기준으로 지급되는 배당금을 수령할 권리가 없다. 지배력획득시점의 연결분개를 수행하라.

해답

E-① 갑(주)의 투자주식과 을(주) 자본계정을 상계제거하는 연결분개

(차)	자 본 금	100,000	(대) 투 자 주 식	180,000
	자본잉여금	50,000	비지배지분	104,000
	이익잉여금	50,000		
	재 고 자 산	10,000		
	건 물(순액)	50,000		
	영 업 권	24,000		

[해설]

상계제거되는 을(주)의 이익잉여금은 기초이익잉여금에서 배당금을 차감한 금액 ₩50,000(= ₩60,000 − ₩10,000)이며, 비지배지분도 순자산공정가치 ₩270,000에서 배당금 ₩10,000을 차감한 금액의 40%인 ₩104,000으로 기록된다. 갑(주)는 을(주)의 주식을 20×1년 1월 1일에 취득하였기 때문에 20×0년말을 기준으로 지급되는 배당금을 수령할 권리가 없으므로 20×1년 1월 1일 구입한 투자주식에 대응되는 을(주)의 이익잉여금은 동일 현재 재무상태표상의 금액 ₩60,000에서 20×1년에 지급된 배당금 ₩10,000을 차감한 ₩50,000이기 때문이다.

3. 부(-)의 비지배지분

종속기업의 자본 중 비지배지분은 별도의 과목으로 구분하여 자본항목에 표시한다. 또한 종속기업의 자산 · 부채의 공정가치 평가에 따른 평가차액 중 비지배지분율에 해당하는 금액만큼 비지배지분으로 인식한다. 이는 비지배주주도 연결실체의 주주라는 점에서 지배기업주주와 동일하게 취급되기 때문이다. 지배력획득일 후에 종속기업 자본계정이 감자, 증자 등에 의하여 변동하였을 경우에는 변동 후의 자본계정을 기준으로 하여 비지배지분을 계산한다.

또한 당기순손익과 기타포괄손익의 각 구성요소도 지배기업의 소유주와 비지배지분에 구분하여 귀속시킨다. 종속기업에 손실이 발생하는 경우에는 연결대상 종속기업의 비지배주주에게 해당하는 손실이 그 종속기업의 자본에 대한 비지배지분을 초과할 수 있다. 이와 같이 비지배지분이 부(-)의 잔액이 되더라도 총포괄손익은 지배기업의 소유주와 비지배지분에 귀속된다.

예제 3-5 부(-)의 비지배지분

갑(주)는 20×1년 1월 1일에 을(주)의 주식 80%를 ₩1,200,000에 취득하였다. 취득 당시 을(주)의 자본은 다음과 같았으며, 자산과 부채의 장부금액과 공정가치는 일치하였다.

을(주)의 자본계정(20×1년 1월 1일)

자 본 금	₩1,000,000
이익잉여금	500,000
합 계	₩1,500,000

을(주)는 영업부진으로 20×1년과 20×2년에 각각 ₩800,000과 ₩1,200,000의 손실을 기록하였으며, 그 후 영업이 정상화되어 20×3년과 20×4년에 각각 ₩200,000과 ₩500,000의 당기순이익을 기록하였다. 갑(주)는 을(주)의 투자주식계정을 원가법에 따라 회계처리하고 있다. 20×1년부터 20×4년까지 연말에 행해야 할 연결분개를 제시하고 연결재무상태표상 비지배지분 또는 부(-)의 비지배지분을 표시하라. 단, 비지배지분은 종속기업의 식별가능한 순자산공정가치에 비례하여 결정한다.

해답

〈연결분개〉

20×1년말

E-① (차) 자 본 금 1,000,000 (대) 투 자 주 식 1,200,000
이익잉여금 500,000 비지배지분 300,000*

* (₩1,000,000 + ₩500,000) × 20% = ₩300,000

E-② (차) 비지배지분 160,000* (대) 이익잉여금 160,000

* 을(주) 당기순손실(₩800,000) × 20% = (₩160,000)

(주) 비지배지분의 계정잔액은 ₩140,000이다.

20×2년말

E-①-1) (차) 자 본 금 1,000,000 (대) 투 자 주 식 1,200,000
이익잉여금 500,000 비지배지분 300,000

2) (차) 비지배지분 160,000 (대) 이익잉여금 160,000*

* (₩800,000) × 20% = (₩160,000)

(주) 지배력획득시점부터 직전연도말까지 감소한 을(주)의 이익잉여금 ₩800,000 중에서 비지배지분에 귀속하는 금액인 ₩160,000을 비지배지분에 부담시키는 분개이다.

E-② (차) 비지배지분 240,000 (대) 이익잉여금 240,000*

* 을(주) 당기순손실(₩1,200,000) × 20% = (₩240,000)

(주) 비지배지분의 계정잔액은 0보다 작은 (₩100,000)(= ₩300,000 − ₩160,000 − ₩240,000)으로 나타난다. 이는 '부(−)의 비지배지분'이라는 과목으로 연결재무상태표상 자본에서 차감하는 형식으로 표시한다.

20×3년말

E-①-1) (차) 자 본 금 1,000,000 (대) 투 자 주 식 1,200,000
이익잉여금 500,000 비지배지분 300,000

2) (차) 비지배지분 400,000 (대) 이익잉여금 400,000*

* (₩800,000 + ₩1,200,000) × 20% = (₩400,000)

(주) 지배력획득시점부터 직전연도말까지 감소한 을(주)의 이익잉여금 ₩2,000,000 중에서 비지배지분(20%)에 귀속하는 금액인 ₩400,000을 비지배지분에 부담시키는 분개이다.

E-② (차) 이익잉여금 40,000* (대) 비지배지분 40,000

* ₩200,000 × 20% = ₩40,000

(주) 비지배지분 계정잔액은 (₩60,000)(= ₩40,000 − ₩100,000)으로 여전히 0보다 작다. 이는 '부(−)의 비지배지분'이라는 과목으로 연결재무상태표상 자본에서 차감하는 형식으로 표시된다.

20×4년말

E-①-1)	(차) 자 본 금	1,000,000	(대) 투 자 주 식	1,200,000
	이익잉여금	500,000	비지배지분	300,000
2)	(차) 비지배지분	360,000	(대) 이익잉여금	360,000*

* ((−)₩800,000+(−)₩1,200,000+₩200,000)×20%=(−)₩360,000

(주) 지배력획득시점부터 직전연도말까지 감소한 을(주)의 이익잉여금 ₩1,800,000 중에서 비지배지분(20%)에 귀속하는 금액인 ₩360,000을 비지배지분에 부담시키는 분개이다.

E-②	(차) 이익잉여금	100,000*	(대) 비지배지분	100,000

* ₩500,000×20%=₩100,000

(주) 20×4년말 비지배지분은 ₩40,000(=₩300,000−₩360,000+₩100,000)으로 양(+)의 금액을 나타내므로 자본에 가산하는 형식으로 표시된다.

부분연결재무상태표

갑(주) 및 종속기업

	20×1. 12. 31	20×2. 12. 31	20×3. 12. 31	20×4. 12. 31
〈자본〉 비지배지분 (부(−)의 비지배지분)	140,000	(100,000)	(60,000)	40,000

(주) 비지배지분이 '0' 미만이 되면 '부(−)의 비지배지분'이라는 과목으로 자본에서 차감하는 형식으로 표시된다.

4. 투자주식의 공정가치법, 지분법 평가시 연결

지금까지는 지배기업이 종속기업의 투자주식에 대해 원가법을 적용한 경우의 연결분개를 살펴보았다. 하지만 지배기업의 별도재무제표에서 종속기업의 투자주식은 원가법 외에도 K-IFRS 제1109호(금융상품)에 따른 공정가치법이나 K-IFRS 제1028호(관계기업과 공동기업에 대한 투자)에 따른 지분법에 의해 평가될 수 있다.

지배기업이 종속기업의 투자주식에 대해 공정가치법이나 지분법을 적용한 경우에 연결재무제표를 작성하기 위해서는 연결재무제표의 준비단계에서 공정가치나 지분법으로 평가된 투자주식의 장부금액을 취득원가로 환원시킨 후 원가법과 동일한 연결분개를 수행하면 된다. 다음 예제를 통해 구체적으로 살펴보자.

예제 3-6 투자주식을 공정가치법으로 평가시 연결

[예제 3-3]에서 갑(주)는 별도재무제표에서 을(주) 투자주식을 공정가치법(기타포괄손익-공정가치측정으로 분류)으로 평가하며, 을(주) 투자주식의 공정가치는 20×1년말과 20×2년말에 각각 ₩240,000과 ₩320,000이라고 가정하자. 갑(주)가 20×2년말 연결재무제표를 작성하기 위해 행해야 할 연결분개를 제시하라.

해답

갑(주)가 별도재무제표에서 을(주) 투자주식과 관련하여 20×2년중에 실시한 분개는 다음과 같다.

〈을(주)의 20×1년분 배당금 수령〉

(차) 현 금	30,000*	(대) 배 당 수 익	30,000

* ₩50,000 × 60% = ₩30,000

〈20×2년말 을(주) 투자주식에 대한 공정가치 평가〉

(차) 투 자 주 식	80,000	(대) 투자주식평가이익 (기타포괄이익)	80,000*

* ₩320,000 − ₩240,000 = ₩80,000

〈공정가치법 적용에 따른 준비단계의 연결분개〉

갑(주)는 배당수익을 취소하는 분개와 함께 을(주) 투자주식의 공정가치평가계정(누적액)을 제거하는 분개를 다음과 같이 수행한다.

E-①	(차) 배 당 수 익	30,000	(대) 이익잉여금	50,000
	비지배지분	20,000		
E-②	(차) 투자주식평가이익 (기타포괄이익)	80,000*	(대) 투 자 주 식	140,000
	투자주식평가이익 (기타포괄손익누계액)	60,000**		

* 당기에 인식한 투자주식평가이익 = ₩320,000 − ₩240,000 = ₩80,000

** 기초시점의 투자주식평가이익(누적액) = ₩240,000 − ₩180,000 = ₩60,000

〈20×2년말 연결분개는 [예제 3-3]과 동일함〉

위 준비단계 연결분개를 통해 을(주) 투자주식 장부금액은 취득원가인 ₩180,000으로 환원된다. 따라서 이후부터는 원가법에 따른 연결분개를 동일하게 수행하여 연결재무제표를 작성하면 된다.

예제 3-7 투자주식을 지분법으로 평가시 연결

[예제 3-3]에서 갑(주)는 별도재무제표에서 을(주) 투자주식을 지분법으로 평가하고 있다고 가정하자. 갑(주)가 20×2년말 연결재무제표를 작성하기 위해 행해야 할 연결분개를 제시하라.

해답

갑(주)의 별도재무제표에서는 을(주) 투자주식 취득시점부터 각 단계별로 다음과 같은 지분법 회계처리가 수행된다.

〈20×1년초 지배력획득시점〉

(차) 투 자 주 식	180,000	(대) 현 금	180,000

〈20×1년말 을(주)의 당기순이익 인식〉

(차) 투 자 주 식	60,000	(대) 지분법이익	60,000*

* ₩100,000 × 60% = ₩60,000

〈20×1년말 을(주) 자산·부채의 공정가치와 장부금액 차이효과 인식〉

(차) 지분법이익	9,000*	(대) 투 자 주 식	9,000

* [₩10,000(재고자산의 공정가치 차액) × 60%] + [₩50,000(건물의 공정가치 차액) × 60%/10년(내용연수)] = ₩9,000

〈을(주)의 20×1년분 배당금 수령〉

(차) 현 금	30,000*	(대) 투 자 주 식	30,000

* ₩50,000 × 60% = ₩30,000

〈20×2년말 을(주)의 당기순이익 인식〉

(차) 투 자 주 식	84,000	(대) 지분법이익	84,000*

* ₩140,000 × 60% = ₩84,000

〈20×2년말 을(주) 자산·부채의 공정가치와 장부금액 차이효과 인식〉

(차) 지분법이익	3,000*	(대) 투 자 주 식	3,000

* ₩50,000(건물의 공정가치 차액) × 60%/10년(내용연수) = ₩3,000

〈지분법 적용에 따른 준비단계의 연결분개〉

위 지분법 회계처리에 따라 20×1년말과 20×2년말 갑(주)의 별도재무제표상 을(주) 투자주식의 계정잔액은 각각 ₩231,000(= ₩180,000 + ₩60,000 − ₩9,000)과 ₩282,000(= ₩231,000 − ₩30,000 + ₩84,000 − ₩3,000)이 된다. 또한 지분법이익은 20×1년과 20×2년에 각각 ₩51,000과 ₩81,000이 인식된다. 20×2년중에 갑(주)는 수령한 배당금을 지분법에 따라 투자주식을 감액시키는 회계처리를 수행하였으므로 종속기업의 현금배당을 환원시키는 준비단계에서 당기에 감액된 투자주식을 환원시키는 분개를 다음과 같이 수행한다.

E-①	(차) 투 자 주 식	30,000*	(대) 이익잉여금	50,000
	비지배지분	20,000		
E-②	(차) 이익잉여금	51,000**	(대) 투 자 주 식	132,000*
	지분법이익	81,000		

* 지분법이익 인식에 따른 투자주식 증가와 배당금 수령에 따른 투자주식 감소를 모두 환원시킴으로써 투자주식의 장부금액은 취득원가인 ₩180,000이 된다.

** 기초시점의 지분법손익 누적액(20×1년의 지분법이익)임

〈20×2년말 연결분개는 [예제 3-3]과 동일함〉

위 준비단계 연결분개를 통해 을(주) 투자주식 장부금액은 ₩282,000에서 취득원가인 ₩180,000으로 환원되며, 지분법 관련 계정도 모두 제거된다. 따라서 이후부터는 원가법에 따른 연결분개를 동일하게 수행하여 연결재무제표를 작성하면 된다.[8]

5. 내부거래 상계제거

지금까지는 주식취득 이외에 지배기업과 종속기업 간 또는 종속기업과 종속기업 간(이하 '연결대상기업간'이라 한다)에 내부거래가 발생하지 않았다고 가정하였다. 그러나 실제로 연결대상기업간에는 많은 거래가 발생하며 연결대상기업의 개별재무제표에는 이러한 연결대상기업간의 거래로 발생한 채권 · 채무나 수익 · 비용이 포함되어 있다. 연결실체의 입장에서 볼 때 연결대상기업간의 거래는 내부거래로서 이로 인한 채권 · 채무, 수익 · 비용 및 미실현손익은 연결재무제표에 반영되어서는 아니되며, 연결분개를 통해 제거되어야 한다.

내부거래로 발생한 채권 · 채무, 수익 · 비용 및 미실현손익의 제거에 대한 회계처리는 제4장에서 상세히 다루기로 한다.

---

8) 한편 지배기업이 종속기업 투자주식에 대해 지분법을 적용하는 경우에 준비단계의 연결분개에서 지배력획득시점 후 인식한 모든 지분법손익을 제거하지 않고 당기에 인식한 지분법손익만을 제거한 후에 당해 연도초 시점을 기준으로 연결분개를 수행하는 방법도 가능하다. 전기 이전에 발생한 종속기업의 순이익 중 지배기업지분에 해당하는 금액은 지분법을 통해 이미 지배기업 별도재무제표상의 기초이익잉여금에 반영되어 있으므로 이를 활용하여 지배력획득시점까지 소급하지 않고도 연결분개를 수행할 수 있기 때문이다. 다만 본서에서는 원가법하에서의 연결회계와 일관성을 유지하고자 당해 연도초 시점을 기준으로 연결분개를 수행하는 방법의 구체적인 절차는 생략하기로 한다.

제4절 연결과 합병의 관계

본서의 제1장에서 살펴본 바와 같이 사업결합은 법적 형태에 따라 합병(merger)과 지분취득(acquisition)으로 분류된다. 합병이란 두 개 이상의 기업이 법적으로 하나의 기업이 되는 사업결합을 말하며, 이 경우에는 경제적 실체와 법적 실체가 동일하게 된다. 반면, 지분취득이란 투자기업이 피투자기업의 주식을 취득하여 지배력을 획득함으로써 투자기업과 피투자기업 간에 지배·종속관계가 형성되는 사업결합이다. 즉, 투자기업과 피투자기업은 지분취득을 통하여 단일 경제적 실체가 되는 것이다. 그러나 지배기업과 종속기업은 지분취득 후에도 계속하여 법적으로는 별도의 독립된 실체로 존재하기 때문에 지배기업과 종속기업은 각자의 재무제표를 작성하게 된다. 이때 지배기업의 재무제표는 지배기업과 종속기업으로 구성되는 단일 경제적 실체에 대한 경제적 실질을 충실하게 표현하지 못하므로 연결재무제표를 작성하는 것이다.

이처럼 사업결합을 합병과 지분취득으로 구분하는 것은 그 법적 형태에 따른 분류이며 두 기업이 하나의 경제적 실체가 된다는 경제적 실질 면에서는 차이가 없다. 따라서 종속기업 주식의 100%를 취득하여 지배력을 획득하는 경우 작성되는 연결재무제표는 합병 후 합병기업이 작성하는 개별재무제표와 동일한 결과를 제공한다. 한편, 지배기업이 100% 미만의 지분을 취득하여 지배력을 획득하는 경우에는 종속기업의 순자산과 당기순이익 중 비지배지분율에 해당하는 금액이 비지배주주에게 배분되므로 이때의 연결재무제표는 합병기업이 작성하는 개별재무제표와 완전히 일치하지는 않는다.

예제 3-8 연결과 합병의 관계

갑(주)는 20×1년 1월 1일 을(주) 발행주식의 100%를 ₩880,000에 취득하였다. 취득 당시 재고자산과 건물을 제외한 을(주) 자산·부채의 장부금액과 공정가치는 일치하였다. 재고자산과 건물의 공정가치는 장부금액보다 각각 ₩10,000과 ₩50,000이 높았다. 20×1년 1월 1일 현재 을(주) 주식취득 직전의 갑(주)와 을(주)의 재무상태표는 다음과 같다.

재무상태표
20×1. 1. 1 현재

	갑(주)	을(주)
현 금	₩900,000	₩30,000
매 출 채 권(순액)	230,000	220,000
재 고 자 산	300,000	200,000
토 지	200,000	100,000
건 물(순액)	1,000,000	325,000
자산총계	₩2,630,000	₩875,000
매 입 채 무	₩405,000	₩75,000
자 본 금	1,000,000	500,000
자본잉여금	500,000	200,000
이익잉여금	725,000	100,000
부채와 자본총계	₩2,630,000	₩875,000

(1) 20×1년 1월 1일에 갑(주)가 을(주) 주식 100%를 취득하여 합병하였다고 가정하고 합병 후 재무상태표를 작성하라.
(2) 20×1년 1월 1일에 갑(주)가 을(주)의 주식 100%를 취득하여 지배력을 획득하였다고 가정하고 지배력 획득 직후의 연결재무상태표를 작성하라.
(3) 20×1년 1월 1일에 갑(주)가 을(주)의 주식 80%를 ₩700,000에 취득하여 지배력을 획득하였다고 가정하고 지배력획득 직후의 연결재무상태표를 작성하라. 단, 비지배지분은 종속기업의 식별가능한 순자산공정가치에 비례하여 결정한다.

해답

(1) 갑(주)가 을(주)를 합병한 경우
① 합병분개

(차)		(대)	
현 금	30,000	매 입 채 무	75,000
매 출 채 권	220,000	현 금	880,000
재 고 자 산	210,000*		
토 지	100,000		
건 물(순액)	375,000**		
영 업 권	20,000***		

* ₩200,000 + ₩10,000 = ₩210,000
** ₩325,000 + ₩50,000 = ₩375,000
*** ₩880,000 − (₩500,000 + ₩200,000 + ₩100,000 + ₩10,000 + ₩50,000) = ₩20,000

② 20×1. 1. 1 합병 직후 재무상태표

재무상태표

갑(주) 20×1. 1. 1 현재

현 금	₩50,000
매출채권(순액)	450,000
재고자산	510,000
토 지	300,000
건 물(순액)	1,375,000
영 업 권	20,000
자산총계	₩2,705,000
매입채무	₩480,000
자 본 금	1,000,000
자본잉여금	500,000
이익잉여금	725,000
부채와 자본총계	₩2,705,000

(2) 갑(주)가 을(주)의 주식 100%를 취득하여 지배력을 획득한 경우

① 20×1. 1. 1 을(주)에 대한 지배력획득

(차)	투자주식	880,000	(대) 현 금	880,000

② 20×1. 1. 1 지배력획득 직후 연결분개

(차)	자 본 금	500,000	(대) 투자주식	880,000
	자본잉여금	200,000		
	이익잉여금	100,000		
	재고자산	10,000		
	건 물(순액)	50,000		
	영 업 권	20,000*		

* ₩880,000 − (₩500,000 + ₩200,000 + ₩100,000 + ₩10,000 + ₩50,000) = ₩20,000

③ 연결정산표 (단위 : 원)

과 목	갑(주)	을(주)	합 계	연결분개		연결 재무상태표
				차 변	대 변	
〈재무상태표〉						
현 금	20,000*	30,000	50,000			50,000
매출채권	230,000	220,000	450,000			450,000
재고자산	300,000	200,000	500,000	② 10,000		510,000
투자주식	880,000*	–	880,000		② 880,000	–
토 지	200,000	100,000	300,000			300,000
건물(순액)	1,000,000	325,000	1,325,000	② 50,000		1,375,000
영 업 권	–	–	–	② 20,000		20,000
합 계	2,630,000	875,000	3,505,000	80,000	880,000	2,705,000
매입채무	405,000	75,000	480,000			480,000
자 본 금	1,000,000	500,000	1,500,000	② 500,000		1,000,000
자본잉여금	500,000	200,000	700,000	② 200,000		500,000
이익잉여금	725,000	100,000	825,000	② 100,000		725,000
합 계	2,630,000	875,000	3,505,000	800,000	0	2,705,000

* 을(주) 주식취득에 대한 분개가 반영된 후의 금액이다.

④ 연결재무상태표

연결재무상태표

갑(주) 및 종속기업 20×1. 1. 1 현재

현 금	₩50,000
매출채권(순액)	450,000
재고자산	510,000
토 지	300,000
건 물(순액)	1,375,000
영 업 권	20,000
자산총계	₩2,705,000
매입채무	₩480,000
자 본 금	1,000,000
자본잉여금	500,000
이익잉여금	725,000
부채와 자본총계	₩2,705,000

(주) 합병의 경우 갑(주)는 을(주) 주식을 100% 취득하므로 갑(주)가 을(주) 주식 100%를 취득하여 지배력을 획득한 경우와 경제적 실질면에서 동일하다. 따라서 합병 직후 작성되는 갑(주)의 개별재무상태표와 지배력획득 직후 작성되는 연결재무상태표는 일치한다.

(3) 갑(주)가 을(주)의 주식 80%를 취득하여 지배력을 획득한 경우

① 20×1. 1. 1 을(주)에 대한 지배력획득

(차) 투자주식	700,000	(대) 현 금	700,000

② 20×1. 1. 1 지배력획득 직후 연결분개

(차) 자 본 금	500,000	(대) 투자주식	700,000
자본잉여금	200,000	비지배지분	172,000*
이익잉여금	100,000		
재고자산	10,000		
건 물(순액)	50,000		
영 업 권	12,000**		

* (₩500,000 + ₩200,000 + ₩100,000 + ₩10,000 + ₩50,000) × 20% = ₩172,000

** ₩700,000 − (₩500,000 + ₩200,000 + ₩100,000 + ₩10,000 + ₩50,000) × 80% = ₩12,000

③ 연결정산표 (단위 : 원)

과 목	갑(주)	을(주)	합 계	연결분개		연결 재무상태표
				차 변	대 변	
〈재무상태표〉						
현 금	200,000*	30,000	230,000			230,000
매출채권	230,000	220,000	450,000			450,000
재고자산	300,000	200,000	500,000	② 10,000		510,000
투자주식	700,000*	−	700,000		② 700,000	−
토 지	200,000	100,000	300,000			300,000
건물(순액)	1,000,000	325,000	1,325,000	② 50,000		1,375,000
영 업 권	−	−	−	② 12,000		12,000
합 계	2,630,000	875,000	3,505,000	72,000	700,000	2,877,000
매입채무	405,000	75,000	480,000			480,000
자 본 금	1,000,000	500,000	1,500,000	② 500,000		1,000,000
자본잉여금	500,000	200,000	700,000	② 200,000		500,000
이익잉여금	725,000	100,000	825,000	② 100,000		725,000
비지배지분	−	−	−		② 172,000	172,000
합 계	2,630,000	875,000	3,505,000	800,000	172,000	2,877,000

* 을(주) 주식취득에 대한 분개가 반영된 후의 금액이다.

④ 연결재무상태표

연결재무상태표

갑(주) 및 종속기업 20×1. 1. 1 현재

현 금	₩230,000
매 출 채 권(순액)	450,000
재 고 자 산	510,000
토 지	300,000
건 물(순액)	1,375,000
영 업 권	12,000
자산총계	₩2,877,000
매 입 채 무	₩480,000
자 본 금	1,000,000
자본잉여금	500,000
이익잉여금	725,000
비지배지분	172,000
부채와 자본총계	₩2,877,000

(주) 을(주) 주식의 80%를 취득하여 지배력을 획득한 경우에는 종속기업 순자산비지배지분율(20%)에 해당하는 금액이 연결재무상태표상 비지배지분이라는 별도의 과목으로 자본에 구분 표시된다. 또한 영업권도 순자산의 80%에 해당하는 금액만을 인식하므로 합병시 순자산의 100%에 대하여 인식하는 영업권과는 차이가 난다. 따라서 이 경우에는 합병 직후 작성되는 갑(주)의 개별재무상태표와 인수 직후 작성되는 연결재무상태표가 일치하지 않는다.

보론 기타포괄손익이 있는 경우의 연결

본문에서 설명한 연결재무제표 작성은 지배기업이나 종속기업 모두 기타포괄손익이 없는 경우를 가정하였으며 이에 따라 당기순손익과 포괄손익이 일치하였다. 그러나 지배기업이나 종속기업은 기타포괄손익을 보고하는 경우가 자주 있으며 이때에는 포괄손익과 당기순손익이 일치하지 않게 된다.

만일 지배기업이나 종속기업에 기타포괄손익이 발생한 경우에는 앞서 설명한 연결재무제표 작성절차가 약간 변형되어야 한다. 기타포괄손익이 있는 경우에 작성되는 연결정산표에는 기존의 포괄손익계산서 부분, 이익잉여금계산서 부분, 그리고 재무상태표 부분 외에 기타포괄손익의 처리를 위한 기타포괄손익계산서 부분이 추가된다.

연결정산표상에서 당기순손익은 이익잉여금계산서로 대체되고 이 중 지배기업에 속하는 금액은 재무상태표의 기말이익잉여금계정으로, 비지배지분에 해당하는 금액은 비지배지분계정으로 각각 대체된다. 한편 기타포괄손익은 기타포괄손익계산서로 대체되고 이 역시 지배기업에 속하는 금액은 재무상태표상의 기타포괄손익계정으로, 비지배지분에 속하는 금액은 비지배지분계정으로 각각 대체된다.

예제 보3-1 지배력획득연도말의 연결 – 연결정산표와 연결분개

[예제 3-1]의 자료와 다음에 주어지는 갑(주)와 을(주)의 20×1년도 재무제표를 이용하여 지배력획득연도인 20×1년도말에 행해야 할 연결분개를 제시하고 연결정산표와 연결재무제표를 작성하라. 을(주)는 20×1년 중에 타사 주식을 ₩20,000에 취득하여 기타포괄손익-공정가치측정금융자산(FVOCI금융자산)으로 분류하였으며 동 주식의 20×1년말 공정가치는 ₩25,000이다. 건물의 내용연수는 10년이고, 재고자산은 당기중에 모두 처분되었다고 가정하며, 비지배지분은 종속기업의 식별가능한 순자산공정가치에 비례하여 결정한다.

재무상태표

20×1. 12. 31 현재

	갑(주)	을(주)		갑(주)	을(주)
현 금	₩130,000	₩100,000	차 입 금	₩100,000	₩40,000
재고자산	165,000	140,000	자 본 금	250,000	100,000
FVOCI금융자산	–	25,000	자본잉여금	80,000	50,000
투자주식	180,000	–	FVOCI금융자산평가이익	–	5,000
건물(순액)	225,000	90,000	이익잉여금	270,000	160,000
계	₩700,000	₩355,000	계	₩700,000	₩355,000

포괄손익계산서

20×1. 1. 1～12. 31

	갑(주)	을(주)
매 출	₩600,000	₩400,000
매출원가	(350,000)	(240,000)
매출총이익	₩250,000	₩160,000
판매관리비	(130,000)	(60,000)
당기순이익	₩120,000	₩100,000
기타포괄손익 :		
FVOCI금융자산평가이익	–	5,000
총포괄이익	₩120,000	₩105,000

해답

20×1년말 수행해야 할 연결분개와 연결정산표를 살펴보기로 하자.

(1) 연결분개

[예제 3-2]에서 수행한 E-①부터 E-④의 분개는 동일하게 수행된다.

〈준비단계〉

E-① 배당금을 지급한 바 없으므로 해당 연결분개는 없음

〈주요단계〉

E-②	(차) 자 본 금	100,000	(대) 투자주식	180,000
	자본잉여금	50,000	비지배지분	108,000
	이익잉여금	60,000		
	재고자산	10,000		
	건 물	50,000		
	영 업 권	18,000		

E-③	(차) 매 출 원 가	10,000	(대) 재 고 자 산	10,000
	(차) 판매관리비 (감가상각비)	5,000	(대) 건 물 (감가상각누계액)	5,000
E-④	(차) 이익잉여금	34,000	(대) 비지배지분	34,000

기타포괄손익이 있는 경우에는 다음과 같은 연결분개가 추가된다.

E-⑤	(차) FVOCI금융자산평가이익	2,000*	(대) 비지배지분	2,000

* ₩5,000 × 40%(비지배지분율) = ₩2,000

[해설]

20×1년 동안 을(주)가 보유한 FVOCI금융자산에서 발생한 평가이익(기타포괄이익) 중 비지배주주에게 귀속되는 금액을 비지배지분으로 대체한다.

(2) 연결정산표 작성

연결정산표에서는 먼저 포괄손익계산서와 관련된 연결분개를 반영하여 연결실체의 포괄이익을 확정한다. 기초 연결이익잉여금에 당기순이익을 가산하고 비지배지분순이익을 차감하여 지배기업지분에 귀속되는 기말 연결이익잉여금을 산출한다. 이 금액을 다시 연결정산표에서 가장 아래에 있는 재무상태표의 기말 연결이익잉여금란으로 옮긴다. 또한 기초 연결기타포괄손익에 당기 기타포괄이익을 가산하고 비지배지분 기타포괄이익을 차감하여 지배기업지분에 귀속되는 기말 연결기타포괄손익을 산출한다. 이 금액 역시 연결정산표에서 가장 아래에 있는 재무상태표의 기말 연결기타포괄손익란으로 옮긴다.

(단위 : 원)

과 목	갑(주)	을(주)	합 계	연결분개 차 변	연결분개 대 변	연결재무제표
〈포괄손익계산서〉						
매 출	600,000	400,000	1,000,000			1,000,000
매 출 원 가	(350,000)	(240,000)	(590,000)	③ 10,000		(600,000)
판매관리비	(130,000)	(60,000)	(190,000)	③ 5,000		(195,000)
당기순이익	120,000	100,000	220,000	15,000[a]	–	205,000[a]
FVOCI금융자산평가이익	–	5,000	5,000			5,000[b]
총포괄이익	120,000	105,000	225,000	15,000	–	210,000
〈이익잉여금계산서〉						
기초이익잉여금	150,000	60,000	210,000	② 60,000		150,000
당기순이익	120,000	100,000	220,000	15,000[a]	–	205,000[a]
비지배지분순이익				④ 34,000		(34,000)
기말이익잉여금	270,000	160,000	430,000	109,000[b]		321,000[a]
〈기타포괄손익계산서〉						
기초기타포괄손익	–	–	–			–
기타포괄이익	–	5,000	5,000			5,000[b]
비지배지분기타포괄이익				⑤ 2,000		(2,000)
기말기타포괄손익	–	5,000	5,000	2,000[d]		3,000[b]
〈재무상태표〉						
현 금	130,000	100,000	230,000			230,000
재 고 자 산	165,000	140,000	305,000	② 10,000	③ 10,000	305,000
FVOCI금융자산	–	25,000	25,000			25,000
투 자 주 식	180,000	–	180,000		② 180,000	–
건 물(순액)	225,000	90,000	315,000	② 50,000	③ 5,000	360,000
영 업 권	–	–		② 18,000		18,000
합 계	700,000	355,000	1,055,000	78,000	195,000	938,000
차 입 금	100,000	40,000	140,000			140,000
자 본 금	250,000	100,000	350,000	② 100,000		250,000
자본잉여금	80,000	50,000	130,000	② 50,000		80,000
기타포괄손익	–	5,000	5,000	2,000[d]		3,000[b]
이익잉여금	270,000	160,000	430,000	109,000[b]		321,000[a]
비지배지분	–	–	–		② 108,000 ④ 34,000 ⑤ 2,000	144,000
합 계	700,000	355,000	1,055,000	261,000	144,000	938,000

a. 포괄손익계산서에서 결정된 당기순이익이 이익잉여금계산서로 대체되고, 여기에서 결정된 기말연결이익잉여금이 재무상태표로 대체된다.

b. 포괄손익계산서에서 결정된 기타포괄손익이 기타포괄손익계산서로 대체되고, 여기에서 결정된 기말기타포괄손익이 재무상태표로 대체된다.

(3) 연결재무제표

정산표의 맨 오른쪽(연결재무제표란)을 연결재무제표 양식에 맞추어 배열하면 다음과 같은 연결재무제표가 작성된다.

연결포괄손익계산서

갑(주) 및 종속기업 20×1. 1. 1~12. 31

매 출 액	₩1,000,000
매 출 원 가	(600,000)
매출총이익	₩400,000
판매비와관리비	(195,000)
당기순이익	₩205,000
기타포괄손익 :	
FVOCI금융자산평가이익	5,000
총포괄이익	₩210,000
당기순이익의 귀속 :	
지배기업의 소유주	₩171,000
비지배지분	34,000
	₩205,000
총포괄이익의 귀속 :	
지배기업의 소유주	₩174,000
비지배지분	36,000
	₩210,000

연결재무상태표

갑(주) 및 종속기업 20×1. 12. 31 현재

〈자산〉		〈부채〉	
유동자산		유동부채	
현 금	₩230,000	차 입 금	₩140,000
재고자산	305,000	비유동부채	–
비유동자산		부채총계	₩140,000
FVOCI금융자산	25,000	〈자본〉	
투자자산	–	지배기업소유주자본	
유형자산		자 본 금	₩250,000
건 물	360,000	자본잉여금	80,000
무형자산		기타포괄손익누계액	3,000
영 업 권	18,000	이익잉여금	321,000
		비지배지분	144,000
		자본총계	₩798,000
자산총계	₩938,000	부채와 자본총계	₩938,000

참고로 20×1년도 지배기업의 소유주에게 귀속되는 총포괄이익의 구성내용을 살펴보면 다음과 같다.

지배기업의 총포괄이익	₩120,000
(+) 종속기업 수정 당기순이익 중 지배기업지분(₩85,000* × 60%)	51,000
(+) 종속기업 기타포괄이익 중 지배기업지분(₩5,000 × 60%)	3,000
= 지배기업의 소유주 총포괄이익	₩174,000

* ₩100,000 − ₩10,000(매출원가) − ₩5,000(감가상각비) = ₩85,000

한편, 연결재무상태표상 비지배지분은 다음과 같이 산출된다.

종속기업 기초 자본총계 중 비지배지분(₩210,000 × 40%)	₩84,000
(+) 종속기업 자산·부채 장부금액과 공정가치의 차액 중 비지배지분[=(₩10,000 + ₩50,000) × 40%]	24,000
(+) 종속기업 수정 당기순이익 중 비지배지분(₩85,000* × 40%)	34,000
(+) 종속기업의 기타포괄이익 중 비지배지분(₩5,000 × 40%)	2,000
= 기말 비지배지분	₩144,000

* ₩100,000 − ₩10,000(매출원가) − ₩5,000(감가상각비) = ₩85,000

예제 보3-2 지배력획득연도말의 연결 – 연결정산표와 연결분개

[예제 보3-1]의 자료와 다음에 주어지는 갑(주)와 을(주)의 20×2년도 재무제표를 이용하여 지배력획득 다음연도인 20×2년도말에 행해야 할 연결분개를 제시하고 연결정산표와 연결재무제표를 작성하라. 갑(주)와 을(주)는 20×2년에 각각 ₩80,000과 ₩50,000의 배당을 결의하고 지급하였다. 또한 을(주)가 보유한 기타포괄손익-공정가치측정금융자산(FVOCI금융자산)의 20×2년말 공정가치는 ₩35,000이다. 단, 비지배지분은 종속기업의 식별가능한 순자산공정가치에 비례하여 결정한다.

재무상태표

20×2. 12. 31 현재

	갑(주)	을(주)		갑(주)	을(주)
현 금	₩190,000	₩140,000	차 입 금	₩100,000	₩40,000
재 고 자 산	210,000	200,000	자 본 금	250,000	100,000
FVOCI금융자산	−	35,000	자본잉여금	80,000	50,000
투 자 주 식	180,000	−	FVOCI금융자산평가이익	−	15,000
건물(순액)	200,000	80,000	이익잉여금	350,000	250,000
계	₩780,000	₩455,000	계	₩780,000	₩455,000

포괄손익계산서

20×2. 1. 1~12. 31

	갑(주)	을(주)
매 출	₩800,000	₩500,000
매출원가	(530,000)	(260,000)
매출총이익	₩270,000	₩240,000
판매관리비	(140,000)	(100,000)
배당수익	30,000	–
당기순이익	₩160,000	₩140,000
기타포괄손익 :		
FVOCI금융자산평가이익	–	10,000
총포괄이익	₩160,000	₩150,000

해답

20×2년말에 수행해야 할 연결분개의 내용을 살펴보자.

(1) 연결분개

[예제 3-3]에서 수행한 E-①부터 E-④의 분개와 유사하며 기타포괄손익에 대한 연결분개가 추가된다.

〈준비단계〉

		차변	금액		대변	금액
E-①	(차)	배당수익	30,000	(대)	이익잉여금	50,000
		비지배지분	20,000			

〈주요단계〉

		차변	금액		대변	금액
E-②-1)	(차)	자본금	100,000	(대)	투자주식	180,000
		자본잉여금	50,000		비지배지분	108,000
		이익잉여금	60,000			
		재고자산	10,000			
		건물	50,000			
		영업권	18,000			
2)	(차)	이익잉여금	40,000	(대)	비지배지분	40,000
3)	(차)	FVOCI금융자산평가이익	2,000*	(대)	비지배지분	2,000

* ₩5,000(20×1년 을(주)의 기타포괄이익)×40%=₩2,000

[해설]

지배력획득시점부터 직전연도말까지 증가한 을(주)의 기타포괄이익 ₩5,000 중에서 비지배지분에 귀속하는 금액인 ₩2,000을 비지배지분으로 대체하는 분개이다.

E-③	(차) 이익잉여금	6,000	(대) 재고자산	10,000
	비지배지분	4,000		
	(차) 이익잉여금	3,000	(대) 건물	10,000
	비지배지분	2,000	(감가상각누계액)	
	판매관리비	5,000		
	(감가상각비)			
E-④	(차) 이익잉여금	54,000*	(대) 비지배지분	54,000

* [(₩140,000(을(주)당기순이익) − ₩5,000(감가상각비 수정)] × 40%(비지배지분율) = ₩54,000

E-⑤	(차) FVOCI금융자산평가이익	4,000*	(대) 비지배지분	4,000

* ₩10,000 × 40%(비지배지분율) = ₩4,000

[해설]

20×2년 동안 을(주)가 보유한 FVOCI금융자산에서 발생한 평가이익(기타포괄이익) 중 비지배주주에 귀속하는 금액을 비지배지분으로 대체하는 분개이다.

(2) 연결정산표 (단위 : 원)

과 목	갑(주)	을(주)	합 계	연결분개 차 변	연결분개 대 변	연결재무제표
〈포괄손익계산서〉						
매 출	800,000	500,000	1,300,000			1,300,000
매출원가	(530,000)	(260,000)	(790,000)			(790,000)
판매관리비	(140,000)	(100,000)	(240,000)	③ 5,000		(245,000)
배당수익	30,000	–	30,000	① 30,000		–
당기순이익	160,000	140,000	300,000	35,000		265,000[a]
FVOCI금융자산평가이익	–	10,000	10,000			10,000[b]
총포괄이익	160,000	150,000	310,000	35,000	–	275,000
〈이익잉여금계산서〉						
기초이익잉여금	270,000	160,000	430,000	②1) 60,000 ②2) 40,000 ③ 6,000 ③ 3,000		321,000
당기순이익	160,000	140,000	300,000	35,000	–	265,000[a]
배당지급	(80,000)	(50,000)	(130,000)		① 50,000	(80,000)
비지배지분순이익	–	–	–	④ 54,000		(54,000)
기말이익잉여금	350,000	250,000	600,000	198,000[c]	50,000[c]	452,000[a]
〈기타포괄손익계산서〉						
기초기타포괄손익	–	5,000	5,000	②3) 2,000		3,000
기타포괄이익	–	10,000	10,000			10,000[b]
비지배지분기타포괄이익				⑤ 4,000		(4,000)
기말기타포괄손익	–	15,000	15,000	6,000[d]		9,000[b]
〈재무상태표〉						
현 금	190,000	140,000	330,000			330,000
재고자산	210,000	200,000	410,000	②1) 10,000	③ 10,000	410,000
FVOCI금융자산	–	35,000	35,000			35,000
투자주식	180,000	–	180,000		②1) 180,000	–
건 물(순액)	200,000	80,000	280,000	②1) 50,000	③ 10,000	320,000
영 업 권	–	–		②1) 18,000		18,000
합 계	780,000	455,000	1,235,000	78,000	200,000	1,113,000
차 입 금	100,000	40,000	140,000			140,000
자 본 금	250,000	100,000	350,000	②1) 100,000		250,000
자본잉여금	80,000	50,000	130,000	②1) 50,000		80,000
기타포괄손익	–	15,000	15,000	6,000[d]		9,000[b]
이익잉여금	350,000	250,000	600,000	198,000[c]	50,000[c]	452,000[a]
비지배지분	–	–	–	① 20,000 ③ 4,000 ③ 2,000	②1) 108,000 ②2) 40,000 ②3) 2,000 ④ 54,000 ⑤ 4,000	182,000
합 계	780,000	455,000	1,235,000	380,000	258,000	1,113,000

a. 포괄손익계산서에서 결정된 당기순이익이 이익잉여금계산서로 대체되고, 여기에서 결정된 기말연결이익잉여금이 재무상태표로 대체된다.
b. 포괄손익계산서에서 결정된 기타포괄손익이 기타포괄손익계산서로 대체되고, 여기에서 결정된 기말기타포괄손익이 재무상태표로 대체된다.

(3) 연결재무제표

연결포괄손익계산서

갑(주) 및 종속기업 20×2. 1. 1～12. 31

매 출 액	₩1,300,000
매 출 원 가	(790,000)
매출총이익	₩510,000
판매비와관리비	(245,000)
당기순이익	₩265,000
기타포괄손익 :	
FVOCI금융자산평가이익	10,000
총포괄이익	₩275,000
당기순이익의 귀속 :	
지배기업의 소유주	₩211,000
비지배지분	54,000
	₩265,000
총포괄이익의 귀속 :	
지배기업의 소유주	₩217,000
비지배지분	58,000
	₩275,000

연결재무상태표

갑(주) 및 종속기업 20×2.12.31 현재

〈자산〉		〈부채〉	
유동자산		유동부채	
현 금	₩330,000	차 입 금	₩140,000
재고자산	410,000	비유동부채	–
비유동자산		부채총계	₩140,000
FVOCI금융자산	35,000	〈자본〉	
투자자산	–	지배기업소유주자본	
유형자산		자 본 금	₩250,000
건 물	320,000	자본잉여금	80,000
무형자산		기타포괄손익누계액	9,000
영 업 권	18,000	이익잉여금	452,000*
		비지배지분	182,000
		자본총계	₩973,000
자산총계	₩1,113,000	부채와 자본총계	₩1,113,000

* 기말연결이익잉여금(₩452,000)은 기초연결이익잉여금(₩321,000)에 연결실체 전체의 당기순이익(₩265,000)을 가산하고 지배기업의 당기중 배당지급액(₩80,000) 및 비지배지분순이익(₩54,000)을 차감하여 산출할 수도 있다.

종합예제 연결재무제표 작성

갑(주)와 을(주)의 20×1년 12월 31일 재무상태표와 포괄손익계산서는 다음과 같다.

① 재무상태표

	갑(주)	을(주)
현 금	₩50,000	₩40,000
재고자산	40,000	23,000
투자주식	70,000	−
토 지	120,000	88,000
건 물	150,000	100,000
감가상각누계액	(50,000)	(60,000)
자산합계	₩380,000	₩191,000
사 채	₩150,000	₩105,000
사채할인발행차금	(10,000)	(4,000)
자 본 금	160,000	50,000
이익잉여금	80,000	40,000
부채와 자본합계	₩380,000	₩191,000

② 포괄손익계산서

	갑(주)	을(주)
매 출	₩150,000	₩75,000
매출원가	(80,000)	(42,000)
매출총이익	₩70,000	₩33,000
이자비용	(5,000)	(3,000)
감가상각비	(25,000)	(10,000)
당기순이익	₩40,000	₩20,000

[추가자료]

1) 갑(주)는 20×1년 1월 1일 을(주)의 보통주 60%를 ₩70,000에 취득하였으며, 취득 당시 양사의 주주지분은 다음과 같다. 또한 20×1년 동안 지급된 배당액은 없다.

	갑(주)	을(주)
자 본 금	₩160,000	₩50,000
이익잉여금	40,000	20,000

2) 주식취득일 현재 공정가치가 장부금액과 다른 자산·부채의 내역은 다음과 같다. 건물과 사채할인발행차금은 정액법으로 상각한다.

	장부금액(순액)	공정가치
재고자산*	₩20,000	₩25,000
토 지	80,000	90,000
건 물**	50,000	60,000
사채(20×5. 12. 31 만기)	100,000	95,000

* 주식취득일 현재의 재고자산은 20×1년중 모두 판매되었다.
** 잔여내용연수는 5년, 잔존가치는 없다.

3) 20×1년 동안 이익잉여금의 회사별 변동내역은 다음과 같다.

	갑(주)	을(주)
당기순이익	₩40,000	₩20,000

요구사항

1. 20×1년도 연결재무제표 작성을 위한 연결분개를 제시하고 연결정산표를 작성하라. 단, 비지배지분은 종속기업의 식별가능한 순자산공정가치에 비례하여 결정한다.
2. 20×1년도 연결포괄손익계산서와 동년도말 연결재무상태표를 작성하라.
3. 20×2년도말에 을(주)가 토지를 ₩100,000에 외부에 판매하고 사채를 ₩80,000에 조기상환하였다. 20×2년도말에 필요한 연결분개를 제시하라.

해답

1. (1) 연결분개(20×1년말)

E-①	(차) 자 본 금	50,000	(대) 투자주식	70,000
	이익잉여금	20,000	비지배지분	40,000*
	재고자산	5,000		
	토 지	10,000		
	건 물	10,000		
	사채할인발행차금	5,000		
	영 업 권	10,000		

* (₩50,000 + ₩20,000 + ₩5,000 + ₩10,000 + ₩10,000 + ₩5,000) × 40% = ₩40,000

E-② (차) 매출원가 5,000 (대) 재고자산 5,000
(차) 감가상각비 2,000* (대) 감가상각누계액 2,000
* ₩10,000/5년 = ₩2,000

(차) 이자비용 1,000* (대) 사채할인발행차금 1,000
* ₩5,000/5년 = ₩1,000

E-③ (차) 이익잉여금 4,800* (대) 비지배지분 4,800
* [₩20,000(을(주) 당기순이익) − ₩5,000(매출원가) − ₩2,000(감가상각비) − ₩1,000(이자비용)] × 40% = ₩4,800

(2) 연결정산표

과 목	갑(주)	을(주)	합 계	연결조정분개		연결 재무제표
				차 변	대 변	
〈포괄손익계산서〉						
매 출	150,000	75,000	225,000			225,000
매출원가	(80,000)	(42,000)	(122,000)	② 5,000		(127,000)
이자비용	(5,000)	(3,000)	(8,000)	② 1,000		(9,000)
감가상각비	(25,000)	(10,000)	(35,000)	② 2,000		(37,000)
당기순이익	40,000	20,000	60,000	8,000	–	52,000
〈이익잉여금계산서〉						
기초이익잉여금	40,000	20,000	60,000	① 20,000		40,000
당기순이익	40,000	20,000	60,000	8,000		52,000
비지배지분순이익	–	–	–	③ 4,800		(4,800)
기말이익잉여금	80,000	40,000	120,000	32,800		87,200
〈재무상태표〉						
현 금	50,000	40,000	90,000			90,000
재고자산	40,000	23,000	63,000	① 5,000	② 5,000	63,000
투자주식	70,000	–	70,000		① 70,000	–
토 지	120,000	88,000	208,000	① 10,000		218,000
건 물	150,000	100,000	250,000	① 10,000		260,000
감가상각누계액	(50,000)	(60,000)	(110,000)		② 2,000	(112,000)
영 업 권	–	–	–	① 10,000		10,000
합 계	380,000	191,000	571,000	35,000	77,000	529,000
사 채	150,000	105,000	255,000			255,000
사채할인발행차금	(10,000)	(4,000)	(14,000)	① 5,000	② 1,000	(18,000)
자 본 금	160,000	50,000	210,000	① 50,000		160,000
이익잉여금	80,000	40,000	120,000	32,800		87,200
비지배지분	–	–	–		① 40,000 ③ 4,800	44,800
합 계	380,000	191,000	571,000	87,800	45,800	529,000

2. (1) 연결포괄손익계산서의 작성

연결포괄손익계산서

20×1. 1. 1～12. 31

매　　출	₩225,000
매 출 원 가	(127,000)
매출총이익	₩98,000
이 자 비 용	(9,000)
감가상각비	(37,000)
당기순이익	₩52,000
지배기업의 소유주	₩47,200
비지배지분	4,800
	₩52,000

(2) 연결재무상태표의 작성

연결재무상태표

20×1. 12. 31 현재

현　　금	₩90,000	사　　채	₩255,000
재 고 자 산	63,000	사채할인발행차금	(18,000)
토　　지	218,000	지배기업소유주자본	
건　　물	260,000	자 본 금	160,000
감가상각누계액	(112,000)	이익잉여금	87,200
영 업 권	10,000	비지배지분	44,800
자산합계	₩529,000	부채와 자본합계	₩529,000

3. 20×2년도 연결분개

일반적으로 수행되는 연결분개 외에 토지의 판매 및 사채의 조기상환과 관련하여 다음의 연결분개가 추가적으로 필요하다.

(1) 토지의 외부판매 경우

(차) 토지처분이익	10,000	(대) 토　　지	10,000

(주) 20×2년말에 을(주)는 개별재무제표상 과소평가된 토지를 판매하고 ₩20,000(= ₩100,000 − ₩80,000)의 토지처분이익을 기록하였을 것이나 연결실체의 입장에서 정확한 처분이익은 ₩10,000(= ₩100,000 − ₩90,000)이어야 하므로 위와 같은 연결분개를 통해 토지처분이익을 감소시킨다. 토지계정을 감소시키는 이유는 공정가치 조정액을 토지에 배분한 후에 이 분개를 수행한다고 가정하기 때문이다.

(2) 사채의 조기상환의 경우

(차) 이익잉여금	600	(대) 사채할인발행차금	5,000
비지배지분	400		
이 자 비 용	1,000		
사채상환이익	3,000		

(주) 사채의 과대평가된 부분은 만기까지 매년도에 상각하여 이자비용에 조정해야 한다. 20×1년에 대한 추가 이자비용 ₩1,000만큼 을(주)의 기초이익잉여금이 과대계상되어 있으므로 이익잉여금과 비지배지분을 각각 ₩600과 ₩400만큼 감소시킨다. 또한 20×2년에 대한 추가 이자비용 ₩1,000을 인식한다. 20×2년말에 을(주)가 사채를 조기상환하면서 사채상환이익 ₩22,000(= ₩80,000 − ₩102,000)을 계상하였을 것이나 연결실체의 입장에서 보면 사채상환이익은 ₩19,000(= ₩80,000 − ₩99,000)이어야 한다. 따라서 과대계상된 사채상환이익 ₩3,000이 수정되어야 한다. 사채할인발행차금계정을 감소시키는 이유는 공정가치 조정액을 사채에 배분한 후에 이 분개를 수행한다고 가정하기 때문이다.

(3) 20×2년 손익효과 조정이 비지배지분에 미치는 영향

(차) 비지배지분	5,600	(대) 이익잉여금	5,600 *

* (₩10,000 + ₩1,000 + ₩3,000) × 40% = ₩5,600

(주) 과소평가된 토지의 처분이익, 과대평가된 사채의 이자비용 및 상환이익과 관련하여 조정한 손익효과 합계액에 비지배지분율을 곱한 금액을 비지배지분에 부담시킨다.

익힘문제

1. 지배력획득시에 연결재무제표를 작성한다면 연결손익계산서를 작성할 필요가 없다. 그 이유는 무엇인가?
2. 지배력획득시 연결재무제표를 작성하기 위하여 필요한 연결분개를 기술하라.
3. 지배력획득시점에서 지배기업의 투자주식과 이에 대응하는 종속기업의 자본 간에 차액이 발생하는 이유는 무엇인가? 또한 이러한 차액의 회계처리방법에 대하여 설명하라.
4. 3단계 연결정산표의 구조 및 작성절차에 대하여 간단히 기술하라. 연결정산표상에서 이루어지는 연결분개는 지배기업의 장부에 기록되는가 아니면 종속기업의 장부에 기록되는가?
5. 지배력획득 후에 행해지는 연결분개의 각 단계를 기술하고, 각 단계의 목적에 대해서 설명하라.
6. 비지배지분순이익이 산정되는 절차를 설명하라.
7. 연결분개를 통하여 당기말비지배지분이 결정되는 과정을 설명하라.
8. 연결분개를 통하여 추가적으로 수익과 비용이 계상될 수도 있다. 이러한 수익과 비용의 원천을 설명하라.
9. 종속기업에 손실이 발생하여 당해 종속기업의 비지배지분이 0보다 작은 수치가 되는 경우에 이를 연결재무제표에 어떻게 나타내야 하는지 설명하라.

연습문제

01 기본개념의 이해

다음 각 문장이 옳으면 ○, 틀리면 ×로 답하라.

(1) 연결재무제표는 지배기업의 별도재무제표와 연결대상 종속기업의 개별재무제표를 먼저 계정과목별로 합산하고, 합산된 재무제표가 연결실체의 재무상태와 경영성과를 적절히 나타내도록 하는 일련의 조정과정을 거쳐 작성된다.

(2) 연결재무제표를 작성하는 과정에서 나타나는 연결분개는 먼저 연결정산표에 기록되고 이후 각 개별기업의 원장으로 전기된다.

(3) 연결재무제표 작성시 지배기업의 투자계정과 종속기업의 자본계정은 지배력획득일을 기준으로 상계제거한다.

(4) 지배기업이 종속기업 주식의 60%를 취득하여 지배력을 획득하는 경우, 연결재무상태표의 자본난에는 비지배지분이 표시된다.

(5) 비지배지분을 종속기업의 식별가능한 순자산공정가치의 비례지분으로 측정하면 비지배지분에 속하는 영업권이 연결재무제표에 계상된다.

(6) 실체이론에 따르면, 비지배지분을 공정가치로 측정하는 것이 논리적으로 타당하다.

(7) 비지배지분이 있는 경우, 지배력획득일 이후에 변동한 종속기업의 이익잉여금은 전액 연결이익잉여금에 포함된다.

(8) 지배기업이 지급한 배당금은 연결실체 입장에서 배당으로 인정되지만, 종속기업이 지급한 배당금은 연결실체 입장에서 배당으로 인정되지 않는다.

(9) 비지배지분이 부(−)의 잔액이 되는 경우 종속기업의 당기손실은 지배기업 소유주에게만 귀속시킨다.

(10) 종속기업 주식의 100%를 취득하여 지배력을 획득하는 경우 작성되는 연결재무제표는 합병 후 합병기업이 작성하는 개별재무제표와 동일한 결과를 제공한다.

02 비지배지분

갑(주)는 20×1년 1월 1일에 을(주)의 보통주식 70%를 ₩294,000에 취득하였다. 취득일 현재 을(주)의 순자산장부금액과 공정가치는 일치하였으며 갑(주)와 을(주)의 자본관련 계정은 다음과 같다.

	갑(주)	을(주)
자 본 금(주당 액면 : ₩100)	₩400,000	₩180,000
자본잉여금	222,000	65,000
이익잉여금	358,000	175,000
자본총계	₩980,000	₩420,000

요구사항

20×1년 1월 1일 현재 연결재무상태표의 자본계정부분을 제시하라.

03 불완전한 연결재무제표의 완성

서울사는 20×1년 12월 31일에 종로사의 주식 100%를 취득하였다. 취득 당시 종로사의 자산과 부채의 장부금액은 공정가치와 일치하였다. 20×2년 1월 1일 시점에서의 서울사, 종로사의 재무상태표와 연결재무상태표 자료는 다음과 같다.

	서울사	종로사	연결실체
현 금	₩60,000	₩35,000	₩95,000
매출채권	90,000	50,000	130,000
재고자산	120,000	90,000	?
토 지	70,000	50,000	105,000
건물 및 비품	340,000	220,000	560,000
(감가상각누계액)	(180,000)	(90,000)	(270,000)
투자주식	110,000		
영 업 권			30,000
자산총계	₩610,000	₩355,000	₩ ?
매입채무	₩75,000	₩55,000	₩ ?
미지급비용	30,000	20,000	50,000
차 입 금	250,000	200,000	450,000
자 본 금	?	30,000	100,000
이익잉여금	155,000	50,000	140,000
부채와 자본총계	₩610,000	₩355,000	₩ ?

요구사항

1. 연결대상회사간에 재고자산거래가 없었다면 연결재무상태표상의 재고자산계정은 얼마인가?
2. 서울사가 종로사의 주식을 취득하면서 지급한 대가는 얼마인가?
3. 서울사는 12년 전에 ₩10,000을 주고 구입했던 토지를 종로사의 주식을 구입한 직후에 종로사에 매각하였다. 서울사는 토지를 얼마의 가격으로 종로사에 매각하였는가?
4. 연결재무상태표에 계상되어야 할 매입채무의 금액은 얼마인가?
5. 20×2년 1월 1일 현재 서울사의 자본금총액은 얼마인가?

04 연결포괄손익계산서의 이해

서울사는 20×1년 1월 1일 경기사의 주식 80%를 구입하였다. 구입가격은 경기사 순자산장부금액의 80%에 해당하는 금액보다 ₩40,000만큼 초과하는 금액으로, 이는 서울사가 경기사의 초과수익력을 인정하여 영업권 대가를 지급한 금액이다. 20×1년에 대한 서울사와 경기사의 포괄손익계산서 자료는 다음과 같다.

	서울사		경기사	
매 출		₩300,000		₩200,000
매출원가	₩200,000		₩130,000	
감가상각비	40,000	(240,000)	30,000	(160,000)
당기순이익		₩60,000		₩40,000

20×1년 서울사는 ₩35,000의 상품을 구입하여 경기사에 ₩50,000의 가격으로 판매하였다. 경기사는 본 상품을 20×1년중 전액 외부로 판매하였다.

요구사항

20×1년 연결포괄손익계산서상에 계상될 다음 항목들의 금액을 계산하라.

1. 매출
2. 매출원가
3. 감가상각비

05 지배력획득일의 연결재무제표

20×1년 12월 31일에 서울(주)는 경남(주)의 주식 80%를 ₩95,000에 취득하였다. 순자산의 장부금액은 공정가치와 동일하였다. 당해 거래를 기록한 후 양사의 별도재무상태표는 다음과 같다.

재무상태표

20×1. 12. 31 현재

	서울(주)	경남(주)		서울(주)	경남(주)
제 자 산	₩282,000	₩200,000	제 부 채	₩127,000	₩84,000
투자주식	95,000	–	자 본 금	200,000	100,000
			자본잉여금	20,000	2,000
			이익잉여금	30,000	14,000
계	₩377,000	₩200,000	계	₩377,000	₩200,000

요구사항

지배력획득일(20×1년말)에 연결재무제표를 작성하기 위하여 필요한 연결분개를 하고, 연결재무상태표를 작성하라. 단, 비지배지분은 종속기업의 식별가능한 순자산공정가치에 비례하여 결정한다.

06 연결재무제표 작성

갑(주)는 을(주)의 주식 80%를 20×1년 1월 1일에 ₩98,000에 취득하였다. 20×1년 12월 31일 현재 갑(주)와 을(주)의 재무상태표는 다음과 같다.

재무상태표

20×1. 12. 31 현재

	갑(주)	을(주)		갑(주)	을(주)
제 자 산	₩325,000	₩217,000	제 부 채	₩150,000	₩84,000
투자주식	98,000	–	자 본 금	200,000	100,000
			자본잉여금	20,000	4,000
			이익잉여금	53,000	29,000
계	₩423,000	₩217,000	계	₩423,000	₩217,000

[추가자료]

1) 을(주)의 20×1년 1월 1일의 순자산 구성내역은 다음과 같다.

자 본 금	₩100,000
자본잉여금	2,000
이익잉여금	14,000
계	₩116,000

2) 20×1년 1월 1일 을(주) 자산 중 장부금액과 공정가치가 다른 자산은 다음과 같다.

	장부금액	공정가치	비 고
재고자산	₩10,000	₩11,000	20×1년중 전부판매
건 물	40,000	42,000	5년간 정액법 상각

3) 영업권의 손상은 발생하지 않았다.

요구사항

1. 20×1년 12월 31일의 연결분개를 제시하라. 단, 비지배지분은 종속기업의 식별가능한 순자산 공정가치에 비례하여 결정한다.
2. 연결재무상태표를 작성하라.

07 염가매수차익

서울(주)는 20×1년 1월 1일 ₩300,000의 현금을 지급하고 종로(주)의 의결권 있는 보통주식 총수의 60%를 취득하였다. 20×1년말 양사의 재무상태표는 다음과 같다.

재무상태표

20×1. 12. 31 현재

	서울(주)	종로(주)		서울(주)	종로(주)
현 금	₩50,000	₩35,000	매입채무	₩150,000	₩100,000
매출채권	100,000	100,000	기타부채	200,000	50,000
재고자산	150,000	100,000	자 본 금	200,000	200,000
투자주식	300,000	-	자본잉여금	400,000	150,000
토 지	300,000	200,000	이익잉여금	250,000	110,000
건 물	500,000	250,000			
감가상각누계액	(200,000)	(75,000)			
계	₩1,200,000	₩610,000	계	₩1,200,000	₩610,000

[추가자료]

1) 취득 당시 종로(주)의 순자산장부금액은 ₩400,000이었으며, 장부금액과 공정가치가 다른 자산·부채는 다음과 같았다.

	장부금액	공정가치	비 고
재고자산	₩100,000	₩125,000	20×1년에 전부 매출되었다.
토 지	200,000	250,000	
건 물(순액)	200,000	250,000	잔여내용연수 8년간 정액법으로 감가상각한다.

2) 20×1년 종로(주)의 당기순이익은 ₩60,000이었으며, 배당 및 내부거래는 없었다.
3) 당기중에 자본금 및 자본잉여금은 변동하지 않았다.
4) 20×1년초 시점에서 종로(주)의 자산과 부채의 공정가치를 재검토한 바 있으며 재검토 후 공정가치가 수정된 자산과 부채는 없다.

요구사항

1. 20×1년 12월 31일 현재 서울(주)가 행해야 할 연결분개를 제시하라. 단, 비지배지분은 종속기업의 식별가능한 순자산공정가치에 비례하여 결정한다.
2. 20×1년 12월 31일 연결재무상태표를 작성하라.

08 연결재무상태표의 작성 – 지배력획득연도의 연결

한국(주)와 인천(주)의 20×1년 12월 31일 현재의 재무상태표는 다음과 같다.

재무상태표

20×1. 12. 31 현재

	한국(주)	인천(주)		한국(주)	인천(주)
현금	₩100,000	₩75,000	매입채무	₩100,000	₩355,000
매출채권	200,000	150,000	사채	250,000	150,000
재고자산	250,000	150,000	자본금	300,000	200,000
투자주식	350,000	–	이익잉여금	650,000	170,000
건물	600,000	775,000			
감가상각누계액	(200,000)	(275,000)			
계	₩1,300,000	₩875,000	계	₩1,300,000	₩875,000

[추가자료]

1) 한국(주)는 20×1년 1월 1일 인천(주)의 보통주 70%를 ₩350,000에 취득하였으며, 취득 당시 인천(주)의 순자산장부금액은 ₩300,000이었다. 주식취득일 현재 공정가치가 장부금액과 다른 자산·부채는 다음과 같다.

	장부금액	공정가치	비 고
재고자산	₩100,000	₩150,000	20×1년중 전액 매출
건물(순액)	500,000	600,000	10년간 정액법 상각
사채	150,000	130,000	20×5년 12월 31일 만기(정액법)

2) 한국(주)는 투자주식을 원가법에 의하여 평가하고 있다. 20×1년 인천(주)의 당기순이익은 ₩70,000이었다.

3) 20×1년 12월 31일 인천(주)는 보유 건물의 50%를 외부에 ₩300,000에 판매하였다.
4) 20×1년 12월 31일 현재 한국(주)는 인천(주)에 대하여 매출채권 ₩50,000을 보유하고 있으며, 인천(주)는 한국(주)에 대하여 ₩70,000의 매입채무를 계상하고 있다. 한국(주)는 20×1년중 인천(주)가 발행한 어음 중 ₩20,000을 은행에서 매각거래로 할인받았다.
5) 당기중에 자본금은 변동하지 않았다.

요구사항

1. 20×1년 12월 31일 현재의 한국(주)의 연결분개를 행하라. 단, 비지배지분은 종속기업의 식별가능한 순자산공정가치에 비례하여 결정한다.
2. 20×1년 12월 31일 현재의 연결재무상태표를 작성하라.
3. 한국(주)의 20×1년 당기순이익이 ₩127,300이라고 가정할 경우 지배기업지분순이익은 얼마인가?
4. 위의 추가자료 외에 20×1년 12월 31일 현재 영업권 회수가능액이 ₩10,000이라고 가정하고 요구사항 1에 다시 답하라.

09 불완전자료추정

한국(주)는 20×1년 1월 1일 서울(주)의 지배력을 획득하였다. 지배력획득시점의 양사의 재무상태표와 연결재무상태표는 다음과 같다. 단, 비지배지분은 종속기업의 식별가능한 순자산공정가치에 비례하여 결정한다.

	한국(주)	서울(주)	연결재무상태표
현 금	₩164,500	₩60,000	₩224,500
재고자산	200,000	100,000	330,000
투자주식(서울(주))	?	–	–
토 지	100,000	50,000	180,000
건 물(순액)	400,000	150,000	620,000
영 업 권	–	–	30,000
합 계	₩ ?	₩360,000	₩1,384,500
매입채무	₩70,000	₩40,000	₩110,000
사 채	300,000	–	?
자 본 금	?	150,000	250,000
이익잉여금	567,000	170,000	?
비지배지분	–	–	157,500
합 계	₩ ?	₩360,000	₩1,384,500

요구사항

1. 연결이익잉여금을 구하라.
2. 20×1년 1월 1일 현재 서울(주)의 재고자산 공정가치는 얼마인가?
3. 서울(주)의 순자산공정가치는 얼마인가?
4. 한국(주)가 취득한 서울(주)에 대한 지분율을 구하라.
5. 한국(주)가 지배력획득을 위해 지급한 대가를 구하라.
6. 지배력획득시점의 연결분개를 제시하라.

10 연결재무제표의 이해(I)

갑(주)는 20×1년 1월 1일 을(주)의 보통주 100%를 ₩1,250,000에 취득하였으며, 취득 당시 을(주)의 순자산장부금액은 ₩1,195,000이었다. 주식취득일 현재 비품을 제외한 모든 자산과 부채의 공정가치는 장부금액과 일치하였다. 비품의 장부금액은 공정가치보다 ₩25,000 낮았으며 취득일 현재 잔존내용연수는 5년이고 정액법으로 상각한다. 갑(주)는 투자주식을 원가법에 의하여 평가하고 있다.

20×1년 12월 31일 현재 갑(주)와 을(주)의 재무상태표는 다음과 같다.

재무상태표

20×1. 12. 31 현재

	갑(주)	을(주)
현 금	₩70,000	₩30,000
매출채권(순액)	430,000	120,000
재고자산	900,000	350,000
투자주식	1,250,000	−
토 지	500,000	100,000
비 품(순액)	2,800,000	730,000
자산총계	₩5,950,000	₩1,330,000
매입채무	₩225,000	₩75,000
사 채	1,000,000	−
자 본 금	3,000,000	500,000
자본잉여금	1,000,000	400,000
이익잉여금	725,000	355,000
부채와 자본총계	₩5,950,000	₩1,330,000

20×1년 갑(주)와 을(주)의 개별포괄손익계산서에서 발췌한 자료는 다음과 같다.

	갑(주)	을(주)
매 출 액	₩8,325,000	₩2,980,000
매 출 원 가	5,150,000	2,010,000
감가상각비	302,000	85,000

20×1년중에 갑(주)는 을(주)에 원가 ₩34,000의 재고자산을 ₩45,000에 외상판매하였다. 을(주)는 동 재고자산을 20×1년말 현재 재고로 보유하고 있으며 갑(주)에 대한 매입채무도 갚지 않고 있다.

요구사항

20×1년말 연결재무제표의 다음 각 계정잔액을 계산하라. 단, 비지배지분은 종속기업의 식별가능한 순자산공정가치에 비례하여 결정한다.

(1) 현금 (2) 매출채권(순액) (3) 재고자산 (4) 투자주식 (5) 비품(순액) (6) 영업권
(7) 매입채무 (8) 자본금 (9) 매출액 (10) 매출원가 (11) 감가상각비

11 연결재무제표의 이해(Ⅱ)

서울(주)는 20×1년초 종로(주)의 주식 60%를 ₩400,000에 취득하였다. 취득일 현재 서울(주)와 종로(주)의 자본계정은 다음과 같다.

	서울(주)	종로(주)
자 본 금	₩200,000	₩100,000
자본잉여금	20,000	50,000
이익잉여금	30,000	30,000

[추가자료]

1) 취득시 종로(주)의 순자산 중에서 공정가치와 장부금액이 차이나는 항목은 다음과 같다.

	공정가치	장부금액
재 고 자 산	₩200,000	₩150,000
건 물(순액)	300,000	200,000
토 지	300,000	250,000

건물의 잔여내용연수는 5년이며, 재고자산은 20×1년중에 모두 판매되었다.

2) 양사의 독립당기순이익은 다음과 같으며, 배당은 없다.

	서울(주)	종로(주)
20×1년	₩100,000	₩80,000
20×2년	200,000	100,000

요구사항

20×1년말과 20×2년말 시점에서 연결재무제표의 다음 각 계정금액을 계산하라. 단, 비지배지분은 종속기업의 식별가능한 순자산공정가치에 비례하여 결정한다.

	계정과목	20×1년	20×2년
(1)	영업권		
(2)	자본금		
(3)	연결자본잉여금		
(4)	지배기업지분순이익		
(5)	연결이익잉여금		
(6)	비지배지분순이익		
(7)	비지배지분		

고급 연습문제

12 연결분개 – 피투자기업의 순자산변동

금실(주)는 20×1년 1월 1일에 은실(주)의 주식 60주(지분율 60%)를 ₩642,000에 취득하였다. 취득 당시 은실(주)의 순자산장부금액과 공정가치는 일치하였다.

다음은 은실(주)에 관한 자료이다.

1) 부분재무상태표

	20×1. 1. 1	20×1. 12. 31	20×2. 12. 31
자 본 금(100주)	₩500,000	₩500,000	₩500,000
자본잉여금	300,000	300,000	300,000
이익잉여금	220,000	320,000	430,000
기타포괄손익누계액	20,000	15,000	23,000
합 계	₩1,040,000	₩1,135,000	₩1,253,000

2) 20×1년 1월 1일 이후 은실(주)의 순자산 변동내역은 다음과 같다.

	20×1년	20×2년
배당금지급*	(₩20,000)	(₩20,000)
당기순이익발생	120,000	130,000
FVOCI금융자산평가이익 증감	(5,000)	8,000
순자산증분액	₩95,000	₩118,000

* 각각 20×0년과 20×1년에 배당을 지급한 것임

3) 은실(주)의 투자자산은 동실(주)의 주식 10주(지분율 10%)가 전부이고, 은실(주)는 당해 주식을 공정가치법으로 평가하고 있다.
4) 금실(주)와 은실(주) 간의 내부거래는 없다.

요구사항

금실(주)가 20×2년말에 행할 연결분개를 제시하라. 단, 비지배지분은 종속기업의 식별가능한 순자산 공정가치에 비례하여 결정한다.

13 연결재무제표상 자료의 분석

서울(주)와 부산(주)의 20×1년 12월 31일 현재의 재무상태표는 다음과 같다.

재무상태표

20×1. 12. 31 현재

	서울(주)	부산(주)		서울(주)	부산(주)
유동자산	₩81,000	₩50,000	유동부채	₩70,000	₩30,000
투자주식	104,000	–	사 채	100,000	50,000
유형자산(순액)	400,000	200,000	자 본 금	200,000	100,000
			이익잉여금	215,000	70,000
합 계	₩585,000	₩250,000	합 계	₩585,000	₩250,000

서울(주)는 20×1년 1월 1일에 부산(주)의 지분을 취득하였고, 투자주식에 대하여 원가법을 사용하고 있다. 주식취득일 현재 부산(주) 자산·부채의 장부금액과 공정가치는 일치하였다. 서울(주)는 부산(주)의 지분을 50% 초과하여 소유하고 있어서 다음과 같은 연결재무제표를 작성하였다. 단, 비지배지분은 종속기업의 식별가능한 순자산공정가치에 비례하여 결정한다.

연결재무상태표

서울(주)와 종속기업 20×1.12.31 현재

유동자산	₩91,000	유동부채	₩60,000
유형자산	600,000	사 채	150,000
영 업 권	20,000	자 본 금	200,000
		이익잉여금	233,000
		비지배지분	68,000
합 계	₩711,000	합 계	₩711,000

연결포괄손익계산서

서울(주)와 종속기업 20×1.1.1~12.31

매 출	₩400,000
매출원가	(260,000)
기타비용	(55,000)
당기순이익	₩85,000
지배기업소유주지분순이익	₩73,000
비지배지분순이익	12,000
	₩85,000

요구사항

1. 서울(주)가 소유하고 있는 부산(주)의 지분율은 몇 퍼센트인가?
2. 서울(주)가 부산(주)의 주식을 취득할 때 순자산장부금액을 초과 또는 미달하여 지급한 금액은 얼마인가?
3. 부산(주)가 20×1년에 보고한 당기순이익은 얼마인가?
4. 20×1년 12월 31일 현재 상호 채권 · 채무가 있었는가? 만약 있었다면 그 금액은 얼마인가?

CHAPTER

4 내부거래와 미실현손익

연결대상기업간에 거래가 발생하면 이러한 거래는 연결실체의 입장에서 내부거래이므로 연결재무제표에 나타나서는 안 된다. 따라서 본장에서는 내부거래를 상계제거하는 방법에 대하여 살펴본다. 또한 내부거래로 인하여 자산 · 부채에 포함된 내부거래미실현손익을 제거해야 하는 이유 및 제거방법에 대해서도 살펴본다.

제 1 절 내부거래와 미실현손익의 제거

내부거래란 연결대상기업간의 거래를 말한다. 지배기업과 종속기업 간에는 여러 가지 내부거래가 일어날 수 있다. 예를 들어, 제조업을 영위하는 지배기업이 자사 제품의 생산에 사용되는 원재료나 부품을 안정적으로 공급받기 위해 부품업체를 종속기업으로 취득하는 경우가 종종 있다. 이러한 재고자산거래 외에도 연결대상기업간에 유형자산의 매매가 발생할 수 있다. 또한 연결대상기업이 발행한 사채를 다른 연결대상기업이 매입하는 경우도 있고, 연결대상기업간에 리스거래가 이루어지기도 하며, 자금의 임대차가 행해지기도 한다.

기본적으로 연결재무제표는 연결대상기업 모두를 하나의 경제적 실체로 간주하여 작성되므로 연결대상기업간의 거래는 연결실체의 관점에서 보면 내부에서 발생한 거래이다. 따라서 개별회사의 재무제표를 작성할 때 부서간의 내부거래를 재무제표에 계상하지 않는 것과 마찬가지로 연결실체 내에서 발생한 거래는 연결재무제표에서 제외되어야 한다.

연결대상기업간 내부거래와 관련하여 연결재무제표 작성시 고려해야 할 사항은 다음의 두 가지이다.

연결재무제표 작성시 내부거래 조정

① 연결대상기업간 내부거래의 상계제거
② 내부거래로 인해 발생한 미실현손익의 제거

1. 내부거래

연결대상기업간의 내부거래는 전액 상계제거해야 한다. 앞에서 언급한 바와 같이 연결대상기업간의 거래는 연결실체 내부의 거래이므로 그 효과가 연결재무제표에 나타나지 않아야 한다. 예를 들어, 지배기업이 종속기업에 제품을 판매하고 종속기업이 이 제품을 고객에게 판매한 경우 두 회사의 포괄손익계산서를 단순합산하게 되면 내부거래의 결과인 지배기업이 종속기업에 대하여 기록한 매출과 종속기업이 외부판매와 관련하여 계상한 매출원가가 이중 계상된다. 따라서 이러한 내부거래의 결과는 상계제거되어야 한다. 또한 연결대상기업간에 자금대차가 발생하여 동일한 금액의 이자수익과 이자비용이 각 회사의 개별포괄손익계산서에 계상된 경우에도 연결실체 내에서 발생한 거래이므로 상계제거되어야 한다.

이러한 내부거래의 제거는 동일한 금액의 수익과 비용을 상계하게 되므로 연결실체에 대한 손익효과는 없지만 연결실체의 거래액이 과대표시되는 것을 방지한다. 따라서 내부거래의 제거는 내부거래에서 미실현손익이 발생했는지 여부와 상관없이 항상 이루어져야 한다.

한편 내부거래는 종속기업에 대한 지배기업 지분율에 관계없이 "전부" 제거되어야 한다. 지배기업이 종속기업에 대한 지배력을 획득하게 되면 지배기업 지분율에 관계없이 종속기업은 연결실체의 일부가 되기 때문이다. 또한 연결실체의 관점에서 볼 때 종속기업과 다른 연결대상기업 간의 거래 역시 실체 내에서 발생한 내부거래가 되므로 전부 제거되어야 한다.[1)]

내부거래를 제거함에 따라 상계되어야 할 채권 · 채무에는 매출채권과 매입채무, 대여금과 차입금, 미수금과 미지급금 등 확정채권 · 채무는 물론 발생주의에 따른 기간손익의 계산과 관련된 미수수익과 미지급비용, 선급비용과 선수수익 등 모든 채권 · 채무가 포함된다.

2. 미실현손익

연결회계에서 내부거래와 관련하여 추가로 고려할 문제는 연결실체의 입장에서 올바른 이익을 보고하기 위한 손익조정의 문제이다. 연결대상기업간에 재고자산이나 유형자산 등의 자산을 장부금액으로 판매한다면 연결실체의 관점에서도 손익을 조정할 필요가 없다. 그러나 연결대상기업간의 내부거래에서 이익을 가산하여 자산을 판매한다면 이러한 이익은 개별회계의 관점에서는 실현된 것으로 볼 수 있지만 연결의 관점에서는 실현되지 않은 것으로 보아야 할 경우가 있다.

1) 연결대상기업들이 연결실체 외부의 회사를 매개로 하여 거래를 하더라도 그 거래가 실질적으로 연결실체 내 회사간의 거래인 경우에는 거래의 실질에 따라 연결재무제표 작성시 상계제거되어야 한다.

예를 들어 지배기업이 종속기업으로부터 매입한 재고자산을 보유하고 있는 경우, 연결실체의 입장에서는 이 재고자산이 연결실체 외부로 판매될 때 비로소 손익이 실현된다. 이와 같이 연결대상기업간 내부거래에서 발생한 손익이 재무상태표일 현재 연결실체 내부에 남아 있는 자산의 장부금액에 반영되어 있는 경우를 내부거래미실현손익(unrealized inter company profits and losses)이라 하며, 이는 그 거래의 형태에 상관없이 전액 제거되어야 한다.

제거된 내부거래미실현손익 효과를 연결대상기업 중 어느 기업에 부담시킬 것인가는 당해 미실현손익이 하향판매에서 발생했느냐 아니면 상향판매에서 발생했느냐에 따라 다르다. 하향판매(down-stream sale)란 지배기업이 종속기업에 판매하는 형태의 거래를 말하며, 상향판매(up-stream sale)란 종속기업이 지배기업에 판매하는 형태의 거래를 말한다. 하향판매에서 발생한 미실현손익은 전액 지배기업의 별도재무제표에 계상되어 있으므로 이를 제거하더라도 종속기업의 재무제표에 미치는 영향은 없으며 나아가 종속기업의 비지배지분에 미치는 영향도 없다. 따라서 하향판매에서 발생한 미실현손익은 전액 제거하여 지배기업지분에 부담(이를 전액부담이라고 함)시킨다.

사례로 배우기 4-1 내부거래 잡는 연결재무제표

연결재무제표는 연결실체에 대한 정보를 제공할 수 있을 뿐 아니라, 연결실체간의 부당한 거래가 재무제표에 반영되는 것을 방지하는 데 유용하다. 예를 들어보자. A법인은 작년과 유사한 실적을 달성하기 위해 잘 팔리지 않는 제품을 종속회사인 B법인에게 밀어내기 매출을 하였다. B법인이라고 해서 A법인에서 안 팔리던 제품을 판매할 수 있는 뾰족한 방법이 없기 때문에 동 제품은 B법인의 창고에 재고로 쌓이게 되며, 추후 재고자산 손상으로까지 이어질 수 있는 부담이 있다. 회계담당자는 해당 거래를 A법인의 매출로 회계처리하면서도 '해당 밀어내기 매출이 진짜 매출에 해당하는 걸까?'라는 의구심을 가졌으나, A법인이 B법인과 정상적인 계약을 체결했고 재고자산의 위험과 효익이 모두 B법인에게 이전되었다면 회계상 매출로 인정되는 것이 일반적이다. 하지만 아무리 정교한 회계 논리로 무장한다 하더라도 위와 같은 연말의 밀어내기를 매출로 무조건적으로 인정한다는 것은 납득하기 어려울 수 있다. 연결재무제표는 연결실체간의 거래를 원천적으로 제거하므로 이러한 부당한 내부거래가 재무제표에 반영되지 않는다. 즉, A기업은 밀어내기 매출을 통해 별도재무제표의 실적을 높일 수 있지만, 연결재무제표의 실적을 높이지는 못한다는 것이다. 특히, 과거 특수관계자 거래를 통한 분식회계가 많이 발생하였다는 점을 고려할 때, 연결재무제표는 연결실체간의 내부거래를 재무제표에서 원천적으로 제거하므로 특수관계자간의 내부거래를 통한 이익조정을 감소할 수 있다는 측면에서 기업의 회계투명성에 긍정적인 역할을 하고 있다고 볼 수 있다.

(인더뉴스, 계열사 밀어내기 매출? 연결재무제표에 다 나온다, 2018.9.26 수정)

한편, 상향판매나 종속기업간의 거래에서 발생한 미실현손익은 종속기업의 개별재무제표에 계상되어 있으므로 이를 제거하게 되면 지배기업지분뿐만 아니라 종속기업의 비지배지분에도 영향을 미치게 된다. 따라서 상향판매나 종속기업간의 거래에서 발생한 미실현손익은 전액 제거하되 그 손익효과는 지배기업지분과 비지배지분에 비례하여 부담(이를 안분부담이라고 함)시킨다.

단, 지배력획득일 전 거래에서 발생한 미실현손익은 제거하지 않는다. 왜냐하면 지배력획득일 전에는 연결대상기업들이 별개의 경제적 실체였으므로 이들 기업간에 발생한 거래는 내부거래가 아니기 때문이다.

제 2 절 재고자산 내부거래

연결대상기업간에 재고자산이 거래되면 판매회사는 판매가격으로 매출을 기록하고 원래의 재고자산 취득원가를 매출원가로 인식하는 한편 구매회사는 판매회사로부터의 매입가격으로 재고자산을 기록한다. 이 경우 연결대상기업간에 매매된 재고자산이 당기에 모두 외부로 판매되었다면 연결재무제표 작성시 판매회사의 매출과 구매회사의 매출원가를 상계제거시키는 연결분개를 통해 내부거래를 제거하면 된다. 그러나 연결대상기업간에 매매된 재고자산이 외부로 판매되지 않고 기말재고에 남아 있다면 내부거래에서 발생한 손익은 아직 실현되지 않은 상태이다. 따라서 이 경우에는 내부거래로 인한 매출과 매출원가의 제거뿐만 아니라 내부거래에서 발생하는 미실현손익을 제거하고 재고자산을 원래의 취득원가로 수정하는 연결분개가 추가로 필요하다.

아래에서는 재고자산의 판매와 관련된 내부거래미실현손익을 제거하는 연결분개를 하향판매와 상향판매로 나누어 살펴본다.

1. 하향판매

먼저 지배기업이 종속기업에 일정액의 이익을 가산하여 재고자산을 판매하고 종속기업이 회계연도말에 동 재고자산을 보유하는 경우를 생각해보자. [그림 4-1]과 같이, 지배기업은 종속기업에 재고자산을 판매하였으므로 별도재무제표에 매출 ₩500, 매출원가 ₩300을 인식하여 이익이 ₩200 계상되지만, 종속기업이 연결실체 외부에 재고자산을 판매하지 않았으므로 연결실체 관점에서는 연결이익이 발생하지 않는다. 즉, 지배기업과 종속기업의 각 재무제표를 단순합산하는 경우 지배기업이 인식한 이익(₩200)은 연결실체 관점에서 미실현이익이며 종속기업이 보유하는 기말재고는 미실현이익(₩200)만큼 과대계상된다. 또한 매출원가는 기말재고가 과대계상되는 만큼 과소계상되므로 이를 수정하기 위해 미실현이익만큼 기말재고를 감소시키고 매출원가를 증가시키는 연결분개가 필요하다.

[그림 4-1] **재고자산의 내부거래로 인한 미실현이익 제거(1차년도)**

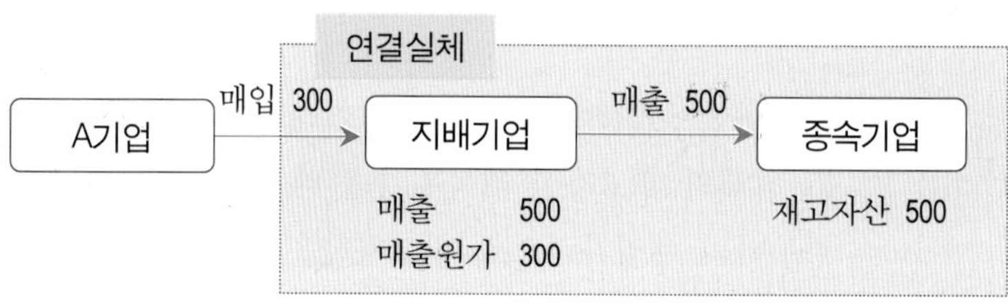

→ 연결실체 관점 : 이익 0, 재고자산 300

[연결분개]

(차)	매출	500	(대) 재고자산	200
			매출원가	300

다음으로 당해 재고자산이 차기 회계연도에 외부로 판매되었을 때 어떤 연결분개가 요구되는지 생각해보자. [그림 4-2]와 같이, 연결실체 관점에서 이익은 ₩500으로 종속기업이 외부에 재고자산을 판매한 2차년도에 인식된다. 즉, 연결실체의 관점에서 기초재고는 미실현이익만큼 과대계상되어 있고 이에 따라 매출원가도 과대계상된다. 따라서 전기에 인식한 미실현이익(₩200)만큼 당기 매출원가를 감소시켜야 한다. 또한 전기에 종속기업이 인식한 미실현이익으로 인해 과대계상되어 있는 기초이익잉여금을 수정하는 연결분개도 필요하다.

[그림 4-2] **재고자산의 내부거래로 인한 미실현이익 제거(2차년도)**

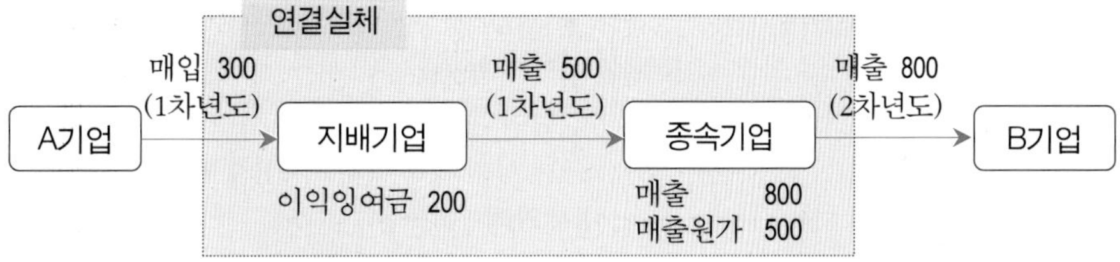

→ 연결실체 관점
- 이익 500(＝매출 800－매출원가 300)
- 재고자산 0

[연결분개]

[(차) 이익잉여금 200　(대) 매출원가(기초재고) 200]

재고자산 하향판매에 대한 구체적인 연결분개는 [예제 4-1]을 통하여 살펴보기로 하자.

예제 4-1 재고자산 미실현이익 – 하향판매

갑(주)는 20×1년 1월 1일 을(주) 발행주식의 60%를 ₩15,000에 취득하였다. 취득 당시 을(주)의 자본계정은 자본금 ₩15,000과 이익잉여금 ₩10,000으로 구성되어 있었으며 을(주)의 자산과 부채의 장부금액과 공정가치는 일치하였다.

20×1년중에 갑(주)는 원가 ₩1,000의 상품을 을(주)에 ₩1,300에 판매하였다. 이 상품은 20×1년말 현재 판매되지 않고 을(주)의 재고자산으로 남아 있다. 을(주)는 이 상품을 20×2년에 외부로 ₩1,500에 판매하였다. 을(주)는 20×1년과 20×2년에 각각 ₩5,000과 ₩7,500의 당기순이익을 보고하였으며 동 기간중에 이익처분은 없었다.

위의 거래와 관련하여 20×1년말과 20×2년말에 연결재무제표를 작성하기 위하여 필요한 연결분개를 하라. 단, 비지배지분은 종속기업의 식별가능한 순자산공정가치에 비례하여 결정한다.

해답

위의 거래를 그림으로 나타내고 내부거래의 효과를 나타내면 다음과 같다.

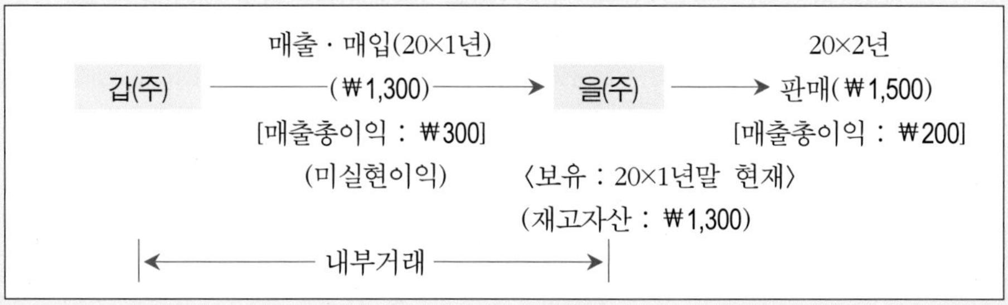

(1) 20×1년말의 연결분개

1) 분석

갑(주)가 을(주)에 판매한 재고자산이 20×1년말 현재 아직 외부에 판매되지 않았으므로 ₩300의 미실현이익이 존재한다. 즉, 기말재고자산은 미실현이익 ₩300만큼 과대계상된다. 또한 갑(주)와 을(주) 포괄손익계산서를 단순합산하면 20×1년에 발생한 재고자산 내부거래로 인하여 연결실체의 매출과 매출원가는 각각 ₩1,300과 ₩1,000만큼 과대계상된다. 내부거래가 갑(주)와 을(주)에 미친 영향을 요약하면 다음과 같다.

	갑(주)	을(주)	갑(주)+을(주)	연결실체 관점에서 계상되어야 할 금액
〈포괄손익계산서〉				
매　　출	1,300	–	1,300	–
매 출 원 가	(1,000)	–	(1,000)	–
매출총이익	300	–	300	–
〈재무상태표〉				
재 고 자 산	–	1,300	1,300	1,000

2) 연결분개

E-① 투자주식과 자본계정의 상계 및 비지배지분 설정

(차) 자 본 금	15,000	(대) 투 자 주 식	15,000
이익잉여금	10,000	비지배지분	10,000*

* (₩15,000 + ₩10,000) × 40% = ₩10,000

E-② 내부거래취소 및 당기발생 미실현이익의 제거

(차) 매　　출	1,300	(대) 매 출 원 가	1,000
		재 고 자 산	300

(주) 위 분개는 다음과 같이 두 개의 분개로 처리할 수도 있다.

- 내부거래 제거 : (차) 매　　출 1,300 (대) 매출원가(매입) 1,300
- 미실현이익 제거 : (차) 매출원가(기말재고) 300 (대) 재 고 자 산 300

[해설]
20×1년에 갑(주)가 기록한 을(주)에 대한 매출액과 매출원가를 제거하고 을(주)가 내부거래를 통해 보유하고 있는 재고자산에 포함된 미실현이익을 제거하는 분개이다.

E-③ 비지배지분순이익의 계상 : 을(주) 당기순이익의 40%

(차) 이익잉여금	2,000 *	(대) 비지배지분	2,000

* ₩5,000(20×1년 을(주)의 순이익)×40%=₩2,000

(주) 하향판매에서 발생한 미실현이익의 제거로 인한 손익효과는 전액 지배기업지분에 부담하므로 종속기업의 비지배지분에 미치는 영향은 없다.

(2) 20×2년말의 연결분개

1) 분석

20×2년에는 갑(주)로부터 구입한 재고자산이 외부에 판매됨으로써 미실현이익이 실현되었다. 개별회계상으로는 을(주)가 20×2년에 원가 ₩1,300의 재고자산을 ₩1,500에 판매하여 ₩200의 매출총이익을 올린 것으로 되어 있다. 그러나 연결실체의 관점에서는 20×2년에 원가 ₩1,000의 재고자산을 ₩1,500에 판매하여 ₩500의 매출총이익을 달성한 것이다. 따라서 매출총이익을 ₩300만큼 증가시켜야 하는데, 이는 매출원가의 감소를 통해 달성된다. 매출원가를 감소시키는 이유는 전기말의 재고자산이 과대계상되어 당기초의 재고자산이 과대계상되었고 이로 인해 당기의 매출원가가 과대계상되었기 때문이다. 또한 전년도의 미실현이익으로 인해 갑(주)의 기초이익잉여금도 ₩300만큼 과대계상되어 있으므로 이를 수정해야 한다. 내부거래가 갑(주)와 을(주)의 20×2년 재무제표에 미친 영향과 연결회계상 계상되어야 할 내용을 요약하면 다음과 같다.

	갑(주)	을(주)	갑(주)+을(주)	연결실체 관점에서 계상되어야 할 금액
〈포괄손익계산서〉				
매　　출	–	1,500	1,500	1,500
매 출 원 가	–	(1,300)	(1,300)	(1,000)
매출총이익	–	200	200	500
〈재무상태표〉				
기초이익잉여금	300	–	300	–

2) 연결분개

E-①-1) 투자주식과 자본계정의 상계 및 비지배지분 설정

(차) 자 본 금	15,000	(대) 투 자 주 식	15,000
이익잉여금	10,000	비지배지분	10,000 *

* (₩15,000+₩10,000)×40%=₩10,000

2) (차) 이익잉여금	2,000 *	(대) 비지배지분	2,000

* ₩5,000(20×1년 을(주)의 순이익)×40%=₩2,000

E-② 전기 미실현이익의 실현

(차) 이익잉여금	300	(대) 매 출 원 가(기초재고)	300

[해설]

대변분개로 매출원가를 ₩300만큼 감소시키는 이유는 연결입장에서 기초재고액은 ₩1,000이어야 하는데 을(주)에 기록된 금액은 ₩1,300으로서 이로 말미암아 20×2년의 매출원가가 ₩300만큼 과대계상되어 있으므로 이를 수정해 주기 위함이다. 또한 차변분개로 이익잉여금을 ₩300만큼 감소시키는 이유는 전기에 갑(주)가 별도재무제표에서 계상한 미실현이익 ₩300으로 인해 20×2년도 기초이익잉여금이 과대계상된 것을 수정하기 위해서이다.

E-③ 비지배지분순이익의 계상 : 을(주) 당기순이익의 40%

(차) 이익잉여금	3,000 *	(대) 비지배지분	3,000

* ₩7,500(20×2년 을(주)의 순이익) × 40% = ₩3,000

위의 [예제 4-1]에서 내부거래로 이전된 재고자산 중 반(1/2)은 20×1년에 외부로 판매되었고 나머지 반(1/2)이 종속기업의 기말재고자산에 남아 있다고 하자. 이 경우에는 다음과 같은 연결분개가 필요하다.

〈20×1년 연결분개〉

E-②' 내부거래 및 미실현이익의 제거

(차) 매 출	1,300	(대) 매 출 원 가	1,150
		재 고 자 산(기말)	150

〈20×2년 연결분개〉

E-②' 전기미실현이익의 실현

(차) 이익잉여금	150	(대) 매 출 원 가(기초재고)	150

한편, 20×1년에서 이월된 1/2의 재고자산이 20×2년말까지도 판매되지 않았다고 하면, 20×2년말의 연결재무제표에는 매출원가 대신 과대계상되어 있는 기말재고자산을 수정해야 하므로 다음과 같은 분개를 한다.

E-②′	(차) 이익잉여금	150	(대) 재 고 자 산(기말)	150

2. 상향판매

종속기업이 지배기업에 일정액의 이익을 가산하여 재고자산을 상향판매하고 지배기업이 회계연도말에 동 재고자산을 보유하는 경우를 살펴보자.

상향판매가 하향판매와 다른 점은 하향판매에서는 내부거래로 인한 미실현이익이 지배기업에 의해 인식되었던 반면, 상향판매에서는 종속기업이 미실현이익을 인식한다는 것이다. 따라서 제거되는 미실현이익을 지분율에 비례하여 종속기업의 지배기업지분과 비지배지분에 부담시키고, 다음 연도에 실현되었을 때 다시 지분율에 비례하여 회복시켜 주어야 한다.

예제 4-2 재고자산 미실현이익 – 상향판매

갑(주)는 20×1년 1월 1일 을(주) 발행주식의 60%를 ₩15,000에 취득하였다. 취득 당시 을(주)의 자본계정은 자본금 ₩15,000과 이익잉여금 ₩10,000으로 구성되어 있었으며 을(주)의 자산과 부채의 장부금액과 공정가치는 일치하였다.

20×1년중에 을(주)는 원가 ₩1,000의 상품을 갑(주)에 ₩1,300에 판매하였다. 이 상품은 20×1년말 현재 판매되지 않고 갑(주)의 재고자산으로 남아 있다. 갑(주)는 이 상품을 20×2년에 외부로 ₩1,500에 판매하였다. 을(주)는 20×1년과 20×2년에 각각 ₩5,000과 ₩7,500의 당기순이익을 보고하였으며 동 기간중에 이익처분은 없었다.

위의 거래와 관련하여 20×1년말과 20×2년말에 연결재무제표를 작성하기 위해서 필요한 연결분개를 하라. 단, 비지배지분은 종속기업의 식별가능한 순자산공정가치에 비례하여 결정한다.

해답

(1) 20×1년의 연결분개

1) 분석

을(주)가 갑(주)에 판매한 재고자산이 아직 외부에 판매되지 않았으므로 ₩300의 미실현이익이 존재한다. 연결실체의 관점에서 볼 때 20×1년에 행해진 재고자산의 내부거래로 인해 20×1년의 매출과 매출원가가 각각 ₩1,300과 ₩1,000만큼 과대계상되고 기말재고자산이 미실현이익 ₩300만큼 과대계상된다. 내부거래가 갑(주)와 을(주)에 미친 영향 및 연결재무제표에 계상되어야 할 금액을 요약하면 다음과 같다.

	갑(주)	을(주)	갑(주)+을(주)	연결실체 관점에서 계상되어야 할 금액
〈포괄손익계산서〉				
매 출	–	1,300	1,300	–
매 출 원 가	–	(1,000)	(1,000)	–
매출총이익	–	300	300	–
〈재무상태표〉				
재 고 자 산	1,300	–	1,300	1,000

(주) 을(주)의 이익 감소분 중 40%는 비지배지분순이익에 부담시킴.

2) 연결분개

E-① 투자주식과 자본계정의 상계 및 비지배지분 설정

(차) 자 본 금	15,000	(대) 투 자 주 식	15,000
이익잉여금	10,000	비지배지분	10,000 *

* (₩15,000 + ₩10,000) × 40% = ₩10,000

E-② 내부거래취소 및 당기발생 미실현이익의 제거

(차) 매 출	1,300	(대) 매 출 원 가	1,000
		재 고 자 산	300

E-③ 비지배지분순이익의 계상 : 을(주)의 실현이익의 40%

(차) 이익잉여금	1,880 *	(대) 비지배지분	1,880

* 20×1년 을(주)의 실현이익(₩5,000 − ₩300) × 40% = ₩1,880

[해설]

상향판매의 경우에도 하향판매와 마찬가지로 미실현이익 전액을 제거하므로 E-②의 연결분개는 하향판매의 경우와 동일하다. 다만 미실현이익 전체를 지배기업이 부담하는 하향판매의 경우와는 달리 미실현이익의 제거로 인한 손익효과를 지배기업지분과 비지배지분이 나누어 부담하기 때문에 E-③의 분개에서 보듯이 비지배주주에 귀속되는 이익과 비지배지분이 각각 ₩120(= ₩300 × 40%) 만큼 감소한다.

(2) 20×2년말 연결분개

1) 분석

20×2년에는 을(주)로부터 구입한 재고자산이 외부로 판매되어 미실현이익이 실현되었다. 개별회계상으로는 갑(주)가 20×2년에 원가 ₩1,300의 재고자산을 ₩1,500에 매출하여 ₩200의 매출총이익을 올린 것으로 되어 있지만 연결실체의 관점에서는 20×2년에 원가 ₩1,000의 재고자산을 ₩1,500에 판매한 것이다. 따라서 매출총이익을 ₩300만큼 증가시켜야 하는데, 이는 매출원가의 감소를 통해 달성된다. 또한 전년도의 미실현이익으로 인해 을(주)의 기초이익잉여금도 ₩300만큼 과대계상되어 있으므로 이를 수정해야 한다. 하향판매와 달리 상향판매에서는 을(주)의 기초이익잉여금

이 과대계상되어 있고, 이 중 40%는 비지배지분으로 대체되므로 비지배지분 역시 전년도 미실현이익의 40%만큼 과대계상된다. 따라서 비지배지분도 수정되어야 한다.

내부거래가 갑(주)와 을(주)의 20×2년 재무제표에 미친 영향과 연결회계상 계상되어야 할 내용을 요약하면 다음과 같다.

	갑(주)	을(주)	갑(주)+을(주)	연결실체 관점에서 계상되어야 할 금액
〈포괄손익계산서〉				
매출	1,500	–	1,500	1,500
매출원가	(1,300)	–	(1,300)	(1,000)
매출총이익	200	–	200	500
〈재무상태표〉				
기초이익잉여금	–	300	300	–

(주) 을(주)의 이익잉여금 감소분 중 60%는 지배기업지분에서 차감하고 나머지 40%는 비지배지분에 부담시킴.

2) 연결분개

E-①-1) 투자주식과 자본계정의 상계 및 비지배지분 설정

(차) 자본금	15,000	(대) 투자주식	15,000
이익잉여금	10,000	비지배지분	10,000 *

* (₩15,000 + ₩10,000) × 40% = ₩10,000

2) (차) 이익잉여금	2,000 *	(대) 비지배지분	2,000

* ₩5,000(20×1년 을(주)의 순이익) × 40% = ₩2,000

E-② 전기 미실현이익의 실현

(차) 이익잉여금	180	(대) 매출원가	300
비지배지분	120		

E-③ 비지배지분순이익의 계상 : 을(주) 실현이익의 40%

(차) 이익잉여금	3,120 *	(대) 비지배지분	3,120

* 20×2년 을(주)의 실현이익(₩7,500 + ₩300) × 40% = ₩3,120

[해설]

E-② 분개의 대변항목은 20×2년에 과대계상된 매출원가를 감소시키기 위함이다. 차변항목은 전기에 을(주)가 인식한 미실현이익 ₩300으로 인해 기초이익잉여금이 동액만큼 과대계상된 부분을 지배기업 해당액 ₩180과 비지배지분 해당액 ₩120으로 구분하여 수정하는 분개이다.

E-①-2) 분개에서는 20×1년에 증가한 을(주)의 이익잉여금(순이익으로 증가함) 중 40%를 비지

배지분으로 대체하고 있다. 그런데 을(주)의 20×1년 순이익은 갑(주)에 대한 매출에서 발생한 미실현이익 ₩300을 포함하고 있으므로 비지배지분이 ₩120만큼 과대계상되는 문제가 생긴다. 이러한 비지배지분의 과대계상분은 E-② 분개를 통하여 비지배지분 ₩120을 차감해 줌으로써 수정된다.

또한 E-③ 분개에서 보듯이 상향판매에서는 하향판매의 경우와 달리 전기미실현이익 중 당기에 실현된 부분에 대한 비지배지분몫을 인식함으로써 비지배지분순이익에 해당하는 금액을 ₩120만큼 증가시킨다.

[예제 4-1]과 [예제 4-2]에서 내부거래로 인한 미실현이익의 제거가 20×1년말 연결재무상태표에 미치는 영향은 다음과 같이 요약된다.

	하향판매*	상향판매**
〈자산〉 재 고 자 산	₩300[감소]	₩300[감소]
〈자본〉 비지배지분	–	120[감소]
이익잉여금	300[감소]	180[감소]

* 미실현이익이 전액 지배기업주주에게 부담된다.
** 미실현이익이 지배기업주주와 비지배지분에 나뉘어 부담된다.

비지배지분, 내부거래 그리고 이에 관련된 미실현이익(하향판매 또는 상향판매)이 연결실체의 당기순이익 및 비지배지분순이익에 미치는 영향을 〈표 4-1〉을 통해 검토해 보기로 하자. 이는 다음과 같은 순서로 제시되어 있다.

1) 지배기업이 종속기업 주식의 100%를 소유하고 있다. 또한 연결대상기업간에 내부거래가 없다.
2) 지배기업이 종속기업 주식의 60%를 소유하고 있다. 1)에서와 같이 연결대상기업간에 내부거래가 없다.
3) 지배기업이 종속기업 주식의 60%를 소유하고 있다. 2)와는 달리 연결대상기업간에 내부거래 ₩130이 존재한다. 그러나 당해 내부거래와 관련된 미실현이익은 없다.
4) 지배기업이 종속기업 주식의 60%를 소유하고 있다. 3)과 같이 연결대상기업간에 내부거래가 존재한다. 내부거래의 방향은 다음과 같다. 또한 당해 내부거래와 관련된 미실현이익 ₩30이 있다.
   ① 지배기업에서 종속기업으로 판매(하향판매)
   ② 종속기업에서 지배기업으로 판매(상향판매)

〈표 4-1〉 **내부거래와 미실현이익이 연결포괄손익계산서에 미치는 영향**

항 목	개별포괄손익계산서 (가상)		연결포괄손익계산서				
			1) 100% 소유 내부거래 없음	60% 소유			
				2) 내부거래 없음	내부거래 ₩130 있음		
	지배회사	종속회사			3) 미실현이익 없음	4) 미실현이익 ₩30 있음	
						① 하향판매	② 상향판매
매 출	₩1,000	₩500	₩1,500	₩1,500	₩1,370	₩1,370	₩1,370
매출원가	(800)	(400)	(1,200)	(1,200)	(1,070)	(1,100)	(1,100)
매출총이익	200	100	300	300	300	270	270
영 업 비	(100)	(50)	(150)	(150)	(150)	(150)	(150)
당기순이익	₩100	₩50	₩150	₩150	₩150	₩120	₩120
지배기업지분순이익			₩150	₩130	₩130	₩100	₩112
비지배지분순이익			–	₩20	₩20	₩20	₩8

〈표 4-1〉의 내용은 다음과 같이 요약된다.

1) 지배기업이 종속기업을 100% 소유하고 있고 내부거래가 없다면 개별 당기순이익의 합이 연결실체의 당기순이익이 된다. 이 경우 비지배지분이 없으므로 연결실체의 당기순이익은 전액 지배주주에게 귀속된다. 2) 지배기업이 종속기업의 일부(60%)만을 소유하고 있더라도 내부거래가 없으면 내부거래로 제거되는 손익이 없으므로 개별 당기순이익의 합이 연결실체의 당기순이익이 된다. 다만, 종속기업의 당기순이익(₩50)은 그 지분율에 따라 지배기업지분순이익(₩30)과 비지배지분순이익(₩20)으로 배분된다. 3) 내부거래가 있더라도 미실현이익이 없다면 매출과 매출원가가 동일한 금액(₩130)만큼 감소하므로 연결실체의 당기순이익에 미치는 영향은 내부거래가 없는 경우와 동일하다. 4) 내부거래로 인하여 미실현이익(₩30)이 발생한 경우에는 미실현이익이 연결분개를 통해 제거되므로 연결실체의 당기순이익이 개별 당기순이익의 합계액보다 미실현이익만큼 줄어든다. ① 하향판매의 경우에는 당기순이익의 감소분 전액이 지배기업지분순이익에서 차감되는 반면, ② 상향판매의 경우에는 미실현이익 중 비지배지분에 해당하는 금액(₩30×40%=₩12)은 비지배지분순이익에서 차감해야 한다.

3. 재고자산 내부거래와 관련된 기타 문제

(1) 연결대상기업간의 내부거래에서 발생되는 운반비

연결대상기업간의 내부거래로 재고자산이 이전될 때 통상 운반비와 같은 비용이 발생하게 마련이다. 연결회계에서 내부거래로 인해 발생한 비용은 단일기업에서 부서간에 재고자산을 이전함으로써 발생하는 원가와 같은 성격이다. 따라서 재고자산을 최종적으로 외부에 판매하기 전까지 내부에서 발생한 운반비는 비용화되어서는 안 되고 재고자산원가의 일부를 구성해야 한다.

(2) 내부거래를 통하여 이전된 재고자산으로부터 발생하는 평가손실

연결대상기업으로부터 구입한 재고자산을 기말에 평가하여 재고자산평가손실이

사례로 배우기 4-2 **지배구조 뇌관될 '계열사간 내부거래'**

카카오는 카카오톡 플랫폼을 중심으로 광고매출을 일으키는 플랫폼 사업과 게임, 뮤직, 웹툰 등 콘텐츠 비즈니스를 수행하고 있다. 카카오는 카카오게임즈, 카카오뱅크, 카카오페이 등을 물적분할하는 형태로 쪼개기 상장을 한 후, 계열사간 내부거래를 하는 방식으로 사업확장을 하였다. 이러한 방식은 주주들간에 이해상충을 유발할 수 있다는 점에서 문제가 된다. 물적분할을 통한 쪼개기 상장은 일차적으로는 모회사 주주들의 이해를 침해한다. 또한 더 나아가 쪼개기 상장 후 계열사간 사업적으로 강하게 연결되면서 내부거래가 발생하게 되고, 이는 모회사와 물적분할해서 상장한 자회사의 주주 간의 이해관계 상충을 발생시키게 된다. 카카오가 지난해 3분기 공시한 계열회사간 주요 상품 용역 거래 내역을 살펴보면 카카오페이나 카카오모빌리티 같은 회사들이 카카오에 지급하고 있는 금액이 없다. 카카오톡을 통해서 고객을 끌어들이는 이들의 구조만 놓고 보면 카카오 주주 입장에서 납득하기 어려운 부분이다. 일례로 카카오톡 메뉴 화면을 보면 카카오 계열사 서비스 목록이 나오는데, 카카오톡이 이들로부터 받는 금전적인 대가는 없거나 매우 작은 수준에 불과하다. 즉, 카카오와 카카오페이, 카카오모빌리티 주주들의 이해는 서로 상충될 수밖에 없다. 카카오 주주로선 카카오 계열사가 아닌 다른 회사가 카카오톡을 통해 고객 유입을 지속적으로 할 수 있게 해주는 서비스를 제공한다면 상당한 수익을 얻을 수 있고, 카카오페이나 카카오모빌리티 등의 계열사가 카카오가 아닌 다른 플랫폼을 이용한다면 상당한 수준의 이용료를 지불할 가능성이 있기 때문이다. 카카오 소액주주 입장에선 카카오 계열사 주주의 이익을 위해 희생한다고 주장할 수 있을 만한 부분이다. 이에 정치권에서는 미국이나 다른 해외 선진국처럼 '이사가 주주에 대한 선관 및 충실 의무'를 다하도록 상법 개정이 이뤄져야 한다는 목소리가 나오고 있다. 해당 상법 개정이 이뤄진다면 카카오와 카카오 계열사 간 내부거래는 법적 문제로 불거질 수 있다. (인베스트조선, 쪼개기 상장 카카오… 지배구조 뇌관될 '계열사간 내부거래', 2022.2.3 발췌)

발생하는 경우가 있다. 이 경우 내부거래로 인한 미실현손익 제거와 더불어 재고자산평가손실을 조정하는 연결분개를 수행해야 한다. 다음 예제를 통해 구체적으로 살펴보자.

예제 4-3 재고자산 미실현이익 – 재고자산평가손실 발생

갑(주)가 60%의 지분을 소유한 종속기업 을(주)에 원가 ₩1,000의 재고자산을 ₩1,300에 판매하였다. 이 재고자산은 기말까지 판매되지 않고 을(주)의 재고자산으로 남아 있으며, 을(주)는 저가법에 따라 동 재고자산을 순실현가능가치인 ₩800으로 평가하였다.

위의 내부거래와 관련하여 갑(주)가 연결재무제표 작성에 필요한 연결분개를 하라.

해답

(1) 을(주)의 개별재무제표상 기말회계처리 : 내부거래 재고자산의 저가법 평가

(차) 재고자산평가손실	500	(대) 재고자산평가충당금	500*

* (₩1,300 − ₩800) = ₩500

(2) 분석

내부거래 없이 갑(주)가 동 재고자산을 보유하고 있었다고 하더라도 순실현가능가치가 ₩800이므로 갑(주)는 재고자산평가손실 ₩200을 인식하고 기말재고자산의 장부금액은 ₩800으로 기록하였을 것이다. 그런데 갑(주)가 내부거래로 인한 미실현이익을 ₩300 인식하고 이와 동시에 을(주)가 재고자산평가손실을 ₩500 인식함으로써 전체적으로는 ₩200의 손실을 인식한 결과가 초래되어 연결실체 입장에서 당기순이익은 올바르게 계상되어 있다. 하지만 여전히 내부거래로 인해 매출총이익과 재고자산평가손실이 각각 ₩300만큼 과대계상되어 있고 재고자산의 취득원가와 재고자산평가충당금도 각각 ₩300만큼 과대계상되어 있으므로 이를 수정하기 위한 연결분개가 필요하다.

이 내부거래가 갑(주)와 을(주)의 재무제표에 미친 영향과 연결회계상 계상되어야 할 금액은 다음과 같다.

	갑(주)	을(주)	갑(주)+을(주)	연결실체 관점
매　　출	₩1,300	–	₩1,300	–
매 출 원 가	1,000	–	1,000	–
매출총이익	300	–	300	–
재고자산평가손실	–	₩500	500	₩200
재고자산 취득원가	–	1,300	1,300	1,000
재고자산평가충당금	–	500	500	200

(3) 연결분개

E-①	(차) 매 출	1,300	(대) 매출원가	1,000
				재고자산	300
E-②	(차) 재고자산평가충당금	300	(대) 재고자산평가손실	300

[해설]
E-① 분개는 내부거래와 미실현이익을 제거하는 연결분개이고, E-② 분개는 을(주)가 인식했던 재고자산평가손실 중 연결실체의 입장에서 과대계상된 부분을 취소하는 연결분개이다. 이 분개로 인하여 연결실체 입장에서는 ₩200의 재고자산평가손실을 계상하게 된다. 또한, E-① 분개를 통해 재고자산의 원가가 ₩300만큼 감소하고 E-②에서 재고자산평가충당금이 동액만큼 감소하여 기말재고자산은 여전히 ₩800으로 계상된다.

제 3 절 유형자산 내부거래

연결대상기업간에 유형자산의 매매거래가 발생하면 그 내부거래뿐만 아니라 이로 인한 미실현손익도 제거해야 한다. 이렇게 제거된 미실현손익은 나중에 실현되는 시점에 손익으로 인식해야 하는데, 유형자산의 내부거래로 인한 미실현손익이 실현되는 시점은 해당 유형자산이 감가상각대상인지 여부에 따라 달라진다.

아래에서는 비상각대상 유형자산과 상각대상 유형자산의 경우로 나누어 유형자산 내부거래와 관련된 연결절차를 살펴본다.

1. 비상각대상 유형자산

비상각대상 유형자산의 미실현손익은 전액 당해 자산이 외부에 매각될 때 실현된다. 따라서 비상각대상 유형자산의 내부거래를 제거하는 연결절차는 재고자산 내부거래를 제거하는 연결절차와 유사하다. 연결실체의 관점에서는 비상각대상 유형자산을 외부에 매각하지 않는 한 미실현손익이 실현되지 않으므로 구매회사가 관련 자산을 매각할 때까지 연결재무제표 작성시마다 당해 자산을 원래의 취득원가로 계상하기 위한 연결분개를 수행해야 한다.

예제 4-4 토지(비상각자산)관련 미실현이익

갑(주)는 20×1년 1월 1일 을(주) 발행주식의 60%를 ₩15,000에 취득하였다. 취득 당시 을(주)의 자본계정은 자본금 ₩15,000과 이익잉여금 ₩10,000으로 구성되어 있었으며, 을(주)의 자산과 부채의 장부금액과 공정가치는 일치하였다. 을(주)는 20×1년, 20×2년, 20×3년에 각각 ₩5,000, ₩7,500, ₩10,000의 당기순이익을 보고하였으며, 동 기간중에 이익처분은 없었다.

다음과 같은 거래가 발생했을 때 각각의 거래와 관련하여 20×1년말부터 20×3년말까지 연결재무제표를 작성하기 위해 필요한 연결분개를 하라. 단, 비지배지분은 종속기업의 식별가능한 순자산공정가치에 비례하여 결정한다.

거래(1) : 20×1년말 갑(주)는 장부금액 ₩1,000의 토지를 을(주)에 ₩1,300에 판매하였다. 을(주)는 이 토지를 20×3년말에 외부로 ₩1,500에 판매하였다.

거래(2) : 20×1년말 을(주)는 장부금액 ₩1,000의 토지를 갑(주)에 ₩1,300에 판매하였다. 갑(주)는 이 토지를 20×3년에 외부로 ₩1,500에 판매하였다.

해답

토지의 하향판매인 거래(1)을 그림으로 나타내고 내부거래의 효과를 분석하면 다음과 같다.

판매(20×1년말)
갑(주) ——— (₩1,300) ———→ 을(주) ——→ 20×3년말에 처분(₩1,500)
토지 [유형자산처분이익 : ₩300] 토지 [유형자산처분이익 : ₩200]
(₩1,000) (₩1,300)
[보유 : 20×1년말～20×3년말]

토지 내부거래효과에 대한 연도별 분석

연 도	계정과목	갑(주) 계상액	을(주) 계상액	갑(주)+을(주)	연결실체 관점에서 계상되어야 할 금액
20×1	유형자산처분이익	₩300	–	₩300	–
	토 지	–	₩1,300	1,300	₩1,000
20×2	유형자산처분이익	–	–	–	–
	토 지	–	1,300	1,300	1,000
20×3	유형자산처분이익	–	200	200	500
	토 지	–	–	–	–

[해설]

연결실체의 관점에서는 을(주)가 토지를 외부로 판매할 때까지 토지는 본래의 취득원가인 ₩1,000으로 계상되어야 한다. 따라서 20×1년말 연결분개를 통해 유형자산처분이익 ₩300과 동액에 해당하는 토지계정을 상계제거해야 한다.

20×2년말에도 토지계정을 ₩300만큼 제거해야 한다. 20×1년에 연결분개를 통해 토지를 ₩300만큼 제거하였다 하더라도 연결분개는 연결정산표에만 반영되고 개별회계상 반영되지 않으므로 20×2년에 다시 동일한 분개를 해야 한다. 또한, 20×1년에 발생한 유형자산처분이익 ₩300으로 인해 20×2년 기초이익잉여금이 동액만큼 과대계상되어 있으므로 이를 수정해야 한다.

20×3년 을(주)가 이 토지를 외부로 판매할 때 비로소 연결실체의 관점에서는 원래 취득원가인 ₩1,000과 처분가격 ₩1,500의 차액인 ₩500의 처분이익이 실현된다. 따라서 을(주)가 개별재무제표상 인식한 유형자산처분이익 ₩200에 더하여 ₩300의 유형자산처분이익을 추가로 인식해야 한다.

상향판매인 거래(2)의 경우에도 연결실체 내의 거래이므로 ₩300의 미실현이익을 제거하고 토지가 외부에 처분될 때까지 토지의 과대계상분 ₩300을 감소시켜야 한다는 점은 하향판매와 동일하다. 다만, 상향판매의 경우에는 개별회계상 을(주)가 처분이익을 인식한 것이므로 이를 제거하여 그 손익효과를 지배기업지분과 비지배지분으로 나누어 부담시키는 점에서 하향판매와 차이가 있다.

거래(1) : 하향판매	거래(2) : 상향판매

1) 20×1년에 대한 분석

토지의 내부거래로 인해 ₩1,300의 미실현이익(유형자산처분이익)이 존재하며, 동액만큼 토지가 과대계상되어 있다.

〈20×1년말 연결분개〉

E-① 투자주식과 자본계정의 상계 및 비지배지분 설정

거래(1)	거래(2)
(차) 자 본 금 15,000 이익잉여금 10,000 (대) 투 자 주 식 15,000 비지배지분 10,000 *	–좌동–

* (₩15,000 + ₩10,000) × 40% = ₩10,000

E-② 내부거래 및 미실현이익의 제거

거래(1)	거래(2)
(차) 유형자산처분이익 300 (대) 토 지 300	–좌동–

(주) 내부거래에서 발생한 미실현이익을 제거하고 동시에 동액만큼 과대계상되어 있는 토지의 장부금액을 수정하는 분개이다.

E-③ 비지배지분순이익의 계상 : 을(주) 실현 당기순이익의 40%

거래(1)	거래(2)
(차) 이익잉여금 2,000 * (대) 비지배지분 2,000 * ₩5,000 × 40% = ₩2,000	(차) 이익잉여금 1,880 # (대) 비지배지분 1,880 # (₩5,000 − ₩300) × 40% = ₩1,880

2) 20×2년에 대한 분석

20×2년에는 전년도에 내부거래를 통해 구입한 토지를 그대로 보유하였다. 따라서 여전히 토지는 미실현이익액만큼 과대계상되어 있다.

〈20×2년말 연결분개〉

E-①-1) 투자주식과 자본계정의 상계 및 비지배지분 설정

(차) 자 본 금 15,000 이익잉여금 10,000 (대) 투자주식 15,000 비지배지분 10,000	-좌동-
2) (차) 이익잉여금 2,000 (대) 비지배지분 2,000	-좌동-

E-② 토지에 포함되어 있는 미실현이익의 제거

(차) 이익잉여금 300 (대) 토 지 300	(차) 이익잉여금 180 비지배지분 120 (대) 토 지 300

[해설]

대변항목으로 토지 ₩300을 차감하는 것은 미실현이익으로 인한 과대계상액을 수정해 주는 것이다. 차변항목으로 이익잉여금을 ₩300(상향판매에서는 ₩180)만큼 감소시키는 이유는 전기에 인식한 미실현이익 ₩300으로 인해 기초이익잉여금이 동액만큼 과대계상된 부분을(상향판매에서는 지배기업 해당액 ₩180과 비지배지분 해당액 ₩120으로 구분) 수정하는 분개이다. 상향판매에서 비지배지분을 ₩120만큼 감소시키는 이유를 구체적으로 보자. 20×2년말의 E-①-2)의 분개에서 비지배지분은 을(주)의 20×1년 당기순이익에 비지배지분율을 곱하여 계상된다. 이때 을(주)의 20×1년 당기순이익은 20×1년에 발생한 미실현이익(₩300)이 제거되지 않은 금액이므로 비지배지분이 ₩120만큼 과대계상된다. E-②의 분개를 통하여 이렇게 과대계상되는 비지배지분이 수정된다.

E-③ 비지배지분순이익의 계상 : 을(주) 실현 당기순이익의 40%

(차) 이익잉여금 3,000* (대) 비지배지분 3,000 * ₩7,500 × 40% = ₩3,000	-좌동-

3) 20×3년에 대한 분석

20×3년에는 토지가 외부로 판매되었기 때문에 미실현이익이 실현되었다.

〈20×3년말 연결분개〉

E-①-1) 투자주식과 자본계정의 상계 및 비지배지분 설정

(차) 자 본 금 15,000 이익잉여금 10,000 (대) 투 자 주 식 15,000 비지배지분 10,000	－좌동－
2) (차) 이익잉여금 5,000* (대) 비지배지분 5,000 * (₩5,000 + ₩7,500) × 40% = ₩5,000	－좌동－

E-② 토지 관련 미실현이익의 실현

(차) 이익잉여금 300 (대) 유형자산처분이익 300	(차) 이익잉여금 180 비지배지분 120 (대) 유형자산처분이익 300

[해설]
개별회계상으로는 을(주)(상향판매에서는 갑(주))가 20×3년에 원가 ₩1,300의 토지를 ₩1,500에 매각하여 ₩200의 유형자산처분이익이 발생했다. 그러나 연결실체의 관점에서는 20×3년에 원가 ₩1,000의 토지를 ₩1,500에 판매한 것이므로 유형자산처분이익은 ₩500이 되어야 한다. 위의 분개에서 차변은 20×2년말의 연결분개와 동일하다. 다만, 대변에 토지 대신에 유형자산처분이익 ₩300이 기록되는데, 이는 연결실체의 관점에서 유형자산처분이익을 ₩300만큼 증가시켜 ₩500으로 기록하기 위함이다.

E-③ 비지배지분순이익의 계상 : 을(주) 실현 당기순이익의 40%

(차) 이익잉여금 4,000* (대) 비지배지분 4,000 * ₩10,000 × 40% = ₩4,000	(차) 이익잉여금 4,120# (대) 비지배지분 4,120 # (₩10,000 + ₩300) × 40% = ₩4,120

[해설]
상향판매에서는 토지가 외부에 판매됨으로써 당기에 실현된 이익 ₩300의 40%인 ₩120만큼 비지배지분이 증가한다.

지금까지는 연결대상기업간의 내부거래에서 미실현이익이 발생한 경우만을 살펴봤지만, 미실현손실이 발생한 경우에도 미실현이익이 발생한 경우와 마찬가지로 모두 제거되어야 한다. 그러나 이러한 내부거래미실현손실이 자산손상으로 인한 손상차손에 해당하는 경우에는 제거하지 않고 당기손실로 인식할 필요가 있다. 다음 예제를 통해 구체적으로 살펴보자.

예제 4-5 비상각자산 미실현이익 – 손상차손 발생

을(주) 발행주식의 60%를 취득하여 보유하고 있는 갑(주)가 을(주)에 장부금액이 ₩8,000인 토지를 ₩10,000에 판매하였으며, 을(주)는 기말에 시가의 현저한 하락으로 토지를 ₩7,000으로 평가하고 ₩3,000의 손상차손을 인식하였다. 이 경우 토지의 내부거래와 관련하여 필요한 연결분개를 하라.

해답

이 내부거래가 갑(주)와 을(주)의 재무제표에 미친 영향과 연결회계상 계상되어야 할 금액은 다음과 같다.

	갑(주)	을(주)	갑(주)+을(주)	연결실체 관점
토지(취득원가)	–	₩10,000	₩10,000	₩8,000
유형자산처분이익	₩2,000	–	2,000	–
유형자산손상차손	–	3,000	3,000	1,000
손상차손누계액	–	3,000	3,000	1,000

[해설]

갑(주)가 내부거래 없이 이 토지를 보유하고 있었다 하더라도 토지를 ₩7,000으로 평가하고 ₩1,000의 손상차손을 인식하였을 것이다. 따라서 연결실체의 관점에서 토지는 적절하게 평가되어 있지만 유형자산처분이익과 유형자산손상차손은 각각 ₩2,000만큼 과대계상되어 있다. 따라서 연결재무제표상 유형자산처분이익과 유형자산손상차손이 ₩2,000만큼 상계제거되어야 한다.

〈연결분개〉

E-①	(차) 유형자산처분이익	2,000	(대) 유형자산손상차손	2,000
	유형자산손상차손누계액	2,000	토 지	2,000

2. 감가상각대상 유형자산

토지와 같이 감가상각의 대상이 되지 않는 유형자산의 매매거래에서 발생한 미실현손익은 외부에 판매되어야만 실현된다. 반면에 건물과 같은 감가상각대상자산의 미실현손익은 외부매각뿐만 아니라 계속 보유하더라도 감가상각을 통하여 미실현손익이 점진적으로 실현된다.

건물이 외부에 판매됨으로써 미실현손익이 실현된다는 것은 앞에서 공부한 재고자산이나 토지의 경우와 마찬가지이므로 쉽게 이해가 된다. 그러나 내부거래에서 생긴 미실현손익이 감가상각을 통하여 실현된다는 의미는 무엇인가?

내부거래를 통해 유형자산처분이익이 발생하면 구매회사의 장부에 동 미실현이익만큼 유형자산이 과대계상된다. 이에 따라 구매회사는 유형자산처분이익이 포함된 장부금액을 기초로 매년 감가상각비를 계상하게 된다. 그러나 연결실체의 관점에서는 이 유형자산을 외부로부터 처음 구입한 때의 장부금액을 기초로 감가상각비를 계상해야 하므로 결국 개별회계상 감가상각비가 과대계상되는 결과를 초래한다. 따라서 감가상각대상 유형자산에 대한 내부거래가 발생한 이후에 연결재무제표를 작성할 때에는 이 내부거래에서 발생한 미실현이익뿐만 아니라 개별회계상 과대계상된 감가상각비도 제거해야 한다.

이처럼 개별회계상 과대계상된 감가상각비의 제거는 연결실체의 당기순이익을 증가시켜 미실현이익의 제거로 감소한 당기순이익을 상쇄시킨다. 즉, 개별회계상 과대계상된 감가상각비의 제거로 연결실체의 당기순이익이 증가하여 미실현이익이 실현된 것과 동일한 효과를 갖는다고 할 수 있다. 아래 [그림 4-3]을 통해 살펴보자. 갑(주)가 장부금액 ₩900의 건물(취득원가 ₩1,500, 감가상각누계액 ₩600, 잔존내용연수는 3년, 잔존가치는 0이고 정액법으로 상각)을 을(주)에 ₩1,200으로 매각하면 ₩300의 미실현이익이 생긴다. 내부거래 후 첫해에 을(주)는 개별회계상 ₩400(=₩1,200/3년)의 감가상각비를 인식하는데, 이는 내부거래가 없었을 경우 인식해야 할 감가상각비 ₩300(=₩900/3년)보다 ₩100만큼 많은 금액이다. 따라서 을(주)가 인식한 감가상각비 중 ₩100을 감소시킴으로써 연결입장에서의 올바른 감가상각비인 ₩300을 계상하게 되고 당기순이익은 ₩100만큼 증가하여 미실현이익 ₩300 중에서 ₩100이 실현된 것과 동일한 효과를 갖게 된다.

[그림 4-3] **상각자산의 미실현이익 상계(내부거래 상각자산의 계속 보유 가정)**

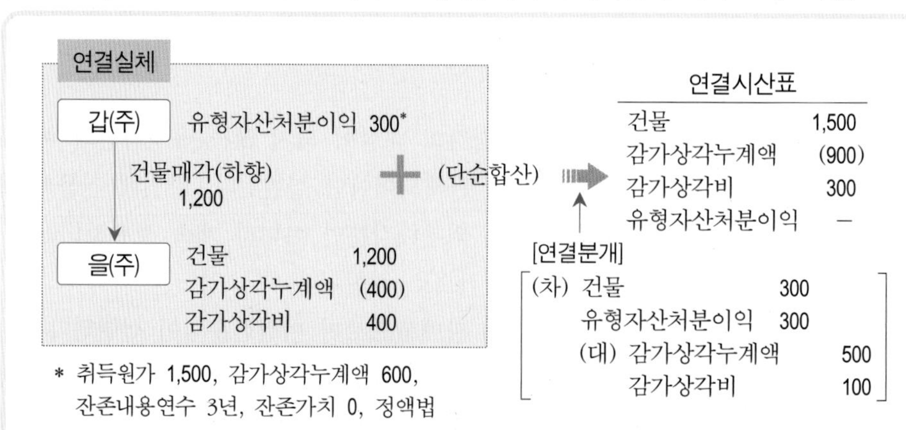

예제 4-6 건물(상각자산)관련 미실현이익

갑(주)는 20×1년 1월 1일 을(주) 발행주식의 60%를 ₩15,000에 취득하였다. 취득 당시 을(주)의 자본계정은 자본금 ₩15,000과 이익잉여금 ₩10,000으로 구성되어 있었으며 을(주)의 자산과 부채의 장부금액과 공정가치는 일치하였다. 을(주)는 20×1년, 20×2년, 20×3년에 각각 ₩5,000, ₩7,500, ₩10,000의 당기순이익을 보고하였으며 동 기간중에 이익처분은 없었다.

다음과 같은 거래가 발생했을 때 각각의 거래와 관련하여 20×1년말부터 20×3년말까지 연결재무제표를 작성하기 위해 필요한 연결분개를 하라. 단, 비지배지분은 종속기업의 식별가능한 순자산공정가치에 비례하여 결정한다.

거래(1) : (하향판매)

20×1년말에 갑(주)는 장부금액 ₩1,000(취득원가 ₩3,000, 감가상각누계액 ₩2,000, 잔존내용연수 5년, 잔존가치 0)의 건물을 을(주)에 ₩1,300에 판매하였다. 을(주)는 이 건물을 20×3년말에 외부로 ₩1,500에 매각하였다.

거래(2) : (상향판매)

20×1년말에 을(주)는 장부금액 ₩1,000(취득원가 ₩3,000, 감가상각누계액 ₩2,000, 잔존내용연수 5년, 잔존가치 0)의 건물을 갑(주)에 ₩1,300에 판매하였다. 갑(주)는 이 건물을 20×3년말에 외부로 ₩1,500에 매각하였다.

해답

먼저 거래(1)을 그림으로 나타내고, 내부거래의 효과를 분석하면 다음과 같다.

판매(20×1년말) 20×3년말
갑(주) ——(₩1,300)——→ 을(주) ——→ 처분(₩1,500)
[유형자산처분이익 : ₩300] [유형자산처분이익 : ₩720]*

건 물	₩3,000	→	(건물 : ₩1,300)
감가상각누계액	(2,000)		[보유 : 20×1년말～20×3년말]
	₩1,000		

* 20×3년말 현재의 장부금액은 ₩780(= ₩1,300 − (₩1,300/5년) × 2년)으로 이 장부금액과 처분금액(₩1,500)의 차이로 유형자산처분이익(₩720)이 계산됨.

20×1년말에 갑(주)가 보유하던 장부금액 ₩1,000의 건물을 을(주)에 판매하면서 인식한 유형자산처분이익 ₩300은 연결실체의 관점에서 보면 내부거래로 인한 미실현이익이다. 동 미실현이익은 20×2년부터 감가상각을 통하여 그리고 20×3년의 외부매각을 통하여 실현된다.

건물 내부거래효과에 대한 연도별 분석 (단위 : 원)

연 도	갑(주)/을(주)의 개별회계상 회계처리					연결회계상 올바른 회계처리				
	건 물	감가상각누계액	장부금액	감가상각비	유형자산처분이익	건 물	감가상각누계액	장부금액	감가상각비	유형자산처분이익
20×1	1,300	—	1,300	200	300*	3,000	2,000	1,000	200	—
20×2	1,300	260	1,040	260	—	3,000	2,200	800	200	—
20×3	—	—	—	260	720**				200	900***

* 건물처분이익의 미실현분으로 이는 보유기간 동안 감가상각을 통하여 실현되어 간다.
** 20×3년말 처분시 개별회계상 장부금액(₩780)과 처분금액(₩1,500)의 차이
*** 20×3년말 처분시 연결회계상 장부금액(₩600)과 처분금액(₩1,500)의 차이

상향판매의 경우에는 개별회계상 을(주)가 처분이익을 인식한 것이므로 미실현이익의 제거효과 및 향후 미실현이익이 실현되는 부분을 지배기업지분과 비지배지분으로 나누어 인식한다.

거래(1) : 하향판매	거래(2) : 상향판매

(1) 20×1년에 대한 분석
〈20×1년말 연결분개〉

E-① 투자주식과 자본계정의 상계 및 비지배지분 설정

거래(1) : 하향판매			거래(2) : 상향판매
(차) 자 본 금	15,000		—좌동—
이익잉여금	10,000		
(대) 투 자 주 식		15,000	
비지배지분		10,000	

E-② 내부거래 및 미실현이익의 제거

거래(1) : 하향판매			거래(2) : 상향판매
(차) 건 물	1,700		—좌동—
유형자산처분이익	300		
(대) 감가상각누계액		2,000	

[해설]
미실현이익인 유형자산처분이익을 제거하고 건물 및 관련 감가상각누계액을 내부거래 전의 상태로 환원시키는 분개이다.

E-③ 비지배지분순이익의 계상 : 을(주) 당기순이익(상향판매에서는 을(주) 실현이익)의 40%

거래(1) : 하향판매			거래(2) : 상향판매		
(차) 이익잉여금	2,000		(차) 이익잉여금	1,880*	
(대) 비지배지분		2,000	(대) 비지배지분		1,880
			* (₩5,000 − ₩300) × 40% = ₩1,880		

(2) 20×2년에 대한 분석

〈20×2년말 연결분개〉

E-①-1) 투자주식과 자본계정의 상계 및 비지배지분 설정

(차) 자 본 금	15,000	-좌동-
이익잉여금	10,000	
(대) 투 자 주 식	15,000	
비지배지분	10,000	

2)

(차) 이익잉여금	2,000 *	-좌동-
(대) 비지배지분	2,000	

* ₩5,000 × 40% = ₩2,000

E-② 내부거래효과 제거 및 감가상각을 통한 실현이익의 인식

(차) 이익잉여금	300	(차) 이익잉여금	180
건 물	1,700	비지배지분	120
(대) 감가상각누계액	1,940 *	건 물	1,700
감가상각비	60	(대) 감가상각누계액	1,940 *
		감가상각비	60

* 20×2년말 현재 연결회계상 계상되어야 할 금액	₩2,200
20×2년말 현재 을(주)(상향판매에서는 갑(주))가 계상한 금액	(260)
조정금액	₩1,940

[해설]

차변에서 이익잉여금 ₩300(상향판매에서는 ₩180)을 감소시키는 이유는 전기에 인식한 미실현이익 ₩300으로 인해 기초이익잉여금이 동액만큼 과대계상된 부분을(상향판매에서는 지배기업 해당액 ₩180과 비지배지분 해당액 ₩120으로 구분) 수정하기 위함이다. 이는 앞서 재고자산이나 토지의 경우에서 이미 설명한 바와 같다. 아울러 건물 및 관련 감가상각누계액을 내부거래 전의 상태로 환원시켜야 한다.

E-③ 비지배지분순이익의 계상 : 을(주) 당기순이익(상향판매에서는 을(주) 실현이익)의 40%

(차) 이익잉여금	3,000	(차) 이익잉여금	3,024 #
(대) 비지배지분	3,000	(대) 비지배지분	3,024
		# (₩7,500 + ₩60) × 40% = ₩3,024	

(주) 상향판매의 경우에는 감가상각을 통해 당기에 실현된 이익 중 40%에 해당하는 ₩24이 비지배지분순이익에 가산된다.

(3) 20×3년에 대한 분석

〈20×3년말 연결분개〉

E-①-1) 투자주식과 자본계정의 상계 및 비지배지분 설정

하향판매		상향판매
(차) 자 본 금	15,000	－좌동－
이익잉여금	10,000	
(대) 투 자 주 식	15,000	
비지배지분	10,000	
2) (차) 이익잉여금	5,000*	－좌동－
(대) 비지배지분	5,000	

* (₩5,000 + ₩7,500) × 40% = ₩5,000
20×1년～20×2년에 대한 을(주) 이익잉여금증가액 중 비지배지분 해당액을 인식

E-② 건물 관련 미실현이익의 실현

하향판매		상향판매	
(차) 이익잉여금	240	(차) 이익잉여금	144#
(대) 유형자산처분이익	180*	비지배지분	96#
감가상각비	60	(대) 유형자산처분이익	180*
		감가상각비	60

* 연결실체 입장에서의 유형자산처분이익 = ₩1,500 − (₩3,000 − ₩2,000 − ₩200 × 2년) = ₩900
을(주)가 계상한 유형자산처분이익 = ₩1,500 − (₩1,300 − ₩260 × 2년) = ₩720
따라서 연결회계상 유형자산처분이익 ₩180을 더 계상해야 한다.
\# (₩300 − ₩60 × 1년) × 60%(40%) = ₩144(₩96)

[해설]
하향판매의 경우 차변에 이익잉여금 ₩240을 감소시키는 이유는 전기에 인식한 미실현이익 ₩300에서 20×2년의 감가상각으로 실현된 ₩60을 차감한 ₩240만큼 과대계상된 기초이익잉여금을 수정하기 위함이다. 상향판매에서는 지배기업 해당액 ₩144을 이익잉여금에서 차감하고 비지배지분 해당액 ₩96은 비지배지분에서 감소시킴으로써 20×3년 기초시점에서 을(주)의 이익잉여금에 포함되어 있는 미실현이익을 제거하게 된다.

아울러 매각시점이 20×3년말이므로 을(주)(상향판매에서는 갑(주))가 20×3년에 계상한 감가상각비 ₩260 중 과대계상된 ₩60을 취소시키며, 유형자산처분이익 ₩720은 연결실체의 입장에서 적정한 금액인 ₩900으로 조정하기 위해 ₩180을 추가계상한다.

E-③ 비지배지분순이익의 계상 : 을(주) 당기순이익(상향판매에서는 을(주) 실현이익)의 40%

하향판매		상향판매	
(차) 이익잉여금	4,000	(차) 이익잉여금	4,096#
(대) 비지배지분	4,000	(대) 비지배지분	4,096

\# (₩10,000 + ₩180(건물매각으로 실현된 이익) + ₩60(20×3년 감가상각을 통해 실현된 이익)) × 40% = ₩4,096

(주) 20×1년에 발생한 미실현이익은 다음과 같이 하향판매의 경우와 상향판매의 경우 모두 2년간의 감가상각과 20×3년말의 외부매각으로 실현되고 있음을 알 수 있다.

연 도	미실현이익의 발생	미실현이익의 실현			
		하향판매의 경우	상향판매의 경우		
		지배기업지분	지배기업지분	비지배지분	합 계
20×1	₩300(처분)	–	–	–	–
20×2	–	₩60(감가상각)	₩36	₩24	₩60
20×3	–	240(감가상각 및 매각)	144	96	240
합 계	₩300	₩300	₩180	₩120	₩300

⇒ 미실현이익 ₩300이 모두 실현됨

제 4 절 사채 내부거래

연결대상기업간의 사채거래는 아래 그림에서 보듯이 크게 두 가지 경우로 생각해 볼 수 있다.

[그림 4-4] **연결대상기업간의 사채거래**

① 연결대상기업간의 직접거래 : 을(주)가 갑(주)에 사채를 발행함

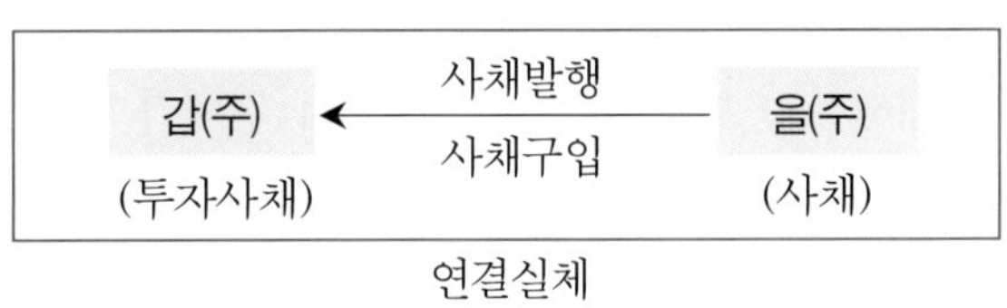

② 연결대상기업간의 간접거래 : 을(주)가 외부회사에 사채를 발행하고 갑(주)가 외부로부터 이를 취득함

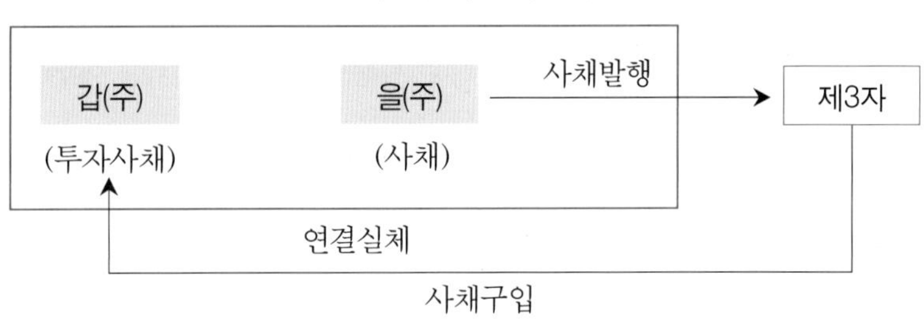

먼저 연결대상기업 중의 하나가 사채를 발행하고 다른 연결대상기업이 이 사채를 직접 매입하는 경우(경우 ①)를 검토해 보자. 이 경우 사채가 연결실체 외부로 발행되지 않았기 때문에 연결실체의 관점에서는 사채를 발행하지 않은 것에 해당하므로 연결대상기업간 사채발행거래는 취소되어야 한다. 이처럼 연결대상기업이 다른 연결대상기업에 직접 사채를 발행한 경우 발행회사의 발행금액과 구입회사의 구입가격이 동일하게 되어 동일한 채권과 채무가 연결실체 내에 존재하게 된다. 따라서 연결재무제표 작성시 투자사채와 사채를 상계제거하고 관련된 이자비용과 이자수익을 상계제거하면 되므로 복잡한 회계처리가 요구되지 않는다.

한편 연결대상기업이 사채를 발행하여 제3자에게 매각하였는데, 이를 다른 연결대상기업이 다시 구입하는 경우(경우 ②)도 있다. 사채의 발행회사와 구입회사가 모두 동일한 연결실체에 속하므로 연결실체의 입장에서는 외부에 발행한 사채를 상환한 것에 해당한다. 따라서 연결재무제표 작성시 갑(주)가 제3자로부터 매입하는 사채는 을(주)가 발행한 사채의 상환으로 회계처리되어야 한다. 이 경우 을(주)가 사채를 발행할 당시의 시장이자율과 갑(주)가 이를 구입하는 시점의 시장이자율이 다르면 갑(주)의 투자사채 취득가격과 을(주)의 사채 장부금액이 일치하지 않게 된다. 즉 연결실체 입장에서 이는 장부금액과 다른 금액으로 사채를 상환한 것에 해당한다. 따라서 연결재무제표 작성시 투자사채의 취득원가와 사채의 장부금액을 상계제거하고 그 차액은 연결포괄손익계산서에 사채추정상환손익으로 기록한다. 이때 사채추정상환손익을 어느 회사에 부담시켜야 하는가에 대해서는 다음과 같이 네 가지 견해가 있다.

사채추정상환손익의 부담 주체에 대한 견해

① 사채추정상환손익 전액을 사채발행회사에 부담시키는 방법
② 사채추정상환손익 전액을 사채매입회사에 부담시키는 방법
③ 사채추정상환손익 전액을 지배기업에 부담시키는 방법
④ 사채추정상환손익을 발행회사와 매입회사에 안분하는 방법

①은 사채추정상환손익 전액을 사채발행회사에 부담시키는 방법이다. 사채상환손익은 궁극적으로 사채발행에 의해 발생한 것이기 때문에 발행회사가 직접 상환하든 다른 연결대상기업이 매입을 하든 발행회사에 귀속하도록 하는 것이

거래의 실질에 부합한다는 것이다. ②는 사채추정상환손익 전액을 사채매입회사에 부담시키는 방법이다. 이 방법의 논리는 사채의 매입에서 발생한 사채상환손익은 매입거래를 실제로 행한 회사에 귀속시켜야 한다는 것이다. ③은 사채추정상환손익 전액을 지배기업에 부담시키는 방법이다. 사채의 매입에 의해 발생한 사채상환손익은 매입의사결정을 주도한 지배기업에 귀속시키는 것이 타당하다는 것이다. ④는 사채추정상환손익을 발행회사와 매입회사에 안분하는 방법으로, 발행회사와 매입회사가 사채상환에 개입되므로 사채상환손익을 두 회사에 안분해야 한다는 것이다. 이 방법에 따르면 사채추정상환손익은 발행회사의 장부금액과 액면금액의 차이와 매입회사의 매입원가와 액면금액의 차이의 상대적인 크기에 따라 배분한다.

위의 방법 중에서 ①의 견해가 가장 널리 지지를 받고 있다. 즉 사채를 발행한 회사가 궁극적으로 당해 사채의 상환손익을 부담하는 것이 가장 합리적이라는 것이다. 따라서 발행회사가 지배기업인 경우 사채추정상환손익은 지배기업이 전액 인식하고, 발행회사가 종속기업인 경우 사채추정상환손익은 전액 인식하여 지배기업지분과 비지배지분으로 안분하면 된다.

한편, 을(주)는 갑(주)에 해당 사채에 대한 이자를 지급할 것이므로 개별회계상 갑(주)는 이자수익을 계상하고 을(주)는 이자비용을 계상하게 된다. 하지만 연결실체의 관점에서 보면 을(주)가 발행한 사채는 이미 상환되었으므로 연결재무제표에 해당 사채 및 이와 관련된 이자수익과 이자비용이 계상되어서는 아니 된다. 따라서 갑(주)의 투자사채와 을(주)의 사채를 상계제거하는 연결분개 외에 갑(주)의 이자수익과 을(주)의 이자비용을 상계제거하는 연결분개가 추가로 필요하다.

예제 4-7 사채추정상환손익

갑(주)는 20×1년 1월 1일 을(주) 발행주식의 60%를 ₩15,000에 취득하였다. 취득 당시 을(주)의 자본계정은 자본금 ₩15,000과 이익잉여금 ₩10,000으로 구성되어 있었으며 을(주)의 자산과 부채의 장부금액과 공정가치는 일치하였다.

을(주)는 20×1년, 20×2년, 20×3년에 각각 ₩5,000, ₩7,500, ₩10,000의 당기순이익을 보고하였으며 동 기간중에 이익처분은 없었다.

다음과 같은 거래가 발생했을 때 각각의 거래와 관련하여 20×1년말부터 20×3년말까지 연결재무제표를 작성하기 위해 필요한 연결분개를 하라. 단, 비지배지분은 종속기업의 식별가능한 순자산공정가치에 비례하여 결정한다.

거래(1) : 20×1년초 갑(주)의 부채에는 장부금액 ₩976(액면금액 ₩1,000, 사채할인발행차금 ₩24)의 사채(만기 : 20×3년 12월 31일, 액면이자율 10%, 유효이자율 11%)가 있다. 을(주)가 20×1년초 이 사채를 시장에서 ₩952(시장이자율 12%)에 취득하였다.

거래(2) : 20×1년초 을(주)의 부채에는 장부금액 ₩976(액면금액 ₩1,000, 사채할인발행차금 ₩24)의 사채(만기 : 20×3년 12월 31일, 액면이자율 10%, 유효이자율 11%)가 있다. 갑(주)가 20×1년초 이 사채를 시장에서 ₩952(시장이자율 12%)에 취득하였다.

단, 사채할인발행차금과 투자사채할인차금은 유효이자율법으로 상각하고, 취득한 투자사채는 상각후원가측정금융자산으로 분류되어 있다. 또한 연결실체간의 사채구입에서 발생하는 사채상환손익은 전액 발행회사가 부담하는 것으로 가정한다.

해답

위의 거래(1)을 그림으로 나타내고, 내부거래의 효과를 분석하면 다음과 같다.

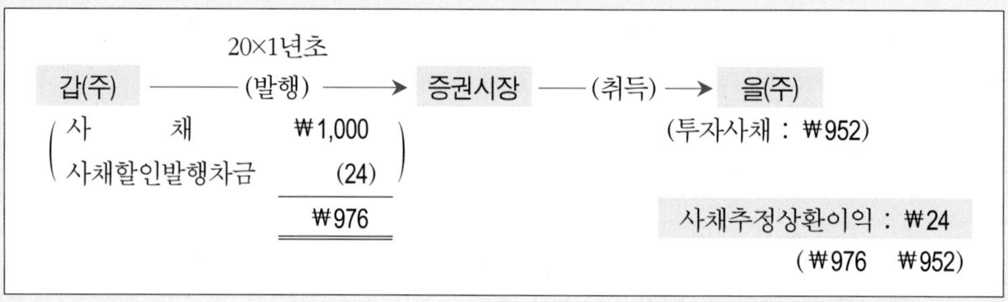

(1) 지배기업이 발행한 사채를 종속기업이 구입한 경우(거래(1)) :

연결실체의 관점에서 볼 때 지배기업의 사채(장부금액 ₩976)를 ₩952에 매입상환한 것이 된다. 이에 따라 사채추정상환이익 ₩24이 발생하는데, 이 금액 전체가 사채발행회사인 갑(주)에 귀속된다.

추정상환이 일어난 이후에 연결실체의 관점에서는 더 이상 투자사채와 사채가 존재하지 않으므로 연결재무제표상 투자사채와 사채가 나타나서는 안 되며 이자수익이나 이자비용이 계상되어서도 안 된다. 그러나 개별회계에서는 투자사채와 사채가 여전히 존재하고, 관련 이자수익과 이자비용이 재무제표에 계상되고 있다. 따라서 연결분개를 통하여 이러한 계정(투자사채와 사채, 이자수익과 이자비용)을 제거해야 한다.

사채 내부거래효과에 대한 연도별 수정

연 도	개별회사							연결회계	
	갑(주)의 사채 관련 항목				을(주)의 투자사채 관련 항목			연결입장에서 올바른 회계처리	연결분개가 당기순이익에 미치는 영향
	이자비용	이자지급	사채 할인차금	사채 장부금액	이자수익	이자수취	투자사채		
20×1년초			₩24	₩976			₩952	· 사채상환이익 인식	₩24(증가)*
20×1년말	₩107	₩100	17	983	₩114	₩100	966	· 이자비용과 이자수익 제거	7(감소)**
20×2년말	108	100	9	991	116	100	982	· 이자비용과 이자수익 제거	8(감소)**
20×3년말	109	100	–	–	118	100	–	· 이자비용과 이자수익 제거	9(감소)**

* 20×1년초 사채의 장부금액(₩976)이 투자사채의 취득원가(₩952)보다 크므로 사채상환이익 ₩24이 발생한다.

** 매 연도마다 사채의 이자비용과 투자사채의 이자수익을 상계제거하는 과정에서 당기순이익이 각각 ₩7, ₩8, ₩9씩 감소한다.

(2) 종속기업이 발행한 사채를 지배기업이 구입한 경우(거래(2)) :

사채추정상환손익을 인식하고 이자수익과 이자비용을 제거하는 것은 (1)의 경우와 같다. 그러나 사채추정상환손익 및 이후 연도 이자수익과 이자비용의 제거에서 발생하는 손익효과는 모두 발행회사인 종속기업이 부담한다. 그리고 종속기업이 부담한 금액은 다시 지분율에 따라 지배기업지분과 비지배지분에 안분한다.

거래(1) : 지배기업이 발행한 사채를 종속기업이 구입	거래(2) : 종속기업이 발행한 사채를 지배기업이 구입
(1) 20×1년에 대한 분석 및 회계처리 〈20×1년말 연결분개〉 E-① 투자주식과 자본계정의 상계 및 비지배지분 설정 (차) 자 본 금 15,000 이익잉여금 10,000 (대) 투 자 주 식 15,000 비지배지분 10,000 E-② 사채추정상환에 따른 조정 (차) 사 채 1,000 이 자 수 익 114 (대) 상각후원가측정금융자산 966 사채할인발행차금 17 이 자 비 용 107 사채추정상환이익 24	 –좌동– –좌동–

[해설]

연결실체의 입장에서는 사채의 상환에 해당하므로 20×1년말 현재 사채 및 관련계정과 상각후원가측정금융자산을 상계제거하고 사채추정상환이익을 계상하는 것이다. 장부금액 ₩976인 사채를 ₩952에 상환한 것이므로 사채추정상환이익 ₩24이 발생한다. 또한 개별재무제표에 계상된 이자수익 ₩114과 이자비용 ₩107도 제거한다.

E-③ 비지배지분순이익의 계상 : 을(주) 당기순이익(종속기업이 발행한 사채를 추정상환한 경우에는 사채상환효과를 고려한 당기순이익)의 40%

(차) 이익잉여금	2,000*	(차) 이익잉여금	2,007#
(대) 비지배지분	2,000	(대) 비지배지분	2,007
* ₩5,000×40%=₩2,000		# (₩5,000－₩114＋₩107＋₩24)×40%＝₩2,007	

(2) 20×2년에 대한 분석 및 회계처리

〈20×2년말 연결분개〉

E-①-1) 투자주식과 자본계정의 상계 및 비지배지분 설정

(차) 자 본 금	15,000	－좌동－	
이익잉여금	10,000		
(대) 투 자 주 식	15,000		
비지배지분	10,000		

2)

(차) 이익잉여금	2,000*	－좌동－	
(대) 비지배지분	2,000		

* ₩5,000×40%＝₩2,000
20×1년 을(주) 이익잉여금 증가액 중 비지배지분 해당액을 인식

E-② 사채추정상환에 따른 조정

(차) 사 채	1,000	(차) 사 채	1,000
이 자 수 익	116	이 자 수 익	116
(대) 상각후원가측정금융자산	982	(대) 상각후원가측정금융자산	982
사채할인발행차금	9	사채할인발행차금	9
이 자 비 용	108	이 자 비 용	108
이익잉여금	17*	이익잉여금	10#
		비지배지분	7#
* 20×1년에 인식한 사채추정상환이익 ₩24과 이자수익 및 이자비용 제거로 인한 효과(₩7)의 순액임		# [₩24－(₩114－₩107)]×60%(40%) ＝₩10(₩7)	

[해설]

개별재무제표에 계상된 사채관련계정과 상각후원가측정금융자산계정 및 20×2년의 이자수익과 이자비용을 제거하는 분개이다. 대변에 이익잉여금 ₩17(종속기업이 사채를 발행한 경우에는 이익잉여금과 비지배지분을 각각 ₩10과 ₩7)을 증가시키는 이유는 기초이익잉여금에 전기에 발생한

사채추정상환이익 ₩24이 미반영되어 있고 사채상환으로 더 이상 인식하지 말아야 할 전기의 이자수익 ₩114과 이자비용 ₩107이 포함되어 있기 때문이다.

E-③ 비지배지분순이익의 계상 : 을(주) 당기순이익(종속기업사채를 추정상환한 경우에는 사채상환 효과를 고려한 당기순이익)의 40%

(차) 이익잉여금	3,000	(차) 이익잉여금	2,997#
(대) 비지배지분	3,000	(대) 비지배지분	2,997
		# (₩7,500 − ₩116 + ₩108) × 40% = ₩2,997	

(3) 20×3년에 대한 분석

〈20×3년말 연결분개〉

E-①-1) 투자주식과 자본계정의 상계 및 비지배지분 설정

(차) 자 본 금	15,000	−좌동−
이익잉여금	10,000	
(대) 투 자 주 식	15,000	
비지배지분	10,000	
2) (차) 이익잉여금	5,000*	−좌동−
(대) 비지배지분	5,000	

* (₩5,000 + ₩7,500) × 40% = ₩5,000

20×1년~20×2년에 대한 을(주) 이익잉여금증가액 중 비지배지분 해당액을 인식

E-② 사채추정상환에 따른 조정

(차) 이 자 수 익	118	(차) 이 자 수 익	118
(대) 이 자 비 용	109	(대) 이 자 비 용	109
이익잉여금	9*	이익잉여금	5#
		비지배지분	4#
* [₩24(사채추정상환이익) − (₩114 − ₩107) − (₩116 − ₩108)] = ₩9		# [₩24 − (₩114 − ₩107) − (₩116 − ₩108)] × 60%(40%) = ₩5(₩4)	

[해설]

이익잉여금(종속기업이 사채를 발행한 경우에는 이익잉여금과 비지배지분)을 증가시키는 이유는 20×2년의 경우와 동일하다. 다만, 20×3년말에는 사채의 만기가 도래하여 개별회계상 이미 사채관련계정과 상각후원가측정금융자산계정은 제거되었기 때문에 20×2년 이전 연도의 연결분개와 달리 이들 계정의 상계제거를 위한 분개가 더 이상 필요 없다.

E-③ 비지배지분순이익의 계상 : 을(주) 당기순이익(종속기업사채를 추정상환한 경우에는 사채상환 효과를 고려한 당기순이익)의 40%

(차) 이익잉여금	4,000	(차) 이익잉여금	3,996#
(대) 비지배지분	4,000	(대) 비지배지분	3,996
		# [₩10,000 − (₩118 − ₩109)] × 40% = ₩3,996	

[예제 4-7]에서 지배기업이 발행한 사채를 종속기업이 상환한 경우(거래(1))를 이용하여 사채의 내부거래효과에 관한 개별회계와 연결회계의 차이점을 살펴보자. 먼저 개별회계의 입장에서 보면 갑(주)의 장부금액 ₩976인 사채를 을(주)가 ₩952이라는 저렴한 가격으로 구입하였다. 그리고 이 거래로부터의 효익은 향후 3년에 걸쳐 인식된다. 즉, 20×1년부터 3년간 갑(주)의 이자비용은 ₩324(20×1년부터 각각 ₩107, ₩108, ₩109)이 계상되는 데 반해 을(주)의 이자수익은 ₩348(20×1년부터 각각 ₩114, ₩116, ₩118)이 계상되어 20×3년 만기까지 합계 ₩24의 이익이 계상되게 된다.

반면, 연결회계의 관점에서 보면 을(주)가 갑(주)의 사채를 저렴하게 구입한 거래는 연결실체에 유리한 조건으로 사채를 상환한 거래에 해당한다. 따라서 상환한 연도에 유리한 상환으로부터 발생한 효익을 모두 인식해야 한다. 유리한 가격으로 갑(주)사채를 구입한 효익을 구입연도(20×1년)에 추정상환이익으로 모두 인식하였으므로 20×1년부터 20×3년 사이에 개별재무제표에 반영되는 효과를 제거해야 중복을 피할 수 있다. 이를 위하여 20×1년부터 20×3년까지 이자수익과 이자비용을 제거하는 연결분개를 하는 것이다.

한편, 연결대상기업이 발행한 사채를 다른 연결대상기업이 투자사채로 보유하다가 만기 전에 이를 처분할 수 있다. 이러한 사채의 처분거래에 대해 개별회계에서는 사채를 처분한 회사가 상각후원가측정금융자산을 장부에서 제거하고 상각후원가측정금융자산처분손익을 인식하면 된다. 그러나 연결회계의 입장에서 보면 사채의 처분은 상환된 것으로 간주되었던 사채를 외부에 재발행한 거래에 해당하며 사채의 처분금액을 재발행금액으로 보아야 한다. 따라서 연결회계에서는 개별회계에서 인식한 상각후원가측정금융자산처분손익을 취소하고 사채의 재발행을 나타내기 위한 연결분개를 해야 한다.

예를 들어 [예제 4-7]의 거래(1)에서 을(주)가 20×2년초에 투자사채를 ₩975(시장이자율 11.5%)의 가격으로 처분하였다고 하자. 을(주)는 처분시점에서 당해 처분금액과 장부금액 ₩966의 차이인 ₩9을 상각후원가측정금융자산처분이익으로 인식하게 된다. 한편 갑(주)는 을(주)의 투자사채 처분 여부에 상관없이 20×2년중에 사채할인발행차금을 ₩8만큼 상각하고 20×2년말 재무상태표에 사채를 ₩991(= ₩1,000(액면금액) − ₩9(사채할인발행차금 미상각액))으로 계상할 것이다.

하지만 연결실체의 입장에서는 을(주)의 사채처분을 사채의 재발행으로 기록하므로 상각후원가측정금융자산처분이익을 취소해야 한다. 또한 20×2년초에

₩975으로 재발행한 셈이므로 20×2년중에 이자비용으로 인식될 사채할인발행차금상각액은 ₩12(=(₩975×11.5%)−₩100)이 되며 20×2년말 사채의 장부금액은 ₩987(=₩1,000(액면금액)−₩13(사채할인발행차금 미상각액))이 된다. 이러한 내부거래의 효과를 분석하면 다음과 같다.

	갑(주)	을(주)	갑(주)+을(주)	연결실체 관점
사 채	₩1,000	−	₩1,000	₩1,000
사채할인발행차금	(9)	−	(9)	(13)
이 자 비 용	108	−	108	112
금융자산처분이익	−	₩9	9	−
(기초)이익잉여금	−	−	−	17*

* 20×1년 사채추정상환이익(₩24)−20×1년 추가 이자수익으로 인식된 금액(₩7)=₩17 ([예제 4-7]의 거래(1) 20×2년 연결분개 참조)

따라서 다음과 같은 연결분개가 이루어져야 한다.

(차) 상각후원가측정금융자산처분이익	9	(대) 이익잉여금	17
사채할인발행차금	4		
이 자 비 용	4		

위의 연결분개를 행한 결과 20×2년말 사채할인발행차금은 ₩9에서 ₩13으로 증가하고 사채의 장부금액은 ₩991에서 ₩987으로 감소하게 된다. 또한 ₩4의 이자비용을 가산함으로써 갑(주)가 이자비용으로 인식한 ₩108을 연결의 관점에서 올바른 금액인 ₩112으로 수정하게 된다. 또한 개별재무제표에 계상되었던 상각후원가측정금융자산처분이익 ₩9을 취소하고 이자비용 ₩4을 증가시킴으로써 순이익은 ₩13만큼 낮아진다. 이러한 손익효과는 앞서 사채추정상환손익과 이후 기간의 이자수익 및 이자비용을 제거하는 데서 발생한 손익효과를 모두 사채발행회사인 갑(주)에 부담시킨 것과 마찬가지로 갑(주)에 부담시킨다.

사채추정상환손익은 본문에서 언급되었던 재고자산이나 유형자산과 관련된 내부거래미실현손익과 그 성질이 같지 않음에 유의할 필요가 있다. 사채추정상환손익은 개별재무제표에서는 손익으로 인식하지 않은 것을 연결재무제표에서 실현된 손익으로 인식하는 것이다. 반면, 연결대상기업간 재고자산이나 유형자산의 매매에서 발생한 미실현손익은 개별재무제표에서는 손익으로 인식했으나 연결재무제표에서는 실현된 손익으로 보지 않기 때문에 발생한다. 요약하면, 사채추정상환손익은 개별회계보다 연결회계에서 먼저 인식되는 데 반해, 연결회사간 자산매매손익은 연결회계보다 개별회계에서 먼저 인식된다는 점에서 정반대의 구조를 가진다.

제 5 절 채권 · 채무 상계

연결실체 입장에서 지배기업과 종속기업 간 또는 종속기업과 종속기업 간 내부거래로 발생한 채권·채무는 연결재무제표에 반영되어서는 안 되며, 연결분개를 통해 제거되어야 한다. 즉, 연결대상기업간 매출채권과 매입채무, 대여금과 차입금, 미수금과 미지급금, 미수수익과 미지급비용, 선급비용과 선수수익 등은 상계제거한다. 또한 연결대상기업간의 거래에서 발생한 채권에 대한 손실충당금 등과 내부거래와 관련하여 설정한 판매보증충당부채 등도 다음과 같이 환입하여 조정한다.

(차) 손실충당금	×××	(대) 손 상 차 손	×××
제품보증충당부채	×××	제품보증비	×××

연결대상기업이 발행한 지급어음을 다른 연결대상기업이 금융기관 등 연결실체 외부에서 할인한 경우에도 이에 대한 조정이 필요하다. 예를 들어, 연결대상기업간에 발생한 상품매매의 대가로 매출회사가 받은 지급어음을 은행에서 할인하였다고 하자. 개별회계에서는 은행이 할인어음에 대해 상환청구권(with recourse)을 가지는 경우 동 어음의 양도를 인정하지 않으므로 매출회사는 은행에 대한 차입금을 계상하게 된다.[2] 반면 은행이 할인어음에 대해 상환청구권을

갖지 않아 매출회사가 동 어음을 은행에 양도한 것으로 처리하는 경우도 발생할 수 있다. 그러나 연결회계의 관점에서는 개별회계에서 행한 회계처리와 상관없이 이를 어음할인을 통한 자금차입거래로 보아야 한다. 따라서 개별회계에서 이루어진 어음할인에 대한 회계처리에 따라 다음과 같은 연결분개가 필요하다.

개별회계에서 어음할인을 은행차입거래로 회계처리한 경우에는 금융기관에 대한 차입금이 이미 계상되어 있으므로 매출회사가 계상한 매출채권과 매입회사가 계상한 매입채무만을 상계제거하면 된다. 그러나 만일 개별회계에서 어음할인을 매출채권의 양도거래로 처리한 경우에는 매입회사가 계상한 매입채무를 차입금으로 계상해야 하고 아울러 매출회사가 당해 매출채권을 양도할 때 인식한 매출채권처분손실을 이자비용으로 대체한다. 다음 예제를 통해 구체적으로 살펴보자.

예제 4-8 채권 · 채무 상계제거

갑(주)는 종속회사인 을(주)에 대하여 당해 ₩100의 외상매출을 하고 기말 현재 미결제된 상태이다. 즉, 당기말 현재 갑(주)는 매출채권 ₩100, 을(주)는 매입채무 ₩100을 계상하고 있다. 한편, 갑(주)는 당기말에 보유중인 동 매출채권을 대한은행에 할인하였다. 갑(주)가 매출채권 할인에 대해 다음과 같이 회계처리하였을 경우, 각 상황별로 당기말 연결재무제표 작성을 위한 갑(주)의 채권 · 채무 상계제거분개를 하라.

(상황 1) 갑(주)가 매출채권에 대한 위험과 보상의 대부분을 보유할 경우 회계처리

(차)	현 금	97	(대) 단기차입금	100
	이 자 비 용	3		

(상황 2) 갑(주)가 매출채권에 대한 위험과 보상의 대부분을 대한은행에 이전시 회계처리

(차)	현 금	97	(대) 매 출 채 권	100
	매출채권처분손실	3		

해답

연결실체 관점에서 보면, 갑(주)가 대한은행에 매출채권을 할인한 것은 연결실체가 어음을 담보로 차입한 것이므로 차입거래로 회계처리해야 한다.

---

2) K-IFRS 제1109호(금융상품) 문단 3.2.6에 따르면 금융자산을 양도한 경우, 양도자가 금융자산의 소유에 따른 위험과 보상의 대부분을 보유하면, 당해 금융자산을 계속하여 인식하도록 규정하고 있다. 또한 동 기준서 적용지침에서는 양도자가 양수자에게 발생가능성이 높은 신용손실의 보상을 보증하면서 단기 수취채권을 매도한 경우에 양도자가 소유에 따른 위험과 보상의 대부분을 보유하는 경우로 보고 있다. 따라서 상환청구권이 있는 경우의 어음할인은 어음의 양도로 인정되기 어렵다.

(상황 1)	(차) 매 입 채 무	100	(대) 매 출 채 권	100

[해설]

(상황 1)의 경우, 갑(주)와 을(주)의 단순합산 재무제표에 이미 어음할인을 차입거래로 회계처리하였으므로 채권과 채무의 상계제거를 하는 연결조정분개만 수행하면 된다.

(상황 2)	(차) 매 입 채 무	100	(대) 단기차입금	100
	이 자 비 용	3	매출채권처분손실	3

[해설]

연결실체 관점에서 본 거래는 차입거래로 인식해야 하므로, 연결실체 관점에서는 단기차입금 ₩100, 이자비용 ₩3이 계상되어야 하고, 매출채권처분손실은 발생하지 않는다. 또한 연결실체 관점에서는 갑(주)와 을(주)의 내부거래로 발생한 매출채권과 매입채무가 상계제거되어야 한다. 그러나 갑(주)의 회계처리상 매출채권이 별도재무제표에서 제거되었으므로 매입채무와 상계할 매출채권이 존재하지 않는다. 따라서 연결분개시 매출채권을 증가시키고 상대계정에 차입금을 인식하는 분개를 하고, 매출채권과 매입채무를 상계시키는 분개를 하면 다음과 같다. 결국 매출채권은 제거되고 차변에 매입채무, 대변에 단기차입금만 인식된다.

(차) 매 출 채 권	100	(대) 단기차입금	100
(차) 매 입 채 무	100	(대) 매 출 채 권	100

또한 연결관점에서는 매출채권 처분거래가 아니라 차입거래이므로, 매출채권처분손실을 제거하고 이자비용을 인식하는 분개를 한다.

(차) 이 자 비 용	3	(대) 매출채권처분손실	3

보론 리스 내부거래

연결실체 내에서 빈번히 발생할 수 있는 거래 중의 하나가 리스거래이다. 왜냐하면 지배기업이 자산을 구입하여 종속기업에 임대하면 지배기업이 자산의 운영을 통제할 수 있기 때문이다. 극단적으로 연결실체간의 리스만을 전문으로 하는 종속기업을 보유할 수도 있다. 연결대상기업간의 리스거래에 대한 연결절차는 리스제공기업(리스제공자)이 당해 리스를 금융리스로 분류하느냐 운용리스로 분류하느냐에 따라 각각 다르게 수행된다.[3)]

1. 금융리스

연결대상기업간 리스거래가 금융리스로 분류되는 경우 리스제공자는 리스개시일에 리스순투자[4)]와 동일한 금액을 리스채권으로 인식하고, 리스료 수령일과 보고기간말에는 유효이자율법에 따른 금융수익을 인식한다. 한편 리스이용자는 리스제공자의 리스분류에 관계없이 리스개시일에 리스부채와 사용권자산[5)]을 인식한다. 또한 리스료 지급일과 보고기간말에는 리스부채에 대한 금융비용을 인식하고 사용권자산에 대한 감가상각을 수행한다.

따라서 연결재무제표 작성시에는 이들 거래를 모두 내부거래로 판단하여 리스제공자의 리스채권 및 이자수익은 리스이용자의 리스부채 및 이자비용과 상계

---

3) 리스거래에서 리스제공자는 기초자산(underlying asset)의 소유에 따른 위험과 보상을 리스이용자에게 이전하는 정도에 따라 당해 리스거래를 금융리스 또는 운용리스로 분류한다. 즉, 기초자산의 소유에 따른 위험과 보상의 대부분을 이전하는 리스를 금융리스(finance lease)로, 기초자산의 소유에 따른 위험과 보상의 대부분을 이전하지 않는 리스를 운용리스(operating lease)로 분류한다. 다만 이러한 리스의 분류는 리스제공자에게만 해당되는 것으로, 리스이용자는 리스거래를 금융리스 또는 운용리스로 분류하지 않고 모든 리스계약에 대해 리스개시일에 사용권자산과 리스부채를 인식한다.

4) 리스순투자는 리스제공자가 받게 될 리스료와 무보증잔존가치를 당해 리스의 내재이자율로 할인한 금액을 말한다.

5) 리스이용자의 리스부채는 리스개시일 현재 지급되지 않은 리스료 등을 당해 리스의 내재이자율(내재이자율을 쉽게 산정할 수 없는 경우에는 리스이용자의 증분차입이자율)로 할인한 금액을 말하며, 사용권자산은 리스이용자가 기초자산을 사용할 권리를 나타내는 자산으로서 리스부채의 최초 측정금액에 선급리스료, 리스개설직접원가, 복구추정원가 등을 가산한 금액으로 측정한다.

제거하며, 리스이용자가 기록하고 있는 사용권자산 및 관련 감가상각누계액은 일반 유형자산 및 감가상각누계액으로 계정을 재분류해야 한다.

예제 보4-1 연결회사간 리스거래 – 금융리스

갑(주)는 을(주)의 지분 60%를 소유하고 있다. 갑(주)는 20×1년 1월 1일에 기계장치 1대를 다음과 같은 조건으로 을(주)에 리스하였다.

- 리스기간 : 20×1년 1월 1일부터 20×3년 12월 31일까지
- 리스료 : 매년말에 ₩402씩 지급
- 소유권 이전 약정 : 리스기간 종료시 기계의 소유권은 을(주)에 무상으로 이전

리스제공자의 내재이자율은 10%이고, 당해 기계의 경제적 내용연수는 5년, 잔존가치는 없으며, 정액법으로 감가상각한다. 갑(주)는 동 리스거래를 금융리스로 분류하였다.

위의 거래와 관련하여 20×1년말과 20×2년말, 20×3년말에 필요한 연결분개를 하라.

해답

20×1년말 현재 위 거래를 그림으로 나타내면 다음과 같다.

(리스제공자) ←	리스거래	→ (리스이용자)		
갑(주)		(연간리스료 ₩402)	을(주)	
[포괄손익계산서]		[포괄손익계산서]		
리스이자수익	₩100	리스이자비용		₩100
		감가상각비		₩200
[재무상태표]				
리스채권	₩698	사용권자산	₩1,000	
		감가상각누계액	(200)	₩800
		리스부채		₩698

[리스채권 상 각 표]	정기리스료	리스채권에 대한 이자(10%)	리스채권 회수액	리스채권 잔액
20×1. 1. 1				₩1,000*
20×1.12.31	₩402	₩100	₩302	698
20×2.12.31	402	70	332	366
20×3.12.31	402	36	366	0

* 리스제공자는 리스개시일에 리스순투자금액으로 리스채권을 인식한다. 리스순투자금액은 리스료와 무보증잔존가치를 내재이자율로 할인한 현재가치이다. 이 경우 무보증잔존가치가 없으므로 리스순투자금액은 리스료의 현재가치(₩402 × 2.4869 = ₩1,000)이다.

(1) 20×1년말(리스개시연도)

위의 거래와 관련하여 20×1년 갑(주)와 을(주)가 개별회계에서 행한 분개는 다음과 같다.

1) 개별회계처리

갑(주)	을(주)
20×1. 1. 1 리스개시일의 회계처리	
(차) 리 스 채 권 1,000* (대) 선급리스자산 1,000 * 금융리스의 리스순투자 금액(이 경우에는 무보증잔존가치가 없으므로 고정리스료의 현재가치)으로 리스채권을 인식한다.	(차) 사용권자산 1,000# (대) 리 스 부 채 1,000 # 사용권자산은 리스부채의 최초 측정금액에 선급리스료, 리스개설직접원가 등을 가산하여 측정하는데 이 경우에는 가산할 항목이 없으므로 양자가 일치한다.
20×1. 12. 31 회계연도말의 회계처리	
(차) 현 금 402 (대) 리스이자수익 100* 리 스 채 권 302 * ₩1,000 × 10% = ₩100	(차) 리스이자비용 100 리 스 부 채 302 (대) 현 금 402 (차) 감가상각비-사용권자산 200# (대) 감가상각누계액-사용권자산 200 # 리스기간 종료시 소유권이 리스이용자에게 이전되므로 해당 기초자산의 내용연수인 5년에 걸쳐 감가상각한다(₩1,000/5년 = ₩200).

2) 연결분개

위의 리스거래를 제거하기 위해 필요한 연결분개는 다음과 같다.

E-① 리스채권과 리스부채를 상계제거

(차) 리 스 부 채	698	(대) 리 스 채 권	698

E-② 리스이자수익과 리스이자비용을 상계제거

(차) 리스이자수익	100	(대) 리스이자비용	100

E-③ 사용권자산과 관련 감가상각비 및 감가상각누계액을 일반 유형자산과 관련 감가상각비 및 감가상각누계액으로 대체

(차) 기 계 장 치	1,000	(대) 사용권자산	1,000
감가상각누계액-사용권자산	200	감가상각누계액-기계장치	200*
감가상각비-기계장치	200*	감가상각비-사용권자산	200

* ₩1,000/5년 = ₩200

[해설]
연결실체의 관점에서는 위의 리스거래는 내부거래이므로 해당 거래가 발생하지 않은 것으로 보며, 갑(주)가 취득하고 을(주)에 리스하여 을(주)가 영업활동에 사용하는 기초자산은 연결실체가 직접 취득하여 영업활동에 사용하는 것과 같다. 따라서 사용권자산과 관련 감가상각비 및 감가상각누계액은 일반 유형자산과 관련 감가상각비 및 감가상각누계액으로 대체되어야 한다.

(2) 20×2년말(리스 다음연도)

1) 개별회계처리

20×2년 갑(주)와 을(주)가 개별회계에서 행한 분개는 다음과 같다.

갑(주)		을(주)	
(차) 현 금	402	(차) 리스이자비용	70
(대) 리스이자수익	70	리 스 부 채	332
리 스 채 권	332	(대) 현 금	402
		(차) 감가상각비-사용권자산	200
		(대) 감가상각누계액-사용권자산	200

20×2년말 갑(주)와 을(주)의 개별재무제표상 이 리스거래와 관련된 계정들의 장부금액은 다음과 같다.

	갑(주)		을(주)	
재무상태표	리 스 채 권	366	사용권자산	1,000
			감가상각누계액-사용권자산	400
			리 스 부 채	366
포괄손익계산서	리스이자수익	70	리스이자비용	70
			감가상각비-사용권자산	200

2) 연결분개

20×2년말 필요한 연결분개는 다음과 같다.

	차변		대변	
E-①	(차) 리 스 부 채	366	(대) 리 스 채 권	366
E-②	(차) 리스이자수익	70	(대) 리스이자비용	70
E-③	(차) 기 계 장 치	1,000	(대) 사용권자산	1,000
	감가상각누계액-사용권자산	400	감가상각누계액-기계장치	400
	감가상각비-기계장치	200	감가상각비-사용권자산	200

(3) 20×3년말(리스종료연도)

1) 개별회계처리

20×3년 갑(주)와 을(주)가 개별회계에서 행한 분개는 다음과 같다.

갑(주)			을(주)		
20×3. 12. 31 리스이자수익 · 비용 및 감가상각비 인식					
(차) 현 금	402		(차) 리스이자비용	36	
(대) 리스이자수익		36	리 스 부 채	366	
리 스 채 권		366	(대) 현 금		402
			(차) 감가상각비-사용권자산	200	
			(대) 감가상각누계액-사용권자산		200
20×3. 12. 31 기초자산의 소유권을 무상으로 을(주)에 이전					
			(차) 기 계 장 치	1,000	
-분개 없음-			감가상각누계액-사용권자산	600	
			(대) 사용권자산		1,000
			감가상각누계액-기계장치		600

2) 연결분개

20×3년말 리스기간 종료시 기초자산의 소유권이 을(주)에 이전됨에 따라 을(주)는 개별회계상 사용권자산과 관련 감가상각누계액을 일반 유형자산인 기계와 관련 감가상각누계액으로 대체한다. 따라서 이들 계정을 대체하는 연결분개는 더 이상 필요하지 않다. 하지만 갑(주)와 을(주)의 개별 포괄손익계산서에는 리스이자수익 및 리스이자비용이 인식되어 있으므로 이들 계정을 취소하는 연결분개가 필요하다. 또한, 을(주)의 개별포괄손익계산서에 계상되어 있는 사용권자산 감가상각비는 일반 유형자산의 감가상각비계정으로 대체되어야 한다. 따라서 20×3년말에 필요한 연결분개는 다음과 같다.

E-①	(차) 리스이자수익	36	(대) 리스이자비용	36
E-②	(차) 감가상각비-기계장치	200	(대) 감가상각비-사용권자산	200

위의 연결분개는 미실현이익을 제거하는 것이 아니라 연결회사간에 발생한 수익과 비용을 동시에 제거하는 것이므로 연결실체의 당기순이익에는 영향을 미치지 않는다. 따라서 지배기업과 종속기업 중 어느 회사가 리스제공자인가에 상관없이 당해 리스거래에 관련된 연결분개의 내용은 동일하다. 또한 비지배지분 순이익도 종속기업의 보고된 당기순이익에 근거하여 산출하면 된다.

2. 운용리스

연결실체 내의 리스거래에서 리스제공자가 당해 리스를 운용리스로 분류하는 경우에는 연결절차가 좀더 복잡하다. 리스제공자는 기초자산을 운용리스자산으로 대체하고 이에 대한 감가상각비와 정액 기준의 리스료수익을 인식하는 한편, 리스이용자는 리스제공자의 리스분류에 관계없이 사용권자산과 리스부채를 인식하기 때문이다. 또한 리스이용자는 사용권자산에 대해 감가상각을 수행하고 리스부채에 대해 유효이자율법에 따른 이자비용을 인식한다. 따라서 연결재무제표를 작성하기 직전의 계정별 합산재무제표에는 리스거래의 기초자산과 동 기초자산의 사용 권리인 사용권자산 그리고 이들 각각에 대한 감가상각비가 모두 표시되며, 리스제공자의 리스료수익과 리스이용자의 리스이자비용은 서로 다른 금액으로 나타나게 된다.

연결실체의 관점에서 볼 때 지배-종속기업간 리스거래의 본질은 연결실체가 기초자산을 취득하여 영업활동에 사용한 것이므로 개별기업의 리스회계처리는 모두 제거되어야 한다. 따라서 연결분개를 통해 리스이용자의 사용권자산, 리스부채, 사용권자산의 감가상각비, 이자비용과 리스제공자의 리스료수익을 제거하고, 리스제공자가 기록하고 있는 운용리스자산 및 관련 감가상각누계액은 일반유형자산 및 감가상각누계액으로 계정을 재분류한다.

그런데 운용리스에서는 일반적으로 리스제공자가 당기에 인식하는 리스료수익과 리스이용자가 당기에 인식하는 리스거래 관련비용(리스이자비용과 사용권자산의 감가상각비 등)이 같지 않다. 따라서 이들 수익과 비용을 모두 제거하는 연결분개는 내부거래에 따른 미실현손익을 제거하는 연결분개와 마찬가지로 연결실체의 당기순이익에 영향을 미치게 된다. 다음의 예제를 통해 좀더 자세히 살펴보자.

예제 보4-2 연결회사간 리스거래 – 운용리스

갑(주)는 을(주)의 지분 60%를 소유하고 있다. 갑(주)는 20×1년 1월 1일에 기계장치 1대를 다음과 같은 조건으로 을(주)에 리스하였다.

- 리스기간 : 20×1년 1월 1일부터 20×3년 12월 31일까지
- 리스료 : 매년말에 ₩300씩 지급

리스거래의 내재이자율은 10%이며, 리스종료일에 기계는 갑(주)에 반환된다. 당해 기계의 경제적 내용연수는 5년, 잔존가치는 없고, 정액법으로 감가상각한다. 갑(주)는 동 리스거래를 운용리스로 분류하였다.

위의 거래와 관련하여 20×1년말과 20×2년말, 20×3년말에 필요한 연결분개를 하라.

해답

20×1년말 현재 위 거래를 그림으로 나타내면 다음과 같다.

(리스제공자) 갑(주)			리스거래 (연간리스료 ₩300) →	(리스이용자) 을(주)		
[포괄손익계산서]			[포괄손익계산서]			
리스료수익		₩300	리스이자비용			₩75
감가상각비-운용리스자산		₩200	감가상각비-사용권자산			₩249
[재무상태표]						
운용리스자산	₩1,000		사용권자산		₩746	
감가상각누계액	(200)	₩800	감가상각누계액		(249)	₩497
			리스부채			₩521

[리스부채 상 각 표]	정기리스료	리스부채에 대한 이자(10%)	리스부채 상환액	리스부채 잔액
20×1. 1. 1				₩746*
20×1.12.31	₩300	₩75	₩225	521
20×2.12.31	300	52	248	273
20×3.12.31	300	27	273	0

* 리스이용자는 리스개시일에 지급해야 할 리스료 등을 내재이자율로 할인한 현재가치를 리스부채로 인식한다. 이 경우 리스부채 인식액은 ₩300 × 2.4869 = ₩746이다.

(1) 20×1년말(리스개시연도)

위의 거래와 관련하여 20×1년 갑(주)와 을(주)가 개별회계에서 행한 분개는 다음과 같다.

1) 개별회계처리

갑(주)	을(주)
20×1. 1. 1 리스개시일의 회계처리	
(차) 운용리스자산 1,000* (대) 선급리스자산 1,000 * 선급리스자산을 운용리스자산으로 대체한다.	(차) 사용권자산 746# (대) 리 스 부 채 746 # 리스료를 내재이자율로 할인한 금액을 사용권자산과 리스부채로 인식한다.
20×1. 12. 31 회계연도말의 회계처리	
(차) 현 금 300 (대) 리스료수익 300*	(차) 리스이자비용 75# 리 스 부 채 225 (대) 현 금 300
(차) 감가상각비-운용리스자산 200# (대) 감가상각누계액-운용리스자산 200 * 정액 기준의 리스료를 수익으로 인식(₩900/3년 = ₩300)하고, 운용리스자산은 내용연수인 5년에 걸쳐 감가상각한다(₩1,000/5년 = ₩200).	(차) 감가상각비-사용권자산 249# (대) 감가상각누계액-사용권자산 249 # 리스부채에 대해서는 유효이자율법에 따른 이자비용을 인식하고, 사용권자산에 대해서는 내용연수와 리스기간 중 짧은 기간(3년)에 걸쳐 감가상각한다(₩746/3년 = ₩249).

2) 연결분개

위의 리스거래를 제거하기 위해 필요한 연결분개는 다음과 같다.

E-① 사용권자산(관련 감가상각비와 감가상각누계액), 리스부채, 리스이자비용, 리스료수익을 상계제거

(차) 리 스 부 채	521	(대) 사용권자산	746
감가상각누계액-사용권자산	249	감가상각비-사용권자산	249
리스료수익	300	리스이자비용	75

E-② 운용리스자산을 일반 유형자산으로 재분류

(차) 기 계 장 치	1,000	(대) 운용리스자산	1,000
감가상각누계액-운용리스자산	200	감가상각누계액-기계장치	200
감가상각비-기계장치	200	감가상각비-운용리스자산	200

[해설]

연결실체의 관점에서 갑(주)가 취득하고 을(주)에 리스하여 을(주)가 영업활동에 사용하는 기초자산은 연결실체가 직접 취득하여 영업활동에 사용하는 것과 같다. 따라서 해당 리스거래가 발생하지 않은 것으로 간주하여 사용권자산, 리스부채, 리스이자비용, 리스료수익을 모두 제거하고 운용리스자산은 일반 유형자산으로 재분류한다. 한편 이 과정에서 리스제공자가 당기에 인식한 리스료수익(₩300)과 리스이용자가 당기에 인식한 리스관련 비용(₩249 + ₩75 = ₩324)이 비대칭적으로 제거

되면서 연결관점에서는 내부거래 미실현손실인 ₩24(=₩300−₩324)만큼 당기순이익이 증가하게 된다.

(2) 20×2년말(리스 다음연도)

1) 개별회계처리

20×2년 갑(주)와 을(주)가 개별회계에서 행한 분개는 다음과 같다.

갑(주)		을(주)	
(차) 현 금	300	(차) 리스이자비용	52
(대) 리스료수익	300	리 스 부 채	248
(차) 감가상각비-운용리스자산	200	(대) 현 금	300
(대) 감가상각누계액-운용리스자산	200	(차) 감가상각비-사용권자산	249
		(대) 감가상각누계액-사용권자산	249

또한 20×2년말 갑(주)와 을(주)의 개별재무제표상 이 리스거래와 관련된 계정들의 장부금액은 다음과 같다.

	갑(주)		을(주)	
재무상태표	운용리스자산	1,000	사용권자산	746
	감가상각누계액-운용리스자산	400	감가상각누계액-사용권자산	498
			리 스 부 채	273
포괄손익계산서	리스이자수익	300	리스이자비용	52
			감가상각비-사용권자산	249

2) 연결분개

20×2년말 필요한 연결분개는 다음과 같다.

E-① 사용권자산(관련 감가상각비와 감가상각누계액), 리스부채, 리스이자비용, 리스료수익을 상계제거

(차) 리 스 부 채	273	(대) 사용권자산	746
감가상각누계액-사용권자산	498	감가상각비-사용권자산	249
리스료수익	300	리스이자비용	52
		이익잉여금	24*

* 20×1년에 개별회계에서 갑(주)가 리스료수익(₩300)을 인식하고 을(주)가 사용권자산에 대한 감가상각비(₩249) 및 리스이자비용(₩75)을 인식함에 따라 연결관점에서 20×2년의 기초이익잉여금은 ₩24만큼 과소계상되어 있으므로 이를 수정하는 금액임

E-② 운용리스자산을 일반 유형자산으로 재분류

(차) 기 계 장 치	1,000	(대) 운용리스자산	1,000
감가상각누계액-운용리스자산	400	감가상각누계액-기계장치	200
감가상각비-기계장치	200	감가상각비-운용리스자산	400

(3) 20×3년말(리스종료연도)

1) 개별회계처리

20×3년 갑(주)와 을(주)가 개별회계에서 행한 분개는 다음과 같다.

갑(주)		을(주)	
20×3. 12. 31 리스료수익 · 리스이자비용 및 감가상각비 인식			
(차) 현 금	300	(차) 리스이자비용	27
(대) 리스료수익	300	리 스 부 채	273
(차) 감가상각비-운용리스자산	200	(대) 현 금	300
(대) 감가상각누계액-운용리스자산	200	(차) 감가상각비-사용권자산	248
		(대) 감가상각누계액-사용권자산	248
20×3. 12. 31 운용리스자산의 일반 유형자산 대체			
(차) 기 계 장 치	1,000		
감가상각누계액-운용리스자산	600	-분개 없음-	
(대) 운용리스자산	1,000		
감가상각누계액-기계장치	600		

2) 연결분개

20×3년말 리스기간 종료시에는 기초자산이 갑(주)에 반환됨에 따라 을(주)의 개별회계상 사용권자산과 리스부채는 제거되고, 갑(주)는 개별회계상 운용리스자산과 관련 감가상각누계액을 일반 유형자산인 기계와 관련 감가상각누계액으로 대체한다. 따라서 이들 계정을 조정하거나 대체하는 연결분개는 더 이상 필요하지 않다. 다만 갑(주)와 을(주)의 개별포괄손익계산서에는 리스료수익과 리스이자비용 및 사용권자산 관련 감가상각비가 인식되어 있으므로 이들 계정을 취소하는 연결분개가 필요하다. 또한 갑(주)의 개별포괄손익계산서에 계상되어 있는 운용리스자산 감가상각비는 일반 유형자산의 감가상각비계정으로 대체되어야 한다. 따라서 20×3년말에 필요한 연결분개는 다음과 같다.

E-① 리스료수익과 리스이자비용 및 사용권자산 감가상각비의 상계제거

(차) 리스료수익	300	(대) 감가상각비-사용권자산	248
		리스이자비용	27
		이익잉여금	25 *

* 20×1년 및 20×2년에 개별회계에서 인식한 리스료수익(₩600)과 사용권자산에 대한 감가상각비(₩498) 및 리스이자비용(₩127)으로 인해 연결관점에서 20×3년의 기초이익잉여금이 ₩25만큼 과소계상되어 있으므로 이를 조정하는 금액임. 리스거래가 종료된 20×3년에 개별회계에서 인식된 리스료수익(₩300)과 사용권자산에 대한 감가상각비(₩248) 및 리스이자비용(₩27)이 제거되면서 누적된 과소계상금액이 모두 조정됨.

E-② 운용리스자산 감가상각비를 일반 유형자산 감가상각비로 재분류

(차) 감가상각비-기계장치 200 (대) 감가상각비-운용리스자산 200

위의 연결분개는 앞선 금융리스의 사례와 달리 연결회사간 수익과 비용이 비대칭적으로 제거되면서 연결실체의 당기순이익에도 영향을 미치게 된다. 따라서 제거된 내부거래의 손익효과를 어느 기업에 부담시켜야 하는지에 대한 이슈가 제기된다. 이에 대해서는 다음과 같은 견해가 제시될 수 있다.

첫째, 내부거래 손익효과를 전액 리스이용자에게 부담시키는 방법이다. 리스기간 동안 기초자산을 영업활동에 직접 활용한 기업은 리스이용자이므로 리스 내부거래로 인해 연결손익이 조정되는 부분은 기초자산을 실제로 활용한 기업에 부담시키는 것이 적절하다는 견해이다.

둘째, 내부거래 손익효과를 전액 리스제공자에게 부담시키는 방법이다. 운용리스의 특성상 기초자산의 소유에 대한 위험과 보상의 대부분은 리스제공자가 보유하므로 리스 내부거래로 인해 연결손익이 조정되는 부분은 기초자산을 실질적으로 소유하는 리스제공자에게 부담시키는 것이 적절하다는 견해이다.

셋째, 내부거래 손익효과를 전액 지배기업에 부담시키는 방법이다. 이는 리스거래와 관련하여 모든 의사결정을 주도한 지배기업에 연결조정손익을 귀속시켜야 한다는 견해이다.

	20×1	20×2	20×3	합 계	수익 · 비용 인식기준
리스제공자-갑(주)					
리스료수익	₩300	₩300	₩300	₩900	정액기준
리스이용자-을(주)					
사용권자산 감가상각비	(249)	(249)	(248)	(746)	정액법
리스이자비용	(75)	(52)	(27)	(154)	유효이자율법
차이금액	(24)	(1)	25	–	

한편 위의 운용리스 예제에서 내부거래 제거로 인해 연결손익이 영향을 받는 원인을 분석하면, 리스제공자는 정액 기준으로 매년 동일한 금액을 리스료수익으로 인식하는 반면 리스이용자는 리스부채에 유효이자율법을 적용함으로써 매년 다른 금액을 이자비용으로 인식하기 때문이다. 다시 말해, 리스제공자와 리스이용자 간에 수익과 비용을 인식하는 기준이 같지 않음으로 인해 내부거래 제거에 따른 손익차이가 발생하였다가 이후 기간에 걸쳐 반대로 조정되는 모습이 나타나는 것이다.

이 같은 손익차이의 발생원인을 고려하면, 리스 내부거래 제거로 인한 손익효과는 위에서 언급한 세 가지 견해에 따라 리스이용자, 리스제공자 또는 지배기업에 부담시키는 방법이 모두 가능할 것으로 생각된다.

3. 판매형리스

판매형리스는 리스제공자가 제조자 또는 판매자인 금융리스를 말한다. 즉, 리스제공자가 자신이 제조하거나 구입한 재고자산을 금융리스방식으로 판매하는 거래형태이다. 따라서 리스제공자는 판매형리스를 통하여 일반판매의 경우와 유사한 매출손익을 인식하는데, 이러한 매출손익은 연결실체의 관점에서는 미실현손익이 된다. 따라서 연결대상기업간에 판매형리스계약을 통하여 자산을 이전한 경우에는 앞서 살펴본 금융리스에서 행해야 할 연결분개 이외에도 내부거래에서 발생한 미실현손익을 제거하는 분개가 추가된다.

개별회계상으로는 리스제공자는 판매형리스를 통하여 재고자산을 판매하고 리스이용자는 감가상각대상이 되는 사용권자산을 구입한 거래로 처리될 것이다. 그러나 연결실체의 입장에서는 판매목적으로 보유하던 재고자산을 영업활동에 사용한 것과 같다. 따라서 재고자산을 판매하고 사용권자산을 구입한 내부거래를 취소하고 재고자산의 장부금액을 일반 유형자산으로 대체해야 한다. 또한, 리스제공자가 재고자산을 매출원가보다 높은 가격으로 판매함에 따라 인식한 매출총이익은 미실현이익으로서 제거되어야 한다.

그런데 리스이용자는 개별회계상 사용권자산의 장부금액에 기초하여 감가상각하므로 사용권자산의 장부금액이 재고자산의 장부금액보다 높을 경우 연결실체의 입장에서는 감가상각비가 과대계상되는 결과를 초래한다. 따라서 판매형리스에서 발생하는 미실현이익은 앞에서 살펴본 감가상각대상 유형자산의 내부거래에서와 같이 리스이용자가 별도재무제표상 과대계상하는 감가상각비를 통하여 실현된다.

예제 보4-3 연결회사간 리스거래 – 판매형리스

자동차 제조 및 판매회사인 갑(주)는 20×1년초에 내수경기의 불황을 타개하기 위하여 80%의 지분을 소유하고 있는 을(주)에 금융리스거래 형식으로 자동차를 판매하였다. 판매된 자동차의 공정가치는 ₩8,000이고 제조원가는 ₩6,300이다. 또한 차량의 내용연수는 6년이고 내용연수 종료 후 추정잔존가치는 없으며 정액법으로 상각한다.

판매 및 금융리스계약일은 20×1년 1월 1일이고 리스기간은 4년이다. 리스이용자는 계약체결시 ₩1,500을 지급하고 이후 매년말 4회에 걸쳐 ₩1,900씩 지급하기로 하였으며, 리스기간 종료 후 차량소유권을 리스이용자에게 ₩1,600에 이전하기로 하였다. 리스제공자에게 적용되는 시장이자율과 리스이용자의 증분차입이자율은 16%로 동일하며, 리스제공자의 내재이자율은 알 수 없다고 가정한다.

위의 거래와 관련하여 20×1년말과 20×2년말에 필요한 연결분개를 하라.

해답

위의 리스거래에 관련된 상각표는 다음과 같다(리스이용자도 동일).

연 도	리스료	금융리스이자	채권원금회수	미회수채권
				₩7,700*
20×1. 1. 1			₩1,500	6,200
20×1.12.31	₩1,900	₩992**	908	5,292
20×2.12.31	1,900	847	1,053	4,239

* 판매형리스에서 리스제공자인 갑(주)는 기초자산의 공정가치와 리스제공자에게 귀속되는 리스료를 시장이자율로 할인한 현재가치 중 적은 금액을 매출액 및 리스채권으로 인식한다. 즉 리스채권으로 기록해야 하는 금액은 다음과 같이 산출된다.

Min(₩8,000, ₩1,500 + ₩1,900/1.16 + ₩1,900/1.16^2 + ₩1,900/1.16^3 + ₩1,900/1.16^4 + ₩1,600/1.16^4)
= Min(₩8,000, ₩7,700) = ₩7,700

** ₩6,200 × 16% = ₩992

참고로 갑(주)와 리스이용자인 을(주)가 20×1년에 위의 판매형리스와 관련하여 행한 개별회계상 분개는 다음과 같다.

연도	갑(주)의 개별회계상 분개	을(주)의 개별회계상 분개
20×1. 1. 1	(차) 리스채권 7,700 매출원가 6,300 (대) 매　　출 7,700 재고자산 6,300 (차) 현　　금 1,500 (대) 리스채권 1,500	(차) 사용권자산 7,700 (대) 리스부채 7,700 (차) 리스부채 1,500 (대) 현　　금 1,500
20×1. 12.31	(차) 현　　금 1,900 (대) 리스이자수익 992 리스채권 908	(차) 리스이자비용 992 리스부채 908 (대) 현　　금 1,900 (차) 감가상각비-사용권자산 1,283* (대) 감가상각누계액-사용권자산 1,283 * ₩7,700/6년 = ₩1,283
20×2. 12.31	(차) 현　　금 1,900 (대) 리스이자수익 847 리스채권 1,053	(차) 리스이자비용 847 리스부채 1,053 (대) 현　　금 1,900 (차) 감가상각비-사용권자산 1,283 (대) 감가상각누계액-사용권자산 1,283

(1) 20×1년에 대한 분석

〈20×1년말 연결분개〉

E-①	(차) 리스부채	5,292	(대) 리스채권	5,292
E-②	(차) 유형자산	6,300	(대) 사용권자산	7,700
	매　　출	7,700	매출원가	6,300
E-③	(차) 감가상각누계액-사용권자산	1,283	(대) 감가상각누계액-유형자산	1,050
	감가상각비-유형자산	1,050*	감가상각비-사용권자산	1,283**

* ₩6,300/6년 = ₩1,050

** ₩7,700/6년 = ₩1,283

(주) 을(주)는 개별회계상 사용권자산을 ₩7,700으로 계상하고 이에 기초하여 연 감가상각비 ₩1,283(= ₩7,700/6년)을 인식한다. 그러나 연결실체의 관점에서 판매형리스는 연결실체가 판매목적으로 보유하고 있던 재고자산을 영업활동에 사용한 것과 같다. 따라서 재고자산에서 일반 유형자산으로 대체된 자산의 연 감가상각비는 재고자산의 원래 장부금액에 기초한 ₩1,050(= ₩6,300/6년)이 되어야 한다. 위의 연결분개를 통하여 개별회계상 과대계상된 감가상각비의 손익효과가 제거된다.

E-④	(차) 리스이자수익	992	(대) 리스이자비용	992

[해설]

E-① : 연결대상기업간의 채권과 채무를 상계하는 분개이다.

E-② : 연결실체의 입장에서 사용권자산을 일반 유형자산으로 계정대체하고 아울러 내부거래에서 생긴 매출 및 매출원가를 취소하며 미실현이익을 제거하여 유형자산을 본래의 장부금액으로 환원시킨다.

E-④ : 연결대상기업간에 수수된 리스이자수익과 리스이자비용을 상계제거한다.

(2) 20×2년에 대한 분석

〈20×2년말 연결분개〉

E-①	(차) 리 스 부 채	4,239	(대) 리 스 채 권	4,239
E-②	(차) 유 형 자 산	6,300	(대) 사용권자산	7,700
	이익잉여금	1,400		
E-③	(차) 감가상각누계액-사용권자산	2,566	(대) 감가상각누계액-유형자산	2,100
	감가상각비-유형자산	1,050	감가상각비-사용권자산	1,283
			이익잉여금	233
E-④	(차) 리스이자수익	847	(대) 리스이자비용	847

[해설]

E-② : 사용권자산을 유형자산으로 계정대체하고 또한 20×1년에 발생한 미실현이익만큼 과대계상되어 있는 이익잉여금을 수정한다.

E-③ : 사용권자산 감가상각누계액을 일반 유형자산에 대한 감가상각누계액으로 대체하고 미실현이익이 포함되어 계상된 사용권자산 감가상각비를 연결실체의 장부금액에 기초한 감가상각비로 대체시키는 분개이다. 이익잉여금을 ₩233만큼 증가시키는 것은 20×1년 과대계상된 감가상각비로 인해 과소계상된 이익잉여금을 수정하기 위함이다.

종합예제 내부거래와 미실현손익

서울사와 광주사의 20×2년도 재무상태표와 포괄손익계산서는 다음과 같다.

(1) 재무상태표

	서울사	광주사		서울사	광주사
현 금	₩100,000	₩50,000	매입채무	₩50,000	₩39,471
매출채권	200,000	100,000	단기차입금	20,000	10,000
손실충당금	(4,000)	(2,000)	사 채	150,000	100,000
재고자산	25,000	20,000	사채할인발행차금	(8,080)	(3,471)
건 물	150,000	100,000	자 본 금	240,000	80,000
감가상각누계액	(75,000)	(32,000)	이익잉여금	125,700	60,000
토 지	42,000	50,000	(당기순이익)	(50,000)	(20,000)
투자주식	93,000	–			
상각후원가측정금융자산	46,620	–			
합 계	₩577,620	₩286,000	합 계	₩577,620	₩286,000

(2) 포괄손익계산서

	서울사	광주사
매 출	₩300,000	₩100,000
매출원가	(240,000)	(70,000)
매출총이익	₩60,000	₩30,000
기타비용	(80,000)	(20,000)
기타수익	70,000	10,000
당기순이익	₩50,000	₩20,000

[추가자료]

1) 서울사는 20×1년 1월 1일 광주사의 주식 80%를 ₩93,000에 취득하였다. 취득시 광주사의 자본금은 ₩80,000이고 이익잉여금은 ₩20,000이며, 토지의 장부금액은 ₩50,000이나 공정가치는 ₩60,000이었다. 광주사의 20×1년 당기순이익은 ₩20,000이고 배당은 없다고 가정한다.

2) 서울사는 20×1년과 20×2년에 판매가격이 각각 ₩10,000과 ₩20,000의 상품을 광주사에 외상으로 판매하였는데 광주사의 기말재고에 각각 50%가 포함되어 있고, 다음연도에 외부로 판매되었다. 서울사는 원가에 25%의 이익을 가산해서 판매하고 있다. 매출채권은 전액 다음연도에 회수된다. 20×2년 외상매출대금 60%는 미회수되었으며 40%는 은행에서 할인하였는데, 이는 매각거래로 회계처리되었다. 서울사의 손실충당금 설정률은 2%이다.
3) 광주사는 20×1년초 장부금액 ₩40,000의 건물(취득원가 ₩80,000, 감가상각누계액 ₩40,000)을 서울사에 ₩60,000에 판매하였다. 처분시 당해 건물의 잔존내용연수는 4년이며 잔존가치는 없고 정액법으로 상각한다. 서울사는 20×2년말 당해 건물을 ₩90,000에 처분하였다.
4) 서울사는 20×1년초에 광주사가 발행한 사채(발행일 20×0년초, 만기 5년, 액면 ₩100,000, 액면이자율 8%, 발행금액 ₩92,418, 유효이자율 10%) 중에서 50%를 인천사로부터 ₩43,925(시장이자율 12%)에 취득하였으며, 상각후원가측정금융자산으로 분류하였다. 사채할인발행차금은 유효이자율법으로 상각한다.

요구사항

1. 20×2년말에 필요한 연결분개를 하라. 단, 비지배지분은 종속기업의 식별가능한 순자산공정가치에 비례하여 결정한다.
2. 20×2년에 대한 연결재무상태표와 연결포괄손익계산서를 작성하라.

해답

1. 20×2년 연결분개

E-①-1) 투자주식과 자본계정의 상계 및 비지배지분 설정

	차변	금액		대변	금액
(차)	자 본 금	80,000	(대)	투 자 주 식	93,000
	이익잉여금	20,000		비지배지분	22,000
	토 지	10,000 *			
	영 업 권	5,000 *			
2) (차)	이익잉여금	4,000 **	(대)	비지배지분	4,000

* 20×1년초 시점에서의 연결제거차액 : ₩93,000 − ₩100,000 × 80% = ₩13,000
토지의 과소평가액 : ₩60,000 − ₩50,000 = ₩10,000
20×1년초 영업권 : 연결제거차액 − 토지의 과소평가액 중 서울사 지분
= ₩13,000 − ₩10,000 × 80% = ₩5,000

** 20×1년 광주사 순이익 ₩20,000 × 20% = ₩4,000

E-② 내부거래에서 발생한 채권과 채무의 상계제거

	차변	금액		대변	금액
(차)	매 입 채 무	20,000	(대)	매 출 채 권	12,000
				단기차입금	8,000 *

* 연결대상기업간 내부거래로 인해 발생한 채권을 금융기관 등 연결실체 외부에서 할인하고 동 할인거래가 매각거래에 해당하는 경우 이를 차입금으로 계상한다. 연결실체의 입장에서는 은행에서 해당 금액을 차입한 것과 같기 때문이다.

E-③ 내부거래 매출채권에 대한 전기 및 당기 손실충당금 취소

(차) 손실충당금	240	(대)	이익잉여금	200
			매출채권손상차손	40

[해설]

전기에 내부거래 매출채권에 대해 설정한 손실충당금 ₩200으로 인해 과소계상된 이익잉여금을 증가시킨다. 또한 내부매출채권에 대하여 당기에 설정한 손상차손의 순효과인 ₩40도 취소시킨다. 즉 당기말에 ₩240이 설정되어 있으나 이 중 ₩200은 전기에 설정된 금액이므로 당기 순손익 효과는 ₩40이다.

E-④ 전기 미실현이익의 실현

(차) 이익잉여금	1,000	(대)	매 출 원 가	1,000 *

* ₩10,000 × (0.25/1.25) × 50% = ₩1,000

E-⑤ 당기 재고자산 내부거래 및 미실현이익의 제거

(차) 매 출	20,000	(대)	매 출 원 가	18,000
			재 고 자 산	2,000 *

* ₩20,000 × (0.25/1.25) × 50% = ₩2,000

E-⑥ 건물 내부거래와 관련된 조정

(차) 이익잉여금	12,000	(대)	감가상각비	5,000 *
비지배지분	3,000		건물처분이익	10,000 **

* 개별회계상 감가상각비 : ₩60,000/4년 = ₩15,000
연결회계상 감가상각비 : ₩40,000/4년 = ₩10,000
→ 감가상각비 조정액 : ₩10,000 − ₩15,000 = (₩5,000)

** 서울사의 개별회계상 건물처분이익 : ₩90,000 − (₩60,000/4년 × 2년) = ₩60,000
연결회계상 건물처분이익 : ₩90,000 − (₩40,000/4년 × 2년) = ₩70,000
→ 건물처분이익 조정액 : ₩70,000 − ₩60,000 = ₩10,000

E-⑦ 사채 내부거래에 대한 조정

(차) 사 채	50,000	(대)	상각후원가측정금융자산	46,620 *
이 자 수 익	5,424 ***		사채할인발행차금	1,736 **
			이 자 비 용	4,751 ***
			이익잉여금	1,854 ****
			비지배지분	463 ****

* 20×1년 상각후원가측정금융자산 조정액 : (₩43,925 × 12%) − ₩4,000(표시이자) = ₩1,271
20×2년 상각후원가측정금융자산 조정액 : (₩45,196 × 12%) − ₩4,000(표시이자) = ₩1,424
→ 20×2년말 상각후원가측정금융자산 금액 : ₩43,925 + ₩1,271 + ₩1,424 = ₩46,620

** 20×0년 사채할인발행차금 조정액 : (₩92,418 × 10%) − ₩8,000(표시이자) = ₩1,242
20×1년 사채할인발행차금 조정액 : (₩93,660 × 10%) − ₩8,000(표시이자) = ₩1,366
20×2년 사채할인발행차금 조정액 : (₩95,026 × 10%) − ₩8,000(표시이자) = ₩1,503

→ 20×2년말 사채할인발행차금 : (₩7,582 − ₩1,242 − ₩1,366 − ₩1,503) × 0.5 = ₩1,736

*** 추정상환된 ₩50,000의 사채에 대한 서울사의 20×2년 이자수익 : ₩45,196 × 12% = ₩5,424
추정상환된 ₩50,000의 사채에 대한 광주사의 20×2년 이자비용 : (₩95,026 × 10%) × 0.5 = ₩4,751

**** 20×1년초 사채추정상환이익 : (₩93,660 × 0.5 − ₩43,925) = ₩2,905
20×1년 이자비용 및 이자수익의 수정 : (₩9,366 × 0.5) − ₩5,271 = (₩588)
→ 20×2년 이익잉여금 조정액 : (₩2,905 − ₩588) × 80% = ₩1,854
20×2년 비지배지분 조정액 : (₩2,905 − ₩588) × 20% = ₩463

E-⑧ 비지배지분순이익의 인식

(차) 이익잉여금	6,865*	(대) 비지배지분	6,865

* (₩20,000 + ₩5,000 + ₩10,000 − ₩5,424 + ₩4,751) × 20% = ₩6,865

2. (1) 연결재무상태표

서울사 및 종속기업 20×2. 12. 31 현재

차변	금액	대변	금액
현 금	₩150,000	매입채무	₩69,471
매출채권	288,000	단기차입금	38,000
손실충당금	(5,760)	사 채	200,000
재고자산	43,000	사채할인발행차금	(9,815)
건 물	250,000	자 본 금	240,000
감가상각누계액	(107,000)	이익잉여금	157,256
토 지	102,000	비지배지분	30,328*
영 업 권	5,000		
계	₩725,240	계	₩725,240

* ₩30,328은 연결분개에 나타나는 비지배지분 금액을 합산하면 쉽게 구해지지만 연결분개과정을 거치지 않고도 다음과 같이 계산될 수 있다.
① 20×2년말 광주사의 순자산장부금액 중 비지배지분 : ₩140,000 × 20% = ₩28,000
② 20×2년말 개별회계에서 미인식하고 있는 사채관련 추정상환손익 중 비지배지분 : (₩2,905 − ₩588 − ₩673) × 20% = ₩328
③ 토지에서 발생한 평가차액 중 비지배지분 : ₩10,000 × 20% = ₩2,000
따라서 20×2년말 현재 비지배지분 = ① + ② + ③ = ₩30,328

[해설]

광주사가 20×1년 서울사에 상향판매한 건물이 20×2년말 외부로 처분됨에 따라 내부거래에서 발생한 미실현이익이 20×2년말까지 전액 실현되었다. 이러한 건물의 내부거래의 조정과 관련된 연결분개(분개 E-⑥)는 광주사의 20×2년 순이익에 영향을 미치지만 여기서 비지배지분을 계산하기 위해 별도로 조정해 줄 필요는 없다. 위의 ①에서 20×2년말 광주사의 개별회계상 순자산장부금액은 이 건물의 내부거래로 인한 미실현이익을 제거하기 전의 금액이므로 이 금액에 비지배지분율을 곱하여 비지배지분을 구한 금액은 20×2년에 실현된 이익이 이미 반영된 후의 금액과 동일하다. 따라서 이 경우에는 건물의 상향판매와 관련하여 별도의 조정이 불필요한 것이다. 하지만

20×2년말까지 미실현이익이 전액 실현되지 않았다면 아직 미실현된 이익 중 비지배지분에 해당하는 금액은 차감조정해야 한다.

(2) 연결포괄손익계산서

서울사 및 종속기업 20×2. 1. 1~12. 31	
매 출	₩380,000
매 출 원 가	(291,000)
매출총이익	₩89,000
기 타 비 용	(90,209)
기 타 수 익	84,576
당기순이익	₩83,367
지배기업지분순이익	₩76,502*
비지배지분순이익	6,865
	₩83,367

* 지배기업지분순이익의 산출과정은 다음과 같이 분석할 수도 있다.

① 서울사의 순이익 : ₩50,000

② 광주사의 내부거래조정후 이익 중 서울사 지분 :
{₩20,000 + ₩5,000(감가상각비) + ₩10,000(건물처분이익) − ₩673(순이자수익)} × 80% = ₩27,462

③ 재고자산 하향판매에서 발생한 미실현이익 조정 :
₩2,000(당기 미실현이익의 제거) − ₩1,000(전기미실현이익의 실현) = ₩1,000

④ 내부거래 매출채권에 대한 손상차손 취소 : ₩40

따라서 20×2년 지배기업지분순이익
= ① + ② − ③ + ④ = ₩50,000 + ₩27,462 − ₩1,000 + ₩40 = ₩76,502

연결정산표 (단위 : 원)

과 목	서울사	광주사	연결분개 차 변	연결분개 대 변	연결재무제표
〈포괄손익계산서〉					
매 출	300,000	100,000	⑤ 20,000		380,000
매 출 원 가	(240,000)	(70,000)		④ 1,000 ⑤ 18,000	(291,000)
기 타 비 용	(80,000)	(20,000)		③ 40 ⑥ 5,000 ⑦ 4,751	(90,209)
기 타 수 익	70,000	10,000	⑦ 5,424	⑥ 10,000	84,576
당기순이익	50,000	20,000	25,424	38,791	83,367
〈이익잉여금계산서〉					
기초이익잉여금	75,700	40,000	①1) 20,000 ①2) 4,000 ④ 1,000 ⑥ 12,000	③ 200 ⑦ 1,854	80,754
당기순이익	50,000	20,000	25,424	38,791	83,367
배 당	−	−			−
비지배지분순이익	−	−	⑧ 6,865		(6,865)
기말이익잉여금	125,700	60,000	69,289	40,845	157,256
〈재무상태표〉					
현 금	100,000	50,000			150,000
매 출 채 권	200,000	100,000		② 12,000	288,000
손실충당금	(4,000)	(2,000)	③ 240		(5,760)
재 고 자 산	25,000	20,000		⑤ 2,000	43,000
건 물	150,000	100,000			250,000
감가상각누계액	(75,000)	(32,000)			(107,000)
토 지	42,000	50,000	①1) 10,000		102,000
투 자 주 식	93,000	−		①1) 93,000	−
상각후원가측정금융자산	46,620	−		⑦ 46,620	−
영 업 권	−	−	①1) 5,000		5,000
합 계	577,620	286,000	15,240	153,620	725,240
매 입 채 무	50,000	39,471	② 20,000		69,471
단기차입금	20,000	10,000		② 8,000	38,000
사 채	150,000	100,000	⑦ 50,000		200,000
사채할인발행차금	(8,080)	(4,000)		⑦ 1,736	(9,815)
자 본 금	240,000	80,000	①1) 80,000		240,000
이익잉여금	125,700	60,000	69,289	40,845	157,256
비지배지분	−	−	⑥ 3,000	①1) 22,000 ①2) 4,000 ⑦ 463 ⑧ 6,865	30,328
합 계	577,620	286,000	222,289	83,909	725,240

익힘문제

1. 연결대상기업간 내부거래에는 어떠한 것이 있는가? 이러한 내부거래를 연결재무제표상에서 어떻게 나타내야 하는가?
2. 재고자산 미실현이익이 다음 회계연도에 실현되었을 때 필요한 연결분개를 기술하라.
3. 재고자산 미실현이익이 다음 회계연도에도 실현되지 않았다면 실현된 경우와 비교하여 연결분개가 어떻게 달라지는가?
4. 연결대상기업간의 매출 및 매입의 제거는 지배기업지분순이익에 영향을 주는가?
5. 재고자산의 하향판매와 상향판매란 무엇이며 지배기업지분순이익을 산정함에 있어서 어떠한 차이가 있는지 설명하라.
6. 토지와 같은 비상각대상 유형자산에 관련된 미실현이익은 언제 실현되는가?
7. 감가상각대상 유형자산의 내부거래에서 발생한 미실현이익은 어떻게 실현되는가?
8. 감가상각대상자산의 상향판매가 이루어진 회계연도 이후에 비지배지분순이익의 계산은 어떻게 계산되는지 설명하라.
9. 사채추정상환손익이란 무엇인지 설명하라.
10. 사채추정상환손익을 연결대상기업에 부담시키는 네 가지 방법을 설명하라.
11. 연결대상기업간의 사채거래로 인한 사채추정상환이익과 연결대상기업간의 재고자산 거래에서 발생한 내부거래미실현이익을 비교 설명하라.
12. 연결대상기업이 발행한 지급어음을 다른 연결대상기업이 연결실체 외부에 양도한 경우에 필요한 연결분개를 설명하라.
13. 연결대상기업간 금융리스거래가 발생했을 때 필요한 연결분개를 기술하라.

연습문제

01 기본개념의 이해

다음 각 문장이 옳으면 ○, 틀리면 ×로 답하라.

(1) 연결재무제표 작성시 연결대상기업간의 내부거래는 전액 상계제거하여야 한다.

(2) 연결재무제표 작성시 하향판매에서 발생한 미실현손익은 전액 제거하지만 상향판매에서 발생한 미실현손익은 지배기업지분에 비례하는 부분만 제거한다.

(3) 지배력획득일 전의 거래에서 발생한 미실현손익은 지배력획득일을 기준으로 잔여 효과만 제거한다.

(4) 전년도의 재고자산 내부거래(하향판매)에서 발생한 미실현이익이 당년도에 실현되는 경우, 당년도 연결재무제표 작성시에는 기초이익잉여금과 당기 매출원가를 감소시키는 연결분개가 필요하다.

(5) 재고자산의 내부거래에서 발생하는 운반비는 연결회계에서 당기비용으로 인식한다.

(6) 감가상각대상자산에서 발생한 미실현손익은 외부매각뿐 아니라 감가상각을 통해서도 실현된다고 할 수 있다.

(7) 종속기업이 장부금액 ₩1,000의 건물(잔존내용연수 5년, 잔존가치 ₩0, 정액법 상각)을 지배기업에 ₩1,500에 매각한 경우, 내부거래 다음 연도의 연결재무제표 작성시에는 지배기업이 인식한 감가상각비 중 ₩200을 감소시키는 연결분개가 필요하다.

(8) 지배기업이 발행한 사채를 종속기업이 취득한 경우에 연결재무제표 작성시 지배기업의 사채와 종속기업의 투자사채를 상계제거하지만 관련된 이자수익과 이자비용은 미실현손익이 아니므로 상계제거하지 않는다.

(9) 연결재무제표에 표시되는 사채추정상환손익을 어느 회사가 부담해야 하는가에 대해서는 여러 견해가 제시될 수 있으나, 사채발행회사가 부담해야 한다는 견해가 가장 널리 지지되고 있다.

(10) 종속기업이 발행한 지급어음을 지배기업이 외부 금융기관에 할인하고 양도거래로 처리한 경우, 연결재무제표 작성시 매출채권과 차입금을 인식하는 연결분개를 수행해야 한다.

(11) 판매형리스에서 발생하는 미실현이익은 감가상각대상 유형자산의 내부거래와 유사하게 리스이용자가 별도재무제표상 과대계상하는 감가상각비를 통해 실현된다.

02 연결분개의 수정

서울(주)는 울산(주)의 지분 중 60%를 소유하고 있다. 20×1년 12월 31일 현재 서울(주)는 연결정산표를 작성하는 과정에서 다음과 같은 연결분개를 수행하였다. 20×1년중의 재고자산의 내부거래는 모두 울산(주)의 서울(주)에 대한 매출로 발생한 것이며, 울산(주)는 원가에 40%의 이익을 가산한 가격인 ₩140,000에 재고자산을 판매하였다. 서울(주)는 투자주식을 원가법에 의하여 평가하고 있다.

E-①	(차) 현 금	80,000	(대) 매입채무	80,000
	: 20×1년 재고자산의 매출과 관련된 내부거래에서 발생한 미지급채무의 제거			
E-②	(차) 매출원가	12,000	(대) 매 출	12,000
	: 20×1년말 재고자산의 매출과 관련된 내부거래미실현이익의 제거			
E-③	(차) 매 출	140,000	(대) 재고자산	140,000
	: 20×1년의 재고자산의 매출과 관련된 내부거래를 제거			

요구사항

1. 20×1년말 이전에 재고자산의 내부거래액 중 외부로 재판매된 비율은 얼마인가?
2. 연결재무제표 작성을 위하여 20×1년 12월 31일에 필요한 정확한 연결분개를 제시하라.
3. 20×1년에 울산(주)가 보고한 당기순이익이 ₩50,000이라 가정할 때, 20×1년 연결포괄손익계산서상의 비지배지분순이익으로 보고될 금액을 계산하라.

03 내부거래의 영향

서울사는 20×1년초에 종로사의 주식 80%를 취득하였다. 서울사의 회계담당자는 20×1년말에 연결재무제표를 작성하는 과정에서 동 회계연도중에 서울사가 종로사로부터 ₩80,000(원가 ₩50,000)의 원재료를 구입하고 구입분 중 ₩12,000에 대한 대금을 아직 지급하지 않았음을 발견했다. 종로사로부터 구입한 재고자산은 기말 현재 모두 서울사에 보관되어 있다.

요구사항

1. 만일 위의 내부거래에 대한 연결분개가 누락되는 경우 20×1년말 연결재무상태표상의 유동자산 총액에 미치는 영향은 얼마인가?
2. 만일 위의 내부거래에 대한 연결분개가 누락되는 경우 20×1년말 순운전자본에 미치는 영향은 얼마인가?
3. 만일 위의 내부거래에 대한 연결분개가 누락되는 경우 20×2년에 상기 재고자산이 외부에 판매되었다면 20×2년의 연결포괄손익계산서상 당기순이익에 어떤 영향이 있는가?

04 연결분개 – 재고 및 차입금

(2022년 공인회계사 시험(1차) 수정)

(주)대한은 20×1년초에 (주)민국의 보통주 60%를 ₩140,000에 취득하여 지배력을 획득하였다. 취득일 현재 (주)민국의 순자산장부금액은 ₩150,000(자본금 ₩100,000, 이익잉여금 ₩50,000)이다.

[추가자료]

1) 취득일 현재 (주)민국의 식별가능한 자산과 부채 중 장부금액과 공정가치가 다른 내역은 다음과 같다.

구 분	장부금액	공정가치	추가정보
재고자산(상품)	₩50,000	₩60,000	20×1년중에 모두 외부판매됨
기계장치	120,000	160,000	취득일 현재 잔존내용연수는 8년이고, 잔존가치 없이 정액법으로 상각함

2) 20×1년중에 (주)대한은 장부금액 ₩20,000의 재고자산(제품)을 (주)민국에 ₩30,000에 판매하였다. (주)민국은 이 재고자산의 50%를 20×1년에, 나머지 50%를 20×2년에 외부로 판매하였다.

3) 20×2년 1월 1일에 (주)민국은 (주)대한으로부터 ₩100,000을 차입하였다. 동 차입금의 만기는 20×2년 12월 31일이며, 이자율은 연 10%이다.

4) (주)대한과 (주)민국이 별도(개별)재무제표에서 보고한 20×1년과 20×2년의 당기순이익은 다음과 같다.

구 분	20×1년	20×2년
(주)대한	₩80,000	₩100,000
(주)민국	30,000	50,000

5) (주)대한은 별도재무제표에서 (주)민국에 대한 투자주식을 원가법으로 회계처리한다. 연결재무제표 작성시 유형자산에 대해서는 원가모형을 적용하고, 비지배지분은 종속기업의 식별가능한 순자산공정가치에 비례하여 결정한다.

요구사항

1. (주)대한이 20×1년말에 행할 연결분개를 제시하라.
2. (주)대한의 20×1년도 연결재무상태표에 표시되는 비지배지분은 얼마인가?
3. (주)대한의 20×2년도 연결포괄손익계산서에 표시되는 지배기업소유주귀속당기순이익은 얼마인가?

05 연결분개 – 재고 및 유형자산

대영(주)는 20×1년 1월 1일 소영(주)의 보통주 60%를 취득하고 그 대가로 ₩60,000을 지급하였다. 다음은 대영(주)와 소영(주)의 20×1년말 재무상태표이다.

	대영(주)	소영(주)		대영(주)	소영(주)
현 금	₩10,000	₩10,000	매입채무	₩30,000	₩15,000
매출채권	20,000	21,000	자 본 금	80,000	50,000
재고자산	20,000	18,000	자본잉여금	30,000	20,000
투자주식	60,000	–	이익잉여금	70,000	30,000
건 물	100,000	80,000	(당기순이익)	(30,000)	(15,000)
감가상각누계액	(50,000)	(44,000)			
토 지	50,000	30,000			
계	₩210,000	₩115,000	계	₩210,000	₩115,000

[추가자료]

1) 20×1년 1월 1일 소영(주)의 자본계정은 다음과 같이 구성되어 있고, 소영(주)의 자산 중 건물의 장부금액만 공정가치보다 ₩10,000 과소계상되어 있다. 당해 건물의 잔존내용연수는 10년이고 잔존가치는 없으며, 정액법으로 상각하고 있다. 단, 당년도 배당지급액은 없다.

자 본 금	₩50,000
자본잉여금	20,000
이익잉여금	15,000
계	₩85,000

2) 당기에 대영(주)는 소영(주)에 원가 ₩6,000인 제품을 ₩10,000에 외상매출(지급약정일 : 20×2년 2월 1일)하였고, 소영(주)는 동 제품 중 40%를 20×1년말 재고자산으로 보유중이다.
3) 자료 2) 이외에 20×1년 1월 2일에 거래된 대영(주)와 소영(주) 간의 내부거래는 다음과 같다.

대 상	매각회사	매입회사	매각회사취득금액 (감가상각누계액)	매각금액
토지	소영(주)	대영(주)	₩20,000	₩19,000
건물*	소영(주)	대영(주)	20,000 (10,000)	12,000

* 건물의 잔여내용연수는 10년이고, 잔존가치는 없으며 정액법으로 상각한다.

요구사항

대영(주)가 20×1년말 행할 연결분개를 제시하라. 단, 비지배지분은 종속기업의 식별가능한 순자산 공정가치에 비례하여 결정한다.

06 연결분개 – 지배기업발행 사채취득

한국(주)는 20×0년 12월 31일에 서울(주)의 보통주 70%를 ₩210,000에 취득하였다. 다음은 취득 당시 서울(주)의 재무상태표이다. 취득일에 서울(주)의 자산 · 부채의 장부금액은 공정가치와 일치하였다.

재무상태표

서울(주) 20×0. 12. 31 현재

현 금	₩50,000	단기차입금	₩30,000
재고자산	100,000	사 채	30,000
건 물	120,000	자 본 금	200,000
토 지	70,000	이익잉여금	80,000
계	₩340,000	계	₩340,000

[추가자료]

1) 한국(주)는 20×1년 1월 1일에 액면이자율 10%, 액면금액 ₩100,000인 사채(이자지급일 : 매년 1월 1일)를 액면발행하였다. 서울(주)는 동 사채 중 50%를 20×1년 12월 31일에 ₩53,310(발생이자 포함)에 계약상 현금흐름의 수취를 목적으로 취득하고, 익년 1월 1일 한국(주)로부터 액면이자를 수취하였다. 20×1년말 시장이자율은 12%이며 서울(주)는 유효이자율법에 의해 상각후원가측정금융자산(AC금융자산)의 이자수익을 인식한다.
2) 서울(주)는 1)의 상각후원가측정금융자산을 20×2년말 ₩56,000(발생이자 포함)에 처분하였다.
3) 서울(주)의 20×1년초 이후 이익잉여금 변동내역은 다음과 같다.

	20×1년	20×2년
당기순이익	₩20,000	₩25,000
배당금지급액	(10,000)	(10,000)
이익잉여금 증가액	₩10,000	₩15,000

요구사항

1. 한국(주)가 서울(주)의 주식취득시 지급한 영업권 대가를 구하라.
2. 20×2년말 한국(주)의 연결분개를 제시하라. 단, 비지배지분은 종속기업의 식별가능한 순자산공정가치에 비례하여 결정한다.

07 연결분개의 이해 – 사채

서울(주)는 20×1년 1월 1일에 만기 10년, 액면금액 ₩500,000인 사채를 외부에 액면금액의 104%에 발행하였다. 부산(주)는 20×5년 7월 1일에 서울(주)가 발행한 위 사채 중 액면금액 ₩200,000에 해당하는 부분을 계약상 현금흐름의 수취를 목적으로 취득하였다. 동 사채는 매년말 9%의 액면이자를 지급하며 사채할증발행차금은 정액법으로 상각한다. 20×7년 12월 31일 서울(주)와 부산(주)의 연결재무제표를 작성함에 있어서 다음과 같은 연결분개가 제시되었다.

(차) 사 채	200,000		(대) 상각후원가측정금융자산	198,200
사채할증발행차금	2,400		이 자 비 용	17,200
이 자 수 익	18,600		이익잉여금	4,200
			비지배지분	1,400

요구사항

1. 서울(주)와 부산(주) 중 어느 회사가 지배기업인가? 또 그 이유는 무엇인가?
2. 종속기업에 대한 지배기업의 지분율은 얼마인가?
3. 부산(주)가 20×5년 7월 1일 동 사채를 취득하기 위하여 지급한 금액은 얼마인가?
4. 20×5년 연결포괄손익계산서상의 사채추정상환손익은 얼마였는가?
5. 20×7년 위 분개전 지배기업지분순이익이 ₩70,000이었다면 정확한 20×7년의 지배기업지분순이익은 얼마인가?
6. 위 연결분개의 영향으로 20×7년 비지배지분순이익으로 보고될 금액은 얼마나 변동되는가?
7. 20×8년 12월 31일 위 사채와 관련하여 행할 연결분개를 제시하라.

고급 연습문제

08 불완전한 자료 – 재고자산

서울(주)는 20×1년 1월 1일 울산(주)의 지분 75%를 취득하였다. 서울(주)가 당해 주식의 취득대가로서 울산(주)의 순자산의 장부금액을 초과하여 지급한 금액은 전액 건물에 배분되며, 동 건물은 10년의 잔여내용연수에 걸쳐 정액법으로 상각된다. 또한 비지배지분은 종속기업의 식별가능한 순자산공정가치에 비례하여 결정한다.

20×6년 12월 31일 현재의 양사의 별도재무상태표와 연결재무상태표는 다음과 같다.

재무상태표

20×6. 12. 31 현재

	서울(주)	울산(주)	연결재무상태표
현 금	₩67,000	₩45,000	₩112,000
매출채권	?	55,000	145,000
재고자산	125,000	90,000	211,000
투자주식	?		
건 물	400,000	240,000	680,000
감가상각누계액	(180,000)	(110,000)	(?)
자산총계	?	₩320,000	?
매입채무	₩86,000	₩20,000	₩89,000
단기차입금	?	8,000	?
사 채	250,000	120,000	370,000
자 본 금	120,000	60,000	120,000
이익잉여금	145,500	112,000	186,000
비지배지분			46,000
부채 및 자본총계	?	₩320,000	?

20×6년 양사의 별도포괄손익계산서와 연결포괄손익계산서는 다음과 같다.

포괄손익계산서

20×6. 1. 1～12. 31

	서울(주)	울산(주)	연결포괄손익계산서
매 출	₩420,000	₩260,000	₩650,000
매출원가	310,000	170,000	445,000
감가상각비	20,000	25,000	49,000
이자비용	25,000	9,500	34,500
기타비용	22,000	15,500	37,500
당기순이익	₩43,000	₩40,000	₩84,000
지배기업지분순이익			₩76,000
비지배지분순이익			8,000
			₩84,000

요구사항

1. 20×1년 1월 1일 울산(주)의 이익잉여금이 ₩30,000이었다면 서울(주)가 울산(주)의 지분을 취득하기 위하여 지급한 금액은 얼마인가? 단, 20×1년 1월 1일 이후 울산(주)의 자본금 변동은 없었다.
2. 20×6년 12월 31일 현재 연결재무상태표상 감가상각누계액으로 보고되어야 할 금액은 얼마인가?
3. 20×6년 동안 발생한 재고자산의 내부매출액은 얼마인가?
4. 20×6년 12월 31일 현재 재고자산관련 내부거래미실현손익은 얼마인가?
5. 20×6년 동안 발생한 재고자산 내부거래는 상향판매인가, 하향판매인가? 그 이유는 무엇인가? 단, 20×6년초 미실현이익잔액은 모두 전기의 하향판매에서 발생한 것이며, 20×6년중에 실현되었다.

6. 20×6년 발생한 재고자산 내부거래 및 내부거래미실현손익을 제거하기 위한 연결분개를 제시하라.
7. 20×6년 1월 1일 현재 재고자산관련 미실현손익은 얼마인가?
8. 20×6년 12월 31일 현재 서울(주)의 매출채권계정 잔액은 얼마인가? 단, 할인된 매출채권은 없다.
9. 20×6년 12월 31일 현재 연결재무상태표상 이익잉여금 ₩186,000이 산출되는 근거를 제시하라.

09 불완전한 자료의 완성 – 유형자산 및 사채

20×4년 12월 31일 현재의 지배(주)와 종속(주)의 별도재무제표 및 연결재무제표로부터 발췌한 정보는 다음과 같다.

계정과목	별도재무제표		연결재무제표
	지배(주)	종속(주)	
재무상태표 항목			
현 금	₩77,000	₩53,000	₩130,000
매출채권	176,000	42,000	218,000
미 수 금	45,000	10,000	53,000
재고자산	152,133	50,000	202,133
토 지	100,000	22,000	①
건 물	②	240,000	700,000
감가상각누계액	(185,000)	(94,000)	(③)
종속기업투자주식	112,500	–	–
상각후원가측정금융자산	④	–	–
매입채무	60,000	11,901	71,901
미지급금	45,000	⑤	55,000
사 채	⑥	100,000	360,000
사채할인발행차금	–	(901)	(⑦)
자 본 금	⑧	30,000	150,000
자본잉여금	155,000	20,000	155,000
이익잉여금	208,000	150,000	221,705
비지배지분	–	–	⑨
포괄손익계산서 항목			
매 출	₩450,000	₩240,000	₩690,000
이자수익	27,000	7,000	⑩
매출원가	285,000	143,000	428,000
감가상각비	35,000	⑪	57,500
기타판매관리비	35,000	49,500	99,500
기타비용	7,000	–	⑫
이자비용	25,000	10,500	⑬

[추가자료]

1) 지배(주)는 20×1년 1월 1일 종속(주)의 주식 75%를 종속(주)의 순자산장부금액인 ₩112,500을 지급하고 취득하였다.
2) 20×3년 12월 31일 지배(주)는 종속(주)에 건물을 ₩65,000에 처분하였다. 동 건물은 지배(주)가 ₩125,000(내용연수 25년, 정액법 상각)에 구입하였다. 처분시 장부금액은 ₩50,000이었으며 잔존 내용연수 10년, 감가상각방법은 정액법이다.
3) 20×2년 7월 1일 종속(주)는 지배(주)에 장부금액 ₩22,000의 토지를 ₩35,000에 처분하였으며 현재 계속해서 보유중이다.
4) 종속(주)는 20×1년 1월 1일 액면 ₩100,000의 사채(만기 5년, 액면이자율 10%, 매년말 이자지급)를 ₩96,304에 발행하였다. 사채발행시점의 시장이자율은 11%이다. 20×4년 1월 1일 지배(주)는 동 사채의 40%를 ₩40,704에 계약상 현금흐름을 수취할 목적으로 구입하였다. 20×4년초 시장이자율은 9%이며, 사채할인발행차금과 상각후원가측정금융자산의 차금은 유효이자율법으로 상각한다. 또한 연결실체간의 사채구입에서 발생하는 사채상환손익은 전액 발행회사가 부담하는 것으로 가정한다.

요구사항

위 재무제표 정보 및 추가자료를 이용하여 빈칸 ①~⑬에 들어갈 금액을 계산하라. 단, 비지배지분은 종속기업의 식별가능한 순자산공정가치에 비례하여 결정한다.

10 연결회계 – 종합(I)

지배(주)와 종속(주)의 20×2년 12월 31일 별도 및 연결 재무제표로부터 발췌한 부분재무제표와 아래의 추가정보를 이용하여 물음에 답하라.

부분재무상태표

	지배(주)	종속(주)	연결재무제표
매출채권	₩28,000	₩19,000	₩42,000
재고자산	30,000	25,000	52,000
투자주식	70,000	–	–
영업권	–	–	30,000
사채할인발행차금	(8,000)	(4,000)	(10,000)
자본	160,000	50,000	160,000

부분포괄손익계산서

	지배(주)	종속(주)	연결재무제표
매 출	₩200,000	₩140,000	₩310,000
매출원가	150,000	110,000	233,000
매출총이익	50,000	30,000	77,000
건물감가상각비	40,000	10,000	47,000
당기순이익	22,700	25,000	?
지배기업지분순이익	–	–	30,000

[추가자료]

1) 상품판매 : 내부상품거래는 20×2년도에 발생하였고, 지배(주)는 외부판매와 동일한 매출이익률로 종속(주)에 판매하였다. 또한 20×2년 12월 31일 현재 종속(주)는 지배(주)로부터 구입상품 중 40%를 재고자산으로 보유하고 있으며, 상품구입대금의 일부를 미지급하고 있다.
2) 건물매각 : 20×2년 1월 1일에 지배(주)는 건물을 종속(주)에 ₩36,000에 매각하였고, 당해 건물의 잔존내용연수는 4년이며 잔존가치는 없고 정액법으로 상각한다.
3) 사채거래 : 지배(주)는 20×1년 1월 1일에 한국(주)로부터 종속(주)가 20×0년 1월 1일에 발행한 사채(액면 ₩100,000, 액면이자율 10%, 발행금액 ₩90,000, 5년만기) 중 50%를 ₩42,500에 취득하였고, 사채할인발행차금과 상각후원가측정금융자산의 차금은 정액법으로 상각한다.
4) 지배(주)는 종속(주)의 지분을 20×0년 1월 1일에 취득하였다.

요구사항

1. 20×2년의 지배(주)와 종속(주) 간의 내부상품거래는 얼마인가?
2. 20×2년에 종속(주)가 지배(주)로부터 구입한 상품 중 판매되지 않은 상품이 20×2년 12월 31일 연결재무상태표의 재고자산계정에 얼마로 계상되어 있는가?
3. 20×2년의 지배(주)와 종속(주) 간 상품거래와 관련한 20×2년 12월 31일 현재 종속(주)의 매입채무금액은 얼마인가?
4. 20×2년에 지배(주)가 종속(주)에 매각한 건물의 장부금액은 얼마인가?
5. 지배(주)의 종속(주) 사채취득과 관련하여 지배(주)의 20×2년 12월 31일 현재의 상각후원가측정금융자산계정의 금액을 산출하고, 20×2년 12월 31일 연결재무제표의 작성에 따른 내부사채거래에 대하여 지배(주)의 이자수익과 종속(주)의 이자비용을 각각 산출하라.
6. 종속(주)의 비지배지분율은 몇 %인가?

11 연결회계 – 종합(Ⅱ) (2007년 공인회계사 시험(2차) 수정)

20×1년 1월 1일에 (주)청갑은 (주)청을의 발행주식 중 60%를 ₩240,000에 취득하였다. 동 주식취득일 현재 (주)청을의 자본계정은 자본금 ₩200,000, 자본잉여금 ₩100,000, 이익잉여금 ₩100,000으로 구성되어 있으며, 자산과 부채의 장부금액과 공정가치는 일치한다. 한편, (주)청갑과 (주)청을은 각각 20×1년에 ₩80,000과 ₩50,000의 당기순이익을 보고하였고, 20×2년에는 ₩100,000과 ₩80,000의 당기순이익을 보고하였다. 20×1년과 20×2년 중에 결의되거나 지급된 배당은 없었으며, (주)청을의 순자산금액은 당기순손익으로만 변동되었다. (주)청갑은 (주)청을의 주식을 원가법으로 회계처리한다. 다음의 독립된 세 가지 상황에 대하여 답하라. 단, 비지배지분은 종속기업의 식별가능한 순자산공정가치에 비례하여 결정한다.

요구사항

1. 20×1년 1월 1일에 (주)청을은 원가 ₩50,000의 상품을 (주)청갑에 ₩80,000에 현금 판매하였으며, 동 상품은 20×1년말 현재 (주)청갑의 재고자산으로 남아 있다. 20×1년도 연결재무제표에서 당기순이익과 비지배지분을 산출하라.
2. 20×1년 1월 1일에 (주)청을은 유통시장에서 (주)청갑이 발행한 사채(액면금액 ₩100,000, 액면이자율 10%, 매년말 이자지급, 만기일 20×2년 12월 31일) 중 50%를 ₩48,310에 취득하고 상각후원가측정금융자산으로 분류하였다. 취득 당시 시장이자율은 12%이고, (주)청갑에 계상된 사채의 장부금액은 ₩100,000이다. 20×1년도 지배기업지분순이익과 비지배지분을 산출하라. 단, (주)청갑과 (주)청을은 사채관련차금을 유효이자율법으로 상각한다. 연결실체간의 사채구입에서 발생하는 사채상환손익은 전액 발행회사가 부담하는 것으로 가정한다.
3. 20×1년 1월 1일에 (주)청갑은 장부금액 ₩20,000의 건물(취득원가 ₩50,000, 감가상각누계액 ₩30,000, 잔존내용연수 10년, 잔존가치 ₩0)을 ₩23,000에 (주)청을에 현금 판매하였으며, 동 건물은 20×2년말 ₩25,000에 외부로 매각되었다. 20×2년도 연결재무제표에서 지배기업지분순이익과 비지배지분을 산출하라. 단, (주)청갑과 (주)청을은 정액법을 적용하여 건물에 대한 감가상각비를 계상한다.

12 연결회계 – 종합(Ⅲ)

(2010년 공인회계사 시험(2차) 수정)

(주)서울은 20×1년 1월 1일 (주)송파의 발행주식 60%를 ₩700,000에 취득하여 지배력을 획득하였다. 주식취득일 현재 (주)서울과 (주)송파의 자본계정은 다음과 같다.

	(주)서울	(주)송파
납입자본	₩1,000,000	₩650,000
이익잉여금	400,000	350,000

[추가자료]

1) 20×1년 1월 1일 현재 (주)송파의 자산과 부채 중에서 장부금액과 공정가치가 일치하지 않는 항목은 다음과 같다.

	장부금액	공정가치
재고자산	₩150,000	₩180,000
건 물	100,000	150,000

위의 재고자산은 20×1년중에 모두 외부로 판매되었다. 20×1년 1월 1일 현재 위의 건물 잔존내용연수는 10년이며 잔존가치는 ₩0이고 정액법에 따라 감가상각한다.

2) 20×1년중에 (주)송파는 (주)서울에 원가 ₩10,000인 재고자산을 ₩12,000의 가격으로 판매하였으며, 이 중 50%는 20×1년중에 외부로 판매되었고 나머지 50%는 20×2년말 현재 (주)서울이 보유중이다. 한편 (주)서울은 20×2년중에 원가 ₩30,000의 재고자산을 (주)송파에 ₩25,000의 가격으로 판매하였다. 동 재고자산은 경쟁사의 신제품 출시로 인하여 가격이 급격히 하락하였으며, (주)송파에 판매한 가격은 순실현가능가치와 동일한 금액이다.

3) 20×2년말 (주)서울의 (주)송파에 대한 매출채권 ₩25,000 중 ₩12,000은 은행에서 할인한 상태이며, 동 할인금액은 (주)서울의 별도재무제표에서 제거되어 있다.

4) 20×1년말 (주)송파는 자사가 보유중인 건물에 대하여 재평가를 실시하였으며 재평가된 금액은 ₩180,000이었다. (주)송파는 재평가잉여금을 이익잉여금에 대체하지 않는 회계정책을 채택하고 있다.

5) 20×2년초에 (주)송파는 사용하던 비품(처분시 장부금액은 ₩30,000, 처분시점에서의 잔존내용연수는 5년, 잔존가치는 ₩0)을 (주)서울에 ₩36,000에 매각하였다. (주)서울은 동 비품을 20×2년에 사용하였으며 정액법(잔존내용연수 5년, 잔존가치는 ₩0)으로 상각하였다. 20×2년말 (주)서울은 동 비품을 ₩40,000의 가격으로 외부에 처분하였다.

6) 20×1년과 20×2년에 대한 (주)서울과 (주)송파의 별도재무제표상 당기순이익은 다음과 같으며 동 기간중에 양사는 배당을 선언한 바 없다.

	20×1년	20×2년
(주)서울	₩200,000	₩220,000
(주)송파	150,000	180,000

7) (주)서울은 (주)송파의 주식취득에서 발생한 영업권의 회수가능액을 20×1년말과 20×2년말에 각각 ₩48,000과 ₩51,000으로 추정하였다.
8) (주)서울은 (주)송파의 주식을 원가법으로 회계처리하고 있으며 연결재무제표 작성시 비지배지분은 종속기업의 순자산공정가치에 대한 비례적 지분으로 평가한다.
9) (주)서울과 (주)송파가 작성한 별도재무제표는 한국채택국제회계기준(K-IFRS)에 따라 적정하게 작성되었다.

요구사항

1. (주)서울이 20×2 회계연도에 대하여 연결재무제표를 작성한다고 할 때 다음에 제시되는 부분연결재무제표의 빈칸 ①~⑪에 들어갈 금액을 계산하라.

계정과목	별도재무제표		연결재무제표
	(주)서울	(주)송파	
재무상태표 항목			
매 출 채 권(순액)	₩110,000	₩90,000	①
재 고 자 산	45,000	33,000	②
건 물(순액)	190,000	160,000	③
영 업 권	0	0	④
단기차입금	90,000	50,000	⑤
재평가잉여금	0	90,000	⑥
이익잉여금	820,000	680,000	⑦
포괄손익계산서 항목			
매 출 원 가	₩600,000	₩400,000	⑧
감가상각비	55,000	25,000	⑨
유형자산처분이익	11,200	6,000	⑩
비지배지분귀속당기순이익	–	–	⑪

2. 20×1년 1월 1일 (주)송파의 발행주식수는 100주이고 1주당 공정가치는 ₩11,000이라고 가정한다. (주)송파의 비지배지분을 공정가치에 따라 평가한다고 할 때 20×1년 1월 1일 취득시점에서의 영업권을 계산하라.
3. 비지배지분은 종속기업의 순자산공정가치에 대한 비례적 지분으로 측정할 수도 있고 공정가치로 측정할 수도 있다. 두 방법 중에서 어느 방법을 선택하는가에 따라 연결재무제표에 보고되는 영업권 금액에 있어 차이가 발생하는 것이 일반적이다. 이와 같이 차이가 발생하는 이유는 무엇이며, 두 방법 중에서 어느 방법이 연결실체이론에 보다 부합하는지를 설명하라.

13 연결회계 – 종합(Ⅳ)

(2014년 공인회계사 시험(2차) 수정)

(주)지배는 20×1년 1월 1일에 (주)종속의 보통주 80%(80주, 주당 액면금액 ₩5,000)를 ₩680,000에 취득하고 지배력을 획득하였다. 주식취득일 현재 (주)종속의 자본계정은 자본금 ₩500,000과 이익잉여금 ₩200,000으로 구성되어 있으며, 보통주 1주당 공정가치는 ₩8,200이다.

[추가자료]

1) 20×1년 1월 1일 현재 (주)종속의 자산과 부채 중에서 장부금액과 공정가치가 일치하지 않는 항목은 다음과 같다.

	장부금액	공정가치
상 품	₩70,000	₩84,000
토 지	300,000	350,000
건 물(순액)	180,000	216,000

위 상품 중 80%는 20×1년중에 외부로 판매되었으며, 나머지 20%는 20×2년중에 외부로 판매되었다. 토지와 건물은 (주)종속이 20×0년초에 현금 ₩500,000을 지급하고 일괄취득한 자산이며, 건물은 정액법(내용연수 10년, 잔존가치 ₩0)에 따라 감가상각하고 있다.

2) 20×1년중에 (주)지배는 (주)종속에 원가 ₩12,000인 상품을 ₩15,000에 현금 판매하였으며, (주)종속은 동 상품 전액을 20×2년중에 외부로 판매하였다.

3) 20×2년 1월 1일에 (주)종속은 사용하던 비품(장부금액 ₩30,000)을 ₩36,000에 (주)지배에 현금 매각하였다. 비품 매각일 현재 잔존내용연수는 3년, 잔존가치는 ₩0, 감가상각방법은 정액법이다. (주)지배는 동 자산을 20×2년말 현재 사용하고 있다.

4) 20×2년 1월 1일 (주)종속은 신규시설투자와 관련하여 (주)지배로부터 현금 ₩200,000을 차입하였다. 동 차입금은 약정이자(연이자율 5%)와 함께 20×3년 12월 31일에 상환할 예정이다.

5) 20×1년과 20×2년에 대한 (주)지배와 (주)종속의 별도(개별)재무제표상 당기순이익은 아래와 같으며, 동 기간중에 양사는 배당을 선언한 바가 없다.

	20×1년	20×2년
(주)지배	₩55,000	₩75,000
(주)종속	20,000	25,000

6) (주)지배는 (주)종속의 주식을 원가법으로 회계처리하고 있으며, 연결재무제표 작성시 비지배지분은 공정가치로 평가한다.

7) (주)지배와 (주)종속이 작성한 별도(개별)재무제표는 한국채택국제회계기준에 따라 적정하게 작성되었다.

요구사항

1. (주)지배와 (주)종속의 20×1년도 별도(개별)재무제표상 일부항목이 다음과 같다고 할 때, 연결재무제표의 빈칸(①~⑤)에 계상될 금액을 구하라. 단, 20×1년말 현재 영업권에 대한 손상은 발생하지 않은 것으로 가정하며, 해당 금액이 없는 경우에는 "0"으로 표시한다.

계정과목	(주)지배	(주)종속	연결재무제표
포괄손익계산서 항목			
매 출 원 가	₩650,000	₩280,000	①
당기순이익	55,000	20,000	②
재무상태표 항목			
상 품	₩240,000	₩90,000	③
건 물(순액)	380,000	160,000	④
영 업 권	0	0	⑤

2. 20×2년도에 (주)지배가 작성하는 연결재무제표에 계상될 ① 비지배지분순이익과 ② 비지배지분 금액을 각각 구하라.

CHAPTER

5 지분변동

본장에서는 지배기업의 종속기업에 대한 지분율이 변동할 때 필요한 회계처리에 대하여 설명한다. 우선, 종속기업을 회계연도중에 취득하는 경우와 종속기업 주식을 단계적으로 취득하여 지배력을 획득하는 경우의 연결회계를 살펴본다. 그리고 종속기업에 대한 지배력획득 후에 지배기업지분이 증가하는 경우와 종속기업의 주식을 처분하는 경우의 연결회계를 설명한다. 또한 〈보론〉에서는 유상증자 등으로 지배기업의 지분이 변동하는 경우의 연결회계에 대해 살펴본다.

제 1 절 기중취득 및 단계적 취득

1. 기중취득

지배기업의 종속기업에 대한 지배력획득은 회계연도중 어느 시점에서라도 이루어질 수 있다. 지금까지 본서에서는 설명의 편의상 종속기업에 대한 지배력획득이 회계연도초에 이루어지는 경우만을 다루어 왔다. 그러나 현실적으로 종속기업에 대한 지배력획득은 회계연도중에 이루어지는 경우가 일반적이라고 할 수 있다. 이러한 기중취득과 관련하여 발생하는 연결회계상의 문제는 다음과 같다.

첫째, 지배기업의 투자주식계정과 종속기업 자본계정의 상계와 관련된 문제이다. 원칙적으로 지배기업의 투자주식계정과 종속기업의 자본계정은 지배력획득일, 즉 취득일을 기준으로 상계제거되어야 한다. 이때 투자주식계정의 금액은 종속기업 주식의 취득이 회계연도중 어느 시점에서 이루어졌는가에 상관없이 정확하게 결정된다. 그러나 지배력획득일에 투자주식계정과 대응되어 상계제거될 종속기업 자본계정의 금액은 기중취득의 경우 정확하게 파악하는 것이 어려울 수 있다. 이러한 실무상의 어려움을 고려하여 과거 우리나라의 연결기준서 실무지침에서는 회계연도초부터 취득일 전까지의 순손익을 알 수 없는 경우에는 취득일과 가장 가까운 날 현재의 종속기업의 재무제표(중간재무제표 포함)를 이용할 수 있도록 허용하였다. 다만 이 경우 취득일과 재무제표일 사이에 발생한 중요한 거래나 사건이 있으면 이를 적절히 반영하도록 하였다. 하지만 K-IFRS에서는 이러한 예외사항에 대한 언급이 없어 원칙대로 취득일의 재무제표를 기준으로 지배기업의 투자주식계정과 종속기업의 자본계정을 상계제거해야 할 것으로 보인다.

둘째, 회계연도초부터 지배력획득일 사이에 발생한 종속기업순이익을 연결포괄손익계산서에 어떻게 표시할 것인가의 문제이다. 회계연도중에 종속기업을 취득하는 경우 그 종속기업의 손익을 반영하는 방법에는 두 가지가 있다.

기중에 지배력획득시 종속기업 손익 반영방법

[방법 1] 종속기업의 개별손익항목 중 취득일 이후에 발생한 금액만을 연결포괄손익계산서에 반영

[방법 2] 종속기업의 당해 연도 전체손익을 개별항목별로 연결포괄손익계산서에 반영하고 취득일 전에 발생한 당기순이익과 기타포괄손익을 각각 일괄하여 차감하는 형식으로 표시

어느 방법을 사용하든 연결포괄손익계산서상의 당기순이익과 기타포괄손익에는 종속기업의 당기순이익과 기타포괄손익 중 취득일 이후에 발생한 부분만이 포함된다. 연결포괄손익계산서상 개별 손익항목에 대해 종속기업의 취득일 이후의 성과만 포함한다는 점에서는 [방법 1]이 더 타당하나, 차기 이후의 연결포괄손익계산서와의 비교가능성에 있어서는 [방법 2]가 더 유용하다고 할 수 있다. 과거 우리나라의 연결기준서는 [방법 2]를 채택하였으나 K-IFRS에서는 이 부분에 대한 언급이 없다.

[방법 1]을 따를 경우 종속기업은 취득일 이후 회계연도말까지의 기간에 대한 포괄손익계산서를 작성하고 이를 지배기업의 포괄손익계산서와 합산하여 연결포괄손익계산서를 작성한다. 반면, [방법 2]를 따를 경우에는 연결정산표상 취득일이 속하는 회계연도 전체기간에 대한 종속기업의 개별포괄손익계산서를 지배기업의 포괄손익계산서와 합산하고 종속기업의 취득일 전에 발생한 당기순이익과 기타포괄손익은 연결분개를 통하여 차감한다.

2. 단계적 취득을 통한 지배력획득

지배기업이 단 한 번의 주식취득으로 종속기업에 대한 지배력을 획득할 수도 있지만 여러 번에 걸쳐 단계적으로 주식을 취득하여 지배력을 획득하기도 한다. 이때의 회계문제는 여러 번에 걸친 주식취득시점 중 어느 시점을 종속기업에 대한 지배력을 획득한 시점으로 볼 것인가와 지배력획득을 위한 취득원가를 어떻게 결정할 것인가로 요약된다. K-IFRS 제1110호(연결재무제표)에서는 사업결합에서 발생하는 영업권을 포함하여 사업결합에 관한 회계처리와 그 회계처리가 연결에 미치는 효과에 대해서는 K-IFRS 제1103호(사업결합)를 참조하도록 하고 있

다. 따라서 단계적 취득을 통해 지배력을 획득하는 경우에도 단계적으로 이루어지는 사업결합의 회계처리와 일관성 있게 이루어져야 한다.

K-IFRS 제1103호(사업결합)에 따르면 취득자가 피취득자의 주식을 단계적으로 취득하여 피취득자에 대한 지배력을 획득하는 경우, 취득자는 이전에 보유하고 있던 피취득자에 대한 지분을 취득일의 공정가치로 재측정하고 그 공정가치와 장부금액의 차액은 당기손익(당기손익-공정가치측정항목으로 분류된 경우) 또는 기타포괄손익(기타포괄손익-공정가치측정항목으로 분류된 경우)으로 인식한다. 이는 한 기업에 대해 비지배 투자자산을 보유하다가 지배력을 획득하는 것은 "경제적 실질"에 근본적인 변동이 있는 거래로 보기 때문이다.

〈표 5-1〉 **단계적 취득시 기존 보유지분의 분류에 따른 공정가치 재측정손익의 처리**

기존 보유지분의 분류	공정가치 재측정손익의 회계처리
관계기업 및 공동기업 투자주식	당기손익으로 인식
당기손익-공정가치측정금융자산	당기손익으로 인식
기타포괄손익-공정가치측정금융자산	기타포괄손익으로 인식

지배기업이 단계적 취득을 통하여 종속기업에 대한 지배력을 획득하는 경우 이는 지배기업이 기존에 보유하고 있던 주식을 종속기업에 대한 지배력을 획득하

사례로 배우기 5-1 OCI홀딩스, 지주사 전환으로 OCI를 종속회사로 편입

국내 재벌기업들은 지배구조 선진화를 위해 지주사 형태로 지배구조를 개편한다. 이 과정에서 계열사간 지분정리가 이루어지면 연결재무제표에도 유의미한 영향을 미칠 수 있다. OCI홀딩스(주)는 지주사 체제로 전환하면서 기존 관계기업이었던 OCI(주)를 종속기업으로 편입시켰다. 2023년 OCI홀딩스(주)의 OCI(주)에 대한 지분율은 33.25%였는데, 2024년 1월 현물출자를 통해 지분율이 44.78%로 증가하면서 OCI(주)에 대한 지배력을 획득했기 때문이다. 지배력획득일은 2024년 1월 25일(간주 취득일은 2024년 1월 31일)이며, OCI홀딩스(주)는 기존에 보유하던 OCI(주)의 지분을 취득일의 공정가치로 재측정함에 따라 2,087억원의 관계기업투자주식처분손실을 인식하였다. 또한 취득일 현재 OCI(주) 투자지분의 공정가치는 2,291억원, 비지배지분은 8,067억원, OCI(주)의 식별가능한 순자산공정가치는 1조 3,170억원으로 OCI홀딩스(주)는 2,812억원의 염가매수차익을 인식하였다. 즉 OCI홀딩스(주)는 2024년 1분기에 OCI(주)의 종속기업 편입으로 기타수익(염가매수차익) 2,812억원, 기타비용(관계기업투자주식처분손실) 2,087억원을 인식한 것이다. OCI홀딩스(주)의 OCI(주)에 대한 단계별 지분변동은 OCI홀딩스(주)의 2024년 보고손익에 약 725억원의 영향을 미쳤음을 알 수 있다.

는 대가의 일부로 제공한 것이라 할 수 있다. 이와 같이 종전에 보유하던 비지배 투자주식을 종속기업에 대한 지배력을 획득하기 위하여 사용하게 되면 이들 투자주식의 본래 수익창출과정이 완료되고 지배력의 확보라는 새로운 용도에 투입되는 것으로 볼 수 있다. 결국 '지배력획득'이란 사건을 통해 지배력획득 전부터 보유하여 오던 투자주식의 성격은 근본적으로 변화되며, 이에 따라 종전에 보유하던 주식에서 발생한 미실현보유손익은 전액 실현된 것으로 간주하는 것이다.

요약하면, 지배기업이 종속기업의 주식을 단계적으로 취득하여 지배력을 획득하는 경우 K-IFRS 제1103호(사업결합)에 따라 취득일은 지배력획득일이며, 종속기업에 대한 영업권 또는 염가매수차익은 다음과 같이 지배력획득일을 기준으로 일괄하여 인식한다.

단계적 취득을 통한 지배력획득시 회계처리

[취득일] K-IFRS 제1103호(사업결합)에 따라 지배력을 획득한 시점

[영업권] 지배력획득일을 기준으로 일괄하여 인식하며, 영업권으로 계상되는 금액은 취득일 현재 다음 ①이 ②를 초과하는 금액

① 다음의 합계금액

(가) 이전대가의 공정가치(취득일 이전에 보유하고 있던 피취득자 지분의 취득일 현재 공정가치 포함)

(나) 피취득자에 대한 비지배지분의 금액

② 취득일의 식별가능한 순자산의 공정가치

[염가매수차익] 상기 ②가 ①을 초과하는 경우 ①과 ②의 각 항목을 재검토한 후, 초과금액을 취득일에 당기손익으로 인식

예제 5-1 단계적 취득을 통한 지배력획득

20×0년 1월 1일에 갑(주)는 을(주) 발행주식의 20%를 ₩90,000에 취득하여 지분법으로 회계처리하였다. 갑(주)는 20×1년 1월 1일에 을(주) 주식의 10%를 추가취득하였고, 20×2년 1월 1일에 을(주) 주식의 30%를 추가취득하여 지배력을 획득하였다. 지배력획득일에 갑(주)가 보유하고 있던 을(주) 주식 30%의 공정가치는 ₩174,000이며, 을(주)의 순자산 장부금액과 공정가치는 동일하였다. 갑(주)는 종속기업투자주식을 원가법으로 회계처리하며, 갑(주)는 종속기업에 대한 비지배지분을 공정가치로 측정한다. 을(주)에 대한 지배력획득일에 비지배지분의 공정가치는 ₩232,000이었다. 을(주) 자본계정의 변동은 아래와 같으며, 동기간중 배당은 없었다.

	20×0. 1. 1	20×1. 1. 1	20×2. 1. 1	20×2. 12. 31	20×3. 12. 31
취득지분율	20%	10%	30%	–	–
취 득 원 가	₩90,000	₩48,000	₩180,000	–	–
자 본 금	200,000	200,000	200,000	₩200,000	₩200,000
자본잉여금	100,000	100,000	100,000	100,000	100,000
기타포괄손익누계액*	–	–	10,000	10,000	10,000
이익잉여금	100,000	120,000	200,000	250,000	320,000

* 을(주)가 인식한 기타포괄손익은 관련 자산이나 부채의 처분시 당기손익으로 재분류하는 항목에서 발생하였다.

20×2년말과 20×3년말의 연결분개를 제시하라.

해답

(1) 20×0년

1) 갑(주)의 개별재무제표상 회계처리

① 을(주) 주식 20% 취득

(차) 관계기업투자주식	90,000	(대) 현　　금	90,000

② 을(주)의 당기순이익의 인식

(차) 관계기업투자주식	4,000*	(대) 지분법이익	4,000

* ₩20,000 × 20% = ₩4,000

2) 연결분개 : 대상이 되지 않음

(2) 20×1년

1) 갑(주)의 개별재무제표상 회계처리

① 을(주) 주식 10% 추가취득

(차) 관계기업투자주식	48,000	(대) 현　　금	48,000

② 을(주) 순자산 변동액 중 갑(주) 지분 인식

(차) 관계기업투자주식	27,000	(대) 지분법이익	24,000*
		지분법기타포괄이익	3,000**

* ₩80,000(당기순이익) × 30% = ₩24,000

** ₩10,000(기타포괄이익) × 30% = ₩3,000

2) 연결분개 : 대상이 되지 않음

(3) 20×2년

1) 갑(주)의 별도재무제표상 회계처리

① 을(주) 주식 30% 추가취득으로 지배력획득

(차) 투 자 주 식	180,000	(대) 현 금		180,000

② 취득일 현재 보유하고 있는 을(주)의 주식을 공정가치로 평가하고 처분손익 인식

(차) 투 자 주 식	174,000	(대) 관계기업투자주식	169,000*
지분법기타포괄이익	3,000	관계기업투자주식처분이익	8,000

* (₩90,000 + ₩4,000 + ₩48,000 + ₩27,000) = ₩169,000

[해설]

갑(주)가 을(주)에 대한 지배력을 획득한 것은 기존에 보유하고 있던 관계기업투자주식을 처분하고 투자주식이라는 새로운 자산을 취득한 것으로 볼 수 있다. 따라서 갑(주)의 별도재무제표상 관계기업투자주식을 공정가치로 평가하여 투자주식에 가산하고, 관계기업투자주식의 장부금액과 공정가치의 차액 및 기타포괄손익으로 인식된 누적금액을 당기손익으로 인식한다.

2) 연결분개

E-① 투자주식과 자본계정의 상계제거 및 비지배지분 계상

(차) 자 본 금	200,000	(대) 투 자 주 식	354,000*
자본잉여금	100,000	비지배지분	232,000**
기타포괄손익누계액	10,000		
이익잉여금	200,000		
영 업 권	76,000***		

* ₩180,000(20×2.1.1 취득원가) + ₩174,000(기존에 보유하고 있던 주식의 공정가치) = ₩354,000

** 비지배지분의 공정가치(이는 ₩510,000 × 40% = ₩204,000보다 크다)

*** (₩354,000 + ₩232,000) − (₩200,000 + ₩100,000 + ₩10,000 + ₩200,000) = ₩76,000

E-② 비지배지분순이익의 계상 : 을(주) 당기순이익의 40%

(차) 이익잉여금	20,000*	(대) 비지배지분	20,000

* ₩50,000(20×2년 을(주) 당기순이익) × 40%(비지배지분율) = ₩20,000

(4) 20×3년

1) 갑(주) 별도회계처리 : 없음

2) 연결분개

E-① 취득시점 기준으로 투자주식과 자본계정의 상계제거 및 비지배지분 계상

(차) 자 본 금	200,000	(대) 투 자 주 식	354,000
자본잉여금	100,000	비지배지분	232,000
기타포괄손익누계액	10,000		
이익잉여금	200,000		
영 업 권	76,000		

(주) 전년도 연결분개와 동일하다.

E-② 을(주) 취득일 이후 증가한 이익잉여금 중 비지배지분 계상

(차) 이익잉여금	20,000*	(대) 비지배지분	20,000

* 취득일 이후 이익잉여금 증가분 ₩50,000 × 40% = ₩20,000

E-③ 비지배지분순이익의 계상 : 20×3년 을(주) 당기순이익의 40%

(차) 이익잉여금	28,000*	(대) 비지배지분	28,000

* ₩70,000(20×3년 을(주) 당기순이익) × 40%(비지배지분율) = ₩28,000

제 2 절 지배력획득 후 지배기업지분의 증가

1. 지배력획득 후 종속기업 주식의 추가취득

지배기업이 지배력을 획득한 후 종속기업의 주식을 추가로 취득하는 경우가 있다. 연결실체를 하나의 경제적 실체로 보는 실체이론에서는 종속기업의 모든 주주가 연결실체의 주주가 되며 이에 따라 비지배지분도 자본의 별도 항목으로 표시된다. 따라서 지배력획득일 후에 지배기업이 종속기업의 다른 주주로부터 종속기업 주식을 추가로 구입하는 거래는 연결실체 입장에서는 연결실체와 그 주주 간의 자본거래라고 할 수 있다. 왜냐하면 연결실체 입장에서는 지배력획득시 종속기업의 전부가 이미 연결실체의 일부가 되었으므로 지배기업이 종속기업의 주식을 추가로 취득한다 하더라도 이는 종속기업의 취득거래가 아니며 주주들간

의 지분매매거래에 해당하기 때문이다.

개별재무제표상 주주와의 자본거래에서 발생하는 손익은 자본에 직접 조정된다. 마찬가지로 지배기업이 지배력을 획득한 후 종속기업 주식을 추가로 취득하는 경우 종속기업 주식을 추가로 취득하기 위하여 지급한 대가와 이로 인해 감소하는 종속기업 순자산에 대한 비지배지분의 차이를 지배기업의 소유주에게 귀속되는 자본으로 직접 인식한다. 이때 감소하는 종속기업 순자산에 대한 비지배지분은 해당 추가취득일에 지배기업이 연결재무제표를 작성한다면 그 연결재무제표상 계상될 종속기업 순자산에 감소하는 비지배지분율을 곱한 금액이다.

예제 5-2 지배력획득 후 종속기업 주식의 추가취득(Ⅰ)

20×1년 1월 1일에 갑(주)는 을(주) 주식의 60%를 ₩160,000에 취득하여 지배력을 획득하였다. 취득일 현재 을(주)의 자본은 자본금 ₩150,000과 이익잉여금 ₩90,000으로 구성되어 있으며, 건물을 제외한 을(주) 자산과 부채의 장부금액은 공정가치와 일치한다. 건물의 장부금액과 공정가치는 각각 ₩80,000과 ₩100,000이며, 건물의 잔존내용연수는 5년이고, 추정잔존가치는 없으며, 정액법으로 상각한다. 을(주)의 20×1년 당기순이익은 ₩36,000이며, 갑(주)는 을(주)에 대한 비지배지분을 을(주)의 식별가능한 순자산의 공정가치에 비례하여 결정한다.

20×2년 1월 1일에 갑(주)는 을(주) 주식의 20%를 ₩68,000에 추가로 취득하였다. 동 취득거래가 지배기업의 소유주에게 귀속되는 자본에 미치는 영향을 설명하라.

해답

갑(주)가 을(주) 주식 20%를 추가취득하기 위해 지급한 금액은 ₩68,000이지만, 이로 인해 감소한 비지배지분은 ₩58,400*이다. 따라서 그 차이 금액인 ₩9,600만큼 지배기업 소유주에게 귀속되는 자본이 감소한다.

* 추가취득으로 감소하는 비지배지분

20×1. 1. 1 연결재무제표상 을(주) 순자산 :		
장부금액(₩150,000 + ₩90,000)	₩240,000	
건물의 장부금액을 초과하는 공정가치	20,000	₩260,000
20×1년중 변동 사항 :		
건물의 장부금액을 초과하는 공정가치 상각액	(₩4,000)	
당기순이익	36,000	32,000
20×1. 12. 31 연결재무제표상 을(주) 순자산		₩292,000
추가취득으로 감소하는 비지배지분율		× 20%
추가취득으로 감소하는 비지배지분		₩58,400

지배기업이 종속기업 주식을 추가취득하는 경우 종속기업의 순자산 중 비지배지분에 배분하는 금액은 연결재무제표를 작성하는 시점 현재의 지분율에 따라 배분한다. 예를 들어, 20×1년 1월 1일 갑(주)는 을(주) 주식의 70%를 취득하여 지배력을 획득하고, 20×2년 1월 1일 을(주) 주식의 10%를 추가취득하였다고 가정하자. 을(주)에 대한 지배력획득일 이후 을(주) 주식의 추가취득 전까지는 비지배지분이 30%이므로 을(주) 순자산 및 당기순이익 중 30%를 비지배지분에 배분한다(아래의 구간 ①). 하지만 20×2년 1월 1일 이후에는 비지배지분이 20%로 감소하므로 을(주)의 순자산과 당기순이익 중 20%만을 비지배지분에 배분한다(아래의 구간 ②).

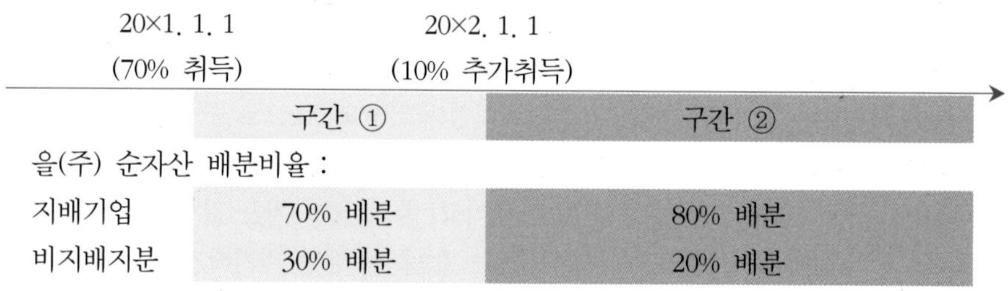

위의 예에서 갑(주)가 20×2년 1월 1일에 을(주) 주식의 10%를 추가취득함에 따라 그 시점의 연결재무제표에 표시된 을(주) 순자산 중 비지배지분에 귀속되는 금액은 30%에서 20%로 감소하면서 지배기업지분에 귀속되는 금액이 그만큼 증가한다.

예제 5-3 지배력획득 후 종속기업 주식의 추가취득(Ⅱ)

갑(주)는 20×1년 1월 1일 을(주) 주식의 60%를 ₩81,000에 취득하여 갑(주)와 을(주) 사이에는 지배 · 종속관계가 성립되었다. 20×2년 1월 1일 갑(주)는 을(주) 주식의 20%를 ₩28,800에 추가로 취득하였다. 20×1년과 20×2년의 을(주) 자본계정은 아래와 같았다.

	20×1. 1. 1	20×2. 1. 1
자 본 금	₩60,000	₩60,000
자본잉여금	15,000	15,000
이익잉여금	45,000	63,000

을(주)의 20×1년, 20×2년, 20×3년의 당기순이익은 각각 ₩18,000, ₩30,000, ₩50,000이며, 배당은 없었다. 을(주)의 취득시점에 을(주)의 순자산의 장부금액과 공정가치는 일치하였다. 갑(주)는 을(주) 주식을 원가법으로 회계처리하고 있으며, 갑(주)는 을(주)에 대한 비지배지분을 을(주)의 식별가능한 순자산공정가치에 비례하여 결정한다.

20×2년 12월 31일과 20×3년 12월 31일에 갑(주)가 연결재무제표를 작성하기 위한 연결분개를 제시하라.

해답

(1) 참고 : 20×1년

1) 갑(주)의 별도재무제표상 회계처리

① 을(주) 주식 60% 취득

(차) 투 자 주 식	81,000	(대) 현 금	81,000

2) 연결분개

E-① 투자주식과 자본계정의 상계제거 및 비지배지분 설정

(차) 자 본 금	60,000	(대) 투 자 주 식	81,000
자본잉여금	15,000	비지배지분	48,000*
이익잉여금	45,000		
영 업 권	9,000**		

* (₩60,000 + ₩15,000 + ₩45,000) × 40% = ₩48,000

** (₩81,000 + ₩48,000) − (₩60,000 + ₩15,000 + ₩45,000) = ₩9,000

E-② 비지배지분순이익의 계상 : 20×1년 을(주) 당기순이익의 40%

(차) 이익잉여금	7,200*	(대) 비지배지분	7,200

* ₩18,000 × 40% = ₩7,200

(2) 20×2년

1) 갑(주)의 별도재무제표상 회계처리

① 을(주) 주식 20% 추가취득

(차) 투 자 주 식	28,800	(대) 현 금	28,800

2) 연결분개

E-① 취득시점 기준으로 투자주식과 자본계정의 상계제거 및 비지배지분 설정

(차) 자 본 금	60,000	(대) 투 자 주 식	81,000
자본잉여금	15,000	비지배지분	48,000
이익잉여금	45,000		
영 업 권	9,000		

(주) 전년도 분개와 동일하다.

E-② 을(주) 취득시점 이후 20×2년 1월 1일에 을(주) 주식의 추가취득 전까지 증가한 이익잉여금 중 비지배지분(40%) 계상

(차) 이익잉여금	7,200*	(대) 비지배지분	7,200

* ₩18,000 × 40% = ₩7,200

[해설]

20×1년 12월 31일까지는 비지배지분이 40%이므로 을(주)의 20×1년 당기순이익 중 40%를 비지배지분에 배분한다.

E-③ 20×2년 1월 1일에 비지배주주로부터 을(주) 주식의 20%를 추가취득

(차) 비지배지분	27,600*	(대) 투 자 주 식	28,800
자본잉여금	1,200**		

* (₩60,000 + ₩15,000 + ₩45,000 + ₩18,000) × 40% × 1/2 = ₩27,600

** 취득대가 ₩28,800 − 비지배지분 순자산 감소액 ₩27,600 = ₩1,200

[해설]

분개 E-①과 E-②를 통하여 갑(주)가 을(주) 주식을 추가취득하기 직전 연결재무제표상 을(주) 순자산의 40%가 비지배지분에 배분되었다. 하지만 갑(주)가 비지배주주로부터 을(주) 주식 20%를 추가취득함에 따라 비지배지분이 20%로 감소한다. 따라서 비지배지분에 배분된 금액 중 20%에 해당하는 금액을 제거하면서 갑(주)가 이를 취득하기 위해 지급한 지급대가와의 차액을 지배기업소유주에게 귀속되는 자본(여기서는 편의상 자본잉여금계정을 사용)에 직접 조정한다.

E-④ 비지배지분순이익의 계상 : 20×2년 을(주) 당기순이익의 20%

(차) 이익잉여금	6,000*	(대) 비지배지분	6,000

* ₩30,000 × 20% = ₩6,000

[해설]

갑(주)가 을(주) 주식의 추가취득 후 비지배지분이 20%이므로 을(주)의 20×2년 당기순이익 중 20%를 비지배지분에 배분한다. 이러한 일련의 연결분개 후 20×2년 12월 31일 연결재무상태표상 표시되는 비지배지분은 그 시점의 연결재무제표상 을(주) 순자산금액의 20%에 해당하는 금액이 된다.

(₩60,000 + ₩15,000 + ₩45,000 + ₩18,000 + ₩30,000) × 20% = ₩33,600

(3) 20×3년

1) 갑(주)의 별도재무제표상 회계처리 : 없음

2) 연결분개

E-① 취득시점 기준으로 투자주식과 자본계정의 상계제거 및 비지배지분 설정

(차) 자 본 금	60,000	(대) 투 자 주 식	81,000
자본잉여금	15,000	비지배지분	48,000
이익잉여금	45,000		
영 업 권	9,000		

E-② 을(주) 취득시점 이후 20×2년 1월 1일에 을(주) 주식의 추가취득 전까지 증가한 이익잉여금 중 비지배지분(40%) 계상

(차) 이익잉여금	7,200	(대) 비지배지분	7,200

E-③ 20×2년 1월 1일에 비지배주주로부터 을(주) 주식의 20%를 추가취득

(차) 비지배지분	27,600	(대) 투자주식	28,800
자본잉여금	1,200		

E-④ 을(주) 주식의 추가취득 후 증가한 이익잉여금 중 비지배지분(20%)의 계상

(차) 이익잉여금	6,000*	(대) 비지배지분	6,000

* ₩30,000(20×2년 을(주) 당기순이익) × 20% = ₩6,000

E-⑤ 비지배지분순이익의 계상 : 20×3년 을(주) 당기순이익의 20%

(차) 이익잉여금	10,000*	(대) 비지배지분	10,000

* ₩50,000 × 20% = ₩10,000

[해설]

20×3년 12월 31일 연결재무상태표상 표시되는 비지배지분은 그 시점의 연결재무제표상 을(주) 순자산금액의 20%에 해당하는 금액이 된다.

(₩60,000 + ₩15,000 + ₩45,000 + ₩18,000 + ₩30,000 + ₩50,000) × 20% = ₩43,600

2. 종속기업의 자기주식 취득

종속기업이 지배기업 이외의 주주로부터 자기주식을 취득하게 되면 연결실체 입장에서는 연결실체가 주주로부터 종속기업 주식을 취득하는 자본거래로서 지배기업이 종속기업의 주식을 추가로 취득한 것과 동일한 경제적 효과를 갖게 된다. 왜냐하면 종속기업이 비지배주주로부터 자기주식을 취득함으로써 종속기업에 대한 비지배지분은 감소하는 한편, 지배기업지분은 상대적으로 증가하기 때문이다. 따라서 종속기업이 자기주식을 취득하는 거래는 지배기업이 그 종속기업의 주식을 추가취득하는 것과 유사하게 회계처리한다. 즉, 종속기업의 자기주식 취득대가와 종속기업의 자기주식 취득으로 인해 감소하는 종속기업에 대한 비지배지분의 차이를 자본에 직접 조정하여 지배기업의 소유주에게 귀속시킨다.

예제 5-4 종속기업의 자기주식 취득

20×1년 1월 1일 갑(주)는 을(주)의 보통주 발행주식의 80%(80주)를 ₩600,000에 취득하였다. 취득시점의 을(주)의 자본계정은 다음과 같으며, 자산과 부채의 장부금액은 공정가치와 동일하였다.

	을(주)	
자 본 금	₩500,000	(액면 ₩5,000, 100주)
이익잉여금	150,000	
합 계	₩650,000	

20×2년 1월 1일 을(주)는 비지배주주로부터 자기주식 10주를 주당 ₩12,000에 취득하였다. 20×1년 이후 을(주)의 당기순이익은 다음과 같으며, 배당은 없었다.

	20×1년	20×2년	20×3년
을(주)의 당기순이익	₩100,000	₩180,000	₩270,000

갑(주)는 원가법으로 을(주)에 대한 투자주식을 회계처리하고 있으며, 종속기업에 대한 비지배지분을 종속기업의 식별가능한 순자산공정가치에 비례하여 결정한다. 20×2년말과 20×3년말에 요구되는 연결분개를 제시하라.

해답

을(주)의 자기주식 취득으로 감소하는 종속기업 순자산에 대한 비지배지분은 다음과 같다.

을(주)의 자기주식 취득 전 비지배지분 :	
(₩650,000 + ₩100,000) × 20%	₩150,000
을(주)의 자기주식 취득 후 비지배지분 :	
(₩650,000 + ₩100,000 − ₩120,000) × (10주/90주)	(70,000)
을(주)의 자기주식 취득으로 감소하는 비지배지분	₩80,000

을(주)가 비지배주주로부터 자기주식 10주를 취득하면서 ₩120,000을 지급한 반면, 이로 인해 감소하는 비지배지분은 ₩80,000이므로 그 차액 ₩40,000은 지배기업소유주에게 귀속되는 자본에서 직접 차감한다.

[참고] 을(주)의 자기주식 취득으로 비지배주주에게는 ₩40,000만큼 이득이 된 반면, 그만큼 지배기업 소유주에게는 손해가 된다. 이는 다음과 같이 계산할 수도 있다.

을(주)의 자기주식 취득 전 갑(주)의 지분 :	
(₩650,000 + ₩100,000) × 80%	₩600,000
을(주)의 자기주식 취득 후 갑(주)의 지분 :	
(₩650,000 + ₩100,000 − ₩120,000) × (80주/90주)	(560,000)
을(주)의 자기주식 취득으로 인한 갑(주) 지분 감소액	₩40,000

(1) 20×2년말 연결분개

E-① 취득시점 기준으로 투자주식과 자본계정의 상계제거 및 비지배지분 설정

(차) 자 본 금	500,000	(대) 투 자 주 식	600,000
이익잉여금	150,000	비지배지분	130,000*
영 업 권	80,000**		

* (₩500,000 + ₩150,000) × 20% = ₩130,000

** (₩600,000 + ₩130,000) − (₩500,000 + ₩150,000) = ₩80,000

E-② 을(주) 취득일 이후 자기주식 취득 전까지 증가한 이익잉여금을 비지배지분에 배분(20%)

(차) 이익잉여금	20,000*	(대) 비지배지분	20,000

* 20×1년 당기순이익 ₩100,000 × 20% = ₩20,000

E-③ 을(주)의 자기주식 취득으로 인해 감소한 비지배지분 인식

(차) 비지배지분	80,000*	(대) 자 기 주 식	120,000**
자본잉여금	40,000		

* 을(주)의 자기주식 취득으로 인한 비지배지분의 감소액

** 자기주식 취득원가 = ₩12,000 × 10주 = ₩120,000

[해설]

을(주)의 자기주식 취득으로 비지배지분은 ₩80,000이 감소하면서 그 대가로 ₩120,000을 지급하므로 그 차액인 ₩40,000은 지배기업소유주에게 귀속되는 자본에서 직접 차감한다. 이는 을(주)의 자기주식 취득으로 인한 지배기업소유주지분 순감소액과 일치한다.

E-④ 비지배지분순이익(10주/90주) 계상 : 20×2년 을(주) 당기순이익 × 10주/90주

(차) 이익잉여금	20,000*	(대) 비지배지분	20,000

* 20×2년 당기순이익 ₩180,000 × 10주/90주 = ₩20,000

(주) 20×2년 1월 1일 을(주)의 자기주식 취득 후 비지배지분은 10주/90주로 감소하므로 20×2년 당기순이익 중 10주/90주만큼이 비지배지분에 배분된다.

(2) 20×3년말 연결분개

E-① 취득시점 기준으로 투자주식과 자본계정의 상계제거 및 비지배지분 설정

(차) 자 본 금	500,000	(대) 투 자 주 식	600,000
이익잉여금	150,000	비지배지분	130,000
영 업 권	80,000		

E-② 을(주) 취득일 이후 자기주식 취득 전까지 증가한 이익잉여금을 비지배지분에 배분(20%)

(차) 이익잉여금	20,000	(대) 비지배지분	20,000

E-③ 자기주식 취득으로 인해 감소한 비지배지분 인식

(차) 비지배지분	80,000	(대) 자 기 주 식	120,000
자본잉여금	40,000		

E-④ 을(주)의 자기주식 취득 이후 증가한 이익잉여금 배분(10주/90주)

(차) 이익잉여금	20,000*	(대) 비지배지분	20,000

* 20×2년 당기순이익 ₩180,000×10주/90주=₩20,000

E-⑤ 비지배지분순이익(10주/90주) 계상 : 을(주) 당기순이익×10주/90주

(차) 이익잉여금	30,000*	(대) 비지배지분	30,000

* 20×3년 당기순이익 ₩270,000×10주/90주=₩30,000

(주) 20×3년 12월 31일 을(주)에 대한 비지배지분은 그 시점의 연결재무제표상 을(주) 순자산의 10주/90주에 해당하는 금액이다.
(₩500,000+₩150,000+₩100,000−₩120,000+₩180,000+₩270,000)×10주/90주=₩120,000

제 3 절 종속기업 주식의 처분

1. 종속기업 주식의 처분 후 지배력을 상실하지 않는 경우

지배기업이 종속기업 주식을 전부 처분하는 경우에는 해당 종속기업이 더 이상 연결실체에 속하지 않으므로 당연히 관련 처분손익을 당기손익으로 인식해야 한다. 그러나 종속기업 주식의 일부만 처분한 경우에는 주식처분 후에 당해 종속기업이 계속 연결대상으로 남아 있는지 아니면 연결대상에서 제외되는지에 따라 처분손익의 인식 여부가 결정된다.

종속기업 주식의 일부를 처분한 후에도 계속하여 지배력을 유지하는 경우 종속기업 주식의 처분으로 발생하는 처분손익을 인식하는 방법으로 두 가지 대안을 생각해 볼 수 있다. 우선, 지배기업이론에 의하면 지배주주 이외의 주주

는 연결실체의 주주로 보지 않는다. 따라서 지배기업이 종속기업의 주식을 비지배주주에게 처분하면 이는 주주가 아닌 자에게 종속기업의 일부를 처분한 것에 해당하므로 이로 인한 처분손익을 당기손익으로 인식하는 것이 타당하다.

반면, 실체이론에서는 지배기업 이외의 주주도 지배주주와 마찬가지로 연결실체의 주주로 본다. 따라서 지배기업이 비지배주주에게 종속기업 주식의 일부를 처분하고도 계속하여 지배력을 유지한다면 이는 연결실체에 영향을 미치지 않는 주주들 사이의 자본거래라 할 수 있다.

이 두 가지 대안 중 K-IFRS는 실체이론에 따라 지배력을 상실하지 않는 종속기업 주식의 처분은 자본거래로 회계처리하도록 하고 있다. 이에 따라, 종속기업 주식의 처분으로 인해 증가하는 비지배지분과 수취한 대가의 차이를 자본으로 직접 인식하고 지배기업의 소유주에게 귀속시킨다. 또한, 지배기업이 별도재무제표상 인식한 종속기업투자주식처분손익은 연결실체 입장에서는 당기손익이 아니므로 제거되어야 한다.

지배기업이 종속기업 주식을 추가취득하는 경우와 마찬가지로 실체이론에서는 종속기업에 대한 지배력을 유지하는 한 종속기업 전부가 연결실체에 포함된다. 따라서 종속기업 주식의 일부를 처분하고도 지배력을 유지하는 경우 종속기업 주식의 처분이 연결재무제표상 종속기업의 자산·부채 및 영업권 자체에는 영향을 미치지 않는다. 그러나 지배기업이 보유하던 지분이 비지배주주에게 이전됨에 따라 종속기업에 대한 지배기업소유주지분이 감소하고 그만큼 비지배지분은 증가하게 된다.

K-IFRS는 종속기업 주식의 일부 처분으로 인해 감소하는 종속기업에 대한 지배기업소유주지분을 어떻게 산정할 것인가에 대해 언급하고 있지 않다. 따라서 실무적으로는 다음과 같이 두 가지 방법을 고려해 볼 수 있다.

종속기업 주식의 일부 처분시 감소하는 지배기업소유주지분의 처리

[방법 1] 종속기업의 식별가능한 순자산 중 처분되는 지분에 해당하는 금액만을 지배기업소유주지분에서 비지배지분으로 이전하는 방법

[방법 2] 종속기업의 식별가능한 순자산 중 처분되는 지분에 해당하는 금액뿐만 아니라 영업권 중 처분되는 지분에 해당하는 금액도 지배기업소유주지분에서 비지배지분으로 이전하는 방법

[방법 1]에서는 연결재무제표상 종속기업의 식별가능한 순자산 중 처분되는 지분에 해당하는 금액만큼 비지배지분이 증가하고, 이 금액과 지배기업이 수취하는 처분대가의 차이는 지배기업소유주에게 귀속되는 자본에 직접 조정한다. 이 방법은 비지배지분이 증가하더라도 지배기업이 인식한 영업권을 비지배주주에게 배분하지 않는다. 이 방법의 논리는 종속기업의 취득일에 비지배지분에 대한 영업권을 인식하지 않았으므로 나중에 비지배지분이 증가하더라도 영업권을 배분하지 않는다는 것이다. 그러나 이 방법에 따를 경우 지배기업지분이 감소하더라도 지배기업이 최초에 인식한 영업권은 전액 지배기업소유주에게 귀속되는 문제가 있다.[1)]

[방법 2]에서는 비지배지분 증가액을 연결재무제표상 종속기업의 식별가능한 순자산 중 처분되는 지분에 해당하는 금액과 지배기업이 인식한 영업권 중 감소하는 지분의 합계액으로 계산한다. [방법 2]의 논리는 다음과 같다. 종속기업에 대한 영업권이 존재한다는 것은 해당 종속기업이 미래에 초과수익을 창출할 수 있는 능력이 있음을 의미하며 이러한 초과수익은 미래의 당기순이익으로 실현될 것이다. 미래에 실현되는 당기순이익은 그 시점의 지분율에 따라 비지배지분에 배분될 것이므로, 종속기업 주식의 처분으로 비지배지분이 증가한다면 미래 비지배지분에 배분되는 당기순이익도 증가할 것이다. 즉, 경제적 실질면에서는 지배기업이 비지배주주에게 종속기업 지분의 일부를 처분하면 영업권이 창출하는 미래 경제적 효익 중에서 처분한 지분에 대응되는 부분도 비지배주주에게 이전된다고 할 수 있다. 따라서 지배기업이 보유하던 지분을 비지배주주에게 이전하면 지배기업이 인식한 영업권 중 이전하는 지분에 해당하는 금액도 비지배주주에게 배분하는 것이 적절하다고 보는 것이다. 종속기업 주식의 일부 처분시 감소하는 지배기업소유주지분의 각 처리방법에 대해 다음 예제를 통해 구체적으로 살펴보자.

---

1) 종속기업의 주식을 일부 처분한 후에도 지배력을 계속 유지하는 경우 처분한 지분에 해당하는 영업권 자체를 제거하는 회계처리를 하기도 한다. 이러한 회계처리는 지배기업이론에 의한 것이라 할 수 있다. 그러나 비지배주주를 연결실체의 주주로 보는 실체이론에서는 주주들간의 자본거래로 인해 연결실체의 자산인 영업권 자체가 영향을 받아서는 안 된다. 왜냐하면 연결실체가 인식한 자산은 주주가 누구인가와는 별개의 문제이기 때문이다. 따라서 종속기업 주식의 일부 처분으로 종속기업에 대한 지분이 지배기업에서 비지배지분으로 이전되면, 영업권이 귀속되는 주주가 바뀌는 것일 뿐 영업권의 증감이 발생하는 것은 아니므로 영업권 자체에는 변동이 없어야 한다.

예제 5-5 종속기업 주식 처분시 감소하는 지배기업소유주지분의 처리방법

20×1년 1월 1일 갑(주)는 을(주) 주식의 80%를 ₩260,000에 취득하였다. 취득시점의 을(주)의 순자산의 공정가치는 ₩300,000이었으며, 을(주)의 20×1년 당기순이익은 ₩30,000이었다. 갑(주)는 을(주)에 대한 비지배지분을 을(주)의 식별가능한 순자산공정가치에 비례하여 결정하였다.

갑(주)는 20×2년 1월 1일 을(주) 주식 20%를 ₩75,000에 처분하였으며, 주식 처분 후에도 을(주)에 대한 지배력을 유지하고 있다. 갑(주)의 을(주) 주식 일부 처분으로 인해 지배기업소유주지분으로부터 비지배지분에 이전되는 금액을 [방법 1]과 [방법 2]에 따라 각각 산출하라.

해답

먼저, 지배력획득일 현재 영업권을 산정하면 다음과 같다.

영업권 = (₩260,000 + ₩300,000 × 20%) − ₩300,000 = ₩20,000

[방법 1] 종속기업의 식별가능한 순자산 중 처분되는 지분에 해당되는 금액만을 지배기업소유주지분에서 비지배지분으로 이전하는 방법

을(주) 주식의 처분으로 지배기업소유주지분으로부터 비지배지분에 이전되는 금액 :

(₩300,000 + ₩30,000) × 20% = ₩66,000

⇒ 처분대가와 처분으로 인해 감소하는 지배기업소유주지분의 차이 ₩9,000(= ₩75,000 − ₩66,000)은 지배기업소유주에게 귀속되는 자본의 증가로 직접 인식한다.

[방법 2] 종속기업의 식별가능한 순자산 중 처분되는 지분에 해당하는 금액뿐만 아니라 영업권 중 처분되는 지분에 해당하는 금액도 지배기업소유주지분에서 비지배지분으로 이전하는 방법

을(주) 주식의 처분으로 지배기업소유주지분으로부터 비지배지분에 이전되는 금액 :

① 연결재무제표상 을(주) 순자산 중 감소하는 지배기업지분	₩66,000
② 영업권 중 감소하는 지배기업지분해당액 (₩20,000* × 1/4)	5,000
을(주) 주식 처분으로 감소하는 지배기업소유주지분 총액	₩71,000

* 연결재무제표상 영업권 = (₩260,000 + ₩300,000 × 20%) − ₩300,000 = ₩20,000

⇒ 처분대가와 처분으로 인해 감소하는 지배기업소유주지분의 차이 ₩4,000(= ₩75,000 − ₩71,000)은 지배기업소유주에게 귀속되는 자본의 증가로 직접 인식한다.

본서에서는 상기 방법 중 [방법 2]에 따라 종속기업 주식의 일부 처분으로 인해 감소하는 종속기업에 대한 지배기업소유주지분을 산정하고자 한다.

예제 5-6 종속기업 주식 처분 후에도 지배력 유지

20×1년 1월 1일 갑(주)는 을(주)의 보통주 발행주식의 80%를 ₩800,000에 취득하였다. 취득시점의 을(주)의 자본금, 자본잉여금, 이익잉여금은 각각 ₩500,000, ₩250,000, ₩150,000이었으며 자산과 부채의 장부금액은 공정가치와 동일하였다. 을(주)의 20×1년, 20×2년, 20×3년의 당기순이익은 각각 ₩50,000, ₩100,000, ₩150,000이며 동 기간중 배당은 없었다. 갑(주)는 원가법으로 을(주)에 대한 투자주식을 회계처리하며, 을(주)에 대한 비지배지분은 을(주)의 식별가능한 순자산공정가치에 비례하여 결정한다.

20×3년 1월 1일 갑(주)는 을(주) 발행주식의 20%를 ₩250,000에 처분하였다. 갑(주)는 처분 후에도 을(주) 주식의 60%를 소유하고 있어 여전히 을(주)에 대한 지배력을 행사할 수 있다. 20×3년말에 요구되는 연결분개를 제시하라.

해답

(1) 20×3년 갑(주)의 별도재무제표상 회계처리

① 을(주) 주식 20%(보유하던 을(주) 주식의 1/4) 처분

(차) 현 금	250,000	(대) 투자주식	200,000
		투자주식처분이익	50,000*

* ₩250,000 − ₩800,000 × 20%/80% = ₩50,000

(2) 20×3년도 연결분개

E-① 취득시점 기준으로 투자주식과 자본계정의 상계제거 및 비지배지분 설정

(차) 자 본 금	500,000	(대) 투자주식	800,000
자본잉여금	250,000	비지배지분	180,000*
이익잉여금	150,000		
영 업 권	80,000**		

* (₩500,000 + ₩250,000 + ₩150,000) × 20% = ₩180,000

** (₩800,000 + ₩180,000) − ₩900,000 = ₩80,000

E-② 을(주) 취득일 이후 을(주) 주식 20% 처분 전까지 증가한 이익잉여금을 비지배지분에 배분(20%)

(차) 이익잉여금	30,000*	(대) 비지배지분	30,000

* (20×1년 당기순이익 ₩50,000 + 20×2년 당기순이익 ₩100,000) × 20% = ₩30,000

E-③ 을(주) 주식 처분으로 증가한 비지배지분 인식

(차) 투자주식(주)	200,000	(대) 비지배지분	230,000*
투자주식처분이익	50,000	자본잉여금	20,000**

(주) 처분한 투자주식 금액은 이미 별도재무제표상 제거되었으나 위의 분개 E-①에서 최초의 취득금액을 제거함에 따라 처분한 투자주식 금액을 이중으로 제거하는 결과가 되어 이를 다시 가산해 줌

* 처분으로 인한 지배기업소유주지분 감소액(즉, 비지배지분 증가액) :
(₩500,000 + ₩250,000 + ₩150,000 + ₩50,000 + ₩100,000) × 20% + ₩80,000 × 1/4 = ₩230,000

** 을(주) 주식 20%의 처분대가	₩250,000
을(주) 주식 20%의 처분으로 인한 지배기업소유주지분 감소액	(230,000)
을(주) 주식 20%의 처분으로 인한 지배기업소유주지분 순증가액	₩20,000

[해설]
을(주) 주식 일부를 처분 후에도 지배력을 유지하므로 처분대가인 ₩250,000과 을(주) 주식 처분으로 감소한 을(주)에 대한 갑(주) 지분 ₩230,000의 차액을 갑(주)의 소유주에게 귀속되는 자본(여기서는 편의상 자본잉여금)에 가산한다. 갑(주)의 지분율이 감소함에 따라 갑(주)가 을(주) 취득시 인식한 영업권에 대한 지분도 감소한다. 따라서 을(주) 주식의 처분으로 감소한 을(주)에 대한 갑(주) 지분은 처분일 현재의 연결재무제표상 을(주) 순자산 중 감소하는 지분과 갑(주)가 인식한 영업권 중 감소하는 지분의 합계로 산정된다.
[참고] E-③의 분개를 [방법 1]에 따라 수행하면 다음과 같다.

(차) 투 자 주 식	200,000	(대) 비지배지분	210,000
투자주식처분이익	50,000	자본잉여금	40,000

을(주) 주식 처분으로 증가하는 비지배지분은 연결재무제표상 을(주)의 식별가능한 순자산의 20%인 ₩210,000[=(₩500,000 + ₩250,000 + ₩150,000 + ₩50,000 + ₩100,000) × 20%]이고, 처분대가인 ₩250,000과의 차액을 갑(주)의 소유주에게 귀속되는 자본에 가산한다.

E-④ 비지배지분순이익의 계상 : 20×3년 을(주) 당기순이익의 40%

(차) 이익잉여금	60,000 *	(대) 비지배지분	60,000

* ₩150,000 × 40% = ₩60,000

[해설]
을(주) 주식의 20%를 처분한 후에는 비지배지분율이 40%가 되므로 을(주) 주식의 처분 후에 발생한 당기순이익 중 40%를 비지배지분에 배분한다.

2. 종속기업에 대한 지배력을 상실하는 경우

지배기업이 종속기업 주식의 전부를 처분하거나 또는 일부를 처분한 후 그 종속기업에 대한 지배력을 상실한다면 이는 지배기업이 연결실체 외부인에게 그 종속기업 주식을 처분한 것에 해당하므로 처분에서 발생한 손익을 당기손익으로 인식한다.

K-IFRS 제1110호(연결재무제표)에서는 종속기업에 대한 지배력을 상실한 경우 다음과 같이 회계처리하도록 하고 있다.

종속기업에 대한 지배력을 상실한 경우 회계처리

1) 지배력을 상실한 날에 연결재무제표상 다음의 금액을 제거
   ① 종속기업의 자산(영업권 포함)과 부채의 장부금액
   ② 종속기업에 대한 비지배지분이 있다면 그 장부금액
2) 다음을 인식
   ① 지배력을 상실하게 한 거래, 사건 또는 상황에서 수취한 대가가 있다면 그 공정가치
   ② 지배력의 상실을 초래한 거래의 일부로서 소유주에게 종속기업에 대한 지분을 분배하는 경우 그 분배
3) 종속기업에 대한 주식을 보유하고 있다면 남아 있는 주식은 지배력을 상실한 날의 공정가치로 인식
4) 지배기업이 종속기업과 관련하여 기타포괄손익으로 인식한 모든 금액에 대하여 지배기업이 관련 자산이나 부채를 직접 처분한 경우의 회계처리와 동일한 기준으로 당기손익으로 재분류하거나 다른 K-IFRS에 규정이 있는 경우 직접 이익잉여금으로 대체
5) 회계처리에 따른 모든 차이는 손익으로서 지배기업에 귀속하는 당기손익으로 인식

위의 회계처리에서 지배력을 상실한 날에 종속기업의 자산과 부채 및 비지배지분을 제거하라는 것은 지배기업이 일단 종속기업을 연결한 후 종속기업에 대한 지배력 상실을 회계처리하도록 한 것이다. 즉, 종속기업에 대한 지배력을 상실하기 직전 지배기업이 작성한 연결재무제표에는 종속기업의 자산·부채 및 영업권이 포함되어 있으며, 종속기업에 대한 비지배지분도 별도의 자본항목으로 포함되어 있을 것이다. 지배기업이 종속기업에 대한 지배력을 상실하게 되면 종속기업은 더 이상 연결대상이 아니므로 그 종속기업의 자산·부채, 영업권 및 비지배지분을 연결재무제표로부터 제거하는 것이다(1)의 회계처리).

종속기업의 지배력을 상실하게 된 거래에서 수취하는 대가가 있다면 이는 공정가치로 인식한다. 이는 종속기업에 대한 지배력을 상실하는 것은 그 기업을 처분한 것에 해당하기 때문에 처분대가를 공정가치로 인식하는 것이다(2)의 회계처리).

종속기업에 대한 지배력을 상실한 후에도 그 기업의 주식을 보유하고 있다면 남아 있는 주식은 지배력을 상실한 날의 공정가치로 인식한다(3)의 회계처리). 공정가치로 인식한 잔여주식은 그 성격에 따라 K-IFRS 제1109호(금융상품)에 따른 금융자산 또는 관계기업투자주식 등으로 분류한다.

지배기업이 종속기업에 대한 지배력을 상실한 경우 그 종속기업과 관련하여

지배기업이 기타포괄손익으로 인식한 모든 금액에 대하여 지배기업이 관련 자산이나 부채를 직접 처분한 경우의 회계처리와 동일한 기준으로 회계처리한다(4)의 회계처리). 예를 들어, 종속기업이 해외사업장을 보유하고 있고 지배기업이 그 종속기업에 대한 지배력을 상실한 경우, 지배기업은 종속기업이 해외사업장의 보고통화 환산과 관련하여 이전에 기타포괄손익으로 인식한 손익(외환차이)을 당기손익으로 재분류한다. 유사하게 종속기업의 재평가잉여금이 발생하면 지배기업 지분에 해당하는 금액이 연결재무제표상 기타포괄손익으로 인식된다. 이 경우 지배기업이 기타포괄손익으로 인식한 재평가잉여금을 관련 자산의 처분시 직접 이익잉여금으로 대체하는 회계정책을 선택하고 있다면, 지배기업은 종속기업에 대한 지배력을 상실한 때 종속기업의 재평가잉여금과 관련하여 인식한 기타포괄손익을 직접 이익잉여금으로 대체한다.

마지막으로, 위의 회계처리에 따른 모든 차이는 손익으로서 지배기업에 귀속하는 당기손익으로 인식한다(5)의 회계처리). 이처럼 종속기업에 대한 지배력 상실을 회계처리하기 전에 연결재무제표를 작성하도록 한 것은 IFRS에서는 연결재무제표가 주재무제표이기 때문인 것으로 보인다. 한 종속기업에 대한 지배력을 상실한 후에도 다른 종속기업이 있다면 지배기업은 연결재무제표를 작성해야 한다. 따라서 연결재무제표상 종속기업의 처분으로 인한 정확한 처분손익을 인식하기 위해 먼저 연결재무제표를 작성한 후 해당 종속기업의 자산, 부채 및 비지배지분의 연결재무제표상 장부금액을 제거하고 관련 처분손익을 인식하도록 한 것으로 보인다.

예제 5-7 종속기업 주식 처분 후 지배력을 상실

20×1년 1월 1일 갑(주)는 을(주)의 보통주 발행주식의 60%를 ₩750,000에 취득하였다. 취득시점의 을(주)의 자본금, 자본잉여금, 이익잉여금은 각각 ₩600,000, ₩200,000, ₩200,000이었으며 자산과 부채의 장부금액은 공정가치와 동일하였다. 을(주)의 20×1년, 20×2년, 20×3년의 당기순이익은 각각 ₩80,000, ₩100,000, ₩120,000이며 동 기간중 배당은 없었다. 갑(주)는 원가법을 이용하여 을(주) 투자주식에 대한 회계처리를 하며, 을(주)에 대한 비지배지분을 을(주)의 식별가능한 순자산공정가치에 비례하여 결정한다.

20×3년 1월 1일 갑(주)는 소유하고 있던 을(주) 주식의 80%(4/5)를 ₩700,000에 처분하였다. 주식 처분 후 갑(주)는 을(주)의 주식 12%만을 소유하게 됨에 따라 지배력을 상실하였으며 중대한 영향력도 행사할 수 없게 되었다. 남아 있는 을(주) 주식의 공정가치는 ₩160,000이며, 갑(주)는 이를 기타포괄손익-공정가치측정금융자산(FVOCI금융자산)으로 분류하였다. 20×3년 1월 1일 을(주) 주식의 처분 직후 갑(주)

와 을(주)의 재무상태표는 다음과 같다.

재무상태표

20×3. 1. 1 현재

	갑(주)	을(주)
현 금	₩1,600,000	₩30,000
매 출 채 권(순액)	230,000	220,000
재 고 자 산	300,000	300,000
기타포괄손익-공정가치측정금융자산	160,000	–
토 지	200,000	200,000
유 형 자 산(순액)	1,000,000	505,000
자산총계	₩3,490,000	₩1,255,000
매 입 채 무	₩405,000	₩75,000
자 본 금	1,500,000	600,000
자본잉여금	750,000	200,000
이익잉여금	835,000	380,000
부채와 자본총계	₩3,490,000	₩1,255,000

20×3년초 요구되는 연결분개를 제시하라. 단, 세무상 영향은 고려하지 않는다.

해답

1. 20×3년 1월 1일 갑(주)의 별도재무제표상 회계처리

(차) 현 금	700,000	(대) 투 자 주 식	750,000
FVOCI금융자산	160,000	투자주식처분이익	110,000

[해설]

종속기업투자주식 처분으로 지배력을 상실하는 경우 별도재무제표상 피투자자에 대한 지배력을 상실한 날의 투자주식 장부금액과 처분대가로 받은 자산의 공정가치의 차액을 당기손익으로 인식한다. 당기손익으로 인식한 투자주식처분이익 ₩110,000은 편의상 갑(주)의 처분 직후 별도재무상태표상 이익잉여금에 포함되어 있는 것으로 본다.

2. 20×3년 1월 1일 지배력 상실 직전 연결재무제표 작성을 위한 연결분개

E-①-1) 취득시점 기준으로 투자주식과 자본금의 상계제거 및 비지배지분 설정

(차) 자 본 금	600,000	(대) 투 자 주 식	750,000
자본잉여금	200,000	비지배지분	400,000*
이익잉여금	200,000		
영 업 권	150,000**		

* (₩600,000 + ₩200,000 + ₩200,000) × 40% = ₩400,000

** (₩750,000 + ₩400,000) − (₩600,000 + ₩200,000 + ₩200,000) = ₩150,000

E-①-2) 을(주) 취득 이후 증가한 이익잉여금을 비지배지분에 배분

(차) 이익잉여금	72,000*	(대) 비지배지분	72,000

* (₩80,000 + ₩100,000) × 40% = ₩72,000

3. 종속기업에 대한 지배력 상실에 대한 연결분개

E-① 별도재무제표상 회계처리한 주식 처분을 취소하고 연결재무제표상 주식 처분을 인식

(차) 투자주식	750,000	(대) 현금	30,000
매입채무	75,000	매출채권	220,000
비지배지분	472,000	재고자산	300,000
투자주식처분이익	108,000*	토지	200,000
		유형자산(순액)	505,000
		영업권	150,000

* ₩110,000 − ₩2,000 = ₩108,000

[해설]

연결정산표상 합산 후의 투자주식이 ₩0임에도 불구하고 앞의 연결분개 E-①-1)에서 투자주식 ₩750,000을 제거하였으므로 ₩750,000을 다시 인식하는 것이며, 별도재무제표상 인식한 투자주식처분이익 ₩110,000 중 연결재무제표상 인식할 투자주식처분이익 ₩2,000[=(₩700,000 + ₩160,000) − (₩750,000 + ₩180,000 × 60%)]을 제외한 ₩108,000을 제거한다.

4. 을(주) 주식 처분 후 갑(주)의 연결재무상태표

연결재무상태표

갑(주) 20×3. 1. 1 현재

현금	₩1,600,000
매출채권(순액)	230,000
재고자산	300,000
기타포괄손익-공정가치측정금융자산	160,000
토지	200,000
유형자산(순액)	1,000,000
자산총계	₩3,490,000
매입채무	₩405,000
자본금	1,500,000
자본잉여금	750,000
이익잉여금	835,000*
부채와 자본총계	₩3,490,000

* ₩825,000 + (₩80,000 + ₩100,000) × 60% − ₩98,000 = ₩835,000

제 4 절 지분변동 회계처리 요약

앞서 종속기업 주식의 추가취득 및 처분으로 지배기업의 지분이 변동할 경우의 회계처리를 살펴보았다. [그림 5-1]은 지금까지 살펴본 지분변동과 관련된 회계처리를 요약한다.

기업이 다른 기업의 지분 10%를 취득하면 개별재무제표상 기타포괄손익-공정가치측정금융자산(FVOCI금융자산)으로 분류하고 공정가치법으로 회계처리한다. 이후 투자기업이 피투자기업의 지분 20%를 추가로 취득하면 총보유지분은 30%가 되어 유의적인 영향력을 행사할 수 있게 된다. 따라서 투자기업은 투자주식을 관계기업투자주식으로 분류하고 지분법을 적용하여 회계처리한다. 이때 관계기업투자주식의 취득원가는 지분 20%를 취득하기 위해 지급한 대가와 FVOCI금융자산의 공정가치를 합한 금액이며, FVOCI금융자산의 장부금액과 공정가치의 차액은 기타포괄손익으로 인식한다. 이후 투자기업이 피투자기업의 지분 30%를

[그림 5-1] **지분변동 관련 회계처리**

지분변동 :	10% 취득	20% 추가취득	30% 추가취득	20% 추가취득	20% 처분	50% 처분
분류 :	FVOCI 금융자산	관계기업 투자주식	종속기업	종속기업	종속기업	FVOCI 금융자산
회계처리 :	개별재무제표상 공정가치법	개별재무제표상 지분법	연결재무제표 작성	연결재무제표 작성	연결재무제표 작성	개별재무제표상 공정가치법
		FVOCI 금융자산의 장부금액과 공정가치의 차액 기타포괄손익 인식	관계기업 투자주식의 장부금액과 공정가치의 차액 당기손익 인식	취득대가와 감소하는 비지배지분의 차액 지배기업소유주에게 귀속되는 자본에 직접 조정	처분대가와 증가하는 비지배지분의 차액 지배기업소유주에게 귀속되는 자본에 직접 조정	종속기업 투자주식 처분손익 당기손익 인식

추가로 취득하면 총보유지분은 60%가 되어 피투자기업에 대한 지배력을 갖게 되므로 투자기업은 연결재무제표를 작성해야 한다. 종속기업투자주식의 취득원가는 지분 30%를 취득하기 위해 지급한 대가와 취득일 현재 관계기업투자주식의 공정가치를 합한 금액이며, 관계기업투자주식의 장부금액과 공정가치의 차액은 당기손익으로 인식한다. 이후 지배기업이 종속기업의 지분 20%를 추가로 취득하면 이는 주주들간의 자본거래에 해당하므로, 지분 20%의 취득대가와 이로 인해 감소하는 비지배지분의 차액은 지배기업소유주에게 귀속되는 자본에 직접 조정한다. 이후 지배기업이 종속기업의 지분 20%를 처분하면, 처분 후 보유지분은 60%가 되어 여전히 지배력을 유지할 수 있다. 따라서 종속기업 지분 20%의 처분은 자본거래에 해당하며, 지분 20%의 처분으로 수취하는 대가와 이로 인해 증가하는 비지배지분의 차액은 지배기업소유주에게 귀속되는 자본에 직접 조정한다. 이후 지배기업이 종속기업의 지분 50%를 처분하면 잔여지분은 10%에 불과하여 지배력을 상실하게 된다. 따라서 해당 투자주식은 FVOCI금융자산으로 분류하고, 종속기업 처분으로 발생하는 처분손익은 당기손익으로 인식한다.

보론 종속기업의 유상증자 등으로 인한 지분변동

지배력획득 후에 종속기업이 유상증자, 주식배당, 무상증자 등(이하 '증자 등'이라 함)을 한 경우 주주들이 증자 등에 참여하는 비율에 따라 지배기업의 지분이 변동할 수도 있고 변동하지 않을 수도 있다. 종속기업의 증자 등에 모든 주주가 증자 전의 지분율에 비례하여 참여한다면 증자 후에도 주주들 사이의 상대적인 지분율에 변동이 없다. 하지만 지배기업이 증자 전의 지분율보다 높은(낮은) 비율로 증자 등에 참여한다면 증자 후의 지배기업 지분율은 증가(감소)할 것이다.[2)]

이처럼 종속기업의 증자 등으로 지배기업의 지분율이 변동하면서 증자 후에도 종속기업에 대한 지배력을 계속 유지하고 있다면 연결실체의 입장에서 이러한 거래는 연결실체와 주주 사이의 자본거래라 할 수 있다. 따라서 종속기업의 증자 등으로 인한 지배기업의 지분변동은 지배력을 상실하지 않는 종속기업에 대한 지배기업의 소유지분 변동과 유사하게 회계처리한다. 즉, 종속기업의 증자 등으로 지배기업의 지분이 증가하면 이는 지배기업이 종속기업의 주식을 추가취득한 것과 같이 회계처리한다. 반면, 종속기업의 증자 등으로 지배기업의 지분이 감소하면 이는 종속기업 주식의 일부를 처분하고도 지배력을 유지하는 경우와 같이 회계처리한다.

예제 보5-1 종속기업의 유상증자

20×1년 1월 1일 갑(주)는 을(주)의 보통주 발행주식의 80%(80주)를 ₩600,000에 취득하였다. 취득시점의 을(주)의 자본계정은 다음과 같으며 자산과 부채의 장부금액은 공정가치와 동일하였다.

	을(주)	
자 본 금	₩500,000	(발행주식수 100주, 액면 ₩5,000)
이익잉여금	150,000	
계	₩650,000	

2) 지분율이 변동하는 경우에도 유상증자의 주당 발행가격이 증자 전의 주당 장부금액과 일치하면 유상증자로 인해 유리(또는 불리)한 영향이 발생하지 않는다.

20×1년 이후 을(주)의 당기순이익은 다음과 같으며, 배당은 없었다.

	20×1년	20×2년	20×3년
을(주)의 당기순이익	₩100,000	₩150,000	₩300,000

갑(주)는 원가법을 이용하여 을(주) 주식에 대한 회계처리를 하고 있으며, 종속기업에 대한 비지배지분을 종속기업의 식별가능한 순자산공정가치에 비례하여 결정한다. 20×2년 1월 1일 을(주)는 유상증자를 실시하여 주당 ₩9,000에 50주를 발행하였다. 다음 각 경우에 대하여 20×2년말에 요구되는 연결분개를 제시하라.

(1) 모든 주주가 지분비율에 따라 유상증자에 참여하는 경우
(2) 지배기업이 전액 인수한 경우
(3) 지배기업 이외의 주주가 전액 인수한 경우

해답

(1) 모든 주주가 지분비율에 따라 유상증자에 참여하는 경우

1) 20×2년 1월 1일 유상증자로 인한 갑(주) 지분 순변동액

• 증자로 인한 갑(주)의 지분금액 증가액		
증자 후 갑(주)의 지분금액 : (₩750,000* + ₩450,000**) × 80% =	₩960,000	
증자 전 갑(주)의 지분금액 : ₩750,000 × 80% =	(600,000)	₩360,000
• 갑(주)의 신주 취득원가(50주 × 80% × ₩9,000)		(360,000)
• 갑(주)의 지분금액 순변동액		₩0

* 증자 전 연결재무제표상 을(주)의 순자산 = ₩500,000(취득시점 자본금) + ₩150,000(취득시점 이익잉여금) + ₩100,000(20×1년 당기순이익) = ₩750,000

** 증자로 인하여 증가한 을(주)의 순자산 = ₩9,000 × 50주 = ₩450,000

[해설]

갑(주)는 유상증자에 참여함으로써 을(주)에 대한 지분이 ₩360,000 증가하였는데 이를 획득하기 위해 ₩360,000을 지급하였으므로 유상증자로 인한 갑(주) 지분금액의 순변동액은 ₩0이다.

2) 20×2년말 연결분개

E-① 취득시점 기준으로 투자주식과 을(주) 자본계정의 상계제거 및 비지배지분 설정

(차) 자 본 금	500,000	(대) 투 자 주 식	600,000
이익잉여금	150,000	비지배지분	130,000*
영 업 권	80,000**		

* (₩500,000 + ₩150,000) × 20% = ₩130,000

** (₩600,000 + ₩130,000) − (₩500,000 + ₩150,000) = ₩80,000

E-② 을(주) 취득일 이후 유상증자 전까지 증가한 이익잉여금 중 비지배지분(20%) 계상

(차) 이익잉여금	20,000*	(대) 비지배지분	20,000

* 20×1년 당기순이익 ₩100,000×20%=₩20,000

[해설]

유상증자 전까지 비지배지분은 20%이므로 을(주) 취득일 이후 유상증자 전까지 증가한 이익잉여금 중 20%를 비지배지분에 배분한다.

E-③ 유상증자로 증가한 을(주) 자본계정의 상계제거 및 비지배지분 설정

(차) 자 본 금	250,000*	(대) 투 자 주 식	360,000#
자본잉여금	200,000**	비지배지분	90,000##

* ₩5,000×50주=₩250,000

** (₩9,000−₩5,000)×50주=₩200,000

\# 50주×₩9,000×80%=₩360,000

\## (₩250,000+₩200,000)×20%=₩90,000

E-④ 비지배지분순이익(20%) 계상 : 을(주) 당기순이익의 20%

(차) 이익잉여금	30,000*	(대) 비지배지분	30,000

* 20×2년 당기순이익 ₩150,000×20%=₩30,000

[해설]

을(주)의 유상증자 후에도 비지배지분은 20%이므로 을(주)의 20×2년 당기순이익 중 20%를 비지배지분에 배분한다.

(2) 지배기업이 전부 인수한 경우

갑(주)가 유상증자로 발행되는 모든 주식을 인수하면 증자 후에 갑(주)의 지분율은 86.67%(=130주/150주)로 증가하는 한편, 비지배지분율은 13.33%(=20주/150주)로 감소한다. 이처럼 유상증자로 인해 지배기업 지분율이 증가하는 경우 종속기업 주식을 추가취득한 경우와 유사하게 회계처리한다. 즉, 유상증자를 전후한 을(주)에 대한 갑(주) 지분 변동액과 신주 취득원가의 차이, 즉 갑(주) 지분 순변동액을 지배기업소유주에게 귀속되는 자본에 직접 조정한다.

1) 유상증자로 인한 갑(주) 지분 순변동액

• 증자로 인한 갑(주)의 지분금액 증가액		
증자 후 갑(주)의 지분금액 : (₩750,000+₩450,000)×130주/150주=	₩1,040,000	
증자 전 갑(주)의 지분금액 : ₩750,000×80%=	(600,000)	₩440,000
• 갑(주)의 신주 취득원가(50주×₩9,000)		(450,000)
• 갑(주)의 지분금액 순변동액		(₩10,000)

[해설]

유상증자로 인해 갑(주)의 지분이 ₩440,000 증가한 한편, 이를 취득하기 위해 ₩450,000을 지급하였으므로 유상증자로 인한 갑(주) 지분 순감소액은 ₩10,000이다.

2) 20×2년말 연결분개

E-① 취득시점 기준으로 투자주식과 자본계정의 상계제거 및 비지배지분 설정

(차) 자 본 금	500,000	(대) 투 자 주 식	600,000
이익잉여금	150,000	비지배지분	130,000
영 업 권	80,000		

E-② 을(주) 취득일 이후 유상증자 전까지 증가한 이익잉여금 중 비지배지분(20%) 계상

(차) 이익잉여금	20,000	(대) 비지배지분	20,000

E-③ 유상증자로 증가한 자본계정의 상계제거

(차) 자 본 금	250,000	(대) 투 자 주 식	450,000*
자본잉여금	200,000	비지배지분	10,000**
자본잉여금	10,000***		

* ₩9,000 × 50주 = ₩450,000

** (₩750,000 + ₩450,000) × 20주/150주 − (₩750,000 × 20%) = ₩10,000

*** 취득대가 ₩450,000 − 유상증자로 증가한 갑(주) 지분 ₩440,000 = ₩10,000

[해설]

유상증자로 인해 갑(주) 지분은 ₩10,000만큼 감소하는 한편, 비지배지분은 그만큼 증가한다. 따라서 비지배지분을 ₩10,000만큼 증가시키고 동액을 지배기업소유주에게 귀속되는 자본에서 직접 차감한다.

E-④ 을(주) 당기순이익 중 비지배지분순이익(20주/150주) 계상

(차) 이익잉여금	20,000*	(대) 비지배지분	20,000

* 20×2년 당기순이익 ₩150,000 × 20주/150주 = ₩20,000

[해설]

유상증자 후에는 비지배지분은 20주/150주이므로 유상증자 후에 발생한 당기순이익 중 20주/ 150주를 비지배지분에 배분한다.

(3) 지배기업 이외의 주주가 전부 인수한 경우

갑(주) 이외의 주주가 유상증자로 발행되는 주식을 전부 인수함에 따라 유상증자 후에 갑(주)의 지분율은 53.33%(=80주/150주)로 감소하는 한편, 비지배지분율은 46.67%(=70주/150주)로 증가한다. 이처럼 유상증자로 인해 지배기업 지분율이 감소하지만 지배력은 유지하는 경우 종속기업 주식의 일부를 처분한 후에도 지배력을 유지하는 경우와 유사하게 회계처리한다. 즉, 유상증자를 전후한 을(주)에 대한 갑(주) 지분 변동액을 지배기업소유주에게 귀속되는 자본으로 인식한다.

1) 유상증자로 인한 갑(주) 지분 순변동액

• 유상증자로 인한 갑(주)의 지분 증가액

을(주) 순자산 중 유상증자를 전후한 갑(주) 지분 변동액 :

(₩750,000 + ₩450,000) × 80주/150주 − ₩750,000 × 80% = ₩40,000

영업권 중 유상증자로 인해 감소한 갑(주) 지분 :

₩80,000 × (80% − 80주/150주)/80% = (26,667) ₩13,333

• 갑(주)의 신주 취득원가 (0)

• 갑(주)의 지분금액 순변동액 ₩13,333

[해설]

유상증자로 인해 갑(주) 지분은 ₩13,333만큼 증가한 반면, 이를 위해 갑(주)가 지급한 대가는 없으므로 유상증자로 인한 갑(주) 지분의 순증가액은 ₩13,333이다.

2) 20×2년말 연결분개

E-① 취득시점 기준으로 투자주식과 자본계정의 상계제거 및 비지배지분 설정

(차) 자 본 금	500,000	(대) 투 자 주 식	600,000
이익잉여금	150,000	비지배지분	130,000
영 업 권	80,000		

E-② 을(주) 취득일 이후 유상증자 전까지 증가한 이익잉여금 중 비지배지분(20%) 계상

(차) 이익잉여금	20,000	(대) 비지배지분	20,000

E-③ 유상증자로 증가한 자본계정의 상계제거

(차) 자 본 금	250,000	(대) 비지배지분	436,667*
자본잉여금	200,000	자본잉여금	13,333**

* 유상증자로 증가한 을(주)에 대한 비지배지분

유상증자 후 을(주) 순자산 중 비지배지분

(₩750,000 + ₩450,000) × 70주/150주 = ₩560,000

영업권 중 유상증자로 감소한 갑(주) 지분해당액

₩80,000 × (80% − 80주/150주)/80% = 26,667 ₩586,667

유상증자 전 을(주) 순자산 중 비지배지분 ₩750,000 × 20% = (150,000)

유상증자로 증가한 을(주)에 대한 비지배지분 ₩436,667

** 유상증자로 증가한 지배기업지분 ₩13,333 − 취득대가 ₩0 = ₩13,333

[해설]

유상증자로 증가한 을(주)의 납입자본(₩450,000)을 제거하면서 유상증자로 인한 비지배지분 증가액(₩436,667)을 비지배지분에 가산한다. 그리고 두 금액의 차이는 지배기업소유주에게 귀속되는 자본에 직접 가산한다. 이는 비지배주주가 유상증자로 신주를 취득하기 위하여 ₩450,000(= ₩9,000 × 50주)을 지급한 반면, 유상증자로 인해 증가한 비지배지분은 ₩436,667에 불과하여 ₩13,333만큼 감소하기 때문이다. 유상증자로 인한 비지배지분 순감소액 ₩13,333은 갑(주) 지분 순증가액과 일치한다.

E-④ 비지배지분순이익(70주/150주) 계상 : 을(주) 당기순이익×70주/150주

(차) 이익잉여금	70,000*	(대) 비지배지분	70,000

* 20×2년 당기순이익 ₩150,000×70주/150주=₩70,000

[해설]

유상증자 후의 비지배지분은 70주/150주이므로 유상증자 후에 발생한 당기순이익 중 70주/150주를 비지배지분에 배분한다.

종속기업이 주식배당이나 무상증자를 실시하는 경우에 종속기업의 순자산에는 아무런 영향이 없으며, 단지 자본계정간의 구성만이 달라진다. 지배기업의 입장에서도 추가적인 투자가 없으므로 별도재무제표상 투자주식계정에는 변동이 없다. 또한 주식배당이나 무상증자로 인한 주식발행은 지분율에 비례하여 배분하는 것이 일반적이므로 무상증자 실시 전후에 지배기업의 지분금액에는 변동이 발생하지 않는다. 따라서 연결재무제표 작성시 종속기업이 인식한 주식배당이나 무상증자 회계처리를 취소하여 원래의 자본계정으로 환원하는 분개만 실시하면 된다.

종합예제 지분변동 – 종합

20×0년 1월 1일 갑(주)는 을(주) 발행주식의 20%를 ₩80,000에 취득하여 지분법으로 회계처리하고 있다. 20×1년 1월 1일 갑(주)는 을(주) 주식의 60%를 ₩210,000에 추가취득하여 지배력을 획득하였다. 지배력획득일에 갑(주)가 기존에 보유하던 을(주) 주식 20%의 공정가치는 ₩65,000이다.

갑(주)는 20×3년 1월 1일 을(주) 발행주식의 20%를 ₩90,000에 처분하여 을(주)에 대한 지분율이 60%로 하락하였다. 을(주)의 취득일 현재 을(주)의 자산과 부채의 장부금액과 공정가치는 일치한다. 갑(주)는 종속기업 주식을 원가법으로 회계처리하며, 종속기업에 대한 비지배지분을 종속기업의 식별가능한 순자산공정가치에 비례하여 결정한다.

갑(주)가 보유한 을(주) 주식에 대한 취득원가, 처분금액, 지분율 변동, 을(주)의 자본관련계정을 일자별로 정리하면 다음과 같으며 동 기간중에 결의 · 지급된 배당은 없다.

구 분	20×0. 1. 1	20×1. 1. 1	20×2. 1. 1	20×3. 1. 1	20×3. 12. 31
취득원가 (지분율)	₩80,000 (20%)	₩210,000 (60%)	–	–	–
처분금액 (지분율)	–	–	–	₩90,000 (20%)	–
자본금	100,000	100,000	100,000	100,000	₩100,000
이익잉여금	200,000	220,000	270,000	350,000	420,000

요구사항

20×1년부터 20×3년까지 필요한 연결분개를 제시하라.

해 답

1. 참고 : 20×0년

(1) 갑(주)의 개별재무제표상 지분법 회계처리

① 주식 20% 취득시

(차) 관계기업투자주식	80,000	(대) 현 금	80,000

② 당기순이익의 인식

(차) 관계기업투자주식	4,000*	(대) 지분법이익	4,000

* ₩20,000 × 20% = ₩4,000

(2) 연결분개 : 대상이 되지 않음

2. 20×1년

(1) 갑(주)의 별도재무제표상 회계처리

① 을(주) 주식 60% 추가취득으로 지배력획득

(차) 투 자 주 식	210,000	(대) 현 금	210,000

② 기보유중인 을(주)의 주식을 공정가치로 평가

(차) 투 자 주 식	65,000	(대) 관계기업투자주식	84,000
관계기업투자주식처분손실	19,000 *		

* ₩84,000 − ₩65,000 = ₩19,000

(주) 단계적 취득을 통해 지배력을 획득하는 경우 지배력획득일의 종속기업투자주식 금액은 기보유주식의 지배력획득일 현재 공정가치에 추가취득한 주식의 취득대가의 합계액으로 결정된다.

(2) 연결분개

E-① 투자주식과 자본계정의 상계제거 및 비지배지분 계상

(차) 자 본 금	100,000	(대) 투 자 주 식	275,000 *
이익잉여금	220,000	비지배지분	64,000 **
영 업 권	19,000 ***		

* ₩210,000(20×1. 1. 1 추가취득원가) + ₩65,000(20×1. 1. 1 이전 취득주식의 공정가치) = ₩275,000

** (₩100,000 + ₩220,000) × 20% = ₩64,000

*** (₩275,000 + ₩64,000) − (₩100,000 + ₩220,000) = ₩19,000

E-② 비지배지분순이익의 계상 : 을(주) 당기순이익의 20%

(차) 이익잉여금	10,000 *	(대) 비지배지분	10,000

* 20×1년 을(주) 당기순이익 ₩50,000 × 20%(비지배지분율) = ₩10,000

3. 20×2년

(1) 갑(주)의 별도재무제표상 회계처리 없음

(2) 연결분개

E-① 취득일 기준으로 투자주식과 자본계정의 상계제거 및 비지배지분 계상

(차) 자 본 금	100,000	(대) 투 자 주 식	275,000
이익잉여금	220,000	비지배지분	64,000
영 업 권	19,000		

(주) 20×1년 연결분개와 동일하다.

E-② 취득일 이후 증가한 을(주) 이익잉여금을 비지배지분에 배분

(차) 이익잉여금	10,000 *	(대) 비지배지분	10,000

* 20×1년 당기순이익 ₩50,000 × 20% = ₩10,000

E-③ 비지배지분순이익의 계상 : 을(주) 당기순이익의 20%

(차) 이익잉여금	16,000 *	(대) 비지배지분	16,000

* ₩80,000 × 20% = ₩16,000

4. 20×3년

(1) 갑(주)의 별도재무제표상 회계처리

① 20% 처분 후 지배력 유지

(차) 현 금	90,000	(대) 투자주식	68,750 *
		투자주식처분이익	21,250

* ₩275,000 × 20%/80% = ₩68,750

(2) 연결분개

E-① 취득일 기준으로 투자주식과 자본계정의 상계제거 및 비지배지분 계상

(차) 자 본 금	100,000	(대) 투자주식	275,000
이익잉여금	220,000	비지배지분	64,000
영 업 권	19,000		

(주) 20×1년 연결분개와 동일하다.

E-② 취득일 이후 처분 전까지 증가한 을(주) 이익잉여금 비지배지분에 배분(20%)

(차) 이익잉여금	26,000 *	(대) 비지배지분	26,000

* (₩50,000 + ₩80,000) × 20% = ₩26,000

E-③ 을(주) 주식 처분으로 증가한 비지배지분 인식

(차) 투자주식	68,750 *	(대) 비지배지분	94,750 **
자본잉여금	4,750 ***		
투자주식처분이익	21,250 #		

* 처분한 투자주식 금액은 이미 별도재무제표상 제거되었으나 위의 분개 E-①에서 최초의 취득금액을 제거함에 따라 이중으로 제거하는 결과가 되어 이를 다시 가산한다.

** ₩450,000 × (40% − 20%) + ₩19,000 × (20%/80%) = ₩94,750

*** 을(주) 주식 20%의 처분대가	₩90,000
을(주) 주식 20%의 처분으로 인한 갑(주) 지분 감소액 (20% 처분으로 인한 비지배지분 증가액과 일치)	(94,750)
을(주) 주식 20% 처분으로 인한 갑(주) 지분 순변동액	(₩4,750)

\# 투자주식처분이익은 연결실체 입장에서는 당기손익이 아니므로 제거한다.

[해설]

종속기업 주식의 일부를 처분 후 지배력을 상실하지 않으므로 처분대가(₩90,000)와 을(주) 주식 처분으로 감소한 을(주)에 대한 갑(주) 지분(₩94,750)의 차액을 갑(주)의 소유주에게 귀속되는 자본에서 차감한다. 여기서, 을(주) 주식의 처분으로 감소한 을(주)에 대한 갑(주) 지분(즉, 비지배지분 증가액)은 을(주)의 식별가능한 순자산 중 감소하는 지분과 영업권 중 감소하는 지분의 합계로 산정한다.

E-④ 비지배지분순이익의 계상 : 을(주) 당기순이익의 40%

(차) 이익잉여금	28,000 *	(대) 비지배지분	28,000

* 20×3년 당기순이익 ₩70,000 × 40% = ₩28,000

익힘문제

1. 회계연도중에 지배력을 획득한 경우에 종속기업에 대한 투자주식계정과 자본계정의 상계는 어떻게 이루어지는가?

2. 단계적 취득을 통하여 지배력을 획득할 때 종속기업에 대한 투자주식계정과 자본계정은 어느 시점을 기준으로 상계제거되는지 설명하라.

3. 단계적 취득을 통하여 지배력을 획득할 때 영업권 또는 염가매수차익은 어떻게 계산하는가?

4. 지배력획득일 이후 종속기업 주식을 추가로 취득하는 경우 별도재무제표상 회계처리와 연결재무제표상 회계처리를 기술하라.

5. 종속기업이 지배기업 주식을 소유함으로써 나타난 투자주식은 연결재무제표에 어떻게 나타나는가? 또한 이 경우 종속기업의 포괄손익계산서에 나타난 배당수익을 연결재무제표에는 어떻게 나타내는가?

6. 지배기업이 종속기업 주식의 일부를 처분한 후에도 지배력을 유지하는 경우 별도재무제표상 회계처리와 연결재무제표상 회계처리를 기술하라.

7. 지배기업이 종속기업 주식의 일부를 처분한 후에도 지배력을 유지하는 경우 종속기업에 대한 투자주식의 처분으로 발생한 처분손익은 연결재무제표상 어떻게 보고되는가? 이는 지배기업의 별도재무제표에 보고되는 투자주식처분손익과 다른가? 만일 다르다면 그 이유는 무엇인가?

8. 지배기업이 종속기업 주식의 일부를 처분한 후 지배력을 상실한다면 종속기업에 대한 투자주식의 처분으로 발생한 처분손익에 대한 회계처리를 설명하라.

보-1. 지배력획득일 이후 종속기업의 유상증자로 인하여 지배기업의 지분변동이 발생했을 때의 회계처리를 설명하라.

보-2. 지배력획득일 이후 종속기업이 무상증자를 하는 경우의 회계처리는 유상증자의 경우와 어떻게 다른가?

연습문제

01 기본개념의 이해

다음 각 문장이 옳으면 ○, 틀리면 ×로 답하라.

(1) 기중에 지배력을 획득하는 경우 당해 회계연도초에 지배력을 획득한 것으로 간주하여 지배기업의 투자주식계정과 종속기업의 자본계정을 상계제거한다.

(2) 종속기업의 주식을 단계적으로 취득하여 지배력을 획득하는 경우 취득자는 이전에 보유하고 있던 피취득자에 대한 지분을 취득일의 공정가치로 재측정하고 그 차액은 기타포괄손익으로 인식한다.

(3) 지배기업이 종속기업의 다른 주주로부터 종속기업 주식을 추가로 구입하는 거래는 연결실체와 그 주주 간의 자본거래라고 할 수 있다.

(4) 지배기업이 종속기업의 주식을 추가로 취득하는 경우 추가취득을 위해 지급한 대가와 추가취득으로 감소하는 비지배지분의 차이를 지배기업의 소유주에게 귀속되는 자본으로 인식한다.

(5) 종속기업이 비지배주주로부터 자기주식을 취득하면 연결실체 입장에서는 지배기업이 종속기업의 주식을 취득한 것과 유사한 경제적 효과가 발생한다.

(6) 종속기업이 비지배주주로부터 자기주식을 취득하면 종속기업 순자산에 대한 지배기업소유주지분 금액은 증가한다.

(7) 지배기업이 종속기업의 주식 일부를 비지배주주에게 매각하는 경우 매각으로 발생하는 처분손익은 연결재무제표상 당기손익으로 인식한다.

(8) 지배력을 상실하지 않는 범위에서 지배기업이 종속기업의 주식을 일부 처분하는 경우 처분으로 감소되는 지분만큼 연결재무상태표상의 영업권을 감액시킨다.

(9) 종속기업에 대한 지배력을 상실한 후에도 그 기업의 주식을 보유하고 있다면 남아 있는 주식은 지배력을 상실한 날의 공정가치로 인식한다.

(10) 종속기업이 인식한 재평가잉여금과 관련하여 연결재무제표에서 과거에 인식한 기타포괄손익이 있다면 해당 종속기업에 대한 지배력을 상실한 날에 당기손익으로 재분류한다.

(11) 종속기업의 유상증자로 인해 지배기업의 지분율이 변동하는 경우 지배력에 변동이 없다면 자본거래로 회계처리한다.

02 단계적 취득(Ⅰ)

서울(주)는 명동(주)의 주식을 20×1년초부터 단계적으로 취득하여 20×2년 12월 31일에 명동(주)에 대한 지배력을 획득하였다.

[추가자료]

1) 서울(주)의 주식취득현황

	취득지분율	취득금액	취득시 명동(주) 자본계정
20×1년 1월 1일	10%	₩100,000	자본금 ₩500,000, 이익잉여금 ₩300,000
20×2년 12월 31일	70%	750,000	자본금 ₩500,000, 이익잉여금 ₩500,000
계	80%	₩850,000	

2) 서울(주)는 명동(주) 지분 10%를 기타포괄손익-공정가치측정금융자산(FVOCI금융자산)으로 분류하여 공정가치법에 의해 회계처리하였다. 20×1년 12월 31일과 20×2년 12월 31일 현재 명동(주) 지분 10%의 공정가치는 각각 ₩110,000과 ₩125,000이다.
3) 지배력획득일에 명동(주)의 식별가능한 순자산의 장부금액은 공정가치와 일치한다.
4) 서울(주)는 명동(주)에 대한 비지배지분을 공정가치로 측정하며, 지배력획득일에 비지배지분의 공정가치는 ₩220,000이다.

요구사항

서울(주)가 개별회계상 20×2년 12월 31일에 해야 할 분개를 제시하고, 서울(주)가 작성하는 20×2년말 연결재무상태표상 표시될 영업권을 계산하라.

03 종속기업 주식의 추가취득 (2017년 공인회계사 시험(1차) 수정)

갑(주)는 20×1년 1월 1일 을(주)의 의결권 있는 보통주식 70주(지분율 70%)를 ₩210,000에 취득하여 지배력을 획득하였다. 취득일 현재 을(주)의 자본은 자본금 ₩200,000과 이익잉여금 ₩100,000이며, 자산과 부채의 장부금액과 공정가치는 일치하였다. 갑(주)는 을(주)의 주식을 원가법으로 회계처리하며, 연결재무제표 작성시 비지배지분은 을(주)의 식별가능한 순자산공정가치에 비례하여 결정한다. 20×2년 1월 1일 갑(주)는 을(주)의 보통주식 10주(지분율 10%)를 ₩40,000에 추가로 취득하였다. 20×1년과 20×2년에 을(주)가 보고한 당기순이익은 각각 ₩20,000과 ₩40,000이며, 동 기간에 이익처분은 없었다.

요구사항

갑(주)가 작성하는 20×2년말 연결재무상태표상 비지배지분을 계산하라.

04 지배력획득 후 추가취득

한강사는 20×1년 1월 1일 청계사의 보통주 60%를 ₩128,000에 구입하고, 추가로 20×2년 1월 1일에 10%를 ₩25,000에 구입하였다. 20×1년 1월 1일 청계사의 순자산장부금액은 공정가치와 일치하였다. 한강사는 별도재무제표상 청계사 주식을 원가법으로 회계처리하며, 청계사에 대한 비지배지분을 청계사의 식별가능한 순자산공정가치에 비례하여 결정한다. 다음은 청계사의 부분재무상태표이다.

	20×1. 1. 1	20×2. 1. 1
자 본 금	₩100,000	₩100,000
자본잉여금	50,000	50,000
이익잉여금	30,000	50,000
계	₩180,000	₩200,000

요구사항

청계사가 20×1년과 20×2년의 당기순이익을 각각 ₩20,000과 ₩30,000으로 보고하였을 경우, 20×1년과 20×2년에 한강사가 행할 연결분개를 제시하라(단, 청계사는 배당을 지급하지 않았다).

05 종속기업의 자기주식 취득

20×1년 1월 1일 A사는 B사의 발행주식 60%(액면 ₩5,000, 60주)를 ₩396,000에 취득하여 지배력을 획득하였다. 20×1년 1월 1일 현재 B사의 자본금과 이익잉여금은 각각 ₩500,000과 ₩100,000이었으며 B사 순자산의 장부금액과 공정가치는 일치하였다. A사는 별도재무제표상 B사 주식을 원가법으로 회계처리하고 있으며, B사에 대한 비지배지분을 B사의 식별가능한 순자산공정가치에 비례하여 결정한다. 20×2년 1월 1일 B사는 비지배주주로부터 자기주식 10주를 주당 ₩8,000에 취득하였다. 20×1년 이후 B사 이익잉여금의 변동내역은 다음과 같다.

20×1년 1월 1일	₩100,000
20×1년 당기순이익	100,000
20×1년 12월 31일	₩200,000
20×2년 당기순이익	180,000
20×2년 12월 31일	₩380,000
20×3년 당기순이익	270,000
20×3년 12월 31일	₩650,000

요구사항

A사가 20×2년말과 20×3년말에 해야 할 연결분개를 제시하라.

06 종속기업 주식의 처분 후 지배력 유지

갑(주)는 20×1년 1월 1일 을(주)의 보통주 80%(800주)를 ₩490,000에 취득하였다. 취득 당시 을(주)의 순자산장부금액은 ₩600,000(자본금 ₩500,000, 이익잉여금 ₩100,000)이며 이는 공정가치와 일치한다. 20×2년 1월 1일 갑(주)는 을(주) 지분 20%를 ₩140,000에 처분하였으며, 처분 후에도 을(주) 지분 60%를 보유하고 있어 지배력을 유지하고 있다. 을(주)의 20×1년, 20×2년 및 20×3년의 당기순이익은 각각 ₩25,000, ₩30,000 및 ₩35,000이다. 갑(주)는 을(주) 주식을 원가법에 의해 회계처리하고 있으며, 을(주)에 대한 비지배지분을 을(주)의 식별가능한 순자산공정가치에 비례하여 결정한다.

요구사항

갑(주)가 20×2년과 20×3년에 해야 할 연결분개를 제시하라.

07 종속기업 주식의 처분 후 지배력 상실(I) (2022년 공인회계사 시험(1차) 수정)

갑(주)는 20×1년초에 을(주)의 보통주 80주(80%)를 ₩240,000에 취득하여 지배력을 획득하였다. 취득일 현재 을(주)의 순자산은 자본금 ₩150,000과 이익잉여금 ₩100,000이며, 식별가능한 자산과 부채의 장부금액과 공정가치는 일치하였다. 취득일 이후 20×2년까지 갑(주)와 을(주)가 별도(개별)재무제표에 보고한 당기순이익은 다음과 같으며, 이들 기업간에 발생한 내부거래는 없다.

	20×1년	20×2년
갑(주)	₩80,000	₩120,000
을(주)	20,000	30,000

20×3년 1월 1일에 갑(주)는 보유중이던 을(주)의 보통주 50주(50%)를 ₩200,000에 처분하여 을(주)에 대한 지배력을 상실하였다. 남아 있는 을(주)의 보통주 30주(30%)의 공정가치는 ₩120,000이며, 갑(주)는 이를 관계기업투자주식으로 분류하였다.

요구사항

을(주)에 대한 지배력 상실시점의 회계처리가 갑(주)의 20×3년도 연결당기순이익에 미치는 영향을 계산하라.

08 종속기업 주식의 처분 후 지배력 상실(II)

갑(주)는 20×1년 1월 1일 을(주)의 보통주 80%(800주)를 ₩490,000에 취득하였다. 취득 당시 을(주)의 순자산장부금액은 ₩600,000(자본금 ₩500,000, 이익잉여금 ₩100,000)이며 이는 공정가치와 일치한다. 20×3년 1월 1일 갑(주)는 보유하던 을(주) 주식의 40%를 ₩215,000에 처분함에 따라 갑(주)의 보유지분율이 48%로 감소하여 을(주)에 대한 지배력을 상실하였다. 을(주) 주식 처분 후에 갑(주)가 보유하는 을(주) 주식의 공정가치는 ₩380,000이며, 갑(주)는 이를 관계기업투자주식으로 분류한다. 20×3년 1월 1일 을(주)의 제 자산 및 제 부채는 각각 ₩1,000,000과 ₩345,000이다.

을(주)의 20×1년, 20×2년 및 20×3년의 당기순이익은 각각 ₩25,000, ₩30,000 및 ₩35,000이다. 갑(주)는 을(주) 주식을 원가법에 의해 회계처리하고 있으며, 을(주)에 대한 비지배지분은 을(주)의 식별가능한 순자산공정가치에 비례하여 결정한다.

요구사항

1. 갑(주)가 20×3년도 을(주) 주식 처분에 대해 해야 할 별도재무제표상 회계처리를 제시하라. 단, 남아 있는 보유지분에 대한 대체 회계처리는 생략하는 것으로 가정한다.
2. 갑(주)가 20×3년도 을(주) 주식을 처분한 직후에 연결재무제표를 작성하는 경우 요구되는 연결분개를 제시하라.

고급 연습문제

09 단계적 취득(Ⅱ)

서울(주)는 종로(주)의 주식을 20×1년초부터 단계적으로 취득하여 20×3년도에 종로(주)에 대해 지배력을 획득하여 원가법으로 회계처리하고 있으며, 비지배지분은 을(주)의 식별가능한 순자산공정가치에 비례하여 결정한다.

[추가자료]

1) 서울(주)의 주식취득현황

	취득지분율	취득금액	취득시 종로(주) 자본계정*
20×1년 1월 1일	10%	₩180,000	자본금 ₩1,000,000, 이익잉여금 ₩700,000
20×2년 1월 1일	10%	200,000	자본금 ₩1,000,000, 이익잉여금 ₩800,000
20×3년 1월 1일	40%	900,000	자본금 ₩1,000,000, 이익잉여금 ₩1,100,000
계	60%	₩1,280,000	

* 종로(주)에 대한 지배력획득일에 종로(주)의 식별가능한 순자산의 장부금액은 공정가치와 일치한다.

2) 서울(주)가 보유하고 있는 종로(주) 지분의 공정가치는 다음과 같다.

	보유지분율	공정가치
20×1년 12월 31일	10%	₩200,000
20×2년 1월 1일	10%	195,000
20×3년 1월 1일	20%	440,000

3) 20×3년 12월 31일 서울(주)는 종로(주)에게 ₩1,400,000을 장기 대여하였다. 20×4년중 이자 ₩140,000을 현금으로 주고받았으며, 20×4년말 서울(주)와 종로(주)에 대한 장기대여금에 대해 ₩28,000의 손실충당금을 설정하였다.

4) 종로(주)의 20×3년과 20×4년의 당기순이익은 ₩500,000과 ₩936,000이며, 서울(주)의 20×4년 당기순이익은 ₩1,553,600이다.

요구사항

1. 20×4년도의 연결분개를 하라.
2. 연결포괄손익계산서에 보고될 당기순이익을 구하라.

10 종속기업의 취득 및 처분 – 종합(Ⅰ)

(2007년 공인회계사 시험(2차) 수정)

20×1년 1월 1일 서울(주)는 부산(주)의 발행주식 중 60%를 ₩360,000에 취득하였다. 동 주식취득일 현재 서울(주)와 부산(주)의 재무상태표는 다음과 같다.

재무상태표

20×1. 1. 1 현재

	서울(주)	부산(주)			서울(주)	부산(주)	
	장부금액	장부금액	공정가치		장부금액	장부금액	공정가치
현 금	₩300,000	₩280,000	₩280,000	차 입 금	₩300,000	₩150,000	₩150,000
재고자산	200,000	100,000	120,000	자 본 금	500,000	250,000	
부산(주)투자주식	360,000	–		(주당액면 5,000)			
건 물(순액)	500,000	250,000	300,000	자본잉여금	260,000	100,000	
				이익잉여금	300,000	130,000	
자산총계	₩1,360,000	₩630,000		부채와 자본총계	₩1,360,000	₩630,000	

한편, 20×1년말 서울(주)와 부산(주)의 재무상태표와 포괄손익계산서는 다음과 같다.

재무상태표

20×1. 12. 31 현재

	서울(주)	부산(주)		서울(주)	부산(주)
현 금	₩370,000	₩240,000	차 입 금	₩370,000	₩200,000
재고자산	300,000	240,000	자 본 금	500,000	250,000
부산(주)투자주식	360,000	–	자본잉여금	260,000	100,000
건 물(순액)	600,000	300,000	이익잉여금	500,000	230,000
계	₩1,630,000	₩780,000	계	₩1,630,000	₩780,000

포괄손익계산서

20×1. 1. 1～20×1. 12. 31

	서울(주)	부산(주)
매 출	₩800,000	₩500,000
매출원가	(400,000)	(300,000)
매출총이익	₩400,000	₩200,000
판매관리비	(200,000)	(100,000)
당기순이익	₩200,000	₩100,000

[추가자료]

1) 서울(주)의 주식취득일에 부산(주)가 보유했던 재고자산은 20×1년중에 모두 처분되었다.
2) 서울(주)와 부산(주)의 건물은 20×1년초 현재 잔존내용연수는 10년이고, 잔존가치는 없으며, 정액법으로 상각한다.
3) 서울(주)는 부산(주)에 대한 투자주식을 원가법으로 회계처리한다.
4) 서울(주)는 연결재무제표상 부산(주)에 대한 비지배지분을 공정가치로 측정한다. 지배력획득일의 비지배지분의 공정가치는 ₩230,000이다.
5) 20×1년과 20×2년중에 서울(주)와 부산(주)에서 결의되거나 지급된 배당은 없다.
6) 20×1년과 20×2년중에 서울(주)와 부산(주) 사이의 내부거래는 없다.

요구사항

1. 20×1년말 연결재무제표상 보고될 영업권을 계산하라.
2. 서울(주)와 부산(주)의 20×2년 당기순이익이 각각 ₩280,000과 ₩120,000인 경우, 20×2년도 연결재무제표에 보고될 ① 당기순이익, ② 지배기업소유주지분순이익, ③ 비지배지분순이익, ④ 이익잉여금을 산출하라.
3. 20×1년 12월 31일에 서울(주)는 부산(주)의 발행주식 중 5%를 ₩40,000에 처분하고 계속하여 지배력을 유지하고 있다면, 동 거래가 20×1년도 연결재무제표상에서 ① 이익잉여금과 ② 자본잉여금에 미치는 영향을 간략히 3줄 이내로 기술하라. 단, 구체적인 금액으로 제시하되, 미치는 영향이 없으면 '해당 없음'이라고 기재한다.

11 종속기업의 취득 및 처분 – 종합(Ⅱ)

(2006년 공인회계사 시험(2차) 수정)

20×1년 1월 1일 대영(주)는 소영(주) 발행주식의 20%를 ₩75,000에 취득하여 지분법으로 회계처리하고 있다. 20×2년 1월 1일 대영(주)는 소영(주) 발행주식의 40%를 ₩250,000에 추가취득하여 지배·종속관계가 성립되었다. 대영(주)는 종속기업투자주식을 원가법으로 회계처리한다.

또한 대영(주)는 20×3년 1월 1일 소영(주)의 발행주식 10%를 ₩55,000에 추가취득하여 지분율이 70%로 증가하였고, 20×4년 1월 1일 보유중이던 주식의 일부를 ₩180,000에 처분하여 소영(주)에 대한 지분율이 40%로 하락하였다.

대영(주)가 보유한 소영(주) 주식에 대한 취득원가, 처분금액, 지분율 변동, 소영(주)의 자본관련 계정을 일자별로 정리하면 다음과 같으며 동 기간중에 결의 · 지급된 배당은 없다.

	20×1. 1. 1	20×2. 1. 1	20×3. 1. 1	20×4. 1. 1
취득원가 (지분율)	₩75,000 (20%)	₩250,000 (40%)	₩55,000 (10%)	–
처분금액 (지분율)	–	–	–	₩180,000 (30%)
자본금	₩200,000	₩200,000	₩200,000	₩200,000
이익잉여금	₩100,000	₩150,000	₩220,000	₩300,000

[추가자료]

1) 20×1년 1월 1일 현재 소영(주)의 자산과 부채의 장부금액과 공정가치는 일치한다.
2) 20×2년 1월 1일 현재 대영(주)가 보유하고 있는 소영(주) 주식 20%의 공정가치는 ₩90,000이며, 동 일자에 소영(주)의 식별가능한 자산과 부채 중 공정가치와 장부금액이 일치하지 않는 항목은 다음과 같다.

구 분	장부금액	공정가치
재고자산*	₩60,000	₩70,000
건 물**	125,000	160,000

* 동 재고자산은 20×2년중에 모두 외부로 판매되었다.

** 20×2년 1월 1일 현재 동 건물의 잔존내용연수는 5년이고, 잔존가치는 없으며, 정액법으로 상각한다.

3) 20×2년중 대영(주)와 소영(주) 간에 발생한 내부거래는 다음과 같다.
   ① 대영(주)는 소영(주)에 원가 ₩10,000의 상품을 ₩15,000에 외상매출하였으며 소영(주)는 20×2년중에 동 상품의 60%를 외부로 판매하였다. 소영(주)에 대한 매출채권은 20×3년중에 회수될 예정이다.
   ② 소영(주)는 20×2년 1월 1일에 장부금액 ₩30,000의 비품을 ₩50,000의 가격으로 대영(주)에 매각하였다. 처분시 비품의 잔존내용연수는 10년이며 잔존가치는 없다. 대영(주)와 소영(주)는 비품을 정액법으로 상각한다.
   ③ 20×2년 1월 1일 대영(주)는 소영(주)가 20×0년 1월 1일에 발행한 사채(액면 ₩50,000, 액면이자율 10%, 발행금액 ₩53,000, 5년 만기)를 ₩48,500에 취득하고 이를 상각후원가측정금융자산으로 회계처리하였다. 대영(주)와 소영(주)는 정액법을 사용하여 사채관련차금을 상각한다.

4) 20×2년 대영(주)와 소영(주)의 부분재무제표는 다음과 같다.

재무상태표 항목	대영(주)	소영(주)
매출채권(순액)	₩200,000	₩120,000
건 물(순액)	140,000	100,000
비 품(순액)	120,000	40,000
사 채(순액)	98,000	51,200

손익계산서 항목	대영(주)	소영(주)
매 출	₩350,000	₩210,000
매출원가	250,000	160,000
감가상각비	30,000	15,000
이자비용	10,500	4,400

5) 대영(주)는 연결재무제표상 종속기업의 비지배지분을 종속기업의 식별가능한 순자산공정가치에 비례하여 결정한다.

요구사항

1. 20×2년 연결재무제표에 표시될 다음 각 계정의 금액을 계산하라.
   (1) 매출채권 (2) 건물(순액) (3) 비품(순액)
   (4) 영업권 (5) 매출 (6) 매출원가
   (7) 감가상각비 (8) 사채추정상환이익 (9) 비지배지분순이익
2. 20×3년 1월 1일 대영(주)가 추가취득한 소영(주) 주식에 해당하는 지분금액을 ₩49,220이라고 가정하자. 소영(주) 주식의 추가취득대가 ₩55,000과 추가취득한 지분해당액 ₩49,220의 차액이 연결회계상 어떻게 회계처리되는지를 설명하라.
3. 요구사항 2에서 대영(주)가 소영(주)의 주식을 취득하는 데 소요된 ₩55,000은 동년도 대영(주)의 별도현금흐름표와 연결현금흐름표상에서 각각 어떠한 활동으로 분류되어 보고되는지 설명하라.
4. 다음 각각의 경우에 대하여 대영(주)가 20×4년 1월 1일 소영(주) 주식을 처분할 때 개별회계상 해야 할 분개를 제시하라.
   (1) 주식매각 후에 대영(주)가 소영(주)에 대한 지배력을 유지하는 경우
   (2) 주식매각 후에 대영(주)가 소영(주)에 대한 지배력은 상실하였으나 유의한 영향력을 유지하는 경우. 지배력을 상실한 날에 남아 있는 지분의 공정가치가 ₩250,000이라고 가정하자.

보-1 종속기업의 유상증자(Ⅰ)

(2020년 공인회계사 시험(1차) 수정)

(주)지배는 20×1년초 (주)종속의 의결권 있는 보통주 800주(총발행주식의 80%)를 취득하여 지배력을 획득하였다. 지배력획득일 현재 (주)종속의 순자산장부금액은 ₩250,000이며, 순자산공정가치와 장부금액은 동일하다. (주)종속의 20×1년과 20×2년의 당기순이익은 각각 ₩100,000과 ₩150,000이다. (주)종속은 20×2년 1월 1일에 200주를 유상증자(주당 발행가액 ₩1,000, 주당 액면가액 ₩500)하였으며, 이 중 100주를 (주)지배가 인수하였다. (주)지배는 별도재무제표상 (주)종속 주식을 원가법으로 회계처리하고 있으며, 비지배지분은 종속기업의 식별가능한 순자산공정가치에 비례하여 결정한다.

요구사항

20×2년말 (주)지배의 연결재무상태표에 표시되는 비지배지분을 계산하라.

보-2 종속기업의 유상증자(Ⅱ)

20×1년 1월 1일 갑(주)는 을(주)의 발행주식 200주(주당 액면 ₩5,000) 중 140주를 ₩900,000에 구입하여 지배력을 획득하였다. 20×1년 1월 1일 현재 을(주)의 자본잉여금과 이익잉여금은 각각 ₩200,000과 ₩20,000이었다. 을(주)의 20×1년, 20×2년 및 20×3년의 당기순이익은 각각 ₩30,000, ₩50,000 및 ₩80,000이며 이 기간중 배당은 실시하지 않았다. 을(주)는 20×3년 1월 1일에 50주의 유상신주를 주당 ₩6,000에 발행하였다. 갑(주)는 을(주) 주식을 원가법에 의해 회계처리하고 있으며, 을(주)에 대한 비지배지분을 을(주)의 식별가능한 순자산공정가치에 비례하여 결정한다.

요구사항

1. 갑(주)가 유상신주 중에서 40주를 인수하는 경우 유상증자로 인한 을(주)에 대한 갑(주) 지분의 순변동액을 계산하고 연결시 이에 대한 회계처리를 설명하라.
2. 요구사항 1에서 유상신주의 발행가격이 주당 ₩6,500이라면 유상증자로 인한 을(주)에 대한 갑(주) 지분의 순변동액은 얼마인가?

CHAPTER

6 다양한 소유구조

실무에서는 지배기업이 하나의 종속기업만을 소유하는 경우보다 훨씬 다양한 소유구조가 존재하는 경우가 일반적이다. 지배기업이 다수의 종속기업을 소유할 수도 있고, 지배기업이 종속기업을 통하여 다른 종속기업을 소유하거나 지배기업과 종속기업이 합하여 다른 종속기업을 소유할 수 있다. 또는 종속기업이 지배기업의 주식을 소유하거나 종속기업 상호간에 상대방의 주식을 소유할 수도 있다. 본장에서는 이러한 다양한 소유구조가 존재하는 경우의 연결회계를 살펴본다.

제 1 절 다양한 소유구조의 개괄

이제까지 지배기업이 하나의 종속기업을 소유하고 있는 경우의 연결절차에 대하여 살펴보았다. 그러나 실무에서 지배 · 종속관계는 그 이외에도 다음과 같은 여러 가지 형태가 존재할 수 있다. 우선 지배기업이 다수의 종속기업을 소유할 수 있다.

[그림 6-1] **다수의 종속기업 소유**

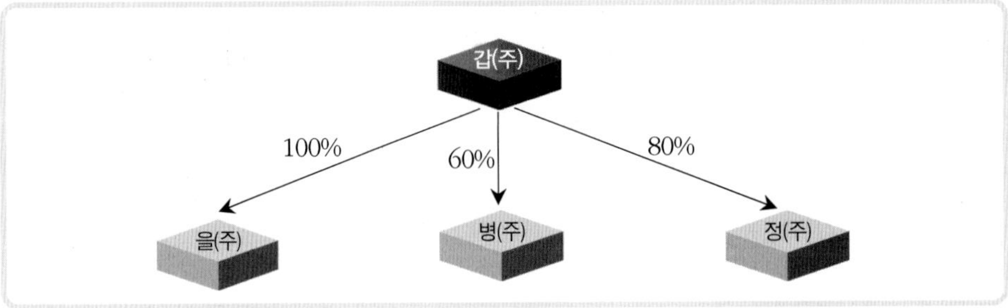

또는 지배기업이 종속기업을 통하여 다른 종속기업을 소유하거나 지배기업과 종속기업이 합하여 다른 종속기업을 소유할 수 있다. 이러한 소유구조를 각각 간접소유와 합동소유라고 한다.

[그림 6-2] **간접소유와 합동소유**

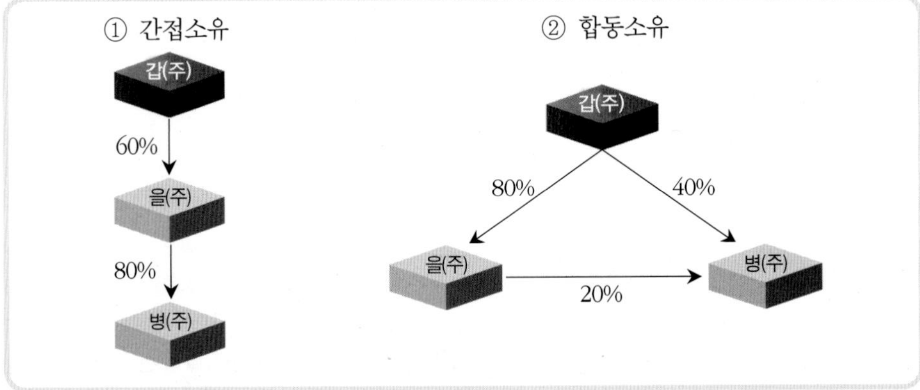

또한 연결실체에 속하는 기업이 자신의 종속기업 외에 연결실체에 속하는 다른 기업의 주식을 소유할 수도 있다. 예로, 종속기업이 지배기업의 주식을 소유하거나 종속기업 상호간에 상대방의 주식을 소유할 수도 있다. 이러한 소유구조를 상호소유라고 한다.

[그림 6-3] **상호소유**

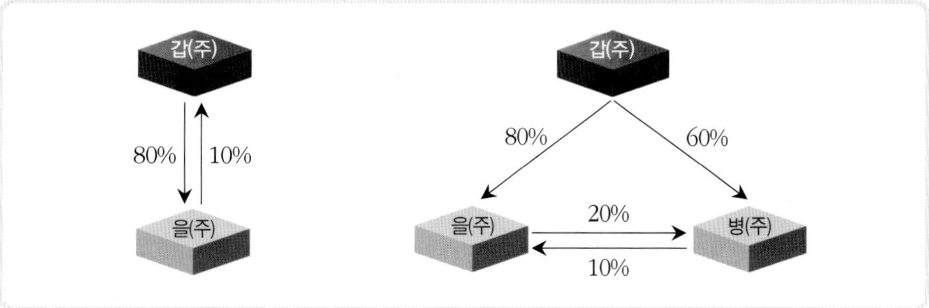

[그림 6-1]에서처럼 지배기업이 다수의 종속기업을 소유하고 있는 경우에는 각각의 종속기업에 대해 하나의 종속기업의 경우와 동일하게 연결절차를 수행하면 될 것이다. 따라서 본장에서는 간접소유와 합동소유 그리고 상호소유의 경우에 대해서 추가적으로 설명하고자 한다.

제 2 절 간접소유와 합동소유

1. 연속적 지배 · 종속관계가 순차적으로 성립하는 경우

간접소유의 한 형태로 지배기업이 종속기업을 취득한 후에 그 종속기업이 다시 자신의 종속기업을 취득하여 지배 · 종속관계가 순차적으로(sequentially) 성립하는 경우가 있다. 이 경우에는 최하위종속기업으로부터 단계적으로 연결절차를 수행한다. 즉, 지배관계의 지위가 낮은 회사에서 높은 회사로 순차적으로 연결절차를 수행한다.

중간지배기업이 자신의 종속기업투자주식을 원가법이나 공정가치법에 따라 회계처리하고 있다면, 중간지배기업의 보고이익은 자신의 당기순이익만을 포함한다. 이 경우 최상위지배기업이 연결재무제표를 작성하면서 중간지배기업의 당기순이익 중 비지배지분순손익을 계산할 때 먼저 중간지배기업의 보고이익에 그 종속기업의 당기순손익 중 중간지배기업에 귀속되는 금액을 조정해야 한다. 예를 들어, [그림 6-4]에서 갑(주), 을(주), 병(주) 사이에 지배 · 종속관계가 순차적으로 성립하며, 을(주)와 병(주)가 보고한 당기순이익은 각각 ₩50,000과 ₩20,000으로 가정하자. 갑(주)는 을(주)의 보고이익을 지배기업소유주귀속분과 비지배지분으로 구분하기에 앞서 먼저 병(주)의 보고이익 중 을(주)에 귀속되는 금액 ₩12,000(= ₩20,000 × 60%)을 을(주)의 보고이익에 가산해야 한다. 그런 다음 조정된 을(주)의 보고이익 ₩62,000(= ₩50,000 + ₩12,000)을 기준으로 을(주)에 대한 비지배지분순이익을 계산하면 ₩12,400(= ₩62,000 × 20%)이며, 지배기업소유주에게 귀속되는 순이익은 ₩49,600(= ₩62,000 × 80%)으로 산정된다.

[그림 6-4] **연속적 지배 · 종속관계가 성립하는 경우 연결순이익의 귀속**

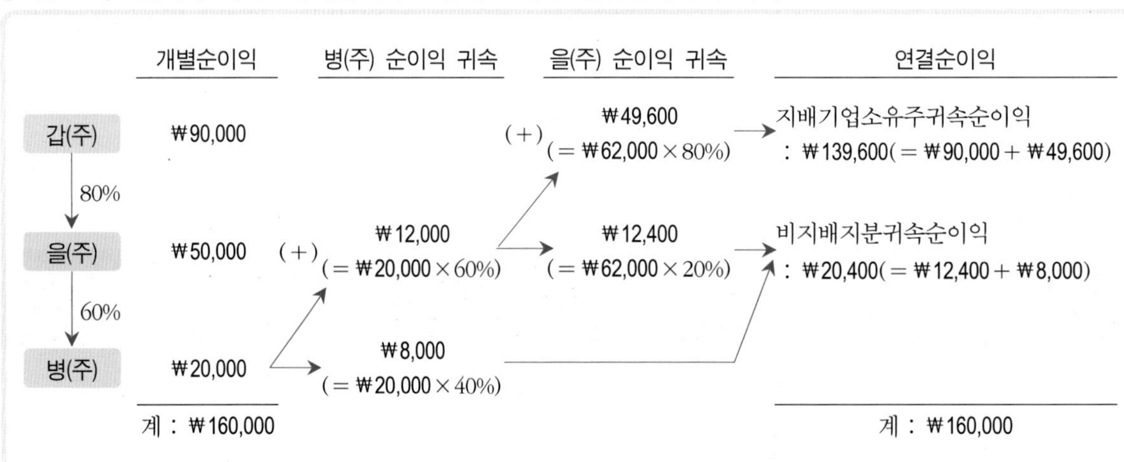

한편, 중간지배기업이 자신의 종속기업투자주식에 대해 지분법을 적용하여 회계처리한다면 중간지배기업의 보고이익은 그 종속기업의 당기순이익 중 중간지배기업에 귀속되는 금액을 이미 포함하므로 이러한 조정이 불필요하다.

예제 6-1 간접소유 – 연속적 지배 · 종속관계

갑(주)는 20×1년 1월 1일 을(주)의 주식 80%를 ₩270,000에 취득하였으며, 동 일자에 을(주)는 병(주)의 주식 60%를 ₩100,000에 취득하였다. 취득시점에 을(주)와 병(주)의 자본은 다음과 같았으며, 자산과 부채의 장부금액과 공정가치는 일치하였다.

	을(주)	병(주)
자 본 금	₩200,000	₩100,000
이익잉여금	100,000	50,000
계	₩300,000	₩150,000

을(주)와 병(주)의 이익잉여금 변동내역은 다음과 같다.

	을(주)	병(주)
20×1년 1월 1일	₩100,000	₩50,000
20×1년 당기순이익	40,000	20,000
20×1년 12월 31일	₩140,000	₩70,000

갑(주)와 을(주)는 각각 을(주)와 병(주)에 대한 투자주식을 원가법으로 회계처리하고 있으며, 갑(주)와 을(주)는 비지배지분을 종속기업의 식별가능한 순자산공정가치에 비례하여 결정한다. 20×1년말에 필요한 연결분개를 제시하라.

해답

먼저 지배구조의 형태를 살펴보면 다음과 같다.

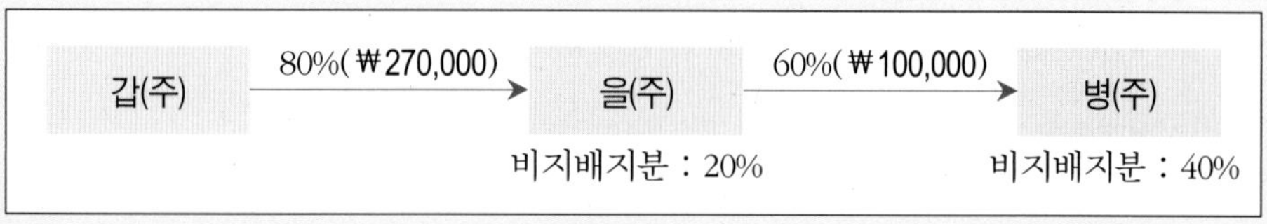

이처럼 지배 · 종속관계가 연속적으로 성립하는 경우 원가법에서는 병(주)의 당기순이익 중 을(주) 지분에 해당하는 금액이 을(주) 당기순이익에 반영되어 있지 않다. 따라서 을(주)의 당기순이익을 지배기업지분과 비지배지분순이익으로 배분하기 전에 먼저 병(주)의 당기순이익 중 을(주) 지분에 해당하는 금액을 을(주) 당기순이익에 가산해야 한다.

〈갑(주)와 을(주)의 개별회계처리〉

갑(주)의 별도재무제표			을(주)의 별도재무제표		
① 취득					
(차) 을(주)투자주식	270,000		(차) 병(주)투자주식	100,000	
(대) 현 금		270,000	(대) 현 금		100,000

〈연결분개〉

[제1단계] 을(주)가 병(주)를 연결

E-① 을(주)가 보유한 병(주)투자주식과 병(주)의 자본계정 상계제거 및 비지배지분 설정

(차) 자 본 금(병(주))	100,000	(대) 병(주)투자주식	100,000
이익잉여금(병(주))	50,000	비지배지분	60,000*
영 업 권	10,000**		

* (₩100,000 + ₩50,000) × 40% = ₩60,000

** ₩100,000 − (₩100,000 + ₩50,000) × 60% = ₩10,000

E-② 병(주) 비지배지분순이익의 계상 : 병(주) 당기순이익의 40%

(차) 이익잉여금	8,000*	(대) 비지배지분	8,000

* ₩20,000 × 40% = ₩8,000

[해설]

을(주)가 위의 연결분개를 반영하여 연결재무제표를 작성하면 을(주)의 연결포괄손익계산서상 당기순이익은 ₩60,000(= ₩40,000 + ₩20,000)이 되고, 이는 지배기업소유주순이익 ₩52,000(= ₩40,000 + ₩20,000 × 60%)과 비지배지분순이익 ₩8,000(= ₩20,000 × 40%)으로 구분된다.

[제2단계] 갑(주)가 을(주)를 연결

E-③ 을(주)투자주식과 을(주)의 자본계정 상계제거 및 비지배지분 설정

(차) 자 본 금(을(주))	200,000	(대) 을(주)투자주식	270,000
이익잉여금(을(주))	100,000	비지배지분	60,000*
영 업 권	30,000**		

* (₩200,000 + ₩100,000) × 20% = ₩60,000

** ₩270,000 − (₩200,000 + ₩100,000) × 80% = ₩30,000

E-④ 비지배지분순이익의 계상 : 을(주) 당기순이익의 20%

(차) 이익잉여금	10,400*	(대) 비지배지분	10,400

* 을(주)의 보고이익	₩40,000
병(주)의 연결로 증가한 이익(₩20,000 × 60%)	12,000
을(주)의 수정이익	₩52,000
비지배지분율	× 20%
비지배지분순이익	₩10,400

[해설]

을(주)가 보고한 당기순이익에는 병(주)에 대한 투자에서 발생하는 손익이 반영되어 있지 않으므로 병(주)의 당기순이익에 을(주)의 지분율을 곱한 금액을 을(주)의 당기순이익에 가산하여 을(주)의 수정 당기순이익을 결정한다. 이렇게 결정된 을(주)의 수정 당기순이익에 을(주)에 대한 비지배지분율을 곱하여 비지배지분순이익을 산정한다. 이는 을(주)의 연결포괄손익계산서상 지배기업소유주순손익에 비지배지분을 곱한 금액(₩52,000 × 20% = ₩10,400)과 같다.

연결재무제표는 갑(주)와 을(주) 및 병(주)의 각 재무제표항목을 합산하고 위의 1단계와 2단계 연결분개를 반영하여 작성한다. 따라서 연결포괄손익계산서의 비지배지분순이익은 ₩18,400(= ₩8,000 + ₩10,400)으로 나타나게 된다.

위의 예제에서처럼 갑(주), 을(주), 병(주) 사이에 순차적인 지배 · 종속관계가 성립된 상황에서 병(주)가 을(주)를 거치지 않고 갑(주)에 직접 자산을 판매하여 손익이 발생할 수 있다. 이 거래는 갑(주)가 작성하는 연결재무제표에서는 내부거래에 해당하며 이 내부거래로부터 미실현손익이 발생한 경우에는 전액 제거하여 지배기업소유주지분과 비지배지분에 비례하여 부담시켜야 한다. 이때 지배기업소유주지분율은 갑(주)가 보유한 을(주)의 지분율과 을(주)가 보유한 병(주)의 지분율을 곱하여 계산한다. 한편, 을(주)가 작성하는 연결재무제표에서는 갑(주)와 병(주) 사이의 거래는 내부거래에 해당하지 않으므로 이 거래 및 관련손익은 제거하지 않는다.

예제 6-2 연속적 지배 · 종속관계에서의 내부거래 제거

갑(주)는 을(주) 주식의 80%를 소유하고 있고, 을(주)는 병(주) 주식의 60%를 소유하여 지배 · 종속관계가 순차적으로 성립하고 있으며 을(주)도 연결재무제표를 작성한다고 가정하자.

20×1년중 병(주)는 원가 ₩10,000의 상품을 갑(주)에 ₩13,000에 판매하였고, 이 상품은 20×1년말 현재 갑(주)의 재고자산으로 남아 있다. 갑(주)가 20×1년도 연결재무제표 작성시 동 재고자산의 상향판매거래 및 이로 인한 미실현이익을 제거하기 위해 수행해야 할 연결분개를 수행하라.

해답

(차) 매　　출	13,000	(대) 매 출 원 가	10,000
		재 고 자 산	3,000

[해설]
병(주)와 갑(주) 간의 거래는 을(주)를 지배기업으로 하는 연결실체 입장에서 보면 내부거래가 아니다. 하지만 갑(주)를 지배기업으로 하는 연결실체 입장에서 내부거래에 해당하므로 병(주)가 갑(주)에 재고자산을 판매한 매출 및 이로 인한 미실현이익을 제거하는 분개를 추가로 수행해야 한다.

(차) 비지배지분	1,560	(대) 이익잉여금	1,560*

* ₩3,000 × (1 − 80% × 60%) = ₩1,560

[해설]
위 미실현이익의 제거로 인한 손익효과 중 갑(주)가 부담하는 비율은 갑(주)가 보유한 을(주) 지분율 80%에 을(주)가 보유한 병(주)의 지분율 60%를 곱한 48%이다. 따라서 미실현이익 중 나머지 52%를 비지배지분에 부담시킨다.

2. 비순차적으로 성립한 연속적 지배 · 종속관계

지배 · 종속관계가 연속적으로 성립하는 간접소유의 경우 중간지배기업과 그 종속기업의 지배 · 종속관계가 언제 성립되었느냐에 따라 회계처리가 영향을 받는다. [예제 6-1]과 같이, 갑(주)가 을(주)를 취득한 후 을(주)가 병(주)를 순차적으로 취득하여 연속적인 지배 · 종속관계가 성립한다면 갑(주)는 을(주)의 자산 · 부채를 공정가치로 평가하고 후에 을(주)가 병(주)의 자산 · 부채를 평가할 것이므로 별 문제가 없다.

그러나 을(주)가 병(주)를 취득하여 지배 · 종속관계가 먼저 성립된 상황에서 갑(주)가 을(주)에 대한 지배력을 획득한다면 연속적인 지배 · 종속관계가 비순차적으로(non-sequentially) 성립하게 된다. 이 경우 갑(주)는 을(주)를 취득함으로써 을(주)뿐만 아니라 병(주)에 대한 을(주) 지분도 함께 취득하는 것이므로 을(주) 취득시점에 을(주)가 보유하고 있는 병(주)투자주식을 공정가치로 평가한다.

또한 병(주)는 을(주)의 종속기업이므로, 최상위지배기업인 갑(주)의 연결대상에 포함된다. 따라서 갑(주)는 연결재무제표상 을(주) 취득일 기준으로 병(주)의 식별가능한 자산 · 부채를 공정가치로 평가하고, 취득대가인 병(주)투자주식의 공정가치와 병(주)에 대한 비지배지분을 합산한 금액에서 병(주)의 식별가능한 순자산의 공정가치를 차감한 금액을 영업권으로 인식한다. 이때 병(주)에 대한 비지배지분은 공정가치로 측정할 수도 있고 병(주)의 식별가능한 순자산에 비례하여 측정할 수도 있다.

예제 6-3 간접소유 – 비순차적으로 성립한 연속적 지배 · 종속관계

20×1년 1월 1일 을(주)는 병(주)의 주식 60%를 ₩100,000에 취득하였으며, 취득시점에 병(주)의 자본은 ₩150,000(자본금 ₩100,000, 이익잉여금 ₩50,000)이었고 자산과 부채의 장부금액과 공정가치는 일치하였다.

20×2년 1월 1일 갑(주)는 을(주)의 주식 80%를 ₩280,000에 취득하였으며, 취득시점에 을(주)의 자본은 ₩300,000(자본금 ₩200,000, 이익잉여금 ₩100,000)이었다. 취득시점에 을(주)의 자산과 부채 중 병(주)투자주식을 제외하고는 장부금액과 공정가치는 일치하였다. 병(주)투자주식의 장부금액과 공정가치는 각각 ₩100,000과 ₩120,000이었다. 한편, 갑(주)가 을(주)를 취득하는 시점에 병(주)의 자산과 부채 중 토지를 제외하고는 장부금액과 공정가치는 일치하였다. 병(주)의 토지의 장부금액과 공정가치는 각각 ₩50,000과 ₩60,000이었다.

갑(주)와 을(주)는 각각 을(주)와 병(주)에 대한 투자주식을 원가법으로 회계처리하며, 비지배지분은 종속기업의 식별가능한 순자산공정가치에 비례하여 결정한다. 을(주)의 20×2년 당기순이익은 ₩40,000이며 병(주)의 20×1년과 20×2년의 당기순이익은 ₩20,000과 ₩30,000이다. 20×1년말과 20×2년초 갑(주)가 을(주)를 취득한 시점 및 20×2년말에 필요한 연결분개를 제시하라.

해답

먼저 지배구조의 형태를 살펴보면 다음과 같다.

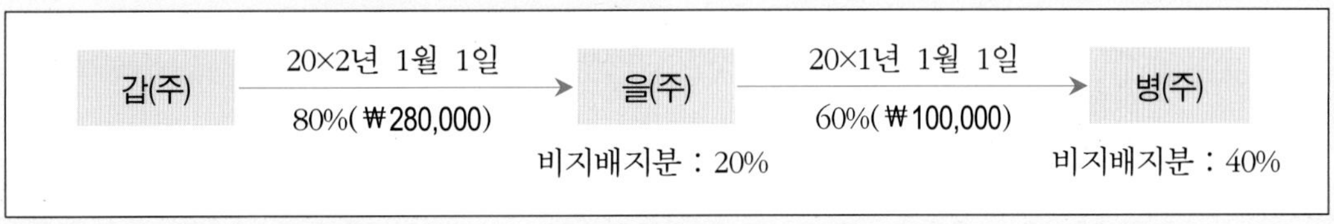

〈20×1년 을(주)의 연결분개〉

E-① 병(주)투자주식과 병(주)의 자본계정 상계제거 및 비지배지분 설정

(차)	자 본 금(병(주))	100,000	(대) 병(주)투자주식	100,000
	이익잉여금(병(주))	50,000	비지배지분	60,000*
	영 업 권	10,000		

* ₩150,000 × 40% = ₩60,000

E-② 병(주) 비지배지분순이익의 계상 : 20×1년 병(주) 당기순이익의 40%

(차)	이익잉여금	8,000*	(대) 비지배지분	8,000

* ₩20,000 × 40% = ₩8,000

〈20×2년 1월 1일 갑(주)의 을(주) 취득시점의 연결분개〉

1. 병(주)를 연결

E-① 을(주) 취득시점 기준으로 병(주)투자주식과 병(주)의 자본계정 상계제거 및 비지배지분 설정

(차)	자 본 금(병(주))	100,000	(대) 병(주)투자주식	120,000
	이익잉여금(병(주))	70,000*	비지배지분	72,000**
	토 지	10,000		
	영 업 권	12,000***		

* ₩50,000 + ₩20,000(20×1년 병(주) 당기순이익) = ₩70,000

** (₩100,000 + ₩70,000 + ₩10,000) × 40% = ₩72,000

*** (₩120,000 + ₩72,000) − (₩100,000 + ₩70,000 + ₩10,000) = ₩12,000

[해설]

갑(주) 입장에서 보면 을(주)를 취득하는 시점에 병(주)투자주식도 공정가치(₩12,000)로 취득한 것이다. 따라서 을(주) 취득일 현재 시점으로 병(주)투자주식과 병(주)의 자본계정을 상계제거하고 병(주)의 식별가능한 자산과 부채도 공정가치로 평가하며 병(주)에 대한 영업권을 새로 계상한다.

2. 을(주)를 연결

E-② 을(주)투자주식과 을(주)의 자본계정 상계제거 및 비지배지분 설정

(차)	자 본 금(을(주))	200,000	(대) 을(주)투자주식	280,000
	이익잉여금(을(주))	100,000	비지배지분	64,000*
	병(주)투자주식	20,000**		
	영 업 권	24,000***		

* (₩200,000 + ₩100,000 + ₩20,000) × 20% = ₩64,000

** ₩120,000 − ₩100,000 = ₩20,000

*** (₩280,000 + ₩64,000) − (₩200,000 + ₩100,000 + ₩20,000) = ₩24,000

[해설]

갑(주)가 을(주)를 취득하는 시점에 을(주)가 이미 보유하고 있는 병(주)투자주식은 갑(주)의 입장에서는 을(주)가 보유하고 있는 식별가능한 자산의 일부이다. 따라서 다른 자산과 마찬가지로 병(주)투자주식을 공정가치로 측정하고, 그 장부금액을 초과하는 공정가치 중 비지배지분율에 해당하는 금액을 비지배지분에 배분한다.

〈20×2년 12월 31일 연결분개〉

E-① 병(주)투자주식과 병(주)의 자본계정 상계제거 및 비지배지분 설정

(차)	자본금(병(주))	100,000	(대) 병(주)투자주식	120,000
	이익잉여금(병(주))	70,000	비지배지분	72,000
	토 지	10,000		
	영 업 권	12,000		

E-② 병(주) 비지배지분순이익의 계상 : 20×2년 병(주) 당기순이익의 40%

(차)	이익잉여금(병(주))	12,000*	(대) 비지배지분	12,000

* ₩30,000 × 40% = ₩12,000

E-③ 을(주)투자주식과 을(주)의 자본계정 상계제거 및 비지배지분 설정

(차)	자 본 금(을(주))	200,000	(대) 을(주)투자주식	280,000
	이익잉여금(을(주))	100,000	비지배지분	64,000
	병(주)투자주식	20,000		
	영 업 권	24,000		

E-④ 을(주) 비지배지분순이익의 계상 : 20×2년 을(주) 수정 당기순이익의 20%

(차)	이익잉여금	11,600*	(대) 비지배지분	11,600

* 을(주)의 보고이익	₩40,000
병(주)의 연결로 증가한 이익(₩30,000 × 60%)	18,000
을(주)의 수정이익	₩58,000
비지배지분율	× 20%
비지배지분순이익	₩11,600

[해설]
을(주)가 보고한 당기순이익에는 병(주)에 대한 투자에서 발생하는 손익이 반영되어 있지 않으므로 병(주)의 당기순이익에 을(주)의 지분율을 곱한 금액을 을(주)에 배분한 후 을(주)의 비지배지분순이익을 산정한다.

3. 합동소유

합동소유란 지배기업과 종속기업이 합하여 다른 종속기업을 소유하거나 종속기업과 종속기업이 합하여 다른 종속기업을 간접적으로 소유하는 경우를 말한다. 이 경우에도 하위의 종속기업으로부터 순차적으로 연결절차를 수행한다.

지배기업과 함께 다른 종속기업(피투자종속기업)을 합동소유하는 종속기업(투자종속기업)이 피투자종속기업에 대한 투자주식에 원가법이나 공정가치법을 적용하고 있다면 보고이익은 자신의 이익만을 포함하게 된다. 따라서 연결재무제표를 작성하는 과정에서 연속적 지배·종속관계의 경우와 마찬가지로 투자종속기업의 보고이익에 피투자종속기업의 이익 중 투자종속기업에 귀속되는 금액을 가산해야 한다. 한편, 투자종속기업이 피투자종속기업에 대한 투자주식을 지분법으로 회계처리하고 있다면 피투자종속기업의 이익 중 투자종속기업에 귀속되는 금액이 이미 투자종속기업의 보고이익에 포함되어 있으므로 이러한 조정이 불필요하다.

예제 6-4 간접소유 – 합동소유(I)

갑(주)는 20×1년 1월 1일 을(주)의 주식 80%를 ₩270,000에 취득하였으며, 동 일자에 병(주)의 주식 50%를 ₩85,000에 취득하였다. 한편, 20×1년 1월 1일 을(주)도 병(주)의 주식 10%를 ₩16,500에 취득하였다. 취득 당시 을(주)와 병(주)의 자본계정은 다음과 같고, 자산과 부채의 장부금액은 공정가치와 일치하였다.

	을(주)	병(주)
자 본 금	₩200,000	₩100,000
이익잉여금	100,000	50,000
계	₩300,000	₩150,000

을(주)와 병(주)의 이익잉여금 변동내역은 다음과 같다.

	을(주)	병(주)
20×1년 1월 1일	₩100,000	₩50,000
20×1년중 당기순이익	50,000	20,000
20×1년 12월 31일	₩150,000	₩70,000
20×2년중 당기순이익	80,000	30,000
20×2년 12월 31일	₩230,000	₩100,000

갑(주)는 을(주)와 병(주)에 대한 투자주식을 원가법으로 회계처리하고 있다. 을(주)는 병(주)에 대한 투자주식을 FVPL금융자산으로 회계처리하고 있으며, 20×1년말과 20×2년말 병(주) 투자주식의 공정가치는 취득원가와 일치하였다. 갑(주)와 을(주)는 종속기업에 대한 비지배지분을 종속기업의 식별가능한 순자산공정가치에 비례하여 결정한다. 20×1년말과 20×2년말에 연결재무제표를 작성하기 위한 연결분개를 제시하라.

해답

먼저 지배구조의 형태를 살펴보면 다음과 같다.

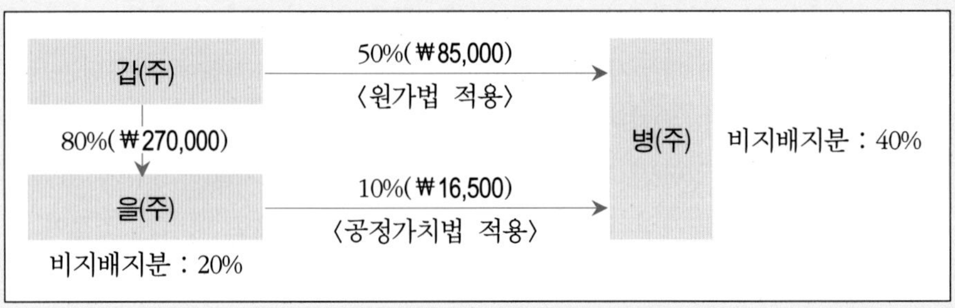

〈연결분개〉

20×1년말 연결분개			20×2년말 연결분개		
[제1단계] 갑(주)와 을(주)가 병(주)를 연결					
E-① 취득일 기준으로 병(주)투자주식과 병(주) 자본계정의 상계제거 및 비지배지분 설정					
(차) 자 본 금(병(주))	100,000		(차) 자 본 금(병(주))	100,000	
이익잉여금(병(주))	50,000		이익잉여금(병(주))	50,000	
영 업 권	11,500 **		영 업 권	11,500	
(대) 병(주)투자주식-갑(주)		85,000	(대) 병(주)투자주식-갑(주)		85,000
병(주)투자주식-을(주)		16,500	병(주)투자주식-을(주)		16,500
비지배지분		60,000 *	비지배지분		60,000

* (₩100,000 + ₩50,000) × 40% = ₩60,000

** (₩85,000 + ₩16,500 + ₩60,000) − (₩100,000 + ₩50,000) = ₩11,500

E-② 병(주) 취득일 후 이익잉여금 증가액 비지배지분에 배분

해당 없음	(차) 이익잉여금 8,000* (대) 비지배지분 8,000 * 20×1년 당기순이익 ₩20,000×40%=₩8,000

E-③ 비지배지분순이익의 계상 : 병(주) 당기순이익의 40%

(차) 이익잉여금 8,000* (대) 비지배지분 8,000 * ₩20,000×40%=₩8,000	(차) 이익잉여금 12,000* (대) 비지배지분 12,000 * ₩30,000×40%=₩12,000

[제2단계] 갑(주)가 을(주)를 연결

E-④ 투자주식과 을(주) 자본계정의 상계제거 및 비지배지분 설정

(차) 자 본 금(을(주)) 200,000 이익잉여금(을(주)) 100,000 영 업 권 30,000** (대) 을(주)투자주식 270,000 비지배지분 60,000* * ₩300,000×20%=₩60,000 ** (₩270,000+₩60,000)−₩300,000=₩30,000	(차) 자 본 금(을(주)) 200,000 이익잉여금(을(주)) 100,000 영 업 권 30,000 (대) 을(주)투자주식 270,000 비지배지분 60,000

E-⑤ 을(주) 취득일 후 이익잉여금 증가액 비지배지분에 배분

해당 없음	(차) 이익잉여금 10,400* (대) 비지배지분 10,400 * 을(주) 20×1년 보고이익 ₩50,000 병(주) 20×1년 당기순이익 중 배분액 2,000 을(주) 20×1년 수정 당기순이익 ₩52,000 비지배지분율 ×20% 비지배지분 ₩10,400

E-⑥ 비지배지분순이익의 계상 : 을(주)의 수정 당기순이익의 20%

(차) 이익잉여금 10,400* (대) 비지배지분 10,400 * 을(주) 20×1년 보고이익 ₩50,000 병(주) 20×1년 당기순이익 중 배분액 2,000 (=₩20,000×을(주) 지분 10%) 을(주) 20×1년 수정 당기순이익 ₩52,000 비지배지분율 ×20% 비지배지분 ₩10,400	(차) 이익잉여금 16,600* (대) 비지배지분 16,600 * 을(주) 20×2년 보고이익 ₩80,000 병(주) 20×2년 당기순이익 중 배분액 3,000 (=₩30,000×을(주) 지분 10%) 을(주) 20×1년 수정 당기순이익 ₩83,000 비지배지분율 ×20% 비지배지분 ₩16,600

20×1년 12월 31일과 20×2년 12월 31일 연결재무제표에 보고되는 비지배지분은 다음과 같이 산출할 수도 있다.

〈20×1년 12월 31일 비지배지분〉

연결재무제표상 을(주) 순자산 중 비지배지분 :	
(을(주)의 개별재무제표상 순자산 ₩350,000 + 병(주) 취득일 이후 발생한 당기순이익 중 을(주) 지분 ₩20,000 × 10%) × 20% =	₩70,400
병(주) 개별재무제표상 순자산 중 비지배지분 :	
₩170,000 × 40% =	68,000
비지배지분	₩138,400

〈20×2년 12월 31일 비지배지분〉

연결재무제표상 을(주) 순자산 중 비지배지분 :	
(을(주)의 개별재무제표상 순자산 ₩430,000 + 병(주) 취득일 이후 발생한 당기순이익 중 을(주) 지분 (₩20,000 + ₩30,000) × 10%) × 20% =	₩87,000
병(주) 개별재무제표상 순자산 중 비지배지분 :	
₩200,000 × 40% =	80,000
비지배지분	₩167,000

예제 6-5 간접소유 – 합동소유(Ⅱ)

갑(주)는 20×1년 1월 1일 을(주)의 주식 80%를 ₩270,000에 취득하였으며, 동 일자에 병(주)의 주식 50%를 ₩85,000에 취득하였다. 한편, 20×1년 1월 1일 을(주)도 병(주)의 주식 20%를 ₩32,000에 취득하였다. 취득 당시 을(주)와 병(주)의 자본계정은 다음과 같고, 자산과 부채의 장부금액은 공정가치와 일치하였다.

	을(주)	병(주)
자 본 금	₩200,000	₩100,000
이익잉여금	100,000	50,000
계	₩300,000	₩150,000

을(주)와 병(주)의 이익잉여금 변동내역은 다음과 같다.

	을(주)	병(주)
20×1년 1월 1일	₩100,000	₩50,000
20×1년중 당기순이익	54,000	20,000
20×1년 12월 31일	₩154,000	₩70,000
20×2년중 당기순이익	86,000	30,000
20×2년 12월 31일	₩240,000	₩100,000

갑(주)는 을(주)와 병(주)에 대한 투자주식을 지분법으로 회계처리하며, 을(주)도 병(주)에 대한 투자주식을 지분법으로 회계처리한다. 갑(주)와 을(주)는 종속기업에 대한 비지배지분을 종속기업의 식별가능한 순자산공정가치에 비례하여 결정한다. 20×1년말과 20×2년말에 연결재무제표를 작성하기 위한 연결분개를 제시하라.

해답

먼저 지배구조의 형태를 살펴보면 다음과 같다.

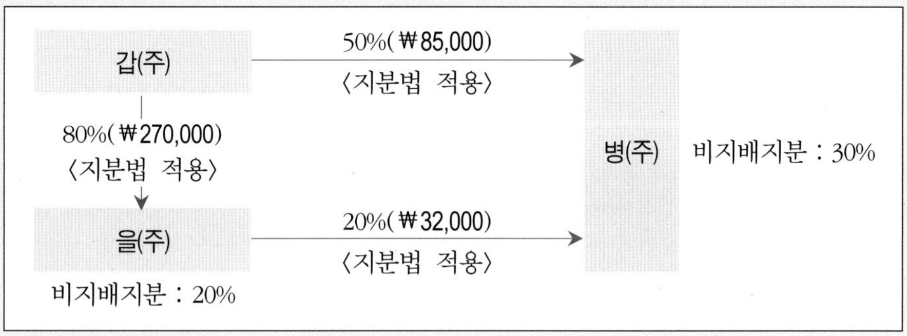

〈갑(주)와 을(주)의 개별 회계상 회계처리〉

갑(주)		을(주)	
① 20×1. 1. 1 투자주식의 취득			
(차) 을(주)투자주식	270,000	(차) 관계기업투자주식	32,000
병(주)투자주식	85,000	(대) 현 금	32,000
(대) 현 금	355,000		
② 20×1. 12. 31 지분법 회계처리			
(차) 을(주)투자주식	43,200 *	(차) 관계기업투자주식	4,000 *
병(주)투자주식	10,000 **	(대) 지분법이익	4,000
(대) 지분법이익	53,200		
* 을(주) 당기순이익 ₩54,000 × 80% = ₩43,200 ** 병(주) 당기순이익 ₩20,000 × 50% = ₩10,000		* 병(주) 당기순이익 ₩20,000 × 20% = ₩4,000	
③ 20×2. 12. 31 지분법 회계처리			
(차) 을(주)투자주식	68,800 *	(차) 관계기업투자주식	6,000 *
병(주)투자주식	15,000 **	(대) 지분법이익	6,000
(대) 지분법이익	83,800		
* 을(주) 당기순이익 ₩86,000 × 80% = ₩68,800 ** 병(주) 당기순이익 ₩30,000 × 50% = ₩15,000		* 병(주) 당기순이익 ₩30,000 × 20% = ₩6,000	

〈연결분개〉

20×1년말 연결분개		20×2년말 연결분개	

[준비단계] 갑(주)와 을(주)가 인식한 지분법이익 취소

20×1년말		20×2년말	
(차) 지분법이익	53,200	(차) 지분법이익	83,800
(대) 을(주)투자주식	43,200	이익잉여금	53,200
병(주)투자주식	10,000	(대) 을(주)투자주식	112,000
(차) 지분법이익	4,000	병(주)투자주식	25,000
(대) 관계기업투자주식	4,000	(차) 지분법이익	6,000
		이익잉여금	4,000
		(대) 관계기업투자주식	10,000

[해설] (20×1년말)
종속기업에 대한 투자주식과 종속기업의 자본을 취득일 기준으로 상계제거하기 위하여 갑(주)가 을(주)와 병(주)에 대해 인식한 지분법이익과 을(주)가 병(주)에 대해 인식한 지분법이익을 취소하여 을(주)와 병(주)에 대한 투자주식을 취득금액으로 환원한다.

[해설] (20×2년말)
갑(주)가 을(주)와 병(주)에 대해 20×1년에 인식한 지분법이익과 을(주)가 병(주)에 대해 20×1년에 인식한 지분법이익은 20×2년말 시점에는 갑(주)와 을(주)의 이익잉여금에 각각 반영되어 있으므로 이익잉여금을 조정한다.

[제1단계] 갑(주)와 을(주)가 병(주)를 연결

E-① 취득일 기준으로 병(주)투자주식과 병(주) 자본계정의 상계제거 및 비지배지분 설정

20×1년말		20×2년말	
(차) 자 본 금(병(주))	100,000	(차) 자 본 금(병(주))	100,000
이익잉여금(병(주))	50,000	이익잉여금(병(주))	50,000
영 업 권	12,000 **	영 업 권	12,000 **
(대) 병(주)투자주식-갑(주)	85,000	(대) 병(주)투자주식-갑(주)	85,000
관계기업투자주식	32,000	관계기업투자주식	32,000
비지배지분	45,000 *	비지배지분	45,000 *

* ₩150,000 × 30% = ₩45,000

** (₩85,000 + ₩32,000 + ₩45,000) − ₩150,000 = ₩12,000

E-② 병(주) 취득일 후 이익잉여금 증가액 비지배지분에 배분

20×1년말		20×2년말	
해당 없음		(차) 이익잉여금	6,000
		(대) 비지배지분	6,000

E-③ 비지배지분순이익의 계상 : 병(주) 당기순이익의 30%

20×1년말		20×2년말	
(차) 이익잉여금	6,000 *	(차) 이익잉여금	9,000 *
(대) 비지배지분	6,000	(대) 비지배지분	9,000
* ₩20,000 × 30% = ₩6,000		* ₩30,000 × 30% = ₩9,000	

[제2단계] 갑(주)가 을(주)를 연결

E-④ 투자주식과 을(주) 자본계정의 상계제거 및 비지배지분 설정

20×1년		20×2년	
(차) 자 본 금(을(주))	200,000	(차) 자 본 금(을(주))	200,000
이익잉여금(을(주))	100,000	이익잉여금(을(주))	100,000
영 업 권	30,000 **	영 업 권	30,000
(대) 을(주)투자주식	270,000	(대) 을(주)투자주식	270,000
비지배지분	60,000 *	비지배지분	60,000

* ₩300,000 × 20% = ₩60,000

** (₩270,000 + ₩60,000) − ₩300,000 = ₩30,000

E-⑤ 을(주) 취득일 후 이익잉여금 증가액 비지배지분에 배분

20×1년		20×2년	
해당 없음		(차) 이익잉여금	10,800
		(대) 비지배지분	10,800

E-⑥ 비지배지분순이익의 계상 : 을(주) 당기순이익의 20%

20×1년		20×2년	
(차) 이익잉여금	10,800 *	(차) 이익잉여금	17,200 *
(대) 비지배지분	10,800	(대) 비지배지분	17,200
* ₩54,000 × 20% = ₩10,800		* ₩86,000 × 20% = ₩17,200	

(20×1년) [해설]
을(주)는 병(주)투자주식을 지분법으로 회계처리함에 따라 병(주)의 20×1년 당기순이익 중 을(주) 지분에 해당하는 금액은 이미 을(주)의 20×1년 보고이익에 포함되어 있다. 따라서 별도의 조정 없이 을(주)의 20×1년 보고이익에 기초하여 비지배지분순이익을 계상한다.

(20×2년) [해설]
을(주)는 병(주)투자주식을 지분법으로 회계처리함에 따라 병(주)의 20×2년 당기순이익 중 을(주) 지분에 해당하는 금액은 이미 을(주)의 20×2년 보고이익에 포함되어 있다. 따라서 별도의 조정 없이 을(주)의 20×2년 보고이익에 기초하여 비지배지분순이익을 계상한다.

20×1년 12월 31일과 20×2년 12월 31일 연결재무제표에 보고되는 비지배지분은 다음과 같이 계산할 수도 있다.

〈20×1년 12월 31일 연결재무제표상 비지배지분〉

을(주)의 개별재무제표상 순자산 중 비지배지분	
[(₩200,000 + ₩154,000) × 20%]	₩70,800
병(주)의 개별재무제표상 순자산 중 비지배지분	
[(₩100,000 + ₩70,000) × 30%]	51,000
비지배지분	₩121,800

〈20×2년 12월 31일 연결재무제표상 비지배지분〉

을(주)의 개별재무제표상 순자산 중 비지배지분	
[(₩200,000 + ₩240,000) × 20%]	₩88,000
병(주)의 개별재무제표상 순자산 중 비지배지분	
[(₩100,000 + ₩100,000) × 30%]	60,000
비지배지분	₩148,000

제 3 절 상호소유

1. 지배기업과 종속기업의 상호소유

연결재무제표상 지배기업이 발행한 주식만이 자본금으로 계상된다. 따라서 종속기업이 지배기업의 주식을 소유한 경우 연결실체의 입장에서 볼 때 자기주식을 소유하는 것과 동일하다. 하지만, 종속기업은 개별회계상 지배기업 주식을 기타포괄손익-공정가치측정금융자산으로 분류하여 공정가치법으로 회계처리할 것이다.

따라서 연결재무제표상 종속기업의 기타포괄손익-공정가치측정금융자산을 자기주식으로 대체하는 연결분개가 필요하다. 아울러 자기주식에 대한 평가손익은 인식하지 않으므로 종속기업이 인식한 기타포괄손익-공정가치측정금융자산 평가손익은 제거해야 한다. 또한 종속기업이 소유하고 있는 지배기업 주식을 처분하여 발생한 손익은 연결재무제표상 당기손익이 아니라 자기주식처분손익으로 자본에 직접 조정한다.

예제 6-6 상호소유 – 지배기업과 종속기업의 상호소유

갑(주)는 20×1년 1월 1일 을(주)의 주식 80%를 ₩140,000에 취득하였으며, 동 일자로 을(주)는 갑(주)의 주식 10%를 ₩35,000에 취득하였다. 취득 당시 갑(주)와 을(주)의 자본계정은 다음과 같으며, 자산과 부채의 장부금액은 공정가치와 동일하였다.

	갑(주)	을(주)
자 본 금	₩200,000	₩100,000
이익잉여금	100,000	50,000
계	₩300,000	₩150,000

갑(주)와 을(주)의 이익잉여금 변동내역은 다음과 같다.

	갑(주)	을(주)
20×1년 1월 1일	₩100,000	₩50,000
20×1년중 당기순이익	40,000	20,000
20×1년 12월 31일	₩140,000	₩70,000
20×2년중 당기순이익	50,000	30,000
20×2년 12월 31일	₩190,000	₩100,000

갑(주)는 을(주)투자주식을 원가법으로 회계처리하고 있으며, 을(주)는 갑(주)에 대한 투자주식을 기타포괄손익-공정가치측정금융자산(FVOCI금융자산)으로 분류하여 공정가치법으로 회계처리하고 있다. 갑(주)는 종속기업에 대한 비지배지분을 종속기업의 식별가능한 순자산공정가치에 비례하여 결정한다. 20×1년말과 20×2년말에 을(주)가 보유하고 있는 갑(주) 주식의 공정가치는 각각 ₩37,000과 ₩40,000이었다. 20×1년말과 20×2년말에 연결재무제표를 작성하기 위한 연결분개를 제시하라.

해답

먼저 지배구조의 형태를 살펴보면 다음과 같다.

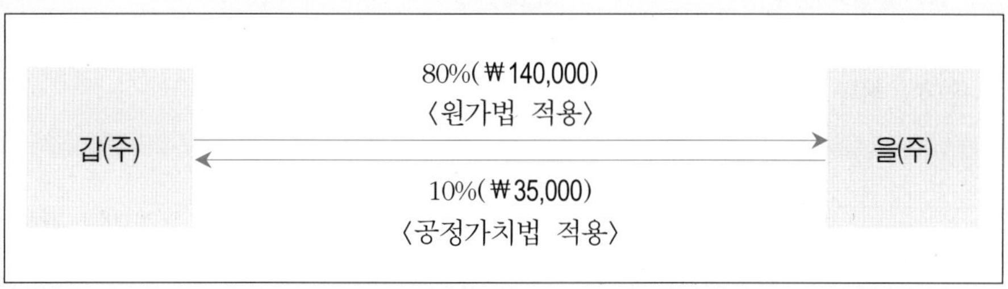

〈20×1년〉

갑(주)의 별도재무제표	을(주)의 개별재무제표
① 취득 :	
(차) 을(주)투자주식 140,000 (대) 현 금 140,000	(차) FVOCI금융자산 35,000 (대) 현 금 35,000
② 기말에 공정가치 평가 :	
해당 없음	(차) FVOCI금융자산 2,000 (대) FVOCI금융자산평가이익 2,000

〈20×2년〉

갑(주)의 별도재무제표	을(주)의 개별재무제표
① 기말에 공정가치 평가 :	
해당 없음	(차) FVOCI금융자산 3,000 (대) FVOCI금융자산평가이익 3,000

〈연결분개〉

20×1년말 연결분개	20×2년말 연결분개
E-① 을(주)투자주식과 을(주) 자본계정의 상계제거 및 비지배지분 설정	
(차) 자 본 금 100,000 이익잉여금 50,000 영 업 권 20,000** (대) 을(주)투자주식 140,000 비지배지분 30,000* * ₩150,000 × 20% = ₩30,000 ** (₩140,000 + ₩30,000) − ₩150,000 = ₩20,000	(차) 자 본 금 100,000 이익잉여금 50,000 영 업 권 20,000 (대) 을(주)투자주식 140,000 비지배지분 30,000
E-② 을(주)가 보유한 갑(주) 주식을 자기주식으로 대체	
(차) FVOCI금융자산평가이익 2,000 자 기 주 식 35,000 (대) FVOCI금융자산 37,000	(차) FVOCI금융자산평가이익 3,000 FVOCI금융자산평가이익누계액 2,000 자 기 주 식 35,000 (대) FVOCI금융자산 40,000
E-③ 을(주) 취득 후 증가한 이익잉여금 중 비지배지분 인식	
해당 없음	(차) 이익잉여금 4,000* (대) 비지배지분 4,000 * 20×1년 당기순이익 ₩20,000 × 20% = ₩4,000
E-④ 비지배지분순이익의 계상 : 을(주) 당기순이익의 20%	
(차) 이익잉여금 4,000* (대) 비지배지분 4,000 * ₩20,000 × 20% = ₩4,000	(차) 이익잉여금 6,000* (대) 비지배지분 6,000 * ₩30,000 × 20% = ₩6,000

2. 종속기업 상호간의 소유

종속기업 상호간에 주식을 보유하고 있는 경우 이는 연결실체가 지배기업이 아닌 주주로부터 종속기업 주식을 취득한 것과 같다. 즉, 지배력획득일 후에 종속기업 상호간의 주식보유는 지배기업을 대신하여 종속기업이 다른 종속기업의 주식을 취득한 것으로 볼 수 있다. 따라서 종속기업간에 서로 상대방의 주식을 취득한 경우 연결재무제표에서는 지배기업이 해당 종속기업의 주식을 추가취득한 것처럼 회계처리한다. 즉, 종속기업의 주식을 취득하기 위해 지급한 대가와 이에 대응하는 자본계정이 일치하지 않는 경우 그 차액은 지배기업소유주에게 귀속되는 자본에 직접 조정한다. 또한, 종속기업 상호간의 주식보유로 인한 투자주식은 해당 주식을 발행한 종속기업의 자본계정과 상계제거되어야 한다.

종속기업간 상호보유주식이 있는 경우 앞에서 살펴본 간접소유와 유사한 문제가 발생한다. 종속기업간 상호보유주식이 원가법으로 회계처리된다면 주식을 상호보유하고 있는 각 종속기업의 보고이익은 자신만의 당기순이익을 포함한다. 따라서 연결재무제표상 종속기업의 순이익을 결정하기 위하여 피투자종속기업의 순이익 중 투자종속기업의 지분에 해당하는 금액을 투자종속기업의 보고순이익에 조정해야 한다. 그런데 종속기업간 상호보유주식이 있는 경우에는 종속기업들은 서로에 대해 투자기업인 동시에 피투자기업이 된다. 따라서 종속기업들의 당기순이익은 다른 종속기업의 당기순이익에 영향을 받고 동시에 자신의 당기순이익은 다른 종속기업의 당기순이익에 영향을 미치므로 이러한 양방향의 영향을 고려하여 각 종속기업의 당기순이익을 확정시켜야 한다.

K-IFRS에서는 종속기업간 상호소유의 경우 각 종속기업의 당기순이익을 확정시키는 방법에 대해 언급하지 않고 있다. 이에 실무적으로는 다음의 두 가지 방법이 활용되고 있다.

종속기업간 상호소유시, 각 종속기업의 당기순이익 확정방법

[방법 1] 종속기업간 이익을 서로 배분하는 순환과정을 반복하여 각 종속기업의 최종 당기순이익을 확정하는 방법

[방법 2] 상대방의 보고이익 중 각자의 지분에 해당하는 금액만을 배분받은 후 이를 다시 상대방 기업에 배분하지 않는 방법

예제 6-7 상호소유 – 종속기업간 상호소유

갑(주)는 20×1년 1월 1일 을(주)의 주식 80%를 ₩270,000에 취득하였으며, 동 일자로 갑(주)는 병(주)의 주식 60%를 ₩100,000에 취득하였다. 한편, 20×1년 1월 1일 을(주)는 병(주)의 주식 20%를 ₩32,000에 취득하였으며, 병(주)는 을(주)의 주식 10%를 ₩35,000에 취득하였다. 취득 당시 을(주)와 병(주)의 자본계정은 다음과 같으며, 자산과 부채의 장부금액은 공정가치와 동일하였다.

	을(주)	병(주)
자 본 금	₩200,000	₩100,000
이익잉여금	100,000	50,000
계	₩300,000	₩150,000

을(주)와 병(주)의 이익잉여금 변동내역은 다음과 같다.

	을(주)	병(주)
20×1년 1월 1일	₩100,000	₩50,000
20×1년중 당기순이익	40,000	20,000
20×1년 12월 31일	₩140,000	₩70,000
20×2년중 당기순이익	50,000	29,000
배당금지급	(10,000)	(10,000)
20×2년 12월 31일	₩180,000	₩89,000

갑(주), 을(주) 및 병(주)는 각각 보유중인 투자주식에 대해 원가법으로 회계처리하고 있으며, 갑(주)는 종속기업에 대한 비지배지분을 종속기업의 식별가능한 순자산공정가치에 비례하여 결정한다. 20×1년말과 20×2년말에 연결재무제표를 작성하기 위한 연결분개를 제시하라.

해답

먼저 지배구조의 형태를 살펴보면 다음과 같다.

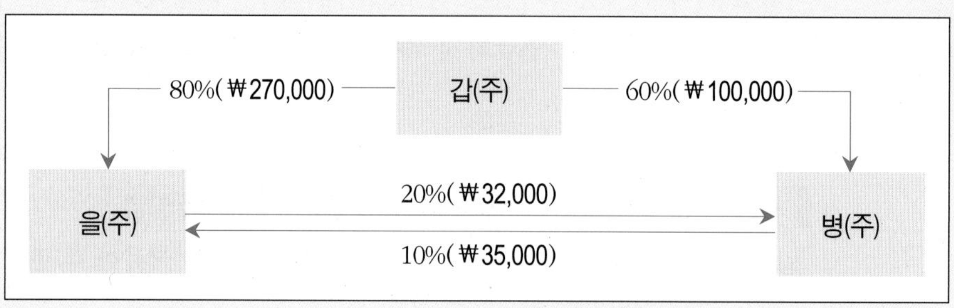

종속기업간의 주식을 상호보유하고 있는 경우에는 한 종속기업의 이익이 다른 종속기업의 이익에 의해 영향을 받게 되므로 다음과 같이 상호출자관계를 고려하여 을(주)와 병(주)의 20×1년도와 20×2년도의 최종 당기순이익을 계산한다.

〈20×1년〉

[방법 1]

이 방법은 병(주)의 이익을 을(주)에 배분함에 따라 증가한 을(주) 이익을 다시 병(주)에 배분하고 이로 인해 증가한 병(주) 이익을 다시 을(주)에 배분하는 순환과정을 반복하여 을(주)와 병(주)의 당기순이익을 확정시키는 방법이다. [방법 1]에 의한 을(주)와 병(주)의 최종 당기순이익은 다음과 같이 연립방정식을 풀어 계산한다.

X'(을(주)의 최종 당기순이익) = ₩40,000(을(주)의 보고이익) + 0.2 × Y'
Y'(병(주)의 최종 당기순이익) = ₩20,000(병(주)의 보고이익) + 0.1 × X'

위 연립방정식을 풀면 X'와 Y'는 각각 ₩44,898과 ₩24,490이다.

[방법 2]

이 방법은 을(주)와 병(주)가 상대방의 보고이익 중 각자의 지분에 해당하는 금액만을 배분받으며 이로 인해 증가하는 이익을 다시 상대방 기업에 배분하지 않는 방법이다. [방법 2]에 의한 을(주)와 병(주)의 최종 당기순이익은 다음과 같이 산정한다.

X(을(주)의 최종 당기순이익) = ₩40,000(을(주)의 보고이익) + 0.2 × ₩20,000
Y(병(주)의 최종 당기순이익) = ₩20,000(병(주)의 보고이익) + 0.1 × ₩40,000

위 식을 풀면 X와 Y는 각각 ₩44,000과 ₩24,000이다.

(주) K-IFRS에서는 상호소유하는 주식에 대해 이익을 배분하는 방법을 언급하고 있지 않다. 따라서 두 방법이 모두 가능하다고 하겠다.

〈20×1년 연결분개〉

[방법 1]	[방법 2]
[제1단계] 갑(주)와 을(주)가 병(주)를 연결	
E-① 병(주)에 대한 투자주식과 병(주) 자본계정(기초시점의 80%)의 상계제거 및 비지배지분 설정	
(차) 자 본 금(병(주)) 100,000 이익잉여금(병(주)) 50,000 영 업 권 12,000 ** (대) 병(주)투자주식-갑(주) 100,000 병(주)투자주식-을(주) 32,000 비지배지분 30,000 *	좌 동

* (₩100,000 + ₩50,000) × 20% = ₩30,000
** (₩100,000 + ₩32,000 + ₩30,000) − (₩100,000 + ₩50,000) = ₩12,000

E-② 비지배지분순이익의 계상 : 병(주) 최종 당기순이익의 20%

(차) 이익잉여금	4,898*	(차) 이익잉여금	4,800*
(대) 비지배지분	4,898	(대) 비지배지분	4,800
* ₩24,490 × 20% = ₩4,898		* ₩24,000 × 20% = ₩4,800	

[제2단계] 갑(주)와 병(주)가 을(주)를 연결

E-③ 을(주)에 대한 투자주식과 을(주) 자본계정의 상계제거 및 비지배지분 설정

(차) 자 본 금(을(주))	200,000	좌 동
이익잉여금(을(주))	100,000	
영 업 권	35,000**	
(대) 을(주)투자주식-갑(주)	270,000	
을(주)투자주식-병(주)	35,000	
비지배지분	30,000*	

* ₩300,000 × 10% = ₩30,000

** (₩270,000 + ₩35,000 + ₩30,000) − ₩300,000 = ₩35,000

E-④ 비지배지분순이익의 계상 : 을(주) 최종 당기순이익의 10%

(차) 이익잉여금	4,490*	(차) 이익잉여금	4,400*
(대) 비지배지분	4,490	(대) 비지배지분	4,400
* ₩44,898 × 10% = ₩4,490		* ₩44,000 × 10% = ₩4,400	

〈20×2년〉

[방법 1]

X'(을(주)의 최종 당기순이익) = ₩50,000(을(주)의 보고이익) − ₩2,000* + 0.2 × Y'

Y'(병(주)의 최종 당기순이익) = ₩29,000(병(주)의 보고이익) − ₩1,000* + 0.1 × X'

∴ X' = ₩54,694, Y' = ₩33,469

[방법 2]

X(을(주)의 최종 당기순이익) = ₩50,000(을(주)의 보고이익) − ₩2,000* + 0.2 × ₩28,000*

Y(병(주)의 최종 당기순이익) = ₩29,000(병(주)의 보고이익) − ₩1,000* + 0.1 × ₩48,000*

∴ X = ₩53,600, Y = ₩32,800

* 연결준비단계에서 제거되는 상호소유기업으로부터의 배당수익을 차감하여 최종 당기순이익을 산정한다.

〈20×2년 연결분개〉

[방법 1]		[방법 2]	
[제1단계] 갑(주)와 을(주)가 병(주)를 연결			
E-① 배당수익의 제거			
(차) 배 당 수 익(갑(주))	6,000	좌 동	
배 당 수 익(을(주))	2,000		
비지배지분	2,000		
(대) 이익잉여금(병(주))	10,000		
E-② 취득일 기준으로 병(주)투자주식과 병(주) 자본계정의 상계제거 및 비지배지분 설정			
(차) 자 본 금(병(주))	100,000	좌 동	
이익잉여금(병(주))	50,000		
영 업 권	12,000*		
(대) 병(주)투자주식-갑(주)	100,000		
병(주)투자주식-을(주)	32,000		
비지배지분	30,000		
* (₩100,000 + ₩32,000 + ₩30,000) − (₩100,000 + ₩50,000) = ₩12,000			
E-③ 지배력획득 후 전기말까지 증가한 이익잉여금 비지배지분에 배분			
(차) 이익잉여금(병(주))	4,898*	(차) 이익잉여금(병(주))	4,800*
(대) 비지배지분	4,898	(대) 비지배지분	4,800
* ₩24,490 × 20% = ₩4,898		* ₩24,000 × 20% = ₩4,800	
E-④ 비지배지분순이익의 계상 : 병(주) 최종 당기순이익의 20%			
(차) 이익잉여금	6,694*	(차) 이익잉여금	6,560*
(대) 비지배지분	6,694	(대) 비지배지분	6,560
* ₩33,469 × 20% = ₩6,694		* ₩32,800 × 20% = ₩6,560	
[제2단계] 갑(주)와 병(주)가 을(주)를 연결			
E-⑤ 배당수익의 제거			
(차) 배 당 수 익(갑(주))	8,000	좌 동	
배 당 수 익(병(주))	1,000		
비지배지분	1,000		
(대) 이익잉여금(을(주))	10,000		

E-⑥ 취득시점 기준으로 을(주)투자주식과 을(주) 자본계정의 상계제거 및 비지배지분 설정

(차) 자 본 금(을(주)) 200,000 이익잉여금(을(주)) 100,000 영 업 권 35,000* (대) 을(주)투자주식-갑(주) 270,000 을(주)투자주식-병(주) 35,000 비지배지분 30,000	좌 동

* (₩270,000 + ₩35,000 + ₩30,000) − ₩300,000 = ₩35,000

E-⑦ 지배력획득 후 전기말까지 증가한 이익잉여금 비지배지분에 배분

(차) 이익잉여금(을(주)) 4,490* (대) 비지배지분 4,490 * ₩44,898 × 10% = ₩4,490	(차) 이익잉여금(을(주)) 4,400* (대) 비지배지분 4,400 * ₩44,000 × 10% = ₩4,400

E-⑧ 비지배지분순이익의 계상 : 을(주) 최종 당기순이익의 10%

(차) 이익잉여금 5,469* (대) 비지배지분 5,469 * ₩54,694 × 10% = ₩5,469	(차) 이익잉여금 5,360* (대) 비지배지분 5,360 * ₩53,600 × 10% = ₩5,360

사례로 배우기 6-1 현대중공업그룹, 지주회사 전환으로 소유구조 변화

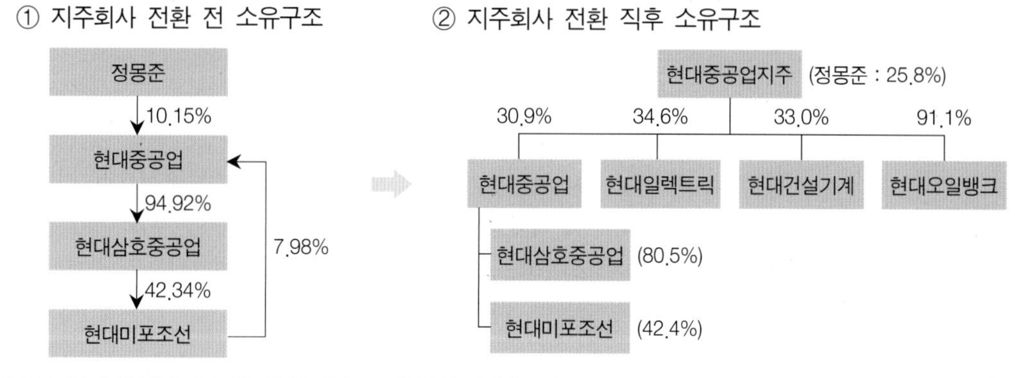

(주) 위 그림은 현대중공업 계열에 속한 다수의 종속회사 중 지주회사 전환에 관련된 주요 회사만 표시하고 있다. 2022년에 현대중공업지주는 'HD현대'로 사명을 변경하고 종속회사들도 HD한국조선해양, HD현대일렉트릭 등으로 사명을 변경하였다.

과거 현대중공업그룹은 그림 ①과 같이 "현대중공업 → 현대삼호중공업 → 현대미포조선 → 현대중공업"으로 이어지는 순환출자 구조를 형성하고 있었다. 순환출자는 계열사끼리 자금을 돌려가며 자본을 확충하는 구조로, 한 회사에 재무적 문제가 생기면 전체 회사가 연쇄적으로 영향을 받을 수 있다는 측면에서 부정적으로 평가되는 지배구조 중 하나이다.

현대중공업은 2017년 4월 (신)현대중공업, 현대로보틱스, 현대일렉트릭, 현대건설기계 등 4개 회사로 인적분할되었고, 인적분할 이후 그림 ②와 같이 현대로보틱스(현대중공업지주로 사명 변경)를 지주회사로, (신)현대중공업, 현대일렉트릭, 현대건설기계, 현대오일뱅크 등을 자회사로, (신)현대중공업 아래에 현대삼호중공업과 현대미포조선을 손자회사로 두는 지주회사체제로 전환하였다. 그 결과, 지주회사체제 전환 이전에 정몽준 이사장의 (구)현대중공업 지분율은 10.15%였으나, 지주회사체제 전환 이후에 지주회사인 현대중공업지주(구, 현대로보틱스)의 지분율은 30%에 육박하고 우호지분을 포함하면 약 38%에 달하게 되어 그룹 전체에 대한 지배력이 강화되었다.

2024년 현재 현대중공업지주(HD현대)는 직접 지배하는 한국조선해양, 현대일렉트릭, 현대제뉴인, 현대오일뱅크 등과 간접소유하고 있는 현대중공업, 현대삼호중공업, 현대미포조선, 현대건설기계 등을 종속회사로 하여 연결재무제표를 작성하고 있다. 현대중공업그룹이 지주회사로 전환되면서 순환출자 등의 복잡한 소유구조가 직접출자, 간접출자 방식으로 단순화되고 소유구조의 개선이 이뤄졌다고 볼 수 있다.

(자료 : 현대중공업 사업보고서, 현대중공업 그룹의 지주회사체제 전환 사례, 박진우, 2020)

종합예제 1. 간접소유

갑(주)는 20×1년 1월 1일에 을(주)의 주식 80%를 ₩250,000에 취득하여 지배력을 획득하였으며, 동 일자에 을(주)는 병(주)의 주식 60%를 ₩40,000에 취득하여 지배력을 획득하였다. 취득 당시 을(주)와 병(주)의 순자산의 장부금액과 공정가치는 동일하다. 갑(주)와 을(주)는 종속기업에 대한 투자를 원가법으로 회계처리하고 있다. 취득 당시 을(주)와 병(주)의 자본계정은 다음과 같다.

	을(주)	병(주)
자 본 금	₩200,000	₩40,000
이익잉여금	100,000	10,000
계	₩300,000	₩50,000

을(주)와 병(주)의 이익잉여금 변동내역은 다음과 같다.

	을(주)	병(주)
20×1년 1월 1일	₩100,000	₩10,000
20×1년중 당기순이익	40,000	10,000
20×1년 12월 31일	₩140,000	₩20,000
20×2년중 당기순이익	80,000	30,000
20×2년 12월 31일	₩220,000	₩50,000

갑(주)와 을(주)는 각각 을(주)와 병(주)투자주식을 원가법으로 회계처리하고 있으며, 갑(주)와 을(주)는 종속기업에 대한 비지배지분을 종속기업의 식별가능한 순자산공정가치에 비례하여 결정한다.

갑(주), 을(주) 및 병(주)의 매출총이익률은 20%이며, 20×1년과 20×2년 중 갑(주), 을(주), 병(주) 사이에 발생한 상품의 판매거래는 다음과 같다.

거래연도	매도회사	매입회사	매출액	기말재고 상품
20×1년	을(주)	병(주)	₩20,000	₩4,000
	병(주)	갑(주)	₩15,000	₩5,000
20×2년	을(주)	병(주)	₩30,000	₩3,000
	병(주)	갑(주)	₩20,000	₩4,000

요구사항

위의 자료에 근거하여 20×1년말과 20×2년말에 연결재무제표를 작성하기 위한 연결분개를 제시하라.

해답

〈20×1년 연결분개〉

[제1단계] 을(주)가 병(주)를 연결

E-① 을(주)가 보유한 병(주)투자주식과 병(주)의 자본계정 상계제거 및 비지배지분 설정

(차)		(대)	
자 본 금(병(주))	40,000	병(주)투자주식	40,000
이익잉여금(병(주))	10,000	비지배지분	20,000*
영 업 권	10,000**		

* ₩50,000 × 40% = ₩20,000

** (₩40,000 + ₩20,000) − ₩50,000 = ₩10,000

E-② 을(주)와 병(주) 사이의 내부거래 및 미실현손익 상계제거

(차)		(대)	
매 출	20,000	매 출 원 가	19,200
		재 고 자 산	800*

* ₩4,000 × 20% = ₩800

E-③ 비지배지분순이익의 계상 : 병(주) 당기순이익의 40%

(차)		(대)	
이익잉여금	4,000*	비지배지분	4,000

* ₩10,000 × 40% = ₩4,000

[제2단계] 갑(주)가 을(주)를 연결

E-④ 갑(주)가 보유한 을(주)투자주식과 을(주)의 자본계정 상계제거 및 비지배지분 설정

(차)		(대)	
자 본 금(을(주))	200,000	을(주)투자주식	250,000
이익잉여금(을(주))	100,000	비지배지분	60,000*
영 업 권	10,000**		

* ₩300,000 × 20% = ₩60,000

** (₩250,000 + ₩60,000) − ₩300,000 = ₩10,000

E-⑤ 병(주)가 갑(주)에 판매한 상품 내부거래 및 미실현손익의 제거

(차)		(대)	
매 출	15,000	매 출 원 가	14,000
		재 고 자 산	1,000*

* ₩5,000 × 20% = ₩1,000

E-⑥ 비지배지분순이익의 계상 : 을(주) 수정당기순이익의 20%

(차)		(대)	
이익잉여금	9,040*	비지배지분	9,040

*	
을(주)의 보고이익	₩40,000
을(주)의 하향내부거래 미실현이익 제거	(800)
병(주)의 연결로 증가한 이익(₩10,000 × 60%)	6,000
을(주)의 수정이익	₩45,200
비지배지분율	× 20%
비지배지분순이익	₩9,040

E-⑦ 병(주)가 갑(주)에 상향판매한 내부거래 미실현손익을 비지배지분순이익에 배분

(차) 비지배지분	520*	(대) 이익잉여금	520

* ₩1,000 × (1 − 80% × 60%) = ₩520

〈20×2년 연결분개〉

[제1단계] 을(주)가 병(주)를 연결

E-① 취득시점 기준으로 병(주)투자주식과 병(주)의 자본계정 상계제거 및 비지배지분 설정

(차) 자 본 금(병(주))	40,000	(대) 병(주)투자주식	40,000
이익잉여금(병(주))	10,000	비지배지분	20,000*
영 업 권	10,000		

* ₩50,000 × 40% = ₩20,000

E-② 병(주) 취득 이후 증가한 이익잉여금 비지배지분에 배분

(차) 이익잉여금(병(주))	4,000*	(대) 비지배지분	4,000

* ₩10,000 × 40% = ₩4,000

E-③ 을(주)와 병(주) 사이의 전기 내부거래 미실현손익의 실현

(차) 이익잉여금	800	(대) 매 출 원 가	800

E-④ 을(주)와 병(주) 사이의 당기 내부거래 및 미실현손익 상계제거

(차) 매 출	30,000	(대) 매 출 원 가	29,400
		재 고 자 산	600*

* ₩3,000 × 20% = ₩600

E-⑤ 비지배지분순이익의 계상 : 병(주) 당기순이익의 40%

(차) 이익잉여금	12,000*	(대) 비지배지분	12,000

* ₩30,000 × 40% = ₩12,000

[제2단계] 갑(주)가 을(주)를 연결

E-⑥ 취득시점 기준으로 을(주)투자주식과 을(주)의 자본계정 상계제거 및 비지배지분 설정

(차) 자 본 금(을(주))	200,000	(대) 을(주)투자주식	250,000
이익잉여금(을(주))	100,000	비지배지분	60,000*
영 업 권	10,000		

* ₩300,000 × 20% = ₩60,000

E-⑦ 을(주) 취득 이후 증가한 이익잉여금 비지배지분에 배분

(차) 이익잉여금(을(주))	9,040*	(대) 비지배지분	9,040

* 을(주)의 20×1년 보고이익	₩40,000
을(주)의 20×1년 하향내부거래 미실현이익 제거	(800)
병(주)의 연결로 증가한 이익(₩10,000 × 60%)	6,000
을(주)의 20×1년 수정이익	₩45,200
비지배지분율	× 20%
비지배지분순이익	₩9,040

E-⑧ 병(주)와 갑(주) 사이의 전기 내부거래 미실현손익의 실현

(차) 이익잉여금	480	(대) 매출원가	1,000
비지배지분	520*		

* ₩1,000 × (1 − 80% × 60%) = ₩520

E-⑨ 병(주)와 갑(주) 사이의 당기 내부거래 및 미실현손익의 제거

(차) 매　　출	20,000	(대) 매출원가	19,200
		재고자산	800*

* ₩4,000 × 20% = ₩800

E-⑩ 비지배지분순이익의 계상 : 을(주) 수정당기순이익의 20%

(차) 이익잉여금	19,640*	(대) 비지배지분	19,640

* 을(주)의 보고이익	₩80,000
을(주)의 20×1년 하향내부거래 미실현이익의 실현	800
을(주)의 20×2년 하향내부거래 미실현이익 제거	(600)
병(주)의 연결로 증가한 이익(₩30,000 × 60%)	18,000
을(주)의 수정당기순이익	₩98,200
비지배지분율	× 20%
비지배지분순이익	₩19,640

E-⑪ 병(주)가 갑(주)에 전기에 상향판매한 내부거래 미실현손익 실현분을 비지배지분순이익에 배분

(차) 이익잉여금	520*	(대) 비지배지분	520

* ₩1,000 × (1 − 80% × 60%) = ₩520

(주) 위의 분개 E-⑧에서 매출원가가 ₩1,000 감소하여 병(주)의 당기순이익을 그만큼 증가시키는 효과가 있으므로 이 중 비지배지분에 해당하는 금액을 비지배지분순이익에 배분한다.

E-⑫ 병(주)가 갑(주)에 당기에 상향판매한 내부거래 미실현손익을 비지배지분에 배분

(차) 비지배지분	416*	(대) 이익잉여금	416

* ₩800 × (1 − 80% × 60%) = ₩416

종합예제 2. 합동소유

20×1년 1월 1일 갑(주)는 을(주) 발행주식의 60%를 ₩25,000에 취득하였으며, 또한 병(주) 발행주식의 20%를 ₩4,000에 취득하였다. 그리고 동 일자로 을(주)는 병(주)의 발행주식의 40%를 ₩7,500에 취득하였다. 주식 취득시 을(주)와 병(주)의 순자산 장부금액과 공정가치는 일치하였다. 20×1년 1월 1일 을(주)와 병(주)의 자본은 다음과 같다.

	을(주)	병(주)
자 본 금	₩25,000	₩10,000
이익잉여금	15,000	6,000
계	₩40,000	₩16,000

20×1년 1월 1일 이후 이익잉여금의 변동내역은 다음과 같다.

		갑(주)	을(주)	병(주)
20×1. 1. 1	이익잉여금	₩22,000	₩15,000	₩6,000
	당기순이익	12,510	7,160	4,000
20×2. 1. 1	이익잉여금	₩34,510	₩22,160	₩10,000
	당기순이익	17,000	10,280	5,000
20×2. 12. 31	이익잉여금	₩51,510	₩32,440	₩15,000

갑(주)는 별도재무제표상 을(주)와 병(주) 주식을 원가법으로 회계처리하고 있으며, 을(주)는 병(주) 주식을 지분법으로 회계처리하고 있다. 갑(주)는 종속기업에 대한 비지배지분을 종속기업의 식별가능한 순자산공정가치에 비례하여 결정한다. 20×2년 12월 31일 현재의 갑(주), 을(주) 및 병(주) 재무제표는 다음과 같다.

포괄손익계산서

20×2. 1. 1～12. 31

	갑(주)	을(주)	병(주)
매 출	₩66,000	₩38,100	₩19,000
매 출 원 가	(40,000)	(24,000)	(11,000)
매출총이익	₩26,000	₩14,100	₩8,000
기 타 비 용	(9,000)	(5,820)	(3,000)
지분법이익	–	2,000	–
당기순이익	₩17,000	₩10,280	₩5,000

재무상태표

20×2. 12. 31 현재

	갑(주)	을(주)	병(주)		갑(주)	을(주)	병(주)
재고자산	₩8,000	₩8,000	₩5,000	제 부 채	₩10,000	₩6,000	₩6,000
을(주)투자주식	25,000	–	–	자 본 금	50,000	25,000	10,000
병(주)투자주식	4,000	–	–	이익잉여금	51,510	32,440	15,000
관계기업투자주식	–	11,100	–				
제 자 산	74,510	44,340	26,000				
계	₩111,510	₩63,440	₩31,000	계	₩111,510	₩63,440	₩31,000

요구사항

20×2년말에 요구되는 연결분개를 제시하고, 20×2년의 연결재무제표를 작성하라.

해답

〈20×2년 연결분개〉

제1단계 : 갑(주)와 을(주)가 병(주)를 연결

E-① 을(주)가 병(주) 취득일 이후 인식한 지분법이익 취소

(차)	지분법이익	2,000*	(대) 관계기업투자주식	3,600
	이익잉여금(을(주))	1,600**		

* 병(주)의 20×2년 당기순이익 ₩5,000 × 40% = ₩2,000

** 병(주)의 20×1년 당기순이익 ₩4,000 × 40% = ₩1,600

(주) 병(주)에 대한 투자주식과 병(주) 자본을 취득일 기준으로 상계제거하기 위하여 을(주)가 병(주)에 대하여 20×1년과 20×2년에 인식한 지분법이익을 취소하여 관계기업투자주식을 취득금액으로 환원한다. 20×1년 지분법이익은 지분법을 통하여 을(주)의 이익잉여금에 반영되어 있으므로 이익잉여금을 조정한다.

E-② 취득시점 기준으로 병(주)투자주식과 병(주)의 자본계정 상계제거 및 비지배지분 설정

(차)	자 본 금(병(주))	10,000	(대) 병(주)투자주식-갑(주)	4,000
	이익잉여금(병(주))	6,000	관계기업투자주식-을(주)	7,500
	영 업 권	1,900**	비지배지분	6,400*

* ₩16,000 × 40% = ₩6,400

** (₩4,000 + ₩7,500 + ₩6,400) − ₩16,000 = ₩1,900

E-③ 병(주) 취득 이후 증가한 이익잉여금 비지배지분에 배분

(차)	이익잉여금(병(주))	1,600*	(대) 비지배지분	1,600

* 병(주)의 20×1년 당기순이익 ₩4,000 × 40% = ₩1,600

E-④ 비지배지분순이익의 계상 : 병(주) 당기순이익의 40%

(차) 이익잉여금	2,000*	(대) 비지배지분	2,000

* ₩5,000 × 40% = ₩2,000

제2단계 : 갑(주)가 을(주)를 연결

E-⑤ 취득시점 기준으로 을(주)투자주식과 을(주) 자본계정의 상계제거 및 비지배지분 설정

(차) 자 본 금(을(주))	25,000	(대) 을(주)투자주식	25,000
이익잉여금(을(주))	15,000	비지배지분	16,000*
영 업 권	1,000**		

* ₩40,000 × 40% = ₩16,000

** (₩25,000 + ₩16,000) − ₩40,000 = ₩1,000

E-⑥ 을(주) 취득 이후 증가한 이익잉여금 비지배지분에 배분

(차) 이익잉여금(을(주))	2,864*	(대) 비지배지분	2,864

* ₩7,160 × 40% = ₩2,864

E-⑦ 비지배지분순이익의 계상 : 을(주) 당기순이익의 40%

(차) 이익잉여금	4,112*	(대) 비지배지분	4,112

* ₩10,280 × 40% = ₩4,112

(주) 을(주)는 병(주) 주식에 대해 지분법을 적용하고 있으므로 병(주)의 당기순이익 중 을(주) 지분에 해당하는 금액은 이미 을(주)의 보고이익에 포함되어 있어 별도의 조정이 불필요하다.

연결정산표

(단위 : 원)

과 목	갑(주)	을(주)	병(주)	합 계	연결분개		연결재무제표
					차 변	대 변	
〈포괄손익계산서〉							
매 출	66,000	38,100	19,000	123,100			123,100
매출원가	(40,000)	(24,000)	(11,000)	(75,000)			(75,000)
기타비용	(9,000)	(5,820)	(3,000)	(17,820)			(17,820)
지분법이익	–	2,000	–	2,000	① 2,000		–
당기순이익	17,000	10,280	5,000	32,280	2,000		30,280
〈이익잉여금계산서〉							
기초이익잉여금	34,510	22,160	10,000	66,670	① 1,600 ② 6,000 ③ 1,600 ⑤ 15,000 ⑥ 2,864		39,606
당기순이익	17,000	10,280	5,000	32,280	2,000		30,280
비지배지분순이익	–	–	–	–	④ 2,000 ⑦ 4,112		(6,112)
기말이익잉여금	51,510	32,440	15,000	98,950	35,176		63,774
〈재무상태표〉							
재고자산	8,000	8,000	5,000	21,000			21,000
을(주)투자주식	25,000	–	–	25,000		⑤ 25,000	–
병(주)투자주식	4,000	–	–	4,000		② 4,000	–
병(주)관계기업투자	–	11,100	–	11,100		① 3,600 ② 7,500	–
제 자 산	74,510	44,340	26,000	144,850			144,850
영 업 권	–	–		–	② 1,900 ⑤ 1,000		2,900
합 계	111,510	63,440	31,000	205,950	2,900	40,100	168,750
제 부 채	10,000	6,000	6,000	22,000			22,000
자 본 금	50,000	25,000	10,000	85,000	② 10,000 ⑤ 25,000		50,000
이익잉여금	51,510	32,440	15,000	98,950	35,176		63,774
비지배지분	–	–	–	–		② 6,400 ③ 1,600 ④ 2,000 ⑤ 16,000 ⑥ 2,864 ⑦ 4,112	32,976
합 계	111,510	63,440	31,000	205,950	70,176	32,976	168,750

연결포괄손익계산서

갑(주) 및 종속기업　　20×2. 1. 1～12. 31

매　　출	₩123,100
매출원가	(75,000)
매출총이익	₩48,100
기타비용	(17,820)
당기순이익	₩30,280
지배기업소유주순이익	₩24,168
비지배지분순이익	6,112
	₩30,280

연결재무상태표

갑(주) 및 종속기업　　20×2. 12. 31 현재

재고자산	₩21,000	제 부 채	₩22,000
제 자 산	144,850	자 본 금	50,000
영 업 권	2,900	이익잉여금	63,774
		비지배지분	32,976
자산총계	₩168,750	부채와 자본총계	₩168,750

익힘문제

1. 지배기업이 다수의 종속기업을 소유하고 있는 경우의 연결절차를 설명하라.

2. 연속적 지배·종속관계가 순차적으로 성립하는 경우와 비순차적으로 성립하는 경우의 연결절차는 어떻게 다른지를 설명하라.

3. 갑(주), 을(주), 병(주) 사이에 연속적 지배·종속관계가 순차적으로 성립하였다고 가정하자. 이때 중간지배기업의 당기순이익 중 비지배지분에 귀속되는 당기순이익은 어떻게 계산하는가? 갑(주)와 병(주) 사이의 내부거래는 을(주)가 작성하는 연결재무제표상 어떻게 표시되어야 하는가?

4. 갑(주), 을(주), 병(주) 사이에 연속적 지배·종속관계가 순차적으로 성립하는 경우 갑(주)와 병(주) 사이의 내부거래는 을(주)가 작성하는 연결재무제표상 어떻게 표시되는가?

5. 갑(주), 을(주), 병(주) 사이에 연속적 지배·종속관계가 비순차적으로 성립하는 경우 갑(주)의 연결재무제표상 병(주)의 식별가능한 자산, 부채 및 병(주)에 대한 영업권을 계상하는 회계처리를 설명하라.

6. 지배기업과 종속기업이 합하여 다른 종속기업을 소유하는 경우의 연결절차를 기술하라.

7. 종속기업을 합동으로 소유하고 있는 경우에 간접소유의 경우와 연결절차가 어떻게 다른가?

8. 종속기업이 지배기업주식을 소유함으로써 나타난 투자주식은 연결재무제표에 어떻게 나타나는가? 또한 이 경우 종속기업 포괄손익계산서에 나타난 배당수익을 연결재무제표에는 어떻게 나타내는가?

9. 종속기업 상호간에 소유하고 있는 투자주식은 연결재무제표에 어떻게 나타나는가? 이러한 상호보유주식을 자기주식으로 볼 수 있는가?

연습문제

01 기본개념의 이해

다음 각 문장이 옳으면 ○, 틀리면 ×로 답하라.

(1) 지배 · 종속관계가 순차적으로 성립하는 경우, 일반적으로 최하위종속기업으로부터 단계적으로 연결절차를 수행한다.

(2) 갑(주)가 을(주)의 지분 80%를 취득하고 을(주)는 병(주)의 지분 60%를 취득하여 갑(주)-을(주)-병(주) 간에 연속적 지배 · 종속관계가 형성되었다면, 갑(주)가 작성하는 연결재무제표상 병(주)의 순이익 중 48% 상당액은 비지배지분에 귀속된다.

(3) 갑(주)-을(주)-병(주) 간에 연속적 지배 · 종속관계가 비순차적으로 형성된 경우, 을(주)가 작성하는 연결재무제표에 표시되는 병(주) 관련 영업권과 갑(주)가 작성하는 연결재무제표에 표시되는 병(주) 관련 영업권은 서로 다른 금액이 될 수 있다.

(4) 종속기업이 지배기업의 주식을 취득하여 보유하고 있는 경우, 연결재무제표 작성시 동 지배기업 주식을 종속기업의 자본과 상계제거한다.

(5) 종속기업간 서로 상대방 주식을 취득한 경우 연결재무제표에서는 지배기업이 해당 종속기업의 주식을 추가취득한 것처럼 회계처리한다.

(6) 종속기업간 상호보유주식이 있는 경우 각 종속기업의 순이익은 다른 종속기업의 순이익에 영향을 받는 문제가 있으므로 종속기업의 보고이익을 지배기업지분과 비지배지분으로 배분하는 과정에서는 종속기업간 상호보유주식이 없는 것으로 간주한다.

02 순차적으로 성립된 연속적 지배 · 종속관계(I)

한국(주)는 20×1년 1월 1일 서울(주)의 보통주 80%를 취득하였고, 서울(주)는 종로(주)의 보통주 60%를 취득하였다. 다음은 세 회사에 관한 자료이다.

회 사	취득시 순자산장부금액	투자주식취득금액	20×1년 보고순이익
한국(주)	₩800,000	₩240,000	₩100,000
서울(주)	300,000	120,000	80,000
종로(주)	200,000	–	50,000

요구사항

1. 종로(주)의 비지배지분순이익을 계산하라.
2. 서울(주)의 비지배지분순이익을 계산하라.
3. 한국(주)의 20×1년 연결포괄손익계산서상 지배기업소유주지분순이익을 계산하라.
4. 한국(주)의 20×1년 연결포괄손익계산서상의 비지배지분순이익을 계산하라.
5. 만약 서울(주)가 종로(주)의 보통주를 취득할 때 지급한 금액이 ₩120,000이 아니라 ₩160,000이었다면, 연결포괄손익계산서상 지배기업소유주지분순이익은 '요구사항 3'과 얼마만큼의 차이를 보이겠는가?

03 비순차적으로 성립된 연속적 지배 · 종속관계(I)

20×1년 1월 1일 을(주)는 병(주)의 보통주 60%를 ₩160,000에 취득하여 지배력을 획득하였다. 취득시점에 병(주)의 자본은 자본금 ₩160,000과 이익잉여금 ₩80,000으로 구성되며 순자산의 장부금액은 공정가치와 일치하였다. 20×2년 1월 1일에 갑(주)는 을(주)의 보통주 80%를 ₩448,000에 취득하였으며, 취득시점의 을(주)의 자본은 ₩480,000(자본금 ₩320,000과 이익잉여금 ₩160,000)이었다. 20×2년 1월 1일에 을(주)의 자산과 부채 중 병(주)투자주식을 제외하고는 장부금액과 공정가치는 일치하였으며, 병(주)투자주식의 장부금액과 공정가치는 ₩160,000과 ₩192,000이었다. 갑(주)와 을(주)는 종속기업투자주식을 원가법으로 회계처리하고 있으며, 종속기업에 대한 비지배지분을 종속기업의 식별가능한 순자산공정가치에 비례하여 결정한다. 을(주)와 병(주)가 보고한 당기순이익은 다음과 같다.

	20×1년	20×2년
을(주)	₩50,000	₩64,000
병(주)	32,000	48,000

요구사항

1. 20×1년 을(주)가 연결재무제표를 작성하기 위해 해야 할 연결분개를 제시하라.
2. 갑(주)가 20×2년 연결재무제표를 작성하기 위해 해야 할 연결분개를 제시하라.

04 순차적으로 성립된 연속적 지배 · 종속관계(II)

한국(주)는 20×1년 1월 1일 서울(주)의 보통주 70%를 ₩660,000에 취득하였고, 동 일자에 서울(주)는 강북(주)의 보통주 60%를 ₩380,000에 취득하였다. 한국(주)와 서울(주)는 종속기업에 대한 비지배지분을 종속기업의 식별가능한 순자산공정가치에 비례하여 결정한다. 다음은 20×1년 1월 1일 서울(주)와 강북(주)의 순자산장부금액이고 이는 공정가치와 일치한다.

	서울(주)	강북(주)
자 본 금	₩600,000	₩400,000
자본잉여금	200,000	150,000
이익잉여금	100,000	50,000
계	₩900,000	₩600,000

서울(주)와 강북(주)의 20×1년과 20×2년 당기순이익은 다음과 같다.

	서울(주)	강북(주)
20×1년	₩50,000	₩30,000
20×2년	80,000	40,000

요구사항

1. 20×1년 1월 1일 현재의 연결재무상태표상 비지배지분을 계산하라.
2. 20×1년말과 20×2년말 한국(주)가 수행할 연결분개를 제시하라.

05 순차적으로 성립된 연속적 지배 · 종속관계(Ⅲ)

갑(주)는 20×1년 1월 1일에 을(주)의 주식 80%를 ₩8,250에 매입하였다. 주식취득일 현재 을(주)의 자본은 자본금 ₩7,500과 이익잉여금 ₩1,750으로 구성되어 있다. 을(주)는 20×2년 1월 1일에 병(주)의 보통주 80%를 ₩3,000에 매입하였는데, 당시 병(주)의 자본은 자본금 ₩2,500과 이익잉여금 ₩1,000으로 구성되어 있다. 20×1년 1월 1일과 20×2년 1월 1일 현재 갑(주), 을(주), 병(주)의 순자산 장부금액과 공정가치는 일치하였다. 갑(주)와 을(주)는 종속기업투자주식을 원가법으로 회계처리하며, 종속기업에 대한 비지배지분을 종속기업의 식별가능한 순자산공정가치에 비례하여 결정한다. 을(주)의 20×1년 당기순이익은 ₩1,500이었으며, 20×2년 12월 31일 현재 세 회사의 자본관련 부분재무상태표는 다음과 같다.

	갑(주)	을(주)	병(주)
자 본 금(보통주)	₩15,000	₩7,500	₩2,500
이익잉여금	11,625	4,875	1,900
(당기순이익)	(3,500)	(1,625)	(900)

요구사항

1. 20×2년 12월 31일 갑(주)가 연결재무제표 작성시 필요한 연결분개를 하라.
2. 을(주)가 작성하는 20×2년 연결재무상태표상 비지배지분은 얼마인가?
3. 갑(주)가 작성하는 20×2년 연결포괄손익계산서상 지배기업소유주지분순이익은 얼마인가?

06 비순차적으로 성립된 연속적 지배 · 종속관계(Ⅱ) (2017년 공인회계사 시험(2차) 수정)

20×2년 1월 1일에 (주)대한은 (주)민국의 발행주식 70%를 ₩250,000에 취득하였다. 취득일 현재 (주)민국의 자본합계는 ₩300,000(자본금 ₩200,000, 이익잉여금 ₩100,000)이며, 아래의 종속기업투자주식을 제외한 순자산 장부금액과 공정가치는 일치하였다.

[(주)민국의 재무자료]

	장부금액	공정가치
종속기업투자주식	₩70,000	₩80,000

한편 (주)민국은 20×2년 1월 1일에 (주)서울의 발행주식 60%를 ₩70,000에 취득하여 지배력을 획득한 바 있다. 취득일 당시 (주)서울의 자본합계는 ₩90,000이며, 순자산 장부금액은 공정가치와 일치하였다.

[(주)서울의 재무자료]

	20×1. 1. 1	20×2. 1. 1
자 본 금	₩60,000	₩60,000
이익잉여금	30,000	40,000

(주)서울이 20×1년 당기순이익으로 보고한 금액은 ₩10,000이며, 이익처분은 없다. 또한 20×2년초 현재 순자산 장부금액과 공정가치도 일치한다. (주)대한과 (주)민국은 각각의 종속기업인 (주)민국과 (주)서울에 대한 투자주식을 원가법으로 회계처리하며, 연결재무제표 작성시 종속기업에 대한 비지배지분은 종속기업의 식별가능한 순자산공정가치에 비례하여 결정한다.

요구사항

지배력획득일(20×2년 1월 1일) 현재 (주)대한의 연결재무상태표에 계상되는 영업권 금액을 계산하라.

07 연속적 지배 · 종속관계 및 내부거래 제거 (2019년 공인회계사 시험(1차) 수정)

(주)대한은 20×1년 1월 1일 (주)민국의 보통주 80%를 ₩450,000에 취득하여 지배력을 획득하였으며, 동 일자에 (주)민국은 (주)만세의 주식 60%를 ₩200,000에 취득하여 지배력을 획득하였다. 지배력획득시점에 (주)민국과 (주)만세의 순자산 공정가치와 장부금액은 동일하다. 지배력획득시점 이후 20×1년말까지 각 회사별 순자산 변동내역은 다음과 같다.

	(주)대한	(주)민국	(주)만세
20×1. 1. 1	₩800,000	₩420,000	₩300,000
당기순이익	100,000	80,000	50,000
20×1. 12. 31	₩900,000	₩500,000	₩350,000

20×1년 7월 1일 (주)대한은 (주)민국에게 장부금액 ₩150,000인 기계장치를 ₩170,000에 매각하였다. 매각시점에 기계장치의 잔존내용연수는 5년, 정액법으로 상각하며 잔존가치는 없다. 20×1년중 (주)

민국이 (주)만세에게 판매한 재고자산 매출액은 ₩100,000(매출총이익률은 30%)이다. 20×1년말 현재 (주)만세는 (주)민국으로부터 매입한 재고자산 중 40%를 보유하고 있다. (주)대한과 (주)민국은 별도 재무제표에서 종속기업투자주식을 원가법으로 표시하고 있으며, 연결재무제표 작성시 비지배지분은 종속기업의 식별가능한 순자산공정가치에 비례하여 결정한다.

요구사항

(주)대한의 20×1년도 연결포괄손익계산서에 표시되는 비지배지분귀속당기순이익을 계산하라.

08 간접소유 – 합동소유

한국(주)는 서울(주)의 보통주 80%와 울산(주)의 보통주 40%를 소유하고 있으며, 서울(주)는 울산(주)의 보통주 15%를 취득하고 있다.

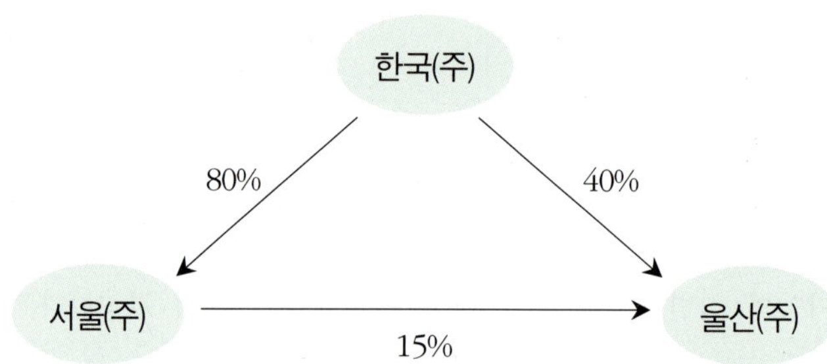

한국(주), 서울(주), 울산(주)의 보고순이익은 각각 ₩190,000, ₩170,000, ₩230,000이다.

요구사항

1. 서울(주) 귀속이익을 계산하라.
2. 울산(주) 비지배지분순이익을 계산하라.
3. 서울(주) 비지배지분순이익을 계산하라.
4. 한국(주)의 연결포괄손익계산서상의 지배기업소유주지분순이익을 계산하라.

09 상호소유 – 기본형

한국(주)는 20×1년 1월 1일 서울(주)의 보통주 60%를 ₩700,000에 취득하였고, 동 일자로 서울(주)는 한국(주)의 보통주 10%를 ₩150,000에 취득하여 기타포괄손익-공정가치측정금융자산으로 분류하여 공정가치법으로 회계처리하고 있다. 다음은 20×1년 1월 1일 서울(주)의 순자산장부금액이고 이는 공정가치와 일치한다.

자 본 금	₩500,000
자본잉여금	400,000
이익잉여금	200,000
계	₩1,100,000

한국(주)는 종속기업에 대한 비지배지분을 종속기업의 식별가능한 순자산공정가치에 비례하여 결정한다.

요구사항

1. 20×1년 1월 1일 현재의 연결분개를 제시하라.
2. 서울(주)가 보유한 한국(주) 주식의 기말시가가 ₩155,000이고, 서울(주)의 포괄손익계산서상 당기순이익이 ₩100,000으로 보고된 경우 20×1년말 연결분개를 제시하라.

고급 연습문제

10 다양한 소유구조 – 간접소유 (2017년 공인회계사 시험(2차) 수정)

유통업을 영위하는 (주)대한은 20×1년 1월 1일에 (주)민국의 발행주식 70%를 ₩250,000에 취득하였으며, 동 일자에 (주)민국은 (주)서울의 발행주식 60%를 ₩70,000에 취득하였다. 20×1년 1월 1일 현재 (주)대한, (주)민국, (주)서울의 자본계정은 다음과 같으며, 순자산 장부금액과 공정가치는 일치하였다.

	(주)대한	(주)민국	(주)서울
자 본 금	₩500,000	₩200,000	₩60,000
이익잉여금	300,000	100,000	30,000

[추가자료]

(1) (주)대한과 (주)민국은 각각의 종속기업인 (주)민국과 (주)서울에 대한 투자주식을 원가법으로 회계처리하고 있으며, 연결재무제표 작성시 비지배지분은 종속기업의 식별가능한 순자산공정가치에 비례하여 결정한다.

(2) 20×1년중에 (주)대한은 (주)민국 및 (주)서울로부터 아래의 상품을 매입하였다. (주)민국과 (주)서울의 매출총이익률은 모두 30%이다.

판매회사 → 매입회사	판매액	매입회사 기말재고
(주)민국 → (주)대한	₩30,000	₩20,000
(주)서울 → (주)대한	10,000	10,000

(3) 20×1년 7월 1일에 (주)대한은 사용하던 차량운반구(장부금액 ₩20,000)를 ₩28,000에 (주)민국에 현금매각하였다. 매각일 현재 차량운반구의 잔존내용연수는 2년, 잔존가치는 ₩0, 감가상각방법은 정액법이다. (주)민국은 동 차량운반구를 20×1년말 현재 사용하고 있다.
(4) (주)대한, (주)민국, (주)서울의 20×1년도 당기순이익은 각각 ₩70,000, ₩30,000, ₩15,000이다.

요구사항

1. (주)대한, (주)민국, (주)서울의 별도(개별)재무제표를 계정과목별로 단순 합산한 장부금액이 아래와 같을 경우, (주)대한의 20×1년도 연결재무제표에 계상될 금액을 계산하라.

	장부금액	연결재무제표
매 출 액	₩820,000	(1)
매 출 원 가	640,000	(2)
차량운반구(순액)	180,000	(3)
영 업 권	0	(4)

2. (주)대한의 20×1년도 연결재무제표에 계상될 연결당기순이익을 지배기업귀속당기순이익과 비지배지분귀속당기순이익으로 구분하여 계산하라.

11 다양한 소유구조 – 합동소유

(2014년 공인회계사 시험(2차) 수정)

20×1년 1월 1일에 (주)대한은 (주)민국의 발행주식 70%를 ₩250,000에 취득하였으며, 또한 (주)서울의 발행주식 40%를 ₩40,000에 취득하였다. 그리고 동 일자에 (주)민국은 (주)서울의 발행주식 20%를 ₩20,000에 취득하였다. 20×1년 1월 1일 현재 (주)대한, (주)민국, (주)서울의 자본계정은 다음과 같으며, 순자산 장부금액과 공정가치는 일치하였다.

	(주)대한	(주)민국	(주)서울
자 본 금	₩700,000	₩200,000	₩60,000
이익잉여금	300,000	100,000	30,000

[추가자료]

(1) (주)대한은 (주)민국과 (주)서울에 대한 투자주식을 원가법으로 회계처리하고 있으며, (주)민국은 (주)서울의 주식을 지분법으로 회계처리하고 있다.
(2) (주)대한, (주)민국, (주)서울이 보고한 20×1년도의 당기순이익은 아래와 같다. 이 중 (주)민국의 당기순이익에는 (주)서울 주식에 대한 관계기업투자주식평가손익(지분법손익)이 포함되어 있다.

	(주)대한	(주)민국	(주)서울
당기순이익	₩115,000	₩32,000	₩8,000

(3) 연결재무제표 작성시 비지배지분은 종속기업의 식별가능한 순자산공정가치에 비례하여 결정한다.

요구사항

1. (주)서울에 대한 투자주식과 관련하여, (주)민국의 20×1년말 재무제표에 계상되는 관계기업투자주식의 장부금액을 구하라. 단, 20×1년말 현재 영업권에 대한 손상은 발생하지 않은 것으로 가정한다.
2. (주)대한이 작성하는 20×1년도의 연결재무제표에 계상될 다음의 금액을 구하라. 단, 20×1년말 현재 영업권에 대한 손상은 발생하지 않은 것으로 가정하며, 해당 금액이 없는 경우에는 "0"으로 표시한다.
   ① 영업권　　② 지배기업소유주순이익　　③ 비지배지분순이익

12 다양한 소유구조 – 상호소유

20×2년 12월 31일 현재의 갑(주), 을(주) 및 병(주)의 재무제표는 다음과 같다.

포괄손익계산서

20×2. 1. 1～12. 31

	갑(주)	을(주)	병(주)
매　출	₩65,100	₩38,100	₩19,000
매출원가	(48,200)	(24,200)	(12,000)
매출총이익	₩16,900	₩13,900	₩7,000
제 비 용	(11,100)	(6,526)	(3,000)
배당수익	2,100	600	750
당기순이익	₩7,900	₩7,974	₩4,750

재무상태표

20×2. 12. 31 현재

	갑(주)	을(주)	병(주)		갑(주)	을(주)	병(주)
재고자산	₩10,000	₩8,000	₩5,000	제 부 채	₩26,000	₩11,500	₩27,000
을(주)투자주식	28,000	–	–	자 본 금	40,000	25,000	10,000
병(주)투자주식	–	13,000	–	이익잉여금	47,900	22,914	12,750
FVOCI금융자산	–	–	21,000				
제 자 산	75,900	38,414	23,750				
계	₩113,900	₩59,414	₩49,750	계	₩113,900	₩59,414	₩49,750

[추가자료]

1) 20×1년 1월 1일 갑(주)는 을(주) 발행주식의 70%를 ₩28,000에 취득하였고, 을(주)는 병(주) 발행주식의 60%를 ₩13,000에 취득하였다. 또한 동 일자에 병(주)는 갑(주)의 발행주식 15%를 ₩21,000에 취득하였다. 20×1년 1월 1일 현재 갑(주), 을(주) 및 병(주)의 자본금과 이익잉여금은 다음과 같다.

	갑(주)	을(주)	병(주)
자 본 금	₩40,000	₩25,000	₩10,000
이익잉여금	35,000	12,000	5,000
계	₩75,000	₩37,000	₩15,000

20×1년 1월 1일 현재 갑(주), 을(주) 및 병(주)의 순자산 장부금액과 공정가치는 일치하였다. 이익잉여금의 변동은 다음과 같다.

		갑(주)	을(주)	병(주)
20×1. 1. 1	이익잉여금	₩35,000	₩12,000	₩5,000
20×1년중	당기순이익	10,000	5,940	4,000
20×2. 1. 1	이익잉여금	₩45,000	₩17,940	₩9,000
20×2년중	배당금지급	(5,000)	(3,000)	(1,000)
20×2년중	당기순이익	7,900	7,974	4,750
20×2. 12. 31	이익잉여금	₩47,900	₩22,914	₩12,750

2) 연결실체간 다음과 같이 재고자산과 관련된 내부거래가 발생하였다.

		내부매출액(매가)		구매회사 기말재고 보유분	
판매회사	구매회사	20×1년	20×2년	20×1년	20×2년
갑(주)	을(주)	₩4,000	₩5,000	₩1,200	₩960
을(주)	병(주)	3,500	4,000	800	720

(주) 판매회사는 모두 원가의 20%의 이익을 가산하여 판매하였다. 구매회사가 기말에 보유하고 있는 재고자산은 다음 연도에 모두 판매되었다고 가정한다.

갑(주)와 을(주)는 각각 을(주)와 병(주)에 대한 투자주식을 원가법으로 회계처리하고 있으며, 병(주)는 갑(주)투자주식을 공정가치법으로 회계처리하고 있다. 갑(주)와 을(주)는 종속기업에 대한 비지배지분을 종속기업의 식별가능한 순자산공정가치에 비례하여 결정한다.

요구사항

20×2년말에 요구되는 연결분개를 제시하고, 20×2년의 연결재무제표를 작성하라.

CHAPTER

7 연결회계와 관련된 기타 주제

본장에서는 연결회계와 관련된 기타 주제를 논의한다. 먼저 연결자본변동표와 연결현금흐름표의 의미와 작성방법에 대해 학습한 다음 종속기업이 우선주를 발행한 경우의 연결방법에 대해 논의한다. 한편 연결재무제표를 작성하는 과정에서 연결재무제표상 장부금액과 세무기준액 사이에 일시적차이가 발생하면 이연법인세자산 · 부채를 인식해야 한다. 따라서 연결이연법인세와 관련된 사항을 살펴보고, 마지막으로 연결재무제표와 관련하여 공시해야 할 사항을 알아본다.

제 1 절 연결자본변동표

연결자본변동표는 연결재무상태표상 자본의 각 구성요소별로 그 변동상황을 구분하여 보고하는 재무제표이다. 연결자본변동표는 기본적으로 K-IFRS 제1001호(재무제표 표시)에 규정되어 있는 자본변동표의 작성과 표시에 대한 지침을 적용하여 작성한다. 〈표 7-1〉에는 연결자본변동표가 예시되어 있다.

〈표 7-1〉 20×1년 12월 31일로 종료하는 회계연도의 연결자본변동표 예시

(단위 : 천원)

	납입자본	이익잉여금	FVOCI 금융자산 평가손익	해외 사업장 환산차이	재평가잉여금	총 계	비지배지분	총자본
20×0년 1월 1일 현재 잔액	600,000	118,100	2,600	(3,000)	–	717,700	29,800	747,500
회계정책의 변경	–	400	–	–	–	400	100	500
재작성된 금액	600,000	118,500	2,600	(3,000)	–	718,100	29,900	748,000
20×0년 자본의 변동 :								
배당	–	(10,000)	–	–	–	(10,000)	–	(10,000)
총포괄손익	–	53,200	16,000	4,000	1,600	74,800	18,700	93,500
20×0년 12월 31일 현재 잔액	600,000	161,700	18,600	1,000	1,600	782,900	48,600	831,500
20×1년 자본의 변동 :								
유상증자	50,000	–	–	–	–	50,000	–	50,000
배당	–	(15,000)	–	–	–	(15,000)	–	(15,000)
총포괄손익	–	96,600	(14,800)	3,200	800	85,800	21,450	107,250
이익잉여금 대체	–	200	–	–	(200)	–	–	–
20×1년 12월 31일 현재 잔액	650,000	243,500	3,800	4,200	2,200	903,700	70,050	973,750

1. 연결자본변동표의 작성

연결자본변동표에 다음 항목을 표시한다.

연결자본변동표 표시항목

1) 지배기업의 소유주와 비지배지분에 각각 귀속되는 금액으로 구분하여 표시한 해당 기간의 총포괄손익
2) 자본의 각 구성요소별로, K-IFRS 제1008호(회계정책, 회계추정의 변경 및 오류)에 따라 인식된 소급적용이나 소급재작성의 영향
3) 자본의 각 구성요소별로 다음의 각 항목에 따른 변동액을 구분하여 표시한, 기초시점과 기말시점의 장부금액 조정내역
   ① 당기순손익
   ② 기타포괄손익의 각 항목
   ③ 소유주로서의 자격을 행사하는 소유주와의 거래(소유주에 의한 출자와 소유주에 대한 배분, 그리고 지배력을 상실하지 않는 종속기업에 대한 소유지분의 변동을 구분하여 표시)

여기서 자본의 구성요소는 지배기업의 소유주에게 귀속되는 각 분류별 납입자본, 각 분류별 기타포괄손익의 누계액과 이익잉여금의 누계액 등을 포함한다. 종속기업에 대한 비지배지분은 지배기업의 소유주에게 귀속되는 납입자본, 기타포괄손익의 누계액 및 이익잉여금의 누계액과는 구분하여 별도의 항목으로 표시한다.

보고기간 시작일과 종료일 사이의 자본의 변동은 당해 기간의 순자산 증가 또는 감소를 반영한다. 기업의 순자산의 변동을 가져오는 거래는 소유주와의 자본거래로 인한 순자산 변동과 기업활동으로부터 발생한 순자산 변동으로 구분된다. 자본거래로 인한 순자산 변동은 소유주로서의 자격을 행사하는 소유주와의 거래(예 : 출자, 기업자신의 지분상품의 재취득 및 배당) 및 그러한 거래와 직접 관련이 있는 거래원가에서 발생하는 변동(자기주식처분손익 등)을 들 수 있다. 기업활동으로부터 발생한 순자산 변동은 총포괄손익으로서 이익잉여금에 가산되는 당기순이익과 자본에 직접 인식되는 기타포괄손익으로 구분된다.

K-IFRS 제1008호(회계정책, 회계추정의 변경 및 오류)는 다른 K-IFRS의 경과규정에서 달리 규정하는 경우를 제외하고, 실무적으로 적용할 수 있는 범위까지 오

류수정과 회계정책의 변경효과에 대해 소급법의 적용을 요구하고 있다. K-IFRS가 자본의 다른 구성요소의 소급 수정을 요구하는 경우를 제외하고는 소급법을 적용한 수정과 재작성은 자본의 변동은 아니지만 이익잉여금 기초잔액의 수정을 초래한다. 따라서 연결자본변동표상 각 자본항목의 기초금액에 회계정책변경과 오류수정으로 인한 수정사항을 반영한 후의 재작성된 기초자본을 구한 후에 당기 변동내역을 반영하여 각 자본항목의 기말잔액을 표시한다.

2. 연결자본변동표에 기재되는 항목

(1) 납입자본

납입자본은 자본금 및 주식발행초과금을 포함한다. 자본변동표상 납입자본란에는 유상증자(또는 감자)로 인한 납입자본의 변동 및 기타 원인으로 인한 납입자본의 증감을 표시한다. 여기서 유상증자(또는 감자)는 지배기업의 유상증자(또는 감자)를 말한다.

종속기업의 유상증자(또는 감자)는 종속기업투자주식계정과 상계되거나 비지배지분으로 대체되기 때문에 연결재무상태표(지배기업의 소유주에게 귀속되는 자본)에 나타나지 않으며 따라서 연결자본변동표의 납입자본란에도 표시되지 않는다.

(2) 이익잉여금

앞서 언급한 대로, 이익잉여금의 기초잔액(전기이월액)에 소급적용되는 회계정책변경누적효과와 전기오류수정을 조정한 재작성된 금액을 구한다. 그리고 재작성된 이익잉여금의 기초잔액에 당기 변동액을 가감하여 기말잔액을 구한다. 이익잉여금의 당기 변동액에는 배당으로 인한 감소, 당기순이익으로 증가하는 포괄손익, 다른 자본항목으로부터의 대체 등이 있다.

(3) 기타포괄손익누계액

기타포괄손익누계액은 기타포괄손익-공정가치측정금융자산의 공정가치 평가에서 발생하는 평가손익, 해외사업장의 재무제표를 지배기업의 표시통화로 환산하는 과정에서 발생하는 외환차이, 현금흐름위험회피에 효과적인 부분, 해외사업장 순투자의 위험회피에 효과적인 부분, 유·무형자산을 재평가모형으로 평가함에 따라 발생하는 재평가잉여금 등을 포함한다. 연결자본변동표에서는 이들 항목들의 당기 변동액을 각 항목별로 표시한다.

(4) 기타자본항목

지배기업소유주에게 귀속되는 자본항목 중 납입자본, 이익잉여금, 기타포괄손익누계액을 제외한 항목을 말한다. 일반적으로 납입자본을 제외한 소유주와의 거래에서 발생한 순자산 변동액이 표시된다. 지배기업이 자기주식을 취득한 경우나 종속기업이 지배기업 주식을 취득한 경우의 자기주식이 기타자본항목에 포함된다. 한편 종속기업이 취득한 종속기업 주식은 연결과정에서 상계제거되어 연결재무상태표상 나타나지 않으므로 연결자본변동표의 기타자본항목란에도 표시되지 않는다.

(5) 비지배지분

연결재무상태표상 비지배지분은 지배기업의 소유주에게 귀속되는 자본과 구분하여 별도의 자본항목으로 표시한다. 따라서 연결자본변동표상으로도 비지배지분의 변동은 지배기업의 소유주에게 귀속되는 자본항목의 변동과 구분하여 표시한다.

예제 7-1 연결자본변동표의 작성

20×1년 1월 1일에 갑(주)가 을(주)의 지분 60%를 ₩65,000에 취득하였다. 취득시점에서 을(주)의 자산과 부채의 장부금액과 공정가치는 일치하였다. 20×1년에 대한 갑(주)와 을(주)의 자본변동내역은 다음과 같다.

(1) 갑(주)자본계정의 변동내역

	자본금	자본잉여금	이익잉여금
20×1년 1월 1일	₩150,000	₩50,000	₩100,000
배 당 금			(20,000)
무 상 증 자	30,000	(30,000)	
당기순이익			50,000
20×1년 12월 31일	₩180,000	₩20,000	₩130,000

(2) 을(주)자본계정의 변동내역

	자본금	자본잉여금	이익잉여금	FVOCI 금융자산 평가이익
20×1년 1월 1일	₩50,000	₩30,000	₩25,000	
배 당 금(결산배당)			(5,000)	
무 상 증 자	10,000	(10,000)		
당기순이익			20,000	
기타포괄손익				₩25,000
20×1년 12월 31일	₩60,000	₩20,000	₩40,000	₩25,000

갑(주)는 을(주) 주식을 원가법으로 회계처리하고 있다. 단, 비지배지분은 종속기업의 식별가능한 순자산 공정가치에 비례하여 결정한다.

위의 자료에 근거하여 연결자본변동표를 작성하라.

해답

위의 자료를 기초로 연결자본변동표를 작성하면 다음과 같다.

연결자본변동표

갑(주) 및 종속기업 20×1. 1. 1～12. 31

과 목[1]	자본금	자본 잉여금	이익 잉여금	FVOCI 금융자산 평가이익	총 계	비지배 지분	총자본
20×1. 1. 1(당기초)	₩150,000	₩50,000	₩100,000		₩300,000	₩45,000[2]	₩345,000
배 당 금[3]			(20,000)		(20,000)	(5,000)	(25,000)
무 상 증 자	30,000	(30,000)			—	—	—
당기순이익			62,000[4]		62,000	8,000[4]	70,000
기타포괄손익				₩15,000[5]	15,000	10,000[5]	25,000
20×1. 12. 31(당기말)	₩180,000	₩20,000	₩142,000	₩15,000	₩357,000	₩58,000	₩415,000

1) 자본변동표상 구분표시되는 자본금, 자본잉여금, 이익잉여금 및 기타포괄손익누계액 항목은 지배기업 소유주에게 귀속되는 금액만 포함하며, 비지배지분에 귀속되는 금액은 비지배지분이라는 항목에 일괄표시된다.
2) 20×1년초 비지배지분 = (₩50,000 + ₩30,000 + ₩20,000) × 40% + ₩5,000(20×1년 배당금) = ₩45,000
3) 지배기업 배당금은 지배기업 소유주에게 귀속되는 이익잉여금에서 차감한다. 종속기업 배당금에 대해서 갑(주)는 20×1년초에 을(주)의 지분을 취득하였으므로 을(주)가 20×1년도 결산배당으로 지급한 배당금을 수취할 권리가 없으며 따라서 을(주)의 배당금 ₩5,000은 전액 비지배지분에 지급되어 비지배지분을 감소시킨다.
4) 지배기업의 소유주에게 귀속되는 당기순이익과 종속기업의 당기순이익 중 비지배지분에 귀속되는 금액은 다음과 같이 계산된다.
   지배기업소유주순이익 = ₩50,000 + ₩20,000 × 60% = ₩62,000
   비지배지분 = ₩20,000 × 40% = ₩8,000
5) 종속기업의 FVOCI금융자산평가이익 중 지배기업에 귀속되는 금액은 별도의 항목으로 구분표시되며 비지배지분에 귀속되는 금액은 비지배지분으로 표시된다.
   지배기업FVOCI금융자산평가이익 = ₩25,000 × 60% = ₩15,000
   비지배지분 = ₩25,000 × 40% = ₩10,000

제 2 절 연결현금흐름표

1. 연결현금흐름표의 의의

연결현금흐름표는 일정기간에 대한 연결실체의 현금흐름을 나타내는 재무제표이다. 연결재무상태표가 일정시점에 있어서 연결실체의 재무상태를 보여주고 연결포괄손익계산서는 일정기간의 경영성과에 대한 정보를 제공하지만 이러한 발생주의에 기초한 재무제표가 연결실체의 자금사정에 대한 정보를 전달하는 데에는 한계가 있다. 연결현금흐름표는 현금주의에 기초하여 연결실체의 현금유입과 유출에 관한 정보를 전달함으로써 연결실체의 지급능력, 현금사정 등에 대한 유용한 정보를 제공한다.

2. 연결현금흐름표 작성의 기본원칙

연결현금흐름표는 연결실체에 대하여 작성된다는 점을 제외하고는 별도현금흐름표와 거의 동일하다. 따라서 작성절차의 대부분이 별도현금흐름표의 작성절차와 동일하므로 여기서는 별도현금흐름표의 경우와 차이나는 내용을 중점적으로 설명하고자 한다.

(1) 현금의 개념

연결현금흐름표상의 현금개념은 별도현금흐름표의 경우와 마찬가지로 현금및현금성자산이다. 연결현금흐름표상에 보고되는 현금은 지배기업과 종속기업의 현금을 모두 포함하는 것이며 비지배지분을 따로 구분하지 않는다. 즉, 연결실체의 기초현금과 기말현금의 변동액 전액에 대한 내역을 제공하며 지배기업소유주지분과 비지배지분에 대한 현금으로 구분하여 분석하지 않는다.

(2) 작성방법

연결현금흐름표의 작성방법에는 다음과 같이 두 가지가 있다.

연결현금흐름표 작성방법

[방법 1] 전기와 당기의 연결재무상태표 및 연결포괄손익계산서를 기초로 하여 작성하는 방법
[방법 2] 연결대상기업들의 별도현금흐름표를 합산한 후 연결회사간의 내부거래, 미실현손익 및 실현손익의 영향을 고려하여 작성하는 방법

[방법 1]은 전기와 당기의 연결재무상태표 및 연결포괄손익계산서를 기초로 하여 작성하는 방법으로서 연결회사간 내부거래의 효과가 연결재무상태표와 연결포괄손익계산서를 작성하는 과정에서 이미 제거되었기 때문에 별도의 상계제거가 필요 없어 실무상 간편하다.

[방법 2]는 연결대상기업들의 별도현금흐름표를 합산한 후 연결회사간의 내부거래, 미실현손익 및 실현손익의 영향을 고려하여 작성하는 방법이다.

실무상으로는 작성이 편리한 [방법 1]이 보편적으로 사용되고 있다.

(3) 연결현금흐름표의 양식

연결현금흐름표의 양식은 기본적으로 별도현금흐름표의 경우와 동일하다. 연결현금흐름표를 구성하는 주요 항목은 영업활동 현금흐름, 투자활동 현금흐름 및 재무활동 현금흐름이고 영업활동 현금흐름은 직접법 또는 간접법으로 작성할 수 있다.

(4) 현금흐름의 표시

K-IFRS는 이자와 배당금의 수취 및 지급에 따른 현금흐름 및 법인세로 인한 현금흐름은 각각 별도로 표시하도록 하고 있다. 금융회사의 경우 이자지급, 이자수입 및 배당금수입은 일반적으로 영업활동 현금흐름으로 분류한다. 그러나 다른 업종의 경우 이러한 현금흐름의 분류방법에 대하여 합의가 이루어지지 않았다. 따라서 이자지급, 이자수입 및 배당금수입이 당기순손익의 결정에 영향을 미친다는 측면에서 영업활동 현금흐름으로 분류할 수 있다. 대체적인 방법으로 이자지급, 이자수입 및 배당금수입은 재무자원을 획득하는 원가나 투자자산에 대한 수익으로 보아 이자지급은 재무활동 현금흐름으로, 이자수입과 배당금수입은 투자활동 현금흐름으로 분류할 수도 있다. 배당금의 지급은 재무자원을 획득하는 비용이므로 재무활동 현금흐름으로 분류할 수 있다. 대체적인 방법으로, 재무제표이용자가 영업활동 현금흐름에서 배당금을 지급할 수 있는 기업의 능력을 판단하는 데 도움을 주기 위하여 배당금의 지급을 영업활동 현금흐름의 구성요소로 분류할 수도 있다. 일단 이들 현금흐름의 분류가 결정된 후에는 매 기간 일관성 있게 분류되어야 한다. 법인세로 인한 현금흐름은 재무활동과 투자활동에 명백히 관련되지 않는 한 영업활동 현금흐름으로 분류한다.

이처럼 이자 및 배당금의 수취와 지급 및 법인세로 인한 현금흐름을 각각 별도로 표시함에 따라 이들 현금흐름을 영업활동 현금흐름으로 분류하는 경우 다른 영업활동 현금흐름과 구분하여 표시해야 한다. 따라서 영업활동 현금흐름 중 이들 현금흐름에 해당하지 않는 현금흐름은 '영업에서 창출된 현금'으로 위에 표시하고 그 아래 이들 현금흐름을 각각 별도로 표시한다. 이때 영업활동 현금흐름을 간접법으로 작성한다면 당기순이익에서 손익계산서상 계상된 이자비용과 법인세비용은 가산하고 이자수익과 배당수익은 차감하여 영업에서 창출된 현금을 산정한 후 실제 이자지급액, 이자수취액, 배당지급액, 배당수취액, 법인세납부액(환급액)을 각각 별도로 표시한다. 만일 당기순이익 대신 손익계산서상 법인세차감전순이익에서 시작하면 법인세비용을 조정할 필요가 없다.

3. 연결현금흐름표 작성시 특수한 조정사항

다음에서는 연결현금흐름표를 작성함에 있어서 별도현금흐름표와 차이를 보이는 항목들을 살펴본다.

(1) 지배기업과 종속기업 간의 배당금

지배기업이 배당금을 지급한 경우에는 연결실체로부터 현금유출이 발생하므로 재무활동(또는 영업활동)으로 인한 현금유출로 처리되어야 한다. 만약 종속기업이 배당금을 지급하면 지배기업과 비지배주주가 이를 수취한다. 여기서 비지배주주에 대한 배당지급은 연결실체로부터의 현금유출에 해당되지만 지배기업이 수취하는 배당금은 연결실체 내에서의 현금이동에 불과하므로 연결현금흐름표에 나타나지 않아야 한다. 따라서 지배기업의 주주와 종속기업의 비지배주주에 대한 배당지급액만이 재무활동(또는 영업활동)으로 인한 현금유출로 연결현금흐름표에 나타난다.

(2) 연결대상범위의 변동

특정 회사가 연결재무제표 작성대상에 신규로 포함되거나 제외됨으로써 연결실체의 현금흐름에 증감이 발생하는 경우에는 종속기업과 기타 사업에 대한 지배력의 획득 또는 상실에 따른 총현금흐름은 별도로 표시하고 투자활동으로 분류한다. 여기서 종속기업과 기타 사업에 대한 지배력의 획득에 따른 총현금흐름은 종속기업의 취득을 위해 지급한 현금에서 종속기업이 보유하고 있는 현금을 차감한 금액이다.

아울러 회계기간중 종속기업이나 기타 사업에 대한 지배력을 획득 또는 상실한 경우에는 다음 사항을 총액으로 공시한다.

① 총취득대가 또는 총처분대가
② 매수대가 또는 처분대가 중 현금및현금성자산으로 지급하거나 수취한 부분
③ 지배력을 획득하거나 상실한 종속기업 또는 기타 사업이 보유한 현금및현금성자산의 금액
④ 지배력을 획득하거나 상실한 종속기업 또는 기타 사업이 보유한 현금및현금성자산 이외의 자산 · 부채 금액에 대한 주요 항목별 요약정보

(3) 종속기업 주식의 추가구입 · 일부처분

지배 · 종속관계가 성립된 이후에 지배기업이 연결대상회사 이외의 주주로부터 당해 종속기업의 주식을 추가로 취득하거나 지배기업이 연결대상회사 이외의 주주에게 종속기업의 주식을 처분한 후에도 당해 종속기업이 계속하여 연결대상에 속하는 경우에는 연결재무제표상 자본거래에 해당되므로 이를 재무활동 현금흐름으로 표시한다. 그러나 만일 종속기업이 유상증자를 통해 발행하는 신주를 지배기업이 구입한 경우에는 연결실체 내에서의 현금이전에 불과하므로 연결현금흐름표에 표시하지 않는다.

(4) 지분법손익

연결대상회사는 아니지만 관계기업이나 공동기업에 대한 투자는 지분법손익을 발생시키며 이는 당연히 연결포괄손익계산서상의 당기순손익 산정에 포함된다. 그러나 지분법의 적용 결과 인식하게 되는 지분법이익이나 지분법손실은 투자주식금액을 장부상에서 수정한 것일 뿐 실제로 현금유입이나 현금유출을 수반하는 것이 아니다. 따라서 간접법에 의하여 연결현금흐름표를 작성할 때 지분법이익은 당기순손익에서 차감해야 하고 지분법손실은 가산해야 한다.

한편, 연결대상이 아닌 관계기업으로부터 받은 현금배당은 당기순손익에 포함되지 않지만 실제 현금유입을 수반한다. 이러한 배당금 수취액은 연결현금흐

름표에 계상되어야 한다. 따라서 관계기업으로부터 수취한 배당금은 영업으로부터 창출된 현금으로부터 구분하여 영업활동 현금흐름으로 표시할 수도 있고 투자활동 현금흐름으로 표시할 수도 있다.

예제 7-2 연결현금흐름표의 작성

20×1년 12월 31일 갑(주)는 을(주) 발행주식 전액을 ₩590에 취득하였다. 취득시점의 을(주) 자산과 부채의 장부금액과 공정가치는 동일하다. 20×0년말과 20×1년말의 연결재무상태표와 20×1년의 연결포괄손익계산서는 다음과 같다.

연결재무상태표

갑(주) 및 종속기업 20×0. 12. 31 / 20×1. 12. 31

자 산	20×0	20×1	부채와 자본	20×0	20×1
현금과예금	₩160	₩230	매 입 채 무	₩1,890	₩250
수 취 채 권	1,200	1,800	미지급이자	100	230
재 고 자 산	1,950	1,000	미지급법인세	1,000	400
투 자 주 식	2,500	2,500	장기차입금	1,040	2,300
유 형 자 산	1,910	3,730	자 본 금	1,250	1,500
(감가상각누계액)	(1,060)	(1,450)	이익잉여금	1,380	3,130
	₩6,660	₩7,810		₩6,660	₩7,810

연결포괄손익계산서

갑(주) 및 종속기업 20×1. 1. 1～12. 31

매 출 액	₩30,650
매 출 원 가	(26,000)
매출총이익	₩4,650
판매비와 관리비	(1,360)
금 융 수 익	400
금 융 비 용	(400)
외화환산손실	(40)
법인세비용차감전순이익	₩3,250
법인세비용	(300)
당기순이익	₩2,950

〈추가자료〉

(1) 을(주)로부터 취득한 자산과 인수한 부채의 공정가치는 다음과 같다.

현 금	40	매 입 채 무	100
수 취 채 권	100	장기차입금	200
재 고 자 산	100		
유 형 자 산	650		

(2) 당기에 법인세 ₩300의 세금이 발생하였다.

(3) 감가상각비 ₩450이 판매비와 관리비에 포함되어 있다.

(4) 외화환산손실은 외화장기차입금의 환산에서 발생한 손실이다.

(5) 당기에 유형자산을 총원가 ₩1,250에 취득하였으며 이 중에서 ₩900은 향후 3년에 걸쳐 지급하기로 하였으며, 나머지 ₩350은 현금으로 지급하였다. 회사는 미지급금 전액을 장기차입금으로 분류하였으며, 이는 K-IFRS에서도 타당한 것으로 가정한다.

(6) 취득원가가 ₩80이고 감가상각누계액이 ₩60인 공장설비를 ₩20에 매각하였다.

(7) 갑(주)는 당기중 이자수익 ₩200과 배당수익 ₩200을 수취하였다.

(8) 갑(주)는 20×1년중 유상증자로 ₩250, 장기차입금으로 ₩210을 조달하였다.

(9) 갑(주)는 당기에 배당금으로 ₩1,200을 지급하였다.

요구사항

1. 직접법에 의한 연결현금흐름표를 작성하라. 단, 이자와 배당의 수취는 투자활동 현금흐름으로 표시하고, 이자와 배당의 지급은 재무활동 현금흐름으로 표시한다.
2. 간접법에 의한 연결현금흐름표를 작성하라. 단, 이자와 배당의 수취는 투자활동 현금흐름으로 표시하고, 이자와 배당의 지급은 재무활동 현금흐름으로 표시한다.

해답

1. 직접법에 의한 연결현금흐름표를 작성하는 경우

연결현금흐름표

갑(주) 및 종속기업 20×1. 1. 1~12. 31

Ⅰ. 영업활동 현금흐름		
고객으로부터 유입된 현금	₩30,150[1)]	
공급자에 대한 현금유출	(26,690)[2)]	
판매비와 관리비 현금유출	(910)	
영업으로부터 창출된 현금	₩2,550	
법인세의 납부	(900)[3)]	₩1,650
Ⅱ. 투자활동 현금흐름		
종속기업 을(주)의 취득에 따른 순현금흐름	(₩550)[4)]	
유형자산의 취득	(350)	
설비의 처분	20	
이자수취액	200	
배당수취액	200	(480)
Ⅲ. 재무활동 현금흐름		
유 상 증 자	₩250	
장기차입금 차입	210	
장기차입금 지급	(90)[5)]	
이자지급액	(270)[6)]	
배당지급액	(1,200)	(1,100)
Ⅳ. 현금및현금성자산의 순증가		₩70
Ⅴ. 기초 현금및현금성자산		160
Ⅵ. 기말 현금및현금성자산		₩230

[계산근거]

1) 고객으로부터 유입된 현금 = 기초수취채권(₩1,200) + 매출액(₩30,650) + 을(주)수취채권(₩100) − 기말수취채권(₩1,800) = ₩30,150

2) 공급자에 대한 현금유출 = 기초매입채무(₩1,890) + 당기매입액(₩24,950#) + 을(주)매입채무(₩100) − 기말매입채무(₩250) = ₩26,690

당기매입액 = 매출원가 + 기말재고자산 − 기초재고자산 − 을(주)재고자산
= ₩26,000 + ₩1,000 − ₩1,950 − ₩100 = ₩24,950

3) 법인세납부액 = 기초미지급법인세(₩1,000) + 당기법인세발생액(₩300) − 기말미지급법인세(₩400) = ₩900

4) 종속기업 을(주)의 취득에 따른 순현금흐름 = 을(주)취득금액(₩590) − 을(주)현금(₩40) = ₩550

5) 장기차입금 지급액 = 기초장기차입금(₩1,040) + 당기차입(₩210) + 유형자산외상구입(₩900) + 외화환산손실(₩40) + 을(주)장기차입금(₩200) − 기말장기차입금(₩2,300) = ₩90

6) 이자지급액 = 기초미지급이자(₩100) + 당기이자발생액(₩400) − 기말미지급이자(₩230) = ₩270

2. 간접법에 의한 연결현금흐름표를 작성하는 경우

연결현금흐름표

갑(주) 및 종속기업　　　　20×1. 1. 1～12. 31

Ⅰ. 영업활동 현금흐름		
법인세비용차감전순이익	₩3,250	
가감 :		
감가상각비	450	
외화환산손실	40	
금 융 수 익	(400)	
금 융 비 용	400	
	₩3,740	
매출채권 및 기타채권의 증가	(500)	
재고자산의 감소	1,050	
매입채무의 감소	(1,740)	
영업에서 창출된 현금	₩2,550	
법인세의 납부	(900)	₩1,650
Ⅱ. 투자활동 현금흐름		
종속기업 을(주)의 취득에 따른 순현금흐름	(₩550)	
유형자산의 취득	(350)	
설비의 처분	20	
이자수취액	200	
배당수취액	200	(480)
Ⅲ. 재무활동 현금흐름		
유 상 증 자	₩250	
장기차입금 차입	210	
장기차입금 지급	(90)	
이자지급액	(270)	
배당지급액	(1,200)	(1,100)
Ⅳ. 현금및현금성자산의 순증가		₩70
Ⅴ. 기초 현금및현금성자산		160
Ⅵ. 기말 현금및현금성자산		₩230

제 3 절 종속기업 우선주가 있는 경우의 연결

1. 연결시 제기되는 회계이슈

연결회계에서 지배기업이 보유한 투자계정과 이에 해당하는 종속기업의 자본은 상계제거되어야 하고 지배기업 이외의 지분은 비지배지분으로 분류되어야 한다. 이때 보통주만 발행되어 있는 종속기업은 연결시 종속기업의 자본(순이익을 포함)을 직접 지배기업지분과 비지배지분으로 나누면 된다. 이에 반하여 우선주를 발행한 종속기업의 경우에는 종속기업의 자본을 보통주주지분과 우선주주지분으로 구분하고, 구분된 각 지분을 다시 지배기업지분과 비지배지분으로 배분해야 한다. 종속기업 우선주가 있는 경우에 자본(순이익을 포함)의 배분과정을 그림으로 나타내면 [그림 7-1]과 같다.

[그림 7-1] **우선주가 있는 종속기업의 자본배분**

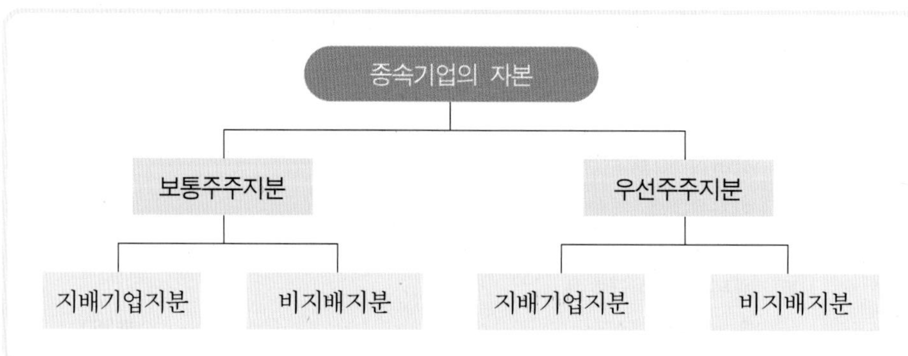

K-IFRS에서는 종속기업이 자본으로 분류되는 누적적우선주를 발행하고 이를 비지배지분이 소유하고 있는 경우, 지배기업은 배당결의 여부에 관계없이 이러한 주식의 배당금에 대하여 조정한 후 당기순손익에 대한 자신의 지분을 산정하도록 하고 있다. 하지만 종속기업의 자본을 보통주주지분과 우선주주지분으로 구분하는 방법에 대한 구체적인 언급은 없다.

우선주를 발행한 종속기업의 경우에 나타나는 또 다른 회계이슈는 지배기업의 종속기업 우선주 취득거래를 어떻게 회계처리하는가의 문제이다. 일반적으로 지배기업이 종속기업의 우선주를 구입하는 거래를 '우선주의 소각'으로 간주하고 있다. 이와 같은 시각에서 보면 우선주 취득에 지급한 금액과 취득한 우선주에 해당하는 지분해당액의 차액은 우선주를 구입하여 소각하는 과정에서 나타난 손익이라고 해석된다. 그러나 사채의 상환손익이 상환연도의 순이익에 반영되는 것과 달리 우선주를 소각한 자본거래로부터의 손익은 자본잉여금에 조정해야 논리적이다. 과거 우리나라의 연결기준서도 이와 같은 견해에 기초하여 종속기업의 우선주 취득을 우선주주지분의 환급으로 보고 우선주에 대한 투자계정과 자본계정을 상계제거할 때 나타나는 차액을 다음과 같이 처리하였다.

① 자본계정금액이 투자계정금액보다 많아서 차액이 대변에 발생하는 경우에는 이를 연결자본잉여금에 가산한다.
② 투자계정금액이 자본계정금액보다 많아서 차변에 나타나는 차액은 연결자본잉여금 중 우선주주지분에 해당하는 금액까지 차감하고 그 금액을 초과하는 부분은 연결이익잉여금에서 차감한다.

한편, K-IFRS에서는 종속기업이 발행한 우선주를 지배기업이 취득한 경우의 회계처리에 대한 언급이 없다. 하지만 연결실체 입장에서 보면 지배기업이 종속기업의 우선주를 취득하는 것은 연결실체가 발행한 우선주를 소각한 것이라고 할 수 있다. 따라서 과거 우리나라의 연결기준서에서처럼 이를 '우선주의 소각'으로 보아 우선주 취득에 지급한 금액과 취득한 우선주에 해당하는 지분해당액의 차액을 자본잉여금에 조정하면 될 것이다.

2. 우선주 특성에 따른 종속기업 자본의 구분절차

앞서 언급한 바와 같이 K-IFRS에서는 종속기업이 발행한 누적적우선주를 비지배주주가 소유하고 있는 경우 종속기업의 당기순손익을 배분하는 회계처리만 정하고 있다. 하지만 과거 우리나라의 연결기준서는 우선주가 참가적우선주인지 여부까지 고려하여 보통주주지분과 우선주주지분으로 구분하도록 하였으며, 우선주발행일 후에 변동한 이익잉여금만을 우선주에게 배분하도록 하고 있다.

이를 보면 우선주의 누적적우선주 여부만 고려한 K-IFRS보다 과거 우리나라의 연결기준서에서 규정한 배분방법이 더 논리적이라 할 수 있다. 따라서 K-IFRS에서 규정되지 아니한 사항은 과거 우리나라의 연결기준서에 따라 회계처리하면 무방할 것으로 보인다. 이에 따라 아래에서는 과거 우리나라의 연결기준서에 따라 종속기업 자본을 보통주주지분과 우선주주지분으로 배분하는 회계처리방법을 제시한다.

과거 우리나라의 연결기준서에서는 종속기업의 자본을 우선주 발행 이후 발생한 이익잉여금 변동분을 제외한 자본부분과 우선주 발행 이후 발생한 이익잉여금으로 나누어 배분하도록 하고 있다.

(1) 우선주를 발행한 이후의 이익잉여금 변동분을 제외한 종속기업 자본의 구분

종속기업의 자본 중 우선주 발행일 이후에 발생한 이익잉여금 변동분을 제외한 부분은 잔여재산분배청구권이 있는지 여부에 따라 다음과 같이 보통주주 귀속분과 우선주주 귀속분으로 구분한다.

〈표 7-2〉 **종속기업의 자본구분 : 우선주 발행 이후의 이익잉여금 변동분 제외**

잔여재산분배청구권의 성격 \ 배분액	보통주주 귀속분	우선주주 귀속분
잔여재산 분배에 참가할 수 있는 경우	종속기업 자본×보통주자본금비율*	종속기업 자본×우선주자본금비율**
잔여재산 분배에 참가할 수 없고 우선주주에게 당초 납입금만 환급하는 경우	종속기업 자본−장부상 우선주자본금	장부상 우선주자본금

* 보통주자본금비율＝보통주자본금/(보통주자본금＋우선주자본금)
** 우선주자본금비율＝우선주자본금/(보통주자본금＋우선주자본금)

우선주주가 보통주주와 동일하게 잔여재산(순자산금액에서 우선주를 발행한 이후의 이익잉여금 변동분은 제외) 분배에 참가할 수 있는 경우에는 종속기업 자본에 보통주자본금비율을 곱하여 보통주주지분을 계산하고, 종속기업 자본에 우선주자본금비율을 곱하여 우선주주지분을 계산한다.[1] 따라서 이 경우에는 우선주가 발행되는 시점에 있던 자본잉여금과 이익잉여금의 일부도 우선주주에게 배분된

1) 기업이 계약상 분배비율을 정한 경우에는 보통주자본금비율이나 우선주자본금비율 대신 계약상 정한 비율을 사용하면 된다.

다. 한편, 우선주주가 보통주주와 동일하게 잔여재산 분배에 참가할 수 없고 우선주주에게 당초 납입한 자본금만 환급되는 경우에는 종속기업 자본 중 우선주주지분은 장부상 우선주자본금 금액이며 나머지 금액은 모두 보통주주에게 배분된다.

(2) 우선주를 발행한 이후의 이익잉여금 변동분에 대한 구분

종속기업이 우선주를 발행한 이후의 이익잉여금 변동분은 결산기마다 우선주에 대한 이익배당의 성격에 따라 〈표 7-3〉과 같이 보통주주 귀속분과 우선주주 귀속분으로 구분한다.

〈표 7-3〉 **종속기업의 자본구분 : 우선주 발행 이후의 이익잉여금 변동분**

배분액 / 우선주의 특성	보통주주 귀속분	우선주주 귀속분
누적적 · 참가적	(종속기업 당기순이익 − 보통주배당금[1) 및 우선주배당금[2)) × 보통주자본금비율[3) + 보통주배당금	(종속기업 당기순이익 − 보통주배당금[1) 및 우선주배당금[2)) × 우선주자본금비율[3) + 우선주배당금[2)
누적적 · 비참가적	종속기업 당기순이익 − 우선주배당금[2)	우선주배당금[2)
비누적적 · 참가적	• 우선주에 대한 배당선언을 하지 않은 경우 : 종속기업 당기순이익 × 보통주자본금비율[3) • 우선주에 대한 배당선언을 한 경우 : (종속기업 당기순이익 − 보통주배당금 및 우선주배당금) × 보통주자본금비율[3) + 보통주배당금	• 우선주에 대한 배당선언을 하지 않은 경우 : 종속기업 당기순이익 × 우선주자본금비율[3) • 우선주에 대한 배당선언을 한 경우 : (종속기업 당기순이익 − 보통주배당금 및 우선주배당금) × 우선주자본금비율[3) + 우선주배당금
비누적적 · 비참가적	• 우선주에 대한 배당선언을 하지 않은 경우 : 종속기업 당기순이익 • 우선주에 대한 배당선언을 한 경우 : 종속기업의 당기순이익 − 우선주배당금	• 우선주에 대한 배당선언을 하지 않은 경우 : 없음 • 우선주에 대한 배당선언을 한 경우 : 우선주배당금

주1) 보통주에 대한 배당을 하지 않은 경우에는 0으로 계산한다.
2) 누적적우선주에 대한 배당금은 배당선언 여부에 상관없이 포함한다.
3) 보통주자본금비율 = 보통주자본금/(보통주자본금 + 우선주자본금)
우선주자본금비율 = 우선주자본금/(보통주자본금 + 우선주자본금)

위에서 이익잉여금 변동분에 대한 보통주주지분을 계산할 때 누적적우선주의 경우에는 배당선언 여부와 관계없이 우선주배당금을 차감하고 있다. 그 이유는 누적적우선주의 경우 특정 연도의 우선주배당금이 정관에서 정한 우선주배당률에 달하지 못하면 그 부족액을 차후연도의 이익에서 우선적으로 받을 수 있는 권리가 있기 때문이다.

종속기업이 우선주를 발행한 경우에 종속기업 자본을 위에서 설명한 방법에 따라 우선주주지분과 보통주주지분으로 배분하면 연결분개를 수행할 수 있게 된다. 먼저 종속기업에 누적적우선주가 있는 경우의 연결절차를 살펴본다.

예제 7-3 종속기업에 누적적우선주가 있는 경우의 연결

20×3년 1월 1일에 갑(주)는 을(주) 보통주식의 80%를 ₩500,000에 취득하였다. 또한 동 일자에 갑(주)는 ₩125,000을 지급하고 을(주)의 우선주 60%(24주)도 취득하였다. 20×2년말 현재 을(주)의 자본계정은 다음과 같다.

보통주자본금(@₩5,000)	₩300,000
우선주자본금(@₩5,000, 우선주배당률 연 10%)	200,000
자본잉여금	60,000
이익잉여금	190,000
	₩750,000

을(주)의 우선주는 20×2년 1월 1일에 발행되었으며 20×1년말 시점에서 을(주)의 자본계정은 다음과 같았다.

보통주자본금(@₩5,000)	₩300,000
자본잉여금	60,000
이익잉여금	170,000
	₩530,000

을(주)의 우선주주에게 잔여재산청구권은 부여되지 않으며 당초 납입한 자본금만 환급된다. 20×2년 및 20×3년에 대한 을(주)의 당기순이익은 각각 ₩20,000과 ₩80,000이다. 20×2년과 20×3년 중에 결의 · 지급된 배당은 없다.

20×3년에 대한 을(주)의 배당은 보통주와 우선주에 대해 각각 ₩30,000과 ₩20,000을 지급하기로 결의되었다. 주식취득일 현재 을(주)의 모든 자산과 부채는 장부금액과 공정가치가 일치하며, 갑(주)는 을(주) 주식을 원가법으로 평가하고 있다. 단, 비지배지분은 종속기업의 식별가능한 순자산공정가치에 비례하여 결정한다.

을(주)가 발행한 우선주의 특성이 다음과 같을 때 20×3년말에 갑(주)의 연결분개를 제시하라.

(1) 누적적 · 참가적

(2) 누적적 · 비참가적

해답

(1) 누적적 · 참가적인 경우

1) 종속기업 자본 및 당기순이익의 배분

구 분		보통주 귀속분	우선주 귀속분	합 계
① 자본금		₩300,000	₩200,000	₩500,000
② 자본잉여금		₩60,000	–	₩60,000
③ 우선주 발행 전 이익잉여금 (20×1년말 이익잉여금)		₩170,000	–	₩170,000
④ 우선주 발행 후 이익잉여금변동분	20×2년	(₩20,000 – ₩20,000*) ×60%** + ₩0 = ₩0	(₩20,000 – ₩20,000*) ×40%** + ₩20,000 = ₩20,000	₩20,000
	20×3년	(₩80,000 – ₩50,000***) ×60%** + ₩30,000 = ₩48,000	(₩80,000 – ₩50,000***) ×40%** + ₩20,000 = ₩32,000	₩80,000

* 20×2년 우선주배당금

** 보통주자본금비율 = 보통주자본금/(보통주자본금 + 우선주자본금)
우선주자본금비율 = 우선주자본금/(보통주자본금 + 우선주자본금)

*** ₩30,000(보통주배당금) + ₩20,000(우선주배당금) = ₩50,000

2) 20×3년말의 연결분개

E-① 투자주식(보통주)과 자본계정의 상계

(차) 자 본 금	300,000	(대) 투 자 주 식(보통주)	500,000
자본잉여금	60,000	비지배지분(보통주)	106,000
이익잉여금	170,000		
영 업 권	76,000 *		

* ₩500,000 – ₩530,000(보통주 귀속분) × 80% = ₩76,000

E-② 투자주식(우선주)과 자본계정의 상계

(차) 자 본 금	200,000	(대) 투 자 주 식(우선주)	125,000
이익잉여금	20,000	비지배지분(우선주)	88,000
		자본잉여금	7,000 *

* ₩125,000 – ₩220,000(우선주 귀속분) × 60% = (₩7,000)

E-③ 보통주에 대한 비지배지분순이익 계상

(차) 이익잉여금 9,600 * (대) 비지배지분(보통주) 9,600

* ₩48,000 × 20% = ₩9,600

E-④ 우선주에 대한 비지배지분순이익 계상

(차) 이익잉여금 12,800 * (대) 비지배지분(우선주) 12,800

* ₩32,000 × 40% = ₩12,800

(2) 누적적 · 비참가적인 경우

1) 종속기업 자본 및 당기순이익의 배분

구 분		보통주 귀속분	우선주 귀속분	합 계
① 자본금		₩300,000	₩200,000	₩500,000
② 자본잉여금		₩60,000	—	₩60,000
③ 우선주 발행 전 이익잉여금 (20×1년말 이익잉여금)		₩170,000	—	₩170,000
④ 우선주 발행 후 이익잉여금변동분	20×2년	₩20,000 − ₩20,000* = ₩0	₩20,000	₩20,000
	20×3년	₩80,000 − ₩20,000** = ₩60,000	₩20,000	₩80,000

* 20×2년 우선주배당금
** 20×3년 우선주배당금

우선주가 누적적 · 비참가적인 경우에도 20×3년 순이익을 제외한 종속기업 자본의 구분은 누적적 · 참가적인 경우와 동일하며 20×3년의 순이익의 배분액에서만 차이난다.

2) 20×3년말의 연결분개

E-① 투자주식(보통주)과 자본계정의 상계

(차) 자 본 금	300,000	(대) 투 자 주 식(보통주)	500,000
자본잉여금	60,000	비지배지분(보통주)	106,000
이익잉여금	170,000		
영 업 권	76,000*		

* ₩500,000 − ₩530,000(보통주 귀속분) × 80% = ₩76,000

E-② 투자주식(우선주)과 자본계정의 상계

(차) 자 본 금	200,000	(대) 투 자 주 식(우선주)	125,000
이익잉여금	20,000	비지배지분(우선주)	88,000
		자본잉여금	7,000*

* ₩125,000 − ₩220,000(우선주 귀속분) × 60% = (₩7,000)

E-③ 보통주에 대한 비지배지분순이익 계상

(차) 이익잉여금 12,000* (대) 비지배지분(보통주) 12,000

* ₩60,000 × 20% = ₩12,000

E-④ 우선주에 대한 비지배지분순이익 계상

(차) 이익잉여금 8,000* (대) 비지배지분(우선주) 8,000

* ₩20,000 × 40% = ₩8,000

다음에서는 종속기업에 비누적적우선주가 있는 경우의 연결절차를 살펴 본다.

예제 7-4 종속기업에 비누적적우선주가 있는 경우의 연결

[예제 7-3]에서 을(주)가 발행한 우선주의 특성이 다음과 같을 때 갑(주)의 20×3년말 연결분개를 제시하라.

(1) 비누적적 · 참가적

(2) 비누적적 · 비참가적

해답

(1) 비누적적 · 참가적인 경우

1) 종속기업 자본 및 당기순이익의 배분

구 분		보통주 귀속분	우선주 귀속분	합 계
① 자본금		₩300,000	₩200,000	₩500,000
② 자본잉여금		₩60,000	–	₩60,000
③ 우선주 발행 전 이익잉여금 (20×1년말 이익잉여금)		₩170,000	–	₩170,000
④ 우선주 발행 후 이익잉여금변동분	20×2년	₩20,000 × 60%* = ₩12,000	₩20,000 × 40%* = ₩8,000	₩20,000
	20×3년	(₩80,000 – ₩50,000**) × 60%* + ₩30,000 = ₩48,000	(₩80,000 – ₩50,000**) × 40%* + ₩20,000 = ₩32,000	₩80,000

* 보통주자본금비율 = 보통주자본금/(보통주자본금 + 우선주자본금)

우선주자본금비율 = 우선주자본금/(보통주자본금 + 우선주자본금)

** ₩30,000(보통주배당금) + ₩20,000(우선주배당금) = ₩50,000

우선주가 비누적적 · 참가적인 경우에는 보통주주지분과 우선주주지분을 구분할 때 20×2년에 대한 우선주 배당미달액(₩20,000)을 고려하지 않는다. 20×3년에 대한 순이익의 구분은 누적적 · 참가적 우선주의 경우와 동일하다.

2) 20×3년말의 연결분개

E-① 투자주식(보통주)과 자본계정의 상계

(차)	자 본 금	300,000	(대) 투 자 주 식(보통주)	500,000
	자본잉여금	60,000	비지배지분(보통주)	108,400
	이익잉여금	182,000		
	영 업 권	66,400*		

* ₩500,000 − ₩542,000(보통주 귀속분) × 80% = ₩66,400

E-② 투자주식(우선주)과 자본계정의 상계

(차)	자 본 금	200,000	(대) 투 자 주 식(우선주)	125,000
	이익잉여금	8,000	비지배지분(우선주)	83,200
	자본잉여금	200*		

* ₩125,000 − ₩208,000(우선주 귀속분) × 60% = ₩200

E-③ 보통주에 대한 비지배지분순이익 계상

(차)	이익잉여금	9,600*	(대) 비지배지분(보통주)	9,600

* ₩48,000 × 20% = ₩9,600

E-④ 우선주에 대한 비지배지분순이익 계상

(차)	이익잉여금	12,800*	(대) 비지배지분(우선주)	12,800

* ₩32,000 × 40% = ₩12,800

(2) 비누적적 · 비참가적인 경우

1) 종속기업 자본 및 당기순이익의 배분

구 분		보통주 귀속분	우선주 귀속분	합 계
① 자본금		₩300,000	₩200,000	₩500,000
② 자본잉여금		₩60,000	−	₩60,000
③ 우선주 발행 전 이익잉여금 (20×1년말 이익잉여금)		₩170,000	−	₩170,000
④ 우선주 발행 후 이익잉여금변동분	20×2년	₩20,000	−	₩2,000
	20×3년	₩80,000 − ₩20,000* = ₩60,000	₩20,000	₩80,000

* 20×3년 우선주배당금

2) 20×3년말의 연결분개

E-① 투자주식(보통주)과 자본계정의 상계

(차) 자 본 금	300,000	(대) 투 자 주 식(보통주)	500,000
자본잉여금	60,000	비지배지분(보통주)	110,000
이익잉여금	190,000		
영 업 권	60,000*		

* ₩500,000 − ₩550,000(보통주 귀속분) × 80% = ₩60,000

E-② 투자주식(우선주)과 자본계정의 상계

(차) 자 본 금	200,000	(대) 투 자 주 식(우선주)	125,000
자본잉여금	5,000*	비지배지분(우선주)	80,000

* ₩125,000 − ₩200,000(우선주 귀속분) × 60% = ₩5,000

E-③ 보통주에 대한 비지배지분순이익 계상

(차) 이익잉여금	12,000*	(대) 비지배지분(보통주)	12,000

* ₩60,000 × 20% = ₩12,000

E-④ 우선주에 대한 비지배지분순이익 계상

(차) 이익잉여금	8,000*	(대) 비지배지분(우선주)	8,000

* ₩20,000 × 40% = ₩8,000

제 4 절 연결이연법인세

1. 연결이연법인세의 의의

재무제표상 자산과 부채의 장부금액과 법인세법에서 인정되는 자산과 부채의 세무기준액이 차이날 때 그러한 일시적차이에 대한 법인세효과를 이연법인세자산 또는 이연법인세부채로 인식해야 한다. 이에 따라 연결대상회사들은 개별회계에서 이연법인세를 인식하고 있으며 연결대상회사 각각의 개별재무제표에 발생한 이연법인세자산과 이연법인세부채는 연결재무제표 작성시 합산되어 총액으로 표시된다.

한편, 개별회계상 인식한 이연법인세 외에 연결재무제표 작성시에도 연결재무제표상 자산 · 부채의 장부금액과 관련 세무기준액을 비교하여 일시적차이가 존재하면 그에 대한 법인세효과를 연결재무상태표와 연결포괄손익계산서에 인식해야 한다. 다음에서는 연결재무제표 작성시 발생하는 대표적인 일시적차이에 대하여 설명한다.

2. 연결과정에서 발생하는 일시적차이

(1) 종속기업의 취득시점에서 발생하는 장부금액과 공정가치의 조정액

지배기업의 연결재무상태표상 종속기업의 자산과 부채는 종속기업 취득시점의 공정가치로 평가한다. 이처럼 연결회계상 종속기업의 식별가능한 자산 · 부채는 공정가치로 평가하나 세무상으로는 동일하게 조정되지 않는다면 연결재무제표상 자산 · 부채의 장부금액과 세무기준액 사이에는 일시적차이가 발생한다. 이러한 일시적차이로 인한 법인세효과를 이연법인세자산 또는 이연법인세부채로 인식해야 한다. 예를 들어, 자산의 장부금액은 공정가치로 증가하였으나 자산의 세무기준액은 종속기업의 원가로 남아 있는 경우 이연법인세부채를 초래하는 가산할 일시적차이가 발생한다.

일반적으로 자산 · 부채의 최초 인식시점에 발생하는 장부금액과 세무기준액 사이의 일시적차이는 회계이익이나 과세소득에도 영향을 미친다. 따라서 이 경우 이연법인세 부채나 자산을 인식하고 이에 따른 이연법인세 비용이나 수익을 당기손익으로 인식한다. 하지만 사업결합에서 장부금액을 조정하는 공정가치로 인해 발생하는 일시적차이는 최초 인식시점에서는 회계이익이나 과세소득에 영향을 미치지 않는다. 따라서 종속기업의 취득시점에 종속기업 자산 · 부채의 장부금액과 세무기준액 사이의 일시적차이에 대하여 이연법인세자산이나 이연법인세부채를 인식하지만 법인세비용에는 영향을 미치지 않는다.

한편, 영업권 금액(염가매수차익)은 종속기업의 취득원가에서 취득한 식별가능한 순자산의 공정가치를 차감한 잔여금액으로 결정되는데, 만일 식별가능한 자산과 부채를 공정가치로 평가함으로써 발생한 이연법인세자산(부채)이 있는 경우에는 이를 고려하여 영업권을 산정한다. 예를 들어, 자산이나 부채의 평가차액으로 인해 이연법인세부채가 발생하면 이만큼 종속기업의 부채가 증가한 것에 해당하므로 순자산이 감소하여 영업권이 증가하거나 염가매수차익이 감소한다.

(2) 종속기업의 취득에서 발생하는 영업권

종속기업의 취득에서 발생한 영업권을 세무상 인정받을 수 없다면 영업권의 세무기준액은 영(₩0)이고 따라서 영업권의 장부금액과 세무기준액 사이에 가산할 일시적차이가 발생한다. 그러나 영업권의 가산할 일시적차이에 대한 이연법인세부채는 인식하지 아니한다. 왜냐하면 영업권은 잔여금액으로 측정되므로 만일 영업권과 관련하여 이연법인세부채를 인식하게 되면 그만큼 영업권이 증가하고 다시 이연법인세부채를 추가로 인식하게 되는 순환적인 과정을 반복하게 되기 때문이다. 또한 영업권의 최초 인식에서 발생하였기 때문에 인식되지 아니한 이연법인세부채가 향후 감소되는 경우에도 영업권의 최초 인식으로부터 발생한 것으로 간주하여 이러한 이연법인세부채 감소를 인식하지 않는다. 예를 들어, 사업결합에서 ₩100의 영업권을 인식하는데 그 세무기준액은 영(₩0)인 경우 이연법인세부채를 인식하지 아니한다. 만일 당해 영업권에 대하여 ₩20의 손상차손을 인식한다면, 영업권과 관련된 가산할 일시적차이는 ₩100에서 ₩80으로 감소되고, 그 결과 미인식된 이연법인세부채의 가치가 감소한다. 하지만 당해 미인식된 이연법인세부채의 가치 감소는 영업권의 최초 인식과 관련된 것으로 보아 인식하지 않는다.

그러나 영업권과 관련된 가산할 일시적차이에 대한 이연법인세부채 중 영업권의 최초 인식에서 발생하지 않은 부분에 대한 이연법인세부채는 인식한다. 예를 들어, 사업결합에서 ₩100의 영업권을 인식하는데 취득연도부터 시작하여 연 20%씩 세무상 공제할 수 있는 경우, 영업권의 세무기준액은 최초 인식시 ₩100이고 취득연도의 말에 ₩80이 된다. 만일 취득연도의 말에 영업권 장부금액이 변경되지 않아 ₩100이라면, 취득연도의 말에 ₩20의 가산할 일시적차이가 발생한다. 이때의 당해 가산할 일시적차이는 영업권의 최초 인식과 관련한 것이 아니므로 그에 따른 이연법인세부채를 인식한다.

(3) 내부미실현손익과 관련된 일시적차이

연결재무제표를 작성하는 과정에서 연결대상기업간 자산거래에 포함된 미실현손익은 제거하게 된다. 이때 연결재무제표상에 해당 자산은 내부미실현이익이 제거된 금액으로 나타나게 되는데 세무기준액은 내부미실현이익이 포함된 거래금액으로 그대로 유지되기 때문에 장부금액과 세무기준액 사이에 차이가 발생하게 된다. 이러한 차이에 대하여도 이연법인세자산(이연법인세부채)을 인식한다.

내부미실현손익과 관련된 일시적차이는 종속기업의 자산과 부채의 평가차액에서 발생하는 일시적차이와는 달리 기업회계상의 수익과 비용의 인식시점과 세무상의 익금과 손금의 인식시점이 다른 경우에 해당된다. 예를 들어, 지배기업이 20×1년 종속기업에 원가 ₩1,000의 재고자산을 ₩1,300에 판매하였고 종속기업은 20×2년에 동 재고자산을 외부에 판매하였다고 하자. 연결회계상으로는 20×2년에 매출이 실현된 것으로 보는 반면에 세무상으로는 20×1년에 발생한 ₩1,300의 매출을 인정한다. 따라서 매출의 실현을 인식하는 시점에 있어 차이가 존재한다.

한편, 내부거래로 인한 미실현손익을 제거함으로써 발생하는 일시적차이에 대한 법인세효과는 관련 자산을 보유하고 있는 기업에 적용되는 세율을 기준으로 계산한다. 이렇게 회계처리해야 향후 미실현손익의 실현시점에 세무상 손금으로 인정되는 금액에 대한 법인세효과를 이연법인세 자산 또는 부채로 인식할 수 있고, 이는 자산·부채법의 논리에 충실하게 된다.

예제 7-5 연결이연법인세

갑(주)는 20×1년 1월 1일 을(주)의 보통주 75%를 ₩280,000에 취득하였고, 취득 당시 을(주)의 순자산장부금액은 자본금 ₩200,000과 이익잉여금 ₩100,000으로 구성되어 있었다.

을(주)의 자산·부채 중 공정가치가 장부금액을 초과하는 금액은 재고자산 ₩10,000과 건물 ₩50,000이다. 당해 재고자산은 20×1년중에 전액 외부로 매출되었고, 건물은 잔존가치 없이 5년간 정액법으로 상각한다.

〈추가자료〉

(1) 갑(주)는 을(주) 주식을 원가법으로 회계처리한다.

(2) 20×1년중에 을(주)는 갑(주)에 ₩20,000(매출총이익률 : 20%)을 현금으로 매출하였고, 갑(주)는 이 중 60%를 20×1년에, 나머지 40%를 20×2년에 외부로 판매하였다. 상기 매출은 세법상 적절한 것이다.

(3) 법인세율은 양사 모두 30%이고, 이는 계속 적절히 유지될 것이다.

(4) 을(주)는 당기순이익으로 20×1년에 ₩40,000, 20×2년에 ₩45,000을 보고하였으며, 20×2년 주총에서 ₩10,000의 배당을 결의, 지급하였다.

20×1년과 20×2년의 연결분개를 제시하라. 단, 비지배지분은 종속기업의 식별가능한 순자산공정가치에 비례하여 결정한다.

해답

1. 20×1년의 연결분개

E-① 투자주식과 자본계정의 상계제거 및 비지배지분의 설정

(차)		(대)	
자 본 금	200,000	투 자 주 식	280,000
이익잉여금	100,000	비지배지분	85,500*
재 고 자 산	10,000	이연법인세부채	18,000**
건 물	50,000		
영 업 권	23,500***		

* (₩200,000 + ₩100,000) × 25% + (₩10,000 + ₩50,000 − ₩18,000) × 25% = ₩85,500

** (재고자산 ₩10,000 + 건물 ₩50,000) × 30% = ₩18,000

*** ₩280,000 − (₩200,000 + ₩100,000 + ₩10,000 + ₩50,000 − ₩18,000) × 75% = ₩23,500

E-② 과소평가된 재고자산매각에 따른 수정

(차)		(대)	
매 출 원 가	10,000	재 고 자 산	10,000
이연법인세부채	3,000*	법인세비용	3,000

* ₩10,000 × 30% = ₩3,000

(주) 지배력획득시 재고자산을 공정가치로 계상함에 따라 재고자산이 외부로 판매된 회계연도에 매출원가를 ₩10,000 증가시킨다. 재고자산에 대한 평가차액은 해당 재고자산이 판매되는 시점에서 상각이 이루어지며 동 재고자산과 관련하여 인식한 이연법인세부채 ₩3,000도 같이 소멸된다.

E-③ 과소평가된 유형자산의 감가상각 관련 수정

(차)		(대)	
감가상각비	10,000	감가상각누계액	10,000
이연법인세부채	3,000*	법인세비용	3,000

* ₩10,000 × 30% = ₩3,000

(주) 건물에 대한 평가차액 중 1/5은 건물의 감가상각시점에서 추가 감가상각비로 비용화되며 동 건물과 관련하여 인식한 이연법인세부채 ₩15,000 중 당년도 감가상각분에 해당하는 ₩3,000도 같이 상각한다.

E-④ 내부거래(상향판매)와 미실현이익 제거 및 이연법인세 계상

(차)		(대)	
매 출	20,000	매 출 원 가	18,400
		재 고 자 산	1,600*
(차) 이연법인세자산	480**	(대) 법인세비용	480

* 상향판매(₩20,000) × 40% × 20% = ₩1,600

** 미실현이익(₩1,600) × 법인세율(30%) = ₩480

(주) 상향판매 내부거래를 제거하며 관련 미실현이익도 제거한다. 제거된 미실현이익은 해당 재고자산이 외부로 판매될 때 실현되어 연결손익에 포함되며 관련 법인세비용도 미실현이익이 실현되는 연도의 비용으로 인식되어야 한다. 그러나 세무상으로는 을(주)가 개별재무제표상 인식한 이익에 대해 과세하므로, 내부거래가 발생한 연도에 미실현이익에 대해서도 법인세를 납부하게 된다. 따라서 내부거래가 발생한 연도에 미실현이익과 관련하여 납부하는 법인세부담액은 이연법인세자산으로 인식하고 당해 연도의 법인세비용을 줄여준다.

E-⑤ 비지배지분순이익의 계상

(차) 이익잉여금	6,220*	(대) 비지배지분	6,220

* (₩40,000 − ₩10,000 + ₩3,000 − ₩10,000 + ₩3,000 − ₩1,600 + ₩480) × 25% = ₩6,220

2. 20×2년의 연결분개

〈준비단계〉

E-① 갑(주)가 별도재무제표상 인식한 배당수익의 취소

(차) 배 당 수 익	7,500	(대) 이익잉여금	10,000
비지배지분	2,500		
(차) 이연법인세자산	2,250*	(대) 법인세비용	2,250

* ₩7,500 × 30% = ₩2,250

(주) 세무상으로는 갑(주)의 별도재무제표상 인식한 배당수익에 대해 과세할 것이나 연결재무제표상으로는 당기손익이 아니다. 배당수익으로 인한 이러한 과세소득과 연결회계상 이익의 차이는 종속기업 처분시점에 실현되므로 이 일시적차이에 대해 이연법인세자산과 법인세비용을 인식한다.

〈주요단계〉

E-② 을(주) 취득시점 기준으로 투자주식과 자본계정의 상계제거

(차) 자 본 금	200,000	(대) 투 자 주 식	280,000
이익잉여금	100,000	비지배지분	85,500
재 고 자 산	10,000	이연법인세부채	18,000
건 물	50,000		
영 업 권	23,500		

E-③ 을(주)의 취득일 이후 전기까지 증가한 이익잉여금 비지배지분에 배분

(차) 이익잉여금	10,000*	(대) 비지배지분	10,000

* ₩40,000 × 25% = ₩10,000

E-④ 20×1년에 처분한 재고자산의 장부금액을 초과하는 공정가치를 매출원가로 인식

(차) 이익잉여금	7,500	(대) 재 고 자 산	10,000
비지배지분	2,500		

(차) 이연법인세부채	3,000	(대) 이익잉여금	2,250
		비지배지분	750

(주) 갑(주)의 별도재무제표상 을(주)투자주식을 원가법으로 회계처리하므로 20×2년 연결재무제표 작성시 20×1년에 행한 연결분개를 다시 해주어야 한다. 다만, 20×1년도 손익효과는 지배기업에 귀속되는 금액은 이익잉여금에 조정하고 비지배지분에 귀속되는 금액은 비지배지분에 조정한다.

E-⑤ 과소평가된 유형자산의 감가상각 관련 수정

(차) 이익잉여금	7,500	(대) 감가상각누계액	20,000
비지배지분	2,500		
감가상각비	10,000		
(차) 이연법인세부채	6,000*	(대) 이익잉여금	2,250
		비지배지분	750
		법인세비용	3,000

* ₩10,000 × 30% × 2 = ₩6,000

(주) 갑(주)의 별도재무제표상 을(주)투자주식을 원가법으로 회계처리하므로 연결재무제표 작성시 과거연도에 대한 감가상각비 및 이와 관련된 이연법인세 회계처리를 해주어야 한다. 즉, 과거연도에 대한 감가상각비 중 지배기업에 귀속되는 금액은 이익잉여금에서 차감하고 비지배지분에 귀속되는 금액은 비지배지분을 감소시켜야 한다.

E-⑥ 전기 내부미실현이익(상향판매)의 실현 분개

(차) 이익잉여금	1,200	(대) 매 출 원 가	1,600
비지배지분	400		
(차) 법인세비용	480	(대) 이익잉여금	360
		비지배지분	120

(주) 전기 재고자산 상향판매와 관련한 내부미실현이익 중 실현된 ₩1,600을 인식한다. 을(주)의 기초이익잉여금이 동액만큼 과대계상된 부분은 지배기업 해당액 ₩1,200과 비지배지분 해당액 ₩400으로 구분하여 감소시킨다. 세무상으로는 당기에 실현된 ₩1,600에 대해 전기에 이미 ₩480을 과세하였으므로 연결회계상 당기의 법인세비용으로 ₩480을 인식하고 동액만큼 과소계상된 을(주)의 기초이익잉여금을 지배기업 해당액 ₩360과 비지배지분 해당액 ₩120으로 구분하여 증가시킨다.

E-⑦ 비지배지분순이익의 계상

(차) 이익잉여금	9,780*	(대) 비지배지분	9,780

* (₩45,000 − ₩10,000 + ₩3,000 + ₩1,600 − ₩480) × 25% = ₩9,780

제 5 절 공 시

1. 연결재무제표상 공시사항

지배기업은 연결재무제표에 다음 사항을 공시한다.

연결재무제표상 공시사항

1) 연결재무제표의 이용자들이 다음을 이해할 수 있는 정보
   ① 연결실체의 구성
   ② 연결실체의 활동과 현금흐름에 대해 비지배지분이 갖는 몫
2) 연결재무제표의 이용자들이 다음을 평가할 수 있게 하는 정보
   ① 연결실체의 자산에 접근하거나 자산을 사용할 수 있는 능력과 부채를 상환할 수 있는 능력에 유의적인 제약이 있는 경우 그 제약의 성격과 범위
   ② 연결구조화기업에 대한 지분과 관련된 위험이 있는 경우 그 위험의 성격과 변동
   ③ 지배력 상실 없이 종속기업에 대한 지배기업의 소유지분이 변동한 결과
   ④ 보고기간 동안의 종속기업에 대한 지배력 상실의 결과

연결재무제표의 작성에 사용되는 종속기업 재무제표의 보고기간종료일이나 보고기간이 지배기업의 보고기간종료일이나 보고기간과 다른 경우에는 종속기업 재무제표의 보고기간종료일 및 지배기업과 다른 보고기간종료일이나 보고기간을 사용한 이유를 공시한다.

종속기업에 대한 비지배지분이 보고기업에 중요한 경우, 각 해당 종속기업에 대해 다음을 공시한다.

종속기업에 대한 비지배지분이 중요한 경우 공시사항

① 종속기업의 명칭 및 주된 사업장(설립지의 국가명 포함)
② 비지배지분이 보유한 소유지분율
③ 보고기간 동안에 종속기업의 비지배지분에 배분된 당기순손익
④ 보고기간말 종속기업의 누적 비지배지분
⑤ 종속기업의 요약재무정보

2. 별도재무제표상 공시사항

(1) 연결재무제표를 작성하지 않는 경우 별도재무제표상 공시

지배기업이 연결재무제표를 작성하지 않을 수 있는 요건을 모두 충족하여 연결재무제표를 작성하지 않기로 결정한 경우에는 다음의 사항을 별도재무제표에 공시한다.

연결재무제표를 작성하지 않는 경우 별도재무제표상 공시사항

① 재무제표가 별도재무제표라는 사실, 연결재무제표 작성 면제 규정을 적용하였다는 사실, 한국채택국제회계기준을 적용하여 일반목적으로 이용가능한 연결재무제표를 작성한 기업의 명칭과 설립지나 소재지의 국가명 및 이러한 연결재무제표를 입수할 수 있는 주소
② 종속기업, 공동지배기업 및 관계기업에 대한 유의적인 투자의 목록. 명칭, 설립지나 소재지의 국가명, 소유지분율 및 의결권지분율(소유지분율과 다른 경우) 등을 포함한다.
③ 위 ②에 따라 기재한 투자자산의 회계처리방법에 대한 설명

(2) 연결재무제표를 작성하는 경우 별도재무제표상 공시

지배기업이 연결재무제표와 함께 별도재무제표를 작성하는 경우에는 다음 사항을 별도재무제표에 공시한다.

연결재무제표를 작성한 경우 별도재무제표상 공시사항

① 재무제표가 별도재무제표라는 사실과 법적 요구사항이 아닌 경우 별도재무제표를 작성한 이유
② 종속기업, 공동지배기업 및 관계기업에 대한 유의적인 투자의 목록. 명칭, 설립지나 소재지의 국가명, 소유지분율, 의결권지분율(소유지분율과 다른 경우) 등을 포함한다.
③ 위 ②에 따라 기재한 투자자산의 회계처리방법에 대한 설명

아울러 별도재무제표는 연결재무제표나 관련 투자자산에 대하여 지분법을 적용하여 작성된 개별재무제표와 식별되도록 해야 한다.

사례로 배우기 7-1 연결재무제표 공시사례 – 포스코홀딩스

포스코홀딩스는 2024년 현재 ESG의 각 부문에서 우수한 평가를 받고 있는 기업 중 하나이며, 전 세계적으로 약 190개의 종속기업을 보유하고 있는 지배기업이다. 포스코홀딩스의 연결재무제표 주석 중 '1. 일반사항'의 특징적 사례를 살펴보면 다음과 같다.

첫째, 포스코홀딩스의 주석은 연결재무제표 작성기준, 종속기업 현황, 종속기업의 요약재무정보를 다음과 같이 공시하고 있다. 종속기업의 요약재무정보에는 자산, 부채, 자본, 매출액, 당기순손익 정보가 제공되고 있다.

[주석사례]

1. 일반사항

한국채택국제회계기준 제1110호(연결재무제표)에 의한 지배기업인 포스코홀딩스 주식회사(이하 "당사")와 연결재무제표 작성대상 종속기업인 주식회사 포스코 등 52개 국내법인과 POSCO America Corporation 등 139개 해외법인 그리고 119개 관계기업 및 공동기업의 일반적 사항은 다음과 같습니다.(생략)

종속기업 요약재무정보 (단위 : 백만원)

	(주)포스코	(주)포스코 이앤씨	포스코 스틸리온(주)	(주)포스코 디엑스	(주)큐에스원*	(주)포스코 퓨처엠	(생략)
자산	45,825,529	7,861,704	529,525	871,343	232,848	5,756,556	…
부채	12,716,600	4,455,205	174,724	418,446	53,646	3,327,874	…
자본	33,108,929	3,406,499	354,801	452,897	179,202	2,428,682	…
매출액	38,971,567	9,534,592	1,132,510	1,445,326	18,044	4,457,201	…
당기순손익	1,179,665	198,203	32,276	88,527	6,037	32,140	…

* (주)큐에스원의 재무정보는 종속기업 편입 후 발생한 매출액과 당기순이익입니다.

둘째, 포스코홀딩스의 주석에는 연결재무제표 이용자들이 연결실체를 평가할 수 있는 정보가 제공되고 있다. 세부적으로는 연결실체의 구성, 지분율, 종속기업의 명칭 및 주된 사업장, 연결실체의 자산에 접근하거나 자산을 사용할 수 있는 능력과 부채를 상환할 수 있는 능력에 유의적인 제약이 있는 경우 그 제약의 성격과 범위, 지배력 상실 없이 종속기업에 대한 지배기업의 소유지분이 변동한 결과, 보고기간 동안의 종속기업에 대한 지배력 상실의 결과 등이 다음과 같이 제공된다.

[주석사례]

구 분	전체 종속기업								전체 종속 기업 합계
	종속기업								
	(주)포스코	포스코에너지(주)	미래창조펀드	(주)큐에스원	(주)포스코피에스테크	POSCO DX BRASIL	Senex Holdings PTY LTD	생략	
업종	제선, 제강 및 압연재 생산 및 판매	발전, 연료전지 제조 및 판매	신기술 사업투자	부동산 임대업	정비 서비스업	IT서비스 및 전기제어 엔지니어링	자원개발	…	
지배기업 보유지분	100.00%	0.00%	0.00%	100.00%	0.00%	0.00%	0.00%	…	
종속기업 보유지분	0.00%	0.00%	0.00%	0.00%	100%	0.00%	50.10%	…	
합계	1	0	0	1	1	0	0.501	…	
지역	포항	서울	서울	서울	포항	브라질	호주	…	
지배기업과 종속기업 사이의 관계에 대한 설명		주1)		주2)			주3)	…	
지배력 상실 없이 종속기업에 대한 지배기업의 소유지분이 변동하여 지배기업의 소유주에 귀속되는 자본의 증가(감소)								…	250,363
연결실체의 자산에 접근하거나 사용할 수 있는 능력과 부채상환능력에 대한 유의적 제약 기술								…	주4)
편입일자 / 제외일자		2023.1	2023.12	2023.3	2023.4	2023.8		…	
취득지분				100%	100%			…	
편입사유				관계기업에서 종속기업으로 편입	신규 설립			…	
제외사유		흡수합병	청산			매각		…	
종속기업으로부터 수취한 현금배당액								…	441,113

주1) 해당 회사는 2023년 1월 1일을 기준으로 (주)포스코인터내셔널에 흡수합병되었습니다.
주2) 당사는 당기중 기존 관계기업투자주식으로 분류되었던 (주)큐에스원의 외부주주 보유지분 50% 전량을 추가취득하였습니다. 이에 따라 해당 회사에 대한 지배력을 획득하여 신규 종속회사로 편입하였습니다.
주3) 해당 회사에는 Senex Energy Limited 등 22개 종속기업이 포함되어 있습니다.
주4) 한편, 상기 종속기업과 관련하여 지배기업에 대한 현금배당, 차입금 상환, 선수금 반환 등의 자금이전에 대한 유의적인 제약은 존재하지 않습니다.

지배력을 상실하지 않은 종속기업에 대한 지배기업의 소유지분 변동으로 인하여 당기중 250,363백만원((주)포스코인터내셔널 등)의 지배지분이 증가하였으며, 전기중 7,827백만원((주)포스코퓨처엠 등)의 지배지분이 감소하였습니다.

셋째, 포스코홀딩스의 주석은 비지배지분이 중요한 종속기업의 보고기간 동안에 비지배지분에 배분된 당기순손익, 보고기간말 종속기업의 누적 비지배지분 등을 다음과 같이 공시하고 있다.

[주석사례]

(단위 : 백만원)

구 분	비지배지분이 중요한 종속기업						비지배지분이 중요한 종속기업 합계
	(주)포스코 인터내셔널	PT. KRAKATAU POSCO	(주)포스코 퓨처엠	(주)포스코 이앤씨	(주)포스코 DX	기타 비지배지분이 중요한 종속기업	
유동자산	5,717,154	810,988	2,049,879	5,577,527	561,725	10,280,517	24,997,790
비유동자산	5,787,515	2,664,861	3,056,029	2,019,351	184,667	8,086,165	21,798,588
유동부채	−4,379,238	−1,318,286	−1,221,829	−3,866,258	−328,558	−8,445,386	−19,559,555
비유동부채	−2,938,204	−1,429,590	−2,228,191	−522,622	14,841	−2,680,943	−9,784,709
순자산	4,187,227	727,973	1,655,888	3,207,998	432,675	7,240,353	17,452,114
비지배지분의 장부금액	1,121,823	363,987	666,420	1,514,203	149,812	2,600,462	6,416,707
매출액	28,542,084	3,130,551	4,457,201	9,536,262	1,439,715	29,630,513	76,736,326
당기순손익	528,592	72,609	63,024	188,436	88,104	−400,634	540,131
비지배지분에 배분된 당기순손익	141,618	36,304	25,365	88,943	30,506	−143,784	178,952
영업활동 현금흐름	258,910	182,199	−193,324	−168,120	7,257	95,392	182,314
투자활동 현금흐름	53,876	−13,992	−389,075	192,970	6,832	−334,276	−483,665
비지배지분 배당 지급 전 재무활동 현금흐름	−324,134	−154,212	577,158	63,164	−319	330,622	492,279
비지배지분에 지급한 배당금	−47,765	0	−9,344	−9,867	−3,941	−19,963	−90,880
환율변동효과	651	46	−1	260	−63	864	1,757
현금및현금성자산의 순증감	−58,462	14,041	−14,586	78,407	9,766	72,639	101,805

익힘문제

1. 연결자본변동표에 의해 전달되는 주요 정보는 무엇인가?
2. 연결자본변동표에 표시되는 항목을 간단히 기술하라.
3. 지배기업이 종속기업 주식을 추가로 취득하는 데 소요된 현금액은 지배기업의 별도현금흐름표와 연결현금흐름표상에서 각각 어떠한 활동으로 분류되는지 설명하라.
4. 종속기업 주식의 일부 처분 후 지배력을 상실하는 경우와 지배력을 유지하는 경우에 처분으로 인해 취득한 현금이 지배기업의 별도현금흐름표상에서 각각 어떠한 활동으로 분류되는지 설명하라.
5. 종속기업 주식의 일부 처분 후 지배력을 상실하는 경우와 지배력을 유지하는 경우에 처분으로 인해 취득한 현금이 연결현금흐름표상에서 각각 어떠한 활동으로 분류되는지 설명하라.
6. 종속기업이 우선주를 발행한 경우에 대한 연결절차를 설명하라.
7. 지배기업에 의한 종속기업 우선주 구입의 의미를 연결회계관점에서 설명하라.
8. 연결회계에서 발생하는 일시적차이의 예를 제시하고 설명하라.
9. 연결회계에서 발생하는 일시적차이에 대한 이연법인세자산·부채의 계상이 영업권(또는 염가매수차익)에 미치는 영향을 설명하라.
10. 연결회계에서 발생하는 영업권에 대해 이연법인세자산·부채를 계상하지 않는 이유는 무엇인가?

연습문제

01 기본개념의 이해

다음 각 문장이 옳으면 ○, 틀리면 ×로 답하라.

(1) 연결자본변동표상 납입자본란에는 지배기업과 종속기업의 유상증자 또는 감자로 인한 납입자본의 증감을 표시한다.

(2) 연결자본변동표상 비지배지분의 변동은 지배기업의 소유주에게 귀속되는 자본항목의 변동과 구분하여 표시한다.

(3) 연결재무제표 작성대상에 신규로 포함되어 연결실체의 현금흐름에 증감이 발생하는 경우 당해 종속기업의 취득에 따른 총현금흐름을 별도로 표시하고 투자활동으로 분류한다.

(4) 연결현금흐름표 작성시 종속기업 주식을 추가로 취득하는 경우의 현금유출은 투자활동으로 분류하지만 종속기업 주식을 처분하는 경우의 현금유입은 재무활동으로 분류한다.

(5) 관계기업으로부터 수취한 배당금은 연결현금흐름표에서 투자활동 현금흐름으로 표시할 수도 있고 재무활동 현금흐름으로 표시할 수도 있다.

(6) 종속기업이 자본으로 분류되는 누적적우선주를 발행하고 이를 비지배지분이 소유하고 있는 경우, 지배기업은 종속기업의 배당결의 여부와 관계없이 해당 주식의 배당금을 조정한 후 종속기업 당기순손익에 대한 자신의 지분을 산정한다.

(7) 지배기업의 종속기업의 우선주를 취득한 경우, 우선주에 대한 투자계정과 자본계정을 상계제거할 때 나타나는 차액은 영업권 또는 염가매수차익으로 처리한다.

(8) 종속기업의 취득시점에 발생하는 종속기업의 식별가능한 자산과 부채의 공정가치와 장부금액의 차이는 세무상 일시적차이에 해당하므로 관련 법인세효과를 법인세비용으로 인식하고 이연법인세부채(또는 자산)를 계상한다.

(9) 종속기업의 취득에서 발생하는 영업권은 가산할 일시적차이에 해당하지만 이연법인세부채를 인식하지 않는다.

(10) 내부거래의 미실현손익을 제거함으로써 발생하는 일시적차이에 대한 법인세효과는 관련 미실현손익을 보고하고 있는 기업에 적용되는 세율을 기준으로 계산한다.

02 연결자본변동표(Ⅰ)

20×1년 1월 1일에 갑(주)가 을(주)의 지분 60%를 ₩65,000에 취득하였다. 취득시점에서 을(주)의 자산과 부채의 장부금액과 공정가치는 일치하였다. 20×1년에 대한 갑(주)와 을(주)의 자본변동내역은 다음과 같다.

1) 갑(주)자본계정의 변동내역

	자본금	자본잉여금	이익잉여금	기타포괄 손익누계액
20×1년 1월 1일	₩150,000	₩50,000	₩100,000	₩60,000
배 당 금			(20,000)	
유 상 증 자	30,000	10,000		
재평가잉여금				50,000
당기순이익			50,000	
20×1년 12월 31일	₩180,000	₩60,000	₩130,000	₩110,000

2) 을(주)자본계정의 변동내역

	자본금	자본잉여금	이익잉여금	기타포괄 손익누계액
20×1년 1월 1일	₩50,000	₩30,000	₩25,000	
배 당 금(중간배당)			(5,000)	
무 상 증 자	10,000	(10,000)		
FVOCI금융자산평가이익				₩25,000
당기순이익			20,000	
20×1년 12월 31일	₩60,000	₩20,000	₩40,000	₩25,000

갑(주)는 을(주) 주식을 원가법으로 회계처리하고 있다. 단, 비지배지분은 종속기업의 식별가능한 순자산공정가치에 비례하여 결정한다.

요구사항

위의 자료에 근거하여 연결자본변동표를 작성하라.

03 연결현금흐름표(Ⅰ)

다음은 20×1년과 20×2년 서울(주)와 종로(주)의 연결재무제표이다.

연결재무상태표

서울(주) 및 종속기업

	20×1년말	20×2년말		20×1년말	20×2년말
현 금	₩100,000	₩120,000	매 입 채 무	₩150,000	₩270,000
매 출 채 권	300,000	275,000	미지급이자	50,000	60,000
재 고 자 산	300,000	320,000	자 본 금	500,000	500,000
토 지	500,000	550,000	자본잉여금	500,000	500,000
건 물(순액)	300,000	425,000	이익잉여금	20,000	40,000
영 업 권	20,000	20,000	비지배지분	300,000	340,000
계	₩1,520,000	₩1,710,000	계	₩1,520,000	₩1,710,000

연결포괄손익계산서

서울(주) 및 종속기업 20×2. 1. 1～12. 31

매 출	₩2,000,000
매 출 원 가	(1,920,000)
매출총이익	₩80,000
이 자 수 익	35,000
기 타 수 익	70,000
이 자 비 용	(40,000)
기 타 비 용	(70,000)
법인세차감전순이익	₩75,000
법인세비용	(15,000)
당기순이익	₩60,000
지배기업소유주지분순이익	₩20,000
비지배지분순이익	₩40,000

[추가자료]

1) 지배기업인 서울(주)는 종로(주)의 보통주 중 60%를 소유하고 있다.
2) 서울(주)는 20×2년중 건물을 ₩150,000에 취득하였다.
3) 이자수익 ₩35,000은 현금으로 수취하였다.
4) 서울(주)는 이자수취액과 이자지급액을 영업활동 현금흐름으로 표시한다.

요구사항

20×2년의 연결현금흐름표를 간접법으로 작성하라.

04 우선주를 발행한 종속기업

서울(주)는 20×1년 1월 1일 강남(주)의 보통주 70%를 ₩3,210,000에 취득하였다. 취득 당시 강남(주)의 순자산내역은 다음과 같고, 장부금액이 공정가치에 미달하는 자산은 토지이고, 그 차이는 ₩300,000이다. 강남(주)의 20×1년과 20×2년의 순이익은 각각 ₩500,000과 ₩800,000이다. 서울(주)는 강남(주)에 대한 투자주식을 원가법으로 회계처리하고 있으며, 강남(주)에 대한 비지배지분은 강남(주)의 식별가능한 순자산공정가치에 비례하여 결정한다.

강남(주)의 배당은 20×1년말과 20×2년말에 보통주와 우선주에 대해 각각 ₩150,000과 ₩50,000씩 선언되고 다음 연도초에 지급되었으며 우선주에 대한 연체배당금은 없다. 강남(주)의 우선주자본금은 회사가 설립된 때에 발행된 것이다.

	20×1년초
자 본 금	
보통주	₩1,500,000
우선주(누적적, 참가적)	500,000
자본잉여금	1,000,000
이익잉여금	2,000,000
계	₩5,000,000

요구사항

20×1년말과 20×2년말의 연결분개를 제시하라. 단, 우선주는 실질적으로 보통주와 동일한 잔여재산 분배청구권이 있다.

05 연결이연법인세와 영업권

20×1년초에 갑사는 을사 발행주식 60%를 ₩500,000에 취득하였다. 취득 당시의 양사의 재무상태표는 다음과 같다.

재무상태표

20×1. 1. 1 현재

자 산	갑 사	을 사	부채와 자본	갑 사	을 사
현금및현금등가물	₩600,000	₩40,000	매 입 채 무	₩100,000	₩140,000
매 출 채 권(순액)	80,000	60,000	기 타 부 채	280,000	300,000
토 지	100,000	200,000	자 본 금	300,000	100,000
기 계 장 치 (순액)	100,000	300,000	이익잉여금	200,000	60,000
계	₩880,000	₩600,000	계	₩880,000	₩600,000

[추가자료]

을사의 자산 중 토지의 공정가치는 ₩300,000이고 기계장치의 공정가치는 ₩400,000이며 기타의 자산·부채의 공정가치는 장부금액과 일치한다. 기계장치의 내용연수는 5년이며, 정액법으로 상각한다. 당기 법인세율은 30%이다.

요구사항

1. 갑사가 종속기업투자주식을 원가법으로 회계처리하며, 비지배지분은 종속기업의 식별가능한 순자산공정가치에 비례하여 결정한다. 주식취득일의 영업권과 비지배지분을 구하라.
2. 주식취득일에 갑사의 연결재무상태표상 계상될 이연법인세를 구하라.
3. 을사의 20×1년 당기순이익이 ₩20,000이라면 20×1년말 연결재무상태표상 계상될 비지배지분과 비지배지분순이익을 구하라.

06 연결이연법인세(Ⅰ)

(2013년 공인회계사 시험(2차) 수정)

(주)대한은 20×1년 1월 1일 (주)민국의 의결권 있는 보통주 80%를 ₩380,000에 취득하여 지배력을 획득하였다. 주식취득일 현재 (주)민국의 자본계정은 자본금 ₩300,000과 이익잉여금 ₩100,000으로 구성되어 있으며, (주)민국의 자산·부채 중에서 장부금액과 공정가치가 일치하지 않는 항목은 다음과 같다.

	장부금액	공정가치
재고자산	₩200,000	₩230,000
건 물	180,000	200,000

위 자산 중 재고자산은 20×1년중에 모두 외부로 판매되었으며, 20×1년 1월 1일 현재 건물의 잔존내용연수는 10년, 잔존가치는 ₩0이고 정액법으로 상각한다. (주)대한과 (주)민국의 20×1년 별도(개별) 재무제표상 당기순이익은 각각 ₩150,000과 ₩50,000이다. (주)대한은 (주)민국의 주식을 원가법으로 회계처리하고 있으며, 연결재무제표 작성시 비지배지분은 종속기업의 식별가능한 순자산공정가치에 비례하여 결정한다. 20×1년말 현재 (주)대한과 (주)민국의 법인세율은 25%이고, 이는 향후에도 유지될 예정이다.

요구사항

법인세효과를 고려할 때, 주식취득일에 (주)대한의 연결재무상태표에 계상될 ① 영업권과 20×1년말 연결재무상태표에 계상될 ② 이연법인세자산(또는 부채)을 계산하라.

고급 연습문제

07 연결이연법인세(Ⅱ)

한국(주)는 20×1년 1월 1일 서울(주)의 보통주 60%를 ₩448,000에 취득하였고, 취득 당시 서울(주)의 순자산장부금액은 자본금 ₩400,000과 이익잉여금 ₩220,000으로 구성되어 있었다. 서울(주)의 자산 · 부채 중 공정가치가 장부금액을 초과하는 금액은 토지 ₩20,000과 건물 ₩100,000이다. 당해 건물은 잔존가치 없이 5년간 정액법으로 상각한다. 한국(주)는 비지배지분을 공정가치로 인식하며, 서울(주) 취득시점의 비지배지분의 공정가치는 ₩298,000이다.

[추가자료]

1) 법인세율은 양사 모두 30%이고 이는 계속 유지될 것이다.

2) 양사의 현금매출(매출총이익률 : 20%) 내부거래는 다음과 같고, 이는 세법상 적절한 거래이다.

판매회사	매입회사	매출액	매입회사 20×1년말 보유액*
한국(주)	서울(주)	₩20,000	₩8,000
서울(주)	한국(주)	40,000	16,000

* 매입회사 20×1년말 보유액은 20×2년중에 전액 외부판매되었다.

3) 서울(주)의 순자산 변동원인은 다음과 같다.

	20×1년	20×2년
배당결의 지급액	(₩20,000)	(₩20,000)
당기순이익	80,000	90,000
이익잉여금 증가액	₩60,000	₩70,000

요구사항

20×1년과 20×2년의 연결분개를 제시하라.

08 연결자본변동표(Ⅱ)

다음은 서울사와 경기사의 자본변동내역이다.

1) 서울사의 자본계정 변동내역

	자본금	자본잉여금	이익잉여금
20×1년 1월 1일	₩100,000	₩40,000	₩30,000
무상증자	15,000	(15,000)	–
당기순이익	–	–	25,000
20×1년 12월 31일	₩115,000	₩25,000	₩55,000
무상증자	20,000	(20,000)	–
현금배당	–	–	(10,000)
당기순이익	–	–	30,000
20×2년 12월 31일	₩135,000	₩5,000	₩75,000

2) 경기사의 자본계정 변동내역

	자본금	자본잉여금	이익잉여금	기타포괄손익누계액
20×1년 1월 1일	₩40,000	₩20,000	₩35,000	
당기순이익	–	–	15,000	
20×1년 12월 31일	₩40,000	₩20,000	₩50,000	
주식배당	10,000	–	(10,000)	
무상증자	15,000	(15,000)		
FVOCI금융자산평가이익	–	–		₩30,000
당기순이익	–	–	20,000	
20×2년 12월 31일	₩65,000	₩5,000	₩60,000	₩30,000

[추가자료]

1) 서울사는 20×1년초 경기사 주식의 70%를 ₩70,000에 취득하였으며, 취득 당시 경기사의 자산, 부채의 장부금액은 공정가치와 일치하였다.
2) 양사간의 재고자산 내부거래 내역은 다음과 같다.

판매회사	총내부거래금액		매입회사 기말재고 보유분	
	20×1년	20×2년	20×1년	20×2년
서울사	₩5,000	₩6,000	₩1,000	₩1,200
경기사	3,000	4,000	800	900

양사의 매출총이익률은 20%이고, 매입회사 기말보유액은 모두 다음 연도에 외부로 판매된다.

3) 위의 재고자산거래 이외에는 서울사와 경기사 간의 내부거래 및 채권 · 채무는 없다.

요구사항

위의 자료를 이용하여 20×2년의 연결자본변동표를 작성하라. 단, 비지배지분은 종속기업의 식별가능한 순자산공정가치에 비례하여 결정한다.

09 연결현금흐름표(Ⅱ)

서울사는 종로사 보통주의 80%를 소유하고 있는 지배기업이다. 다음은 연결현금흐름표를 작성하기 위한 연결재무제표이다.

연결재무상태표

서울사 및 종속기업

	20×1년말	20×2년말		20×1년말	20×2년말
현금및현금등가물	₩200,000	₩345,000	매입채무	₩429,000	₩510,000
매출채권	650,000	600,000	미지급이자	10,000	25,000
재고자산	540,000	655,000	사채	1,000,000	800,000
관계기업투자주식	260,000	270,000	장기차입금	150,000	150,000
건물(순액)	1,545,000	1,680,000	자본금	1,000,000	1,250,000
토지	700,000	755,000	자본잉여금	550,000	740,000
영업권	600,000	600,000	이익잉여금	845,000	1,150,000
			비지배지분	511,000	280,000
	₩4,495,000	₩4,905,000		₩4,495,000	₩4,905,000

연결포괄손익계산서

서울사 및 종속기업 20×2. 1. 1～12. 31

매출액	₩3,600,000
매출원가	(1,900,000)
매출총이익	₩1,700,000
지분법이익	40,000
기타수익	225,000
이자비용	(75,000)
기타비용	(1,280,000)
법인세비용차감전순이익	₩610,000
법인세비용	(180,000)
당기순이익	₩430,000
지배기업소유주지분순이익	₩396,000
비지배지분순이익	34,000
	₩430,000

[추가자료]

1) 20×2년초에 서울사는 종로사 보통주 20%를 ₩240,000에 추가취득하여 총지분율이 80%가 되었다.
2) 서울사는 20×2년중에 취득원가 ₩250,000, 장부금액 ₩90,000인 건물을 ₩115,000에 처분하였다.
3) 20×2년에 서울사는 ₩100,000, 종로사는 ₩40,000의 현금배당을 지급하였다.

4) 관계기업투자주식은 관계기업인 안국사에 대한 것으로서 당기중 ₩30,000의 현금배당을 수취하였다.
5) 서울사는 ₩375,000의 건물을 구입하고 대금을 현금으로 지급하였다.
6) 서울사는 투자수익 수취액은 투자활동 현금흐름으로 분류하며, 이자 및 배당금 지급액은 재무활동으로 분류한다.

요구사항

1. 위의 자료를 이용하여 20×2년의 연결현금흐름표를 간접법으로 작성하라.
2. 영업활동 현금흐름을 직접법으로 작성하라.

10 연결현금흐름표(Ⅲ)

(2010년 공인회계사 시험(2차) 수정)

다음 자료는 (주)초록의 연결현금흐름표 작성과 관련된 자료이다.

연결재무상태표

	20×2년말		20×1년말	
자 산				
현금및현금성자산		₩460		₩1,320
수취채권		3,800		2,400
재고자산		5,000		6,400
FVPL금융자산		2,000		1,500
유형자산	₩7,460		₩3,820	
감가상각누계액	(2,900)		(2,120)	
유형자산순액		4,560		1,700
자산총계		₩15,820		₩13,320
부 채				
매입채무		₩500		₩3,780
미지급이자		460		200
미지급법인세		980		2,000
장기차입금		2,580		2,080
사채		1,840		–
부채총계		₩6,360		₩8,060
자 본				
납입자본		₩4,000		₩2,500
이익잉여금		5,460		2,760
자본총계		₩9,460		₩5,260
부채 및 자본총계		₩15,820		₩13,320

연결포괄손익계산서

20×2. 1. 1~12. 31

매 출 액	₩61,300
매 출 원 가	(52,000)
매출총이익	₩9,300
감가상각비	(900)
판매비와 관리비	(1,320)
FVPL금융자산평가손실	(500)
이 자 비 용	(800)
이 자 수 익	600
배당금수익	400
외 환 손 실	(80)
법인세비용차감전순이익	₩6,700
법인세비용	(600)
당기순이익	₩6,100

[추가자료]

1) (주)초록은 기중에 종속기업의 모든 주식을 ₩1,180에 취득하였다. 취득 자산과 인수 부채의 공정가치는 다음과 같다.

재고자산(₩200), 현금(₩80), 유형자산(₩1,300), 장기차입금(₩400)

2) 당기에 유상증자로 ₩1,000, 장기차입금으로 ₩100을 조달하였다.
3) 이자비용 ₩800에는 사채할인발행차금상각과 관련된 이자비용 ₩40이 포함되어 있다.
4) 당기에 선언된 배당금에는 주식배당 ₩500이 포함되어 있으며, 나머지 배당금은 모두 현금지급되었다.
5) 당기손익-공정가치측정금융자산(FVPL금융자산) ₩1,000을 취득하였고, 나머지 차액은 기말공정가치와 취득원가의 차이로 발생하였다.
6) 유형자산을 개별적으로 총 ₩2,500에 취득하였다. 이 중에서 ₩1,800은 사채(액면금액 ₩2,000)를 발행하여 취득하였고, 나머지 ₩700은 현금으로 지급하였다.
7) 취득원가가 ₩160이고 감가상각누계액이 ₩120인 설비자산을 ₩40에 매각하였다.
8) 20×2년말의 수취채권에는 미수이자 ₩200이 포함되어 있다.
9) 외환손실 ₩80은 외화예금에서 발생한 것이다.
10) 판매비와 관리비는 당기 발생된 비용으로 모두 현금지출되었다.

요구사항

1. (주)초록의 20×2년 연결현금흐름표를 직접법에 의하여 작성할 때, 아래의 빈칸 ①~⑤에 들어갈 숫자를 계산하라.

영업활동 현금흐름		
고객으로부터 유입된 현금	₩ ①	
공급자와 종업원 등에 대한 현금유출	②	
영업으로부터 창출된 현금	₩ ?	
이 자 지 급	③	
이 자 수 취	?	
배당금수취	400	
법인세납부	(1,620)	
영업활동 순현금흐름		?
투자활동 현금흐름		
종속기업 취득에 따른 현금유출	₩ ④	
유형자산취득	(700)	
설 비 처 분	40	
투자활동 순현금흐름		?
재무활동 현금흐름		
유 상 증 자	₩1,000	
장기차입금	100	
배당금지급	⑤	
재무활동 순현금흐름		?

2. 비금융회사의 경우, 이자의 수취 및 지급에 따른 현금흐름을 한국채택국제회계기준(K-IFRS)에서는 어떻게 분류하도록 하고 있는지 3줄 이내로 기술하라.

11 연결회계 – 종합

(2019년 공인회계사 시험(2차) 수정)

(주)대한은 (주)민국에 대한 지배력을 보유하고 있다. 20×3년말 현재 두 기업의 별도재무상태표에서 발췌한 일부 계정의 정보는 다음과 같다. (주)대한과 (주)민국 모두 발행주식 1주당 액면금액은 ₩1,000이며, (주)민국은 설립 이후 자본금의 변동이 없다.

	(주)대한	(주)민국
유동자산		
현　　금	₩15,000	₩12,000
매 출 채 권	90,000	66,000
재 고 자 산	120,000	75,000
비유동자산		
유형자산(순액)	524,000	370,000
부　채		
장기차입금	44,000	90,000
이연법인세부채	45,000	28,000
자　본		
자 본 금	140,000	100,000
이익잉여금	570,000	210,000
기타자본요소	150,000	10,000
자본총계	₩860,000	₩320,000

[추가자료]

1) 20×1년초, (주)대한은 (주)민국의 주식 80주를 취득하면서 (주)민국의 주식 2주당 (주)대한의 주식 1주를 교부하였다. 당시 (주)대한의 주식 1주당 공정가치는 ₩7,000이었다.
2) 주식인수계약에는 기존의 80주를 소유하였던 (주)민국의 주주들에게 20×4년 1월말에 추가적인 대가(현금)를 지급하는 조항이 포함되어 있다. 추가 지급대가는 20×1년초부터 20×3년말까지 (주)민국의 재무성과에 따라 결정된다. 20×1년초 추가 지급대가의 공정가치는 ₩20,000으로 추정되었으며 20×2년말까지는 추가 지급대가의 공정가치에 변동이 없었다. 그러나 20×3년말에 추가 지급대가의 공정가치가 ₩24,000으로 변동되었다.
3) 20×1년초 (주)민국의 별도재무제표상 이익잉여금은 ₩150,000이며, 기타자본요소는 ₩5,000이다.
4) 취득 당시 (주)민국의 순자산 장부금액과 공정가치가 일치하지 않는 항목은 다음과 같다.
   ① 토지, 건물 및 기계장치는 공정가치가 장부금액보다 각각 ₩10,000, ₩30,000, ₩20,000 더 크다. 20×1년초 현재 건물과 기계장치의 추정잔존내용연수는 각각 30년과 4년이고, 정액법으로 감가상각한다. 20×3년말까지 (주)민국이 처분한 유형자산은 없다.
   ② 20×1년초 (주)민국의 별도재무제표 주석에는 우발부채에 관한 내용이 공시되어 있다. 20×1년초 우발부채의 공정가치는 ₩6,000으로 신뢰성 있게 추정된다. 이 우발상황은 20×1년말에 별도의 현금지출 없이 해소되었다.

5) (주)대한은 (주)민국의 비지배지분을 종속기업의 식별가능한 순자산공정가치에 비례하여 결정하기로 하였다.
6) (주)민국의 취득으로 인식한 영업권과 관련하여 20×1년말과 20×2년말에는 손상검사 결과 손상징후가 발견되지 않았다. 그러나 20×3년말에 (주)대한의 손상검사 결과 (주)민국의 순자산에 대한 회수가능액은 ₩400,000으로 추정되었다. (주)민국은 영업권 손상검사 목적상 단일의 현금창출단위로 간주된다.
7) 순자산 장부금액과 공정가치의 차이는 모두 일시적 차이에 해당하며, 적용될 법인세율은 20%이다. 단, 이 외의 일시적 차이는 존재하지 않는다.

요구사항

1. (주)대한의 20×1년초 연결재무상태표에 표시될 ① 영업권과 ② 비지배지분 금액을 각각 계산하라.
2. (주)대한의 20×3년말 연결재무상태표에 표시될 다음의 항목을 계산하라.
   ① 유형자산(순액)
   ② 영업권
   ③ (주)민국에 추가로 지급할 대가 관련 부채
   ④ 이연법인세부채
   ⑤ 이익잉여금
   ⑥ 기타자본요소
   ⑦ 비지배지분

PART

Ⅲ 지분법회계

제 8 장 관계기업과 공동기업에 대한 투자

CHAPTER

8 관계기업과 공동기업에 대한 투자

기업이 피투자기업에 대하여 공동지배력이나 유의적인 영향력을 보유하는 경우 지분법을 적용하여 해당 투자주식을 회계처리해야 한다. 본장에서는 지분법의 의의, 적용대상 및 관련 회계처리를 상세히 검토한다. 또한 본장의 〈보론〉에서는 공동약정에 대한 회계처리를 검토한다.

제 1 절 지분법의 기본개념

기업이 피투자자에 대하여 유의적인 영향력을 갖는다면 이러한 피투자기업을 관계기업(associate)이라고 한다. 또한 기업은 다른 당사자와 공동으로 지배력을 보유하는 공동약정의 당사자가 되어 해당 공동약정의 순자산에 대한 권리를 보유할 수 있는데, 이러한 공동약정을 공동기업(joint venture)이라고 한다(본장의 〈보론〉을 참조). 이처럼 기업이 관계기업이나 공동기업에 대한 지분을 보유하는 경우 기업은 해당 투자지분에 대해 지분법을 적용하여 회계처리해야 한다.

1. 지분법의 개념 및 타당성

지분법(equity method)은 관계기업이나 공동기업(앞으로는 별도로 구분되는 경우를 제외하고는 '피투자기업'이라고 부른다)에 대한 투자를 최초 취득원가로 인식하고, 취득시점 이후에 발생한 피투자기업의 순자산 변동액 중 투자자의 몫에 해당하는 금액을 인식하기 위하여 투자주식의 장부금액을 가감하여 보고하는 회계처리 방법이다. 즉 피투자기업에 순이익(순손실)이 발생하여 순자산이 증가(감소)하면, 이 증감액 중 투자자 몫에 해당하는 금액만큼 투자주식에 가산(차감)하고 동시에 이 금액을 투자자의 당기손익인 지분법손익으로 인식한다. 또한 피투자기업에 기타포괄손익이 발생하여 순자산이 증가(감소)하면, 이 증감액 중 투자자 몫에 해당하는 금액만큼 투자주식에 가산(차감)하고 동시에 이를 투자자의 기타포괄손익으로 인식한다. 한편 배당 등 피투자기업으로부터 분배를 받으면 이 금액만큼 투자자산의 장부금액을 줄인다.

다음과 같은 이유로 관계기업이나 공동기업에 대한 투자를 지분법으로 회계처리하면 정보이용자에게 투자자의 순자산과 당기순이익에 관해 보다 유용한 정보를 제공할 수 있다고 본다.

첫째, 투자자는 피투자기업에 배당금으로 지급할 재원이 있는 한 언제든지 피투자기업에 배당금을 지급할 수 있으므로 투자자가 피투자기업으로부터 수취한 분배액은 피투자기업의 당기 성과와 관련이 없을 수도 있다. 따라서 투자자가 피투자기업으로부터 수취한 분배금에 기초하여 투자수익을 인식한다면, 투자수익이 적절히 측정되지 못할 수 있다. 반면, 지분법은 피투자기업에서 손익이 발생했을 때 투자수익을 인식하므로 투자성과를 보다 적절하게 인식하는 회계처리라고 할 수 있다.

둘째, 투자자가 피투자기업으로부터 배당금을 받는 시점에 투자수익을 인식한다면, 투자자는 자신의 이익을 조정하기 위하여 관계기업의 배당정책에 영향력을 행사할 수 있다. 즉 투자자가 자신의 이익을 높이고자 하는 경우 피투자기업에 배당지급액을 늘리도록, 반대로 자신의 이익을 줄이고자 하는 경우에는 피투자기업에 배당지급액을 줄이도록 영향력을 행사할 수 있다. 하지만 지분법은 피투자기업의 배당정책과 무관하게 투자수익을 인식함으로써 이러한 이익조정의 가능성을 차단한다.

2. 지분법의 적용대상

(1) 유의적인 영향력의 식별

투자자가 피투자기업에 대하여 '**유의적인 영향력**'을 행사할 수 있으면 당해 피투자기업을 관계기업이라고 하며, 관계기업에 대한 투자는 지분법으로 회계처리해야 한다. 지분법에 대한 회계기준인 K-IFRS 제1028호(관계기업과 공동기업에 대한 투자)에서는 유의적인 영향력을 투자자가 '**피투자기업의 재무정책과 영업정책에 관한 의사결정에 참여할 수 있는 능력**'으로 정의하고 있다.[1] 그렇다면 투자자가 피투자기업의 재무정책과 영업정책에 관한 의사결정에 '참여할 수 있다'고 볼 수 있는 기준은 무엇일까?

1) 보유의결권 기준

피투자기업에 대한 영향력은 지분증권의 의결권을 통해 행사되므로 유의적인 영향력을 행사하기 위해서는 일정수준 이상의 지분율을 보유해야 한다. 일반적으로 투자자가 직접 또는 간접(예를 들면, 종속기업을 통하여)으로 피투자기업에

1) 그러나 유의적인 영향력이 피투자자에 대한 지배력이나 공동지배력은 아니다.

대한 의결권의 20% 이상을 소유하고 있다면 유의적인 영향력을 보유하는 것으로 본다. 다만, 유의적인 영향력이 없다는 사실을 명백하게 제시할 수 있는 경우는 예외로 한다. 예를 들면, 투자자의 피투자기업에 대한 의결권이 20% 이상이더라도 법규나 계약 또는 소송 등으로 의결권 행사가 제한되어 피투자기업에 대하여 유의적인 영향력을 행사할 수 없는 경우가 있다. 이와는 반대로 투자자가 직접 또는 간접으로 피투자기업에 대한 의결권의 20% 미만을 소유하고 있다면 유의적인 영향력이 없는 것으로 본다. 다만, 유의적인 영향력을 보유하고 있다는 사실을 명백하게 제시할 수 있는 경우는 예외로 한다.

투자자가 다음 중 하나 이상에 해당하면 일반적으로 유의적인 영향력을 보유하고 있다는 증거가 된다.

유의적인 영향력의 판단

① 피투자기업의 이사회나 이에 준하는 의사결정기구에 참여
② 배당이나 다른 분배에 관한 의사결정에 참여하는 것을 포함하여 정책결정과정에 참여
③ 투자자와 피투자기업 사이의 중요한 거래
④ 경영진의 상호 교류
⑤ 필수적인 기술정보의 제공

유의적인 영향력의 유무를 판단함에 있어 지분은 투자자가 피투자기업에 대해 직접 보유하고 있는 지분과 투자자의 종속기업이 보유하고 있는 당해 피투자기업에 대한 지분을 단순 합계한 수치를 사용한다. 왜냐하면, 지배기업이 종속기업을 통해 피투자기업에 대하여 추가적인 영향력을 행사할 수 있기 때문이다. 이러한 관계를 예시하면 [그림 8-1]과 같다.

[그림 8-1]에서 투자자인 지배기업과 투자자의 종속기업이 피투자기업에 대하여 보유하고 있는 지분을 단순 합계하면 25%이다. 따라서 명백한 반증이 없는 한 투자자가 피투자기업에 대하여 유의적인 영향력을 행사할 수 있는 것으로 본다. 그러나 투자자의 다른 피투자기업(예를 들면, 관계기업)이 소유하고 있는 피투자기업에 대한 지분은 합산하지 않는다.

[그림 8-1] **투자자가 지배기업인 경우**

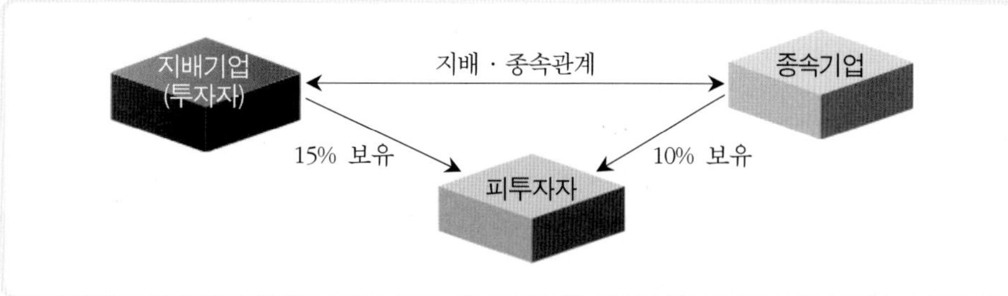

2) 잠재적 의결권의 고려

다른 투자자가 해당 피투자기업의 주식을 상당 부분 또는 과반수 이상을 소유하고 있다고 하여도 투자자가 피투자기업에 대하여 유의적인 영향력을 보유하고 있다는 것을 반드시 배제하는 것은 아니다.

투자자는 주식매입권, 주식콜옵션, 보통주식으로 전환할 수 있는 채무상품이나 지분상품, 또는 그 밖의 유사한 금융상품을 소유할 수도 있다. 이러한 금융상품은 행사되거나 전환될 경우 해당 피투자기업의 재무정책과 영업정책에 대한 기업의 의결권을 증가시키거나 다른 상대방의 의결권을 줄일 수 있는 잠재력(즉, 잠재적 의결권)을 가지고 있다.

기업이 유의적인 영향력을 보유하는지를 평가할 때에는, 다른 기업이 보유한 잠재적 의결권을 포함하여 '**현재 행사할 수 있거나 전환할 수 있는**' 잠재적 의결권의 존재와 영향을 고려한다.[2)] 미래의 특정일이 되기 전까지 또는 미래의 특정 사건이 일어나기 전까지는 잠재적 의결권을 행사할 수 없거나 전환할 수 없는 경우라면, 그 잠재적 의결권은 현재 행사할 수 있거나 전환할 수 있는 것이 아니다.

잠재적 의결권이 유의적인 영향력에 기여하는지 여부를 평가할 때 기업은 잠재적 의결권에 영향을 미치는 모든 사실과 상황을 검토해야 한다. 여기에는 잠재적 의결권의 행사 조건과 그 밖의 계약상 약정내용을 개별적으로 또는 결합하여 검토하는 것을 포함한다. 다만, 그러한 잠재적 의결권의 행사나 전환에 대한 '**경영진의 의도와 재무 능력**'은 고려하지 아니한다.

---

2) 한편, 지분법을 실제로 적용할 때 사용하는 '투자자의 지분'은 현재 소유하고 있는 소유주지분에만 기초하여 산정하며, 잠재적 의결권과 그 밖의 파생상품의 행사가능성이나 전환가능성은 반영하지 않는다.

예제 8-1 유의적인 영향력

다음의 각 상황에서 갑(주)가 을(주)에 대하여 유의적인 영향력을 행사할 수 있는지 판단하라.

(상황 1) 갑(주), 기업 A, 기업 B는 을(주)의 지분 15%, 40%, 45%를 각각 보유하고 있다. 기업 A와 기업 B는 언제든지 행사가 가능한 주식매입권을 보유하고 있으며, 갑(주)는 기업 A와 기업 B로부터 이 주식매입권을 염가에 매입할 수 있는 옵션을 가지고 있다. 갑(주)가 이 옵션을 행사하여 기업 A와 기업 B로부터 주식매입권을 매입하고 이 주식매입권을 행사한다면, 을(주)에 대한 갑(주), 기업 A, 기업 B의 지분은 각각 35%, 32%, 33%가 될 것이다.

(상황 2) 갑(주)는 을(주)의 주식 1,700주를 소유하고 있으며, 을(주)의 총발행주식수는 10,000주, 을(주)가 소유하고 있는 자기주식은 2,000주이다.

(상황 3) 갑(주)는 을(주)의 주식 10%를 소유하고 있다. 을(주)의 이사회는 8명으로 구성되며, 갑(주)는 이 중 2명에 대한 선임권을 보유하고 있다. 각 이사는 1개의 투표권을 갖는다.

(상황 4) 갑(주)와 을(주)는 동일한 사업을 영위하고 있으나 영업지역은 다르다. 갑(주)는 전략적 제휴를 목적으로 을(주)의 지분 10%를 소유하고 있다. 전략적 제휴관계에 따라 갑(주)로부터 파견된 관리자 2명이 사업적으로 중요한 변화를 가져올 을(주)의 신제품 개발과정을 직접 감독하고 있다. 파견된 관리자는 갑(주)의 이사회 구성원으로서 을(주)의 신규종업원 채용, 종업원 교육, 신규설비의 구매 및 신규원재료의 매입과 관련한 협상을 감독한다. 파견된 관리자는 갑(주)뿐만 아니라 을(주)의 이사회에서도 직접 보고하고 있다.

해답

(상황 1) 기업 A와 기업 B가 보유하고 있는 주식매입권은 언제든지 행사가 가능하므로 갑(주)가 보유하고 있는 옵션을 행사하면 이들 주식매입권은 갑(주)의 의결권을 증가시킬 수 있는 잠재력을 갖고 있다. 따라서 갑(주)는 을(주)에 대해 유의적인 영향력을 보유하고 있다고 할 수 있다.

(상황 2) 피투자자가 자기주식을 소유하거나 다른 투자자와의 관계에서 상호보유지분을 소유하여 상법상 해당 지분에 대한 의결권이 제한되는 경우, 의결권이 있는 지분에 기초하여 의결권 지분율을 결정한다. 의결권 지분율은 의결권이 있는 지분 8,000주(=10,000주−2,000주)에 기초하여 21.2%(=1,700주/8,000주)로 결정되며, 이는 20% 이상이므로 다른 반증이 없다면 갑(주)가 을(주)에 대한 유의적인 영향력을 보유한 것으로 본다.

(상황 3) 갑(주)는 을(주)의 이사회에 참여할 수 있는 권리를 보유하므로, 을(주)에 대한 유의적인 영향력을 보유하고 있다고 할 수 있다.

(상황 4) 갑(주)는 이사회 구성원을 관리자로 파견하여 을(주)의 신제품 개발과정, 즉 중요한 재무정책과 영업정책에 대한 의사결정에 영향력을 행사하고 있다. 갑(주)와 을(주)의 경영진 교류는 갑(주)가 을(주)에 대해 유의적인 영향력을 보유하고 있다는 증거가 된다.

(2) 공동기업에 대한 공동지배력의 식별

투자자는 공동지배력을 갖는 공동기업에 대한 투자를 지분법으로 회계처리한다. 공동기업은 공동약정의 한 유형인데, 기업회계기준서 제1111호(공동약정)에서는 공동약정(joint arrangements)을 '둘 이상의 당사자들이 공동지배력을 보유하는 약정'으로 정의하고 있다. 공동약정은 다음과 같은 특징이 있다.

공동약정의 특징

① 당사자들이 계약상 약정에 구속된다.
② 계약상 약정은 둘 이상의 당사자들에게 약정의 **공동지배력**을 부여한다.

여기서 공동지배력은 '약정의 지배력에 대한 합의된 공유'인데, 이는 약정의 당사자들이 계약을 통하여 약정에 대한 지배력을 공유하기로 합의한 것을 의미한다.[3] 따라서 공동지배력은 '**약정의 이익에 유의적인 영향을 미치는 활동**(즉, 관련 활동)**에 대한 결정**'에 지배력을 공유하는 당사자들 전체의 동의가 요구될 경우에만 존재한다. 공동약정에서 단일의 당사자는 그 약정을 단독으로 지배할 수는 없으나 다른 당사자들이나 일부 당사자들 집단이 약정을 지배하는 것을 방해할 수는 있다.

공동약정은 약정의 당사자들의 권리와 의무에 따라 공동영업 또는 공동기업으로 분류한다. 약정의 공동지배력을 보유하는 당사자들이 약정의 자산에 대한 권리와 부채에 대한 의무를 직접 보유한다면, 이러한 약정은 공동영업(joint operation)으로 분류한다. 공동영업의 당사자들은 공동영업자들로 지칭한다. 반면, 약정의 공동지배력을 보유하는 당사자들이 약정의 순자산에 대한 권리만을 보유한다면 이러한 약정은 공동기업(joint venture)으로 분류한다. 공동기업의 당사자들은 공동기업 참여자들로 지칭한다.

공동약정이 공동영업으로 분류되면, 공동영업자는 공동영업의 자산, 부채, 수익 및 비용 중 자신의 몫을 자신의 재무제표에 인식한다. 반면, 공동약정이 공동기업으로 분류되면, 공동기업 참여자는 공동기업에 대한 자신의 지분을 지분

---

3) 약정에 대한 지배력에서 '지배력'의 개념은 K-IFRS 제1110호(연결재무제표)에서 정의된 '피투자자에 대한 지배력' 개념을 준용한다.

법으로 회계처리한다. 공동기업에 대해 적용하는 지분법은 관계기업에 대해 적용하는 지분법과 동일하다. 공동약정이 공동영업인지 아니면 공동기업인지를 판단하는 구체적인 기준과 공동영업에 대한 회계처리는 본장의 〈보론〉에서 구체적으로 다룬다.

3. 지분법 적용의 면제

피투자기업에 대하여 공동지배력이나 유의적인 영향력을 보유하는 투자자는 해당 투자가 지분법 적용 면제규정을 충족하는 경우를 제외하고는 그 투자에 대해 지분법을 사용하여 회계처리한다.

피투자기업 투자에 대해 지분법이 면제되는 경우는 투자기업이 연결재무제표 작성이 면제되는 지배기업(제2장 연결재무제표의 의의와 작성원칙 참조)이거나, 다음 조건을 모두 충족하는 경우이다.

지분법 적용이 면제되는 경우

① 기업이 그 자체의 지분 전부를 소유하고 있는 다른 기업의 종속기업이거나, 그 자체의 지분 일부를 소유하고 있는 다른 기업의 종속기업이면서 그 기업이 지분법을 적용하지 않는다는 사실을 그 기업의 다른 소유주들(의결권이 없는 소유주 포함)에게 알리고 그 다른 소유주들이 그것을 반대하지 않는 경우
② 기업의 채무상품 또는 지분상품이 공개시장(국내 · 외 증권거래소나 장외시장, 지역시장 포함)에서 거래되지 않는 경우
③ 기업이 공개시장에서 증권을 발행할 목적으로 증권감독기구나 그 밖의 감독기관에 재무제표를 제출한 적이 없으며 현재 제출하는 과정에 있지도 않은 경우
④ 기업의 최상위 지배기업이나 중간 지배기업이 K-IFRS를 적용하여 공용가능한 연결재무제표를 작성하는 경우

피투자기업에 대한 공동지배력이나 유의적인 영향력이 일시적으로 의도된 경우라 하더라도 지분법이 면제되지 않는다.

투자자에게 자금을 이전할 수 있는 능력을 심각하게 손상시키는 장기적 제약이 있는 경우, 피투자자에 대한 공동지배력이나 유의적인 영향력을 행사할 수 있는 능력을 평가할 때 그러한 제약을 검토해야 한다. 그러나 그러한 제약 자체

로 인하여 공동지배력이나 유의적인 영향력의 존재가 배제되는 것은 아니며 지분법 적용이 면제되는 것은 아니다.

피투자기업에 대한 투자지분 전체 또는 그 일부가 K-IFRS 제1105호(매각예정비유동자산과 중단영업)에 따라 매각예정으로 분류되는 경우에는 지분법을 적용하지 않는다. 매각예정으로 분류되는 피투자기업에 대한 투자는 매각예정으로 분류되는 시점의 장부금액과 공정가치에서 판매부대원가를 차감한 금액 중 낮은 금액으로 측정한다. 피투자기업에 대한 투자지분 중 일부만 매각예정으로 분류되고 매각예정으로 분류되지 않은 잔여 보유분이 있는 경우의 회계처리는 다음과 같다.

① 매각예정으로 분류된 부분이 매각될 때까지 그 잔여 보유분에 대해서는 지분법을 적용하여 회계처리한다.
② 매각예정으로 분류된 부분의 매각 후에 잔여 보유분이 계속해서 관계기업이나 공동기업에 해당하면, 계속 지분법을 적용한다.
③ 매각예정으로 분류된 부분의 매각 후 잔여 보유분이 더 이상 관계기업이나 공동기업에 해당하지 않는다면, 잔여 보유분은 K-IFRS 제1109호(금융상품)에 따라 회계처리한다.

이전에 매각예정으로 분류된 피투자기업에 대한 투자지분이 더 이상 매각예정 분류기준을 충족하지 않는다면, 당초 매각예정으로 분류되었던 시점부터 소급하여 지분법으로 회계처리한다. 매각예정으로 분류된 시점 이후 기간의 재무제표는 이에 따라 수정되어야 한다.

관계기업이나 공동기업에 대한 투자에 대해 지분법을 적용하는 과정에서 다음과 같이 측정요구사항의 예외를 허용하고 있다.

지분법 적용시 측정요구사항의 예외

① 벤처캐피탈 투자기구나 뮤추얼펀드, 단위신탁 및 이와 유사한 기업(투자와 연계된 보험펀드 포함)이 관계기업이나 공동기업에 대한 투자를 보유하는 경우 K-IFRS 제1109호(금융상품)에 따라 당기손익-공정가치측정항목으로 선택할 수도 있다.
② 기업이 벤처캐피탈 투자기구나 뮤추얼펀드, 단위신탁 및 이와 유사한 기업(이하 '펀드 등')을 통해 관계기업 투자의 일부를 간접적으로 보유하는 경우 펀드 등이 해당 투자에 대해 유의적인 영향력을 갖는지 여부와 상관없이 K-IFRS 제1109호

(금융상품)에 따라 당기손익-공정가치측정항목으로 선택할 수도 있다. 그러나 이 경우에도 기업이 펀드 등을 통하지 않고 직접 보유하는 관계기업 투자의 나머지 부분에 대해서는 지분법을 적용한다.

피투자기업 투자를 당기손익-공정가치측정항목으로 선택하면, 해당 투자는 공정가치로 측정하고 공정가치의 변동은 그 변동이 발생한 기간의 당기손익으로 인식한다. 이 경우에는 지분법을 적용하는 것보다 공정가치로 측정하는 것이 재무제표이용자에게 더 유용한 정보를 제공한다고 보는 것이다. 이와 같은 공정가치 측정의 허용은 지분법 적용범위의 예외라기보다는 지분법을 적용하는 과정에서 측정의 예외로 본다.

제 2 절 지분법 회계처리

1. 적용재무제표

투자자는 지분법을 적용할 때 가장 최근의 이용가능한 피투자기업의 재무제표를 사용한다. 투자자의 보고기간 종료일과 피투자기업의 보고기간 종료일이 다른 경우 피투자기업은 실무적으로 적용할 수 없는 경우가 아니면, 투자자의 사용을 위하여 투자자의 재무제표와 동일한 보고기간 종료일의 재무제표를 작성해야 한다.

(1) 결산기의 차이

투자자의 지분법 적용을 위해 피투자기업이 투자자의 보고기간 종료일에 맞춰 재무제표를 작성하는 것이 실무적으로 가능하지 않은 경우 투자자는 보고기간 종료일이 다른 피투자기업의 재무제표를 사용할 수 있다.

그러나 이 경우 투자자 재무제표의 보고기간 종료일과 피투자기업 재무제표의 보고기간 종료일 사이에 발생한 유의적인 거래나 사건의 영향을 반영해야 한다.[4] 또한 투자자의 보고기간 종료일과 피투자기업의 보고기간 종료일 간의 차이는 3개월 이내이어야 하며, 보고기간의 길이 그리고 보고기간 종료일의 차이는 매 기간 동일해야 한다.

(2) 회계정책의 차이

피투자기업은 유사한 상황에서 발생한 거래나 사건에 대하여 투자자와 동일한 회계정책을 적용해야 한다. 따라서 유사한 상황에서 발생한 동일한 거래나 사건에 대하여는 피투자기업의 회계정책이 투자자의 회계정책과 일치하도록 재무제표를 적절히 수정한 후 지분법을 적용해야 한다.

2. 지분법 적용 투자주식 취득시점의 회계처리

지분법 회계처리는 많은 부분에서 K-IFRS 제1110호(연결재무제표)에서 규정하고 있는 연결회계처리와 유사하다. 특히 종속기업의 취득시점에 적용되는 회계처리 절차의 기본개념은 관계기업이나 공동기업의 취득시점의 회계처리에 적용된다.

투자자는 피투자기업에 대한 유의적인 영향력이나 공동지배력을 획득하는 날부터 지분법을 적용한다. 투자자는 피투자기업에 대한 투자를 최초 인식시점에 원가로 인식한다. K-IFRS 제1028호에서는 최초 원가를 어떻게 결정할 것인가에 대한 언급이 없다. 일반적으로 자산의 취득원가는 취득대가에 취득과 직접 관련하여 발생한 부대비용을 가산하여 결정한다. 따라서 피투자기업에 대한 투자의 최초 원가도 취득대가에 취득과 직접적으로 관련하여 발생한 지출액을 가산하여 결정하면 무리가 없을 것이다.

투자자가 피투자기업에 대한 지분을 취득하기 위하여 지급하는 취득대가와 이들 피투자기업의 식별가능한 순자산의 장부금액 중 투자자의 지분에 해당하는 금액은 일치하지 않는 것이 일반적이다. 따라서 두 금액이 일치하지 않는다면 취득시점 이후의 회계처리를 위해 그 차이의 원인을 분석할 필요가 있다. 투자

4) 이 경우 투자자가 개별적으로 미리 반영한 중요한 거래나 사건이 다음 회계기간의 지분법 적용시점에 지분변동액으로 중복 반영되지 않도록 유의해야 한다.

자의 취득대가와 피투자기업의 순자산의 장부금액 중 투자자의 지분에 해당하는 금액의 차이는 다음과 같이 두 가지 요소로 구성되어 있다.

취득대가와 피투자기업의 식별가능한 순자산장부금액의 차이

[차이①] 피투자기업의 식별가능한 순자산의 공정가치와 장부금액의 차이금액 중 투자자가 취득한 지분에 해당하는 금액

[차이②] 피투자기업의 식별가능한 순자산을 공정가치로 평가한 금액 중 투자자가 취득한 지분에 해당하는 금액과 취득대가의 차이

주식의 공정가치는 식별가능성 여부와 상관없이 해당 기업의 가치를 반영한다. 따라서 투자자가 피투자기업의 주식을 취득한다는 것은 피투자기업의 식별가능한 순자산뿐만 아니라 식별불가능한 자산가치도 취득하는 것이라 할 수 있다. [차이①]은 투자자가 피투자기업의 식별가능한 순자산을 공정가치로 취득함에 따라 피투자기업의 장부상 계상된 금액과 차이가 나는 금액이다. 이는 피투자기업 투자자산 취득일 후 당해 자산·부채에 대한 피투자기업의 회계처리 방법에 따라 상각 또는 환입하여 피투자기업의 당기순이익 중 투자자의 몫에 반영한다.

피투자기업의 식별가능한 순자산의 공정가치 중 투자자가 취득한 지분에 해당하는 금액과 취득대가의 차이가 [차이②]이다. 취득대가가 피투자기업의 식별가능한 순자산의 공정가치 중 투자자가 취득한 지분에 해당하는 금액을 초과한다면 이는 영업권에 해당한다. 반면, 피투자기업의 식별가능한 순자산의 공정가치 중 투자자의 몫에 해당하는 금액이 취득대가를 초과한다면, 이는 염가매수차익에 해당한다. 염가매수차익에 해당하는 금액은 해당 투자자산을 취득한 회계기간의 피투자기업 당기순이익 중 투자자의 몫을 결정할 때 수익에 포함한다.

예제 8-2 지분법 적용 투자주식 취득일의 회계처리

20×1년 1월 1일에 갑(주)는 을(주)의 주식 30주(총발행주식의 30%)를 ₩360,000에 취득하였다. 주식 취득일 현재 을(주) 순자산의 장부금액은 ₩1,000,000이며 을(주)의 자산·부채 중에서 장부금액과 공정가치가 다른 자산은 다음과 같다.

① 재고자산의 장부금액은 ₩100,000이고, 공정가치는 ₩120,000이다.
② 건물의 장부금액은 ₩100,000이고, 공정가치는 ₩150,000이다.

갑(주)가 20×1년 1월 1일에 필요한 분개를 하고, 갑(주)의 취득대가와 을(주) 순자산의 장부금액 중 갑(주)의 지분에 해당하는 금액의 차이를 분석하라.

해답

〈관계기업투자주식의 취득〉

(차) 관계기업투자주식 360,000 (대) 현 금 360,000

〈취득대가와 을(주) 순자산장부금액 중 갑(주) 지분 해당액의 차이분석〉

구 분	금 액			차 액	
순자산장부금액	₩1,000,000×30%=	₩300,000	[차이①]	장부금액과 공정가치의 차이	₩21,000
순자산공정가치	₩1,070,000×30%=	₩321,000			
취득대가		₩360,000	[차이②]	영업권	₩39,000
총차이					₩60,000

을(주) 순자산의 장부금액과 공정가치의 차이인 [차이①]은 다음과 같이 산출할 수도 있다.

재고자산 :	(₩120,000 − ₩100,000)×30%=	₩6,000
건 물 :	(₩150,000 − ₩100,000)×30%=	15,000
		₩21,000

[차이②]는 다음과 같이 산출할 수도 있다.

[차이②]=취득대가−관계기업 순자산의 공정가치×지분
=₩360,000−(₩1,000,000+₩20,000+₩50,000)×30%=₩39,000

투자자는 피투자기업의 지분을 취득하기 위하여 비화폐성자산을 출자할 수도 있다. 이 경우 피투자기업의 지분과 비화폐성자산의 교환에서 상업적 실질이 결여[5]되지 않는다면, 출자한 비화폐성자산을 공정가치로 측정한다. 출자한 비화폐성자산의 공정가치가 투자자의 장부금액과 다르면 처분손익이 발생하게 되는데, 투자자는 이러한 처분손익 중 해당 피투자기업에 대한 지분과 무관한 손익까

5) '상업적 실질의 결여' 여부는 K-IFRS 제1016호(유형자산)에 기술되어 있는 개념을 적용하여 판단한다.

지만 인식한다. 즉 비화폐성자산의 출자로 인해 발생한 손익 중 투자자의 지분에 해당하는 부분은 인식하지 않고, 대신 그만큼 투자자산의 취득원가를 감소시킨다. 이에 따라 투자자산의 취득원가는 출자한 비화폐성자산의 공정가치에서 인식하지 않은 손익(즉, 투자자의 지분에 해당하는 손익)을 차감한 금액이 된다.

예제 8-3 공동기업에 비화폐성자산을 출자하는 경우의 회계처리

20×1년 1월 1일에 갑(주)와 을(주)는 공동기업 병(주)를 설립하고, 갑(주)는 병(주)의 지분 40%를, 을(주)는 병(주)의 지분 60%를 취득하기로 합의하였다. 갑(주)는 병(주)의 지분을 취득하는 대가로 장부금액 ₩60,000(공정가치는 ₩100,000)인 무형자산을 출자하였으며, 을(주)는 병(주)의 지분을 취득하는 대가로 현금 ₩150,000을 출자하였다. 갑(주)와 을(주)가 20×1년 1월 1일에 필요한 분개를 하라.

해답

〈갑(주)의 회계처리〉

(차) 공동기업투자주식	100,000	(대) 무 형 자 산	60,000
		무형자산처분이익	40,000
(차) 무형자산처분이익	16,000	(대) 공동기업투자주식	16,000*

* 미실현손익 제거 : (₩100,000 − ₩60,000) × 40%(갑(주) 지분) = ₩16,000

[해설]

갑(주)가 출자하는 비화폐성자산을 공정가치로 평가하므로 무형자산을 출자하면서 무형자산처분이익 ₩40,000(= ₩100,000 − ₩60,000)이 발생한다. 그러나 이 중 갑(주) 자신의 지분에 해당하는 금액인 ₩16,000(= ₩40,000 × 40%)은 미실현손익으로 인식하지 않으며, 공동기업투자주식의 취득원가를 감소시킨다. 당해 미실현이익은 해당 자산이 매각되거나 상각될 때 실현이익으로 계상한다(뒤의 '내부거래 미실현손익의 제거'를 참조). 한편, 공동기업은 당해 무형자산을 공정가치로 기록한다.

〈을(주)의 회계처리〉

(차) 공동기업투자주식	150,000	(대) 현 금	150,000

[해설]

을(주)는 화폐성자산인 현금을 출자하므로 출자한 현금 전체가 취득원가가 된다.

투자자의 지분에 해당하는 손익을 제거하는 이유는, 피투자기업의 순자산 중 투자자의 몫에 해당하는 부분은 투자자의 것이므로 해당 피투자기업에 출자한 비화폐성자산 중 투자자의 지분에 해당하는 부분은 자신에게 출자한 것이라고 할 수 있기 때문이다.

한편, 비화폐성자산의 출자에 상업적 실질이 결여되어 있다면, 비화폐성자산은 투자자의 장부금액으로 측정한다. 따라서 그 비화폐성자산의 출자로부터 발생한 손익은 전액 미실현된 것으로 보아 인식하지 않는다. 이 경우에는 해당 비화폐성자산에 대한 투자자의 장부금액이 관계기업이나 공동기업 투자자산의 취득원가가 된다. 그러나 피투자기업의 지분을 수령하면서 추가로 화폐성이나 비화폐성 자산을 받는 경우, 투자자는 비화폐성자산의 출자로 인해 발생한 손익 중 수령한 화폐성이나 비화폐성 자산과 관련된 부분은 모두 당기손익으로 인식한다.[6)]

피투자기업의 지분과 교환으로 비화폐성자산을 출자함에 따라 인식하지 않은 미실현손익은 향후 해당 자산이 제3자에게 매각되거나 상각을 통해 실현된다. 미실현손익이 실현되는 시점의 회계처리는 투자자와 피투자기업 간 내부거래 미실현손익이 실현되는 시점의 회계처리(이에 대해서는 뒤에서 설명됨)와 동일하다. 여기서는 이에 대한 설명을 생략한다.

3. 지분법 적용 투자주식 취득 후의 회계처리

투자자는 피투자기업 투자자산 취득 이후에 피투자기업의 순자산장부금액이 변동하면 그 변동원천에 따라 투자자산의 장부금액을 조정한다. 이와 함께 피투자기업의 식별가능한 순자산의 장부금액과 공정가치의 차이 중 투자자 지분에 해당하는 금액(앞의 2.에서 설명됨)을 상각 또는 환입하여 소멸시켜 나가야 한다. 또한 투자자와 피투자기업 간의 거래에서 취득한 자산에 포함된 손익 중 투자자의 지분에 해당하는 금액은 외부의 제3자에게 처분되어(상각대상자산의 경우에는 상각을 통해) 실현될 때까지는 미실현손익으로 보아 제거해야 한다.

---

6) [예제 8-3]에서 상업적 실질이 결여되었다면, 다음과 같은 분개를 한다.

(차)	공동기업투자주식	60,000	(대) 무 형 자 산	60,000

또한 무형자산을 이전하는 대가로 공정가치의 1/2은 현금 ₩50,000을 받고, 나머지 1/2은 공동기업의 지분 20%를 취득하기로 한 경우에는 다음과 같은 분개를 한다(상업적 실질은 결여되지 않았음).

(차)	현 금	50,000	(대) 무 형 자 산	60,000
	공동기업투자주식	50,000	무형자산처분이익	40,000
(차)	무형자산처분이익	4,000	(대) 공동기업투자주식	4,000*

* 미실현손익 제거 : ₩40,000 × 1/2(출자비중) × 20%(갑(주) 지분) = ₩4,000

(1) 피투자기업 순자산장부금액의 변동

투자자산의 취득일 이후에 피투자기업 순자산의 장부금액에 변동이 발생하게 된다. 투자자는 변동금액 중 투자자의 지분에 해당하는 금액(이하 지분변동액이라 한다)을 투자자산의 장부금액에 가감하고, 변동원천에 따라 〈표 8-1〉과 같이 회계처리한다.

〈표 8-1〉 피투자기업 순자산장부금액의 변동에 대한 회계처리

변동원천[7]	지분변동액의 회계처리
당기순손익으로 발생	투자자의 당기순손익(지분법손익)으로 인식
기타포괄손익으로 발생	투자자의 기타포괄손익(지분법기타포괄손익)으로 인식
분배금의 지급	투자자산의 장부금액에서 차감

피투자기업이 배당금을 지급하는 경우 투자자는 피투자기업이 배당금 지급을 결의한 시점인 배당선언일에 투자자의 지분에 해당하는 금액을 미수배당금으로 인식하고 피투자기업 투자자산의 장부금액에서 차감한다. 이는 피투자기업으로부터 받은 배당금을 피투자기업의 당기순이익이 발생한 시점에 이미 인식한 이익의 회수로 보기 때문이다. 그러나 피투자기업 투자자산의 장부금액이 수취할 배당금에 미달하면, 당해 미달금액은 당기이익으로 인식해야 할 것이다.

피투자기업의 순자산장부금액의 변동원천에 따라 회계처리하는 예를 살펴보자. 투자자가 30%의 지분을 보유하고 있는 관계기업의 순자산이 당기순이익으로 인해 ₩1,000 증가하였고 유형자산재평가이익으로 인하여 기타포괄손익누계액이 ₩2,000 증가하였다면, 투자자는 관계기업의 순자산 변동을 반영하기 위해 다음과 같은 분개를 한다.

7) 피투자기업의 순자산 변동이 이익잉여금, 자본잉여금 등 기타의 자본 항목에서 발생하는 경우에 대해서는 명시적인 규정이 없다. 하지만 피투자기업이 이들 항목에 대해서 적용한 회계처리와 일관된 방법으로 회계처리하면 합리적일 것으로 생각된다. 예를 들어, 피투자기업의 전기오류수정으로 인해 이익잉여금이 변동한다면 투자자도 변동액의 지분해당액을 이익잉여금에 반영하면 될 것이다.

(차) 관계기업투자주식	900	(대) 지분법이익	300*
		지분법기타포괄이익	600**

* ₩1,000(당기순이익 발생액) × 30% = ₩300 : 당기손익으로 처리한다.
** ₩2,000(기타포괄이익 발생액) × 30% = ₩600 : 기타포괄손익으로 처리한다.

피투자기업이 자본으로 분류하는 누적적우선주를 발행하였고 이를 다른 투자자가 소유하고 있는 경우, 투자자는 배당결의 여부에 관계없이 이러한 주식의 배당금에 대하여 조정한 후 당기순손익에 대한 자신의 지분을 산정한다.

예제 8-4 지분법 회계처리

20×1년 1월 1일에 갑(주)는 을(주)의 주식 30주(총발행주식의 30%)를 ₩300,000에 취득하였다. 취득시점에 을(주)의 순자산장부금액은 ₩1,000,000이었고, 이는 공정가치와 동일하다. 을(주)는 20×1년 당기순이익으로 ₩100,000을 보고하였고, 배당금으로 ₩50,000을 지급하였다. 갑(주)가 을(주) 투자주식의 취득시점, 20×1년말 시점, 배당지급을 결의한 시점에 필요한 분개를 하라.

해답

① 취득시점

(차) 관계기업투자주식	300,000	(대) 현 금	300,000

② 20×1년말

(차) 관계기업투자주식	30,000	(대) 지분법이익	30,000*

* ₩100,000 × 30% = ₩30,000

③ 배당 결의시점

(차) 미수배당금	15,000	(대) 관계기업투자주식	15,000*

* 50,000 × 30% = ₩15,000

(주) 누적적우선주의 배당금이 ₩10,000인 경우에는 위 ②의 지분법 분개에서 금액은 (₩100,000 − ₩10,000) × 30% = ₩27,000이 된다.

한편 피투자기업이 자신의 종속기업, 관계기업, 공동기업을 소유하는 경우가 있다. 이때에는 투자자가 지분법을 적용하기 전에 피투자기업은 먼저 자신의 종속기업, 관계기업, 공동기업에 대한 투자를 자신의 재무제표에 회계처리해야 한다. 피투자기업이 자신의 종속기업, 관계기업, 공동기업에 대한 투자에 대해 적용하는 회계정책은 투자자의 회계정책과 동일해야 한다.

(2) 취득시점에 발생한 차이의 회계처리

앞에서 투자자산 취득일에 투자자의 취득대가와 피투자기업의 순자산장부금액 중 투자자 지분에 해당하는 금액과의 차이를 두 개([차이①]과 [차이②])로 구분하였다. 이러한 차이에 대한 회계처리를 살펴보자.

1) [차이①](피투자기업의 식별가능한 자산 · 부채의 공정가치와 장부금액의 차이 금액 중 투자자의 지분에 해당하는 금액)의 회계처리

[차이①]은 이를 발생시키는 해당 자산 · 부채에 대해 피투자기업이 적용하고 있는 회계처리방법에 따라 상각(또는 환입)한다.[8] 이 상각액 중 투자자의 지분에 해당하는 금액만큼 투자자산의 장부금액과 지분법이익(손실)을 조정한다.

예제 8-5 투자주식 취득 후의 회계처리

[예제 8-2]에 추가하여 을(주)는 20×1년 당기순이익으로 ₩100,000을 보고하였고, 배당금으로 ₩50,000을 선언하였다. 20×1년 1월 1일에 을(주)가 보유하고 있던 재고자산은 20×1년중 전액 외부로 판매되었다. 을(주) 건물의 내용연수는 30년이며 정액법으로 상각한다. 20×1년중 갑(주)가 필요한 분개를 하라.

해답

(1) 을(주)의 당기순이익 보고

(차) 관계기업투자주식	30,000	(대) 지분법이익	30,000

(2) 을(주)의 배당금 선언

(차) 미수배당금	15,000	(대) 관계기업투자주식	15,000

(3) [차이①]의 상각

1) 재고자산의 장부금액을 초과하는 공정가치의 상각

(차) 지분법이익	6,000*	(대) 관계기업투자주식	6,000

* (₩120,000 − ₩100,000) × 30% = ₩6,000

2) 건물의 장부금액을 초과하는 공정가치의 상각

(차) 지분법이익	500*	(대) 관계기업투자주식	500

* (₩150,000 − ₩100,000) × 30%/30년 = ₩500

---

8) 장부금액을 초과(미달)하는 공정가치의 상각(환입)에 있어 해당 자산 · 부채와 관련하여 피투자자가 적용하는 회계처리방법을 적용하는 것은 장부금액의 상각과 일관성을 유지하고자 함이다.

(주) 위의 1)과 2) 분개를 다음과 같이 하나로 통합할 수도 있다.

(차) 지분법이익	6,500	(대) 관계기업투자주식	6,500

위와 같이 지분법에서 피투자기업의 식별가능한 자산·부채의 공정가치와 장부금액의 차이를 상각하는 이유는 상각으로 인해 투자주식과 지분법이익이 적절히 계상되기 때문이다.

예를 들어보자. [예제 8-5]에서 (3)의 분개는 관계기업투자주식과 지분법이익을 감소시키는데, 그 이유는 다음과 같다.

- 관계기업투자주식계정의 대변에 기입하여 관계기업투자주식을 감소시키는 이유 : 취득할 때 장부금액 이상으로 지급한 금액을 관계기업투자주식으로 자본화하였으나 이제는 이러한 원인이 해소되었기 때문이다. [예제 8-2]에서 관계기업투자주식 취득시점에 재고자산의 공정가치가 장부금액보다 높아 추가로 ₩6,000을 지급하였고, 이를 관계기업투자주식에 계상하여 자본화하였다. 이로써 관계기업투자주식의 계정잔액이 장부금액보다 ₩6,000만큼 많이 계상되었다. 그러나 이러한 차이를 발생하게 하였던 재고자산이 당기에 판매되어 원인이 해소되었으므로 관계기업투자주식을 ₩6,000만큼 감소시켜야 한다.
- 지분법이익계정의 차변에 기입하여 지분법이익을 감소시키는 이유 : 투자자가 취득한 관계기업의 순자산 상태가 정확하게 장부에 반영되지 않음으로써 관계기업이 보고한 이익이 실제와 상이하여 이에 근거한 지분법이익까지 잘못 계상되었기 때문이다. [예제 8-2]에서 재고자산 장부금액은 ₩100,000으로 공정가치 ₩120,000보다 낮게 평가되어 판매할 때 관계기업의 이익이 실제보다 ₩20,000만큼 과대계상되었다. 이로 인해 투자자의 지분 30%에 해당하는 지분법이익 또한 ₩6,000만큼 과대계상되었는데, 이를 지분법이익계정에 차기해야 지분법이익이 관계기업투자주식 취득시점의 관계기업 순자산공정가치에 근거한 금액으로 계상된다.

건물의 경우에는 재고자산과는 달리 차이를 발생하게 하였던 원인이 여러 기간에 걸쳐 상각을 통해 해소된다. 따라서 매년 상각되는 금액만큼 관계기업투자주식과 지분법이익을 수정해야 한다.

수정분개가 완료된 후 20×1년도의 투자수익인 지분법이익과 20×1년말 투자주식의 잔액을 계산하면 다음과 같다.

	지분법이익		관계기업투자주식
기초잔액(취득원가)			₩360,000
증감 : 을(주)의 당기순이익 보고	₩30,000		
[차이①]의 상각	(6,500)*		
지분법이익(20×1)	₩23,500	⇨	23,500
을(주)로부터 배당금 수취			(15,000)
기말잔액			₩368,500**

* 재고자산 및 유형자산 관련 상각분의 합계액
** 관계기업투자주식의 기말잔액 = 기초잔액 + 지분법이익 − 배당금 수취액

2) [차이②](피투자자의 식별가능한 순자산공정가치 중 투자자의 몫과 취득대가의 차이)의 회계처리

[차이②]는 관계기업이나 공동기업 투자자산의 취득대가가 피투자기업의 식별가능한 순자산의 공정가치 중 투자자 지분에 해당하는 금액을 초과하는 경우(영업권 발생)와 미달하는 경우(염가매수차익 발생)로 나눌 수 있다.

영업권에 해당하는 금액은 해당 투자자산의 장부금액에 포함된다. 이러한 영업권의 상각은 허용되지 않는다. 따라서 영업권이 발생한 경우에는 영업권이 손상처리되기 전까지는 [차이②]가 소멸되지 않는다.

염가매수차익은 투자자산을 취득한 회계기간의 피투자기업 당기순손익 중 투자자의 지분을 결정할 때 이익으로 인식한다. 즉 취득한 기간의 지분법이익에 가산된다.

(3) 내부거래 미실현손익의 제거

지분법에서는 피투자기업의 순자산 중 투자자의 지분에 해당하는 부분은 투자자의 것으로 본다. 따라서 투자자와 피투자기업 간에 발생하는 거래 중 투자자 지분에 해당하는 만큼은 투자자가 자신과 한 내부거래라고 할 수 있다.

내부거래에서 손익이 발생하면, 이 중 투자자의 지분에 해당하는 부분은 미실현손익이므로 제거되어야 한다.[9] 즉, 투자자는 피투자기업과의 거래에서 발생

9) 보고기간말 이전에 내부거래로 취득한 자산을 제3자에게 처분하였다면 당해 손익은 실현되었으므로 내부거래로 인한 미실현손익을 제거하는 회계처리는 불필요하다.

한 손익에 대해서는 해당 피투자기업에 대한 지분과 무관한 손익까지만 인식한다. 이때 투자자는 해당 거래가 '상향'거래인지, '하향'거래인지에 상관없다. '상향'거래란 피투자기업이 투자자에게 자산을 매각하는 거래이고, '하향'거래란 투자자가 피투자기업에 자산을 매각하는 거래를 말한다.

원칙적으로는 투자자와 피투자기업 간에 발생한 내부거래 자체를 제거해야 하나 투자자와 피투자기업은 법률적으로 독립된 실체이므로 이는 불가능하다. 예를 들면, 투자자가 관계기업에 제품을 판매한 경우 이를 제거하기 위해서는 투자자의 매출과 관계기업의 매입을 상계 · 제거해야 하나 투자자가 법률적으로 다른 기업의 매입거래를 제거할 수는 없다. 따라서 내부거래 자체를 제거하는 대신 내부거래로 인하여 발생한 미실현손익만을 투자주식과 지분법이익을 감소시켜 제거한다.

이러한 미실현손익은 관련 자산이 제3자에게 판매되거나 상각되면 실현된다. 따라서 투자자는 관련 자산이 제3자에게 판매되거나 상각되는 시점에 실현되는 이익만큼 투자자산과 지분법이익을 증가시킨다.

예제 8-6 재고자산의 내부거래

20×1년중 투자자가 30% 지분을 보유하고 있는 관계기업에 원가 ₩1,000인 상품을 ₩1,200에 판매하였고, 관계기업은 이 상품을 20×2년에 외부로 ₩1,500에 판매하였다. 당해 거래로 인한 미실현이익의 발생 및 실현과 관련하여 투자자가 수행할 20×1년 및 20×2년의 분개를 하라.

해답

〈20×1년〉 내부거래로 인한 미실현이익(₩200)의 발생－이익 제거

(차) 지분법이익	60*	(대) 관계기업투자주식	60

* (₩1,200 － ₩1,000) × 30% = ₩60

〈20×2년〉 미실현이익(₩200)의 실현－이익 인식

(차) 관계기업투자주식	60	(대) 지분법이익	60

재고자산의 경우와는 달리 유형자산 및 무형자산의 경우에는 당해 자산이 감가상각대상자산인지 여부에 따라 달라진다. 먼저 토지와 같이 감가상각대상자산이 아닌 경우에는 당해 미실현이익은 앞의 재고자산의 사례와 마찬가지로 구매회사가 당해 자산을 외부로 판매할 때 실현된다. 반면, 건물이나 기계장치와

같이 감가상각대상자산인 경우에는 내부거래에서 발생한 미실현이익은 당해 자산이 상각되는 시점에 실현된다.

예제 8-7 건물의 내부거래

20×1년말 투자자가 30% 지분을 보유하고 있는 관계기업에 장부금액 ₩1,000인 건물(잔여내용연수 10년, 잔존가치 없음, 정액법 상각)을 ₩1,200에 판매하였고, 관계기업은 이 건물을 20×3년초에 외부로 ₩1,500에 판매하였다. 당해 거래로 인한 미실현이익과 관련하여 투자자가 수행할 20×1년, 20×2년, 20×3년의 분개를 하라.

해답

〈20×1년〉 미실현이익(₩60)의 발생 – 이익 제거

(차) 지분법이익	60*	(대) 관계기업투자주식	60

* (₩1,200 – ₩1,000) × 30% = ₩60

〈20×2년〉 감가상각으로 미실현이익의 일부(₩6) 실현 – 이익 인식

(차) 관계기업투자주식	6	(대) 지분법이익	6*

* ₩60/10년 = ₩6

〈20×3년〉 처분으로 나머지 미실현이익(₩54)의 실현 – 이익 인식

(차) 관계기업투자주식	54	(대) 지분법이익	54*

* ₩60 – ₩6 = ₩54

위에서 살펴본 바와 같이, 투자자와 피투자기업 간의 내부거래에서 발생한 미실현손익 중 투자자의 지분에 해당하는 부분을 제거하는 것이 원칙이다. 그러나 미실현손익을 제거하지 않는 경우도 있다.

내부거래가 매각대상 자산이나 출자대상 자산의 순실현가능가치의 감소나 그 자산에 대한 손상차손의 증거를 제공하는 경우가 있다. 이 경우에는 투자자는 그러한 손실을 전액 인식한다. 즉 투자자와 피투자기업 간의 정상적인 거래(상향 또는 하향)에서 인식한 자산처분손실은 지분법을 적용할 때 제거하지 않는다. 위의 사례에서와 같이 미실현이익을 제거하는 분개(이에 따라 후에 이의 실현을 인식하는 분개)를 하지 않는다는 것이다. 이는 해당 자산을 매각하지 않고 보유하더라도 해당 자산에 대한 손상차손을 전액 인식하였을 것이기 때문이다.

예를 들어보자. 20×1년말 투자자가 30% 지분을 보유하고 있는 관계기업이

장부금액이 ₩1,000인 재고자산을 투자자에게 ₩800에 판매하였고, 투자자는 이 재고자산을 전액 20×2년중 외부로 판매하였다. 관계기업의 판매가격 ₩800은 해당 재고자산의 순실현가능가치의 감소에 대한 증거를 제공한다고 할 경우, 투자자는 20×1년 지분법 적용시 관계기업이 인식한 재고자산의 미실현손실 중 자신의 몫을 제거하지 않는다. 이는 재고자산의 상향판매에서 발생한 손실이 전액 실현되었다고 보기 때문이다. 이에 따라, 투자자는 20×2년 지분법 적용시 추가적인 실현손익도 인식하지 않는다.

4. 지분법 사용의 중단

투자자는 피투자기업이 더 이상 관계기업이나 공동기업의 정의를 충족하지 못하게 된 시점부터 지분법의 사용을 중단한다.

피투자기업이 더 이상 관계기업이나 공동기업의 정의를 충족하지 못하게 되는 경우의 회계처리는 다음과 같다.

지분법 중단의 회계처리

1) **투자자가 피투자기업의 지분을 추가취득하여 그 관계기업이나 공동기업이 투자자의 종속기업이 되는 경우 :** 피투자기업은 더 이상 관계기업이나 공동기업이 아니므로 지분법을 중단하고 K-IFRS 제1103호(사업결합)와 제1110호(연결재무제표)에 따라 회계처리한다. 즉 투자주식을 공정가치로 평가하고, 이를 취득대가로 본다. 투자주식의 장부금액과 공정가치의 차액은 당기손익으로 처리한다.
2) **피투자기업 투자지분의 일부나 전부를 처분함으로써 그 관계기업이나 공동기업에 대한 유의적인 영향력[10)]이나 공동지배력을 상실하는 경우 :** 잔여 보유지분이 금융자산이라면 투자자는 잔여 보유지분을 공정가치로 측정한다. 잔여 보유지분의 공정가치는 K-IFRS 제1109호(금융자산)에 따른 금융자산의 최초 인식시점의 공정가치로 간주한다. 동시에 투자자는 다음 ①과 ②의 차이를 당기손익으로 인식한다.
   ① 잔여 보유지분의 공정가치와 관계기업이나 공동기업에 대한 지분의 일부 처분으로 수취한 대가의 공정가치의 합계
   ② 지분법을 중단한 시점의 투자자산의 장부금액

10) 유의적인 영향력은 절대적이거나 통상적으로 상대적인 소유지분율의 변동에 따라 상실된다. 그러나 소유지분율이 변동하지 않더라도 상실할 수 있다. 예를 들면, 관계기업이 정부, 법원, 관재인, 감독기구의 통제를 받게 되는 경우에 유의적인 영향력을 상실할 수 있다.

지분법의 사용을 중단한 경우 그 투자와 관련하여 기타포괄손익으로 인식한 '모든' 금액에 대해 투자자는 피투자기업이 관련 자산이나 부채를 직접 처분한 경우의 회계처리와 동일한 기준으로 회계처리한다. 즉 피투자기업이 이전에 기타포괄손익으로 인식한 손익을 관련 자산이나 부채의 처분시점에 당기손익으로 재분류한다면, 투자자는 지분법을 중단할 때 관련된 기타포괄손익을 당기손익으로 재분류한다. 예를 들면, 관계기업이 해외사업장과 관련하여 외환차이(기타포괄손익)가 발생하였다면 투자자는 이 중 자신의 몫을 기타포괄손익으로 인식하였을 것이다. 이 관계기업에 대한 유의적인 영향력을 상실하여 지분법을 중단하게 되면, 투자자는 해당 관계기업의 해외사업장과 관련하여 이전에 인식했던 기타포괄손익 전부를 당기손익으로 재분류한다.

피투자기업 투자지분의 일부를 처분하고도 그 피투자기업이 계속하여 관계기업(또는 공동기업)의 정의를 충족하는 경우에는 지분법을 계속 적용하며 잔여 보유지분은 재측정하지 않는다. 또한, 관계기업 투자가 공동기업 투자로 되거나 공동기업 투자가 관계기업 투자로 되는 경우에도 투자자는 지분법을 계속 적용하며 잔여 보유지분을 재측정하지 않는다.

사례로 배우기 8-1 SK스퀘어의 영업수익이 마이너스?

SK스퀘어는 2023년 반기(연결재무제표)에 (−)1,162억원의 영업수익을 보고했다. 일반적으로 기업의 영업수익은 양(+)의 값으로 보고됨을 고려하면, (−)영업수익은 이상한 수치로 보일 수 있다. SK스퀘어의 반기 영업수익은 매출액 1조 1,197억원과 지분법손실 1조 2,359억원으로 구성된다.

반기재무제표의 주석을 살펴보면, SK스퀘어가 20.1%의 지분을 보유하고 있는 SK하이닉스가 2023년 반기 순손실로 5조 5,733억원을 보고하였고, 이로 인해 SK스퀘어는 (−)1조 1,834억원의 지분법손실을 인식하였다고 공시하고 있다. 즉, SK스퀘어의 (−)영업수익은 지분법손실에서 비롯되고 있는 것이다.

SK스퀘어의 2023년 반기 연결재무제표상 관계기업및공동기업투자주식은 전체 자산 대비 약 67%를 차지하고 있다. 즉, 자산의 상당부분이 투자주식이라는 것이다. 이처럼 투자주식이 큰 기업의 경우 관계기업의 손익이 지배기업의 손익에 큰 영향을 미칠 수 있으며, 영업수익이 (−)라는 이례적인 결과를 초래할 수 있다.

예제 8-8 관계기업투자주식의 일부 매각

갑(주)는 20×1년 1월 1일 현재 을(주)의 주식 30주(총발행주식의 30%)를 보유하고 있다. 당해 관계기업투자주식의 장부금액은 ₩600,000이고, 이 관계기업투자주식과 관련하여 기록된 기타포괄손익은 ₩60,000이다.

을(주)의 순자산은 20×1년 1월 1일부터 6월 30일까지 ₩150,000이 증가하였는데, 이는 순이익으로 인한 증가액 ₩100,000과 기타포괄손익으로 인한 증가액 ₩50,000으로 구성되어 있다. 갑(주)는 투자주식을 지분율이 20% 미만이면 기타포괄손익-공정가치측정금융자산(FVOCI금융자산)으로, 20% 이상이면 관계기업투자주식으로 회계처리한다. 또한 을(주)가 인식한 기타포괄손익은 관련 자산이나 부채의 처분시 당기손익으로 재분류하는 항목에서 발생하였다.

갑(주)가 20×1년 6월 30일에 을(주)의 주식 20주를 ₩450,000에 매각한 경우(상황 1)와 을(주)의 주식 10주를 ₩225,000에 매각한 경우(상황 2)에 필요한 분개를 하라.

해답

〈기초부터 처분일까지의 기간 동안 지분법을 적용〉

(차) 관계기업투자주식	45,000	(대)	지분법이익	30,000*
			지분법기타포괄이익	15,000**

* ₩100,000(순이익의 발생) × 30% = ₩30,000
** ₩50,000(기타포괄손익) × 30% = ₩15,000

[상황 1]

(1) 투자주식 20주의 처분

(차) 현　　금	450,000	(대)	관계기업투자주식	430,000*
지분법기타포괄이익	50,000**		관계기업투자주식처분이익	70,000

* (₩600,000 + ₩45,000) × 20주/30주 = ₩430,000
** (₩60,000 + ₩15,000) × 20주/30주 = ₩50,000, 재분류하지 않는 항목(예, 재산재평가적립금)이라면 이를 이익잉여금으로 대체한다.

(2) 잔여 보유주식 10주를 FVOCI금융자산으로 재분류(공정가치로 기록)

① (차) FVOCI금융자산	225,000*	(대)	관계기업투자주식	215,000**
			관계기업투자주식처분이익	10,000

* ₩450,000 × 10주/20주 = ₩225,000(20주의 처분금액이 ₩450,000이므로 남아 있는 10주의 공정가치는 ₩225,000으로 추정된다)
** (₩600,000 + ₩45,000) − ₩430,000(처분으로 감소, (1)의 분개 참조) = ₩215,000

② (차) 지분법기타포괄이익	25,000*	(대)	관계기업투자주식처분이익	25,000

* (₩60,000 + ₩15,000) − ₩50,000(처분으로 감소, (1)의 분개 참조) = ₩25,000

[상황 2]

(1) 투자주식 10주의 처분

(차) 현 금	225,000	(대) 관계기업투자주식	215,000*
지분법기타포괄이익	25,000**	관계기업투자주식처분이익	35,000

* (₩600,000 + ₩45,000) × 10주/30주 = ₩215,000

** (₩60,000 + ₩15,000) × 10주/30주 = ₩25,000

(2) 잔여 보유주식 20주에 대한 분개 : 없음

제 3 절 지분법과 관련된 기타 사항

1. 단계적 취득

투자자가 피투자기업의 주식을 단계적으로 취득하여 유의적인 영향력을 갖게 되거나 공동지배력를 획득하는 경우에는 투자주식의 회계처리방법을 공정가치법에서 지분법으로 변경해야 한다.

K-IFRS는 피투자기업을 단계적으로 취득하는 경우 일괄법을 적용하도록 규정하고 있다.[11] 따라서 피투자기업 투자자산의 취득원가는 유의적인 영향력이나 공동지배력을 갖게 된 날의 직전일까지 취득한 주식의 공정가치와 추가취득한 주식의 취득원가의 합계액으로 결정한다. 그리고 이전에 보유하고 있던 주식을 지분법 적용일의 공정가치로 재측정한 결과 차손익이 나타난다면 이는 당기손익(당기손익-공정가치측정금융자산으로 분류한 경우) 또는 기타포괄손익(기타포괄손익-공정가치측정금융자산으로 분류한 경우)으로 인식한다.

---

11) K-IFRS 제1028호(관계기업과 공동기업에 대한 투자)는 유의적인 영향력이나 공동지배력을 갖게 된 날의 직전일까지 취득한 주식을 어떻게 측정할 것인가에 대해 구체적으로 언급하고 있지 않다. 대신 종속기업을 취득할 때 사용한 회계처리절차의 기본개념을 관계기업이나 공동기업에 대한 투자의 취득시 회계처리에도 적용하도록(문단 26) 명시하고 있으므로 단계적으로 이루어지는 사업결합의 회계처리를 준용하면 될 것이다.

예제 8-9 관계기업투자주식의 단계적 취득

갑(주)는 20×1년 1월 1일 을(주)의 주식 10주(총발행주식의 10%)를 ₩100,000에 취득하여 기타포괄손익-공정가치측정금융자산(FVOCI금융자산)으로 분류하고 공정가치법을 적용하여 회계처리하였다. 20×2년 1월 1일에 추가로 20%를 ₩230,000에 취득하여 유의적인 영향력을 보유하게 되어 지분법을 적용하게 되었다.

20×2년 1월 1일에 을(주)의 식별가능한 순자산의 장부금액과 공정가치는 ₩1,000,000과 ₩1,150,000이었으며, 순자산의 장부금액과 공정가치의 차이는 건물(20×2년 1월 1일 현재로 내용연수 5년, 정액법 상각)의 장부금액과 공정가치의 차이이다. 을(주)가 20×1년과 20×2년에 보고한 이익은 각각 ₩100,000과 ₩200,000이다.

갑(주)가 보유하고 있던 을(주) 지분 10%의 공정가치는 20×1년 12월 31일과 20×2년 1월 1일 현재 ₩120,000과 ₩115,000이다. 20×1년초부터 20×2년말까지 필요한 분개를 하라.

해답

〈20×1. 1. 1〉 을(주) 지분 10%의 취득

(차) FVOCI금융자산	100,000	(대) 현 금	100,000

〈20×1. 12. 31〉 회계연도말 공정가치 평가

(차) FVOCI금융자산	20,000	(대) FVOCI금융자산평가이익 (기타포괄손익)	20,000

〈20×2. 1. 1〉 을(주) 지분 20%의 추가취득

① FVOCI금융자산의 공정가치 평가

(차) FVOCI금융자산평가이익 (기타포괄손익)	5,000	(대) FVOCI금융자산	5,000

② 투자주식의 인식

(차) 관계기업투자주식	345,000*	(대) 현 금	230,000
		FVOCI금융자산	115,000

〈20×2. 12. 31〉 회계연도말 지분법 회계처리

① 을(주) 당기순이익 보고

(차) 관계기업투자주식	60,000	(대) 지분법이익	60,000*

* ₩200,000 × 30% = ₩60,000

② 건물의 장부금액을 초과하는 공정가치 상각

(차) 지분법이익	9,000*	(대) 관계기업투자주식	9,000

* {(₩1,150,000 − ₩1,000,000)/5년} × 30% = ₩9,000

2. 지분법 적용의 일시중지

투자자가 지분법을 적용할 때 피투자기업의 손실 중 투자자의 지분이 피투자기업에 대한 투자지분과 같거나 초과하는 경우, 투자자는 해당 투자지분 이상의 손실에 대하여 인식을 중지한다. 왜냐하면 주식회사의 주주는 출자액을 한도로 유한책임만을 부담하므로 부채가 자산을 초과하는 경우가 발생하더라도 투자자(주주)는 피투자기업의 자본잠식액에 대하여 추가로 손실을 부담할 필요가 없기 때문이다. 그러나 피투자기업이 추후에 이익을 보고할 경우 투자자는 자신의 지분에 해당하는 이익의 인식을 재개하되, 인식하지 못한 손실누적분을 초과한 금액만을 이익으로 인식한다.

한편 투자자는 피투자기업에 대하여 보통주를 통한 지분참여 외에도 우선주, 장기대여금 및 장기수취채권 등과 같은 자산을 보유할 수 있다. 이러한 항목은 실질적으로 피투자기업에 대한 순투자의 일부를 구성한다고 할 수 있다. 왜냐하면 이들 항목은 예측가능한 미래에 상환받을 계획도 없고 상환가능성도 높지 않은 항목으로서 '실질적으로 피투자기업에 대한 투자자산의 연장'이라고 볼 수 있기 때문이다. 이러한 장기투자지분 항목은 손실을 인식하기 위한 투자자의 투자지분을 계산할 때 포함된다.[12] 즉 피투자기업의 손실 중 투자자의 지분이 투자주식의 장부금액을 초과하는 경우 이러한 장기투자에 대한 지분을 한도로 추가적인 손실을 인식한다.

또한 투자자의 지분이 '영(0)'으로 감소된 이후에도 추가 손실분에 대하여 투자자는 법적의무 또는 의제의무가 있거나 피투자기업을 대신하여 지급해야 하는 경우에는 그 금액까지 손실과 부채로 인식한다.

예제 8-10 지분법 적용의 일시중지와 회복, 손실의 추가인식

다음의 각 독립적인 상황에 대한 물음에 답하라.

(상황 1) 투자자의 관계기업에 대한 지분율이 20%이고, 과거 지분법 적용 중지기간 동안 투자자가 인식하지 않은 지분법손실 누적분이 ₩100이다. 관계기업이 ₩600의 이익을 보고하였을 경우, 투자자의 회계처리를 하라.

---

12) 매출채권, 매입채무 또는 담보부대여금과 같이 적절한 담보가 있는 장기수취채권은 이러한 대상에서 제외한다.

(상황 2) 투자자가 관계기업에 대하여 장부금액 ₩1,000의 보통주식과 장부금액 ₩2,000의 장기성채권을 보유하고 있다. 당해 연도 관계기업의 손실로 투자자가 반영해야 할 지분법손실이 ₩1,400일 경우, 투자자의 회계처리를 하라.

해답

(상황 1)

(차) 관계기업투자주식	20	(대) 지분법이익	20*

* ₩600 × 20% − ₩100(인식하지 않은 누적손실) = ₩20

(상황 2)

(차) 지분법손실	1,400	(대) 관계기업투자주식	1,000
		장기성채권(또는 손실충당금)	400

실질적으로는 피투자기업에 대해 자본을 납입한 것과 유사한 투자성격의 채권이 있음에도 불구하고 지분법손실의 인식을 중지한다면, 투자자는 지분법 적용에 의한 지분법손실의 인식을 회피하기 위해 유상증자 방식이 아닌 다른 방식(예를 들면, 장기성 자금대여)을 선택할 수 있다. 이를 방지하기 위해서 K-IFRS에서는 지분법 적용으로 피투자기업의 보통주에 대한 투자금액을 초과한 손실이 있는 때에는 피투자기업에 대해 보유하는 장기투자성격의 자산과 상계하여 추가적인 손실을 반영하도록 하였다. 이때 손실을 반영하는 순서는 피투자기업 청산시에 상환받는 우선순위와는 반대의 순서를 따른다. 즉 보통주의 성격에 가까운 자산부터 감소시킨다.[13)]

3. 손상차손의 인식

투자자는 매 회계연도말 피투자기업의 지분변동액에 대해 지분법을 적용한 후, 추가적인 손상차손을 인식할 필요가 있는지를 평가해야 한다.

피투자기업의 순투자자산에 대한 손상차손은 지분법 적용 이후 발생한 손실

13) 예를 들면, 투자자가 지분법 적용중지의 상황에서 관계기업의 우선주와 채무증권을 보유하고 있는 경우 관계기업의 손실에 의한 지분변동액을 우선주에서 먼저 차감한 후 잔액은 채무증권에서 차감한다. 이후에 관계기업이 이익을 보고하기 시작하면 그 역순으로 당해 자산을 회복시킨다.

사건으로 인해 순투자가 손상되었다는 객관적인 증거[14)]가 있으며, 그 손실사건이 신뢰성 있게 추정할 수 있는 순투자의 추정미래현금흐름에 영향을 미친 경우에만 인식한다. 따라서 미래사건의 결과로 예상되는 손실은 발생가능성에 상관없이 인식하지 않는다.

피투자기업에 대한 순투자 장부금액의 일부를 구성하는 영업권은 분리하여 인식하지 않으므로 K-IFRS 제1036호(자산손상)에 의한 별도의 손상검사를 하지 않는다. 그 대신에 순투자자산의 손상 징후가 나타날 때마다 투자자산의 '전체 장부금액'을 단일자산으로 보고 K-IFRS 제1036호에 따라 손상검사를 한다. 즉 투자자산의 장부금액과 회수가능액을 비교하여 손상의 발생 여부를 평가하며, 회수가능액은 순공정가치와 사용가치 중 큰 금액으로 한다.

사례로 배우기 8-2 **롯데칠성음료, 순이익 380억원 뻥튀기**

증권선물위원회는 2018년 9월 회계처리기준을 위반해 재무제표를 작성 · 공시한 롯데칠성음료에 과징금 1억 540만원을 부과하는 조치를 의결했다. 증선위는 롯데칠성음료가 지난해 반기보고서에서 관계기업투자주식인 펩시콜라 프로덕츠 필리핀(Pepsi-Cola Products Philippines, Inc.)의 주가가 지속적으로 하락하는 등 유의적인 손상징후가 있음에도 불구하고, 손상차손을 인식하지 않았다고 지적했다. 손상차손 규모는 별도기준 380억원, 연결기준 186억원이며, 롯데칠성음료는 동 손상차손을 인식하지 않아 2017년 반기재무제표에서 당기순이익과 자기자본을 과대계상하였다. 실제 롯데칠성음료는 별도기준 당기순이익이 53억원이라고 보고하였지만 손상차손을 인식하면 당기순손실은 327억원이 되며, 연결기준으로 당기순손실 28억원을 보고하였지만 손상차손을 인식할 경우 당기순손실은 214억원이 된다. 관계기업두사주식 등 사산의 장부가격보다 자산에서 얻을 수 있는 회수가능액이 적을 때 손상차손을 인식해야 하지만, 롯데칠성음료는 이를 인식하지 않아 순이익 380억원을 과대계상하는 분식회계를 하였다.

(연합인포맥스, '분식회계' 롯데칠성음료, 순이익 380억원 '뻥튀기', 2018.9.5 일부 발췌)

---

14) 순투자가 손상되었다는 객관적인 증거에는 기업의 주의를 끄는 다음의 손실사건에 대한 관측가능한 자료가 포함된다.
① 피투자기업의 유의적인 재무적 어려움
② 피투자기업의 채무불이행 또는 연체와 같은 계약의 위반
③ 피투자기업의 재무적 어려움에 관련된 경제적 또는 법률적 이유로 인해 다른 경우라면 고려하지 않았을 양보를 그 피투자기업에 제공
④ 피투자기업이 파산이나 그 밖의 재무적 구조조정의 가능성이 높은 상태가 됨
⑤ 피투자기업의 재무적 어려움으로 순투자에 대한 활성시장의 소멸
⑥ 피투자기업의 기술 · 시장 · 경제 · 법률 환경에서 발생한 변화 중 불리한 영향을 미치는 유의적인 변화
피투자기업의 지분 또는 금융상품이 더 이상 공개적으로 거래되지 않아 활성시장이 소멸하더라도 그것이 손상의 증거가 되는 것은 아니다. 피투자기업의 신용등급 또는 공정가치가 하락한 사실 자체가 손상의 증거는 아니지만 이용할 수 있는 그 밖의 정보를 함께 고려하는 경우에는 손상의 증거가 될 수도 있다. 또한 지분상품 투자의 공정가치가 원가 이하로 유의적이거나 지속적으로 하락하는 것도 손상의 객관적인 증거가 된다.

피투자기업에 대한 투자의 회수가능액은 각 피투자기업별로 평가해야 한다. 다만, 피투자기업이 창출하는 현금유입이 투자자의 다른 자산에서 창출되는 현금흐름과 거의 독립적으로 구별되지 않는 경우에는 그러하지 아니하다.

인식한 손상차손은 피투자기업에 대한 투자의 장부금액을 구성하는 어떠한 자산(영업권 포함)에도 배분하지 않는다. 따라서 이 손상차손의 모든 환입은 K-IFRS 제1036호(자산손상)에 따라 이러한 투자자산의 회수가능액이 후속적으로 증가하는 만큼 인식한다. 즉, "과거에 손상차손을 인식하지 않았을 경우 현재 기록되어 있을 장부금액"을 한도로 하여 손상차손환입을 인식한다.

예제 8-11 관계기업투자주식의 손상과 회복

갑(주)는 20×1년 1월 1일 현재 을(주) 주식의 30%를 보유하고 있으며, 을(주) 지분에 대해 지분법을 적용한 장부금액은 ₩90,000이다. 을(주)가 20×1년중 부도처리되어 손상 여부를 검사해야 한다. 20×1년 12월 31일 현재 갑(주)가 보유한 을(주) 주식의 순공정가치와 사용가치는 각각 ₩20,000과 ₩25,000이다. 갑(주)는 20×1년도에 을(주) 주식과 관련하여 지분법손실 ₩30,000을 인식하였다.

20×2년에는 을(주) 영업이 회복되어, 20×2년 12월 31일 현재 갑(주)가 보유한 을(주) 주식의 회수가능액은 ₩100,000으로 결정되었다. 갑(주)는 20×2년도에 을(주) 주식과 관련하여 지분법이익 ₩10,000을 인식하였다. 갑(주)가 20×1년도에 을(주)의 주식에 관련하여 20×1년 12월 31일과 20×2년 12월 31일에 해야 할 분개를 제시하라.

해답

① 20×1년 12월 31일의 손상차손 회계처리

(차) 지분법손실	30,000	(대) 관계기업투자주식	30,000
(차) 관계기업투자주식손상차손	35,000*	(대) 관계기업투자주식	35,000

* 관계기업투자주식 장부금액 : ₩90,000(기초 장부금액) − ₩30,000(지분법손실) = ₩60,000
회수가능액 : Max[₩20,000(순공정가치), ₩25,000(사용가치)] = ₩25,000
⇨ 관계기업투자주식손상차손 : ₩60,000 − ₩25,000 = ₩35,000
손상차손 인식 후 관계기업투자주식 장부금액 = ₩60,000 − ₩35,000 = ₩25,000

② 20×2년 12월 31일의 손상차손환입 회계처리

(차) 관계기업투자주식	10,000	(대) 지분법이익	10,000
(차) 관계기업투자주식	35,000	(대) 관계기업투자주식손상차손환입	35,000*

* 관계기업투자주식 장부금액 : ₩25,000(기초 장부금액) + ₩10,000(지분법이익) = ₩35,000
한도 : Min[(₩100,000(회수가능액), ₩70,000#] = ₩70,000
손상차손이 없는 경우의 장부금액 = ₩90,000 − ₩30,000 + ₩10,000 = ₩70,000
⇨ 관계기업투자주식손상차손환입 : ₩70,000 − ₩35,000 = ₩35,000

4. 재무제표 표시 및 공시

관계기업이나 공동기업에 대한 투자 또는 그 투자의 일부가 K-IFRS 제1105호(매각예정비유동자산과 중단영업)에 따라 매각예정으로 분류되는 경우가 아니라면, 관계기업이나 공동기업에 대한 투자는 투자자의 재무상태표에서 비유동자산으로 분류한다.

지분법에 관한 기준서인 K-IFRS 제1028호는 관계기업이나 공동기업에 대한 공시 요구사항을 다루지 않는다. 대신 K-IFRS 제1112호(타 기업에 대한 지분의 공시)에 종속기업, 공동약정, 관계기업 및 비연결구조화기업의 지분에 대한 공시 요구사항을 통합하였다. K-IFRS 제1112호에서 관계기업에 대한 지분과 관련하여 요구하고 있는 주요 공시사항은 다음과 같다.

관계기업 투자관련 주요 공시 요구사항

1) 재무제표이용자들이 관계기업에 대한 지분의 성격, 범위 및 재무영향, 관계기업의 지분과 관련된 위험의 성격과 변동, 관계기업에 대하여 유의적인 영향력을 보유하는 다른 투자자들과의 계약상 관계에 대한 성격 및 영향을 파악할 수 있는 정보
   ① 관계기업의 명칭, 관계기업과의 관계의 성격, 관계기업의 주된 사업장 투자자가 보유한 소유지분율이나 참여지분율
   ② 관계기업 투자에 대해 지분법을 사용하여 측정하였는지 여부, 관계기업의 요약재무정보, 관계기업에 대한 공표된 시장가격이 있다면 투자의 공정가치
   ③ 개별적으로 중요하지 않은 관계기업 투자에 대한 재무정보
2) 관계기업 투자와 관련하여 추가적으로 다음 사항을 공시
   ① 관계기업으로부터의 자금 이전에 제약이 있는 경우 그 제약의 성격과 범위
   ② 지분법 적용시 보고기간 종료일이 다른 관계기업의 재무제표를 사용하였다면, 관계기업 재무제표의 보고기간 종료일 및 다른 보고기간 종료일을 사용한 이유
   ③ 관계기업 손실로 인해 지분법을 일시 중지한 경우 관계기업의 손실 중 인식하지 못한 지분의 당기분과 누계액

공동기업에 대한 지분과 관련하여 요구하는 공시사항은 관계기업 투자에 대해 요구하는 공시사항과 동일하다.

보론 공동약정

기업은 스스로 영업활동을 수행할 수도 있지만 다른 기업에 대한 전략적인 투자를 통하여 수행할 수도 있다. 기업이 영업활동을 수행하기 위하여 전략적으로 다른 기업에 투자하는 유형은 크게 다른 기업에 대한 지배력을 보유하는 종속기업, 유의적인 영향력을 갖는 관계기업 그리고 공동지배력을 갖는 공동약정으로 구분할 수 있다. 본 〈보론〉에서는 이 중 공동약정에 대한 회계처리를 살펴보기로 한다.

1. 공동약정의 의의

공동약정(joint arrangements)이란 둘 이상의 당사자들이 공동지배력을 보유하는 계약상 약정으로서 다음과 같이 두 가지 특징을 지니고 있어야 한다.

공동약정의 특징

① 당사자들이 계약상 약정에 구속된다.
② 계약상 약정은 둘 이상의 당사자들에게 약정의 공동지배력을 부여한다.

먼저 계약상 약정은 강제화할 수 있어 약정의 당사자들이 그 약정에 구속되어야 한다. 만일 계약상 약정이 법적 구속력을 갖는다면 이는 강제할 수 있는 약정이 될 것이다. 약정의 당사자들에게 강제할 수 있는 계약상 약정은 흔히 당사자들간에 계약이나 회의록 방식으로 문서화된다.

계약상 약정이 공동약정이 되기 위해서는 둘 이상의 당사자들에게 해당 약정의 공동지배력을 부여해야 한다. 공동지배력(joint control)이란 '약정의 지배력에 대한 합의된 공유'를 말하는 것으로, 이는 계약상 합의에 의해 약정의 지배력을 공유하는 것을 의미한다. 공동지배력은 약정의 이익에 유의적인 영향을 미치는 활동(이를 관련활동이라 함)에 대한 결정에 지배력을 공유하는 당사자들 전체의 동의가 요구될 때에만 존재한다.

약정의 공동지배력이 존재하는지 여부의 평가는 두 단계로 이루어진다([그림 보8-1] 참조).

[그림 보8-1] **공동지배력 여부의 평가**

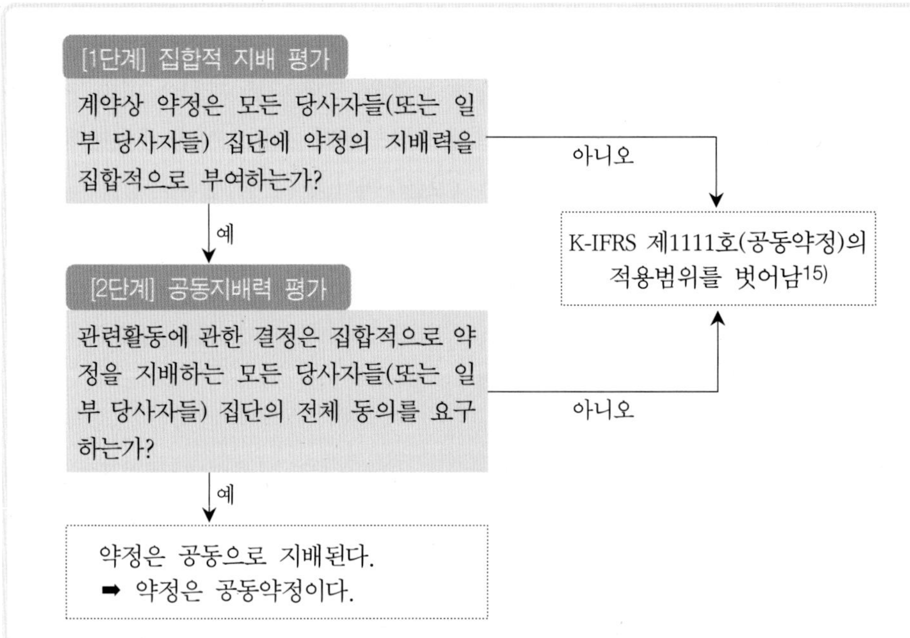

① [1단계] **집합적 지배 평가** : 모든 당사자들(또는 일부 당사자 집단)이 계약상 약정을 집합적으로 지배하는지를 평가해야 한다. 약정의 모든 당사자들(또는 일부 당사자들) 집단이 관련활동을 지시하기 위하여 함께 행동해야 할 때 그 약정을 집합적으로 지배한다고 할 수 있다.

② [2단계] **공동지배력 평가** : 약정의 공동지배력이 존재하는지를 평가하는 것이다. 공동지배력은 관련활동에 대한 결정에 그 약정을 집합적으로 지배하는 당사자들 전체의 동의가 요구되는 경우에만 존재한다. 약정의 모든 당사자가 약정의 공동지배력을 보유하지 않더라도 그 약정은 공동약

15) 계약상 약정이 공동약정의 정의를 충족하지 못하여 K-IFRS 제1111호의 적용범위에서 벗어나면 해당 약정에 대한 투자는 그 성격에 따라 K-IFRS 제1110호(연결재무제표), 제1028호(관계기업과 공동기업에 대한 투자) 또는 제1109호(금융상품)와 같은 관련 기준서를 적용하여 회계처리한다.

정이 될 수 있다. 즉 일부 당사자는 공동약정에는 참여하지만 공동지배력을 보유하지 않을 수 있다.

계약상 약정에서 당사자들에 의해 합의된 의사결정과정은 공동지배력을 암묵적으로 이끌어내기도 한다. 예를 들어, 두 당사자가 각각 의결권의 50%를 보유하는 약정을 설정하고 그들 사이의 계약상 약정에서 관련활동에 대한 결정을 하기 위하여 의결권의 최소 51%를 요구한다고 가정하자. 이 경우 양 당사자의 합의 없이는 관련활동에 대한 결정이 이루어질 수 없기 때문에, 당사자들은 이 약정의 공동지배력을 보유하는 것에 암묵적으로 합의한 것이다.

계약상 약정은 관련활동에 대한 결정을 위하여 의결권의 최소비율을 요구할 수도 있다. 이때 요구되는 최소비율이 당사자들간의 '하나 이상의 조합으로 달성될 수 있다'면, 계약상 약정에서 그 약정을 집합적으로 지배하는 당사자들 전체의 동의가 요구된다는 것을 명시하지 않는 한, 그 약정은 공동약정이 아니다.

예제 보8-1 관계기업투자주식의 손상과 회복

다음의 각 독립적인 상황이 공동약정인지를 판단하라.

(상황 1) 약정에서 A는 의결권의 50%를, B는 의결권의 30%를, C는 의결권의 20%를 보유한다. A, B, C 사이의 계약상 약정에는 약정의 관련활동에 대한 결정을 위하여 최소한 의결권의 75%가 요구된다고 명시되어 있다.

(상황 2) 약정에서 A는 의결권의 50%를, B와 C는 각각 25%를 보유한다. A, B 그리고 C 사이의 계약상 약정에는 약정의 관련활동에 대한 결정을 위하여 최소한 의결권의 75%가 요구된다고 명시되어 있다.

(상황 3) 약정에서 A와 B가 의결권의 35%를 각각 보유하고 있고, 잔여 의결권의 30%는 널리 분산되어 있다고 가정한다. 관련활동에 관한 결정은 의결권의 다수결에 의한 승인을 요구한다.

해답

(상황 1) A는 단독으로 어떠한 결정이라도 막을 수는 있지만, 관련활동에 대한 결정을 하기 위해서는 B의 합의를 필요로 하기 때문에 단독으로는 약정을 지배하지 못한다. 약정의 관련활동에 대한 결정을 위해서는 A와 B 모두의 동의가 필요하므로 A와 B가 약정의 공동지배력을 보유한다. 따라서 이 계약상 약정은 공동약정이다. C는 약정의 당사자이기는 하지만 공동지배력을 보유하지는 않는다.

(상황 2) A는 어떠한 결정이라도 막을 수 있지만, 관련활동에 대한 결정을 위하여 B 또는 C의 합의가 필요하기 때문에 약정을 지배하지는 못한다. 이 경우 A, B 그리고 C는 집합적으로 약정을 지배한다. 그러나 하나 이상의 당사자들의 조합, 즉 A와 B 또는 A와 C의 조합으로 의결권의 75%를 충족할 수 있으므로, 이 약정은 그 자체로는 공동약정이 아니다. 이 약정이 공동약정이 되기 위해서는 약정의 관련활동을 결정하기 위하여 모든 당사자(또는 일부 당사자 집단)의 전체 동의가 요구된다는 것을 명시해야 한다.

(상황 3) A와 B는 계약상 약정에 대한 관련활동을 결정하기 위하여 A와 B 모두의 합의를 요구하는 것을 명시한 경우에만, 당해 약정은 공동약정이 된다.

2. 공동약정의 유형

공동약정은 약정의 당사자들의 권리와 의무에 따라 공동영업과 공동기업으로 분류되는데, 여기에서는 공동약정을 분류하는 기준에 대하여 살펴보기로 한다.

공동영업은 약정의 공동지배력을 보유하는 당사자들이 약정의 자산에 대한 권리와 부채에 대한 의무 자체를 보유하는 공동약정이다. 공동영업의 당사자들은 공동영업자로 지칭한다. 반면, 공동기업은 약정의 공동지배력을 보유하는 당사자들이 약정의 순자산에 대한 권리를 보유하는 공동약정이다. 공동기업의 당사자들은 공동기업 참여자로 지칭한다.

공동약정은 다양한 목적을 위하여 설정되며 서로 다른 구조와 법적 형식을 이용하여 설정될 수 있다. 약정의 대상이 되는 활동은 별도기구를 설립하고 그 별도기구를 통하여 수행될 수도 있다.

(1) 별도기구로 구조화되지 않은 공동약정

별도기구로 구조화되지 않은 공동약정은 공동영업이다. 이 경우에는 계약상 약정에서 약정에 관련된 당사자들의 자산에 대한 권리와 부채에 대한 의무, 그리고 당사자들의 해당 수익에 대한 권리와 해당 비용에 대한 의무를 정한다. 아울러 계약상 약정은 약정의 대상이 되는 활동의 성격과 당사자들이 그러한 활동을 함께 수행하고자 하는 방법을 기술할 수도 있다. 예를 들면 다음과 같다.

① 공동약정에 대한 당사자들은 각자가 특정 임무에 책임을 지면서 각자 자신의 자산과 부채를 사용하여 함께 제품을 제조하기로 합의할 수 있다.
② 공동약정의 당사자들은 함께 자산을 공유하고 공동운영하기로 합의할 수도 있다. 이 경우 계약상 약정은 공동으로 운영되는 자산에 대한 각 당사자의 권리를 정하고, 자산으로부터의 산출물 또는 수익 그리고 운영원가에 대한 당사자들의 배분방법을 정한다.

(2) 별도기구로 구조화된 공동약정

약정의 대상이 되는 활동을 수행하기 위하여 별도기구를 설립하고 약정의 자산과 부채를 해당 별도기구에서 보유하도록 할 수도 있다. 이처럼 별도기구로 구조화된 공동약정은 별도기구에서 보유하는 자산과 부채에 대해 약정의 당사자가 어떤 권리와 의무를 갖느냐에 따라 공동영업이 될 수도 있고 공동기업이 될 수도 있다.

① 약정의 당사자들이 별도기구가 보유하는 약정의 자산에 대한 권리와 부채에 대한 의무를 보유한다면, 이는 공동영업으로 분류된다.
② 약정의 당사자들이 별도기구가 보유하는 약정의 순자산에 대한 권리만을 보유한다면, 이는 공동기업으로 분류된다.

별도기구의 법적 형식은 공동약정의 유형을 평가할 때 관련이 있다. 예를 들어, 별도기구가 법적으로 자신이 보유하는 자산에 대한 권리를 가지며 부채에 대한 의무를 지도록 되어 있다면, 별도기구의 자산과 부채는 당사자들의 자산과 부채가 아니다. 따라서 이러한 약정은 공동기업이다. 그러나 계약상 약정에서 당사자들이 합의한 조건, 그리고 관련이 있다면 그 밖의 사실과 상황은 별도기구의 법적 형식에 의해 당사자들에게 부과된 권리와 의무에 대한 평가보다 우선할 수 있다([그림 보8-2] 참조).

[그림 보8-2] **별도기구로 구조화된 공동약정의 구분**

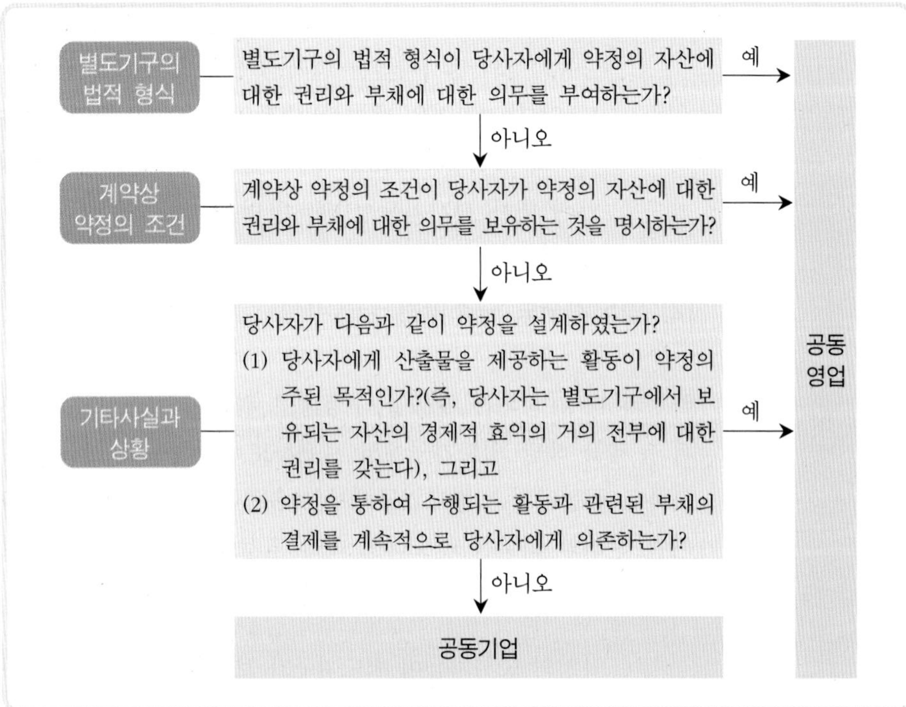

1) 계약상 약정의 조건 평가

일반적으로 계약상 약정에서 당사자들에 의해 합의된 권리와 의무는 약정이 구조화된 별도기구의 법적 형식에 의해 당사자들에게 부여되는 권리와 의무에 일관된다. 그러나 때로는 당사자들은 별도기구의 법적 형식에 의해 부여되는 권리와 의무를 변경하거나 수정하기 위하여 계약상 약정을 사용할 수 있다. 이러한 경우에는 공동약정의 유형을 평가할 때 계약상 약정에서 당사자들이 합의한 조건이 별도기구의 법적 형식보다 우선 적용된다.

2) 기타 사실과 상황의 평가

계약상 약정의 조건에서 당사자들이 약정의 자산에 대한 권리와 부채에 대한 의무를 보유하는지 여부가 명시되지 않을 수 있다. 이 경우에는 약정이 공동영업인지 아니면 공동기업인지를 평가하기 위하여 그 밖의 사실과 상황을 고려해야 한다.

약정의 활동이 주로 당사자들에게 산출물을 제공하도록 설계되었다면 이것은 당사자들이 약정의 자산에 대하여 실질적으로 모든 경제적 효익에 대한 권리를 보유한다는 것을 의미한다. 예를 들어, 약정이 제3자에게 산출물을 매각하지 못하도록 함으로써 약정에 의해 제공되는 산출물이 당사자들에게 제공되도록 보장한다. 이렇게 설계된 약정에서는 약정에 의해 발생한 부채는 실질적으로 당사자들이 산출물을 구매하면서 지급하는 현금흐름으로 충당한다. 이처럼 실질적으로 당사자들이 약정의 지속적인 운영에 기여하는 유일한 현금흐름의 원천인 경우에는 당사자들이 약정의 부채에 대한 의무를 부담한다는 것을 의미한다.

예제 보8-2 계약상 약정의 조건

다음의 각 독립적인 상황별로 공동기업인지, 공동영업인지를 판단하라.

(상황 1) 두 당사자가 공동약정으로 별도기구인 기업을 설립하고 각각 지분 50%를 보유하기로 하였다. 별도기구인 기업의 법적 형식에 의해 기업이 보유하는 자산과 부채는 기업 자체의 자산과 부채이며, 당사자들은 기업이 보유하는 순자산에 대한 권리만을 보유한다.

(상황 2) 두 당사자가 공동약정으로 기업(기업 C)을 설립하고, 각 당사자는 기업의 50% 지분을 보유하고 있다. 이 약정의 목적은 당사자들 자신이 필요한 원재료를 생산하는 설비를 가동하는 것을 보장한다. 활동을 수행하는 기업 C의 법적 형식은 최초에는 기업 C에서 보유하는 자산과 부채가 기업 C의 자산과 부채임을 나타낸다. 당사자들 사이의 계약상 약정은 당사자들이 기업 C의 자산에 대한 권리와 부채에 대한 의무를 보유한다고 명시하지 않는다.

(상황 3) (상황 2)에 다음과 같은 사실이 추가적으로 주어졌다.

- 당사자들은 기업 C가 생산한 모든 산출물을 50 대 50으로 구매하기로 합의하였다. 기업 C는 약정의 두 당사자들의 승인을 받지 못하면, 제3자에게 어떠한 산출물도 판매할 수 없다. 제3자에 대한 판매는 드물고 중요하지 않다.
- 당사자들에게 판매되는 산출물의 가격은 기업 C에 의해 발생되는 제조원가와 관리비를 회수하기 위한 수준으로 정해진다. 이러한 운영방식에 근거하여 이 약정은 손익분기수준으로 운영되도록 한다.

해답

(상황 1) 별도기구의 구조화 자체만 고려하면, 이 약정은 공동기업으로 분류된다. 그러나 당사자들이 계약상 약정을 통하여 설립된 기업의 자산에 대한 권리를 특정 비율로 보유하고 설립된 기업의 부채에 대한 법적 의무를 부담한다면, 이러한 약정은 공동영업이 된다.

(상황 2) 기업 C의 법적 형식과 계약상 약정의 조건은 이 약정이 공동기업임을 나타낸다.

(상황 3) 당사자들이 기업 C가 생산한 모든 산출물을 매입해야 하는 사실은 기업 C가 현금흐름의 창출을 당사자들에게 전적으로 의존한다는 것이며, 당사자들이 기업 C의 부채를 결제하기 위한 자금조달 의무를 부담하는 것으로 볼 수 있다. 또한 당사자들이 기업 C가 생산한 모든 산출물에 대한 권리를 가진다는 사실은 당사자들이 기업 C의 자산의 모든 경제적 효익을 소비하며, 따라서 이에 대한 권리를 가짐을 의미한다. 따라서 이 약정은 공동영업이다(이러한 상황에서는 당사자들이 산출물에 대한 몫을 자신의 후속적인 제조공정에 사용하지 않고 제3자에게 판매하는 경우라도, 공동약정의 분류에 대한 결론은 변하지 않는다).

3. 공동약정에 대한 지분의 회계처리

K-IFRS 제1111호(공동약정)에서는 약정의 당사자들의 권리와 의무에 따라 공동약정을 공동영업이나 공동기업으로 분류하도록 하고 있다. 공동영업으로 분류되면, 공동영업의 당사자(공동영업자)들은 약정의 자산, 부채, 수익 및 비용 중 자신의 몫을 자신의 재무제표에 인식한다. 반면, 공동기업으로 분류되면, 공동기업의 당사자(공동기업 참여자)들은 공동기업에 대한 투자를 지분법으로 회계처리한다.

(1) 공동영업에 대한 지분의 회계처리

공동영업은 약정의 공동지배력을 보유하는 당사자들이 약정의 자산에 대한 권리와 부채에 대한 의무를 보유하는 공동약정이다. 따라서 공동약정이 공동영업으로 분류되면, 공동영업자는 공동영업에 대한 자신의 지분과 관련하여 다음을 자신의 재무제표에 인식한다.

공동영업에 대한 지분의 인식

① 자신의 자산 및 공동으로 보유하는 자산 중 자신의 몫
② 자신의 부채 및 공동으로 발생한 부채 중 자신의 몫
③ 공동영업에서 발생한 산출물 중 자신의 몫의 판매수익, 그리고 공동영업의 산출물 판매수익 중 자신의 몫
④ 자신의 비용 및 공동으로 발생한 비용 중 자신의 몫

이때 공동영업자는 공동영업에 대한 자신의 지분에 해당하는 자산, 부채, 수익 및 비용을 해당 자산, 부채, 수익 및 비용에 적용하는 기준서에 따라 회계처리한다.

기업은 '사업'에 해당하는 활동이 이루어지는 공동영업에 대한 지분을 취득하는 경우가 있다. 이때 자신의 몫에 해당하는 부분에 대하여 K-IFRS 제1111호(공동약정)의 규정과 상충되지 않는 K-IFRS 제1103호(사업결합)와 그 밖의 기준서의 사업결합회계에 대한 원칙을 적용하고, 이러한 기준서에서 요구하는 정보를 공시한다.[16)]

K-IFRS 제1111호(공동약정)의 지침과 상충되지 않는 일반적인 사업결합회계 원칙은 다음과 같다.

(1) 식별가능한 자산과 부채를 공정가치로 측정
(2) 취득관련원가를 그 원가가 발생하고 용역을 제공받은 기간에 비용으로 인식
(3) 자산과 부채의 최초 인식으로 발생하는 이연법인세자산과 이연법인세부채를 인식
(4) 이전대가가 취득일의 식별가능한 취득 자산과 인수 부채의 순액을 초과하는 금액을 영업권으로 인식
(5) 영업권이 배분된 현금창출단위에 대해서는 적어도 매년, 그리고 손상을 시사하는 징후가 있을 때마다 손상검사

이는 사업에 해당하는 활동이 이루어지는 공동영업에 대한 최초 지분취득 및 추가 지분취득 모두에 적용한다.

공동영업자는 사업에 해당하는 활동이 이루어지는 공동영업에 대한 지분을 추가취득하여 자신의 지분을 증가시킬 수도 있다. 이 경우, 공동영업자가 공동지배력을 유지한다면, 그 공동영업에 대해 이전에 보유한 지분을 재측정하지 않는다.

---

16) 공동지배력을 공유하는 참여자들(그 공동영업의 지분을 취득하는 기업 포함)이 취득 전후에 걸쳐 동일 최상위 지배참여자의 동일지배하에 있고 그 지배력이 일시적이지 않다면, 그 공동영업에 대한 지분취득에 적용하지 않는다.

예제 보8-3 사업에 해당하는 활동이 이루어지는 공동영업에 대한 지분취득

A사, B사 및 C사는 사업에 해당하는 활동이 이루어지는 공동영업 D를 공동지배한다. 갑(주)는 공동영업 D에 대한 A사의 소유지분 40%를 원가 ₩300,000으로 취득하였고, 취득관련원가 ₩50,000이 발생하였다. 당해 취득의 일환으로 갑(주)를 포함한 참여자들간 계약상 약정으로 인해, 자산과 부채에 대한 갑(주)의 몫이 정해졌다. 공동영업 D와 관련된 식별가능한 자산과 부채에 대한 갑(주)의 몫을 공정가치 또는 기업회계기준서 제1103호(사업결합)에서 명시된 그 밖의 측정치로 산출하니 순자산이 ₩228,000이었다. 이 경우 갑(주)가 영업권으로 인식하는 금액은 얼마인가?

해답

영업권 금액 : ₩72,000

이전대가	₩300,000
공동영업의 식별가능한 자산과 부채에 대한 E사 몫	228,000
영업권	₩72,000

* 취득관련원가 ₩50,000은 공동영업 지분에 대한 이전대가의 일부로 보지 않는다. 따라서 원가가 발생하고 용역을 제공받은 기간에 비용으로 인식한다.

공동영업자와 공동영업 간에는 자산의 판매나 출자 또는 자산의 구매와 같은 거래가 이루어질 수 있는데, 이러한 거래의 회계처리를 살펴보기로 한다.

① 공동영업에 자산을 판매하거나 출자하는 경우의 회계처리

공동영업자는 공동영업의 자산 중 자신의 몫을 자신의 재무제표에 인식한다. 따라서 공동영업자가 공동영업에 자산을 판매한다면 공동영업에 판매한 자산 중 자신의 지분에 해당하는 부분은 다시 자신의 재무제표에 인식된다. 이는 거래 중 자신의 지분에 해당하는 부분은 자신과 거래한 것이라고 할 수 있다. 따라서 공동영업자는 공동영업과의 거래에서 발생한 손익 중 다른 당사자의 지분에 해당하는 부분만을 인식한다.

다만 공동영업자가 공동영업에 자산을 판매한 거래가 당해 자산의 순실현가능가치 감소 또는 손상차손의 증거를 제공하는 경우에는 공동영업자는 공동영업과의 거래에서 발생한 손실 전부를 인식한다. 이는 공동영업자가 해당 자산을 공동영업에 판매하거나 출자하지 않고 보유하고 있더라도 공동영업자가 손상차손을 전액 인식하였을 것이기 때문이다.

예제 보8-4 공동영업자가 공동영업에 자산을 판매(하향거래)한 경우 자산손상의 회계처리

두 부동산회사인 갑(주)와 을(주)는 쇼핑센터를 취득하여 영업할 목적으로 각각 ₩4,000,000과 ₩6,000,000을 현금으로 출자하여 별도기구(기업 X)를 설립하였다. 계약상 약정은 갑(주)와 을(주)에 공동지배력을 부여하고 있으며, 약정의 관련활동을 결정하기 위해서는 갑(주)와 을(주)가 모두 동의해야 함을 명시하고 있다. 아울러 계약상 약정은 기업 X가 보유하는 약정의 자산에 대한 권리와 부채에 대한 의무를 당사자인 갑(주)와 을(주)가 보유하는 것을 명시하고 있다. 약정의 자산, 부채, 수익, 비용에 대한 갑(주)의 배분비율은 40%이고, 을(주)의 배분비율은 60%이다.

기업 X를 설립하면서 갑(주)는 기업 X에 장부금액이 ₩6,000,000인 토지를 공정가치인 ₩8,000,000에 판매하였다.

(1) 상기 거래와 관련하여 갑(주)의 회계처리를 하라.
(2) 추가적으로, 갑(주)가 기업 X에 장부금액이 ₩6,000,000인 토지를 공정가치인 ₩5,000,000에 판매하였다고 가정하자. 토지의 공정가치 ₩5,000,000이 손상차손의 증거를 제공할 경우, 갑(주)의 회계처리를 하라.

해답

(1)

	차변	금액		대변	금액
(차)	공동영업 현금에 대한 지분	4,000,000*	(대)	현 금	4,000,000

* (₩6,000,000(갑(주)의 투자) + ₩4,000,000(을(주)의 투자)) × 40%(갑(주) 지분) = ₩4,000,000

	차변	금액		대변	금액
(차)	현 금	8,000,000	(대)	토 지	6,000,000
	공동영업 토지에 대한 지분	2,400,000*		공동영업 현금에 대한 지분	3,200,000**
				토지처분이익	1,200,000#

* {₩8,000,000(기업 × 취득원가) × 40%(갑(주) 지분)} − {(₩2,000,000(토지처분이익) × 40%(갑(주) 지분)}
= ₩3,200,000 − ₩800,000 = ₩2,400,000

** ₩8,000,000(토지취득원가) × 40%(갑(주) 지분) = ₩3,200,000

\# ₩2,000,000(토지처분이익) × 60%(을(주) 지분) = ₩1,200,000(실현이익)

[해설]
계약상 약정이 둘 이상의 당사자들에게 공동지배력을 부여하고 있으므로 이 약정은 공동약정이다. 또한, 계약상 약정에서 당사자인 갑(주)와 을(주)가 약정의 자산에 대한 권리와 부채에 대한 의무를 보유하도록 명시하고 있으므로 이 약정은 공동영업이다. 공동영업자는 공동영업에 판매한 하향거래에서 발생하는 손익 중 다른 당사자의 지분에 해당하는 부분만 인식한다. 또한 공동영업자가 공동영업에 판매한 토지 중 공동영업자의 몫을 계산할 때에는 인식하지 않은 자신의 몫에 해당하는 손익은 차감한다.

(2)

	차변	금액		대변	금액
(차)	공동영업 현금에 대한 지분	4,000,000*	(대)	현 금	4,000,000

* (₩6,000,000(갑(주)의 투자) + ₩4,000,000(을(주)의 투자)) × 40%(갑(주) 지분) = ₩4,000,000

	차변	금액		대변	금액
(차)	현 금	5,000,000	(대)	토 지	6,000,000
	공동영업 토지에 대한 지분	2,000,000*		공동영업 현금에 대한 지분	2,000,000**
	토지처분손실	1,000,000#			

* ₩5,000,000(토지취득원가)×40%(갑(주) 지분) = ₩2,000,000
** ₩5,000,000(기업 X의 현금잔액)×40%(갑(주) 지분) = ₩2,000,000
\# ₩6,000,000 − ₩5,000,000 = ₩1,000,000(토지처분손실 전액)

② 공동영업으로부터 자산을 구매하는 경우의 회계처리

공동영업자가 공동영업으로부터 자산을 구매하는 경우 공동영업자는 이 자산을 자신의 재무제표에 인식할 것이고, 공동영업은 이 자산의 처분과 관련하여 손익이 발생한다면 이를 인식할 것이다. 그런데 공동영업자가 공동영업으로부터 해당 자산을 구매하기 전에도 해당 자산 중 공동영업자의 몫은 공동영업자의 재무제표에 인식되었다. 즉, 공동영업자가 공동영업으로부터 구매한 자산 중 공동영업자의 지분에 해당하는 부분은 이 거래를 전후하여 경제적 실질에 변동이 없다고 할 수 있다. 따라서 공동영업자가 공동영업으로부터 자산을 구매하는 경우 공동영업자는 이 자산을 제3자에게 판매하기 전까지는 공동영업이 인식한 손익 중 자신의 몫은 자신의 재무제표에 인식하지 않는다. 아울러 공동영업자가 인식하지 않은 손익은 공동영업자가 공동영업으로부터 취득한 자산의 취득원가에서 차감한다.

공동영업자와 공동영업 간 상향거래에서도 해당 거래가 거래된 자산의 순실현가능가치 감소 또는 손상차손의 증거를 제공하는 경우에는 공동영업자는 그러한 손실에 대한 자신의 몫을 인식한다. 이는 공동영업이 해당 자산을 보유하고 있더라도 해당 자산에 대한 손상차손을 인식하였을 것이고, 공동영업자는 그 손실 중 자신의 몫을 인식하였을 것이기 때문이다.

예제 보8-5 공동영업자가 공동영업으로부터 자산을 취득(상향거래)한 경우 자산손상의 회계처리

공동약정에 관한 사항은 앞의 [예제 보8-4]와 동일하다. 기업 X의 설립 후 기업 X가 제3자로부터 ₩8,000,000에 취득한 토지를 갑(주)가 공정가치인 ₩12,000,000에 취득하였다고 가정하자.

(1) 기업 X의 설립 및 토지의 취득과 관련하여 갑(주)의 회계처리를 하라.
(2) 추가적으로, 기업 X의 설립 후 기업 X가 제3자로부터 ₩8,000,000에 취득한 토지를 이 토지를 갑(주)가 공정가치인 ₩7,000,000에 취득하였다고 가정하자. 토지의 공정가치 ₩7,000,000이 손상차손의 증거를 제공한다면, 기업 X의 설립 및 토지의 취득과 관련하여 갑(주)의 회계처리를 하라.

해답

(1) (차) 공동영업 현금에 대한 지분 4,000,000* (대) 현 금 4,000,000

* (₩6,000,000(갑(주)의 투자) + ₩4,000,000(을(주)의 투자)) × 40%(갑(주) 지분) = ₩4,000,000

(차) 토 지 10,400,000* (대) 현 금 12,000,000
공동영업 현금에 대한 지분 4,800,000** 공동영업 토지에 대한 지분 3,200,000#

* ₩12,000,000(갑(주)의 취득원가) − {₩4,000,000(기업 X의 토지처분이익) × 40%(갑(주) 지분)} = ₩10,400,000

** ₩12,000,000(토지처분대가) × 40%(갑(주) 지분) = ₩4,800,000

\# ₩8,000,000(처분된 토지의 장부금액) × 40%(갑(주) 지분) = ₩3,200,000

[해설]

공동영업자는 공동영업으로부터의 상향거래에서 발생한 손익 중 자신의 몫에 해당하는 금액은 인식하지 않는다. 인식하지 않은 손익은 공동영업자가 공동영업으로부터 취득한 자산의 취득원가에서 차감한다. 위의 사례에서 공동영업에서 토지처분이익 ₩8,000,000이 발생했으나 갑(주)는 이에 대한 지분을 인식하지 않고, 그만큼을 토지의 취득원가에서 차감한다.

(2) (차) 공동영업 현금에 대한 지분 4,000,000* (대) 현 금 4,000,000

* (₩6,000,000(갑(주)의 투자) + ₩4,000,000(을(주)의 투자)) × 40%(갑(주) 지분) = ₩4,000,000

(차) 토 지 7,000,000 (대) 현 금 7,000,000
공동영업 현금에 대한 지분 2,800,000* 공동영업 토지에 대한 지분 3,200,000**
공동영업 손실에 대한 지분 400,000#

* ₩7,000,000(토지처분대가) × 40%(갑(주) 지분) = ₩2,800,000

** ₩8,000,000(처분된 토지의 장부금액) × 40%(갑(주) 지분) = ₩3,200,000

\# (₩8,000,000 − ₩7,000,000) × 40%(갑(주) 지분) = ₩400,000

③ 공동영업에 참여는 하지만 공동지배력을 보유하지 않은 당사자의 회계처리

공동영업에 참여는 하지만 공동지배력을 보유하지 않은 당사자가 공동영업의 자산에 대한 권리와 부채에 대한 의무를 보유한다면, 약정에 대한 자신의 지분을 공동영업자와 유사하게 회계처리한다. 한편, 공동영업의 자산에 대한 권리와 부채에 대한 의무를 보유하지 않는다면, 그 당사자는 그러한 지분에 적용하는 기준서에 따라 공동영업에 대한 자신의 지분을 회계처리한다.

(2) 공동기업에 대한 지분의 회계처리

공동기업은 약정의 공동지배력을 보유하는 당사자(공동기업 참여자)들이 약정의

순자산에 대한 권리를 보유하는 공동약정이다. 따라서 공동기업 참여자는 공동기업에 대한 자신의 지분을 투자자산으로 인식하며, 그 투자자산은 K-IFRS 제1028호(관계기업과 공동기업에 대한 투자)에 따라 지분법으로 회계처리한다. 지분법 회계처리는 이미 앞에서 구체적으로 기술하였으므로 여기에서는 추가적인 설명은 생략한다.

공동기업에 참여했지만 공동지배력을 보유하지 않는 당사자는 약정에 대한 자신의 지분을 K-IFRS 제1109호(금융상품)에 따라 회계처리한다. 또한 그들이 공동기업에 대하여 유의적인 영향력을 보유하는 경우에는 K-IFRS 제1028호(관계기업과 공동기업에 대한 투자)에 따라 지분법으로 회계처리한다.

4. 공동약정에 관련된 기타 사항

(1) 별도재무제표상 공동약정에 대한 지분의 회계처리

공동영업자나 공동기업 참여자가 종속기업이 있는 지배기업으로서 별도재무제표를 작성하는 경우 별도재무제표상 공동약정에 대한 회계처리를 해야 한다.

① **공동영업자 :** 지금까지 언급한 연결재무제표상 회계처리와 동일하다. 즉 공동영업의 자산, 부채, 수익 및 비용 중 자신의 몫을 별도재무제표에 인식한다.

② **공동기업 참여자 :** 원가법과 K-IFRS 제1109호(금융상품)에 따른 공정가치법 중 하나를 선택하여 회계처리한다.

공동영업에 참여는 하지만 공동지배력을 보유하지 않는 당사자의 별도재무제표상 공동영업에 대한 지분의 회계처리는 공동영업자의 회계처리와 유사하다. 공동기업에 참여는 하지만 공동지배력을 보유하지 않는 당사자도 K-IFRS 제1109호(금융상품)에 따라 별도재무제표상 공동기업에 대한 지분을 회계처리한다. 다만, 공동기업에 대한 유의적인 영향력을 가진 경우에는 원가법과 K-IFRS 제1109호(금융상품)에 따른 공정가치법 중 하나를 선택하여 회계처리한다.

(2) 공동약정에 대한 공시

공동약정에 대해 요구되는 공시사항은 K-IFRS 제1112호(타 기업에 대한 지분의 공시)에서 다루고 있다. 이는 앞에서 언급한 관계기업 투자에 대해 요구하는 공시사항과 동일하므로 여기서는 설명을 생략한다.

종합예제

지분법 회계처리

갑(주)는 20×1년 1월 3일 을(주) 총발행주식(주식수 100주, 주당액면 ₩5,000)의 40%인 40주를 ₩420,000에 구입하였다. 을(주)의 요약재무상태표(20×1년 1월 3일) 및 추가자료는 다음과 같다. 단, 주식취득일 현재 을(주) 순자산의 장부금액은 공정가치와 같았다.

재무상태표

을(주) 20×1. 1. 3 현재

자 산	₩2,000,000	부 채	₩1,200,000
		자 본 금	500,000
		자본잉여금	100,000
		이익잉여금	200,000
총 계	₩2,000,000	총 계	₩2,000,000

[추가자료]

1) 20×1년 12월 31일에 종료하는 회계연도에 을(주)는 당기순이익 ₩30,000을 보고하였다.
2) 을(주)는 20×2년말 기타포괄손익-공정가치측정금융자산(FVOCI금융자산)의 후속측정으로 FVOCI금융자산평가이익(기타포괄손익) ₩50,000이 발생하였다. 또한 20×2년도 당기순이익 ₩40,000이 발생하였으며, 20×2년 3월 10일에 주당 ₩200의 현금배당을 선언하고 지급하였다.
3) 20×3년 1월 3일 갑(주)는 을(주) 주식 10주를 ₩132,000에 처분하였다. 20×3년도 당기순이익은 ₩100,000이다.
4) 20×4년 1월 7일 갑(주)는 을(주) 주식 20주를 ₩290,000에 처분하였다. 이에 따라 갑(주)는 을(주)에 대하여 유의적인 영향력을 행사할 수 없게 되었다.
5) 나머지 을(주) 주식 10주의 공정가치는 ₩140,000이다.

요구사항

갑(주)가 을(주) 투자주식에 관련하여 취득일부터 처분일까지 필요한 분개를 하라. 단, 지분법이 적용되지 않는 투자주식은 FVOCI금융자산으로 분류한다.

해답

〈20×1년〉

- 1월 3일 : (을(주) 투자주식 취득)

(차) 관계기업투자주식	420,000	(대) 현 금	420,000

- 12월 31일 : 을(주) 당기순이익 중 갑(주) 지분

(차) 관계기업투자주식	12,000	(대) 지분법이익	12,000*

* ₩30,000 × 40% = ₩12,000

〈20×2년〉

- 3월 10일 : (현금배당)

(차) 현 금	8,000*	(대) 관계기업투자주식	8,000

* ₩200 × 40주 = ₩8,000

- 12월 31일 : 을(주) 당기순이익 및 기타포괄손익 중 갑(주) 지분

(차) 관계기업투자주식	36,000	(대) 지분법이익	16,000*
		지분법기타포괄손익	20,000**

* 당기순이익에 대한 지분 : ₩40,000 × 40% = ₩16,000

** FVOCI금융자산평가이익에 대한 지분 : ₩50,000 × 40% = ₩20,000

〈20×3년〉

- 1월 3일 : (주식 10주 매각)

(차) 현 금	132,000	(대) 관계기업투자주식	115,000*
		관계기업투자주식처분이익	17,000
(차) 지분법기타포괄손익	5,000**	(대) 이익잉여금	5,000

* ₩420,000 + ₩12,000 − ₩8,000 + ₩36,000 = ₩460,000(20×2년말 잔액) ⇒ ₩460,000 × 10/40 = ₩115,000

** ₩20,000 × 10/40 = ₩5,000, 당기손익으로 재분류하지 않는 항목(FVOCI금융자산평가이익)에서 발생한 기타포괄손익이므로 자본 내에서 이익잉여금으로 대체할 수 있다.

- 12월 31일 : 을(주) 당기순이익 중 갑(주) 지분

(차) 관계기업투자주식	30,000	(대) 지분법이익	30,000*

* ₩100,000 × 30% = ₩30,000

〈20×4년〉

- 1월 7일 : (주식 20주 매각)

(차) 현 금	290,000	(대) 관계기업투자주식	250,000*
		관계기업투자주식처분이익	40,000
(차) 지분법기타포괄손익	10,000**	(대) 이익잉여금	10,000

* (₩460,000 − ₩115,000 + ₩30,000) × 20/30 = ₩250,000

** (₩20,000 − ₩5,000) × 20/30 = ₩10,000

• 1월 7일 : (잔여 주식을 FVOCI금융자산으로 대체)

(차) FVOCI금융자산	140,000*	(대) 관계기업투자주식	125,000
		관계기업투자주식처분이익	15,000
(차) 지분법기타포괄손익	5,000	(대) 이익잉여금	5,000

* 공정가치로 기록한다.

(주) 더 이상 유의적인 영향력을 행사할 수 없으므로 당해 투자주식에 대하여 공정가치법을 적용한다. 또한 나머지 관련된 기타포괄손익은 이익잉여금으로 대체할 수 있다.

익힘문제

1. 다른 기업의 주식을 취득했을 때 지분법을 적용해야 하는 경우를 기술하라.
2. 다른 회사의 주식을 취득했을 때, 관계기업투자주식으로 분류하는 기준을 설명하라.
3. 투자주식의 취득일 이후에 대한 회계처리에서 공정가치법과 지분법의 차이점을 설명하라.
4. 투자주식의 회계처리방법으로 공정가치법보다 지분법이 정당화되는 상황을 제시하라. 또한 이러한 상황에서 지분법이 지니는 이점을 설명하라.
5. 취득시점에 발생한 순자산의 장부금액과 공정가치의 차액을 취득 후에 상각할 때에는 지분법손익을 조정하는데 그 이유는 무엇인가?
6. 갑(주)는 을(주)에 대한 투자주식을 지분법으로 처리하고 있다. 관계기업 주식 취득시점에 갑(주)는 을(주)의 순자산의 장부금액을 초과하는 금액을 지급하였는데, 이는 감가상각자산의 과소평가에 기인한다. 갑(주)가 이러한 초과지급액을 어떻게 회계처리해야 하는가?
7. 지분법을 적용할 때 관계기업이나 공동기업의 순자산금액의 변동을 어떻게 반영하는가? 특히 자본잉여금이나 금융자산의 공정가치평가로 발생하는 기타포괄손익의 증가를 어떻게 반영하는지 기술하라.
8. 관계기업이나 공동기업에 재고자산을 판매하는 거래에서 발생하는 미실현손익은 어떻게 제거하는가? 또한 당해 내부미실현손익이 실현되었을 때의 회계처리도 기술하라.
9. 관계기업이나 공동기업으로부터 재고자산을 매입하는 거래에서 발생하는 미실현손익은 어떻게 제거하는가? 또한 당해 내부미실현손익이 실현되었을 때의 회계처리도 기술하라.
10. 관계기업에 대한 유의적인 영향력을 상실하거나 공동기업에 대한 공동지배력을 상실한 경우의 회계처리를 기술하라. 관계기업이 공동기업이 된 경우의 회계처리를 기술하라.

보-1. 공동약정과 공동지배력에 대해 설명하라.

보-2. 공동약정을 공동영업이나 공동기업으로 분류하는 기준을 기술하라.

보-3. 공동영업에 대한 회계처리와 공동기업에 대한 회계처리의 차이점을 설명하라.

연습문제

01 기본개념의 이해

다음 각 문장이 옳으면 ○, 틀리면 ×로 답하라.

(1) 지분법은 투자자산을 최초에 원가로 인식하고, 취득시점 이후 발생한 피투자자의 순자산 변동액 중 투자자의 몫을 해당 투자자산에 가감하여 보고하는 회계처리방법이다.

(2) 유의적인 영향력이란 투자자가 피투자기업의 재무정책과 영업정책을 결정할 수 있는 능력을 말한다.

(3) 다른 투자자가 해당 피투자기업의 주식 과반수를 소유함으로써 지배력을 갖는 경우에 투자자는 피투자기업에 대해 유의적인 영향력을 보유할 수 없다.

(4) 공동지배력은 약정의 지배력에 대한 합의된 공유인데, 이는 관련활동에 대한 결정에 지배력을 공유하는 당사자들 전체의 동의가 요구될 때에만 존재한다.

(5) 약정의 공동지배력을 보유하는 당사자들이 약정의 순자산에 대한 권리만을 보유한다면 이러한 약정은 공동영업으로 분류한다.

(6) 지분법 적용시, 어떠한 경우라도 투자자의 보고기간 종료일과 피투자기업의 보고기간 종료일 간의 차이는 3개월 이내이어야 한다.

(7) 피투자기업에 대한 공동지배력이나 유의적인 영향력이 일시적으로 의도된 경우에는 지분법 회계처리를 적용하지 않는다.

(8) 지분법 회계처리를 적용하고 있는 피투자기업으로부터 배당금을 수령하는 경우, 투자자는 이를 배당수익(당기이익)으로 인식한다.

(9) 투자자와 관계기업 사이의 '상향'거래나 '하향'거래에서 발생한 손익에 대하여 투자자는 그 관계기업에 대한 지분과 무관한 손익까지만 재무제표에 인식한다.

(10) 관계기업의 결손이 누적되면 관계기업에 대한 투자지분이 부(−)의 잔액이 되는 경우가 발생할 수 있다.

(11) 지분법 사용을 중단한 경우 그 투자와 관련하여 기타포괄손익으로 인식한 모든 금액을 당기손익으로 재분류한다.

(12) 관계기업에 대한 순투자 장부금액의 일부를 구성하는 영업권은 분리하여 인식하지 않으므로 별도의 손상검사를 하지 않는다.

(13) 관계기업 투자가 공동기업 투자로 되거나 공동기업 투자가 관계기업 투자로 되는 경우, 투자자는 잔여 보유지분을 분류 변경시점의 공정가치로 재측정한다.

(14) 별도기구로 구조화되지 않은 공동약정은 공동영업이다.

02 공정가치법과 지분법

20×1년 1월 1일에 서울(주)는 종로(주)의 보통주 30주를 주당 ₩1,200에 매입하였다. 매입 당시의 종로(주)의 재무상태표에는 자산 ₩200,000, 부채 ₩20,000, 보통주자본금(액면 ₩1,000) ₩100,000과 이익잉여금 ₩80,000이 있었다.

종로(주)는 20×1년의 순이익으로 ₩30,000을 보고하였으며, 20×1년 12월 31일에 주주에게 총 ₩9,000의 배당금을 결의하고 지급하였다. 20×1년 12월 31일 종로(주)의 주가는 ₩1,300이다. 20×2년 1월 1일에 서울(주)는 종로(주)의 주식 10주를 주당 ₩1,400에 처분하였다.

요구사항

1. 공정가치법(당기손익 인식)을 적용할 때 위의 사항을 서울(주)의 장부에 반영시키기 위한 분개를 하라.
2. 지분법을 적용할 때 위의 사항을 서울(주)의 장부에 반영시키기 위한 분개를 하라.

03 지분법 – 기본형

20×1년초 서울(주)는 강남(주)의 주식 40%를 ₩800,000에 취득하였다. 취득일 현재 강남(주)의 순자산 장부금액은 ₩1,500,000이었고, 장부금액과 공정가치가 일치하지 않는 자산·부채는 다음과 같았다.

	장부금액	공정가치	비 고
재고자산	₩100,000	₩150,000	20×1년중 모두 판매되었다.
건 물	500,000	600,000	5년간 정액법으로 상각한다.
토 지	300,000	450,000	

강남(주)는 당기순이익으로 20×1년과 20×2년에 각각 ₩500,000과 ₩400,000을 보고하였으며, 서울(주)는 20×2년 3월 1일 현금배당금 ₩40,000을 수취하였다.

요구사항

강남(주)의 투자주식과 관련하여 서울(주)의 20×1년과 20×2년의 회계처리를 제시하라.

04 비화폐성자산의 출자

(2023년 공인회계사 시험(1차) 수정)

(주)대한은 20×1년초에 보유하던 토지(장부금액 ₩20,000, 공정가치 ₩30,000)를 (주)민국에 출자하고, 현금 ₩10,000과 (주)민국의 보통주 30%를 수취하여 유의적인 영향력을 행사하게 되었다. 출자 당시 (주)민국의 순자산장부금액은 ₩80,000((주)대한이 출자한 토지 포함)이며, 이는 공정가치와 일치하였다. 20×1년말 현재 해당 토지는 (주)민국이 소유하고 있으며, (주)민국은 20×1년도 당기순이익으로 ₩10,000을 보고하였다.

요구사항

(주)민국에 대한 현물출자와 지분법 회계처리가 (주)대한의 20×1년도 당기순이익에 미치는 영향은 얼마인가? 단, 현물출자는 상업적 실질이 결여되어 있지 않다.

05 관계기업투자주식의 장부금액

서울(주)는 20×1년 1월 1일 남대문(주)의 주식 20%를 ₩200,000에 취득하고 유의적인 영향력을 행사할 수 있게 되었다. 주식취득일 현재 남대문(주)의 순자산장부금액은 ₩700,000으로 건물을 제외하고는 공정가치와 모두 일치하였다. 건물은 ₩200,000이 과소평가되었으며, 취득일 현재 잔존내용연수는 10년이고, 정액법으로 감가상각한다.

주식취득일부터 20×2년 12월 31일까지 남대문(주)의 순자산장부금액이 변동한 원인은 다음과 같다.

	20×1년	20×2년
당기순이익	₩50,000	₩40,000
배당금 선언 및 지급	(10,000)	(5,000)
FVOCI금융자산평가이익	–	30,000
	₩40,000	₩65,000

요구사항

서울(주)가 20×2년 12월 31일로 종료되는 회계연도에 보고할 포괄손익계산서와 동 일자의 부분재무상태표를 작성하라. 단, 20×2년도의 지분법이익은 ₩4,000이며 당기순이익은 ₩10,000이다.

06 지분법 적용의 중지와 그 이후

서울(주)는 20×1년 1월 1일 종로(주)의 주식 40%를 ₩500,000에 구입하였다. 취득 당시 종로(주)의 순자산장부금액은 ₩1,000,000이었으며, 장부금액과 공정가치가 일치하지 않는 자산과 부채는 다음과 같았다.

	장부금액	공정가치	비 고
재고자산	₩100,000	₩120,000	20×1년중 전부 판매
건 물	300,000	400,000	10년간 정액법 상각

20×1년부터 종로(주)가 보고한 연도별 당기순이익(손실)은 다음과 같다.

20×1년도	₩200,000	20×2년도	(₩500,000)
20×3년도	(1,000,000)	20×4년도	500,000

요구사항

서울(주)가 투자주식과 관련하여 20×1년부터 20×4년까지 필요한 분개를 제시하라.

07 지분법 – 내부거래

(2019년 공인회계사 시험(1차) 수정)

(주)대한은 20×1년초에 (주)민국의 보통주 30%를 ₩350,000에 취득하고 유의적인 영향력을 행사하게 되었다. 20×1년초 현재 (주)민국의 순자산 장부금액과 공정가치는 동일하게 ₩1,200,000이다. 20×1년 중에 (주)대한은 원가 ₩20,000의 재고자산을 (주)민국에 ₩25,000에 판매하였다. (주)민국은 (주)대한으로부터 매입한 재고자산 중 ₩7,500은 20×1년에, 나머지 ₩17,500은 20×2년에 외부에 판매하였다.

다음은 (주)민국의 20×1년도 및 20×2년도 포괄손익계산서 내용의 일부이다.

구 분	20×1년	20×2년
당기순이익	₩100,000	(₩100,000)
기타포괄이익	50,000	110,000

요구사항

1. 20×1년말 현재 (주)대한의 재무제표에 나타나는 (주)민국에 대한 관계기업투자주식의 장부금액은 얼마인가?
2. 지분법 적용이 (주)대한의 20×2년도 당기순이익에 미치는 영향은 얼마인가?

08 지분법 – 내부거래 미실현손익

한강(주)는 20×1년 1월 2일에 청계(주)의 의결권이 있는 보통주식 총수의 30%를 기존의 주주로부터 ₩1,530,000에 취득하였다. 20×1년 1월 2일 현재 청계(주)의 장부금액과 공정가치는 다음과 같다.

	장부금액	공정가치	비 고
현 금	₩450,000	₩450,000	
매 출 채 권(순액)	660,000	660,000	
재 고 자 산	900,000	1,200,000	20×1년중 모두 판매되었다.
기타유동자산	990,000	930,000	20×1년중 모두 처분되었다.
유 형 자 산(순액)	1,500,000	2,400,000	10년간 정액법으로 상각된다.
자산총계	₩4,500,000		
매 입 채 무	₩300,000	₩300,000	
사 채	600,000	540,000	3년만기, 정액법상각을 가정한다.
보통주자본금	3,000,000		
이익잉여금	600,000		
부채와 자본총계	₩4,500,000		

20×1년 12월 31일 청계(주)는 ₩900,000의 당기순이익을 보고하였다.

요구사항

1. 20×1년 12월 31일 현재 한강(주)의 재무제표에 나타나는 청계(주)의 관계기업투자주식의 계정잔액과 지분법손익은 얼마인가?
2. 위 사항에 추가하여 다음과 같은 내부거래가 있을 경우 관계기업투자주식의 계정잔액이 어떻게 변하는지를 설명하라. 그리고 이에 따른 회계처리도 제시하라. 단, 각 상황은 독립적이라고 가정한다.

   (1) 20×1년중 두 회사간에 이루어진 재고자산 관련 내부거래는 다음과 같다.

판매회사	매출액	기말재고자산	매출총이익률
한강(주)	₩500,000	₩200,000	20%
청계(주)	300,000	100,000	20%

   (2) 20×1년 1월 4일 청계(주)는 한강(주)에 유형자산 ₩500,000을 ₩600,000에 판매하였다. 동 유형자산은 10년간 정액법으로 상각한다.

09 지분법 – 내부거래가 자산의 순실현가능가치의 감소에 대한 증거를 제공하는 경우

서울(주)는 20×1년 1월 2일에 한양(주)의 의결권이 있는 보통주식 총수의 30%를 기존의 주주로부터 ₩3,060,000에 취득하였다. 20×1년 1월 2일 현재 한양(주)의 장부금액과 공정가치는 다음과 같다.

	장부금액	공정가치	비 고
현 금	₩900,000	₩900,000	
매 출 채 권(순액)	1,320,000	1,320,000	
재 고 자 산	3,780,000	4,260,000	20×1년중 모두 판매되었다.
유 형 자 산(순액)	3,000,000	4,800,000	10년간 정액법으로 상각된다.
자산총계	₩9,000,000		
매 입 채 무	₩600,000	₩600,000	
사 채	1,200,000	1,200,000	
보통주자본금	6,000,000		
이익잉여금	1,200,000		
부채와 자본총계	₩9,000,000		

20×1년 12월 31일 한양(주)는 ₩1,800,000의 당기순이익을 보고하였다.

요구사항

20×1년중 두 회사간에 이루어진 재고자산 관련 내부거래는 다음과 같다.

판매회사	판매회사의 매출원가	판매회사의 매출액	매입회사의 기말재고자산
서울(주)	₩1,300,000	₩1,000,000	₩1,000,000
한양(주)	500,000	600,000	300,000

위의 재고자산 거래 중 서울(주)가 판매회사인 하향거래는 재고자산의 순실현가능가치의 감소에 대한 증거를 제공한다. 서울(주)가 한양(주)에 대한 투자와 관련하여 20×1년에 수행해야 할 회계처리를 제시하라.

10 지분법 – 관계기업투자주식의 처분 (2017년 공인회계사 시험(1차) 수정)

(주)대한은 20×1년초에 (주)민국의 의결권 있는 보통주식 30주(지분율 30%)를 ₩150,000에 취득하여 유의적인 영향력을 행사하게 되었다. 취득 당시 (주)민국의 순자산장부금액은 ₩500,000이며 공정가치와 일치하였다. 20×1년도에 (주)민국은 당기순이익 ₩120,000과 기타포괄이익(처분시 당기손익 재분류항목) ₩50,000을 보고하였으며 배당결의나 지급은 없었다. (주)대한은 20×2년초에 보유하고 있던 (주)민국의 주식 20주(지분율 20%)를 주당 공정가치 ₩6,500에 매각하여 유의적인 영향력을 상실하였다. 나머지 10주는 FVOCI금융자산으로 재분류하였다.

요구사항

(주)대한이 20×2년초 (주)민국의 주식 처분시점에 수행해야 할 회계처리를 제시하라.

고급 연습문제

11 비화폐성자산의 출자 (2018년 공인회계사 시험(2차) 수정)

(주)대한은 20×1년 1월 1일에 보유하고 있던 토지(장부금액 ₩400,000, 공정가치 ₩480,000)를 (주)민국에 현물출자하면서 지분 30%를 수령했다. 이로 인해 (주)대한은 (주)민국에 대해 유의적인 영향력을 가지게 되었다. (주)민국의 주식은 비상장주식이며 공정가치를 신뢰성 있게 측정할 수 없다.

[추가자료]

1) 현물출자 시점에 (주)민국의 순자산장부금액은 ₩1,000,000이며, 이 중 공정가치와 장부금액의 차이가 발생하는 항목은 나음과 같나.

	장부금액	공정가치	비 고
재 고 자 산	₩100,000	₩150,000	20×1년에 50% 판매, 20×2년에는 판매 없음
기 계 장 치	300,000	450,000	정액법 상각(잔존내용연수 5년, 잔존가치 없음)

2) 20×1년말에 (주)대한은 (주)민국에 현금 ₩50,000을 장기 대여(연 이자율 1%)하였다. (주)대한과 (주)민국은 동 거래와 관련된 기간이자를 적절하게 계상하고 있다.
3) 20×1년과 20×2년에 (주)민국이 보고한 당기순손실은 각각 ₩200,000과 ₩1,400,000이다.
4) 현물출자된 토지는 외부로 판매되지 않았으며, 20×2년말 현재 (주)민국이 보유하고 있다.

요구사항

1. 위 현물출자 거래의 ① 상업적 실질이 결여된 경우와 ② 결여되지 않은 경우 각각에 있어, (주)대한이 20×1년말 재무상태표에 보고할 관계기업투자주식의 장부금액을 계산하라.
2. (주)대한이 20×1년말에 보고한 관계기업투자주식 금액은 ₩400,000이라고 가정한다. 20×1년말의 대여금 거래가 (주)대한의 (주)민국에 대한 순투자로 간주되는 경우, (주)대한이 20×2년말 재무상태표에 보고할 ① 관계기업투자주식과 ② 대여금의 순장부금액을 계산하라.

12 관계기업투자주식의 손상차손 인식 및 환입

20×1년초 한강(주)는 청계(주)의 주식 40%를 ₩600,000에 취득하였다. 취득일 현재 청계(주)의 순자산장부금액은 ₩1,400,000이며 순자산의 장부금액과 공정가치는 일치한다. 20×1년 이후 청계(주)가 보고한 순자산의 변동내역은 다음과 같으며, 이익잉여금의 변동은 전액 당기손익에 의한 것이고 배당지급은 없다.

	20×1년 1월 1일	20×1년 12월 31일	20×2년 12월 31일
납입자본	₩700,000	₩700,000	₩700,000
기타포괄손익누계액	300,000	400,000	400,000
이익잉여금	400,000	100,000	300,000

[추가자료]

1) 한강(주)는 20×1년말 현재 청계(주)의 투자주식에 대해서 손상차손의 발생에 대한 객관적인 증거가 있음을 확인하였으며 투자주식의 회수가능액은 ₩400,000으로 추정된다.
2) 20×2년중 청계(주)는 한강(주)에 원가 ₩300,000인 제품을 ₩400,000에 판매하였으며, ₩400,000 중에서 ₩100,000이 20×2년말 현재 남아 있다.
3) 한강(주)는 20×2년말 현재 청계(주) 투자주식의 회수가능액이 ₩500,000으로 회복되었다고 판단하였으며, 이는 20×1년말에 인식하였던 손상차손과 관련이 있다고 판단된다.

요구사항

한강(주)의 20×1년과 20×2년의 회계처리를 제시하라.

13 관계기업투자주식의 처분

대한(주)는 민국(주)의 보통주 30%를 보유하여 유의적인 영향력을 행사할 수 있으며, 20×1년 1월 1일 현재 재무상태표에 관계기업투자주식 ₩90,000과 지분법기타포괄이익(민국(주)의 FVOCI금융자산 평가이익에 기초) ₩6,000을 보고하고 있다. 취득일 현재 순자산 중 과소평가된 자산은 건물로 20×1년 1월 1일 현재 미상각잔액 중 대한(주)의 지분해당액은 ₩7,500으로 잔존내용연수는 5년으로 정액법으로 감가상각한다.

다음의 상황들은 각각 서로 독립된 거래라고 가정한다.

[상황 1] 처분 후에도 유의적인 영향력을 유지하는 경우

20×1년 1월 1일 대한(주)는 민국(주)의 보통주식 10%를 ₩40,000에 처분하여 20%로 하락하였다. 처분일 현재 대한(주)가 보유하고 있는 민국(주) 주식의 공정가치는 ₩80,000이며, 대한(주)는 민국(주)에 대한 유의적인 영향력을 계속 유지하고 있다. 민국(주)는 20×1년에 당기순이익으로 ₩40,000을 보고하였다.

대한(주)가 위 거래와 관련하여 20×1년도에 수행해야 할 분개를 제시하라.

[상황 2] 처분으로 유의적인 영향력을 상실한 경우

20×1년 1월 1일 대한(주)는 민국(주)의 보통주식 20%를 ₩80,000에 처분하여 지분율이 10%로 하락하였으며, 대한(주)는 민국(주)에 대한 유의적인 영향력을 상실하게 되었다. 민국(주) 주식의 처분 후 대한(주)가 보유하고 있는 민국(주) 주식의 공정가치는 20×1년 1월 1일과 20×1년 12월 31일 각각 ₩40,000과 ₩50,000이었다.

대한(주)가 위 거래와 관련하여 20×1년도에 수행해야 할 분개를 제시하라.

14 지분법 – 종합(Ⅰ)

1) 서울(주)는 20×1년 1월 3일 종로(주)의 주식 10%(1,000주)를 ₩250,000에 구입하였다. 취득 당시 종로(주)의 순자산장부금액은 ₩2,000,000이었으며, 장부금액이 ₩300,000이고 공정가치가 ₩400,000인 건물(10년간 정액법 상각)을 제외하고는 다른 자산과 부채의 장부금액과 공정가치는 일치하였다. 서울(주)는 동 주식을 기타포괄손익-공정가치측정금융자산(FVOCI금융자산)으로 분류하고 공정가치로 평가하였으며, 20×1년 12월 31일 현재 동 주식의 공정가치는 ₩300,000이었다. 20×1년에 종로(주)는 당기순이익으로 ₩1,000,000을 보고하였다.
2) 20×2년 1월 3일 서울(주)는 종로(주)의 주식 20%(2,000주)를 ₩630,000에 추가로 구입하였다. 20×2년 1월 3일 종로(주)의 순자산장부금액은 ₩2,300,000이었으며, 장부금액과 공정가치가 일치하지 않는 자산·부채는 다음과 같았다.

	장부금액	공정가치	비 고
재고자산	₩100,000	₩120,000	20×2년중 전부 판매
건 물	270,000	500,000	

20×2년 종로(주)는 원가 ₩300,000인 제품을 서울(주)에 ₩400,000에 판매하였으며, ₩400,000 중에서 ₩100,000이 20×2년말 현재 남아 있었다. 서울(주)는 20×3년 1월 2일에 당해 재고자산을 외부로 매출하였다. 20×2년 종로(주)가 보고한 당기순이익은 ₩400,000이었다.

3) 20×3년 1월 3일 서울(주)는 종로(주)의 주식 10%(1,000주)를 ₩350,000에 추가로 구입하였다. 동일 현재 종로(주)의 순자산장부금액은 ₩2,700,000이었으며, 장부금액이 ₩240,000이고 공정가치가 ₩400,000인 건물을 제외하고는 다른 자산과 부채의 장부금액과 공정가치는 일치하였다. 20×3년 12월 31일 종로(주)는 기타포괄손익-공정가치측정금융자산을 후속측정하여 평가이익 ₩300,000을 계상하였으며, 당기순이익으로 ₩400,000을 보고하였다.
4) 20×4년 12월 31일 서울(주)는 종로(주)의 주식 3,000주를 ₩1,200,000에 처분하였다. 잔여주식은 공정가치로 평가(기타포괄손익 인식)하며, 동일 현재 공정가치는 ₩400,000이었다. 20×4년 종로(주)의 당기순이익은 ₩500,000이었다.

요구사항

K-IFRS에 따라 상기 투자주식과 관련된 서울(주)의 회계처리를 제시하라.

15 지분법 – 종합(Ⅱ)

(2013년 공인회계사 시험(2차) 수정)

(주)한국은 20×1년 1월 1일에 다음과 같이 (주)영동, (주)영서, (주)영남의 의결권 있는 보통주를 취득하였다. 이로써 (주)한국은 (주)영동, (주)영서, (주)영남에 대해 유의적인 영향력을 행사할 수 있게 되었다.

	취득주식수(지분율)	취득원가
(주)영동	30주(30%)	₩180,000
(주)영서	25주(25%)	65,000
(주)영남	40주(40%)	50,000

[추가자료]

(1) 취득일 현재 (주)영동의 순자산장부금액은 ₩390,000이며, 자산 · 부채 중 장부금액과 공정가치가 일치하지 않는 내역은 다음과 같다.

	장부금액	공정가치
재고자산	₩50,000	₩56,000
토 지	110,000	140,000
기계장치	40,000	49,000

위 자산 중 재고자산은 20×1년중에 전액 외부에 판매되었으며, 기계장치는 20×1년초 현재 잔존내용연수 3년에 잔존가치 없이 정액법으로 상각한다.

(2) 취득일 현재 (주)영서와 (주)영남의 순자산장부금액은 각각 ₩280,000과 ₩100,000이며, 자산 · 부채의 장부금액은 공정가치와 일치하였다.

(3) 20×1년중에 (주)한국은 (주)영서에 원가 ₩20,000의 상품을 ₩28,000에 판매하였으며, (주)영서는 동 상품 전액을 20×2년중에 외부에 판매하였다.

(4) 20×1년에 (주)영동, (주)영서, (주)영남이 보고한 당기순이익과 기타포괄손익은 다음과 같다. 단, (주)영남이 보고한 기타포괄손익은 관련 자산이나 부채의 처분시 당기손익으로 재분류하는 항목에서 발생한 것이다.

	당기순이익	기타포괄손익
(주)영동	₩52,000	₩10,000
(주)영서	15,000	–
(주)영남	10,000	5,000

요구사항

1. (주)영동의 보통주 취득과 관련하여, (주)한국의 관계기업투자주식 취득원가에 포함된 영업권 금액을 구하라.
2. (주)영동의 투자주식과 관련하여, (주)한국의 20×1년 재무제표에 계상될 지분법손익을 구하라. 단, 손실의 경우에는 금액 앞에 (−)를 표시한다.

3. 20×2년 4월 20일에 (주)영동은 보통주 1주당 ₩150의 현금배당을 실시하였다. 동 배당금 수령시에 (주)한국이 수행해야 할 회계처리(분개)를 제시하라.
4. (주)영서의 투자주식과 관련하여, (주)한국의 20×1년말 재무제표에 계상되는 관계기업투자주식의 장부금액을 구하라.
5. (주)한국은 20×2년초에 (주)영남의 보통주 10주를 ₩12,000에 매각하였다. 이 매각거래에 따른 투자주식처분손익을 구하라. 단, 손실의 경우에는 금액 앞에 (−)를 표시한다.

보-1 공동약정

(2016년 공인회계사 시험(2차) 수정)

갑(주)와 을(주)는 쇼핑센터를 취득하여 영업할 목적으로 20×1년 1월 1일에 각각 ₩20,000과 ₩30,000을 현금으로 출자하여 별도기구인 병(주)를 설립하였다. 계약상 약정의 조건은 다음과 같다.

〈계약상 약정의 조건〉

- 계약상 약정은 갑(주)와 을(주)에 공동지배력을 부여하고 있다.
- 아울러 계약상 약정은 병(주)가 보유하는 약정의 자산에 대한 권리와 부채에 대한 의무를 당사자들인 갑(주)와 을(주)가 보유하는 것을 명시하고 있다.

약정의 자산, 부채, 수익, 비용에 대한 갑(주)의 배분비율은 40%이고, 을(주)의 배분비율은 60%이다. 병(주)를 설립하기 직전인 20×0년 12월 31일 현재 갑(주)의 재무상태표는 다음과 같다.

재무상태표

갑(주) 20×0. 12. 31 현재

현 금	₩100,000	부 채	₩0
토 지	50,000	자 본 금	120,000
공동기업투자주식	0	이익잉여금	30,000
자산총계	₩150,000	부채 · 자본총계	₩150,000

갑(주)의 경우 20×1년중에 위 현금출자 및 아래 각 요구사항에 제시된 상황과 관련된 것을 제외한 다른 손익항목은 없었다고 가정한다. 다음의 각 요구사항은 독립적이다.

요구사항

1. 위 자료에 추가하여, 병(주)를 설립하면서 갑(주)는 병(주)에 장부금액이 ₩30,000인 토지를 공정가치인 ₩40,000에 판매하였다. 이 경우 20×1년말 현재 갑(주)의 재무상태표에 계상될 다음의 금액을 구하라.

   ① 현금 ② 토지 ③ 공동기업투자주식

2. 위 자료에 추가하여, 병(주)를 설립하면서 갑(주)는 병(주)에 장부금액이 ₩30,000인 토지를 공정가치인 ₩25,000에 판매하였다. 판매된 공정가치는 손상차손의 증거를 제공한다고 가정할 때,

20×1년말 현재 갑(주)의 재무상태표에 계상될 다음의 금액을 구하라.

① 현금 ② 토지

3. 위 자료에 추가하여, 병(주)를 설립하면서 갑(주)는 병(주)에 장부금액이 ₩30,000인 토지를 공정가치인 ₩40,000에 출자하였다. 또한 계약상 약정의 조건은 다음과 같이 수정되었다.

〈계약상 약정의 조건〉

- 계약상 약정은 갑(주)와 을(주)에 공동지배력을 부여하고 있다.
- 아울러 계약상 약정은 당사자들인 갑(주)와 을(주)에 약정의 자산에 대한 권리와 부채에 대한 의무를 명시하지 않고 있으며, 대신 갑(주)와 을(주)가 병(주)의 순자산에 대한 권리를 보유하도록 정하고 있다.

20×1년말 현재 갑(주)의 재무상태표에 계상될 다음의 금액을 구하라.

① 현금 ② 토지 ③ 공동기업투자주식

PART

Ⅳ 환율변동효과

제 9 장　환율변동효과

CHAPTER

9 환율변동효과

기능통화란 기업의 영업활동이 이루어지는 주된 경제환경의 통화를 말한다. 기업의 영업활동이 글로벌화됨에 따라 기업에서 발생하는 거래나 이와 관련된 자산 · 부채 및 수익 · 비용이 기능통화가 아닌 통화로 표시되는 경우 이를 기능통화로 환산하여 기업의 경영성과와 재무성과를 측정할 필요가 있다. 본장에서는 외화로 이루어진 거래나 외화표시 자산 · 부채를 기능통화로 환산하는 방법에 대하여 살펴본다. 또한 기능통화로 측정된 경영성과와 재무상태를 표시통화로 환산하는 방법에 대해서도 논의하고자 한다.

재무제표를 작성하는 보고기업이 외국에 지점이나 현지법인 등을 가지고 있는 경우 해당 해외지점이나 해외종속기업의 재무제표를 보고기업의 표시통화로 환산해야 할 필요가 있다. 본장에서는 해외사업장의 재무제표를 환산하는 방법을 살펴보고, 〈보론〉에서는 해외종속기업 재무제표를 가지고 지배기업이 연결재무제표를 작성하는 과정을 살펴본다.

제 1 절 환율변동효과의 기본개념

1. 환율변동효과

기업의 영업활동이 글로벌화됨에 따라 외국기업과 거래를 하거나 외국에 지점이나 현지법인 등을 설립하는 경우가 빈번하게 발생하고 있다. 외국에 있는 기업과 거래를 하게 되면 일반적으로 외국의 화폐단위로 거래가 이루어진다. 이 경우 외국의 화폐단위로 이루어진 거래의 효과를 자국의 화폐단위로 측정할 필요가 있다. 또는 기업이 개별재무제표나 연결재무제표를 작성하기 위하여 외국의 화폐단위로 표시된 해외 지점이나 현지법인의 재무제표를 자국의 화폐단위로 환산해야 할 필요도 있다.

우리나라는 2011 회계연도부터 국제회계기준을 전면 도입함에 따라 외화거래 및 외화표시 재무제표의 환산과정에서 발생하는 환율변동효과를 K-IFRS 제1021호(환율변동효과)에 따라 회계처리해야 한다. K-IFRS 제1021호의 가장 중요한 특징은 기능통화 개념을 사용하는 것이다. 기능통화 등의 정의는 다음과 같다.

기능통화와 표시통화

- **기능통화**(functional currency) : 기업의 영업활동이 이루어지는 주된 경제환경의 통화로서, 기업이 회계거래를 기록하고 장부 등 회계시스템을 유지하는 데 사용하는 통화
- **표시통화**(presentation currency) : 기업이 재무제표를 표시할 때 사용하는 통화
- **외화**(foreign currency) : 기능통화 이외의 다른 통화

주된 영업활동이 국내에서 이루어지는 대부분의 우리나라 기업은 원화(₩)가 기능통화이면서 동시에 표시통화가 된다. 하지만 우리나라 기업 중에서 외항해운업 등 특정 업종에 속하는 기업들은 주된 경제환경의 통화가 원화가 아닐 수 있다. 이 경우 미국달러화(US$)가 주된 경제환경의 통화로 결정된다면 이들 기업의 기능통화는 미국달러화가 되며 미국달러화로 회계장부를 유지한다. 그리고 이들 기업이 국내법규에 따라 원화로 재무제표를 작성하여 공시한다면 원화

가 이들 기업의 표시통화가 된다.

기능통화 개념을 도입하는 이유는 주된 영업활동에 사용되는 통화로 기업의 경영성과와 재무상태를 측정함으로써 경제적 실질과는 상관없는 환율변동이 기업의 경영실적을 왜곡하는 것을 막고자 함이다. 예를 들어, 어느 내국기업의 매입 · 매출거래가 대부분 해외에서 달러화로 이루어지고 채권 · 채무도 대부분 달러화로 표시된 외화채권 · 채무라고 가정하자. 이 기업의 경우 외화채권으로부터 달러화를 회수하여 이 달러화로 외화부채를 상환하므로 원화 대비 달러화의 환율변동위험에 노출되지 않을 수 있다. 그러나 이 경우 원화를 기준으로 회계처리하면 달러화 표시 채권 · 채무를 재무상태표일 현재의 환율로 환산해야 하며 포괄손익계산서상 외환손익을 인식해야 한다. 즉, 실질적으로는 원화와 달러화 사이의 환율변동위험에 노출되지 않음에도 불구하고 장부상 환율변동으로 인한 손익을 인식하게 된다. 그러나 이 기업이 달러화를 기능통화로 사용한다면 달러화로 표시된 채권 · 채무는 외화항목이 아니므로 더 이상 환산의 문제가 발생하지 않으며 따라서 경제적 실질을 보다 충실하게 표시할 수 있다.

사례로 배우기 9-1 외항해운기업의 기능통화 도입

외항해운업은 선박을 이용하여 국제 운송 서비스를 제공하는 산업으로 운송료의 대부분은 미국달러화로 결제된다. 또한 외항해운업을 영위하는 기업은 다수의 선박을 리스 형태로 임차하여 영업활동에 사용하는데, 선박리스 및 자금조달 거래도 외화로 많이 이뤄진다. D해운의 경우 총자산의 75%가 선박자산이며, 이를 위해 조달한 부채의 77%가 외화부채에 해당한다. K-IFRS 도입 전 선박은 취득 당시의 환율로, 외화부채는 매년 현행환율로 환산하면서 환율변동에 따른 외화환산손익을 인식해야 했기에, 외항해운업은 상당히 높은 환율변동위험에 노출되어 있는 것으로 평가되었다. 그러나 실질적으로 대부분의 수익과 비용이 외화로 결제되며(D해운의 경우 영업수익의 94%가 외화거래이며, 영업원가의 88%가 외화거래임), 수익활동을 통해 벌어들인 외화로 선박리스료를 지급하므로 환율변동에 노출되는 정도가 재무제표에 표시되는 외환손익보다 낮았다. 이에, 획일적인 외화관련 회계처리기준으로 인해 해운업의 경영실적과 재무비율이 왜곡된다는 지적을 받아왔다. 2011년에 K-IFRS가 도입되면서 외항해운업을 영위하는 국내기업은 미국달러화를 기능통화로 채택하기 시작했다. 아시아경제(2011.12)는 국내 상장해운사들이 기능통화제도의 수혜로 2011년도에 적게는 수백억원, 많게는 1,500억원 이상의 외화관련 순이익을 기록한 것으로 보도하였다. 현대상선이 1,683억원으로 가장 많았고, 한진해운 1,597억원, STX팬오션 364억원, 대한해운 332억원 등이 뒤를 이었다. 이러한 기능통화제도의 도입은 외항해운업을 영위하고 있는 기업들의 실질적인 경영성과와 재무상태를 보고하는 데 기여하였다고 평가된다.

(K-IFRS에 근거한 기능통화 회계제도의 도입 효과 : 외항해운기업 사례, 박경호 등, 회계저널 2009 ; 아시아경제, '해운사들, 환율 덕에 웃는다', 2011.12.15)

2. 환율의 기본개념

환율이란 특정 시점에서 두 통화 사이의 교환비율을 말한다. 환율을 표현하는 방법으로는 직접환율과 간접환율이 있다. 직접환율(direct exchange rate)이란 외국의 통화를 기준으로 하여 자국의 통화를 표현하는 방법으로, 원화의 입장에서 US$1 = ₩950으로 표현하는 것이 그 예이다. 한편, ₩1 = US$1/950와 같이 환율을 자국의 통화를 기준으로 하여 외국의 통화로 표현하는 방법도 있는데, 이를 간접환율(indirect exchange rate)이라고 한다.

국제시장에서 대부분의 환율은 미국달러(US$)를 기준으로 하여 각국 통화의 교환비율로 표시한다. 우리나라의 경우도 이러한 관행에 따라 미국달러에 대한 환율을 직접환율로 표시하고 있으며, 기타의 통화에 대해서도 이와 일관성을 유지하도록 직접환율을 이용하여 표시하고 있다.

외환거래는 그 형태에 따라 적용되는 환율이 다르다.[1] 기업이 외국화폐를 사거나 팔 때 실제로 적용받는 환율은 대고객매매환율로서 은행이 고객에게 외국통화를 팔 때 적용되는 매도율과 고객으로부터 외국통화를 살 때 적용되는 매입률이 있다. 은행은 고객으로부터 외국통화를 싸게 사서 비싸게 팔기 때문에 매도율이 매입률보다 항상 높게 책정되며, 매도율과 매입률의 차이는 은행의 수수료 수익이 된다. 또한 외화거래의 형태에 따라 환율은 전신환매매율, 현금매매율 등으로 구분된다. 〈표 9-1〉에는 대고객매매환율이 예시되어 있다.

〈표 9-1〉 **외국환율고시표(2024년 7월말 기준)**

국가명	통 화	매매기준율	전신환		현 금	
			대고객매도	대고객매입	대고객매도	대고객매입
미 국	USD	1,386.00	1,399.40	1,372.60	1,410.25	1,361.75
일 본	JPY 100	899.88	908.60	891.16	915.62	884.14
유럽연합	EUR	1,499.10	1,514.09	1,484.11	1,528.63	1,469.57
중 국	CNY	190.49	192.39	188.59	200.01	180.97
영 국	GBP	1,780.59	1,798.39	1,762.79	1,815.66	1,745.52

1) 우리나라의 경우 외환거래에 적용되는 환율로는 기준환율(모든 환율의 하한이 되는 환율로서 정부의 외환관리에 있어서 상징적인 의미를 가진 환율), 매매기준환율(실제 외환거래에 적용되는 여러 가지 환율의 기준이 되는 환율), 외국환은행간 매매환율(외국환은행간의 매매에 적용되는 환율), 한국은행매매환율(한국은행과 외국환은행의 거래에 적용되는 환율) 그리고 대고객매매환율(외국환은행과 일반고객의 거래에 적용되는 환율)이 있다.

환율에는 교환되는 통화를 즉시 이전하는 경우에 적용되는 현물환율(spot exchange rate), 그리고 교환되는 통화를 미래에 이전하는 경우에 적용되는 선물환율(forward exchange rate)이 있다. 선물환율은 선물환계약에 적용되는 환율이다. 여기에서 선물환계약(forward exchange contracts)이란 서로 다른 통화를 계약 시점에 약정한 일정환율, 즉 선물환율로 미래 특정 시점에 교환하기로 하는 계약이다.

3. 환율변동효과에 대한 회계처리의 개괄

(1) 해외사업장이 없는 보고기업

앞서 설명한 대로, K-IFRS에서는 외화, 기능통화, 표시통화의 세 가지 통화개념을 사용하고 있다. 기업은 기능통화를 사용하여 장부를 기록하므로 외화거래 발생시 기능통화로 환산하여 그 거래를 기록한다. 또한 이러한 외화거래의 결과 외화표시 자산·부채가 기말에 장부에 기록되어 있다면 기말 현재로 이를 다시 기능통화로 환산해야 한다. 그리고 기업의 표시통화가 기능통화가 아닌 경우에는 기능통화로 측정된 경영성과와 재무상태를 표시통화로 환산하여 보고한다.

따라서 K-IFRS에서의 환율변동효과에 대한 회계처리는 우선 기능통화를 결정하고, 외화거래 및 외화항목을 기능통화로 환산하여 경영성과와 재무상태를 측정하는 단계와, 이를 다시 표시통화로 환산하는 단계로 나누어진다.

보고기업의 환율변동효과 회계처리단계

[1단계] 기능통화의 결정
[2단계] 외화를 기능통화로 환산하여 기능통화로 경영성과와 재무상태 측정
[3단계] 기능통화로 측정된 경영성과와 재무상태를 표시통화로 환산

구체적으로 다음의 두 가지 예시를 살펴보자. [그림 9-1]의 〈예시 1〉은 보고기업의 기능통화와 표시통화가 같은 경우로서, 대부분의 우리나라 기업이 원화를 기능통화로 사용하면서 기말에 원화로 표시된 재무제표를 공시하는 경우에 해당한다. 즉 기능통화와 표시통화가 모두 원화이다. 이 경우 원화가 아닌 통화

는 모두 외화에 해당한다. 만일 회계연도중에 외화거래가 발생하면 그 거래가 발생한 시점에 기능통화인 원화로 환산하여 장부에 기록한다. 외화거래의 결과로 기말에 외화표시 자산·부채가 장부에 기록되어 있다면 기능통화인 원화로 환산해야 한다. 〈예시 1〉에서는 기능통화와 표시통화가 동일하므로 기능통화재무제표를 표시통화재무제표로 환산할 필요가 없다.

[그림 9-1]의 〈예시 2〉는 보고기업의 기능통화가 표시통화와 다른 경우로서, 우리나라 기업이 미국달러화를 기능통화로 사용하면서 국내에서 원화로 표시된 재무제표를 공시하는 경우에 해당한다. 즉, 기능통화는 미국달러화이고 표시통화는 원화이며, 미국달러화가 아닌 모든 통화는 외화이다. 이 경우에는 두 단계의 환산절차가 필요하다. 우선, 외화거래 및 외화표시 자산·부채를 기능통화인 미국달러화로 환산하여 기능통화재무제표를 작성한다. 다음으로 이를 표시통화인 원화로 환산하여 원화재무제표를 보고한다.

[그림 9-1] **외화, 기능통화, 표시통화 사이의 환산**

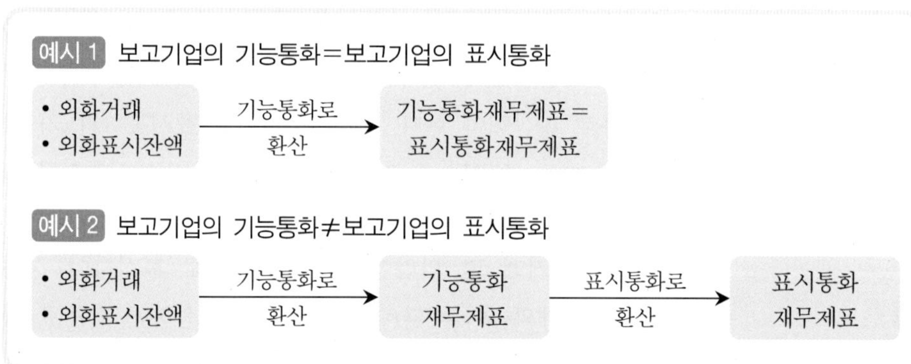

(2) 해외사업장이 있는 보고기업

재무제표를 작성하는 기업(이를 보고기업이라 한다)이 해외사업장을 갖고 있는 경우에는 추가적인 고려를 해야 한다. 여기서 해외사업장이란 보고기업과 다른 국가에서 또는 다른 통화로 영업활동을 하는 종속기업, 관계기업, 공동약정이나 지점을 포함한다. 해외사업장은 보고기업과는 별도로 자신의 영업활동이 이루어지는 주된 경제환경의 통화를 기능통화로 결정해야 한다. 따라서 해외사업장의 기능통화가 보고기업의 기능통화나 표시통화와 같을 필요는 없다. 해외사업장은 외화거래의 발생시점에 자신의 기능통화로 환산하여 이를 기록하고 기말에 외화표시 자산 · 부채를 자신의 기능통화로 환산하여 경영성과와 재무상태를 측정한다. 여기서 기능통화로 경영성과와 재무상태를 측정한다 함은 기능통화로 표시된 포괄손익계산서와 재무상태표를 작성하는 것을 의미한다. 본서에서는 편의상 기능통화로 표시된 포괄손익계산서와 재무상태표를 '기능통화재무제표'라고 부르기로 한다.

보고기업의 입장에서는 해외사업장이 있는 경우 보고기업의 개별재무제표나 연결재무제표를 작성하기 위하여 또는 해외관계기업에 대해 지분법을 적용하기 위하여 보고기업의 표시통화로 표시된 해외사업장의 재무제표가 필요하다. 따라서 해외사업장의 기능통화가 보고기업의 표시통화와 다르다면 해외사업장의 기능통화재무제표를 보고기업의 표시통화로 환산해야 한다.

해외사업장이 있는 경우 환율변동효과 회계처리과정

[1단계] 해외사업장의 기능통화재무제표 작성
[2단계] 해외사업장의 기능통화재무제표를 보고기업의 표시통화로 환산
[3단계] 보고기업의 재무제표와 통합

해외사업장이 있는 보고기업의 외화, 기능통화 및 표시통화 사이의 환산관계를 예시하면 [그림 9-2]와 같다. [그림 9-2]는 보고기업의 기능통화가 표시통화와 다르며, 보고기업의 표시통화와는 다른 통화를 기능통화로 사용하는 해외사업장이 있는 경우로서, 미국달러화가 기능통화이며 원화가 표시통화인 우리나라 기업이 중국에 종속기업을 갖고 있으며 종속기업은 중국위안화를 기능통화로 사용하는 경우가 이에 해당한다. 우선, 우리나라 기업이 외화거래 및 외화항목을 기능통화인 미국달러화로, 기능통화재무제표를 표시통화인 원화로 환산하는 과정은 [그림 9-1]의 〈예시 2〉와 동일하다. 해외사업장(즉, 중국 종속기업)의 경우에도 기능통화인 중국위안화가 아닌 통화로 이루어진 외화거래 및 외화표시 자산 · 부채를 중국위안화로 환산하여 재무제표를 작성한다. 그리고 중국위안화로 표시된 재무제표를 보고기업인 지배기업의 표시통화인 원화로 환산한다. 중국 종속기업이 외화거래 및 외화항목을 자신의 기능통화인 중국위안화로 환산하는 방법은 보고기업이 외화거래 및 외화항목을 미국달러화로 환산하는 방법과 동일하다. 또한, 중국 종속기업의 중국위안화로 작성된 재무제표를 표시통화인 원화

로 환산하는 방법은 보고기업이 미국달러화로 표시된 자신의 재무제표를 원화로 환산하는 방법과 동일하다.

[그림 9-2] **해외사업장이 있는 보고기업의 외화, 기능통화, 표시통화 사이의 환산**

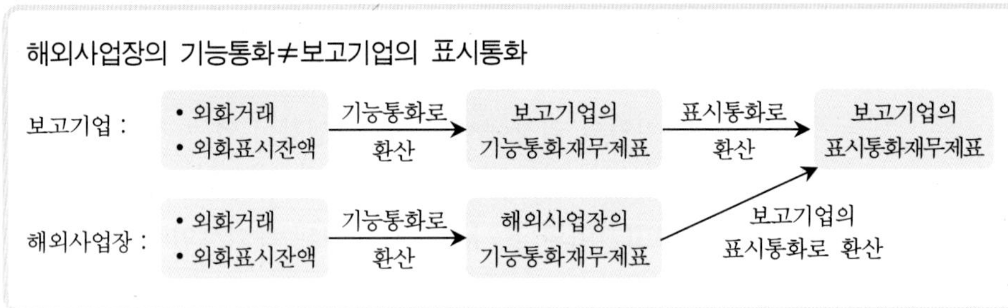

제 2 절 기능통화 및 화폐성 · 비화폐성 항목

기업은 외화거래를 기록하고 환율변동효과를 회계처리하기 위하여 기능통화를 결정해야 한다. 아래에서는 기능통화를 결정하는 데 고려해야 할 사항을 알아보자.

1. 기능통화의 결정

기능통화(functional currency)는 기업의 영업활동이 이루어지는 주된 경제환경의 통화를 말한다. 즉 기능통화는 기업이 재화나 용역의 공급을 통하여 수익을 창출하고 수익을 창출하기 위하여 원가를 발생시키는 영업활동에서 사용되는 통화라 할 수 있다. 일반적으로 기업이 속한 경제의 통화, 즉 자국통화가 기능통화가 된다. 하지만 기업의 업종이나 영업활동의 속성상 자국통화가 아닌 다른 통화가 기능통화인 경우도 있다.

K-IFRS에서는 기업의 경제활동을 기능통화로 측정하기 때문에 기업의 영업활동을 제대로 측정할 수 있는 기능통화를 결정하는 것이 중요하다. 기업의 기

능통화를 결정하기 위해서는 다음의 주요 지표를 일차적으로 고려해야 한다.

기능통화 결정시 고려해야 할 주요 지표

1) 기업의 수익창출과 밀접하게 관련된 통화
   ① 재화와 용역의 공급가격에 주로 영향을 미치는 통화(흔히 재화와 용역의 공급가격을 표시하고 결제하는 통화)
   ② 재화와 용역의 공급가격을 주로 결정하는 경쟁요인과 법규가 있는 국가의 통화
2) 기업의 수익창출을 위해 발생되는 원가와 밀접하게 관련된 통화 : 재화를 공급하거나 용역을 제공하는 데 드는 노무원가, 재료원가와 그 밖의 원가에 주로 영향을 미치는 통화(흔히 이러한 원가를 표시하고 결제하는 통화)

기업이 주요 지표에 의해 기능통화를 분명하게 결정할 수 없을 때에는 다음의 보조지표를 이차적으로 고려한다.

기능통화 결정시 고려해야 할 보조지표

1) 기업의 재무활동과 관련된 통화 : 채무상품이나 지분상품의 발행으로 조달되는 통화
2) 기업의 영업활동에서 유입되어 통상적으로 보유하는 통화

보고기업이 해외사업장을 가진 경우 보고기업뿐만 아니라 해외사업장도 위의 주요 지표를 고려하여 각자의 기능통화를 결정해야 한다. 그러나 주요 지표에 의해 해외사업장의 기능통화를 분명하게 결정할 수 없을 때에는 보고기업과 해외사업장의 관계를 고려하여 보고기업의 기능통화를 해외사업장의 기능통화로 사용할 것인지 여부를 결정해야 한다. 해외사업장의 기능통화를 결정하기 위해 추가적으로 고려할 사항은 다음과 같다.

해외사업장의 기능통화 결정시 추가적으로 고려할 사항

1) 해외사업장의 활동이 보고기업 활동의 일부로서 수행되는지 아니면 상당히 독자적으로 수행되는지 여부
   ① 해외사업장이 보고기업에서 수입한 재화를 판매하고 그 판매대금을 보고기업으로 송금하는 역할만 한다면 해외사업장이 보고기업의 일부로서 활동하는 예

에 해당

② 해외사업장이 대부분 현지통화로 현금 등의 화폐성항목을 축적하고 비용과 수익을 발생시키며 차입을 일으킨다면 해외사업장의 활동이 상당히 독자적으로 수행되는 예에 해당

2) 보고기업과의 거래가 해외사업장의 활동에서 차지하는 비중이 높은지 낮은지 여부
3) 해외사업장 활동에서의 현금흐름이 보고기업의 현금흐름에 직접 영향을 주고 보고기업으로 쉽게 송금될 수 있는지 여부
4) 보고기업의 자금지원 없이 해외사업장 활동에서의 현금흐름만으로 현재의 채무나 통상적으로 예상되는 채무를 감당하기에 충분한지 여부

위의 1)에서 해외사업장의 영업활동이 보고기업 영업장의 확장인 것처럼 수행되는 경우에는 해외사업장은 보고기업과 동일한 기능통화를 사용해야 한다. 이러한 상황에서 보고기업의 일부인 해외사업장이 보고기업과 다른 주된 경제환경에서 영업을 수행한다는 것은 모순이기 때문이다. 반면, 해외사업장이 그 영업활동을 보고기업과는 독자적으로 수행한다면 해외사업장의 기능통화가 보고기업의 기능통화와 동일할 필요는 없다.

또한, 위의 2)에서와 같이 해외사업장의 영업활동에서 보고기업과의 거래가 차지하는 비중이 높고, 3)에서와 같이 해외사업장 활동에서의 현금흐름이 보고기업의 현금흐름에 직접 영향을 주고 보고기업으로 쉽게 송금될 수 있으며, 4)에서와 같이 보고기업의 자금지원 없이 해외사업장 활동에서의 현금흐름만으로 현재의 채무나 통상적으로 예상되는 채무를 감당하기에 충분하지 않다면 해외사업장의 영업활동이 보고기업에 종속되어 있으며 보고기업과는 독자적으로 수행된다고 보기 어렵다. 따라서 이 경우에는 해외사업장의 기능통화가 보고기업의 기능통화와 동일할 가능성이 높다. 해외사업장의 기능통화 결정시 해외사업장의 형태(즉, 종속기업, 지점, 관계기업 또는 공동약정)는 무관하다.

위에서 살펴본 지표들이 서로 다른 결과를 제시하여 보고기업 또는 해외사업장의 기능통화가 분명하지 않은 경우에는 경영진이 판단하여 영업활동과정에서 발생하는 거래나 사건 및 상황의 경제적 효과를 가장 충실하게 표현하는 기능통화를 결정한다. 이때에도 경영진은 기능통화를 결정하는 데 추가적인 보조증거나 추가적인 고려사항에 앞서 주요 지표를 우선적으로 고려해야 한다. 그리고 일단 기능통화를 결정하면 영업활동이 이루어지는 주된 경제환경에 변화가

없는 한 기능통화를 변경할 수 없다.[2]

보고기업 및 해외사업장의 기능통화를 결정하는 예제를 살펴보자.[3]

예제 9-1 보고기업 및 해외사업장의 기능통화 결정

다음 각 상황별로 물음에 답하라.

(상황 1) 해운업을 영위하고 있는 A사의 매출은 주로 해운 영업으로부터 창출되는데, 매출가격은 국제해운시장에서 결정되고 미국달러화로 회수된다. 선박도입을 위한 주요 자금은 미국달러화로 차입하며, 원가의 중요한 부분을 차지하는 용선료, 연료 및 기타 운항비도 미국달러화로 표시되어 지급된다. 매출액과 총원가 중 미국달러화로 표시되는 부분은 각각 94%와 88%에 달하며, 기타 비용은 원화로 지급된다. A사의 기능통화를 결정하라.

(상황 2) 지배기업인 A사는 한국기업이고 A사의 종속기업인 B사는 미국에서 의류를 생산하고 판매하는 미국기업이다. B사가 판매하는 의류의 판매가격은 미국시장에서 결정되며 의류의 판매가격 및 원가는 미국달러화로 표시되고 결제된다. B사의 기능통화를 결정하라.

(상황 3) 위의 (상황 2)에서 B사는 지배기업인 A사로부터 원화로 차입해 오고 있으며 B사가 창출한 현금이 정기적으로 A사에게 이전된다. B사의 기능통화를 결정하라.

(상황 4) 지배기업인 A사는 한국기업이고 A사의 종속기업인 B사는 미국에서 의류를 판매하는 미국기업이다. B사는 미국에서 의류를 생산하지 않고 한국에서 만들어진 의류를 구입하여 미국에 판매하고 있다. B사 의류의 판매가격은 미국시장에서 결정되지만 매출원가는 원화로 결제된다. B사의 기능통화를 결정하라.

해답

(상황 1) A사의 기능통화는 주요 지표에 의해 미국달러화이다.

(상황 2) B사의 기능통화는 주요 지표에 의해 미국달러화이다.

(상황 3) B사의 기능통화는 미국달러화이다. 왜냐하면 기능통화의 결정에 주요 지표를 우선적으로 고려하며 주요 지표에 의해 B사의 기능통화는 미국달러화임이 분명하기 때문이다.

(상황 4) 기능통화 결정의 주요 지표가 서로 다른 결과를 제시하므로 기능통화가 당연히 미국달러화라고 말하기는 어렵다. 이처럼 주요 지표에 의해 기능통화를 결정하는 것이 분명하지 않은 경우 경영자는 실제 거래, 사건과 상황의 경제적 효과를 가장 충실하게 표현할 수 있는 통화를 기능통화로 결정해야 한다.

---

2) 다만, 기능통화가 초인플레이션 경제의 통화일 경우에는 K-IFRS 제1029호(초인플레이션 경제에서의 재무보고)에 따라 재무제표를 재작성한다.

3) 박경호 외 3인, "K-IFRS(한국채택국제회계기준)에 근거한 기능통화 회계제도의 도입," 한국회계학회 2008 하계학술대회 발표논문에서 인용.

2. 화폐성항목과 비화폐성항목

보고기간말에 외화표시 자산 · 부채를 기능통화로 환산하기 위해서는 환산대상항목이 화폐성항목인지 아니면 비화폐성항목인지를 구분할 필요가 있다. 따라서 여기서는 화폐성항목과 비화폐성항목에 대해 살펴보기로 한다.

화폐성항목(monetary items)이란 자산으로부터 회수할 금액이나 부채의 지급금액이 계약 등에 의해 일정 화폐액으로 확정되었거나 결정가능한 항목이다. 예를 들어, 현금, 매출채권과 매입채무, 대여금과 차입금, 현금으로 지급하는 연금과 그 밖의 종업원급여, 현금으로 상환하는 충당부채, 부채로 인식하는 현금배당 등이 화폐성항목에 속한다.

비화폐성항목(non-monetary items)이란 자산으로부터 회수할 금액이나 부채의 지급금액이 일정 화폐액으로 결정할 수 없는 항목이다. 예를 들어, 재화와 용역에 대한 선급금(예 : 선급임차료), 영업권, 무형자산, 재고자산, 유형자산, 비화폐성자산의 인도에 의해 상환되는 충당부채 등이 비화폐성항목에 속한다.

일반적으로 채무증권은 화폐성항목이고 지분증권은 비화폐성항목이다. 하지만 수량이 확정되지 않은 기업 자신의 지분상품이나 금액이 확정되지 않은 자산을 받거나 주기로 한 계약의 공정가치가 화폐단위로 확정되었거나 결정가능하다면 이러한 계약도 화폐성항목에 속한다.

제 3 절 기능통화에 의한 외화거래의 보고

보고기업이 일단 기능통화를 결정한 후에는 장부 및 회계기록을 기능통화로 유지한다. 따라서 외화거래가 발생하면 해당 외화거래를 기능통화로 환산하여 장부에 기록해야 한다. 이를 외화거래의 최초 인식이라 한다. 외화거래의 최초 인식 후 이로 인한 자산 · 부채가 보고기간말에 외화로 표시되어 남아 있다면 기능통화로 재무제표를 작성하기 위하여 이러한 외화표시 자산 · 부채를 기능통화로 환산해야 한다. 이를 보고기간말의 외화환산이라 한다.

1. 외화거래의 최초 인식

보고기업의 외화거래가 발생하면 기능통화로 측정하여 인식해야 한다. 여기서 외화거래란 외화로 표시되어 있거나 외화로 결제되어야 하는 거래로서 다음을 포함한다.

외화거래의 종류

① 외화로 가격이 표시되어 있는 재화나 용역의 매매
② 지급하거나 수취할 금액이 외화로 표시된 자금의 차입이나 대여
③ 외화로 표시된 자산의 취득이나 처분, 외화로 표시된 부채의 발생이나 상환

외화거래를 기능통화로 최초 인식하는 경우 그 외화거래의 거래일 현재 외화와 기능통화 사이의 현물환율을 외화금액에 적용하여 기록한다. 여기서 거래일이란 K-IFRS에 따라 거래의 인식요건을 최초로 충족하는 날이다. 예를 들어, 외화로 가격이 표시된 재고자산을 매입하는 경우 재고자산의 주문일부터 대금지급일까지는 상당한 기일이 소요되며 판매업자의 재고자산 선적, 송장의 수취, 재고자산의 입고 등 여러 사건이 발생한다. 이 경우 K-IFRS에 따르면 재고자산 매입거래의 거래일은 재고자산의 소유로 인한 위험과 효익이 구매자에게 이전된 날이다. 일반적으로 재고자산을 선적지인도기준으로 매입하였다면 판매자가 해당 재고자산을 선적한 날이 거래일이며, 도착지인도기준으로 매입하였다면 주문한 재고자산이 구매자가 지정한 장소에 인도되는 시점이다.

거래가 빈번하게 일어나는 경우 실무적으로는 거래일의 실제 환율에 근접한 환율을 자주 사용한다. 예를 들어, 빈번하게 발생하는 외화거래의 경우 일주일이나 한 달 동안 발생하는 모든 외화거래에 대하여 해당 기간의 평균환율을 사용할 수 있다. 그러나 해당 기간 동안 환율이 유의적으로 변동된 경우에는 사용된 평균환율이 실제 거래일의 환율과 중요하게 다를 수 있으므로 해당 기간의 평균환율을 사용하는 것은 부적절하다.

2. 후속 보고기간말의 외화환산

외화거래의 최초 인식 후 이로 인한 외화표시 자산·부채가 보고기간말에 존재한다면 이를 화폐성항목과 비화폐성항목으로 분류한 후 각 항목의 성격에 따라 기능통화로 환산한다.

(1) 화폐성 외화항목의 환산

보고기간말에 존재하는 외화표시 자산·부채가 화폐성항목이라면 외화와 기능통화 사이의 마감환율(closing rate), 즉 보고기간말의 현물환율을 적용하여 기능통화로 환산한다. 이 경우 외화거래의 최초 인식시점의 환율과 마감환율이 다르면 외환차이가 발생한다. 즉, "외환차이(exchange difference)"란 특정 통화로 표시된 금액을 변동된 환율을 사용하여 다른 통화로 환산할 때 생기는 차이를 말한다. 보고기간말에 존재하는 화폐성 외화표시 자산·부채가 전기에서 이월되었다면 이들 항목은 전기말의 마감환율로 환산되었을 것이다. 이 경우 전기말의 마감환율과 당기말의 마감환율이 다르면 외환차이가 발생한다.

외화거래로 인해 화폐성 외화표시 자산·부채가 발생한 후 보고기간중에 결제될 수도 있다. 이 경우 결제되는 외화금액은 결제시점의 현물환율로 환산되기 때문에 외화거래의 최초 인식시점의 환율(전기에서 이월된 화폐성 외화표시 자산·부채를 기중에 결제하는 경우에는 전기말 마감환율)과 결제시점의 환율이 다르면 외환차이가 발생한다.

이처럼 화폐성항목의 결제시점에 생기는 외환차이나 보고기간말에 화폐성항목의 환산에서 발생하는 외환차이는 해당 회계기간의 손익으로 인식한다.[4]

예제 9-2 화폐성 외화항목의 환산

다음의 각 상황별로 물음에 답하라.

(상황 1) 20×1년 11월 1일 원화가 기능통화인 갑(주)는 미국의 한 기업에 $1,000의 상품을 판매하고, 판매대

4) 그러나 K-IFRS 제1109호(금융상품)의 적용범위에 속하는 외화항목에 위험회피회계를 적용하여 발생한 외환차이는 다르게 회계처리될 수 있다. 예를 들어, 현금흐름위험회피수단의 요건을 갖춘 화폐성항목에 대한 외환차이 중 위험회피에 효과적인 부분은 당기손익으로 인식하지 않고 기타포괄손익으로 보고된다.

금은 3개월 후인 20×2년 1월 31일에 회수하였다. 이 기간중 US$ 대비 원화의 환율은 다음과 같다.

20×1년 11월 1일(거래발생일) : US$1 = ₩1,050
20×1년 12월 31일(보고기간말) : US$1 = ₩1,070
20×2년 1월 31일(대금결제일) : US$1 = ₩1,080

이 경우 거래발생일, 보고기간말, 그리고 대금결제일에 갑(주)가 필요로 하는 분개를 하라.

(상황 2) 20×1년 7월 1일 원화가 기능통화인 갑(주)는 $1,000을 차입하였다. 상환일은 20×2년 3월 31일, 연 이자율은 10%이며 원금을 상환하는 시점에 이자를 지급한다. US$ 대비 원화의 환율변동은 다음과 같다.

20×1. 7. 1(차입일) : US$1 = ₩1,030
20×1. 3. 1～20×1. 12. 31 평균환율 : US$1 = ₩1,045
20×1. 12. 31(보고기간말) : US$1 = ₩1,055
20×2. 1. 1～20×2. 3. 31 평균환율 : US$1 = ₩1,060
20×2. 3. 31(상환일) : US$1 = ₩1,070

위의 거래와 관련하여 갑(주)가 필요한 분개를 하라.

해답

(상황 1)

(1) 20×1년 11월 1일(거래발생일)

(차) 외화매출채권	1,050,000	(대) 매　　출	1,050,000*

* $1,000 × ₩1,050(거래일 현재 현물환율) = ₩1,050,000

(2) 20×1년 12월 31일(거래발생일과 대금결제일 사이에 있는 보고기간말)

(차) 외화매출채권	20,000	(대) 외 환 이 익	20,000*

* $1,000 × (₩1,070 − ₩1,050) = ₩20,000

(3) 20×2년 1월 31일(대금결제일)

(차) 현　　금	1,080,000*	(대) 외화매출채권	1,070,000
		외 환 이 익	10,000**

* $1,000 × ₩1,080 = ₩1,080,000
** ₩1,080,000 − ₩1,070,000 = ₩10,000

(상황 2)

(1) 20×1년 7월 1일(차입일)

(차) 현　　금	1,030,000	(대) 외화단기차입금	1,030,000*

* $1,000 × ₩1,030 = ₩1,030,000

(2) ① 20×1년 12월 31일(보고기간말 이자비용 인식)

(차) 이 자 비 용	52,250*	(대) 외화미지급이자비용	52,250

* ($1,000 × 10% × 6/12) × ₩1,045 = ₩52,250

(주) 이자비용은 차입일부터 상환일까지의 기간에 걸쳐 매일매일 발생하므로 외화거래를 실제 거래일의 환율로 환산한다면 일별 환율을 적용하여 매일매일의 이자비용을 인식해야 한다. 하지만 실무상 편의를 위해 평균환율이 일별 환율과 중요하게 다르지 않다면 일정기간의 평균환율을 사용하여 이자비용을 인식할 수 있다.

② 20×1년 12월 31일(보고기간말 화폐성 외화항목 환산)

(차) 외 환 손 실	25,500	(대) 외화단기차입금	25,000*
		외화미지급이자비용	500**

* $1,000 × (₩1,055 − ₩1,030) = ₩25,000
** ($1,000 × 10% × 6/12) × (₩1,055 − ₩1,045) = ₩500

[참고] 20×1년 12월 31일 현재 잔액
① 외화차입금 : $1,000 × ₩1,055 = ₩1,055,000
② 외화미지급이자비용 : ($1,000 × 10% × 6/12) × ₩1,055 = ₩52,750

(3) ① 20×2년 3월 31일(상환일)

(차) 외화단기차입금	1,055,000	(대) 현 금	1,070,000
외 환 손 실	15,000*		

* $1,000 × (₩1,070 − ₩1,055) = ₩15,000

② 20×2년 3월 1일(평균환율로 이자비용 인식)

(차) 이 자 비 용	26,500*	(대) 외화미지급이자비용	26,500

* ($1,000 × 10% × 3/12) × ₩1,060 = ₩26,500

③ 20×2년 3월 1일(이자지급)

(차) 외화미지급이자비용	79,250*	(대) 현 금	80,250**
외 환 손 실	1,000		

* ₩52,750 + ₩26,500 = ₩79,250
** ($1,000 × 10% × 9/12) × ₩1,070 = ₩80,250

(2) 비화폐성 외화항목의 환산

비화폐성 외화항목은 해당 외화항목을 역사적원가로 측정하느냐 공정가치로 측정하느냐에 따라 환산에 적용하는 환율이 달라진다.

외화표시 자산·부채가 역사적원가로 측정하는 비화폐성 외화항목이라면 이러한 비화폐성 외화항목이 발생한 거래일의 환율로 환산한다. 역사적원가로 측정하는 비화폐성 외화항목은 장부금액을 취득원가로 측정하고자 하는 것이므로 환율도 거래일, 즉 취득일의 환율을 적용하는 것이다. 따라서 보고기간말에 외환차이가 발생하지 않는다.

외화표시 자산 · 부채가 공정가치로 측정하는 비화폐성 외화항목이라면 우선 외화로 공정가치 평가를 한 후 공정가치가 측정된 날의 환율(예 : 보고기간말의 마감환율)을 적용하여 기능통화로 환산한다. 그 다음 기능통화로 환산된 금액을 평가 전 장부금액과 비교하여 공정가치평가손익을 계산한다. 이 경우 공정가치평가손익은 순수한 자산가치변동분뿐만 아니라 환율변동효과를 포함한다. 비화폐성항목의 공정가치평가손익을 기타포괄손익으로 인식하면 그 평가손익에 포함된 환율변동효과도 기타포괄손익으로 인식하게 된다. 반면, 비화폐성항목에서 생긴 평가손익을 당기손익으로 인식하면 결과적으로 그 평가손익에 포함된 환율변동효과도 당기손익으로 인식하게 된다.

이는 여러 가지 측정방법 중에서 어느 한 방법을 선택하여 측정할 수 있는 자산의 경우에도 동일하다. 예를 들어, 유형자산은 역사적원가와 공정가치 중 하나를 선택하여 측정할 수 있다. 이 경우 외화로 표시된 유형자산을 역사적원가에 의해 측정한다면, 해당 외화유형자산은 취득일의 환율로 환산한다. 그러나 해당 외화유형자산을 재평가모형에 의해 공정가치로 측정한다면 공정가치가 결정된 날의 환율을 적용하여 기능통화로 환산한다.

예제 9-3 비화폐성 외화항목의 환산

20×1년 10월 1일 원화가 기능통화인 갑(주)는 중국에 지점을 설립하기 위하여 청도에 소재하는 토지를 CNY5,000에 매입하였다. 갑(주)는 보고기간말인 20×1년 12월 31일 현재 이 토지를 보유하고 있다. 토지매입 이후 CNY 대비 원화의 환율은 다음과 같다.

20×1년 10월 1일 : CNY1 = ₩180
20×1년 12월 31일 : CNY1 = ₩190

(1) 갑(주)가 토지를 취득원가로 측정하고 있다면, 갑(주)가 외화표시 토지의 최초 인식 및 보고기간말에 기능통화로 환산하기 위해 필요한 분개를 하라.
(2) 갑(주)는 토지를 공정가치로 측정하고 있으며 보고기간말 해당 토지의 공정가치가 CNY6,000으로 평가되었다면, 갑(주)가 외화표시 토지의 최초 인식 및 보고기간말에 기능통화로 환산하기 위해 필요한 분개를 하라.

해답

(1) 토지를 취득원가로 측정하는 경우

1) 20×1년 10월 1일(거래일)

(차) 외 화 토 지 900,000* (대) 현 금 900,000

* CNY5,000 × ₩180(거래일 현재 현물환율) = ₩900,000

2) 20×1년 12월 31일(보고기간말 외화환산)

- 분개 없음 -

(주) 역사적원가로 측정하는 비화폐성 외화항목은 보고기간말에도 거래일의 환율로 환산하므로 환산 후 금액은 거래일의 금액과 일치하여 외환차이가 발생하지 않는다.

(2) 토지를 공정가치로 측정하는 경우

1) 20×1년 10월 1일(거래일)

(차) 외 화 토 지 900,000* (대) 현 금 900,000

* CNY5,000 × ₩180(거래일 현재 현물환율) = ₩900,000

2) 20×1년 12월 31일(보고기간말 외화환산)

(차) 외 화 토 지 240,000* (대) 자산재평가이익(기타포괄이익) 240,000

* (CNY6,000 × ₩190) − ₩900,000 = ₩240,000

(주) 비화폐성 외화항목의 자산재평가이익 ₩240,000에는 거래일 이후 환율변동효과도 포함된다.

외화거래 및 외화표시잔액을 기능통화로 환산하는 방법을 요약하면 〈표 9-2〉와 같다.

〈표 9-2〉 **외화를 기능통화로 환산하는 방법 요약**

항목 구분			환산방법	외환차이의 인식
외화거래의 최초 인식			거래일의 환율로 환산	해당 사항 없음
보고기간말의 외화환산	화폐성 외화항목		마감환율로 환산	당기손익으로 인식
	비화폐성 외화항목	역사적원가로 측정하는 항목	거래일의 환율로 환산	외환차이가 발생하지 않음
		공정가치로 측정하는 항목	공정가치가 결정된 날의 환율로 환산	공정가치평가손익을 당기손익으로 인식하면, 외환차이도 당기손익으로 인식
				공정가치평가손익을 기타포괄손익으로 인식하면, 외환차이도 기타포괄손익으로 인식

자산 중에는 둘 이상의 금액을 비교하여 장부금액이 결정되는 항목이 있다. 예를 들어, 재고자산의 장부금액은 취득원가와 순실현가능가치 중에서 작은 금액으로 한다. 또 손상을 시사하는 징후가 있는 자산의 장부금액은 잠재적 손상차손을 고려하기 전 장부금액과 회수가능액 중 작은 금액으로 한다. 이러한 자산이 비화폐성항목이고 외화로 측정되는 경우에는 다음의 두 가지를 비교하여 장부금액을 결정한다.

① 자산의 평가손실이나 손상차손을 인식하기 전의 장부금액이 결정된 날의 환율(즉, 역사적원가로 측정한 항목의 경우 거래일의 환율)로 적절하게 환산한 취득원가나 장부금액

② 순실현가능가치나 회수가능액이 결정된 날의 환율로 적절하게 환산한 순실현가능가치나 회수가능액

이와 같이 ①과 ②를 비교하여 최종 장부금액을 결정하게 되면 외화를 기준으로 할 때에는 손상차손을 인식하지 않지만, 환산 후의 기능통화를 기준으로 할 때에는 손상차손을 인식할 수도 있다. 또한, 그 반대의 현상이 나타날 수도 있다.

예제 9-4 외화표시 재고자산의 환산

20×1년 10월 1일 원화가 기능통화인 갑(주)는 외화표시 재고자산 $1,000을 매입하여 보고기간말인 20×1년 12월 31일 현재 이 재고자산을 보유하고 있다. 갑(주)는 재고자산을 취득원가와 순실현가능가치 중 낮은 가격으로 측정하고 있다. 재고자산 매입 이후 US$ 대비 원화의 현물환율은 다음과 같다.

20×1년 10월 1일 : US$1 = ₩1,020
20×1년 12월 31일 : US$1 = ₩1,060

(1) 보고기간말 현재 갑(주)의 외화표시 재고자산의 순실현가능가치가 $1,100이라면 기능통화재무제표에 표시될 재고자산의 장부금액을 계산하라.
(2) 보고기간말 현재 갑(주)의 외화표시 재고자산의 순실현가능가치가 $970이라면 기능통화재무제표에 표시될 재고자산의 장부금액을 계산하라.
(3) 보고기간말 현재 갑(주)의 외화표시 재고자산의 순실현가능가치가 $950이라면 기능통화재무제표에 표시될 재고자산의 장부금액을 계산하라.

해답

(1) 재고자산의 순실현가능가치가 $1,100인 경우

재고자산의 장부금액 = Min(①, ②) = Min(₩1,020,000, ₩1,166,000) = ₩1,020,000

① 기능통화로 환산한 취득원가 :

외화 취득원가 × 거래일의 환율 = $1,000 × ₩1,020 = ₩1,020,000

② 기능통화로 환산한 순실현가능가치 :

외화 순실현가능가치 × 순실현가능가치가 결정된 날의 환율 = $1,100 × ₩1,060 = ₩1,166,000

(2) 재고자산의 순실현가능가치가 $970인 경우

재고자산의 장부금액 = Min(①, ②) = Min(₩1,020,000, ₩1,028,200) = ₩1,020,000

① 기능통화로 환산한 취득원가 : $1,000 × ₩1,020 = ₩1,020,000

② 기능통화로 환산한 순실현가능가치 : $970 × ₩1,060 = ₩1,028,200

(주) 외화를 기준으로 하면 평가손실이 발생하지만 환산 후의 기능통화를 기준으로 하면 재고자산평가손실을 인식하지 않게 된다.

(3) 재고자산의 순실현가능가치가 $950인 경우

재고자산의 장부금액 = Min(①, ②) = Min(₩1,020,000, ₩1,007,000) = ₩1,007,000

① 기능통화로 환산한 취득원가 : $1,000 × ₩1,020 = ₩1,020,000

② 기능통화로 환산한 순실현가능가치 : $950 × ₩1,060 = ₩1,007,000

(주) 환산 후의 기능통화를 기준으로 재고자산평가손실을 인식하게 되며 재고자산평가손실은 환율변동효과를 포함한다.

지금까지 외화를 기능통화로 환산하는 환율로 마감환율, 거래일의 환율, 공정가치가 결정된 날의 환율 등이 사용되는 것을 보았다. 여기서 추가로 고려할 사항은 동일한 날의 환율에도 매도율, 매입률, 매매기준율 등 여러 가지 환율이 있다는 것이다. 이처럼 동일한 날에 여러 가지 환율을 사용할 수 있는 경우에는 해당 거래나 잔액에 따른 미래현금흐름이 측정일에 발생하였다면 결제하였을 환율을 사용한다. 예를 들어, 화폐성 외화항목이 외화부채인 경우 이 부채가 보고기간말에 지급된다면 은행으로부터 외화를 구입하여 결제하였을 것이다. 따라서 개념적으로 이 외화부채는 보고기간말의 매도율(은행 입장에서는 매도율이 됨)을 적용하여 환산하는 것이 타당하다. 일시적으로 두 통화의 교환이 불가능한 경우에는 그 이후에 처음으로 교환이 이루어지는 때의 환율을 사용한다.

3. 기능통화 이외의 통화로 장부를 기록하는 경우

일반적으로 기업은 기능통화로 장부를 기록한다. 그러나 경우에 따라서는 기능통화가 아닌 다른 통화에 의해 장부를 기록한 후 모든 항목을 기능통화로 환산하여 재무제표를 작성할 수도 있다. 예를 들어, 자국의 통화가 기능통화가 아닌 경우 국내 법규에 따라 또는 편의상 장부는 자국의 통화로 기록하고 재무제표는 기능통화로 작성하는 것이다. 이는 기능통화 입장에서는 모든 항목을 외화로 기록한 것에 해당하므로 기능통화재무제표를 작성하기 위하여 모든 항목을 기능통화로 환산해야 한다. 이 경우 환산방법은 앞에서 살펴본 외화를 기능통화로 환산하는 방법과 동일하다. 즉, 수익 · 비용 항목은 관련된 거래가 발생한 거래일의 환율을 적용하여 환산하며, 재무상태표항목은 보고기간말의 외화환산방법에 따라 환산한다. 따라서 화폐성항목은 마감환율로 환산하고, 비화폐성항목은 역사적원가로 측정하는 경우 거래일의 환율로 환산하며, 공정가치로 측정하는 경우 공정가치가 측정된 날의 환율로 환산하는 것이다.

4. 기능통화의 변경

기업이 일단 기능통화를 결정하면 영업활동이 이루어지는 주된 경제환경의 변화가 없는 한 기능통화를 변경할 수 없다. 그러나 수익을 창출하고 원가를 발생시키는 주된 경제환경에 변화가 일어나면 기능통화를 변경할 수 있다. 예를 들어, 재화나 용역의 공급가격에 주로 영향을 미치는 통화의 변경은 기능통화의 변경을 초래할 수 있다.

이처럼 기능통화를 변경하는 경우 그 변경에 따른 효과는 "전진" 적용하여 회계처리한다. 즉, 모든 항목을 "기능통화가 변경된 날의 환율"을 사용하여 새로운 기능통화로 환산한다. 이에 따라 비화폐성항목의 경우에는 원래 취득한 통화와 상관없이 새로운 기능통화로 환산한 금액이 새로운 역사적원가가 된다.

그러나 해외사업장에 대한 순투자로 보는 화폐성 외화항목에서 발생한 외환차이를 기타포괄손익으로 인식한 경우(본장 〈보론 2〉 참조)에는 새로운 기능통화로 환산하더라도 그대로 기타포괄손익으로 보고하며 해당 해외사업장을 처분할 때 자본에서 당기손익으로 재분류한다.

예제 9-5 기능통화의 변경

A사는 유로화(EUR)를 기능통화로 결정하여 사용하여 왔다. A사는 20×1년 1월 1일 영업활동이 이루어지는 주된 경제환경의 변화로 인해 US$를 새로운 기능통화로 결정하였다. 기능통화 변경일의 유로화 대비 US$의 환율은 EUR1＝US$1.20이다. A사의 유로화로 측정된 20×1년 1월 1일 재무상태표는 다음과 같다.

현 금	EUR5,000	매입채무	EUR15,000
수취채권	20,000	미지급비용	3,000
재고자산	10,000	장기차입금	120,000
유형자산	200,000	자 본 금	50,000
		이익잉여금	47,000
자산 합계	EUR235,000	부채와 자본 합계	EUR235,000

또한 유로화로 측정된 20×1년 1월 1일 재무상태표에는 다음의 항목이 포함되어 있다.

- 유형자산에는 4년 전 환율이 ₤1＝EUR1.65일 때 ₤20,000에 구입한 비품이 포함되어 있다. 20×1년 1월 1일 현재 이 비품의 취득원가와 장부금액은 각각 EUR33,000과 EUR16,500이다.
- 재고자산 A는 EUR6,000인데, 이는 US$6,000에 매입하여 거래일의 환율인 EUR1＝US$1.00로 환산한 금액이다.
- 장기차입금 중 EUR15,000은 장기외화차입금 ₤10,000을 20×1년 1월 1일의 환율인 ₤1＝EUR1.50으로 환산한 금액이다.

A사의 20×1년 1월 1일 재무상태표를 새로운 기능통화로 환산하라.

해답

	EUR	EUR1＝US$1.20	US$
현 금	5,000	×US$1.20	6,000
수취채권	20,000	×US$1.20	24,000
재고자산	10,000	×US$1.20	12,000
유형자산	200,000	×US$1.20	240,000
자산 합계	235,000		282,000
매입채무	15,000	×US$1.20	18,000
미지급비용	3,000	×US$1.20	3,600
장기차입금	120,000	×US$1.20	144,000
자 본 금	50,000	×US$1.20	60,000
이익잉여금	47,000	×US$1.20	56,400
부채와 자본 합계	235,000		282,000

(주) 재무상태표항목 중 비화폐성항목의 경우 US$로 환산된 금액이 새로운 역사적원가가 된다.
① 비품이 원래 ₤로 구입되었다 하더라도 기능통화 변경 후의 금액인 US$39,600(=EUR33,000×US$1.20)과 US$19,800(=EUR16,500×US$1.20)이 각각 새로운 취득원가와 장부금액이 된다.
② 재고자산 A의 경우에도 US$7,200(=EUR6,000×US$1.2)이 새로운 역사적원가가 된다.
화폐성항목의 경우 외화표시 금액이 그대로 유지된다. 즉, 장기외화차입금 US$18,000(=EUR15,000×US$1.2)은 여전히 ₤10,000으로 표시되며 이는 20×1년 1월 1일에 ₤1=US$1.80(=EUR1.5×US$1.20)으로 환산한 것과 같다. 20×1년 1월 1일부터 이 장기외화차입금은 ₤ 대비 US$의 환율로 환산될 것이다.

제4절 기능통화가 아닌 표시통화의 사용

기능통화는 기업의 영업활동이 이루어지는 주된 경제환경을 반영해야 하지만 표시통화는 어떠한 통화라도 될 수 있다. 따라서 재무제표를 표시통화로 보고하기 위하여 기능통화로 작성된 재무제표를 표시통화로 환산해야 한다. 이처럼 기능통화를 표시통화로 환산해야 하는 경우는 다음 두 가지가 있다. 첫째는 보고기업의 표시통화가 기능통화와 다른 경우이다. 이 경우 보고기업은 기능통화로 작성된 자신의 개별재무제표 또는 별도재무제표를 표시통화로 환산해야 한다. 둘째는 보고기업의 표시통화와는 다른 기능통화를 사용하는 해외사업장이 있는 경우이다. 이 경우에는 기능통화로 측정된 해외사업장의 재무제표를 보고기업의 표시통화로 환산한 후 연결재무제표를 작성하거나 지분법을 적용한다.

1. 표시통화로의 환산

보고기업의 표시통화가 기능통화와 다른 경우 기능통화를 표시통화로 환산하는 방법은 기능통화와 표시통화가 초인플레이션 경제의 통화인지 여부에 따라 달라진다.

(1) 기능통화가 초인플레이션 경제의 통화가 아닌 경우

기능통화가 초인플레이션 경제의 통화가 아닌 경우에는 표시통화가 초인플레이션 경제의 통화인지 여부에 상관없이 동일하게 환산한다. 기능통화로 작성된 재무제표를 표시통화로 환산하는 방법은 다음과 같다.

기능통화로 작성된 재무제표를 표시통화로 환산하는 방법

1) 재무상태표(비교표시하는 재무상태표 포함)의 자산과 부채는 해당 보고기간말의 마감환율로 환산
2) 포괄손익계산서(비교표시하는 포괄손익계산서 포함)의 수익과 비용은 해당 거래일의 환율로 환산
3) 위 1)과 2)의 환산에서 생기는 환산차이[5]는 기타포괄손익으로 인식

빈번하게 발생하는 수익과 비용 항목의 경우 거래 건별로 거래일을 추적하여 환율을 적용하는 것이 번거로울 수 있다. 따라서 실무적으로는 수익과 비용항목을 환산할 때 일정기간의 평균환율 등 거래일의 환율에 근접한 환율을 사용할 수 있다. 그러나 환율이 유의적으로 변동된 경우에는 실제 거래일의 환율과 일정기간의 평균환율이 유의하게 다를 수 있으며 이 경우 평균환율을 사용하는 것은 부적절하다.

위의 3)에서 환산차이가 발생하는 이유는 다음과 같다.

환산차이가 발생하는 이유

① 포괄손익계산서상 수익 · 비용(즉 당기손익)은 거래일의 환율(또는 평균환율)로 환산하고 자산과 부채는 마감환율로 환산
② 순자산의 기초잔액을 전기의 마감환율과 다른 당기의 마감환율로 환산

K-IFRS에서는 재무상태표항목 중 자본항목의 환산에 대한 언급이 없다. 다만 순자산의 기초잔액에 대한 전기와 당기의 마감환율 차이가 환산차이를 발생

5) 외화표시 자산 · 부채를 기능통화로 환산하는 과정에서 발생하는 외환차이와 구분하기 위하여 기능통화재무제표를 표시통화재무제표로 환산하는 과정에서 발생하는 차이는 '환산차이'로 부르기로 한다.

시키는 이유로 설명하고 있어. 자본항목은 사실상 '실제 거래일'의 환율을 적용하여 환산하는 것으로 이해할 수 있다.[6]

재무제표를 기능통화에서 표시통화로 환산하는 과정에서 발생한 환산차이는 기업의 영업현금흐름에 직접적인 영향을 미치지 않으므로 당기손익으로 인식하지 아니하고 자본의 별도 항목인 환산차이누계액(기타포괄손익)으로 표시한다. 즉 기능통화를 표시통화로 환산하는 것은 기능통화재무제표를 단순히 다른 통화로 바꾼 것에 불과하다고 할 수 있다. 따라서 이 과정에서 생긴 환산차이는 당기의 경영성과를 보여주는 당기손익에 반영되어서는 안 된다.

예제 9-6 표시통화로의 환산

갑(주)의 기능통화는 US$이고 표시통화는 원화이며, 장부는 기능통화인 US$로 기록하고 있다. 기능통화와 표시통화 모두 초인플레이션 경제의 통화가 아니다. 기능통화인 US$와 원화 사이의 현물환율은 다음과 같다.

- 20×1년 1월 1일 : US$1 = ₩1,000
- 20×1년 12월 31일 : US$1 = ₩1,080
- 20×1년 평균환율 : US$1 = ₩1,050(기중 중요한 환율변동이 없다고 가정)

갑(주)는 자본금을 거래발생일의 환율로 환산하며 자본금 발생일의 환율은 US$1 = ₩800이었다. 갑(주)의 기능통화인 US$로 작성된 포괄손익계산서 및 재무상태표는 다음과 같다.

	20×1
매 출 액	$10,000
매출원가	(9,483)
기타수익	235
기타비용	(609)
당기순이익	$143

6) 한편, 미국의 회계기준서인 SFAS 52는 이익잉여금을 제외한 자본항목에 대해 '실제 거래일'의 환율을 적용하여 환산하도록 하고 있다.

	20×0	20×1		20×0	20×1
현 금	$67	$150	유동부채	$1,800	$632
수취채권	1,600	1,000	비유동부채	767	500
재고자산	900	750	자 본 금	500	500
유형자산	2,000	1,375	이익잉여금	1,500	1,643
총자산	$4,567	$3,275	부채 및 자본	$4,567	$3,275

갑(주)의 기능통화 포괄손익계산서 및 재무상태표를 표시통화로 환산하라. 단, 표시통화로 표시된 전기말 이익잉여금은 ₩1,380,000이었다.

해답

(1) 포괄손익계산서의 환산

	기능통화	평균환율	표시통화
매 출 액	$10,000	× ₩1,050	₩10,500,000
매출원가	(9,483)	× ₩1,050	(9,957,150)
기타수익	235	× ₩1,050	246,750
기타비용	(609)	× ₩1,050	(639,450)
당기순이익	$143		₩150,150

(2) 재무상태표의 환산

	20×0			20×1		
	기능통화	환 율	표시통화	기능통화	환 율	표시통화
현 금	$67	× ₩1,000	₩67,000	$150	× ₩1,080	₩162,000
수취채권	1,600	× ₩1,000	1,600,000	1,000	× ₩1,080	1,080,000
재고자산	900	× ₩1,000	900,000	750	× ₩1,080	810,000
유형자산	2,000	× ₩1,000	2,000,000	1,375	× ₩1,080	1,485,000
총자산	$4,567		₩4,567,000	$3,275		₩3,537,000
유동부채	$1,800	× ₩1,000	₩1,800,000	$632	× ₩1,080	₩682,560
비유동부채	767	× ₩1,000	767,000	500	× ₩1,080	540,000
총부채	$2,567		₩2,567,000	$1,132		₩1,222,560
자 본 금	500	× ₩800	400,000	500	× ₩800	400,000
이익잉여금	1,500		1,380,000*	1,643		1,530,150**
환산차이			220,000			384,290#
부채 및 자본	$4,567		₩4,567,000	$3,275		₩3,537,000

* 전기 이월금액
** 기초이익잉여금 ₩1,380,000 + 20×1 당기순이익 ₩150,150 = ₩1,530,150
\# 환산차이 변동액(₩384,290 − ₩220,000 = ₩164,290)의 구성항목

1) 당기말 환율에 의한 기초순자산($2,000 × ₩1,080)	₩2,160,000	
전기말 환율에 의한 기초순자산($2,000 × ₩1,000)	2,000,000	₩160,000
2) 손익항목을 마감환율로 환산($143 × ₩1,080)	₩154,440	
손익항목을 평균환율로 환산($143 × ₩1,050)	150,150	4,290
당기에 증가한 환산차이		₩164,290

(2) 기능통화가 초인플레이션 경제의 통화인 경우

기능통화가 초인플레이션 경제의 통화인 경우에는 표시통화가 초인플레이션 경제의 통화인지 여부에 따라 비교표시되는 전기 재무제표의 환산방법이 달라진다. 먼저 기능통화는 초인플레이션 경제의 통화이지만 표시통화는 초인플레이션 경제의 통화가 아닌 경우에 기능통화를 표시통화로 환산하는 방법은 다음과 같다.

표시통화가 초인플레이션 경제의 통화가 아닌 경우 표시통화 환산방법

① 재무상태표 및 포괄손익계산서상 모든 항목(즉, 자산, 부채, 자본 항목, 수익과 비용)을 최근 재무상태표 일자의 마감환율로 환산
② 비교표시되는 금액은 전기에 보고한 재무제표의 금액으로 함

기능통화와 표시통화가 모두 초인플레이션 경제의 통화인 경우에 기능통화 재무제표를 표시통화로 환산하는 방법은 다음과 같다.

표시통화가 초인플레이션 경제의 통화인 경우 표시통화 환산방법

① 재무상태표 및 포괄손익계산서상 모든 항목(즉, 자산, 부채, 자본 항목, 수익과 비용)을 최근 재무상태표 일자의 마감환율로 환산
② 비교표시되는 전기 재무제표의 모든 항목도 최근 재무상태표 일자의 마감환율로 환산

기능통화가 초인플레이션 경제의 통화인 경우에는 표시통화로의 환산에 앞서 K-IFRS 제1029호(초인플레이션 경제에서의 재무보고)에 따라 모든 재무제표항목을 보고기간말 현재의 측정단위로 재작성해야 한다. 즉 기능통화로 작성된 재무제표의 모든 항목이 보고기간말 현재의 측정단위로 표시되기 때문에 표시통화로 환산할 때에도 모든 항목을 마감환율로 환산하는 것이다.

기능통화를 표시통화로 환산하는 방법을 요약하면 〈표 9-3〉과 같다.

〈표 9-3〉 **기능통화를 표시통화로 환산하는 방법 요약**

<table>
<tr><th colspan="3" rowspan="2">기능통화</th><th colspan="2">표시통화</th></tr>
<tr><th>초인플레이션 경제의 통화가 아닌 경우</th><th>초인플레이션 경제의 통화인 경우</th></tr>
<tr><td rowspan="5">초인플레이션 경제의 통화가 아닌 경우</td><td rowspan="2">자산 · 부채</td><td>당기</td><td>당기 마감환율</td><td rowspan="5">좌동</td></tr>
<tr><td>전기</td><td>전기 마감환율</td></tr>
<tr><td colspan="2">자본</td><td>언급 없음</td></tr>
<tr><td colspan="2">수익 · 비용</td><td>실제 거래일의 환율</td></tr>
<tr><td colspan="2">환산차이</td><td>기타포괄손익</td></tr>
<tr><td rowspan="2">초인플레이션 경제의 통화인 경우</td><td rowspan="2">자산 · 부채 · 자본 · 수익 · 비용</td><td>당기</td><td>당기 마감환율</td><td>당기 마감환율</td></tr>
<tr><td>전기</td><td>전기에 보고한 재무제표 금액</td><td>당기 마감환율</td></tr>
</table>

2. 해외사업장의 환산과 처분

(1) 해외사업장의 환산

보고기업이 해외사업장을 갖고 있는 경우 보고기업은 해외사업을 연결 또는 지분법을 적용하여 보고기업의 재무제표에 포함한다. 이때 해외사업장의 기능통화가 보고기업의 표시통화와 다르면 해외사업장의 기능통화로 측정된 경영성과와 재무상태를 보고기업의 표시통화로 환산해야 한다. 해외사업장의 기능통화재무제표를 보고기업의 표시통화로 환산하는 방법은 보고기업이 자신의 기능통화재무제표를 표시통화로 환산하는 방법과 동일하다. 따라서 해외사업장의 기능통화와 보고기업의 표시통화가 초인플레이션 경제의 통화가 아니라면 자산과 부채는 마감환율로, 손익항목은 거래일의 환율(편의상 평균환율)로 환산한다. 자산 · 부채와 손익 항목을 다른 환율로 환산함으로써 발생하는 환산차이(해외사업환산차이)는 자본의 별도 항목으로 표시한다.

해외사업장과 보고기업의 보고기간말이 다른 경우, 보고기업의 보고기간말 현재로 해외사업장의 재무제표를 추가로 작성하기도 한다. 그러나 보고기간말의 차이가 3개월 이내이고 그 기간 동안 발생한 유의적인 거래나 기타 사건의 영향을 반영한 경우에는 보고기업의 보고기간말이 아닌 해외사업장 보고기간말 현재의 재무제표를 사용할 수 있다. 이 경우 해외사업장의 자산과 부채는 해외사업장의 보고기간말 현재의 환율로 환산한다. 그러나 보고기업의 보고기간말까지 환율이 유의적으로 변동한 경우에는 그 영향을 반영한다.

예제 9-7 해외종속기업 재무제표의 환산

20×1년 1월 1일 갑(주)는 미국의 뉴욕에 소재하는 NY(주)의 지분을 모두 취득하여 지배력을 획득하였다. 취득시 NY(주)의 자본은 자본금 $4,000과 이익잉여금 $1,000로 구성되어 있었다. 갑(주)는 원화를 기능통화 및 표시통화로 사용하고 있으며 NY(주)는 US$를 기능통화로 사용하고 있다. 20×1년과 20×2년도 NY(주)의 경영성과와 재무상태 및 환율자료는 다음과 같다.

NY(주) **재무상태표**

	20×1. 12. 31	20×2. 12. 31		20×1. 12. 31	20×2. 12. 31
현금	$3,500	$4,500	매입채무	$1,000	$1,500
매출채권	1,500	5,500	사채	2,000	2,000
재고자산	2,500	3,000	자본금	4,000	4,000
건물(순액)	3,000	2,000	이익잉여금	3,500	7,500
합계	$10,500	$15,000	합계	$10,500	$15,000

NY(주) **포괄손익계산서**

	20×1. 1. 1∼12. 31	20×2. 1. 1∼12. 31
매출	$20,000	$24,000
매출원가	(14,500)	(17,500)
매출총이익	$5,500	$6,500
물류원가	(1,000)	(1,000)
기타비용	(2,000)	(1,500)
당기순이익	$2,500	$4,000

〈추가자료〉

1) 환율

20×1. 1. 1	US$1 = ₩1,100	20×2. 12. 31	US$1 = ₩1,200
20×1. 12. 31	US$1 = ₩1,150		
20×1. 평균	US$1 = ₩1,120	20×2. 평균	US$1 = ₩1,180

2) 매출, 매입, 물류원가 및 기타비용은 모두 연간 평균적으로 발생한다.

20×1년과 20×2년 NY(주)의 US$표시 경영성과와 재무상태를 원화로 환산하고 원화표시 재무상태표와 포괄손익계산서를 작성하라. 단, 수익 · 비용 항목의 거래일 환율과 평균환율이 중요하게 다르지 않아 모든 수익 · 비용 항목은 평균환율을 적용하여 환산한다.

해답

(1) 20×1년 US$로 표시된 종속기업 재무제표의 환산

1) 포괄손익계산서 (단위 : US$, ₩1,000)

	US$ 표시	적용환율	원화표시
매 출	$20,000	₩1,120	₩22,400
매출원가	(14,500)	1,120	(16,240)
매출총이익	$5,500	1,120	₩6,160
물류원가	(1,000)	1,120	(1,120)
기타비용	(2,000)	1,120	(2,240)
당기순이익	$2,500		₩2,800

2) 재무상태표 (단위 : US$, ₩1,000)

	US$ 표시	적용환율	원화표시
현 금	$3,500	₩1,150	₩4,025
매출채권	1,500	1,150	1,725
재고자산	2,500	1,150	2,875
건 물(순액)	3,000	1,150	3,450
자산 합계	$10,500		₩12,075
매입채무	$1,000	1,150	₩1,150
사 채	2,000	1,150	2,300
자 본 금	4,000	1,100	4,400
이익잉여금	3,500		3,900*
해외사업환산차이			325**
부채 및 자본 합계	$10,500		₩12,075

* 기말 이익잉여금 = ₩1,100,000(이익잉여금 환산액 = $1,000 × $1,100)
+ ₩2,800,000(포괄손익계산서에서 산출된 당기순이익) = ₩3,900,000

** 해외사업환산차이 ₩325,000은 다음과 같이 종속기업의 기말순자산을 마감환율로 환산하고 기초순자산과 증가액을 각각 발생시점 환율과 평균환율로 환산한 결과 발생한 것이다.

① NY(주) 자본계정 :	기초순자산	$5,000 × ₩1,100(발생시점환율) =	₩5,500,000
	증가액	$2,500 × ₩1,120(평균환율) =	2,800,000
	합 계		₩8,300,000
② 기말환산액		$7,500 × ₩1,150(마감환율) =	8,625,000
③ 20×1년말 해외사업환산차이(=②-①)			₩325,000

이와 같이 환율변동에 노출된 대상인 순자산의 변동을 분석하면 환산된 재무제표에서 간접적으로 산출한 해외사업환산차이금액을 확인할 수 있다.

(2) 20×2년 재무제표의 환산

1) 포괄손익계산서 (단위 : US$, ₩1,000)

	US$ 표시	적용환율	원화표시
매 출	$24,000	₩1,180	₩28,320
매출원가	(17,500)	1,180	(20,650)
매출총이익	$6,500	1,180	₩7,670
물류원가	(1,000)	1,180	(1,180)
기타비용	(1,500)	1,180	(1,770)
당기순이익	$4,000		₩4,720

2) 재무상태표 (단위 : US$, ₩1,000)

	US$ 표시	적용환율	원화표시
현 금	$4,500	₩1,200	₩5,400
매출채권	5,500	1,200	6,600
재고자산	3,000	1,200	3,600
건 물(순액)	2,000	1,200	2,400
자산 합계	$15,000		₩18,000
매입채무	$1,500	1,200	₩1,800
사 채	2,000	1,200	2,400
자 본 금	4,000	1,100	4,400
이익잉여금	7,500		8,620*
해외사업환산차이			780**
부채 및 자본 합계	$15,000		₩18,000

* 기말 이익잉여금 = ₩3,900,000(기초금액) + ₩4,720,000(당기순이익) = ₩8,620,000

** 해외사업환산차이에 대한 분석 :

① NY(주) 자본계정	₩4,400,000 + ₩8,620,000 =	₩13,020,000
② 기말환산액	$11,500 × ₩1,200(마감환율) =	13,800,000
③ 20×2년말 해외사업환산차이(=② − ①)		₩780,000

(2) 해외사업장의 처분

해외사업장을 처분하는 경우에는 당해 해외사업장과 관련하여 기타포괄손익과 별도의 자본항목으로 인식한 해외사업환산차이를 해외사업장의 처분시점에 자본에서 당기손익으로 재분류한다.

보고기업이 지분의 부분적 처분으로 해외사업장에 대한 지분의 일부를 보유하더라도 다음의 경우는 해외사업장의 처분으로 회계처리한다.

보고기업 지분의 부분 처분을 해외사업장의 처분으로 회계처리하는 경우

① 해외사업장을 포함한 종속기업에 대한 지배력을 상실하는 경우
② 해외사업장을 포함한 관계기업에 대한 유의적인 영향력을 상실하는 경우
③ 해외사업장을 포함한 공동약정에 대한 공동지배력을 상실하는 경우

지배기업이 종속기업에 대한 지배력을 상실하게 되면, 지배기업은 그 종속기업의 해외사업장과 관련하여 기타포괄손익으로 인식한 해외사업환산차이에 대한 지배기업의 지분을 자본에서 당기손익으로 재분류한다.

해외사업장을 포함한 종속기업의 처분시 비지배지분에 귀속되는 해외사업환산차이는 비지배지분을 제거함에 따라 자동적으로 제거된다. 또한, 투자자가 관계기업에 대한 유의적인 영향력을 상실하거나 공동약정에 대한 공동지배력을 상실한 경우, 투자자는 그 관계기업이나 공동약정의 해외사업장과 관련하여 기타포괄손익으로 인식한 해외사업환산차이를 자본에서 당기손익으로 재분류한다.

해외사업장을 포함하고 있는 종속기업의 지분 일부를 처분하고도 여전히 지배력을 행사하는 경우에는 기타포괄손익으로 인식한 해외사업환산차이 중 비례적 지분을 그 해외사업장의 비지배지분으로 재귀속시킨다. 즉, 종속기업의 지분을 일부 처분 후에도 지배력을 계속 행사할 수 있다면 이는 주주간의 자본거래로 보아 해외사업환산차이 중 처분한 지분에 해당하는 금액을 지배기업지분에서

비지배지분으로 대체하는 것이다.

〈표 9-4〉 **해외사업장의 환산과 처분의 회계처리방법 요약**

구 분		해외사업장의 기능통화 및 보고기업의 표시통화가 초인플레이션 경제의 통화가 아닌 경우
해외사업장의 환산	자산 · 부채	보고기간말의 마감환율
	자본	언급 없음
	수익 · 비용	실제 거래일의 환율(편의상 평균환율)
	환산차이	기타포괄손익
해외사업장의 처분		해외사업장 관련 기타포괄손익과 별도의 자본항목으로 인식한 해외사업환산차이를 자본에서 당기손익으로 재분류조정

제 5 절 공 시

보고기업(연결실체의 경우에는 지배기업)의 표시통화와 기능통화가 다른 경우에는 그 사실을 기능통화의 명칭 및 기능통화와 다른 표시통화를 사용하는 이유와 함께 공시한다. 또한, 보고기업이나 중요한 해외사업장의 기능통화가 변경된 경우에는 그 사실과 기능통화가 변경된 이유를 공시하고, 다음의 환율변동효과를 공시한다.

보고기업의 환율변동효과 관련 공시사항

1) 표시통화와 기능통화가 다른 경우, 그 사실 및 기능통화의 명칭, 기능통화와 다른 표시통화를 사용하는 이유 공시
2) 기능통화 변경시 그 사실과 변경된 이유 공시
3) 다음의 환율변동효과 공시
   ① 당기손익으로 인식한 외환차이 금액. 다만, K-IFRS 제1109호(금융상품)에 따라 당기손익-공정가치측정금융상품에서 생기는 외환차이는 제외

② 기타포괄손익으로 인식하고 별도의 자본항목에 누계한 순외환차이, 기초와 기말 금액 및 그 변동내역

기능통화가 아닌 통화로 재무제표를 보고하는 경우에는, K-IFRS 요구사항에 따라 기능통화를 표시통화로 환산한 경우에 한하여 K-IFRS에 따라 재무제표를 작성하였다는 사실을 기재한다. K-IFRS 요구사항을 충족하지 않고 기능통화가 아닌 통화로 재무제표나 그 밖의 재무정보를 보고하는 경우가 있을 수 있다. 예를 들어, 재무제표의 일부 항목만을 기능통화가 아닌 통화로 환산하거나 기능통화가 초인플레이션 경제의 통화가 아닌 기업이 재무제표의 모든 항목을 다른 통화의 최근의 마감환율로 환산할 수 있다. 그러나 이런 경우는 K-IFRS에 따른 환산이 아니므로 K-IFRS에 따라 재무제표를 작성하였다고 할 수 없으며 다음 사항을 공시해야 한다.

① K-IFRS에 따른 정보와 구별되도록 해당 정보가 보충정보임을 명확하게 표시
② 보충정보를 표시하는 통화
③ 기능통화의 명칭과 보충정보를 결정할 때 사용하는 환산방법

사례로 배우기 9-2 항공사와 해운사의 환율 스트레스 차이

환율의 급격한 상승 시기에 늘 나오는 기사 중 하나는 항공사의 환율변동으로 인한 손실이다. 항공사가 원·달러 환율에 민감한 이유 중 하나는 '기능통화'가 원화라는 점이다. 만약 항공사의 기능통화가 달러였다면 원·달러 환율변동에 따른 스트레스가 적었을 것이다. 왜냐하면 재무제표를 달러 베이스로 작성하기 때문에 환율이 바뀌어도 달러표시 부채에 대한 환산손익이 발생하지 않으며, 공시 목적으로 원화 재무제표를 작성할 때 발생하는 환산손익은 순이익에 반영되지 않는 기타포괄손익에 포함되기 때문이다. 항공사와 달리 기능통화를 달러로 설정하고 있는 산업은 해운업이다. 2022년은 원·달러 환율이 1,400원/달러 이상으로 상승한 해였는데, 2022년 대한항공의 연결외환손익은 (−)2,618억원(연결외환이익 7,228억원, 연결외환손실 9,846억원)인 데 반해, 달러를 기능통화로 설정한 대한해운의 2023년 연결외환손익은 (+)319억원이 발생한 것으로 나타나 환율의 영향이 적음을 알 수 있다. 항공업과 해운업 모두 영업자산을 리스로 이용한다는 공통점이 있지만 달러 환율에 민감한 정도는 천지 차이인 셈이다. 물론 해운업의 경우 외화인 원화 환율에 민감하여 원화가 싸지면 환산이익이 발생하고, 원화가 비싸지면 환산손실이 발생하지만 원화 거래가 작은 점을 고려한다면 그 민감도는 항공업에 비해 작다고 할 수 있다.

(더벨, '달러 베이스로 재무제표 작성하는 해운사와 극명한 온도 차', 2022.9.27 수정)

보론 1 해외종속기업의 연결

1. 해외종속기업의 환산 및 연결의 개괄

보고기업이 해외종속기업을 가지고 있다면 해외종속기업을 포함한 연결재무제표를 작성해야 한다. 이때 보고기업이 연결재무제표를 작성하는 절차는 다음과 같다.

해외종속기업 존재시 보고기업의 연결재무제표 작성절차

[1단계] 해외종속기업을 포함한 모든 종속기업은 각자의 기능통화로 개별재무제표(즉, 포괄손익계산서와 재무상태표)를 작성

[2단계] 보고기업 및 종속기업의 기능통화가 보고기업의 표시통화와 다른 경우 보고기업의 표시통화로 환산

[3단계] 보고기업의 표시통화로 환산된 모든 연결대상 재무제표를 합산한 후 연결분개를 통하여 연결재무제표 작성

해외종속기업의 기능통화를 보고기업의 표시통화로 환산하는 방법은 보고기업의 기능통화를 표시통화로 환산하는 방법과 동일하다. 즉, 자산·부채는 마감환율로 환산하고, 손익항목은 거래일의 환율로 환산한다. 일정기간의 환율변동이 유의하지 않다면 거래일의 환율 대신 편의상 해당 기간의 평균환율을 사용할 수 있다. 환산과정에서 발생하는 환산차이는 자본의 별도 항목으로 표시한다. 앞에서도 언급하였듯이 K-IFRS에서는 자본항목의 환산방법에 대한 언급은 없지만, 거래일의 환율을 적용하면 무리가 없을 것으로 보인다. 여기서 해외종속기업의 취득일에 존재하던 자본항목의 거래일은 "해당 종속기업의 취득일"이다. 종속기업의 취득일 후에 발생한 자본항목의 경우에는 "그 항목이 발생한 날"이 거래일이 된다. 또한, 자본전입이나 이익잉여금의 처분 또는 이입으로 자본항목간에 변동이 있는 경우 전입이나 처분 또는 이입된 자본항목의 원래 거래일의 환율로 환산한다.

2. 해외종속기업 재무제표의 연결

다음은 해외종속기업의 기능통화표시 재무제표를 지배기업(즉, 보고기업)의 표시통화로 환산한 후 수행하는 연결회계처리를 설명한다.

(1) 투자주식과 종속기업 자본의 상계 및 비지배지분의 인식

해외종속기업의 개별재무제표를 보고기업의 표시통화로 환산하는 과정에서 생기는 환산차이(이하 '해외사업환산차이')는 종속기업 자본의 일부를 구성하는 것으로 보고 연결분개를 수행한다. 따라서 해외사업환산차이 중에서 비지배지분에 해당되는 금액은 비지배지분에 가감된다.

해외종속기업의 취득에서 생기는 영업권과 식별가능한 자산·부채의 장부금액에 대한 공정가치 조정액은 해당 해외종속기업의 자산·부채로 보아 마감환율로 환산한다. 자산·부채의 장부금액에 대한 공정가치 조정액의 경우 해외종속기업의 식별가능한 자산·부채에 대한 조정액이므로 해외종속기업의 자산·부채의 일부로 보는 것은 당연하다.

영업권에 대해서는 해외종속기업의 일부로 보는 견해와 지배기업의 자산으로 보는 견해가 있다.

영업권에 대한 견해

[견해 1] 영업권을 해외종속기업의 일부로 보는 견해
영업권을 종속기업에 대한 지배기업 순투자의 일부로 간주한다. 즉, 영업권은 해당 해외종속기업에 대한 투자로 인해 발생한 것으로 그 해외종속기업에서 분리되어 존재할 수 없다고 보는 것이다. 또한, 이 견해는 영업권의 성격에 대해서도 식별가능한 무형자산으로 인식할 수 있는 요건을 충족하지 못한 해외종속기업의 무형자산이라고 본다.

[견해 2] 영업권을 지배기업의 자산으로 보는 견해
영업권은 지배기업이 취득한 취득가격의 일부로서 지배기업의 자산으로 간주한다. 따라서 해외종속기업의 환율변동위험에 노출되지 않으므로 영업권과 관련된 환산차이는 인식하지 않게 된다.

K-IFRS에서는 영업권을 해외종속기업의 자산으로 보는 견해(견해 1)를 채택하여 해외종속기업의 다른 자산·부채의 경우와 마찬가지로 마감환율로 환산하도록 하고 있다. 이처럼 해외종속기업의 취득에서 생기는 영업권과 자산·부채의 장부금액에 대한 공정가치 조정액을 마감환율로 환산함에 따라 환산차이가 발생하는데, 이 환산차이 중에서 비지배지분에 해당되는 금액은 비지배지분에 가감된다. 그러나 지배기업지분에 대해서만 영업권을 계상한 경우에는 영업권의 환산에서 생기는 환산차이를 전액 지배기업에 배분하고 비지배지분에는 배분하지 않는다.

(2) 내부거래와 미실현손익의 제거

해외종속기업의 경우에도 지배기업인 보고기업이나 다른 종속기업과 다양한 내부거래를 할 수 있다. 이 경우 기본원칙은 내부거래로 인식한 수익·비용 및 내부거래로 인한 미실현손익을 제거해야 한다. 아래에서는 대표적인 내부거래인 재고자산 매매거래의 경우를 예로 들어 설명하고자 한다.

1) 내부거래의 제거

해외종속기업과 연결실체에 속하는 다른 기업 사이에 내부거래가 있는 경우 해외종속기업의 수익·비용을 거래일의 환율이나 평균환율로 환산하면 거래상대방이 인식한 내부거래 금액과 일치하지 않을 수 있다. 이 경우 어느 환율로 환산한 금액을 기준으로 내부거래를 제거할 것인가의 문제가 발생한다.

지배기업이 재고자산을 해외종속기업의 기능통화인 외화로 하향판매한 경우 지배기업은 외화표시 매출액을 거래일의 환율을 이용하여 환산한 금액으로 장부에 기록할 것이다. 한편, 해외종속기업은 자신의 기능통화로 표시된 재고자산이므로 별도의 환산 없이 장부상에 기록한다. 해외종속기업이 이 재고자산을 매입연도에 전액 외부로 판매하였다면 재고자산 매입액을 매출원가로 인식할 것이다.

연결을 위하여 해외종속기업의 기능통화재무제표를 지배기업의 표시통화로 환산하는 경우 손익항목을 거래일로 환산하므로 종속기업의 매출원가는 종속기업이 지배기업으로부터 매입한 재고자산을 외부로 판매한 날의 환율로 환산된다. 따라서 내부거래 제거에 있어 해외종속기업의 매출원가와 지배기업의 장부에 기록된 매출액은 일치하지 않게 된다. 즉, 내부거래일의 환율로 환산한 지배기업의 매출액과 종속기업의 판매일의 환율로 환산한 종속기업의 매출원가를 상계제거한다면 상계 후에 잔액이 남게 된다.

2) 미실현손익의 제거

내부거래로 인한 미실현손익의 제거에 있어서도 위와 유사한 문제가 발생한다. 먼저, 하향판매의 경우 내부거래에서 발생한 미실현이익은 종속기업의 재고자산에 포함되어 동액만큼 재고자산이 과대계상된다. 따라서 내부거래 및 미실현손익을 제거하기 위하여 지배기업의 매출액과 매출원가 및 종속기업의 재고자산에 포함된 미실현손익을 제거하는 연결분개를 해야 한다. 그런데 지배기업의 매출액 및 매출원가는 거래일의 환율로 환산한 금액이지만 종속기업의 기말 재고자산은 마감환율로 환산한 금액이므로 이들 금액이 대응되지 않는다.

다음 회계연도에 전년도 미실현이익이 실현된 경우 실현된 이익으로 인식할 금액은 미실현이익을 제거할 때 적용한 환율을 적용하여 계산한다. 즉, 전년도에 제거한 미실현이익에 해당하는 금액을 실현이익으로 인식한다.

K-IFRS에서 기능통화재무제표를 표시통화로 환산하는 경우 포괄손익계산서의 수익과 비용은 해당 거래일의 환율로 환산해야 하지만, 실제 거래일의 환율이 평균환율과 유의적으로 다르지 않으면 실제 거래일의 환율 대신 평균환율을 사용할 수 있다.

상향판매에서 해외종속기업의 손익항목을 평균환율로 환산하는 경우 위와 유사한 문제가 발생한다. 상향판매에서 미실현손익이 포함된 재고자산은 지배기업의 장부상 내부거래일의 환율로 환산되어 있는 반면, 해외종속기업이 인식한 매출액과 매출원가는 평균환율로 환산한다면 내부거래 및 미실현손익을 제거할 때 환산차이가 발생한다. 상향판매의 경우에도 위의 하향판매와 마찬가지로 내부거래일의 환율을 적용하는 방법이 가능할 것이다. 다만, 환산차이가 발생하는 경우 이는 지분율에 따라 지배기업소유주와 비지배지분에 배분한다.

다음의 예제를 통해 내부거래 및 미실현손익 제거시에 적용가능한 회계처리를 살펴보자.

예제 보9-1 내부거래 및 미실현손익의 제거

원화(₩)가 표시통화인 지배기업이 US$를 기능통화로 사용하는 해외종속기업에 원가 ₩100,000의 상품을 $120에 판매(당일 환율 : $1 = ₩1,000)하였다. 다음의 각 상황별로 내부거래 및 미실현손익을 제거하는 연결분개를 하라.

(상황 1) 해외종속기업이 보고기간말 전에 이 상품을 외부로 판매(거래일 환율 : $1 = ₩1,010)하였다. 동 내부거래로 인하여 지배기업이 인식한 매출액은 ₩120,000(= $120 × ₩1,000), 지배기업의 표시통화로 환산된 해외종속기업의 매출원가는 ₩121,200(= $120 × ₩1,010)이다.

(상황 2) 해외종속기업이 보고기간말 현재 재고자산을 전액 보유하고 있으며 US$ 대비 원화의 마감환율은 $1 = ₩1,020이다. 해외종속기업의 재고자산에는 미실현이익 $20이 포함되어 있으며, 지배기업의 표시통화로 환산된 해외종속기업의 재무상태표에는 동 재고자산이 ₩122,400(= $120 × ₩1,020)으로 표시되어 있다.

해답

(상황 1)

(차) 매 출	120,000*	(대) 매출원가	121,200**
차 액	1,200		

* $120 × ₩1,000 = ₩120,000

** $120 × ₩1,010 = ₩121,200

[해설]

여기서 발생한 차액은 해외종속기업의 기능통화를 표시통화로 환산하는 과정에서 발생한 것이므로 자본(해외사업환산차이)으로 표시하면 될 것이다. 또한, 이러한 환산차이는 하향판매의 경우에는 전액을 지배기업소유주에게 귀속시키며, 상향판매의 경우에는 지분율에 비례하여 지배기업소유주와 비지배지분에 배분한다.

[참고]

미국 회계기준에서는 해외종속기업의 매출원가를 내부거래일의 환율(이 경우에 $1 = ₩1,000)로 환산하여 지배기업의 매출액과 상계제거하는 방법을 적용하고 있다. 이 방법은 내부거래 제거에 따른 환산차이가 발생하지 않으므로 실무적으로 간편한 방법이라고 할 수 있다. 하지만 환산차이에 해당하는 금액이 연결포괄손익계산서의 매출원가에 반영되는 단점이 있다.

(차) 매 출	120,000*	(대) 매출원가	120,000

* $120 × ₩1,000 = ₩120,000

(상황 2)

(차) 매 출	120,000*	(대) 매출원가	100,000**
차 액	400	재고자산	20,400***

* $120 × ₩1,000(거래일환율) = ₩120,000

** 지배기업이 매출원가(거래일 환율로 환산한 금액)로 계상한 금액

*** $20 × ₩1,020(마감환율) = ₩20,400

[해설]
차액 ₩400은 미실현이익 $20에 대한 내부거래 발생시점의 환율 ₩1,000과 마감환율 ₩1,020의 차이이다. 이 또한 종속기업의 기능통화를 표시통화로 환산하는 과정에서 발생한 환산차이이므로 자본(해외사업환산차이)으로 표시하면 될 것이다. 이때 하향판매에서 발생하는 환산차이는 전액 지배기업소유주에게 배분한다.

[참고]
미실현이익을 상계제거할 때 환산차이가 발생하는 문제를 해결하는 또 다른 방법은 미국회계기준과 같이 재고자산을 내부거래 발생시점의 환율로 환산하여 상계제거하는 것이다.[7] 이 방법의 주장 근거는 내부거래 발생시점의 환율로 환산한 금액만이 지배기업이 하향판매시점에서 인식한 매출액과 정확히 일치하며 내부거래 후에 발생한 환율변동은 당해 내부거래와는 무관하다는 것이다. 이 방법에 따라 미실현이익을 제거하면 차액이 발생하지 않지만, 앞에서 차액에 해당하는 금액이 재고자산에 그대로 남아 있게 된다.

(차) 매 출	120,000	(대)	매 출 원 가	100,000
			재 고 자 산	20,000*

* $20 × ₩1,000(거래일환율) = ₩20,000

K-IFRS에서는 내부거래 제거시 어느 환율로 환산할 것인지에 대한 언급이 없으므로 위의 두 가지 방법이 모두 적용가능하다고 하겠다.

3) 채권 · 채무의 상계

내부거래에서 발생한 채권 · 채무가 화폐성항목이라면 모두 마감환율로 환산되므로 내부거래로 인한 수취채권과 지급채무는 일치하게 된다. 따라서 이를 상계제거하는 데에는 문제가 없다. 예를 들어, 지배기업이 미국에 있는 종속기업에 하향판매를 하여 $100의 외화매출채권이 발생하였다고 하자. 거래발생시의 환율이 ₩1,000이고 보고기간말의 환율이 ₩1,050이라면 지배기업은 별도재무제표상 ₩105,000(= $100 × ₩1,050)의 외화매출채권을 보고하고 ₩5,000(= $100 × (₩1,050 − ₩1,000))의 외환차이를 당기손익으로 인식한다. 또한 미국 종속기업의 재무제표에는 동 내부거래로 인한 매입채무 $100이 계상될 것이며 종속기업의 재무제표를 지배기업의 표시통화로 환산하는 과정에서 매입채무는 ₩105,000(= $100 × ₩1,050)이 되고 ₩5,000의 환산차이(기타포괄손실)는 자본의 별도 항목으로 표시될 것이다. 따라서 연결분개를 통해 동일한 금액 ₩105,000으로 표시된 매출채권과 매입채무를 상계제거하면 된다. 상향판매의 경우도 마찬가지이다.

---

7) 미국 회계기준서 SFAS 52호에서는 해외종속기업과의 내부거래에서 발생한 미실현손익은 해당 내부거래가 발생한 시점의 환율(또는 평균환율과 같은 근사치 사용도 허용)을 기준으로 제거하도록 규정하고 있다.

다만 여기서는 지배기업이 외화매출채권 또는 외화매입채무를 환산하는 과정에서 발생한 외환차이를 연결재무제표상 어떻게 처리할 것인가 하는 문제가 발생한다. K-IFRS는 지배기업이 당기손익으로 인식한 외환차이는 제거하지 않고 연결재무제표상에서도 당기손익으로 인식하도록 하고 있다. 이는 내부거래로 인해 연결실체가 원화와 US$ 사이의 환율변동위험에 노출되었기 때문이다. 종속기업이 지배기업에 US$를 상환하면 지배기업은 이를 원화로 교환할 것이며, 연결실체가 궁극적으로 수취하는 원화금액은 US$를 회수하는 날의 환율에 달려 있다. 이처럼 내부거래로 인해 연결실체가 원화 대비 US$의 환율변동위험에 노출되게 되므로 이로 인한 환율변동효과를 당기손익으로 인식하는 것이다. 따라서 위의 예시에서 지배기업이 별도재무제표에 당기손익으로 인식한 외환차이는 연결재무제표를 작성하는 과정에서 제거하지 않는다.

예제 보9-2 해외종속기업의 환산과 연결

갑(주)는 미국 뉴욕 소재기업인 ABC의 보통주식 60%를 취득하였으며, 관련자료는 다음과 같다.

(1) 갑(주)는 20×1년 1월 1일 ABC의 보통주 60%를 $300(원화상당액 ₩258,000)에 취득하였다. 취득시점에 ABC의 순자산은 자본금 $300과 이익잉여금 $150으로 구성되어 있다. 주식취득일 현재 ABC 순자산의 공정가치는 비품을 제외하고는 장부금액과 일치하였다. 비품의 장부금액과 공정가치는 각각 $80과 $100이며, 잔존내용연수는 5년이고 정액법으로 상각한다. 갑(주)는 ABC투자주식을 원가법으로 회계처리하고 있으며 ABC에 대한 비지배지분을 ABC의 식별가능한 순자산공정가치에 비례하여 결정한다.

(2) 갑(주)는 20×1년중 ABC에 원가가 ₩71,200인 상품을 $100에 판매하였으며(판매시점 환율 : $1 = ₩890), ABC는 이 상품 전액을 기말재고자산으로 보유하고 있다.
20×1년말 관련 매출채권과 매입채무로 $10이 남아 있다.

(3) 20×1년말 갑(주)와 ABC의 재무제표는 다음과 같다.

재무상태표

20×1. 12. 31

	갑(주)	ABC		갑(주)	ABC
현 금	₩40,000	$60	매 입 채 무	₩100,000	$50
매 출 채 권	60,000	70	자 본 금	250,000	300
재 고 자 산	114,400	140	자본잉여금	80,000	–
ABC투자주식	258,000	–	이익잉여금	267,400	190
유형자산(순액)	225,000	270			
계	₩697,400	$540		₩697,400	$540

포괄손익계산서

20×1. 1. 1～12. 31

	갑(주)	ABC
매 출	₩500,000	$460
매 출 원 가	(300,000)	(310)
매출총이익	₩200,000	$150
기 타 수 익	47,400*	–
기 타 비 용	(130,000)	(110)
당기순이익	₩117,400	$40

* 갑(주)의 기타수익은 ABC에 대한 외화매출채권의 외환이익 ₩100을 포함하고 있다.

(4) 갑(주)의 기능통화와 표시통화는 원화이며, ABC의 기능통화는 US$이다.

(5) 환율

- 20×1년 1월 1일 : ₩860
- 20×1년 12월 31일 : ₩900
- 20×1년 평균 : ₩880

요구사항

1. ABC의 US$표시 재무제표를 갑(주)의 표시통화인 원화로 환산하라. 단, 종속기업의 자본항목 중 종속기업 취득일에 존재하는 항목은 취득일의 환율로 환산하고 취득일 후에 발생하는 항목은 그 발생하는 날의 환율로 환산한다.
2. 갑(주)가 20×1년도 연결재무제표를 작성하기 위한 연결분개를 하고 연결재무제표를 작성하라. 단, 내부거래 및 미실현손익은 갑(주)의 표시통화로 환산된 후의 금액을 기준으로 상계제거한다.

해답

(1) ABC의 US$표시 재무제표 환산

1) 포괄손익계산서(20×1. 1. 1～12. 31)

	$	환율	₩
매출액	$460	₩880	₩404,800
매출원가	(310)	880	(272,800)
매출총이익	$150		₩132,000
기타비용	(110)	880	(96,800)
당기순이익	$40		₩35,200

2) 재무상태표(20×1. 12. 31 현재)

	$	환율	₩		$	환율	₩
현금	$60	₩900	₩54,000	매입채무	$50	₩900	₩45,000
매출채권	70	900	63,000	자본금	300	860	258,000
재고자산	140	900	126,000	이익잉여금	190		164,200*
유형자산	270	900	243,000	해외사업환산차이	–		18,800**
합계	$540		₩486,000	합계	$540		₩486,000

* 20×1년초 이익잉여금($150 × ₩860) ₩129,000
20×1년 당기순이익($40 × ₩880) 35,200
20×1년말 이익잉여금 ₩164,200

** 해외사업환산차이 = ($540 − $50) × ₩900 − ($300 + $150) × ₩860 − $40 × ₩880 = ₩18,800

(2) 연결분개

E-① 취득일 기준으로 ABC투자주식과 자본계정의 상계제거

(차) 자본금	258,000	(대) ABC투자주식	258,000
이익잉여금	129,000	비지배지분	161,680 ***
비품	17,200 *		
영업권	15,480 **		

* ($100 − $80) × ₩860 = ₩17,200

** $18[= ($300 + $470# × 40%) − $470] × ₩860 = ₩15,480

\# 취득일 현재 ABC의 식별가능한 순자산의 공정가치 = $300 + $150 + $20 = $470

*** (₩258,000 + ₩129,000 + ₩17,200) × 40% = ₩161,680

(주) 비품과 영업권을 일단 종속기업 취득일의 환율로 환산한다. 그리고 E-③과 E-④의 분개를 통해 궁극적으로는 마감환율로 환산한다.

E-② ABC의 해외사업환산차이 중 비지배지분에 배분

(차) 해외사업환산차이	7,520	(대) 비지배지분	7,520 *

* ₩18,800 × 40% = ₩7,520

(주) ABC의 재무제표를 갑(주)의 표시통화인 원화로 환산하는 과정에서 발생한 해외사업환산차이(기타포괄이익) 중 비지배지분에 귀속되는 금액을 비지배지분으로 대체한다.

E-③ 비품의 상각 및 비품 관련항목의 환산

(차) 비 품	800 *	(대) 감가상각누계액	3,600 **
감가상각비	3,520 ***	비지배지분	288 #
		해외사업환산차이	432 #

* ($100 − $80) × (₩900 − ₩860) = ₩800

** $20/5년 × ₩900(마감환율) = ₩3,600

*** $20/5년 × ₩880(평균환율) = ₩3,520

\# 비지배지분(해외사업환산차이) = (₩800 − ₩80) × 40%(60%) = ₩288(₩432)

(주) 비품의 장부금액을 초과하는 공정가치 및 관련 감가상각누계액은 마감환율로 환산하고, 감가상각비는 다른 손익항목과 유사하게 평균환율로 환산한다. 또한, 비품의 장부금액 조정액은 ABC에 속한 것으로 보므로 이러한 환산과정에서 발생한 환산차이는 지분율에 비례하여 지배기업과 비지배지분에 배분한다.

E-④ 영업권을 마감환율로 환산

(차) 영 업 권	720 *	(대) 해외사업환산차이	720

* $18 × (₩900 − ₩860) = ₩720

(주) K-IFRS에서는 해외종속기업의 재무제표환산과 관련하여 영업권을 종속기업에 속하는 자산으로 보므로 마감환율로 환산한다. 위 E-①에서 영업권이 취득일의 환율로 환산되었으므로 여기서는 마감환율과 취득일의 환율의 차이만을 추가로 인식한다. 아울러 지배기업에 대한 영업권만 인식하였으므로 영업권의 환산으로 인해 발생하는 환산차이는 전액 지배기업에 배분한다.

E-⑤ 하향 내부거래 및 미실현이익의 조정

(차) 매 출	89,000 *	(대) 매 출 원 가	71,200
해외사업환산차이#	200	재 고 자 산	18,000 **

* $100 × ₩890(내부거래일의 환율) = ₩89,000

** ($100 − $80) × ₩900(마감환율) = ₩18,000

\# 내부거래로 인해 지배기업이 인식하는 수익과 비용은 내부거래일의 환율로 환산하고 종속기업의 재고자산은 마감환율로 환산한 금액을 제거함에 따라 환산차이가 발생한다. 이 차액은 해외사업환산차이와 동일하게 회계처리한다. 다만, 이 내부거래가 하향판매거래이므로 그 차액을 전액 지배기업에 배분한다.

E-⑥ 채권 · 채무의 상계제거

(차) 매 입 채 무	9,000 *	(대) 외화매출채권	9,000 **

* $10 × ₩900(종속기업 재무제표를 환산한 마감환율) = ₩9,000

** $10 × ₩900(지배기업이 화폐성외화항목 환산에 적용된 마감환율) = ₩9,000

(주) 종속기업과의 내부거래로 인한 외화매출채권으로부터 발생한 외환이익은 제거하지 않고 연결포괄손익계산서에서도 당기손익으로 인식한다.

E-⑦ 당기순이익 중 비지배지분순이익의 계상 : 당기순이익의 40%

(차) 이익잉여금 12,672 * (대) 비지배지분 12,672

* (₩35,200 − ₩3,520[감가상각비]) × 40% = ₩12,672

(3) 연결정산표

(단위 : 원)

과 목	갑(주)	ABC	합 계	연결분개		연결 재무제표
				차 변	대 변	
〈포괄손익계산서〉						
매 출	500,000	404,800	904,800	⑤ 89,000		815,800
매 출 원 가	(300,000)	(272,800)	(572,800)		⑤ 71,200	(501,600)
기 타 수 익	47,400	−	47,400			47,400
기 타 비 용	(130,000)	(96,800)	(226,800)	③ 3,520		(230,320)
당기순이익	117,400	35,200	152,600	92,520	71,200	131,280
〈이익잉여금계산서〉						
기초이익잉여금	150,000	129,000	279,000	① 129,000		150,000
당기순이익	117,400	35,200	152,600	92,520	71,200	131,280
비지배지분순이익				⑦ 12,672		(12,672)
기말이익잉여금	267,400	164,200	431,600	234,192	71,200	268,608
〈재무상태표〉						
현 금	40,000	54,000	94,000			94,000
매 출 채 권	60,000	63,000	123,000		⑥ 9,000	114,000
재 고 자 산	114,400	126,000	240,400		⑤ 18,000	222,400
ABC투자주식	258,000	−	258,000		① 258,000	−
유 형 자 산(순액)	225,000	243,000	468,000	① 17,200 ③ 800	③ 3,600	482,400
영 업 권	−	−	−	① 15,480 ④ 720		16,200
합 계	697,400	486,000	1,183,400	34,200	288,600	929,000
매 입 채 무	−	45,000	45,000	⑥ 9,000		36,000
차 입 금	100,000	−	100,000			100,000
자 본 금	250,000	258,000	508,000	① 258,000		250,000
자본잉여금	80,000	−	80,000			80,000
이익잉여금	267,400	164,200	431,600	234,192	71,200	268,608
해외사업환산차이	−	18,800	18,800	② 7,520 ⑤ 200	③ 432 ④ 720	12,232
비지배지분	−	−	−		① 161,680 ② 7,520 ③ 288 ⑦ 12,672	182,160
합 계	697,400	486,000	1,183,400	508,912	254,512	929,000

(4) 연결재무제표

연결포괄손익계산서

갑(주) 및 종속기업 20×1. 1. 1~12. 31

매 출 액	₩815,800
매 출 원 가	(501,600)
매출총이익	₩314,200
기 타 수 익	47,400
기 타 비 용	(230,320)
당기순이익	₩131,280
지배기업소유주지분순이익	₩118,608
비지배지분순이익	12,672
	₩131,280

연결재무상태표

갑(주) 및 종속기업 20×1. 12. 31 현재

〈자산〉		〈부채〉	
유동자산		매 입 채 무	₩36,000
현 금	₩94,000	차 입 금	100,000
매 출 채 권	114,000	부채총계	₩136,000
재 고 자 산	222,400	〈자본〉	
비유동자산		자 본 금	₩250,000
유 형 자 산(순액)	482,400	자본잉여금	80,000
영 업 권	16,200	이익잉여금	268,608
		해외사업환산차이	12,232
		비지배지분	182,160
		자본총계	₩793,000
자산총계	₩929,000	부채와 자본총계	₩929,000

보론 2 해외사업장의 순투자로 보는 화폐성항목

연결실체에 속하는 기업간의 내부거래에서 화폐성 외화항목이 발생한다면 이들 항목은 마감환율로 환산해야 하며 이러한 환산과정에서 생기는 외환차이는 연결재무제표상 당기손익으로 인식한다.

그러나 예외적으로 내부거래에서 발생한 화폐성 외화항목이 해외종속기업의 순투자로 보는 화폐성항목이라면 이들 항목에서 발생하는 외환차이는 해당 해외종속기업이 처분될 때까지 연결재무제표상 기타포괄손익으로 인식하고 별도의 자본항목으로 누계한다. 여기서 보고기업의 "화폐성 외화항목을 해외사업장에 대한 순투자의 일부로 보는 경우"란 다음과 같다.

화폐성 외화항목을 해외사업장에 대한 순투자의 일부로 보는 경우

① 보고기업의 화폐성 외화항목이 해외사업장으로부터 회수할 자산이거나 해외사업장에 지급해야 할 부채이면서,

② 예측할 수 있는 미래에 결제할 계획이 없고 결제될 가능성이 낮은 항목8)

이 경우에도 보고기업의 별도재무제표나 해외사업장의 개별재무제표에서는 해외사업장에 대한 순투자의 일부로 보는 화폐성항목에서 생기는 외환차이를 당기손익으로 적절하게 인식한다.

예를 들어, 보고기업이 해외종속기업에 대하여 해외종속기업의 기능통화로 표시된 대여금을 보유하고 있다고 하자. 보고기업은 별도재무제표상 이 외화대여금을 다른 화폐성 외화항목과 마찬가지로 마감환율로 환산하며 이때 생기는 외환차이는 당기손익으로 인식한다. 그러나 보고기업과 해외사업장을 포함하는 재무제표(즉, 연결재무제표 또는 지분법을 적용하여 작성한 재무제표)에서는 이러한 외환차이를 기타포괄손익으로 인식하고 관련 순투자의 처분시점에 당기손익으로 재분류한다.

이때 해외사업장에 대한 순투자의 일부로 보는 화폐성항목을 보유하는 기업

---

8) 이러한 화폐성항목에는 장기 채권이나 대여금은 포함될 수 있으나 매출채권과 매입채무는 포함되지 아니한다.

은 연결실체 내의 어떤 기업이든 가능하다. 예를 들어, 종속기업 A와 B를 소유한 기업이 있으며 종속기업 B는 해외사업장이다. 종속기업 A가 종속기업 B에게 자금을 대여하였으나 이 대여금이 예측할 수 있는 미래에 결제할 계획이 없고 결제될 가능성이 낮다면, 종속기업 A의 대여금은 종속기업 B에 대한 순투자의 일부가 된다. 종속기업 B에 대한 대여금에서 발생한 외환차이는 종속기업 A의 개별재무제표에서는 당기손익으로 인식한다. 그러나 이 외환차이는 보고기업이 작성하는 연결재무제표에서는 기타포괄손익으로 인식한다. 종속기업 A가 해외사업장인 경우에도 이러한 관계는 동일하게 성립한다.

예제 보9-3 해외종속기업의 순투자로 보는 화폐성항목의 환산

다음 각 상황별 물음에 답하라.

(상황 1) 지배기업의 기능통화로 대여한 경우

20×1년 1월 1일 갑(주)는 중국에 있는 종속기업 ABC에 ₩1,500,000을 대여하였으며, 20×1년 12월 31일 현재 갑(주)는 이 대여금을 예측할 수 있는 미래에 회수할 계획이 없고 회수될 가능성도 낮다. 원화 대비 위안화(CNY)의 환율은 다음과 같다.

20×1년 1월 1일 : CNY1 = ₩150
20×1년 12월 31일 : CNY1 = ₩180
20×1년 평균환율 : CNY1 = ₩170

이 대여금과 관련하여 갑(주)가 필요한 연결분개를 제시하라.

해답

(1) 갑(주)의 별도재무제표와 ABC의 개별재무제표상 회계처리

	갑(주) (단위 : ₩)	ABC (단위 : CNY)
20×1. 1. 1	(차) 대 여 금 1,500,000 (대) 현 금 1,500,000	(차) 현 금 10,000 * (대) 외화차입금 10,000
20×1. 12. 31		(차) 외화차입금 1,667 (대) 외환이익(I/S) 1,667 **

* ₩1,500,000/₩150 = CNY10,000
** (₩1,500,000/₩150) − (₩1,500,000/₩180) = CNY1,667(외환이익)
(주) 외환차이 CNY1,667은 ABC의 개별재무제표상 당기이익으로 인식한다.

⇒ 20×1년 12월 31일 ABC의 개별재무제표를 원화로 환산할 때 외화차입금을 마감환율로 환산하면 ₩1,500,000(=(CNY10,000−CNY1,667)×₩180)이 되고, 외환이익을 평균환율로 환산하면 ₩283,390(=CNY1,667×₩170)이 된다.

(2) 갑(주)의 연결분개

1) 채권 · 채무 상계제거

(차) 외화차입금	1,500,000	(대) 대 여 금	1,500,000

2) 해외사업장에 대한 순투자의 일부로 보는 화폐성항목의 외환차이 : 자본의 별도 항목으로 표시

(차) 외환이익(I/S)	283,390*	(대) 해외사업환산차이(기타포괄이익)	283,390

* CNY1,667×₩170=₩283,390

(주) K-IFRS에서는 해외종속기업의 순투자로 보는 화폐성항목에서 발생하는 외환차이를 연결재무제표에 기타포괄손익으로 인식하고 별도의 자본항목으로 누계하도록 하고 있지만 그 방법에 대해서는 언급이 없다. 그러나 해외종속기업의 순투자로 보는 화폐성항목에서 발생하는 외환차이를 연결포괄손익계산서에 당기손익으로 인식하지 않고 별도의 자본으로 인식하라는 취지에 비추어 ABC의 개별재무제표상 당기손익으로 인식된 외환이익 전액을 기타포괄이익(해외사업환산차이)으로 재분류하는 것이 타당해 보인다.

(상황 2) 종속기업의 기능통화로 대여한 경우

20×1년 1월 1일 갑(주)는 중국에 있는 종속기업 ABC에 CNY10,000을 대여하였으며, 20×1년 12월 31일 현재 갑(주)는 이 대여금을 예측할 수 있는 미래에 회수할 계획이 없고 회수할 가능성도 낮다. 원화 대비 CNY의 환율은 다음과 같다.

20×1년 1월 1일 : CNY1=₩150
20×1년 12월 31일 : CNY1=₩180
20×1년 평균환율 : CNY1=₩170

이 대여금과 관련하여 갑(주)가 필요한 연결분개를 제시하라.

해답

(1) 갑(주)의 별도재무제표와 ABC의 개별재무제표상 회계처리

	갑(주)(단위 : ₩)	ABC(단위 : CNY)
20×1. 1. 1	(차) 외화대여금 1,500,000 (대) 현 금 1,500,000	(차) 현 금 10,000 (대) 차 입 금 10,000
20×1. 12. 31	(차) 외화대여금 300,000 (대) 외환이익(I/S) 300,000*	

* (CNY10,000×₩180)−(CNY10,000×₩150)=₩300,000(외환이익)

(주) 외환이익 ₩300,000은 갑(주) 별도재무제표상 당기이익으로 인식된다.

⇒ 20×1년 12월 31일 ABC의 개별재무제표를 원화로 환산할 때 차입금을 마감환율로 환산하면 ₩1,800,000(=CNY10,000×₩180)이 된다.

(2) 갑(주)의 연결분개

1) 채권·채무 상계제거

(차) 차 입 금	1,800,000	(대) 외화대여금	1,800,000

2) 해외사업장에 대한 순투자의 일부로 보는 화폐성항목의 외환차이 : 자본의 별도 항목으로 표시

(차) 외환이익(I/S)	300,000	(대) 해외사업환산차이(기타포괄이익)	300,000

(주) (상황 1)과 마찬가지로 해외종속기업의 순투자로 보는 화폐성항목에서 발생하는 외환차이를 당기손익으로 인식하지 않고 별도의 자본으로 인식하라는 취지에 비추어 갑(주)의 별도재무제표에 인식한 외환이익 전액을 기타포괄이익(해외사업환산이익)으로 재분류한다.

(상황 3) 제3의 통화로 대여한 경우

20×1년 1월 1일 갑(주)는 중국에 있는 종속기업 ABC에 US$1,600을 대여하였으며, 20×1년 12월 31일 현재 갑(주)는 이 대여금을 예측할 수 있는 미래에 회수할 계획이 없고 회수할 가능성도 낮다. 20×1년중 환율은 다음과 같다.

	US$ 대비 원화	US$ 대비 CNY	CNY 대비 원화
20×1. 1. 1	US$1=₩750	US$1=CNY5	CNY1=₩150
20×1. 12. 31	US$1=₩850	US$1=CNY5.31	CNY1=₩160
20×1 평균환율	US$1=₩800	US$1=CNY5.16	CNY1=₩155

이 대여금과 관련하여 갑(주)가 필요한 연결분개를 제시하라.

해답

(1) 갑(주)의 별도재무제표와 ABC의 개별재무제표상 회계처리

	갑(주)(단위 : ₩)	ABC(단위 : CNY)
20×1. 1. 1	(차) 외화대여금 1,200,000 (대) 현 금 1,200,000	(차) 현 금 8,000 (대) 외화차입금 8,000
20×1. 12. 31	(차) 외화대여금 160,000 (대) 외환이익(I/S) 160,000 *	(차) 외환손실(I/S) 496 ** (대) 외화차입금 496

* $1,600×(₩850−₩750)=₩160,000(외환이익)

** $1,600×(CNY5−CNY5.31)=CNY496(외환손실)

(주) 외환이익 ₩160,000은 갑(주)의 별도재무제표상 당기이익으로 인식된다. 외환손실 CNY496은 ABC의 개별재무제표상 당기손실로 인식된다.

⇒ 20×1년 12월 31일 ABC의 개별재무제표를 원화로 환산하면 마감환율로 환산한 외화차입금은 ₩1,360,000(=(CNY8,000+CNY496)×₩160)이며, 평균환율로 환산한 외환손실은 ₩76,880(=CNY496×₩155)이다.

(2) 갑(주)의 연결분개

1) 채권 · 채무 상계제거

(차) 외화차입금	1,360,000	(대) 외화대여금	1,360,000

2) 해외사업장에 대한 순투자의 일부로 보는 화폐성항목의 외환차이 : 자본의 별도 항목으로 표시

(차) 외 환 이 익	160,000	(대) 외 환 손 실	76,880 *
		해외사업환산차이(기타포괄이익)	83,120

* CNY496 × ₩155 = ₩76,880

(주) 갑(주)의 별도재무제표상 당기이익으로 인식한 외환이익과 ABC의 개별재무제표상 당기손실로 인식한 외환손실을 제거하면서 차액을 기타포괄이익(해외사업환산이익)으로 인식한다.

종합예제

환율변동효과와 연결재무제표

서울에 있는 갑(주)는 20×1년 1월 1일에 미국 King Corp와 합작으로 뉴욕에 ABC를 설립하였다. 갑(주)는 총출자액의 60%에 상당하는 $600을 출자하여 ABC에 대한 지배력을 획득하였다. 다음은 20×1년 12월 31일 현재 갑(주)와 ABC의 시산표이다. 시산표상의 금액은 환율변동효과의 회계처리를 제외한 모든 수정분개가 이루어진 상태이다.

시 산 표

	갑(주)	ABC		갑(주)	ABC
현 금	₩2,500	$30	감가상각누계액	₩78,700	$50
매출채권	125,870	180	매입채무	32,940	
재고자산	494,250	600	외화매입채무	108,400	210
ABC투자주식	408,000	–	외화장기차입금	204,000	–
토 지	279,300	250	자 본 금	800,000	1,000
건 물	224,000	420	이익잉여금	66,280	–
매출원가	572,200	740	매 출	983,900	1,270
기타비용	276,100	330	기타수익	108,000	20
합 계	₩2,382,220	$2,550	합 계	₩2,382,220	$2,550

[추가자료]

1) ABC의 유형자산은 모두 기업설립과 동시에 취득한 것이다.
2) ABC는 20×1년도에 갑(주)에 원가가 $200인 상품을 $240에 판매하였으며, 갑(주)의 기말재고자산에는 ABC로부터 매입한 ₩42,300($60 상당)의 상품이 포함되어 있다. 갑(주)에 대한 ABC의 매출은 연간 평균적으로 발생하였다.
3) 갑(주)의 매입채무 중 $60는 ABC로부터의 매입과 관련된 것이다.
4) ABC의 매출, 매입, 기타수익 및 기타비용은 모두 연간 평균적으로 발생한다.
5) 갑(주)의 외화매입채무 및 외화장기차입금은 각각 $150과 $300에 상당하는 금액이다.
6) 20×1년도의 환율은 다음과 같다.

   20×1년 1월 1일 : $1 = ₩680,　20×1년 12월 31일 : $1 = ₩730,　20×1년 평균환율 : $1 = ₩705

7) 갑(주)는 종속기업투자주식에 대해 원가법으로 회계처리하고 있으며, 비지배지분은 종속기업의 식별가능한 순자산공정가치에 비례하여 결정한다.

요구사항

1. 갑(주)가 20×1년 12월 31일 현재 외화자산 및 외화부채와 관련된 외환차이를 인식하는 분개를 하라.
2. ABC의 20×1년도 포괄손익계산서와 재무상태표를 원화로 환산하라.
3. 20×1년말에 필요한 연결분개를 제시하고 연결재무상태표와 연결포괄손익계산서를 작성하라. 단, 내부거래 및 미실현손익은 거래일의 환율을 적용하여 상계제거한다.

해답

1. 갑(주)의 별도재무제표상 외화자산·부채와 관련된 외환차이의 인식

(1) 외화매입채무

(차) 외환손실	1,100*	(대) 외화매입채무	1,100

* $150 × ₩730 − ₩108,400 = ₩1,100

(2) 외화장기차입금

(차) 외환손실	15,000*	(대) 외화장기차입금	15,000

* $300 × ₩730 − ₩204,000 = ₩15,000

2. ABC의 외화표시 재무제표의 환산

(1) 포괄손익계산서

	$	환율	₩
매출	$1,270	₩705	₩895,350
매출원가	(740)	705	(521,700)
매출총이익	$530		₩373,650
기타수익	20	705	14,100
기타비용	(330)	705	(232,650)
당기순이익	$220		₩155,100

(2) 재무상태표

	$	환율	₩		$	환율	₩
현금	$30	₩730	₩21,900	매입채무	$210	₩730	₩153,300
매출채권	180	730	131,400	자본금	1,000	680	680,000
재고자산	600	730	438,000	이익잉여금	220		155,100
토지	250	730	182,500	해외사업환산차이	–		55,500
건물	420	730	306,600				
감가상각누계액	(50)	730	(36,500)				
합계	$1,430		₩1,043,900	합계	$1,430		₩1,043,900

3. 연결분개와 연결재무제표 작성

(1) 연결분개

E-① 투자주식계정과 자본계정의 상계제거 및 비지배지분 인식

(차) 자 본 금	680,000	(대) ABC투자주식	408,000	
		비지배지분	272,000 *	

* ₩680,000 × 40% = ₩272,000

E-② 내부거래 및 미실현이익의 제거

(차) 매 출	169,200 *	(대) 매 출 원 가	162,150 **
		재 고 자 산	7,050 ***

* $240 × ₩705(거래일 환율) = ₩169,200

** ABC가 인식한 매출원가 $200 × ₩705 = ₩141,000
갑(주)가 인식한 매출원가 ₩169,200 − ₩42,300 = 126,900
합 계 ₩267,900
연결실체 입장에서의 매출원가 :
$$\left(\$200 \times \frac{\$180}{\$240}\right) \times ₩705 = (105,750)$$
연결실체 입장에서 과대계상된 매출원가 ₩162,150

*** 미실현이익($60 × ($40/$240) × ₩705) = ₩7,050

E-③ 채권 · 채무의 상계제거

(차) 매 입 채 무	43,800 *	(대) 매 출 채 권	43,800

* $60 × ₩730 = ₩43,800

(주) 내부거래에서 발생한 매입채무 $60에 대한 외환차이는 제거하지 않고, 연결재무제표에서도 당기손익으로 인식한다.

E-④ 해외사업환산차이 중 비지배지분 배분

(차) 해외사업환산차이	22,200	(대) 비지배지분	22,200 *

* ₩55,500 × 40% = ₩22,200

E-⑤ 당기순이익 중 비지배지분순이익 계상 : 당기순이익의 40%

(차) 이익잉여금	59,220 *	(대) 비지배지분	59,220

* (₩155,100 − ₩7,050) × 40% = ₩59,220

(2) 연결정산표

(단위 : ₩)

과 목	갑(주)	ABC	합 계	연결분개		연결 재무제표
				차 변	대 변	
〈포괄손익계산서〉						
매 출	983,900	895,350	1,879,250	② 169,200		1,710,050
매출원가	(572,200)	(521,700)	(1,093,900)		② 162,150	(931,750)
기타수익	108,000	14,100	122,100			122,100
기타비용	(292,200)[a)]	(232,650)	(524,850)			(524,850)
당기순이익	227,500	155,100	382,600	169,200	162,150	375,550
〈이익잉여금계산서〉						
기초이익잉여금	66,280	–	66,280			66,280
당기순이익	227,500	155,100	382,600	169,200	162,150	375,550
비지배지분순이익	–	–	–	⑤ 59,220		(59,220)
기말이익잉여금	293,780	155,100	448,880	228,420	162,150	382,610
〈재무상태표〉						
현 금	2,500	21,900	24,400			24,400
매출채권	125,870	131,400	257,270		③ 43,800	213,470
재고자산	494,250	438,000	932,250		② 7,050	925,200
투자주식	408,000	–	408,000		① 408,000	–
토 지	279,300	182,500	461,800			461,800
건 물	224,000	306,600	530,600			530,600
감가상각누계액	(78,700)	(36,500)	(115,200)			(115,200)
합 계	1,455,220	1,043,900	2,499,120	–	458,850	2,040,270
매입채무	142,440[b)]	153,300	295,740	③ 43,800		251,940
장기차입금	219,000[c)]	–	219,000			219,000
자 본 금	800,000	680,000	1,480,000	① 680,000		800,000
이익잉여금	293,780	155,100	448,880	228,420	162,150	382,610
해외사업환산차이	–	55,500	55,500	④ 22,200		33,300
비지배지분	–	–	–		① 272,000 ④ 22,200 ⑤ 59,220	353,420
합 계	1,455,220	1,043,900	2,499,120	974,420	515,570	2,040,270

a) ₩276,100 + ₩16,100(외환손실) = ₩292,200
b) ₩32,940 + ₩108,400 + ₩1,100(외환손실) = ₩142,440
c) ₩204,000 + ₩15,000(외환손실) = ₩219,000

(3) 연결재무제표(연결정산표 참조)

1) 연결재무상태표 : 20×1. 12. 31 현재

현 금	₩24,400	매 입 채 무	₩251,940
매 출 채 권	213,470	장기차입금	219,000
재 고 자 산	925,200	자 본 금	800,000
토 지	461,800	이익잉여금	382,610
건 물	530,600	해외사업환산차이	33,300
감가상각누계액	(115,200)	비지배지분	353,420
합 계	₩2,040,270	합 계	₩2,040,270

2) 연결포괄손익계산서 : 20×1. 1. 1～12. 31

매 출	₩1,710,050
매 출 원 가	(931,750)
매출총이익	₩778,300
기 타 수 익	122,100
기 타 비 용	(524,850)
당기순이익	₩375,550*
지배기업소유주지분순이익	₩316,330
비지배지분순이익	59,220
	₩375,550

* 당기순이익은 갑(주)의 별도재무제표상 당기순이익과 ABC의 환산 후 개별재무제표상 당기순이익을 합한 금액에서 내부거래 미실현이익을 차감한 금액과 일치한다.

₩227,500＋₩155,100－₩7,050＝₩375,550

익힘문제

1. 기능통화란 무엇인가?
2. 기능통화 결정시 고려해야 할 주요 지표 및 보조증거를 설명하라.
3. 해외사업장의 기능통화 결정시 추가로 고려해야 할 사항을 설명하라.
4. 현물환율과 선물환율의 차이점을 설명하라.
5. 표시통화란 무엇인가?
6. 자산과 부채 중 화폐성항목과 비화폐성항목의 특징을 설명하고 예를 제시하라.
7. 외화거래 발생시 이를 기능통화로 환산하는 방법을 설명하라.
8. 보고기간말에 화폐성 외화자산 · 부채를 기능통화로 환산하는 방법을 설명하라.
9. 보고기간말에 비화폐성 외화자산 · 부채를 기능통화로 환산하는 방법을 설명하라.
10. 표시통화가 기능통화와 다른 경우 기능통화로 작성된 재무제표를 표시통화로 환산하는 방법에 대하여 설명하라.
11. 기능통화재무제표를 표시통화로 환산하는 과정에서 발생한 환산차이를 기타포괄손익으로 인식하는 이유는 무엇인가?
12. 해외사업장의 기능통화가 보고기업의 표시통화와 다른 경우 해외사업장의 기능통화재무제표를 보고기업의 표시통화로 환산하는 방법을 설명하라.

보-1. 해외종속기업의 재무제표를 연결하는 절차에 대해 설명하라.

보-2. 해외사업장의 순투자로 보는 화폐성항목에서 발생하는 외환차이에 대해 별도재무제표와 연결재무제표에서 표시하는 방법을 설명하라.

연습문제

01 기본개념의 이해

다음 각 문장이 옳으면 ○, 틀리면 ×로 답하라.

(1) 기능통화란 기업의 영업활동이 이루어지는 주된 경제환경의 통화로서, 기업이 재무제표를 표시할 때 사용하는 통화이다.

(2) 외화는 기업의 본사 소재지국 외에서 통용되는 통화이다.

(3) 현물환율은 교환되는 통화를 즉시 이전하는 경우에 적용되는 환율이며, 선물환율은 교환되는 통화를 미래에 이전하는 경우에 적용되는 환율이다.

(4) 외화거래를 기능통화로 보고함에 있어서 매 보고기간말에 존재하는 화폐성 외화항목은 거래일의 환율로 환산한다.

(5) 비화폐성항목에서 발생한 손익을 당기손익으로 인식하는 경우에는 그 손익에 포함된 환율변동효과도 당기손익으로 인식하며, 비화폐성항목에서 발생한 손익을 기타포괄손익으로 인식하는 경우에는 그 손익에 포함된 환율변동효과도 기타포괄손익으로 인식한다.

(6) 기능통화의 변경에 따른 효과는 소급법을 적용하여 회계처리한다.

(7) 기능통화(초인플레이션 경제의 통화가 아님)로 작성된 재무제표를 표시통화로 환산할 때, 재무상태표의 자산과 부채 및 자본은 해당 보고기간말의 마감환율을 적용한다.

(8) 기능통화(초인플레이션 경제의 통화가 아님)로 작성된 재무제표를 표시통화로 환산할 때, 손익계산서의 수익과 비용은 해당 거래일의 환율을 적용한다.

(9) 기능통화(초인플레이션 경제의 통화임)로 작성된 재무제표를 표시통화로 환산할 때, 재무상태표 및 포괄손익계산서의 모든 항목과 비교표시되는 전기 재무제표의 모든 항목을 최근 재무상태표 일자의 마감환율로 환산한다.

(10) 해외사업장을 처분하는 경우에는 기타포괄손익과 별도의 자본항목으로 인식한 해외사업환산차이를 해외사업장의 처분시점에 자본에서 당기손익으로 재분류한다.

(11) 해외사업장의 취득으로 생기는 영업권과 자산·부채의 장부금액에 대한 공정가치 조정액은 해외사업장의 자산·부채로 본다. 따라서 이러한 영업권과 자산·부채의 장부금액에 대한 공정가치 조정액은 해외사업장의 기능통화로 표시하고 마감환율로 환산한다.

(12) 보고기업의 해외사업장에 대한 순투자의 일부인 화폐성항목에서 생기는 외환차이는 보고기업의 별도재무제표나 해외사업장의 개별재무제표에서 기타포괄손익으로 인식한다.

02 외화거래의 회계처리(I)

서울에 있는 파인(주)의 기능통화는 원화이다. 파인(주)의 6월중 발생한 외화거래는 다음과 같다.

6월 1일 Scotland의 Edinburgh에 있는 제조기업으로부터 송장가격 1,000파운드의 상품을 외상으로 구입하였다. 이때의 1파운드에 대한 환율은 ₩1,050이었다.

5일 Scotland의 Glasgow에 있는 제조기업으로부터 상품을 외상으로 구입하였으며, 이에 대한 원화로 작성된 송장금액은 ₩2,110,000이었다. 이때 1파운드에 대한 환율은 ₩1,055이었다.

7일 New York에 있는 도매상에 상품을 매출하였다. 계산서 가격은 $4,000이고, 이때 $1에 대한 환율은 ₩900이었다.

15일 Edinburgh의 제조업자에게 500파운드를 송금하였다. 이때 1파운드에 대한 환율은 ₩1,025이었다.

20일 Glasgow의 제조업자에게 상품매입대금 전액을 송금하였다. 이때 1파운드에 대한 환율은 ₩1,040이었다.

25일 Edinburgh의 제조업자에게 상품을 반환하고, 이에 대해 100파운드의 대기메모를 받았다. 이때 1파운드에 대한 환율은 ₩1,025이었다.

28일 New York의 도매상으로부터 상품판매대금 전액을 회수하였다. 이때 $1에 대한 환율은 ₩860이었다.

30일 Edinburgh의 제조업자에게 나머지 외상매입대금을 지급하였다. 이때 1파운드에 대한 환율은 ₩1,030이었다.

요구사항

위의 거래를 분개하라.

03 외화거래의 회계처리(II)

(2010년 공인회계사 시험(2차) 수정)

(주)갑의 기능통화는 원화이며, 달러화 대비 원화의 환율이 다음과 같을 때 아래의 각 독립적 물음에 답하라.

일 자	20×1. 10. 1	20×1. 12. 31	20×2. 3. 1
환 율	₩1,000	₩1,040	₩1,020

요구사항

1. (주)갑은 20×1년 10월 1일 미국에 $1,000의 외상매출을 하였다. (주)갑이 20×2년 3월 1일에 동 매출채권 전액을 회수하였을 때 행할 회계처리를 제시하라.
2. (주)갑은 20×1년 10월 1일 미국으로부터 재고자산 $1,000을 매입하여 20×1년 12월 31일 현재 보유하고 있다. (주)갑은 재고자산을 취득원가와 순실현가능가치 중 낮은 가격으로 측정한다. 20×1

년 12월 31일 현재 외화표시 재고자산의 순실현가능가치가 $980일 경우에 (주)갑이 기능통화재무제표에 표시할 재고자산의 장부금액을 계산하라.

3. (주)갑은 20×1년 10월 1일 미국에 소재하는 사업목적의 토지를 $12,000에 취득하였고, 20×1년 12월 31일 현재 토지의 공정가치는 $13,000이다. (주)갑이 20×2년 3월 1일에 토지의 1/4을 $5,000에 매각하였을 때, 원가모형에 의한 유형자산처분이익(또는 손실)을 계산하라. 단, 손실의 경우에는 금액 앞에 (−)표시할 것.
4. (주)갑은 매년 재평가를 실시한다고 가정하고, 요구사항 3에서 재평가모형에 의한 (주)갑의 유형자산처분이익(또는 손실)을 계산하라. 단, 손실의 경우에는 금액 앞에 (−)표시할 것.
5. (주)갑은 20×1년 10월 1일 미국기업이 발행한 지분상품을 $5,000에 취득하였고, 20×1년 12월 31일 현재 지분상품의 공정가치는 $6,000이다. (주)갑은 20×2년 3월 1일에 지분상품 전부를 $7,000에 처분하였다. (주)갑이 지분상품의 공정가치평가손익을 당기손익으로 인식하는 경우, 20×2년 3월 1일에 행할 회계처리를 제시하라.

04 후속 보고기간말의 보고 – 화폐성항목

원화가 기능통화인 갑(주)의 20×1년 12월 31일 재무제표는 다음과 같은 외화자산·부채를 포함하고 있다.

1) 20×1년 10월 1일 미국에 있는 고객에게 $1,000의 상품을 판매하고, 이 중 $500은 20×1년 11월 31일에 회수하였으며 나머지는 20×2년 1월 31일에 회수할 예정이다. US$ 대비 원화의 환율변동은 다음과 같다.

   20×1년 10월 1일(거래발생일) : US$1 = ₩1,050
   20×1년 12월 31일(보고기간말) : US$1 = ₩1,080

2) 20×1년 7월 1일 갑(주)는 $2,000을 차입하였다. 이 중 $1,000은 20×1년 12월 31일에 이자와 함께 상환하였으며, 나머지는 20×2년 3월 1일에 상환할 예정이다. 연 이자율은 10%이며, US$ 대비 원화의 환율변동은 다음과 같다.

   20×1년 7월 1일(거래발생일) : US$1 = ₩1,050
   20×1년 12월 31일(보고기간말) : US$1 = ₩1,080
   20×1년 7월 1일~12월 31일 평균환율 : US$1 = ₩1,070

요구사항

20×1년 12월 31일에 위의 외화자산·부채와 관련하여 갑(주)가 필요한 분개를 하라.

05 후속 보고기간말의 보고 – 비화폐성항목

원화가 기능통화인 갑(주)의 20×1년 12월 31일 재무제표는 다음과 같은 외화자산을 포함하고 있다.

1) 20×1년 2월 1일 갑(주)는 미국시장에 진출하기 위하여 공장부지 목적으로 LA 소재 토지를 $20,000에 구입하였다. 갑(주)는 토지를 재평가모형에 의해 측정하고 있으며, 20×1년 12월 31일 현재 이 토지의 공정가치는 $25,000이다. 토지매입 이후 US$ 대비 원화의 환율변동은 다음과 같다.

   20×1년 2월 1일 : US$1 = ₩1,020
   20×1년 12월 31일 : US$1 = ₩1,080

2) 20×1년 10월 1일 갑(주)는 외화표시 재고자산 $1,000을 매입하여 보고기간말인 20×1년 12월 31일 현재 이 재고자산을 보유하고 있다. 갑(주)는 재고자산을 취득원가와 순실현가능가치 중 낮은 가격으로 측정하고 있으며, 보고기간말 이 재고자산의 순실현가능가치가 $940이다. US$ 대비 원화의 환율변동은 다음과 같다.

   20×1년 10월 1일 : US$1 = ₩1,050
   20×1년 12월 31일 : US$1 = ₩1,080

요구사항

20×1년 12월 31일에 위의 외화자산과 관련하여 갑(주)가 필요한 분개를 하라.

06 외화표시 자산 · 부채의 후속측정

(2017년 공인회계사 시험(1차) 수정)

기능통화가 원화인 (주)한국이 20×1년 12월 31일 현재 보유하고 있는 외화표시 자산 · 부채 내역과 추가정보는 다음과 같다.

계정과목	외화표시금액	최초 인식금액
FVPL금융자산	$30	₩28,500
매 출 채 권	200	197,000
재 고 자 산	300	312,500
선 수 금	20	19,000

- 20×1년말 현재 마감환율은 US$1 = ₩1,000이며, 위 자산 · 부채는 모두 20×1년중에 최초 인식되었다.
- FVPL금융자산은 지분증권으로 $25에 취득하였으며, 20×1년말 공정가치는 $30이다.
- 20×1년말 현재 재고자산의 순실현가능가치는 $310이다.

요구사항

외화표시 자산 · 부채의 후속측정이 (주)한국의 20×1년도 당기순이익에 미치는 영향을 계산하라.

07 기능통화의 변경

US$를 기능통화로 사용해 오던 A해운은 20×1년 1월 1일 영업활동이 이루어지는 주된 경제환경의 변화로 인해 원화를 새로운 기능통화로 결정하였다. 기능통화 변경일의 US$ 대비 원화의 환율은 US$1 = ₩1,200이다. A해운의 US$로 측정된 20×1년 1월 1일 재무상태표는 다음과 같다.

현 금	US$5,000	매 입 채 무	US$15,000
수 취 채 권	20,000	미지급비용	3,000
재 고 자 산	10,000	장기차입금	120,000
유 형 자 산	200,000	자 본 금	50,000
		이익잉여금	47,000
자산 합계	US$235,000	부채와 자본 합계	US$235,000

US$로 측정된 20×1년 1월 1일 재무상태표에는 다음의 항목이 포함되어 있다.

1) 유형자산에는 4년 전 환율이 ₤1 = US$1.80일 때 ₤20,000에 구입한 비품이 포함되어 있다. 20×1년 1월 1일 현재 이 비품의 취득원가와 장부금액은 각각 US$39,600과 US$19,800이다.
2) 장기차입금 중 US$18,000은 장기외화차입금 ₤10,000을 20×1년 1월 1일의 환율인 ₤1 = EUR1.80으로 환산한 금액이다.

요구사항

A사의 20×1년 1월 1일 재무상태표를 새로운 기능통화로 환산하라.

08 외화거래 및 표시통화로의 환산

(2024년 공인회계사 시험(1차) 수정)

20×1년 1월 1일에 설립된 (주)대한의 기능통화는 미국달러화($)이며, 표시통화는 원화(₩)이다. 기능통화로 표시된 (주)대한의 20×1년 요약재무정보(시산표)는 다음과 같다.

계정과목	차 변	대 변
자 산	$7,000	
부 채		$4,500
자 본 금		1,500
이익잉여금		–
수 익		4,000
비 용	3,000	
합 계	$10,000	$10,000

(주)대한은 20×1년중에 유럽 거래처에 상품을 수출하고 수출대금 ₤300를 20×2년에 받기로 하였다. (주)대한은 이 수출거래를 거래일의 환율(₤1 = US$1.2)을 적용하여 장부에 기록한 이후, 20×1년말까지 환산하지 않고 있다. 따라서 위 요약재무정보에는 동 수출관련 매출채권이 $360로 기록되어 있다.

(주)대한의 기능통화와 표시통화는 모두 초인플레이션 경제의 통화가 아니며, 20×1년도의 환율(₩/$, $/£) 변동정보는 다음과 같다.

구 분	20×1년초	20×1년말	연평균
₩/$	1,300	1,400	1,340
$/£	1.3	1.1	1.2

요구사항

(주)대한의 20×1년도 원화(₩)표시 포괄손익계산서의 총포괄이익을 계산하라.

09 보고기업의 기능통화재무제표를 표시통화로 환산(Ⅰ)

갑(주)의 기능통화는 US$이고 표시통화는 원화이며, 장부는 기능통화인 US$로 기록하고 있다. 기능통화와 표시통화 모두 초인플레이션 경제의 통화가 아니다. 기능통화인 US$와 원화 사이의 환율변동은 다음과 같다.

20×1년 1월 1일 : US$1 = ₩1,000
20×1년 12월 31일 : US$1 = ₩1,080
20×1년 평균환율 : US$1 = ₩1,040(기중 중요한 환율변동이 없다고 가정)

갑(주)는 거래발생일의 환율로 자본금을 환산하며 자본금 발생일의 환율은 US$1 = ₩820이었다. 갑(주)의 기능통화인 US$로 작성된 포괄손익계산서 및 재무상태표는 다음과 같다.

포괄손익계산서

	20×1
매 출 액	$10,000
매출원가	(9,400)
기타수익	240
기타비용	(610)
당기순이익	$230

재무상태표

	20×0	20×1		20×0	20×1
현 금	$100	$150	유동부채	$1,800	$1,570
수취채권	1,600	1,000	비유동부채	800	1,050
재고자산	900	750	자 본 금	500	500
유형자산	2,000	2,950	이익잉여금	1,500	1,730
총자산	$4,600	$4,850	부채 및 자본	$4,600	$4,850

요구사항

갑(주)의 20×1년 기능통화로 작성된 포괄손익계산서와 재무상태표를 표시통화로 환산하라. 다만, 원화로 환산된 갑(주)의 20×0년 재무상태표상 이익잉여금이 ₩1,380,000이라고 가정한다.

10 보고기업의 기능통화재무제표를 표시통화로 환산(Ⅱ)

대한조선(주)의 기능통화는 US$이고 표시통화는 원화이다. 대한조선(주)의 기능통화로 작성된 20×5년도 포괄손익계산서 및 재무상태표는 다음과 같다.

포괄손익계산서

매 출 액	$5,000
매 출 원 가	(3,950)
기 타 수 익	310
기 타 비 용	(870)
당기순이익	$490

재무상태표

현 금	$360	유 동 부 채	$3,768
수 취 채 권	2,400	비유동부채	4,520
재 고 자 산	1,800	자 본 금	1,200
유 형 자 산	7,080	이익잉여금	2,152
총자산	$11,640	부채 및 자본	$11,640

대한조선(주)의 설립 이후 이익잉여금의 변동 및 적용된 환율은 다음과 같다.

	당기순이익	적용환율
20×1년	$250	₩720
20×2년	420	760
20×3년	472	820
20×4년	520	950

대한조선(주)의 기능통화와 표시통화 모두 초인플레이션 경제의 통화가 아니며, 20×5년도 US$와 원화 사이의 환율변동은 다음과 같다.

20×5년 1월 1일 : US$1 = ₩1,000
20×5년 12월 31일 : US$1 = ₩1,100
20×5년 평균환율 : US$1 = ₩1,050

대한조선(주)는 이익잉여금을 제외한 자본을 거래발생일의 환율로 환산하며, 자본금 발생일의 환율은 US$1 = ₩700이었다. 대한조선(주)의 수익 · 비용은 연중 균등하게 발생하여 평균환율로 환산한다.

요구사항

대한조선(주)의 표시통화로 환산된 20×5년도 재무제표상 다음 각 계정잔액을 계산하라.

(1) 매출액 (2) 매출원가 (3) 당기순이익 (4) 수취채권 (5) 재고자산
(6) 유형자산 (7) 유동부채 (8) 자본금 (9) 이익잉여금 (10) 환산차이

11 해외종속기업 재무제표의 환산

원화가 표시통화인 갑(주)는 유럽현지법인인 MM Corp의 지분 100%를 소유하고 있다. MM Corp의 20×1년 12월 31일 현재의 유로화로 표시된 시산표는 다음과 같다.

MM Corp **시 산 표**

차변	금액	대변	금액
현 금	€40,000	매입채무	€60,000
매출채권	20,000	자 본 금	100,000
재고자산	60,000	이익잉여금(1/1)	60,000
유형자산(순액)	100,000	매 출	180,000
매출원가	110,000		
감가상각비	20,000		
기타영업비	50,000		
합 계	€400,000	합 계	€400,000

갑(주)는 MM Corp 주식을 유로화에 대한 원화 환율이 ₩1,300인 4년 전에 취득하였다. 또한 매입, 매출, 영업비 지급은 20×1년 동안 평균적으로 이루어졌으며, 20×1년의 평균환율은 ₩1,150이었다. 20×0년 12월 31일 현재의 MM Corp의 원화표시 재무상태표에 나타난 이익잉여금은 ₩58,500,000이었다. 20×1년 12월 31일 현재의 유로화에 대한 환율은 ₩1,120이다.

요구사항

1. 20×1년 12월 31일 현재의 원화로 표시된 시산표를 작성하라.
2. 20×1년의 원화로 나타낸 MM Corp의 당기순이익을 계산하라.
3. 원화로 표시된 20×1년 12월 31일 현재 MM Corp의 재무상태표를 작성하라.
4. 해외사업환산차이를 직접 도출하는 과정을 제시하라.

고급 연습문제

12 외화거래 및 후속측정 (2017년 공인회계사 시험(2차) 수정)

한국(주)의 기능통화는 원화이다. 다음의 독립적인 물음에 답하라.

요구사항

1. 한국(주)는 20×1년 11월 1일에 원가 ₩80,000인 상품을 $100에 수출하고, 수출대금은 20×2년 2월 28일에 전액 수령하였다. 동 거래가 한국(주)의 20×1년 및 20×2년의 당기순이익에 미치는 영향을 각각 계산하라. 일자별 환율정보는 다음과 같다.

   20×1년 11월 1일 : US$1 = ₩1,010
   20×1년 12월 31일 : US$1 = ₩1,040
   20×2년 2월 28일 : US$1 = ₩1,020

2. 한국(주)는 20×1년 9월 1일에 외국시장에 상장되어 있는 미국(주)의 지분증권을 $200에 취득하고 이를 기타포괄손익-공정가치측정금융자산으로 분류하였다. 20×1년 12월 31일 현재 동 지분증권의 공정가치는 $220이며, 일자별 환율정보는 다음과 같다.

   20×1년 9월 1일 : US$1 = ₩1,000
   20×1년 12월 31일 : US$1 = ₩970

   미국(주) 지분증권의 후속측정(기말평가 및 기능통화환산)이 한국(주)의 20×1년도 당기순이익과 기타포괄이익에 미치는 영향을 각각 계산하라.

3. 한국(주)는 20×1년 1월 1일에 일본(주)가 발행한 외화사채를 ￥8,969에 취득하였다. 외화사채정보는 다음과 같다.

• 액면금액 : ￥10,000	• 발행일 : 20×1년 1월 1일
• 만기일 : 20×3년 12월 31일(만기 3년)	• 액면이자율 : 4%(매년말 지급조건)
• 취득시점의 시장(유효)이자율 : 8%	• 20×1년말 현재 공정가치 : ￥9,400

   (주)한국이 위 외화사채를 상각후원가측정금융자산으로 분류한 경우, 동 사채와 관련하여 20×1년도 포괄손익계산서에 보고할 이자수익과 환율변동손익을 각각 계산하라. 단, 외화기준 소수점 이하 금액을 반올림하여 기능통화 환산을 수행한다. 일자별 환율정보는 다음과 같다.

   20×1년 1월 1일 : JP￥ = ₩10
   20×1년 12월 31일 : JP￥ = ₩12
   20×1년 평균 : JP￥ = ₩11

4. 위 요구사항 3에서 한국(주)가 외화사채를 기타포괄손익-공정가치측정금융자산으로 분류한 경우, 동 사채와 관련하여 20×1년도 포괄손익계산서에 보고할 기타포괄손익-공정가치측정금융자산평가손익을 계산하라.

13 외화표시사채 – 오류수정

(2009년 공인회계사 시험(2차) 수정)

(주)한국(결산일은 12월 31일이며, 중소기업 아님)의 20×1년도 재무제표에 대하여 외부감사인이 회계감사를 수행하던 중 다음과 같은 오류를 발견하였다.

오류내용 : (주)한국은 20×1년 1월 1일에 다음과 같은 조건으로 액면금액 $1,000의 외화표시 사채를 $900에 발행하였다. 동 사채는 매년 12월 31일에 액면금액의 4%를 이자로 지급하는 조건이며, 발행일의 유효이자율은 연 8%이다. (주)한국은 20×1년 12월 31일에 $40의 지급이자에 대해서만 ₩48,000의 이자비용을 인식하였으며, 동 사채에 대한 환율변동손익을 인식하지 않았다. 20×1년 1월 1일과 20×1년 12월 31일의 환율(₩/$)은 각각 ₩1,100과 ₩1,200이며, 20×1년중 평균환율은 ₩1,150으로 기중 유의적인 차이가 발생하지 않았다.

요구사항

기업회계기준에 따라 상기 오류를 수정할 경우 재무제표 구성요소를 얼마나 증가 또는 감소시켜야 하는지 다음에 예시된 양식에 따라 표시하라. 단, 법인세비용에 대한 영향은 고려하지 않으며, 감소되어야 할 금액은 금액 앞에 (−)표시를 한다. 또한 자본은 오류수정에 따른 수익과 비용을 반영한 금액으로 표시한다.

(예시)

자 산	비 용	부 채	자 본	수 익
35,000	(−)10,000	25,000	(−)10,000	−

〈풀이과정〉

보–1 해외종속기업 재무제표의 환산과 연결(Ⅰ)

한국(주)는 20×1년 1월 1일 뉴욕소재 DH Corp의 총발행주식 60%를 ₩226,800에 취득하였다. 취득일 현재 DH Corp의 자본은 자본금 $300과 이익잉여금 $140으로 구성되어 있으며, 자산과 부채의 공정가치는 건물을 제외하고는 장부금액과 일치하였다. 건물의 장부금액과 공정가치는 각각 $80과 $100이며, 잔존내용연수는 5년이고 정액법으로 상각한다. 한국(주)는 종속기업투자주식을 원가법으로 회계처리하고 있으며, 비지배지분은 종속기업의 식별가능한 순자산공정가치에 비례하여 결정한다. 취득 후 다음과 같은 사항이 발생하였다.

1) DH Corp의 20×1년 당기순이익은 $40이다.
2) 20×2년 DH Corp의 재무제표는 다음과 같다.

재무상태표
20×2. 12. 31 현재

현금	$140	매입채무	$30
매출채권	80	자본금	300
재고자산	160	이익잉여금	230
유형자산	180		
합계	$560	합계	$560

포괄손익계산서
20×2. 1. 1～12. 31

매출	$370
매출원가	(200)
매출총이익	$170
기타비용	(120)
당기순이익	$50

3) 한국(주)는 20×1년과 20×2년중 DH Corp에 각각 ₩47,000($60)과 ₩70,300($90)을 판매하였다. 매출총이익률은 20%이고, DH Corp의 기말재고에는 당해 연도에 한국(주)로부터 매입한 재고자산의 30%가 포함되어 있다.
4) 20×1년말 현재 내부거래로 인한 매출채권 및 매입채무 금액은 $20이며, 당해 매출채권의 기말평가로 발생한 외환손실은 ₩267이다. 한편, 20×2년 전기 내부거래로 인한 채권·채무액은 전액 결제되었다. 20×2년말 현재 내부거래로 인한 매출채권 및 매입채무 금액은 $30이며, 당해 매출채권의 기말평가로 발생한 외환이익은 ₩1,167이다. 한국(주)는 해외종속기업과의 내부거래 및 미실현손익을 내부거래 발생시점의 환율로 환산하여 상계제거한다.
5) 한국(주)는 이익잉여금을 제외한 해외종속기업의 자본은 취득일의 환율을 적용하여 환산하며, 해외종속기업의 손익항목은 평균환율을 적용하여 환산한다.
6) 환율은 다음과 같이 변동하였다.

20×1. 1. 1 : US$1 = ₩810, 20×1. 12. 31 : US$1 = ₩770, 20×1년 평균 : US$1 = ₩780
20×2. 1. 1 : US$1 = ₩770, 20×2. 12. 31 : US$1 = ₩820, 20×2년 평균 : US$1 = ₩800

요구사항

DH Corp의 20×2년 재무제표를 환산하고, 필요한 연결분개를 하라.

보-2 해외종속기업 재무제표의 환산과 연결(Ⅱ) (2019년 공인회계사 시험(2차) 수정)

(주)대한은 20×1년 1월 1일 미국 현지법인인 (주)ABC의 보통주 80%를 $500에 취득하여 지배력을 획득하였다. (주)대한은 (주)ABC에 대한 투자주식을 원가법으로 회계처리하고 있으며, 연결재무제표에서 비지배지분은 (주)ABC의 식별가능한 순자산공정가치에 비례하여 결정한다.

[추가자료]

1) 취득 당시 (주)ABC의 식별가능한 순자산장부금액은 $600(자본금 $500, 이익잉여금 $100)이며, 유형자산을 제외하고는 공정가치와 장부금액이 일치하였다. (주)ABC의 유형자산은 전액 기계장치

로 구성되어 있으며, 장부금액(원가모형 적용)은 공정가치보다 $10 과소평가되어 있다. 지배력획득일 현재 유형자산의 추정잔존내용연수는 5년, 정액법으로 감가상각한다.

2) 20×1년도 (주)ABC의 재무제표는 다음과 같다.

재무상태표

20×1. 12. 31 현재

현 금	$30	부 채	$50
매출채권	170	자 본 금	500
재고자산	200	이익잉여금	150
유형자산(순액)	300		
총 계	$700	총 계	$700

포괄손익계산서

20×1. 1. 1~12. 31

매 출 액	$1,500
매출원가	1,200
매출총이익	300
기타비용	250
당기순이익	$50

3) (주)대한의 기능통화와 표시통화는 원화이며, (주)ABC의 기능통화와 표시통화는 US$이다. (주)ABC의 수익과 비용은 연중 균등하게 발생하므로 편의상 평균환율을 적용하여 환산하고, 이익잉여금을 제외한 자본 항목은 해당 거래일의 환율을 적용하여 환산한다. 원화와 US$ 모두 초인플레이션 경제에서의 통화가 아니며, 중요한 환율변동은 없다.

4) 환율정보는 다음과 같다.

20×0년 1월 1일 : ₩950/$, 20×0년 12월 31일 : ₩1,000/$, 20×0년 평균환율 : ₩975/$
20×1년 1월 1일 : ₩1,000/$, 20×1년 12월 31일 : ₩1,100/$, 20×1년 평균환율 : ₩1,050/$

요구사항

1. 20×1년 12월 31일 현재 (주)대한의 연결재무제표에 표시되는 다음 항목의 금액을 계산하라.
   ① 영업권 ② 해외사업환산차이
   ③ 비지배지분 ④ (연결포괄손익계산서) 비지배지분순이익
2. 다음의 상황에서 '해외사업환산차이누계액'이 각각 어떻게 회계처리되는지 간단히 설명하라.
   ① (주)대한이 (주)ABC의 지분 65%를 처분하여 지배력을 상실하는 경우
   ② (주)대한이 (주)ABC의 지분 20%를 처분하였으나 지배력을 계속 보유하는 경우

PART

V 파생상품회계

제10장 파생상품회계

CHAPTER

10 파생상품회계

환율, 이자율, 원자재가격 등의 변동으로부터 기업을 보호하기 위하여 등장한 파생상품은 금융기관들의 경쟁과 정보·통신기술의 발달로 매우 다양한 형태로 발전되어 가고 있다. 이러한 파생상품은 기업에서 위험회피나 투자수익 획득을 위해 널리 이용되고 있으며 거래금액도 커서 파생상품의 투자성과는 기업의 경영성과 및 재무상태에 유의한 영향을 미치기도 한다. 본장에서는 파생상품 회계처리의 일반원칙과 함께 위험회피목적으로 이루어지는 파생상품거래에 대해 특수한 회계처리방법을 살펴본다.

제 1 절 파생상품의 의의

1. 파생상품의 개념

파생상품(derivatives)은 일반적으로 이자율, 주가, 상품가격, 환율, 각종 지수 등 기초자산(underlying assets)의 가격에 의해 그 가치가 파생되는 금융상품으로 정의할 수 있다. 실무에서 흔히 이용되는 대표적인 파생상품에는 선도계약, 선물거래, 스왑 및 옵션 등이 있다.

전통적으로 파생상품은 농·축산물, 금속 등 현물의 가격변동위험을 회피하기 위한 수단으로 개발되었다. 예를 들어, 농산물을 생산하는 농부는 예상하지 못한 풍작으로 인해 수확시기에 농산물 가격이 폭락할 위험에 노출된다. 이 경우 농부가 미리 정해진 가격으로 장래 수확할 농산물을 매도하는 계약을 맺는다면 농부는 수확기에 농산물의 가격하락위험을 회피할 수 있다.

근래 들어 자본시장에 있어 국가간 국경이 무너지고 기업의 경제활동무대가 세계적으로 확대되면서 기업들은 환율, 이자율 및 주가 등 금융시장 변수들의 가격변동위험에 크게 노출되었다. 따라서 최근에는 이러한 금융시장 변수들의 변동으로 인한 위험을 회피하기 위해 이들 금융시장 변수들을 기초자산으로 한 파생상품이 널리 이용되고 있다.

또한 금융기관들이 새로운 수익창출기회를 도모하고자 경쟁적으로 새로운 파생상품을 개발함에 따라 파생상품의 거래규모가 보다 급증하고 있으며, 파생상품의 종류도 더욱 다양해지고 있다.

파생상품거래는 위험의 회피, 새로운 수익창출 등의 수단을 제공하는 장점이 있지만 동시에 부외거래이고 거래비용 대비 기대수익률이 높아 투기적 거래가 증가하는 등 시장 전체의 위험을 증가시키고 있다.[1] 이와 같은 이유로 만일

---

1) 최근 들어 다양한 파생상품들이 개발됨에 따라 기업, 정부기관뿐만 아니라 자기계산으로 딜러업무를 하는 금융기관들이 파생상품거래로 인하여 대규모 손실을 보는 사건이 빈번히 발생하고 있다. 예를 들어, 2008년 미국의 5대 투자은행인 베어스턴스와 리먼브라더스의 도산은 서브프라임 모기지 사태로부터 발생한 신용파생상품의 손실에서 비롯되었다. 또한 같은 해 국내에서는 많은 중소기업들이 달러화의 하락위험을 회피하고자 KIKO라는 파생상품을 구입하였으나 예상밖의 환율급등으로 거액의 손실을 입은 바 있다.

파생상품거래에 따른 위험관리에 적절하게 대응하지 못할 경우 그 파급효과는 금융질서에 큰 혼란을 줄 수도 있다. 따라서 파생상품거래에 대한 적절한 회계처리 및 공시는 회계정보이용자에게나 금융질서를 확립해야 할 감독기관에도 중요한 문제가 되었다.

그러나 파생상품의 내용과 조건이 복잡하고 다양하여 기업의 경영성과 · 재무상태에 미치는 영향을 적절히 측정한다는 것은 쉽지 않다. 더욱이 금융환경의 변화에 따라 파생상품이 계속적으로 다양하게 개발되고 있기 때문에 이에 대응하여 적절한 회계처리기준을 갖추어 나가는 것은 매우 어렵다.

파생상품에 대한 회계처리 및 공시기준을 살펴보기 전에 본절에서는 먼저 대표적인 파생상품인 선도거래, 선물, 스왑 및 옵션에 대해 알아보기로 한다.

2. 대표적 파생상품

(1) 선도계약

선도계약(forward contract)이란 미래 일정시점에 약정된 가격에 의하여 특정 대상을 사거나 팔기로 합의한 계약이다. 선도거래의 매수자는 매도자로부터 계약만기에 약정된 특정 금액을 지급하고 일정량의 상품, 통화, 증권 등을 인도받을 수 있다. 예를 들어, 3개월 후에 US$1,000을 US$1 = ₩1,200에 매입하기로 계약했다면, 3개월 후 그 당시의 현물환율이 얼마인지에 상관없이 현금 ₩1,200,000을 지급하고 US$1,000을 수취한다. 이와 같은 거래를 선매입(long position)이라 하는데, 이와는 반대로 선매도(short position)의 경우에는 일정기간 후 계약시점에서 결정된 선물환율로 외국통화를 지급하고 자국통화를 수취한다.

선도거래의 공정가치는 기초자산의 가격이 변동함에 따라 변한다. 예를 들어 만기에 현금과 현물을 교환하는 거래에서 만기가격이 기대치보다 상승할 것으로 기대된다면 선매입의 가치가 상승하고, 기대치보다 하락한다면 선매도의 가치가 상승한다.

선도거래에는 쌍방간 계약불이행의 위험이 존재하기 때문에 실제로 거래자가 국가 또는 확실한 대기업 등으로 한정되는 경향이 있다. 또한 계약불이행위험 때문에 실제 선도거래는 계약조건이 법적으로 강력한 구속력을 가질 수 있도록 규정되며, 선도거래에 대한 증거금이 요구되기도 한다.

(2) 선물계약

선물계약(futures contract)이란 수량 · 규격 · 품질 등이 표준화되어 있는 특정 대상에 대하여 현재 시점에 결정된 가격에 의해 미래 일정시점에 인도 · 인수할 것을 약정한 계약으로서 조직화된 시장에서 정해진 방법으로 거래되는 것을 말한다. 선물거래는 근본적으로 선도거래와 동질적이지만 선도거래와는 달리 거래상대방의 계약이행을 보증하고 거래의 유동성을 극대화하기 위해 다음과 같은 제도적 장치를 갖추고 있다는 점에 차이가 있다.

첫째, 선물시장의 참여자에게는 반드시 증거금(margin requirement)이 요구된다. 선물거래 참여자가 선물거래 단위당 일정금액(기본증거금)을 청산기관에 예탁하고 선물가격의 증감에 따라 매도인 또는 매수인의 증거금을 가감시켜 선물가격의 변동위험을 흡수하는 기능을 한다.

둘째, 선물시장에서는 일일정산제도(marked to market)가 운영된다. 이는 선물가격변동에 따른 각 계좌별 손익을 매일매일 평가하여 이를 실현시키는 제도이다. 일일정산제도로 인하여 거래가 실현되는 기간이 1일로 단축되기 때문에 선물가격의 변화로 선물보유 포지션에서 발생한 평가손실이 증거금을 초과하여 증거금의 계약이행 담보능력이 상실되는 것을 미연에 방지한다.

셋째, 선물시장에는 청산기관(clearing house)이 존재한다. 청산기관은 계약참가자의 계약이행을 보증하여 계약참가자들이 상대방의 신용위험에 대해 염려할 필요 없이 거래할 수 있게 한다. 따라서 채무불이행위험은 청산기관과 계약참가자의 관계로 전환된다.

이 이외에도 선물거래에는 가격등락폭의 제한, 표준화된 계약, 조직화된 시장 등의 운영으로 계약이행에 관련된 위험을 줄이려는 제도적 장치가 마련되어 있다.

(3) 스 왑

스왑(swap)이란 특정 기간에 발생하는 일정한 현금흐름을 다른 현금흐름과 교환하는 거래로서 연속된 선도거래라고 볼 수 있다. 스왑은 새로운 자금을 조달하기 위해 사용되는 것이 아니라 이미 존재하는 채권이나 채무의 조건을 변경하기 위해 사용되기 때문에 스왑에서 주고받는 순금액은 채권 및 채무의 현금흐름 발생시점에서 교환하게 된다.

스왑은 일반적으로 통화와 이자율에 대하여 이루어진다. 통화스왑(currency swap)은 서로 다른 통화를 갖는 쌍방이 보유중인 부채와 관련하여 연속적으로 현금흐름을 교환하는 금융기법으로서 관련 이자뿐만 아니라 원금의 교환을 포함하는 거래이다. 이자율스왑(interest rate swap)은 계약당사자간에 특정 이자율과 특정 원금을 근거로 부채원금의 교환 없이 서로 다른 조건의 이자지급의무만을 상호 교환하여 부담하기로 약정하는 부외거래이다. 이자율스왑은 통화스왑과는 달리 거래당사자간 이자지급의무만 있고 원금상환의무는 없다.

이 중 이자율스왑에 대해 좀더 살펴보자. 이자율스왑은 단기 금융시장에서 고정이자율 부채와 변동이자율 부채 간의 신용기준 차이에 따른 상대적 비교우위를 이용하여 자금조달금리를 줄이기 위해 개발되었다.

[그림 10-1]은 이자율스왑의 사례를 제시하고 있다.

[그림 10-1] **이자율스왑의 예시**

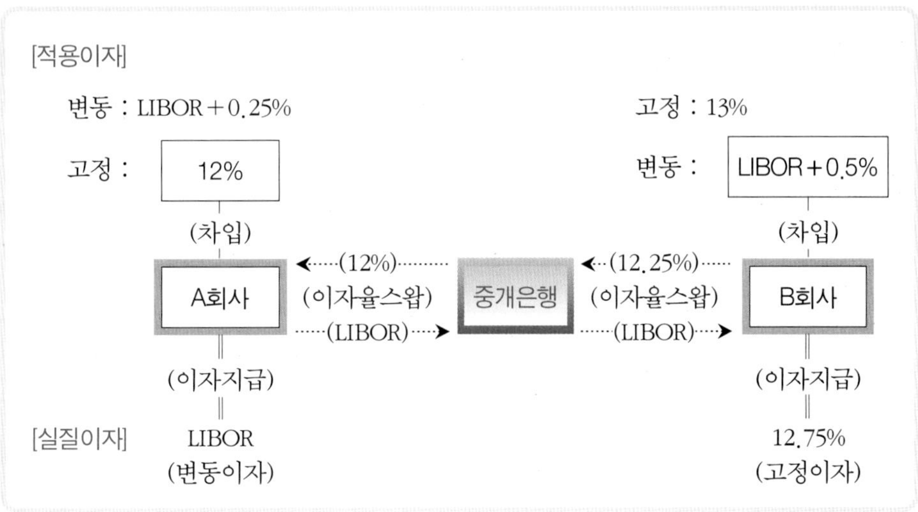

A회사와 B회사가 은행에서 변동금리로 차입하려면 각각 LIBOR+0.25%와 LIBOR+0.5%의 이자를 지급해야 한다. 한편, 채권시장에서 A회사와 B회사는 각각 12%와 13%의 고정이자율로 채권을 발행할 수 있다고 하자. A회사는 변동이

자율로 차입하기를 원하고, B회사는 고정이자율로 차입하기를 원하고 있다.

이때 중개은행이 A회사에 12% 고정이자율 채권을 발행하도록 하고 A회사로부터 LIBOR이자율을 수취하는 대신 고정이자율 12%를 지급한다. 그러면 A회사는 중개은행으로부터 받은 고정이자율 12%를 채권투자자에게 지급한다. 또한 중개은행은 B회사에 은행으로부터 변동이자율 LIBOR+0.5%로 차입하도록 하고, B회사로부터 고정이자율 12.25%를 수취하는 대신 LIBOR이자율을 지급한다. B회사는 중개은행으로부터 받은 LIBOR에 0.5%를 가산하여 은행이자를 지급한다.

이와 같은 이자율스왑으로 중개은행은 0.25%의 중개대가를 얻게 되며, A회사는 단기 금융시장에서 적용받는 LIBOR+0.25% 대신 LIBOR의 변동이자만 지급하면 되고, B회사는 채권발행시 적용받는 13%의 이자율 대신 중개은행에 12.25% 그리고 채권자에게 0.5%, 총 12.75%의 고정이자만을 부담한다. 결론적으로 양 회사는 이자율스왑을 통해 보다 유리한 이자율로 원하는 조건의 차입을 할 수 있다.

(4) 옵 션

옵션(option)은 계약당사자간에 정하는 바에 따라 일정한 기간 내에 미리 정해진 가격(행사가격)으로 상품이나 유가증권을 사거나 팔 수 있는 권리에 대한 계약이다. 앞에 설명한 선도거래, 선물거래, 스왑에서는 계약을 이행해야 하는 의무가 함께 주어지나, 옵션에서는 권리만을 부여하는 점이 다르다. 따라서 옵션을 받는 계약자는 옵션의 대가로 옵션을 부여하는 계약상대방에게 일정한 금액, 즉 옵션 프리미엄(option premium)을 지급한다.

옵션에는 콜옵션(call option)과 풋옵션(put option)이 있다. 콜옵션은 만기일에 행사가격으로 일정 상품이나 증권을 매입할 수 있는 권리이며, 풋옵션은 이를 매도할 수 있는 권리이다. 또한 행사시점에 대한 조건에 따라 만기일 이전의 어느 시점에서나 행사할 수 있는 아메리칸 옵션(American option)과 만기일에만 행사할 수 있는 유로피언 옵션(European option)으로 구분된다. 옵션도 선물거래와 마찬가지로 공인된 거래소에서 이루어지는 것이 일반적이지만 당사자간 개별적인 계약도 가능하다.

사례로 배우기 10-1 중소기업 파산 부른 키코(KIKO) 사태

KIKO는 2008년에 수출비중이 높은 중소기업 등을 대상으로 만들어진 통화옵션상품이다. 당시 은행들은 원 · 달러 환율이 떨어질 것을 전망하고 이 상품을 판매하였는데, 금융위기가 발생하면서 원 · 달러 환율이 급격히 치솟아 약 471개 중소기업이 피해를 봤고 그 피해액이 약 3조 3,528억원에 달한다. 일반적으로 선물환매도를 통한 환헤지 포지션은 손익분기점인 선물환율을 기준으로 하여 현물환율의 변동에 따라 손실과 수익이 서로 대칭적인 구조를 가진다. 이러한 선물환 매도는 미달러 풋옵션 1개를 매수함과 동시에 미달러 콜옵션 1개를 매도함으로써 복제가 가능한데, KIKO의 경우 풋옵션매수 1개와 콜옵션매도 2개를 합성하여 환율이 행사가격 이상으로 상승시 예상되는 환차손이 선물환 매도계약상 환차손의 2배가 되도록 설계되어 있었다. 많은 기업들이 2007년 하반기에 환율이 800원대 중반까지 떨어질 것을 예상하고 환율 하락에 따른 환차손을 방지하기 위해 KIKO에 가입하였으나, 실제 환율이 최고 1,570원까지 크게 상승함에 따라 계약금액의 두 배만큼 상승한 환율로 달러를 매도해야 하는 의무가 발생하여 엄청난 피해가 발생했다. KIKO 계약금액이 수출대금 범위 이내인 기업은 KIKO평가손실보다 수출대금의 환차익이 더 커 전체적으로는 이익이 발생하였으나, 일부 기업의 경우 KIKO거래를 환차익을 얻기 위한 투기적 목적으로 사용, 수출대금 규모를 초과하여 과도한 헤지거래(Over-hedge)를 하여 손실을 키웠던 사례로서 파생상품의 고유기능을 선용하여 안정적인 활용을 하는 것이 필요하다는 것을 시사하는 사례이다.

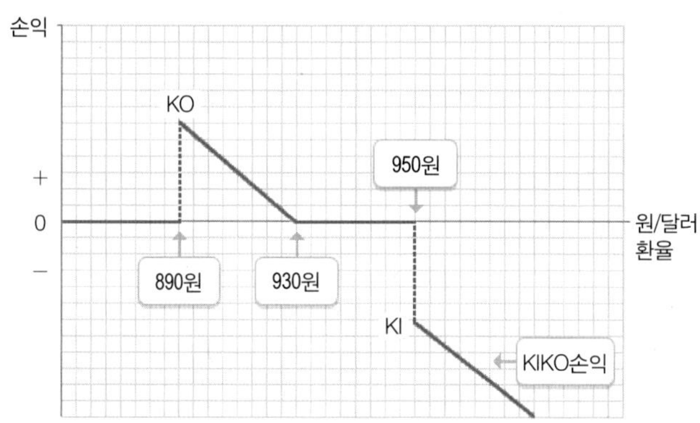

가정
950원 : Knock in Barrier(KI) 넉인(KI)시 계약금액 2배
930원 : 행사가격
890원 : Knock out Barrier(KO)

〈환율움직임에 따른 기업의 손익〉
1) 890원 이하 : 계약무효
2) 890원~930원 : 행사가격매도
 * 이익 : (행사가격−환율)×계약금액
3) 930원~950원 : 시장환율매도(KIKO에 따른 손익은 0)
4) 950원 이상 : 손실확대
 * 손실 : (환율−행사가격)×계약금액×2배

(자료 : 한국거래소, KIKO피해기업 공동대책위원회 홈페이지)

제 2 절 파생상품의 정의 및 회계처리의 일반원칙

1. 파생상품의 정의

(1) 파생상품의 요건

파생상품회계의 적용범위는 파생상품의 정의와 밀접하게 관련되어 있으므로 파생상품을 어떻게 정의하느냐 하는 것은 매우 중요하다. K-IFRS 제1109호(금융상품)에서는 파생상품(derivatives)을 다음의 세 가지 특성을 모두 가진 금융상품이나 기타계약으로 정의하고 있다.

파생상품의 특성

① 기초변수의 변동에 따른 가치변동
② 최초 계약시 순투자금액이 필요하지 않거나 적은 순투자금액이 필요
③ 미래에 결제

K-IFRS 제1109호(금융상품)에서 이와 같이 요건주의를 택하고 있는 이유는 새로운 파생상품이 계속적으로 개발되는 상황에서 선물, 선도, 스왑, 옵션 등과 같이 예시주의로 파생상품을 정의하면 회계기준의 운용상 경직성을 초래하며 재무정보 생산에 일관성을 확보하는 것이 어렵기 때문이다. 요건주의를 택하면 다양한 금융상품 또는 유사계약 중 파생상품을 명확히 구분할 수 있고 향후 새로이 개발될 파생상품에도 적용할 수 있게 된다.

위에서 제시하고 있는 요건을 하나씩 검토해 보기로 하자.

1) 기초변수의 변동에 따른 가치변동

기초변수는 이자율, 금융상품가격, 일반상품가격, 환율, 가격 또는 비율의 지수, 신용등급이나 신용지수 또는 기타 변수를 말한다. 파생상품은 보통 화폐금액, 주식 수, 무게나 부피의 단위 또는 계약에서 정해진 그 밖의 단위를 계약단

위의 수량으로 한다. 그러나 이와 달리 계약단위의 수량과 관계없는 미래사건의 결과에 따라 변동하는 금액(기초변수의 변동에 비례적이지 않음)이나 확정된 금액을 지급해야 하는 파생상품이 있을 수 있다. 예를 들면, 6개월 LIBOR가 1% 증가하면 ₩1,000을 정액으로 지급하는 계약은 비록 정해진 계약단위의 수량이 없더라도 파생상품이다.

〈표 10-1〉에는 다양한 파생상품의 기초변수에 대한 구체적인 예가 제시되어 있다.

〈표 10-1〉 **파생상품별 기초변수**

계약의 형태	주요 가격평가·결제변수(기초변수)
통화선도, 통화선물, 통화스왑(FX스왑), 통화옵션(콜 또는 풋)	환율
이자율선도, 금리선물, 이자율스왑, 국채옵션	이자율
일반상품선도, 일반상품선물, 일반상품스왑, 일반상품옵션	일반상품가격
지분선도, 지분스왑, 주식옵션	지분가격(타 기업의 지분)
신용스왑	신용등급, 신용지수 또는 신용가격
총수익스왑	준거자산의 총공정가치 및 이자율

앞의 파생상품 정의를 살펴보면 계약의 당사자에게 특정되지 아니한 비금융변수를 언급하고 있다. 공정가치가 해당 자산의 시장가격(금융변수)의 변동뿐만 아니라 보유하고 있는 특정 비금융자산의 상태(비금융변수)를 반영한다면, 당해 비금융자산의 공정가치 변동은 소유자에게 특정되는 것이다. 예를 들면, 특정 자동차의 잔존가치를 보증함으로써 보증자가 당해 자동차의 물리적 상태의 변동위험에 익스포저(노출)된다면, 해당 잔존가치의 변동은 자동차 소유자에게 특정되는 것이다. 따라서 이러한 경우는 파생상품에 해당되지 않는다.

2) 최초 계약시 적은 순투자금액

파생상품을 정의하는 특성 중의 하나는 시장요인의 변동에 유사하게 반응할 것으로 기대되는 다른 유형의 계약에 필요한 최초 순투자금액보다 적은 금액이 필요하다는 점이다. 이러한 특성 때문에 계약의 당사자들은 자산을 직접 보유하지 않고도 기초변수의 변동에 참여할 수 있다. 예를 들어, 금을 직접 구입해서 보유하다가 처분하여 이익을 얻는 경우와 선도가격과 계약만기일의 현물가격의 차액만을 수취(또는 지급)하기로 하는 계약을 체결한 경우 시장가격변동에 따른 손익은 거의 유사하다. 그러나 전자의 경우에는 최초 계약시에 취득원가 상당액만큼의 순투자금액이 필요한 반면, 후자의 경우에는 최초에 순투자금액을 거의 필요로 하지 않는다.

선도계약과 같이 대부분의 파생상품은 최초 계약시에 순투자금액을 필요로 하지 않는다. 옵션계약의 경우도 옵션이 연계된 기초금융상품을 취득하는 데 필요한 투자금액보다 옵션프리미엄이 작다. 최초 계약시에 동일한 공정가치를 가지는 다른 통화를 교환하는 통화스왑 역시 최초 순투자금액이 영(0)이다.

3) 미래결제(future settlement)

금융상품이나 기타계약이 파생상품으로 정의되기 위해서는 거래발생일이 아닌 미래에 결제되어야 한다. 결제방법은 기초항목을 인도함으로써 총액으로 결제할 수도 있고 현금 등 금융상품으로 차액결제하거나 금융상품의 교환으로 결제할 수도 있다. 중요한 것은 결제방법에 상관없이 미래에 결제된다는 특성이 파생상품으로 분류될 수 있는 주요 요건이다. 하지만 기업이 예상하는 매입, 매도, 사용의 필요에 따라 비금융항목을 수취하거나 인도할 목적으로 체결하여 계속 유지하고 있는 계약('자가사용계약'이라고도 함)은 파생상품에서 제외되어 일반적인 매도 또는 매입 계약('미이행계약')으로 회계처리된다. 그런데 만약 기업이 이러한 자가사용목적의 일반상품공급계약에서 발생하는 공정가치 변동위험을 회피하기 위해 파생상품계약을 체결한 경우에는 회계불일치가 발생된다. 그 이유는 파생상품의 공정가치 변동은 당기손익으로 인식하는 반면, 파생상품의 정의를 충족하지 못하는 일반상품공급계약의 공정가치 변동은 인식하지 않기 때문이다. 이러한 회계불일치를 해소하기 위하여 K-IFRS 제1109호에서는 기업이 예상하는 매입, 매도, 사용의 필요에 따라 비금융항목을 수취하거나 인도할 목적으로 계약을 체결하더라도, 그 계약을 당기손익-공정가치측정항목으로 지정할 수 있도록 공정가치선택권을 확대하였다. 이에 따라 파생상품으로 분류되지 않은 일반상품공급계약(자가사용계약)은 위험회피회계의 적용 없이도 위험회피회계와 유사한 효과를 얻을 수 있게 되어 위험회피회계를 적용함에 있어 발생할 수 있는 실무적 부담을 줄일 수 있다.

(2) 파생상품회계의 적용 및 배제

1) 정형화된 매매거래

정형화된 매매거래는 매매일과 결제일 사이에 거래가격을 고정시키는 거래이며 파생상품의 정의를 충족한다. 그러나 계약기간이 짧기 때문에 파생금융상품으로 인식하지 아니한다. 예로는 증권시장에서 매매계약체결 후 해당 시장 규정에 따라 일정기간 내에 결제가 이루어지는 정형화된 유가증권거래를 들 수 있다. 이와 같은 금융자산의 정형화된 매입이나 매도는 매매일 또는 결제일 회계처리방법 중 하나를 사용하여 인식하도록 되어 있다. 그러나 가치의 변동에 대하여 차액결제를 요구하거나 차액결제를 허용하는 계약은 정형화된 계약이 아니며, 이러한 계약은 매매일과 결제일 사이에 파생상품으로 회계처리해야 한다.

2) 금융보증계약

금융보증계약(financial guarantee contract)은 채무상품의 최초 계약조건이나 변경된 계약조건에 따라 지급기일에 특정 채무자가 지급하지 못하여 채무상품 보유자가 입은 손실을 보상하기 위해 발행자가 특정 금액을 지급해야 하는 계약을 의미한다. 일반적으로 이러한 금융보증계약은 파생상품회계의 적용대상이 아니다. 그러나 신용관련 보증계약 중에는 보증대상자산에 관하여 지급기일에 채무자의 지급불이행으로 인한 위험과 손실을 부담하는 것을 지급전제조건으로 하지 않는 계약도 있다. 예를 들면, 특정 신용등급이나 신용지수의 변동에 따라 지급해야 하는 계약이다. 이러한 보증계약은 위에서 정의한 금융보증계약도 아니고 K-IFRS 제1104호(보험계약)에서 정의하는 보험계약도 아니다. 따라서 파생상품에 대한 회계처리가 적용된다.

2. 파생상품 회계처리의 일반원칙

파생상품은 다양하게 개발되고 있을 뿐 아니라, 기업의 재무상태에 미치는 영향도 매우 크다. 그러나 과거에는 파생상품을 재무제표에 인식하지 않는 경우가 대부분이었다. 그 이유는 주식이나 채권과 같은 기존의 금융상품과 달리 파생상품은 계약체결시점에 대가의 수수가 거의 일어나지 않는 단순한 약정교환(mutual exchange of promises)으로 보았기 때문이다.

그러나 점차 기업이 보유하는 파생상품의 중요도가 커짐에 따라 이해관계자들은 파생상품에 대하여 보다 유용한 정보의 제공을 요구하게 되었으며 회계적으로도 파생상품을 자산·부채로 인식해야 한다는 주장이 설득력을 얻게 되어 오늘날과 같은 파생상품회계가 정착되었다.

결제시점에서 현금유입을 가져올 수 있는 파생상품은 미래 경제적 효익에 대한 권리(rights)로서 일반적인 자산인식 요건을 충족하는 것이며, 반대로 결제시점에서 현금지출을 수반하게 되는 파생상품은 미래에 자산을 희생해야 하는 의무(obligation)로서 일반적인 부채인식 요건을 충족한다고 볼 수 있다. 따라서 파생상품은 해당 계약에 따라 발생된 권리와 의무를 자산·부채로 인식하여 재무제표에 계상해야 하며 모든 파생상품은 공정가치로 평가한다. 아울러 파생상품은 결산시점뿐만 아니라 최초 계약시점에도 공정가치로 평가하여 인식해야 한다. 그러나 대부분의 파생상품은 최초 계약체결시점의 공정가치가 '0'이어서 재무제표에 계상되지 않는다.

파생상품을 공정가치로 평가함에 따라 발생한 평가손익은 원칙적으로 당기손익으로 인식한다. 다만 파생상품의 거래목적이 위험회피목적이고 제3절에서 후술하는 위험회피회계 적용요건을 충족하면 위험회피회계를 적용할 수 있다.

(1) 위험회피유형과 위험회피회계

위험회피(hedging)란 특정 위험으로 생긴 익스포저[2]를 관리하기 위하여 금융상품을 이용하는 것을 말한다. 위험회피의 유형은 공정가치위험회피, 현금흐름위험회피 및 해외사업장순투자 위험회피로 구분할 수 있다.

위험회피의 유형

① **공정가치위험회피** : 특정 위험에 기인하고 당기손익에 영향을 줄 수 있는 것으로서, 인식된 자산이나 부채 또는 인식되지 않은 확정계약 또는 이러한 항목의 구성요소의 공정가치 변동 익스포저에 대한 위험회피

② **현금흐름위험회피** : 특정 위험에 기인하고 당기손익에 영향을 줄 수 있는 것으로

2) 익스포저란 위험노출액을 의미한다.

서, 인식된 자산이나 부채(예 : 변동금리부 채무상품의 미래이자지급액의 전체나 일부) 또는 발생가능성이 매우 큰 예상거래의 현금흐름 변동 익스포저에 대한 위험회피

③ 해외사업장순투자 위험회피 : 해외사업장순투자를 지배기업의 표시통화로 환산하는 과정에서 발생하는 환산위험에 대한 회피[3)]

여기에서 용어에 대한 정의를 살펴보면 특정 위험이란 환율, 이자율 등의 변동을 의미한다. 아울러 공정가치나 미래현금흐름의 변동위험에 노출되어 있고 위험회피대상으로 지정된 자산, 부채, 확정계약, 발생가능성이 매우 높은 예상거래 또는 해외사업장에 대한 순투자를 위험회피대상항목이라 한다. 한편, 공정가치나 현금흐름의 변동이 지정된 위험회피대상항목의 공정가치나 현금흐름의 변동을 상쇄할 것으로 기대하여 지정한 파생상품 또는 비파생금융자산(또는 비파생금융부채)을 위험회피수단이라 한다.

파생상품을 이용한 위험회피로 인하여 위험회피대상에서 발생하는 위험이 제거되었음에도 불구하고 일반적인 회계기준을 적용하는 경우에는 이러한 위험회피활동의 성과가 재무제표에 적절히 반영되지 못하는 경우가 생길 수 있다. 이러한 문제점을 해결하기 위해 기존의 회계기준과는 상이한 회계처리방법을 도입하고 있는데, 이를 위험회피회계라고 한다. 위험회피회계에서는 위험회피수단과 위험회피대상항목의 공정가치 변동에 따른 손익의 상쇄효과를 인식한다. 구체적으로, 파생상품이 공정가치위험회피수단으로 지정된 경우라면 파생상품평가손익과 위험회피대상항목의 공정가치변동손익을 당해 연도의 손익으로 인식한다. 그러나 파생상품이 현금흐름위험회피수단으로 지정되었다면, 파생상품평가손익을 기타포괄손익으로 계상하였다가 예상거래로 인해 후속적으로 인식하는 관련 자산·부채에 가감하고 만일 이에 해당하지 않으면 위험회피대상 미래예상현금흐름이 당기손익에 영향을 미치는 기간(예 : 이자수익이나 이자비용을 인식하는 기간이나 예상매출이 생긴 때)에 당기손익으로 인식한다. 위험회피회계에 대해서는 제3절 이후에서 상세히 설명하기로 한다.

3) 해외사업장순투자 위험회피는 그 내용에 있어서 현금흐름위험회피와 유사하므로 먼저 현금흐름위험회피에 대해 설명한 다음 본장 제5절에서 논의한다.

(2) 위험회피회계의 의미

위험회피회계의 목적은 당기손익[4]에 영향을 미칠 수 있는 특정 위험으로 생긴 익스포저를 관리하기 위하여 금융상품을 활용하는 위험관리활동의 효과를 재무제표에 반영하는 것이다. 위험회피대상항목과 위험회피수단 사이에 위험회피관계가 설정되면 이후에는 이러한 위험회피활동이 재무제표에 적절히 반영될 수 있는 회계처리가 필요하다. 예를 들어, 보유중인 재고자산의 공정가치 변동위험을 회피하기 위하여 재고자산에 대한 선도계약을 체결하는 경우를 보자. 만일 재고자산의 공정가치 변동이 동 자산에 대한 선도계약의 공정가치 변동에 의해 정확하게 상쇄된다고 하면 재고자산에 대한 위험회피는 완전하게 이루어진 것이며 이러한 위험회피활동의 성과가 재무제표에 적절하게 표시되어야 한다.

하지만 일반적인 회계처리기준하에서 위험회피수단인 선도계약의 공정가치 변동은 발생한 기간에 바로 손익에 반영되는 반면에 위험회피대상인 재고자산의 공정가치 변동은 저가인 시가로 평가되는 상황을 제외하고는 발생기간에 즉시 손익에 반영되지 않는다. 따라서 위험회피활동으로 인하여 재고자산 공정가치의 변동위험이 상계되었음에도 불구하고 일반적인 기업회계기준을 적용하게 되면 위험회피활동의 성과가 재무제표에 적절히 반영되지 못하게 된다. 따라서 위험관리활동의 결과를 재무제표에 적절히 반영하기 위해서는 위험회피대상항목인 재고자산의 공정가치 변동도 발생기간의 손익에 반영하도록 함으로써 선도계약의 공정가치 변동으로 인한 손익과 상계되도록 해야 할 것이다.

이와 같이 위험회피회계에서는 위험회피활동(공정가치위험회피 또는 현금흐름위험회피)이 재무제표에 적절히 반영될 수 있도록 하기 위해 파생상품 및 위험회피대상에 대해 일반적인 회계처리방법과는 다른 회계처리방법을 적용한다. 이러한 의미에서 위험회피회계를 특수회계(special accounting)라고 한다.

4) 지분상품 투자의 공정가치 변동을 기타포괄손익에 표시하기로 선택한 경우에는 기타포괄손익이 해당된다.

제 3 절 위험회피회계의 적용

1. 위험회피수단

위험회피수단이란 특정 대상항목(자산, 부채, 확정계약, 미래현금흐름 등)의 공정가치 변동위험이나 현금흐름 변동위험을 회피하기 위해 지정한 파생상품 또는 비파생금융자산(또는 비파생금융부채)을 말한다.

(1) 조건을 충족하는 위험회피수단

일부 발행한 옵션을 제외하고, 당기손익-공정가치측정 파생상품은 위험회피수단으로 지정할 수 있다.[5] 또한 당기손익-공정가치측정 비파생금융자산이나 비파생금융부채도 위험회피수단으로 지정할 수 있다. 다만, 당기손익-공정가치로 측정하도록 지정한 금융부채로서 신용위험의 변동으로 생기는 공정가치의 변동 금액을 기타포괄손익으로 표시하는 금융부채는 제외한다.

분리하여 회계처리하지 않는 복합계약에 내재된 파생상품은 별도의 위험회피수단으로 지정할 수 없으며 자기지분상품은 해당 기업의 금융자산이나 금융부채가 아니므로 위험회피수단으로 지정할 수 없다.

위험회피회계의 목적상, 보고실체의 외부 당사자(보고하는 연결실체 또는 개별기업의 외부 당사자)와 체결한 계약만을 위험회피수단으로 지정할 수 있다.

(2) 위험회피수단의 지정방법과 관련된 제반 사항

위에서 언급한 조건을 충족하는 금융상품은 전체를 위험회피수단으로 지정하는 것이 원칙이다. 그러나 다음의 경우에는 금융상품의 일부만을 위험회피수단으로 지정할 수도 있다.

---

5) 발행한 옵션은 매입한 옵션(다른 금융상품에 내재된 매입한 옵션을 포함)을 상쇄하기 위해 위험회피수단으로 지정하는 경우를 제외하고는 위험회피수단의 조건을 충족하지 못한다.

① 옵션계약의 내재가치와 시간가치를 구분하여 내재가치의 변동만을 위험회피수단으로 지정하고 시간가치의 변동은 제외하는 경우
② 선도계약에서 선도요소와 현물요소를 구분하고 선도계약의 현물요소의 공정가치 변동만을 위험회피수단으로 지정하는 경우[6]
③ 전체 위험회피수단의 비례적 부분(예 : 명목금액의 50%)을 위험회피관계에서 위험회피수단으로 지정하는 경우[7]

외화위험회피 외의 위험회피에서, 당기손익-공정가치측정 비파생금융자산이나 비파생금융부채를 위험회피수단으로 지정하는 경우에는 그 비파생금융상품 전체 또는 비례적 부분만을 지정할 수 있다. 따라서 특정 위험요소만을 분리하여 위험회피수단으로 지정할 수 없다. 그러나 외화위험회피의 경우에는 비파생금융자산이나 비파생금융부채의 외화위험요소를 위험회피수단으로 지정할 수 있다.[8] 다만 이 경우에도 공정가치 변동을 기타포괄손익으로 표시하기로 선택한 지분상품의 투자는 위험회피수단으로 지정할 수 없다.

단일 항목뿐만 아니라 다음과 같이 복수의 파생상품이나 비파생상품을 결합하여 위험회피수단으로 지정할 수 있다.

① 복수의 파생상품이나 복수의 파생상품의 비례적 부분
② 복수의 비파생상품이나 복수의 비파생상품의 비례적 부분

2. 위험회피대상항목

(1) 조건을 충족하는 위험회피대상항목

위험회피대상항목이란 위험회피수단의 공정가치나 현금흐름 변동을 통해 그 항목의 공정가치 변동위험이나 현금흐름 변동위험을 회피하고자 하는 대상을 말한다. 위험회피대상항목에는 재무상태표에 이미 인식된 자산이나 부채, 재무상태

6) 이와 비슷하게 외화 베이시스 스프레드는 분리하여 위험회피수단으로 지정하지 않을 수 있다.
7) 그러나 위험회피수단의 잔여 만기 중 일부 기간에서만 생긴 공정가치의 일부 변동을 위험회피수단으로 지정할 수 없다.
8) 예를 들면 US$로 표시된 상각후원가측정금융자산의 외화위험요소는 US$ 수출거래의 환율변동위험을 회피하기 위한 위험회피수단으로 지정할 수 있다.

표에 인식되지 않은 확정계약, 예상거래나 해외사업장순투자가 있다. 위험회피대상항목은 단일 항목 또는 항목의 집합이 될 수 있으며 단일 항목의 구성요소나 항목집합의 구성요소 역시 위험회피대상항목이 될 수 있다.

위험회피대상항목은 특정하여 식별할 수 있고, 신뢰성 있게 측정할 수 있어야 한다. 만일 위험회피대상항목이 예상거래(또는 예상거래의 구성요소)인 경우에는 그 거래의 발생가능성이 매우 커야 한다. 다음에는 위험회피조건을 충족하는지 판단해야 하는 제반 상황에 대해 살펴본다.

1) 사업을 취득하기로 한 확정계약

사업결합에서 사업을 취득하기로 하는 확정계약은 외화위험의 경우를 제외하고 위험회피대상항목이 될 수 없다. 그 이유는 외화위험이 아닌 다른 회피대상위험은 특정하여 식별할 수도 없고 측정할 수도 없기 때문이다. 이러한 다른 위험은 일반적인 사업위험이다.

2) 지분법적용투자주식과 연결대상 종속기업에 대한 투자주식

지분법적용투자주식은 공정가치위험회피의 위험회피대상항목이 될 수 없다. 그 이유는 지분법은 투자주식의 공정가치 변동 대신에 피투자기업의 손익 중 투자기업의 몫을 당기손익으로 인식하기 때문이다. 이와 마찬가지로, 연결대상 종속기업에 대한 투자주식은 공정가치위험회피의 위험회피대상항목이 될 수 없다. 그 이유는 연결은 투자주식의 공정가치 변동 대신에 종속기업의 손익을 당기손익으로 인식하기 때문이다. 해외사업장순투자의 위험회피는 투자지분의 공정가치 변동에 대한 공정가치위험회피가 아니라 외화 익스포저에 대한 위험회피이므로 위험회피대상항목이 될 수 있다.

3) 통합 익스포저(aggregate exposure)

위험회피대상항목의 조건을 충족할 수 있는 익스포저와 파생상품이 결합된 통합 익스포저는 위험회피대상항목으로 지정할 수 있다. 예를 들면 회사가 15개월 후에 특정 수량의 커피를 매입할 가능성이 매우 크다고 하자. 이러한 예상매입거래는 커피의 가격변동위험과 달러화의 환율변동위험에 노출된다. 커피의 가격(미국 달러화)변동위험을 회피하기 위해 회사는 15개월물 커피 선물계약을 체결한다. 발생가능성이 매우 큰 커피 매입과 커피 선물계약은 15개월 후의 미국 달러화로 금액이 고정된 통합 외화위험 익스포저(15개월 후의 미국 달러화로 고정된 금액의 현금유출)라고 할 수 있다. 예상매입에서 발생하는 미래현금지출액은 커피 선물계약을 체결함으로써 미국 달러화로는 고정되어 있지만 달러화의 환율변동위험에는 여전히 노출되어 있다. 이때 회사는 15개월 후 발생가능성이 매우 높은 커피매입 예상거래와 커피 선물계약이 결합된 통합 익스포저를 위험회피대상항목으로 지정할 수 있다.

4) 연결실체의 위험회피대상항목 지정

위험회피회계의 목적상 보고기업의 외부 당사자와 관련된 자산, 부채, 확정계약 또는 발생가능성이 매우 높은 예상거래만을 위험회피대상항목으로 지정할 수 있다. 연결실체 내의 개별기업 사이의 거래는 연결실체 내의 개별기업의 개별재무제표나 별도재무제표에서는 위험회피대상항목으로 지정할 수 있다. 그러나 연결실체 관점에서 이러한 거래는 내부거래이므로 연결재무제표에서는 위험회피대상항목으로 지정할 수 없다. 그러나 연결실체 내의 화폐성항목(예 : 종속기업 사이의 지급채무와 수취채권)이 K-IFRS 제1021호 '환율변동효과'에 따라 연결재무제표에서 모두 제거되지 않는 외환손익에 노출되어 있다면, 그러한 항목의 외화위험은 연결재무제표에서 위험회피대상항목으로 지정할 수 있다. 연결실체 내의 화폐성항목이 기능통화가 서로 다른 연결실체 내의 개별기업 사이에서 거래되는 경우에는 연결실체 내의 화폐성항목의 외환손익이 연결재무제표에서 모두 제거되는 것은 아니다. 또 예상거래가 해당 거래를 체결한 기업의 기능통화가 아닌 통화로 표시되며 외화위험이 연결손익에 영향을 미친다면, 발생가능성이 매우 큰 연결실체 내 해당 예상거래의 외화위험은 연결재무제표에서 위험회피대상항목으로 지정할 수 있다.[9]

(2) 위험회피대상항목 지정방법

위험회피관계에서 항목 전체나 항목의 구성요소를 위험회피대상항목으로 지정할

9) 이러한 예로는 연결실체의 외부당사자에게 재고자산을 매도하기로 하는 경우에 연결실체 내 기업간 재고자산에 대한 예상매출이나 예상매입을 들 수 있다. 한편 연결당기손익에 영향을 미치지 않는 예로는 관련된 외부거래가 없는 경우의 연결실체 내 기업간 로열티, 이자, 경영자문수수료의 지급 등을 들 수 있다.

수 있다. 여기서 전체 항목이란 항목의 모든 현금흐름 변동이나 모든 공정가치 변동을 의미하고, 항목의 구성요소는 항목의 전체 공정가치 변동이나 현금흐름의 변동보다 적은 부분을 의미한다.

항목의 구성요소만을 위험회피대상항목으로 지정하기 위해서는 그 위험요소가 금융항목인지 아니면 비금융항목인지를 식별할 수 있고 위험요소의 변동으로 인한 항목의 현금흐름이나 공정가치의 변동을 신뢰성 있게 측정할 수 있어야 한다. 이때 위험회피대상항목으로 지정하는 구성요소는 식별된 특정 위험으로 발생하는 현금흐름이나 공정가치 변동분이다. 예를 들어, 6개월 후에 1톤의 커피를 매입할 가능성이 매우 높은 경우 커피가격 상승으로 인한 미래현금흐름 변동위험 전체를 위험회피대상항목으로 지정할 수도 있고, 커피가격이 일정가격을 초과할 위험만을 위험회피대상항목으로 지정할 수도 있다.

3. 위험회피회계의 적용요건

위험회피목적으로 파생상품을 이용한다고 하더라도 항상 위험회피회계를 적용할 수 있는 것은 아니다. 위험회피회계를 적용하기 위해서는 다음의 조건을 모두 충족해야 한다.

위험회피회계의 적용요건

[조건 1] 위험회피관계는 적격한 위험회피수단과 적격한 위험회피대상항목으로만 구성된다.

[조건 2] 위험회피의 개시시점에 위험회피관계와 위험회피를 수행하는 위험관리의 목적과 전략을 공식적으로 지정하고 문서화한다.

[조건 3] 위험회피관계는 다음의 위험회피효과에 관한 요구사항을 모두 충족한다.

① 위험회피대상항목과 위험회피수단 사이에 경제적 관계가 있다.

② 신용위험의 효과가 위험회피대상항목과 위험회피수단의 경제적 관계로 인한 가치변동보다 지배적이지 않다.

③ 위험회피관계의 위험회피비율은 기업이 실제로 위험을 회피하는 위험회피대상항목의 수량과 그 위험을 회피하기 위해 기업이 실제 사용하는 위험회피수단의 수량의 비율과 같다.

위험회피효과는 위험회피수단의 공정가치나 현금흐름의 변동이 위험회피대상항목의 공정가치나 현금흐름의 변동을 상쇄하는 정도이다. 위험회피에 비효과적인 부분은 위험회피수단의 공정가치나 현금흐름의 변동이 위험회피대상항목의 공정가치나 현금흐름의 변동보다 더 크거나 더 작은 정도이다.

위에서 제시된 위험회피회계의 적용조건을 각 항목별로 살펴보자. 먼저 [조건 1]은 위험회피회계는 K-IFRS 제1109호에서 규정하는 적격한 위험회피수단과 적격한 위험회피대상항목으로 구성되는 경우에만 적용가능하다는 의미이다.

[조건 2]는 위험회피회계에 대한 주요 내용이 공식적으로 문서화되어 있어야 한다는 것이다. 이 문서에는 위험회피수단, 위험회피대상항목, 회피대상위험의 특성과 위험회피관계가 위험회피효과에 대한 요구사항을 충족하는지를 평가하는 방법(위험회피의 비효과적인 부분의 원인 분석과 위험회피비율의 결정방법 포함)이 포함되어야 한다.

[조건 3]은 위험회피관계를 위해 충족해야 하는 위험회피효과에 대해 규정하고 있다. [조건 3]의 첫 번째 요건은 위험회피대상항목과 위험회피수단 사이에 경제적 관계가 존재해야 한다는 것이다. 이는 위험회피수단과 위험회피대상항목의 가치가 동일한 위험, 즉 회피대상위험으로 인하여 일반적으로 반대 방향으로 변동한다는 것을 의미한다. 따라서 위험회피수단의 가치와 위험회피대상항목의 가치는 동일한 기초변수(또는 브렌트 원유와 WTI 원유와 같이 회피대상위험에 유사하게 반응하는 경제적으로 관련된 기초변수들)의 움직임에 반응하여 체계적으로 변동할 것이라고 예상할 수 있어야 한다.

[조건 3]의 두 번째 요건은 신용위험의 효과에 대한 조건이다. 위험회피회계 모형은 위험회피수단과 위험회피대상항목의 손익이 서로 상계되는 개념에 기초하기 때문에, 위험회피효과는 이 항목들 사이의 경제적 관계뿐만 아니라 신용위험이 위험회피수단과 위험회피대상항목의 가치에 미치는 영향에 따라 결정된다. 위험회피관계에서 신용위험의 효과가 존재하면 위험회피수단과 위험회피대상항목 사이에 경제적 관계가 있더라도 상계의 정도는 일정하지 않을 수 있다. 경우에 따라서는 위험회피수단이나 위험회피대상항목의 신용위험이 매우 커서 경제적 관계로 인한 가치변동(기초변수의 변동 효과)보다 지배적일 수도 있다.[10] 예를

10) 여기서 지배적이라 함은 신용위험으로부터의 손실(또는 이익)이 기초변수의 유의적인 변동이 위험회피수단이나 위험회피대상항목의 가치에 미치는 영향을 압도하는 것을 말한다. 이에 반해 특정 기간에 기초변수의 변동이 거의 없을 때, 신용위험 관련 작은 변동이 기초변수의 변동보다 위험회피수단이나 위험회피대상항목의 가치에 더

들면, 담보가 없는 파생상품을 사용하여 일반상품가격위험에 대한 익스포저를 회피하는 경우를 들 수 있다. 파생상품의 거래상대방의 신용수준이 심각하게 낮아진다면 위험회피대상항목의 공정가치는 일반상품가격의 변동에 영향을 받지만 위험회피수단의 공정가치는 일반상품가격의 변동보다 거래상대방의 신용수준의 변동에 더 크게 영향을 받을 수 있다. 이러한 상황에서는 신용위험이 위험회피관계를 지배할 수 있다.

[조건 3]의 마지막 요건은 위험회피비율에 관한 내용이다. 여기서 위험회피비율이란 상대적인 가중치로 표현되는 위험회피대상항목 수량과 위험회피수단 수량 사이의 관계를 의미한다. [조건 3]의 마지막 요건을 명확히 이해하기 위해 구체적인 예를 살펴보자. 위험회피대상항목의 익스포저 중 100% 미만(예 : 85%)을 위험회피한다면 그 익스포저의 85%와 이 85%를 위험회피하기 위해 실제로 사용하는 위험회피수단의 수량으로 계산한 위험회피비율을 사용하여 위험회피관계를 지정한다. 만일 위험회피대상항목과 위험회피수단 간의 가중치에 불균형이 있게 되면 위험회피의 비효과적인 부분(인식 여부와 관계없이)이 발생되고 이에 따라 위험회피회계의 목적과 일치하지 않는 회계처리 결과를 가져올 수 있으므로 지정할 때 가중치의 불균형을 반영해서는 안 된다.[11)]

위험회피관계가 위험회피효과의 요구사항을 충족하는지 여부는 위험회피관계의 개시시점부터 지속적으로 최소한 매 보고일에 평가해야 한다. 보고일 이전에 위험회피효과의 요구사항에 유의적인 영향을 미칠 수 있는 상황이 발생한 경우에는 그 상황이 발생한 시점에 위험회피관계가 위험회피효과의 요구사항을 충족하는지를 평가해야 한다. 이러한 평가는 위험회피효과에 관한 예상과 관련되므로 전진적으로만 수행한다.

K-IFRS 제1109호에서는 위험회피관계가 위험회피효과 규정을 충족하는지를 평가하는 방법을 특정하지 않는다. 따라서 기업이 평가방법을 결정해야 하며 이는 공식적으로 문서화되어야 한다. 위험회피관계가 위험회피효과 요구사항을 충족하는지를 평가하기 위한 방법으로는 위험회피관계의 특성에 따라 정성적 방법이나 정량적 방법을 사용할 수 있다.

영향을 미치더라도 이로 인해 신용위험의 변동이 지배적이라고 볼 수는 없다.

11) 예를 들어, 회사는 위험회피의 비효과적 부분을 회계적으로 인식하지 않기 위해 의도적으로 위험회피비율을 낮게 설정할 수 있으며 이로 인해 위험회피대상항목과 위험회피수단 간의 가중치의 불균형이 발생한다. 이러한 불균형으로부터 나타나는 부적절한 위험회피회계처리를 방지하기 위해 필요하다면 위험회피관계의 지정시 위험회피대상항목의 수량과 실제로 사용하는 위험회피수단의 수량에 기초한 위험회피비율을 조정해야 한다.

위험회피수단과 위험회피대상항목의 주요 조건(예 : 명목금액, 만기, 기초변수)이 일치하거나 매우 유사하면 동일한 위험으로 인해 위험회피대상항목과 위험회피수단의 가치가 일반적으로 반대 방향으로 변동할 것이다. 따라서 이 경우에는 주요 조건에 대한 정성적인 평가만으로도 위험회피대상항목과 위험회피수단 사이에 경제적 관계가 존재한다는 결론을 내릴 수 있다. 그러나 위험회피수단과 위험회피대상항목의 주요 조건이 매우 유사하지 않다면, 위험회피대상항목과 위험회피수단의 가치가 상쇄되는 정도에 대한 불확실성의 정도가 높아지며 따라서 위험회피효과를 예측하기가 어려워진다. 이러한 상황에서는 위험회피대상항목과 위험회피수단 사이에 경제적 관계가 존재하는지 여부를 판단하기 위해 정량적 평가방법을 사용해야 할 수도 있다.

제4절 공정가치위험회피회계

1. 공정가치위험회피의 유형

기업이 인식한 자산이나 부채 또는 미인식된 확정계약의 전체 또는 일부의 공정가치는 특정 위험으로 인한 변동위험에 노출되어 있을 수 있으며 공정가치의 변동은 당기손익에 영향을 줄 수 있다. 공정가치위험회피는 위험회피수단을 이용하여 이러한 공정가치 변동위험을 상계하고자 하는 활동을 의미한다. 공정가치위험회피는 자산·부채의 가격변동위험회피와 확정계약의 가격변동위험회피로 구분할 수 있다.

(1) 자산·부채의 가격변동위험회피

기업이 매각할 자산을 보유하고 있거나, 상환할 부채를 부담하고 있는 경우 자산의 매각가격이나 부채의 상환가격의 변동으로 인한 위험을 부담하게 된다.

공정가치위험회피의 대표적인 예로는 해외에 상품을 외상으로 매출하여 발생한 외화매출채권의 환율변동위험을 회피하는 경우를 들 수 있다. 즉, 상품 $1,000을 외상으로 매출하고, 대금을 6개월 후에 달러($)로 지급받기로 했다고 가정하자. 이 경우 외화매출채권 $1,000은 환율변동위험에 노출되게 되며 이를 회피하기 위하여 약정된 환율로 6개월 후 $1,000을 매도하는 통화선도계약을 이용할 수 있다.

다른 예로 기업이 고정이자율 수취조건의 대출금이 있거나 고정이자율 지급조건의 차입금을 부담하고 있는 경우를 보자. 이러한 기업은 이자율의 변동에 따라 당해 자산·부채의 공정가치가 변동하는 위험에 노출된다. 즉, 고정이자율 수취조건의 대출금은 이자율이 상승하게 되면 공정가치가 하락하게 되는 위험에 노출되어 있고, 고정이자율 지급조건의 차입금은 이자율이 하락하게 되면 부채의 공정가치가 증가되는 위험에 노출되어 있다. 이 경우 당해 대출금(차입금)에 대해 고정금리를 지급(수취)하고 변동금리를 수취(지급)하는 이자율스왑을 이용함으로써 시장이자율 변동위험에 노출된 자산(부채)의 공정가치 변동위험을 회피할 수 있다. 이처럼 고정금리를 변동금리로 변경하기 위하여 이용한 이자율스왑은 공정가치위험회피에 해당된다.

(2) 확정계약의 가격변동위험회피

확정계약의 가격변동위험회피는 재무제표에 계상되지 않는 확정계약의 가격변동위험을 회피하기 위해 파생상품을 이용하는 것을 말한다. 확정계약(firm commitment)이란 미래의 특정일에 거래대상의 특정 수량을 특정 가격으로 교환하기로 하는 구속력 있는 약정을 말한다. 이러한 확정계약은 회계적으로는 미이행계약으로 아무런 회계처리도 하지 않는다. 그러나 경제적으로는 확정계약의 체결시점부터 가격변동위험을 부담하게 되므로 재무상태표에 계상된 기존의 자산·부채와 동일한 경제적 실질을 가진다고 할 수 있다. 따라서 확정계약의 가격변동위험을 회피하기 위하여 파생상품을 이용하게 되면 이는 공정가치위험회피로 분류된다.[12)]

12) 다만 확정계약의 외화위험회피에는 공정가치위험회피회계나 현금흐름위험회피회계를 적용할 수 있다.

2. 공정가치위험회피의 회계처리

위험회피회계의 적용조건을 충족하는 공정가치위험회피에 대해서는 다음과 같이 회계처리한다.

공정가치위험회피 회계처리

① 위험회피수단의 공정가치변동손익 : 당기손익으로 인식(단, 공정가치의 변동을 기타포괄손익에 표시하기로 선택한 지분상품의 위험회피수단의 손익은 기타포괄손익)

② 회피대상위험으로 인한 위험회피대상항목의 공정가치변동손익 : 위험회피대상항목의 장부금액에서 조정하고 당기손익으로 인식(단, 위험회피대상항목이 공정가치변동을 기타포괄손익에 표시하기로 선택한 지분상품인 경우에는 그 금액을 기타포괄손익에 남겨둠)

- 위험회피대상항목이 인식되지 않은 확정계약(또는 그 구성요소)인 경우에는 지정 후 위험회피대상항목의 공정가치 누적변동분을 자산이나 부채로 인식하고, 이에 상응하는 손익은 발생한 기간의 당기손익으로 인식

특정 위험으로 인한 위험회피대상항목의 공정가치 변동이 위험회피수단인 파생상품의 공정가치 변동과 상계되도록 위험회피대상항목의 평가손익과 파생상품의 평가손익은 모두 해당 회계연도의 당기손익으로 인식한다.[13] 이와 같이 처리하면 위험회피수단의 공정가치변동손익 중에서 위험회피에 효과적인 부분은 상계되고 위험회피에 효과적이지 못한 나머지 금액은 전액 당기손익에 반영된다.[14] 예를 들어, 파생상품의 평가이익이 ₩100이지만 위험회피대상항목의 특정 위험으로 인한 평가손실이 ₩110인 경우에 ₩110 전액을 평가손실로 인식하면 ₩100은 파생상품평가이익과 상쇄되고 위험회피에 효과적이지 못한 ₩10만 당기손익에 반영된다.

공정가치위험회피회계가 필요한 이유는 기존의 회계처리에서는 위험회피대상항목과 위험회피수단의 인식 및 평가 방법이 서로 달라 위험회피활동의 결과

---

13) 위험회피대상항목이 지분상품이며 공정가치의 변동을 기타포괄손익에 표시하기로 선택한 경우에는 위험회피대상 익스포저는 기타포괄손익에 영향을 미칠 수 있는 것이어야 한다. 그 경우에만, 인식된 위험회피의 비효과적인 부분을 기타포괄손익에 표시한다.

14) 위험회피의 비효과적인 부분을 측정할 때 화폐의 시간가치를 고려한다. 따라서 현재가치를 기초로 위험회피대상항목의 가치를 산정하므로 위험회피대상항목의 가치변동은 화폐의 시간가치에 대한 효과도 포함한다.

가 재무제표에 적절히 표시되지 않을 수 있기 때문이다.

위와 같이 공정가치위험회피를 적용하면 위험회피수단의 공정가치변동손익과 위험회피대상항목의 공정가치변동손익이 같은 회계기간에 보고되어 기업의 위험회피활동을 적절하게 표시할 수 있다.

(1) 자산 · 부채의 공정가치위험회피 회계처리

기업의 상품매매 및 자금조달 과정에서 발생한 자산 · 부채가 기능통화 이외의 통화로 표시되는 경우가 많다. 이 경우 환율이 변동하면 외화로 표시된 자산 · 부채에 예상하지 못한 손실이 발생할 수 있다. 이러한 환율변동위험에 대비하고자 기업들은 다양한 파생상품계약을 이용하는데 통화선도계약(exchange forward)이 가장 보편적으로 이용된다.

환율변동 위험회피대상으로 지정된 자산이나 부채는 공정가치로 측정하고 평가손익은 당기손익에 반영하면 된다. 예를 들어, 외화매출채권을 환율변동위험대상으로 지정하고 통화선도계약을 위험회피수단으로 지정하였다고 하자. 이때 위험회피대상인 외화매출채권의 공정가치는 평가시점의 현물환율을 적용하여 측정하고 평가손익은 당기손익에 반영한다. 또한 위험회피수단인 통화선도계약의 공정가치는 미래에 예상되는 환율에 따라 영향받게 되므로 선도환율을 적용하여 결정하고 평가손익은 당기손익에 반영한다.

예제 10-1 외화매출채권에 대한 공정가치위험회피 – 통화선도계약

12월 결산법인인 갑(주)는 20×1년 11월 1일에 $100의 상품을 수출하고 대금은 5개월 후에 받기로 하였다. 한편, 갑(주)는 동 일자에 수출대금의 환율변동위험을 회피하기 위하여 다음과 같은 통화선도계약을 체결하였다.

- 계약기간 : 5개월(20×1. 11. 1～20×2. 3. 31)
- 계약조건 : $100를 ₩1,150/$(통화선도환율)로 매도하기로 함
- 환율에 대한 자료는 다음과 같다.

일 자	현물환율(₩/$)	통화선도환율(₩/$)
20×1. 11. 1	1,130	1,150(만기 5개월)
20×1. 12. 31	1,100	1,120(만기 3개월)
20×2. 3. 31	1,160	

매출거래와 통화선도계약에 대한 분개를 제시하라. 단, 현재가치 계산은 생략한다.

해답

일반상거래(매출거래)	통화선도계약
① 20×1년 11월 1일 : 매출일/계약체결일	
(차) 매출채권 113,000 (대) 매 출 113,000 * * $100 × ₩1,130 = ₩113,000	- 분개 없음 - (주 : 공정가치가 '0'임) (주) $미지급액($100 × ₩1,150) ₩115,000 ₩미수액 (115,000) 통화선도거래 공정가치 ₩0
② 20×1년 12월 31일 : 결산일	
(차) 외환손실 3,000 * (대) 매출채권 3,000	(차) 통화선도 3,000 (대) 통화선도평가이익 3,000 #
* $100 × (₩1,100 − ₩1,130) = ₩3,000 # $미지급액변동액 : $100 × (₩1,150 − ₩1,120) = ₩3,000	
③ 20×2년 3월 31일 : 대금결제일	
(차) 현 금($) 116,000 (대) 매출채권 110,000 외환이익 6,000 *	(차) 현 금(₩) 115,000 통화선도거래손실 4,000 (대) 현 금($) 116,000 # 통화선도 3,000
* $100 × (₩1,160 − ₩1,100) = ₩6,000 # $100 × ₩1,160 = ₩116,000	
(주) 통화선도계약에서 차액결제를 하였다면, 다음과 같은 분개를 할 수 있을 것이다. (차) 통화선도거래손실 4,000 (대) 현 금 1,000 통화선도(B/S) 3,000	

[해설]

결과적으로, 매출채권에서 총 ₩3,000의 외화관련이익이 발생했고, 환율변동으로 인한 위험을 회피하기 위해서 이용된 통화선도계약에서는 총 ₩1,000의 손실이 발생하였다. 갑(주)의 전체 입장에서는 순액으로 ₩2,000의 이익이 발생했는데, 이는 통화선도 계약시점의 현물환율 ₩1,130과 선도환율 ₩1,150의 차이에서 발생한 이익과 일치하게 된다.

한편, 파생상품을 이용한 위험회피로 기업이 항상 이익을 보는 것은 아니다. [예제 10-1]에서는 통화선도계약을 통하여 환율변동위험을 회피함으로써 ₩2,000의 순이익이 발생하였지만, 통화선도계약이 없었다면 ₩3,000의 이익이 발생하였을 것이다. 따라서 통화선도계약 등을 이용한 위험회피는 이익을 극대화시키기 위한 것이 아니라 자산의 공정가치를 환율변동의 위험으로부터 보호하여 이익을 안정적으로 유지하기 위한 것이라고 볼 수 있다.

(2) 확정계약의 공정가치위험회피 회계처리

앞서 언급한 대로, 확정계약은 미이행계약으로서 일반적으로는 아무런 회계처리도 하지 않는다. 그러나 확정계약이 공정가치위험회피대상항목으로 지정되면 확정계약과 위험회피수단에 대해서는 다음과 같이 회계처리한다.

확정계약의 공정가치위험회피 회계처리

① **위험회피대상의 공정가치 변동 :** 회피대상위험으로 인한 확정계약의 후속적인 공정가치의 누적변동분은 자산이나 부채로 인식하고, 이에 상응하는 손익은 발생한 기간의 당기손익으로 인식

② **위험회피수단의 공정가치 변동 :** 발생한 기간의 당기손익으로 인식

한편, 확정계약의 공정가치는 일반적으로 선도가격을 적용하여 결정한다. 확정계약의 공정가치는 미래 일정시점에 이루어질 거래에 대한 예상손익의 변동을 반영하는 것이므로 선도가격을 적용하는 것이 적절하다는 논리이다. 자산을 취득하거나 부채를 인수하는 확정계약이 공정가치위험회피회계의 위험회피대상항목인 경우, 확정계약을 이행한 결과로 인식하는 자산이나 부채의 최초 장부금액이 재무상태표에 인식된 위험회피대상항목(즉, 확정계약)의 공정가치누적변동분을 포함하도록 조정한다.

위와 같이 회계처리하게 되면 '확정계약'이라는 계정이 재무상태표에 나타나게 된다. 이때 현행 K-IFRS상 확정계약 자체를 재무제표에 인식하지 않고 있음에도 불구하고 위험회피회계에서만 예외적으로 자산이나 부채로 인식하게 되면 회계처리에 일관성이 결여된다는 주장이 제기될 수 있다. 그러나 위험회피회계의 취지가 동일한 위험이 위험회피수단의 공정가치와 위험회피대상항목의 공정가치에 미치는 영향을 같은 회계기간에 보고하고자 하는 것이므로 이러한 예외적인 회계처리를 하도록 한 것이다.

[예제 10-2]는 확정계약이 위험회피대상항목으로 지정된 경우의 회계처리를 제시한다.

예제 10-2 확정계약에 대한 공정가치위험회피 – 통화선도계약

12월 결산법인인 갑(주)는 20×1년 10월 1일 기계 1대를 6개월 후인 20×2년 3월 31일에 US$100에 구입하기로 하는 확정계약을 체결하였다. 이러한 확정계약은 법적 강제력을 가지는 계약으로 불이행시에는 그에 따른 위약금을 지급해야 한다.

한편, 갑(주)는 계약체결시점부터 기계구입시점까지 미달러화(US$)의 원화(₩)에 대한 통화선도환율 변동에 따른 확정계약의 위험을 회피하기 위하여 다음과 같은 통화선도계약을 동 일자에 체결하였다.

- 통화선도계약 체결일 : 20×1년 10월 1일
- 계약기간 : 6개월(20×1. 10. 1～20×2. 3. 31)
- 계약조건 : US$100을 수취하고 ₩110,000을 지급하기로 함
- 환율에 대한 자료는 다음과 같다.

일 자	현물환율(₩/$)	통화선도환율(₩/$)
20×1. 10. 1	1,000	1,100(만기 6개월)
20×1. 12. 31	1,110	1,140(만기 3개월)
20×2. 3. 31	1,200	

확정계약과 통화선도계약에 대한 분개를 제시하라. 단, 현재가치 계산은 생략한다.

해답

확정계약	통화선도계약
① 20×1년 10월 1일 : 계약체결일	
- 분개 없음 -	- 분개 없음 -
(주) 미이행계약이므로 계약시점에 별도의 회계처리 없음	(주) $미수액($100 × ₩1,100) ₩110,000 ₩미지급액 (110,000) 통화선도거래 공정가치 ₩0
② 20×1년 12월 31일 : 결산일	
(차) 확정계약평가손실 4,000* (대) 확 정 계 약 4,000**	(차) 통 화 선 도 4,000# (대) 통화선도평가이익 4,000*
* $100 × (₩1,140 − ₩1,100) = ₩4,000 ** 유동부채로 계상한다.	# 유동자산으로 계상한다.
③ 20×2년 3월 31일 : 기계구입일	
(차) 확정계약평가손실 6,000* (대) 확 정 계 약 6,000	(차) 현 금($) 120,000 (대) 현 금(₩) 110,000 통 화 선 도 4,000 통화선도거래이익 6,000*
* $100 × (₩1,200 − ₩1,140) = ₩6,000	

(차) 기　　　계	110,000	
확 정 계 약	10,000	
(대) 현　　금($)	120,000	

[해설]
갑(주)는 확정계약을 통하여 기계의 미화기준 취득금액은 확정하였으나 환율변동에 따른 기계의 원화기준 취득금액 변동위험은 여전히 부담하게 된다. 따라서 갑(주)는 환율변동에 따른 공정가치 변동위험을 회피하기 위해 US$를 계약시점의 통화선도환율로 구입하는 통화선도계약을 체결한 것이다. 그 결과 갑(주)는 통화선도계약으로 환율변동에 의한 위험을 회피함으로써 기계의 취득금액을 ₩110,000으로 고정시킬 수 있었다. 또한 이 경우에는 위험회피대상항목인 확정계약과 위험회피수단인 통화선도거래의 금액과 기간 및 평가기준이 동일하므로 완전한 위험회피가 되었다. 즉, 20×1년 10월 1일부터 20×2년 3월 31일까지 발생하는 확정계약 공정가치 변동분은 통화선도계약에서 발생하는 손익에 의해 정확히 상쇄되고 있음을 알 수 있다.

(3) 고정금리를 변동금리로 변경하는 이자율스왑 회계처리

앞에서 언급한 대로, 위험회피대상항목이 고정금리부인 것을 변동금리로 대체하는 이자율스왑은 공정가치위험회피목적이 된다. 이자율스왑이 공정가치위험회피수단으로 지정되는 경우 회계연도말에 이자율스왑을 시장에서 인용된 가격변동 또는 합리적인 모형에 의해 추정된 공정가치로 평가하고, 그 평가손익은 위험회피대상항목의 공정가치 변동분과 함께 당기손익으로 인식해야 한다.

아울러 이자율스왑으로 인해 수취 · 지급하는 이자는 순액으로 결제하며 결제되는 순액을 스왑거래손익으로 계상하였다가 관련 채권(채무)의 이자수익(이자비용)을 계상하는 시점에 이자수익(이자비용)에 가감한다.

예제 10-3 고정이자율 조건 차입금에 대한 공정가치위험회피 – 이자율스왑

12월 결산법인인 갑(주)는 20×1년 7월 1일에 만기가 1년 3개월인 차입금 ₩1,000,000을 고정이자율 10%로 차입하였으며, 고정이자율 10%는 차입일 당시의 LIBOR이자율 8%에 갑(주)의 신용위험이 고려되어 결정되었다. 한편, 갑(주)는 시장이자율 변동에 따른 상기 차입금의 공정가치 변동위험을 회피하기 위하여 동일자에 고정이자율 8%를 수취하고 변동이자율을 지급하는 이자율스왑계약을 체결하였으며 계약체결일에 프리미엄수수액은 없다.

차입금 및 이자율스왑과 관련된 세부사항은 다음과 같다.

	이자율스왑계약	장기차입금
계약체결일 또는 차입일	20×1. 7. 1	20×1. 7. 1
만기일	20×2. 9. 30	20×2. 9. 30
계약금액 또는 원금	₩1,000,000	₩1,000,000
고정이자율	연 8% 수취	연 10%
변동이자율	3개월 LIBOR 지급	N/A

장기차입금의 이자와 이자율스왑은 매 분기말에 결제되고, 이를 결정하는 LIBOR이자율은 매 분기초에 확정된다. 확정된 LIBOR이자율과 이에 근거한 이자율스왑 및 장기차입금의 공정가치는 다음과 같다.15)

이자율스왑	3개월만기	공정가치		장기차입금의
결제금액 확정일	LIBOR이자율	이자율스왑	장기차입금	공정가치 변동*
20×1. 7. 1	8.0%	–	₩1,000,000	
20×1. 9. 30	10.0%	(₩18,585)	981,415	(₩18,585)
20×1. 12. 31	9.0%	(7,106)	992,894	11,479
20×2. 3. 31	7.0%	4,836	1,004,836	11,942
20×2. 6. 30	6.0%	4,902	1,004,902	66
20×2. 9. 30	–	–	1,000,000	(4,902)

* 이자율스왑의 평가이익(평가손실)이 장기차입금에서는 정반대의 평가손실(평가이익)로 나타난다.

갑(주)가 위의 장기차입금 및 이자율스왑과 관련하여 필요한 분개를 하라. 단, 장기차입금의 유동성대체분개는 생략한다.

15) 이자율스왑계약의 공정가치(20×1. 9. 30)는 무이표채권할인법(zero-coupon method)에 의하여 다음과 같이 산정한다.

20×1. 12. 31 이후 결제금액 : ₩1,000,000 × [8%(이자율스왑계약 고정이자율) − 10%(20×1. 9. 30 LIBOR)] × 90/360 = (₩5,000)

$$\text{공정가치} : \frac{(₩5,000)}{(1+0.12/4)} + \frac{(₩5,000)}{(1+0.12/4)^2} + \frac{(₩5,000)}{(1+0.12/4)^3} + \frac{(₩5,000)}{(1+0.12/4)^4} = (₩18,585)$$

한편, 장기차입금의 공정가치(20×1. 9. 30)는 다음과 같이 산출한다.

이자지급액 : ₩1,000,000 × 10%(고정차입이자율) × 90/360 = ₩25,000

$$\text{공정가치} : \frac{₩25,000}{(1+0.12/4)} + \frac{₩25,000}{(1+0.12/4)^2} + \frac{₩25,000}{(1+0.12/4)^3} + \frac{₩1,025,000}{(1+0.12/4)^4} = ₩981,415$$

위에서 사용된 할인율 12%는 20×1. 9. 30 당시 3개월만기 LIBOR이자율 10%에 갑(주)의 차입 당시 신용위험을 기초로 결정된 가산금리 2%를 더한 것이다.

해답

장기차입금		이자율스왑	

① 20×1년 7월 1일(차입과 이자율스왑계약) :

장기차입금		이자율스왑	
(차) 현 금	1,000,000	- 분개 없음 -	
(대) 장기차입금	1,000,000	(계약금액 등을 비망기록)	

(주) 20×1. 7. 1의 LIBOR이자율 8%는 이자율스왑에서 수취하기로 한 고정이자율 8%와 동일하므로 20×1. 7. 1 이자율스왑의 공정가치는 '0'이다. 따라서 스왑계약에 따른 프리미엄 수수는 없고, 별도의 회계처리도 없다.

② 20×1년 9월 30일 :

장기차입금		이자율스왑	
(차) 이 자 비 용	25,000	(차) 이자율스왑평가손실	18,585 *
(대) 현 금	25,000	(대) 이자율스왑	18,585
(차) 장기차입금	18,585		
(대) 장기차입금평가이익	18,585 *		

* 파생상품으로 공정가치위험회피관계가 설정되었을 경우 이를 정확하게 반영하기 위하여 시장이자율 변동에 의거하여 장기차입금을 공정가치로 평가하고 공정가치 변동을 당기손익으로 인식한다. 이자율스왑계약에 따른 순결제금액은 매 분기초 LIBOR이자율에 의해 확정되므로 20×1. 9. 30의 순결제금액은 ₩0[(고정이자율 8%－분기초 LIBOR이자율 8%)×₩1,000,000]이다.

③ 20×1년 12월 31일 :

장기차입금		이자율스왑	
(차) 이 자 비 용	25,000 *	(차) 이 자 비 용	5,000 *
(대) 현 금	25,000	(대) 현 금	5,000

* 실제 이자지급액(이자비용)은 이자율스왑계약에 따른 순결제금액과 장기차입금에 대한 고정차입이자로 구성된다. 이자율스왑계약에 따른 순결제금액은 다음과 같이 산정된다 : (고정이자율 8%－분기초 LIBOR이자율 10%)×₩1,000,000×3/12＝(₩5,000)

장기차입금		이자율스왑	
(차) 장기차입금평가손실	11,479	(차) 이자율스왑	11,479
(대) 장기차입금	11,479	(대) 이자율스왑평가이익	11,479

④ 20×2년 3월 31일 :

장기차입금		이자율스왑	
(차) 이 자 비 용	25,000	(차) 이 자 비 용	2,500
(대) 현 금	25,000	(대) 현 금	2,500
(차) 장기차입금평가손실	11,942	(차) 이자율스왑	11,942
(대) 장기차입금	11,942	(대) 이자율스왑평가이익	11,942

⑤ 20×2년 6월 30일 :

장기차입금		이자율스왑	
(차) 이 자 비 용	25,000	(차) 현 금	2,500
(대) 현 금	25,000	(대) 이 자 비 용	2,500
(차) 장기차입금평가손실	66	(차) 이자율스왑	66
(대) 장기차입금	66	(대) 이자율스왑평가이익	66

⑥ 20×2년 9월 30일 : (차입금상환 및 이자율스왑결제)

(차) 이 자 비 용	25,000		(차) 현 금	5,000	
(대) 현 금		25,000	(대) 이 자 비 용		5,000
(차) 장기차입금	1,004,902		(차) 이자율스왑거래손실	4,902	
(대) 현 금		1,000,000	(대) 이자율스왑		4,902
장기차입금상환이익		4,902			

위험회피대상이 아닌 장기차입금은 상각후원가로 측정한다. 하지만 위의 예제에서처럼 장기차입금이 공정가치위험회피대상으로 지정된 경우에는 장기차입금을 공정가치로 평가하고 시장이자율 변동에 따른 공정가치 변동분은 파생상품평가손익과 함께 당기손익으로 인식한다.

제 5 절 현금흐름위험회피회계 및 해외사업장순투자 위험회피회계

1. 현금흐름위험회피의 유형

현금흐름위험회피란 재무상태표상 인식된 자산이나 부채가 미래현금흐름변동위험에 노출되어 있거나(예 : 변동금리부 채무상품의 미래이자지급액) 발생가능성이 매우 큰 예상거래가 미래현금흐름변동위험에 노출되어 있는 경우 이러한 현금흐름변동위험을 회피하기 위해 파생상품을 사용하는 것을 말한다.

(1) 변동금리부 자산 · 부채의 이자현금흐름 변동위험회피

기업이 변동이자율 수취조건의 대출금이나 변동이자율 지급조건의 차입금을 보유하고 있는 경우 파생상품을 이용하여 미래 이자현금흐름 변동위험을 회피할 수 있다. 변동이자율 수취조건의 대출금을 보유시 이자율이 변동해도 대출금의 공정가치 자체는 변하지 않으므로 공정가치 변동위험에는 노출되어 있지 않다. 그러나 이자율의 변동으로 미래 이자로 수취되는 현금흐름의 크기는 변동하게 된다. 이러한 위험을 회피하기 위해 변동금리를 지급하고 고정금리를 수취하는 이자율스왑을 이용하는 것은 현금흐름위험회피가 된다. 또한 변동이자율 지급조건의 차입금에서 발생하는 이자로 지급되는 현금흐름 크기의 변동을 회피하고자 고정금리를 지급하고 변동금리를 수취하는 이자율스왑을 사용하는 경우도 현금흐름위험회피에 해당한다.

(2) 미래 예상거래의 현금흐름변동위험회피

현금흐름위험회피에 속하는 또 다른 예는 미래 예상거래에서 발생하는 현금흐름위험회피이다. 기업이 미래 일정시점에 재고자산의 구입이나 판매를 계획하는 경우 이러한 거래를 계획하는 시점과 실제 거래가 수행되는 시점 간에 시장가격이 변동할 수 있다. 예를 들어, 3개월 후에 $1,000의 재고자산을 구입할 예정인데 이러한 계획을 세울 당시의 환율은 ₩1,000/$이었다. 그러나 실제로 3개월 후에 환율이 ₩1,200/$으로 상승하였다면 재고자산의 매입으로 인한 현금유출액은 당초의 ₩1,000,000에서 ₩1,200,000으로 증가하게 되고 이는 현금흐름과 관련된 위험이다. 이를 회피하기 위하여 3개월 후에 $1,000을 $1당 ₩1,100에 매입하는 통화선도계약을 체결하는 것은 현금흐름위험회피가 된다.

2. 현금흐름위험회피의 회계처리

현금흐름위험회피의 목적은 위험회피수단의 손익을 위험회피대상항목에서 예상되는 미래현금흐름이 당기손익에 영향을 미치는 기간으로 이연하는 것이다. 따라서 위험회피수단인 파생상품에서 발생한 공정가치 변동액을 위험회피대상인 미래현금흐름변동이 발생하는 기간에 적절히 대응하여 상계처리하는 것이 핵심이다.

위험회피수단으로 지정된 파생상품은 공정가치로 평가하여 재무상태표에 계상한다. 파생상품의 공정가치 변동분 중 위험회피에 효과적이지 못한 부분은 당기손익으로 인식하고, 위험회피에 효과적인 부분은 자본항목인 기타포괄손익으로 계상한다. 여기에서 위험회피수단에서 발생한 공정가치 변동을 즉시 손익에 반영하지 않고 기타포괄손익으로 처리하는 이유는 위험회피대상인 미래현금흐름변동이 회계상 인식되는 시점까지 이연시켰다가 상계처리하기 위함이다.

기타포괄손익으로 계상된 위험회피수단의 평가손익을 위험회피대상인 미래현금흐름변동과 상계처리하는 방법은 위험회피대상거래의 성격에 따라 달리 규정되어 있다.

위험회피수단으로 지정한 파생상품평가손익의 구체적인 처리방법은 다음과 같다.

(1) 위험회피수단의 손익 중 위험회피에 효과적인 부분을 기타포괄손익으로 계상

현금흐름위험회피가 위험회피회계 적용조건을 충족하면, 위험회피관계는 다음과 같이 회계처리한다.

현금흐름위험회피 회계처리

1) 위험회피대상항목과 관련된 별도의 자본요소(현금흐름위험회피적립금)는 다음 중 적은 금액(절대금액 기준)으로 조정
   ① 위험회피 개시 이후 위험회피수단의 손익누계액
   ② 위험회피 개시 이후 위험회피대상항목의 공정가치(현재가치) 변동누계액 (위험회피대상 미래예상현금흐름의 변동누계액의 현재가치)
2) 위험회피수단의 손익 중 위험회피에 효과적인 부분(위 1)에 따라 계산된 현금흐름위험회피적립금의 변동에 따라 상쇄되는 부분) : 기타포괄손익으로 인식
3) 위험회피수단의 손익 중 위험회피에 비효과적인 부분 : 당기손익으로 인식

위에서 제시한 현금흐름위험회피회계의 적용절차를 구체적인 예를 통하여 살펴보자.

당해 연도초에 현금흐름위험회피를 위한 파생상품거래를 실행하였으며 이로부터 발생한 누적파생상품평가이익이 ₩120이고 이 중 위험회피효과평가시 제외되는 평가이익이 ₩10이며 위험회피대상거래의 현금흐름변동액 현가는 손실 ₩100이라고 가정하자. 이 경우 위 1)의 ①에 해당하는 금액의 절댓값은 ₩110 (= ₩120 − ₩10)이고 ②에 해당하는 금액의 절댓값은 ₩100이 된다. 따라서 당해 연도에 발생한 파생상품평가손익 중 ₩100은 기타포괄손익으로 계상하고, 위험회피에 효과적이지 못한 부분에 해당하는 차액 ₩10과 위험회피효과평가시 제외

된 평가이익 ₩10은 당기손익으로 인식하는 것이다.

이와는 반대로 ①에 해당하는 누적파생상품평가손익이 ₩100이고 ②에 해당하는 위험회피대상거래의 현금흐름변동액 현가가 ₩110이라고 가정하자. 이 경우에는 ①에 해당하는 ₩100만을 기타포괄손익으로 계상하고 ①과 ②의 차액인 ₩10은 인식하지 않는다. 즉, 실제 발생한 파생상품평가손익이 위험회피대상 예상거래의 현금흐름변동액 현가보다 큰 경우에만 그 차액을 위험회피에 효과적이지 못한 부분으로 당기손익으로 인식하는 것이다. 이를 요약하면 다음과 같다.

구 분	① > ②	① < ②
① 파생상품평가손익	이익 ₩110	이익 ₩100
② 위험회피대상거래의 현금흐름변동액 현가	손실 ₩100	손실 ₩110
기타포괄손익으로 인식할 금액	₩100	₩100
당기손익으로 인식할 금액	₩10	- 없음 -

이때 기타포괄손익으로 계상해야 할 파생상품평가손익은 매 회계기간별로 산정하는 것이 아니라 누적기준으로 산정함에 유의해야 한다. 누적기준으로 기타포괄손익에 계상해야 할 파생상품평가손익을 산정함으로써 전기 이전에 손익으로 인식한 파생상품평가손익을 당기에 기타포괄손익으로 계상해야 하는 경우에는 동 금액은 당기손익으로 처리한다. 다음의 두 가지 예를 통해 구체적으로 설명한다.

〈예시 1〉

	20×1년		20×2년	
① 파생상품평가이익	이익 ₩110	누적 ₩110	이익 ₩100	누적 ₩210
② 위험회피대상거래의 현금흐름변동액의 현가	손실 ₩100	누적 ₩100	손실 ₩110	누적 ₩210
기타포괄손익으로 인식할 금액	₩100	누적 ₩100	₩100 + ₩10	누적 ₩210
당기손익으로 인식할 금액	이익 ₩10		손실 ₩10	

〈예시 2〉

	20×1년		20×2년	
① 파생상품평가이익	이익 ₩100	누적 ₩100	이익 ₩110	누적 ₩210
② 위험회피대상거래의 현금흐름변동액의 현가	손실 ₩110	누적 ₩110	손실 ₩100	누적 ₩210
기타포괄손익으로 인식할 금액	₩100	누적 ₩100	₩100 + ₩10	누적 ₩210
당기손익으로 인식할 금액	- 없음 -		- 없음 -	

위의 〈예시 1〉을 보면 누적기준에 따라 20×2년말 현재 누적파생상품평가이익과 누적현금흐름변동액 현가는 ₩210으로 동일하므로 위험회피에 효과적이지 못한 부분은 없으며 누적파생상품평가이익 ₩210 전액이 기타포괄손익으로 계상되어야 한다. 따라서 누적파생상품평가이익 ₩210 중 20×1년에 기타포괄손익으로 계상된 ₩100을 차감한 잔액인 ₩110을 20×2년에 추가로 기타포괄손익으로 계상함과 동시에, 이 금액과 20×2년에 발생한 파생상품평가이익 ₩100과의 차이인 ₩10을 당기의 파생상품평가손실로 계상한다.

한편 〈예시 2〉를 보면 20×1년에 발생한 파생상품평가이익 ₩100이 현금흐름변동액의 현가 ₩110보다 작으므로 파생상품평가이익 ₩100 전액을 기타포괄손익으로 계상한다. 20×2년에는 파생상품평가이익이 ₩110 발생하여 20×2년말 누적파생상품평가이익은 총 ₩210이 된다. 20×2년말 누적현금흐름변동액의 현가도 ₩210으로 동일하므로 누적기준으로 볼 때 위험회피에 효과적이지 못한 부분은 없다. 따라서 20×2년에 발생한 파생상품평가이익 ₩110이 동년도 현금흐름변동액의 현가 ₩100을 초과하더라도 ₩110 전액을 기타포괄손익으로 계상한다.

(2) 기타포괄손익으로 계상된 위험회피수단 평가손익의 처리

현금흐름위험회피회계에서는 위험회피수단에서 발생하여 기타포괄손익으로 계상한 평가손익을 위험회피대상 예상거래가 발생했을 때 어떻게 처리할 것인가의 문제가 발생한다.

K-IFRS에서는 현금흐름위험회피회계를 적용한 결과 발생된 현금흐름위험회피적립금누계액을 다음과 같이 회계처리하도록 규정하고 있다.

위험회피에 효과적인 현금흐름위험회피적립금의 후속 처리방법

① 비금융자산(부채)과 관련된 거래 : 현금흐름위험회피적립금에서 그 금액을 제거하고 취득시 관련 비금융자산(부채)의 장부금액에서 직접 조정

② ① 이외의 일반적인 거래 : 당기손익에 영향을 미치는 기간에 당기손익으로 재분류조정

③ 미래 회복가능성이 없는 현금흐름위험적립금 손실 : 해당 차손을 즉시 당기손실로 재분류조정

①과 같이, 위험회피대상 예상거래로 인해 후속적으로 비금융자산이나 비금융부채를 인식하게 되거나, 비금융자산이나 비금융부채에 대한 위험회피대상 예상거래가 공정가치위험회피회계를 적용하는 확정계약이 된다면, 현금흐름위험회피적립금에서 그 금액을 제거하고 관련 자산 또는 부채의 최초 원가나 그 밖의 장부금액에 그 금액을 직접 조정한다.

위의 ①이 적용되지 않는 현금흐름위험회피의 경우(②)에 해당 금액은 위험회피대상 미래예상현금흐름이 당기손익에 영향을 미치는 기간(예 : 이자수익이나 이자비용을 인식하는 기간이나 예상매출이 생긴 때)에 재분류조정(K-IFRS 제1001호 참조)으로 현금흐름위험회피적립금에서 당기손익에 재분류한다.

만일 현금흐름위험회피적립금이 차손이며 그 차손의 전부나 일부가 미래기간에 회복되지 않을 것으로 예상된다면(③), 회복되지 않을 것으로 예상되는 그 금액을 재분류조정으로 즉시 당기손익으로 재분류한다.

위의 규정에 나타나 있듯이 위험회피대상 예상거래로 인해 후속적으로 비금융자산이나 비금융부채를 인식하게 되거나, 비금융자산이나 비금융부채에 대한 위험회피대상 예상거래가 공정가치위험회피회계를 적용하는 확정계약이 되는 경우에는 장부금액조정법(basis adjustment)만을 따르게 되어 있다.

위험회피대상 예상거래가 자산의 매입이나 부채의 발행인 경우 기타포괄손익으로 인식한 위험회피수단의 평가손익 처리에 대해 좀더 살펴보자. 가령, 우리나라 기업이 미국으로부터 기계를 달러화로 매입하려고 예상하는 경우를 생각해 보자. 기업은 미래에 발생할 수 있는 원화 대비 달러화의 환율변동위험을 회피하기 위하여 파생상품계약을 체결할 것이다. 이러한 위험회피는 현금흐름위험회피로서 위험회피수단의 손익 중 효과적인 부분은 기타포괄손익으로 인식하게 된다. 이 경우 예상거래가 실행되어 기계를 취득한 경우 기타포괄손익으로 계상된 파생상품평가손익의 회계처리는 기계의 최초 장부금액에 조정하게 된다. 이와 같이 회계처리하게 되면 파생상품평가손익은 미래기간에 기계의 감가상각비를 조정하여 자동적으로 감가상각비가 인식되는 기간의 당기손익에 반영된다. 이러한 회계처리의 논리를 보면 위험회피수단의 공정가치 변동은 인식하는 자산 또는 부채의 '원가'의 일부를 구성하므로 그러한 변동을 자산이나 부채의 최초 장부금액에 적절히 포함시켜야 한다는 것이다.

만일 이 경우에 파생상품의 평가손익을 기타포괄손익에 남겨두었다가 예상거래로 취득한 자산 또는 부채가 당기손익에 영향을 미치는 회계기간에 당기손익에 반영하게 되면 위험회피대상 예상거래가 발생한 후에도 위험회피수단에서 발생한 평가손익을 자본에 남겨두게 되어 회계를 불필요하게 복잡하게 만든다. 더욱이 자산이나 부채를 취득한 이후에도 현금흐름위험회피의 효과를 계속하여 추적하는 것은 매우 어려운 일이다. 장부금액조정법은 이러한 실무상 회계처리 부담을 줄일 수 있다. 또한 확정계약에 대한 위험회피를 공정가치위험회피로 회계처리하는 경우와 일관성을 유지할 수 있는 장점도 있다.

그러나 장부금액조정에 대한 비판적 견해도 존재하는데, 장부금액조정은 예상거래에 대하여 이론적으로 충분한 근거를 제시하기가 어려우며 재무정보의 비교가능성을 훼손시킨다는 주장이 바로 그것이다. 즉, 위험회피활동의 여부와 관계없이 동일한 시기와 방법으로 매입된 동일한 자산은 동일한 금액으로 인식되어야 하는데, 장부금액조정을 하게 되면 위험회피활동의 결과 취득시점의 현물가격과 달리 기록되는 문제점이 나타난다.

한편 금융자산이나 금융부채를 인식하게 되는 예상거래의 위험회피에 대해서는 장부금액조정이 적절하지 않다는 결론을 내리고 있다. 그 이유는 장부금액을 조정하면 예상거래의 결과로 취득한 자산(또는 인수한 부채)의 최초 장부금액이 공정가치로 인식되지 않게 되어 금융상품을 최초에 공정가치로 측정하도록 하는 K-IFRS 제1109호(금융상품)의 요구사항을 충족하지 못하게 되기 때문이다.

이와 같이 예상거래로 인해 인식하게 되는 자산·부채가 금융항목인지 여부에 따라 상이한 회계처리를 규정하는 것은 금융항목과 비금융항목 간의 측정방법에 차이가 있기 때문이다. 즉, 금융항목은 공정가치로 측정하고 비금융항목은 원가로 측정하므로, 최초 인식시 금융항목과 비금융항목이 반드시 동일한 금액으로 측정될 필요는 없다고 보기 때문이다.

예제 10-4 금선도계약 – 현금흐름위험회피

12월 결산법인인 갑(주)는 제조공정에 사용하는 금을 시장을 통하여 매입하고 있는데, 향후 예상제조량을 고려할 때 금 10온스(OZ)를 20×2년 2월말에 매입할 것이 거의 확실하다. 한편, 갑(주)는 20×2년 2월말에 매입할 금의 시장가격변동에 따른 미래현금흐름변동위험을 회피하기 위하여 20×1년 9월 1일에 다음과 같은 조건으로 장외시장에서 금선도계약을 체결하였다.

- 계약기간 : 6개월(20×1. 9. 1～20×2. 2. 28)
- 계약조건 : 결제일에 금 10 OZ의 선도계약금액과 결제일 시장가격의 차액을 현금으로 수수함(금선

도계약가격은 ₩310,000/OZ)

• 금의 현물가격, 선도가격 및 선도계약의 공정가치에 대한 자료는 다음과 같다.

일 자	현물가격(OZ당)	선도가격(OZ당)	금선도거래의 공정가치
20×1. 9. 1	₩300,000	₩310,000(만기 6개월)	–
20×1. 12. 31	310,000	315,000(만기 2개월)	₩49,531*
20×2. 2. 28	330,000	–	200,000**

* 금선도거래의 계약가격(=₩310,000×10)과 현행 금선도가격(=₩315,000×10)의 차액인 ₩50,000을 6%의 할인율을 가정하여 다음과 같이 현재가치로 구한 금액임.

$₩49,531 = ₩50,000/(1+0.06)^{59/365}$

이와 같이 20×1년 12월 31일 현재 금선도계약의 공정가치 변동액 ₩50,000을 할인하는 이유는 동 금액이 기말 현재시점에서 실현되는 것이 아니라 20×2년 2월 28일, 즉 기말시점으로부터 59일 후에 실현되기 때문이다. 또한 위의 계산은 기말 현재의 금선도가격이 만기일의 현물가격으로 정확하게 실현된다는 가정하에서 이루어진 것이다.

** (₩330,000 − ₩310,000)×10 OZ = ₩200,000

갑(주)가 위의 거래와 관련하여 필요한 분개를 하라. 단, 금선도거래는 위험회피에 효과적이라고 가정한다.

해답

예상거래(금매입거래)	금선도계약
① 20×1년 9월 1일 : 금선도계약체결일	
- 분개 없음 -	- 분개 없음 -

(주) 금선도계약은 시장가격에 따라 이루어져 계약체결일에 별도의 현금수수액이 없었으므로 공정가치는 '0'이다. 따라서 계약체결일에 별도로 회계처리하지 않는다. 다만, 계약금액 등을 비망기록하면 된다.

② 20×1년 12월 31일 : 결산일

예상거래(금매입거래)	금선도계약
- 분개 없음 -	(차) 금 선 도 49,531 (대) 현금흐름위험회피적립금 49,531 (기타포괄손익)

(주) 현재시점의 현물가격이 미래기대가격과 일치한다고 가정하면 누적미래예상현금흐름 변동액의 현가는 ₩99,063[$=([₩310,000 - ₩300,000]\times 10\ OZ)/(1.06)^{59/365}$]이다. 여기서, 누적미래예상현금흐름 변동도 결국 만기일에 실현될 것으로 예상되는 금액이므로 6%로 할인하여 현가로 나타낸 것이다. 금선도계약의 누적평가이익(₩49,531)이 ₩99,063 이내이므로 전액을 기타포괄손익으로 인식한다.

③ 20×2년 2월말 : 예상거래 발생시점

예상거래(금매입거래)	금선도계약
(차) 금 3,300,000 (대) 현 금 3,300,000	(차) 금 선 도 150,469 (대) 현금흐름위험회피적립금 150,469* (기타포괄손익)

* 금선도계약의 누적평가이익(₩200,000)이 위험회피대상 재고자산구입거래에 따른 현금흐름변동액의 현가 ₩300,000(=[₩330,000 − ₩300,000]×10 OZ) 이내이므로 전액을 기타포괄손익으로 계상한다.

	(차) 현　　금	200,000 *
	(대) 금 선 도	200,000

* 금선도계약에서 차액(=[₩330,000 - ₩310,000] × 10 OZ)으로 수취한 금액이다.

	(차) 현금흐름위험회피적립금 (기타포괄손익)	200,000
	(대) 금*	200,000

* 금의 취득원가는 취득 당시의 공정가치인 ₩3,300,000이 아니고 금선도계약에서 발생한 누적평가이익(₩200,000)을 차감한 ₩3,100,000으로 기록된다. 이 금액은 선도계약금액과 일치한다.

[참고]

참고로, 위의 예제에서 20×1년 12월 31일에서의 금의 현물가격이 ₩310,000이 아니라 ₩304,000이었다고 가정하자. 이 경우 누적미래예상현금흐름 변동액의 현가는 ₩39,625[={(₩304,000 - ₩300,000) × 10 OZ}/$(1.06)^{59/365}$]으로 산정되며 이에 따라 금선도계약의 누적평가이익 ₩49,531은 누적미래예상현금흐름 변동액의 현가를 ₩9,906만큼 초과하게 된다. 따라서 금선도계약의 누적평가이익 중에서 기타포괄손익으로 계상되는 부분은 ₩39,625이고 위험회피에 효과적이지 못한 초과액 ₩9,906은 당기손익에 반영된다. 이에 따라 다음과 같은 분개가 이루어진다.

(차) 금 선 도	49,531	(대) 현금흐름위험회피적립금 (기타포괄손익)	39,625
		금선도평가이익 (당기손익)	9,906

3. 해외사업장순투자 위험회피회계

(1) 해외사업장순투자 위험회피회계의 성격

해외사업장이란 보고기업과 다른 국가에서 또는 다른 통화로 영업활동을 하는 종속기업, 관계기업, 조인트벤처나 지점을 말하며 해외사업장에 대한 순투자는 해외사업장의 순자산에 대한 보고기업의 지분 해당액을 의미한다.

지배기업이 연결재무제표를 작성하거나 투자기업이 지분법을 적용함에 있어 해외사업장의 기능통화가 지배기업이나 투자기업의 표시통화와 다를 경우 해외사업장의 기능통화재무제표를 지배기업이나 투자기업의 표시통화로 환산해야 한다. 이때 해외사업장의 재무상태표상 자산과 부채는 해당 마감환율로 환산하고

포괄손익계산서의 수익과 비용은 해당 거래일의 환율로 환산하는데, 이러한 환산결과로 발생하는 환산차이는 기타포괄손익으로 인식하게 된다.

해외사업장순투자 위험회피회계에서 회피대상위험은 이처럼 해외사업장의 재무제표를 지배기업이나 투자기업의 표시통화로 환산하는 과정에서 발생하는 환율변동위험이다. 해외사업장순투자에서 발생하는 환산차이는 기타포괄손익으로 인식되기 때문에 이러한 위험을 회피하고자 계약한 위험회피수단의 평가손익도 효과적인 부분은 기타포괄손익에 반영하고 비효과적인 부분은 당기손익에 반영한다. 이와 같이 함으로써 해외사업장순투자에 대한 위험회피의 성과가 재무제표에 적절히 나타나게 된다.

(2) 해외사업장순투자 위험회피의 회계처리

해외사업장순투자의 위험회피[K-IFRS 제1021호(환율변동효과)에 따라 순투자의 일부로 회계처리하는 화폐성항목의 위험회피 포함[16]]는 다음과 같이 현금흐름위험회피와 비슷하게 회계처리한다.

해외사업장순투자 위험회피의 회계처리

① 위험회피수단의 손익 중 위험회피에 효과적인 것으로 결정된 부분은 기타포괄손익으로 인식
② 비효과적인 부분은 당기손익으로 인식

외화환산적립금에 누적된 위험회피에 효과적인 부분과 관련된 위험회피수단의 누적손익은 해외사업장을 처분하거나 일부를 처분할 때 재분류조정으로 자본에서 당기손익으로 재분류한다.

16) K-IFRS 제1021호에서는 보고기업의 해외사업장에 대한 순투자의 일부인 화폐성항목에서 생기는 외환차이를 보고기업과 해외사업장을 포함하는 재무제표(예 : 해외사업장이 종속기업인 경우의 연결재무제표)에 표시하는 경우에 기타포괄손익으로 인식하고 관련 순투자의 처분시점에 자본에서 당기손익으로 재분류하도록 규정하고 있다. 보다 구체적인 내용은 제9장의 〈보론 2〉를 참조하기 바란다.

예제 10-5 해외사업장순투자 위험회피

12월말이 결산법인인 갑(주)(표시통화 및 기능통화 : ₩)는 20×1년 1월 1일 $3,100을 차입하여 미국 현지 법인인 을(주)(기능통화 : $)를 설립하였다(지분율 100%). 을(주)의 시산표와 일자별 환율은 다음과 같다.

시 산 표

을(주) 20×1년 12월 31일

자 산	$7,500	부 채	$2,900
		자 본 금	3,100
		당기순이익	1,500
	$7,500		$7,500

일자별 환율(₩/$)

20×1년 1월 1일	1,150
20×1년 평균	1,100
20×1년 12월 31일	1,050

갑(주)가 차입한 외화차입금은 해외사업장순투자와 관련된 위험회피효과의 조건을 충족한다. 20×1년 12월 31일 갑(주)의 연결재무제표상 기타포괄손익으로 인식될 해외사업장 관련 환산손익을 구하라.

해답

(1) 을(주)의 시산표를 환산

시 산 표

을(주) 20×1년 12월 31일

	외 화	환 율	환산 후		외 화	환 율	환산 후
자 산	$7,500	1,050	7,875,000	부 채	$2,900	1,050	3,045,000
				자 본 금	3,100	1,150	3,565,000
				당기순이익	1,500	1,100	1,650,000
				해외사업장환산손실			(385,000)
	$7,500		7,875,000		$7,500		7,875,000

(2) 갑(주)의 외화차입금 관련 회계처리 및 연결분개

① 외화차입금 관련 회계처리

20×1년 1월 1일

(차) 종속기업투자주식	3,565,000	(대) 차 입 금	3,565,000

20×1년 12월 31일

(차) 차 입 금	310,000	(대) 외화환산이익	310,000*

* $3,100 × (₩1,050 − ₩1,150) = ₩310,000

② 20×1년 12월 31일의 연결분개

(차) 자 본 금	3,565,000	(대) 종속기업투자주식	3,565,000
(차) 외화환산이익	310,000	(대) 순투자위험회피적립금	310,000
(차) 순투자위험회피적립금	310,000	(대) 해외사업장환산손실	310,000

기타포괄손익으로 인식할 금액 = (−)₩385,000 + ₩310,000 = (−)₩75,000

제6절 위험회피회계와 관련된 기타 이슈

1. 위험회피관계의 재조정

(1) 재조정의 의미와 필요성

위험회피효과성의 요구사항 중 다른 요건은 모두 충족되지만 위험회피비율만이 더 이상 충족되지 못하게 된 경우 위험회피회계를 중단하는 대신 위험회피비율을 재조정(rebalancing)해야 한다. 즉, 위험회피를 수행하는 위험관리의 목적이 동일하게 유지되고 있고 위험회피대상항목과 위험회피수단 사이에 경제적 관계가 있으며 신용위험의 효과가 지배적이지 않지만, 위험회피비율의 불균형이 위험회피의 비효과적인 부분을 초래하는 경우 위험회피비율을 재조정해야 한다. 이 경우에는 위험회피효과에 관한 요구사항에 부합하도록 위험회피대상항목이나 위험회피수단의 지정된 수량을 조정함으로써 위험회피관계를 지속할 수가 있는 것이다. 그러나 위험회피비율을 조정하더라도 위험회피관계가 위험회피효과의 요구사항을 충족하지 못한다면 위험회피관계를 지속할 수가 없다. 위험회피비율은 위험회피대상항목의 수량이나 위험회피수단의 수량의 증가 또는 감소를 통해 조정할 수 있다.

재조정으로 위험회피관계가 지속되는 예를 보면 다음과 같다. 외화 A와 B가 고정되는(중앙은행이나 그 밖의 기관에서 환율을 일정구간 안에 유지하거나 특정 환율로 유지한다) 상황에서 외화 B에 기초한 통화파생상품을 사용하여 외화 A에 대한 익스포저를 위험회피한다. 외화 A와 외화 B 사이의 환율이 변동하는 경우에는 새로운 환율을 반영하여 위험회피비율을 재조정한다면 위험회피관계가 새로운 상황에서 위험회피비율에 관한 위험회피효과의 요구사항을 계속 충족하게 될 것이다. 이와는 반대로, 통화파생상품에 채무불이행이 일어난다면, 위험회피비율을 변경하더라도 위험회피관계가 위험회피효과의 요구사항을 계속 충족한다고 확신하지는 못할 것이다. 따라서 위험회피수단과 위험회피대상항목의 관계가 위험회피비율의 조정으로 보정될 수 없는 방식으로 변동하는 상황에서는 재조정으로 위험회피관계를 지속할 수 없다.

(2) 재조정의 회계처리

재조정은 위험회피관계가 지속되는 것으로 회계처리한다. 재조정하는 시점에 위험회피관계에서 위험회피의 비효과적인 부분은 위험회피관계를 조정하기 전에 산정하여 즉시 인식한다.

재조정을 하기 위해 위험회피비율을 조정하는 예를 보자. 만일 위험회피대상항목의 수량을 늘려 위험회피비율을 조정하는 경우 위험회피수단의 공정가치 변동을 측정하는 방식에 영향을 주지 않는다. 종전에 지정된 수량과 관련된 위험회피대상항목의 가치변동분에 대한 측정도 영향을 받지 않는다. 그러나 재조정한 날부터 위험회피대상항목의 가치변동에 추가된 수량의 위험회피대상항목의 가치변동도 포함한다. 이러한 변동분은 위험회피관계가 지정된 날부터가 아니라 재조정일을 참조하여 재조정한 날부터 측정한다.

예를 들면 당초에 ₩80의 선도가격(위험회피관계의 개시시점의 선도가격)으로 상품 100톤의 수량을 위험회피하고 선도가격이 ₩90인 시점에 상품 10톤의 수량을 추가하여 위험회피비율을 재조정했다면, 재조정 후 위험회피대상항목은 두 개의 층(₩80에 위험회피된 100톤과 ₩90에 위험회피된 10톤)으로 구성된다.

위의 경우와 반대로 위험회피수단의 수량을 줄여 위험회피비율을 조정하는 예를 보자. 당초에 위험회피수단으로 파생상품을 사용하여 상품 100톤의 가격위험을 회피했고 재조정시점에 10톤을 줄인다면 위험회피수단 90톤의 명목금액은 여전히 남아 있다. 여기서 더 이상 위험회피관계의 일부가 아닌 파생상품 계약수량(즉 10톤)은 당기손익-공정가치측정항목으로 회계처리하면 된다.

2. 위험회피회계의 중단

위험회피관계(또는 위험회피관계의 일부)가 적용조건을 충족하지 않는 경우에만 전진적으로 위험회피회계를 중단한다. 위험회피수단이 소멸 · 매각 · 종료 · 행사된 경우도 이에 해당한다. 그러나 위험회피수단을 다른 위험회피수단으로 대체하거나 만기 연장하는 것이 위험관리목적에 관한 문서에 포함되어 있고 위험회피수단의 대체나 만기연장이 문서화된 목적과 일치한다면, 이는 위험회피수단의 소멸이나 종료에 해당하지 않는다. 또한 위험회피관계가 다음을 모두 충족하는 경우에는 위험회피회계를 중단해서는 안 된다.

① 기존에 위험회피회계의 적용조건을 충족하는 데에 근거가 된 위험관리목적에 여전히 부합한다.
② (필요하다면, 위험회피관계에 관한 재조정을 고려한 후) 모든 다른 적용조건을 계속해서 충족한다.

즉, 위험회피회계를 선택하여 적용하고 있는 이상 자발적인 중단은 허용되지 않는다.

3. 항목집합의 위험회피

일반적인 기업은 단일 항목을 위험회피대상항목으로 지정한다. 그런데 실무에서는 보다 효율적인 운영을 위해 여러 항목으로 구성된 집합 단위로 위험을 관리하기도 한다. 이러한 실무적 편의를 고려하여 K-IFRS 제1109호(금융상품)는 다음의 요건을 충족하면 여러 개별항목으로 구성된 집합(a group of items)을 위험회피대상항목으로 지정할 수 있도록 허용하고 있다.

① 집합을 구성하는 항목(항목의 구성요소를 포함)이 개별적으로 적격한 위험회피대상항목이다.
② 집합을 구성하는 항목이 위험관리목적상 집합 단위로 함께 관리된다.

나아가 위험관리목적상 집합의 순액에 기초하여 위험회피를 하는 경우에는, 위의 두 조건을 모두 충족하는 집합의 순포지션(a net position)도 위험회피대상항목으로 지정할 수 있다.

그러나 현금흐름위험회피에서 집합을 구성하는 개별항목의 현금흐름 변동이 집합의 현금흐름 전체 변동과 거의 비례(approximately proportional)하지 않아 집합 내 개별항목간에 위험포지션이 상쇄되는 경우에는, 외화위험에 대해서만 순포지션을 위험회피대상항목으로 지정할 수 있도록 제한하고 있다. 예를 들면, 원화가 기능통화인 회사가 향후 3개월간 $1,000의 매출과 $800의 매입을 예상하는 경우 순액으로 $200가 외화위험에 노출된다. 이 경우 회사는 순포지션인 $200를 현금흐름위험회피대상으로 지정하고 3개월 후 만기가 도래하는 $200의 매도선도계약을 체결하여 위험을 회피할 수 있다. 이처럼 외화위험에 대해 순포지션을 현금흐름위험회피대상으로 지정하는 경우에는 예상거래의 특성과 규모 및 예상거래가 당기손익에 영향을 미칠 것으로 예상되는 보고기간을 명시해야 한다.

4. 신용 익스포저를 당기손익-공정가치측정항목으로 지정할 수 있는 선택권

많은 금융기관은 CDS(Credit Default Swap : 신용부도스왑)를 이용하여 대출금 또는 대출약정에서 발생하는 신용위험을 회피하고 있다. 그런데 위험회피대상항목인 대출금이나 대출약정은 일반적으로 공정가치-손익반영 회계처리의 대상이 아니다. 따라서 CDS의 공정가치 변동은 바로 손익에 반영하는 반면에 대출금 또는 대출약정의 공정가치 변동은 손익에 반영되지 않는 회계불일치가 발생한다. 이를 해결하는 간단한 방법은 신용위험을 하나의 별개 위험요인으로 지정하고 위험회피회계를 적용하는 것이다. 그러나 신용위험을 별개의 위험요인으로 분리하는 데 어려움이 따르므로 위험회피적용 조건을 충족하지 못한다. 따라서 이 문제의 해결을 위해 특정 조건을 충족하는 신용 익스포저를 당기손익인식항목으로 지정할 수 있도록 허용함으로써 위험회피회계를 적용하지 않고도 신용위험회피 활동의 성과를 재무제표에 보고할 수 있도록 하고 있다.

제7절 파생상품의 공시

위험회피회계에 대한 공시는 재무제표이용자가 해당 기업의 위험회피관계를 이해하고 위험회피회계를 적용한 결과 기업의 재무상태와 경영성과에 어떠한 영향이 있었는가를 이해하는 데 있어서 매우 중요한 역할을 한다.

K-IFRS 제1107호(금융상품 : 공시)에서는 위험회피회계를 적용하는 경우에 적용한 위험회피유형(즉 공정가치위험회피, 현금흐름위험회피 및 해외사업장순투자의 위험회피)별로 다음과 같은 내용을 공시하도록 요구하고 있다.

위험회피회계 공시요구사항

1) 각 위험회피유형에 대한 설명
2) 위험회피수단으로 지정된 금융상품에 대한 설명과 보고기간말 현재 당해 금융상품의 공정가치
3) 회피대상위험의 성격

한편, 현금흐름위험회피에서는 미래 발생할 현금흐름의 크기 및 시기에 대한 판단이 중요하다. 아울러 현금흐름위험회피에 사용된 위험수단에서 발생한 공정가치 변동액을 자본에 인식하고 또한 손익으로 대체되는 회계처리가 빈번하게 발생하므로 이러한 금액의 변동에 대한 정보도 중요하다. 이러한 취지에서 현금흐름위험회피의 경우에는 다음과 같은 사항을 추가적으로 공시하도록 하고 있다.

① 현금흐름이 발생할 것으로 예상하는 기간과 당해 현금흐름이 손익에 영향을 줄 것으로 예상하는 기간
② 위험회피회계를 적용해 왔으나, 더 이상 발생할 것으로 예상되지 않는 예상거래에 대한 설명
③ 회계기간중 기타포괄손익으로 인식된 금액
④ 회계기간중 자본에서 당기손익으로 재분류한 금액으로서 포괄손익계산서상 각 항목별 금액
⑤ 회계기간중 재분류조정으로 자본에서 비금융자산이나 비금융부채(당해 비금융자산을 취득하거나 당해 비금융부채를 부담하는 거래가 발생가능성이 매우 높은 위험회피대상예상거래로 지정된 경우)의 최초 원가나 기타 장부금액으로 재분류되는 금액

한편 위험회피회계를 적용한 결과 나타난 비효과적인 부분에 대한 상세한 내역도 재무제표이용자에게 유용한 정보가 될 수 있다. 따라서 적용한 위험회피유형별로 다음 사항을 별도로 공시한다.

① 공정가치위험회피의 경우 다음 금액
　㉠ 위험회피수단의 손익
　㉡ 위험회피대상항목에 대한 손익 중 회피대상위험에 관련되는 부분

② 현금흐름위험회피에서 당기손익으로 인식한 비효과적인 부분
③ 해외사업장순투자의 위험회피에서 당기손익으로 인식한 비효과적인 부분

위에서 위험회피유형별로 비효과적인 부분의 공시를 다르게 규정하고 있는 이유는 다음과 같다. 공정가치위험회피회계에서는 위험회피수단과 위험회피대상항목에서 발생한 공정가치 변동액을 모두 손익에 반영하며 그 결과 위험회피에 비효과적인 부분은 두 항목으로부터 발생한 손익의 순액으로 나타난다. 따라서 위험회피수단에서 나타난 손익 내역과 위험회피대상항목에서 나타나는 손익을 상세히 공시함으로써 공정가치위험회피에 대한 좀더 명확한 이해를 할 수 있게 된다.

현금흐름위험회피와 해외사업장순투자의 위험회피에서는 위험회피에 비효과적인 부분을 당기손익에 반영하므로 이 부분에 대한 내역을 공시하면 된다.

익힘문제

1. 파생상품이란 무엇인가? 또한 파생상품이 널리 이용되게 된 배경을 기술하라.
2. 선물계약은 선도계약과 어떻게 다른가?
3. 스왑과 옵션을 선도 및 선물거래와 비교하여 그 특징을 기술하라.
4. K-IFRS에서는 파생상품을 어떻게 정의하고 있는가?
5. 파생상품거래의 목적은 무엇인가?
6. 파생상품회계의 일반원칙을 제시하고, 각 원칙의 의의를 검토하라.
7. 위험회피회계의 개념에 대해 설명하고, 이를 도입하게 된 근거를 제시하라.
8. 위험회피회계의 적용요건에 대해 설명하라.
9. 위험회피대상항목이 될 수 있는 항목에는 어떠한 것이 있는지 설명하라.
10. 공정가치위험회피회계에 대하여 설명하라.
11. 현금흐름위험회피회계에서 기타포괄손익으로 계상되는 금액을 산출하는 방법을 제시하고, 기타포괄손익으로 계상된 금액의 차후 처리방법을 설명하라.
12. 위험회피회계의 재조정이 무엇인지 설명하라.
13. 위험회피회계의 중단사유를 제시하고, 중단시의 관련 회계처리를 설명하라.
14. 해외사업장순투자 위험회피회계에 대하여 설명하라.
15. K-IFRS에서 파생상품거래에 대해 요구하는 주요 공시내용을 설명하라.

연습문제

01 기본개념의 이해

다음 각 문장이 옳으면 ○, 틀리면 ×로 답하라.

(1) 회계상 파생상품은 기초변수의 변동에 따라 가치가 변동할 것, 최초 계약시 순투자금액이 없거나 적은 금액일 것, 미래에 결제될 것의 세 가지 특성을 모두 가진 금융상품이나 기타계약을 말한다.

(2) 일반적인 금융보증계약은 파생상품의 정의를 충족하므로 파생상품회계를 적용한다.

(3) 모든 파생상품은 최초 계약체결시점 및 결산시점에 공정가치로 평가한다.

(4) 당기손익-공정가치측정 파생상품은 위험회피수단으로 지정할 수 있으나, 당기손익-공정가치측정 비파생금융상품은 위험회피수단으로 지정할 수 없다.

(5) 인식된 자산이나 부채, 인식되지 않은 확정계약, 발생가능성이 매우 큰 예상거래, 해외사업장순투자는 위험회피대상항목이 될 수 있다.

(6) 연결실체 내 개별기업 사이의 거래는 연결재무제표뿐만 아니라 개별(또는 별도)재무제표에서도 위험회피대상항목으로 지정할 수 없다.

(7) 위험회피회계를 적용하기 위해서는 위험회피의 개시시점에 위험회피관계와 위험회피를 수행하는 위험관리의 목적과 전략을 공식적으로 지정하고 문서화해야 한다.

(8) 위험회피수단을 제공하는 거래상대방이 계약을 미이행할 가능성이 높더라도 위험회피대상항목과 위험회피수단 사이에 경제적 관계가 있는 경우에는 위험회피회계를 적용할 수 있다.

(9) 미인식 확정계약의 공정가치 변동위험을 회피하기 위해 파생상품을 이용하는 경우 파생상품의 공정가치 변동은 확정계약이 이행되는 시점에 당기손익으로 인식한다.

(10) 확정계약의 외화위험회피에 공정가치위험회피회계 또는 현금흐름위험회피회계를 적용할 수 있다.

(11) 고정금리부 대여금에 대하여 고정금리를 지급하고 변동금리를 수취하는 이자율스왑으로 위험을 회피하면 이는 현금흐름위험회피 유형에 해당한다.

(12) 공정가치위험회피회계를 적용하는 경우 위험회피수단의 공정가치 변동으로 인한 손익은 당기손익으로 인식한다.

(13) 현금흐름위험회피회계를 적용하는 경우 위험회피수단에 발생한 손익 중 위험회피에 효과적인 부분은 당기손익으로 인식한다.

(14) 해외사업장순투자의 위험회피는 공정가치위험회피와 유사하게 회계처리한다.

02 통화선도거래 – 위험회피목적이 아닌 경우

20×1년 11월 1일 우성(주)는 20×2년 1월 31일에 $1,000을 ₩740/$에 매입(매도)하기로 하는 통화선도계약을 체결하였다. 환율에 대한 자료는 다음과 같다.

일 자	현물환율	20×2. 1. 31 만기 선도환율
20×1년 11월 1일	$1 = ₩750	$1 = ₩740
20×1년 12월 31일	$1 = ₩760	$1 = ₩770
20×2년 1월 31일	$1 = ₩780	

요구사항

위의 통화선도거래와 관련하여 우성(주)가 필요한 분개를 하라. 단, 현재가치평가는 생략하고 선매입과 선매도를 비교하는 형식으로 나타내라.

03 파생상품의 보유목적에 따른 회계처리

한강(주)는 다양한 목적으로 파생상품을 운영하고 있으며 20×1년과 20×2년 동안 파생상품 운영과 관련된 자료는 다음과 같다.

	보유목적	위험회피수단으로 최초 지정된 연도	파생상품의 공정가치변동 및 위험회피대상의 공정가치변동 또는 현금흐름변동액
파생상품 1 :	매매목적	–	20×2년 파생상품평가이익 ₩100,000
파생상품 2 :	보유자산의 공정가치변동 위험회피	20×2년	20×2년 파생상품평가이익 ₩150,000 20×2년 위험회피대상의 평가손실 ₩120,000
파생상품 3 :	예상매출에 대한 현금흐름 위험회피	20×1년	20×1년 파생상품평가이익 ₩220,000 20×1년 위험회피대상의 현금흐름변동으로 인한 손실 ₩200,000 20×2년 파생상품평가이익 ₩140,000 20×2년 위험회피대상의 현금흐름변동으로 인한 손실 ₩150,000

요구사항

위의 자료를 기초로 하여 한강(주)의 20×2년 당기손익에 반영되는 파생상품관련 손익효과와 20×2년말 재무상태표상 기타포괄손익누계액으로 표시되는 파생상품평가이익을 산정하라.

04 통화선도계약 – 공정가치위험회피(Ⅰ)

1) 12월 결산법인인 한국(주)는 20×1년 10월 1일 상품을 수출하고 $2,000을 6개월 후에 받기로 하였다. 한국(주)는 수출대금에 대한 환율변동위험을 회피하기 위하여 다음과 같은 통화선도계약을 체결하였다.

- 통화선도계약 체결일 : 20×1. 10. 1
- 계약기간 : 6개월(20×1. 10. 1～20×2. 3. 31)
- 계약조건 : $2,000을 ₩1,100/$(선도환율)에 매도하기로 함

2) 환율에 대한 자료는 다음과 같다.

일 자	현물환율(₩/$)	통화선도환율(₩/$)
20×1. 10. 1	1,050	1,100(만기 6개월)
20×1. 12. 31	1,000	1,060(만기 3개월)
20×2. 3. 31	1,130	

3) 20×1년 12월 31일의 적절한 이자율은 6%이며, 현재가치 계산시 불연속 연복리를 가정한다. 단, $(1+0.06)^{90/365}=1.0145$로 계산한다.

요구사항

1. 20×1년 10월 1일부터 20×2년 3월 31일까지의 기간에 대해 일반 상거래와 통화선도거래를 각각 회계처리하라.
2. 한국(주)가 통화선도계약을 체결함으로써 20×1년과 20×2년 두 회계연도 동안 일반상거래와 통화선도거래에서 실현한 환율변동손익을 계산하라.
3. 위의 문제와 별개로 한국(주)는 20×2년 3월말에 매입할 계획인 금의 시장가격 변동에 따른 미래현금흐름변동위험을 회피하기 위해 20×1년 10월 1일에 금선도계약을 체결하였다. 금선도계약이 현금흐름위험회피회계의 적용요건을 충족하고 20×1년 12월 31일에 위험회피대상거래의 예상현금흐름유출액의 현가와 금선도평가이익이 각각 ₩80,000과 ₩70,000이었다고 가정할 때, 금선도평가이익 중 기타포괄손익으로 처리할 금액과 당기손익으로 처리할 금액을 계산하라.

05 확정계약의 위험회피

(2024년 공인회계사 시험(1차) 수정)

(주)대한은 20×1년 11월 1일에 선박 1척을 US$2,000에 구입하기로 하는 계약을 체결하였다. 선박의 인수일은 20×2년 4월 30일이고, 인수일에 구입대금을 지급하고 선박을 인수함으로써 계약이 이행된다. 이 계약은 법적 구속력을 가지며 불이행시에는 위약금을 지급해야 한다. (주)대한은 계약체결시점부터 대금지급시점까지 환율변동에 따른 공정가치 변동위험을 회피하고자 20×1년 11월 1일에 다음과 같은 통화선도계약을 체결하였다.

- 통화선도 계약기간 : 20×1년 11월 1일~20×2년 4월 30일
- 통화선도 계약조건 : ₩2,600,000을 지급하고 US$2,000을 수취한다.
- 환율정보

일 자	현물환율(₩/$)	통화선도환율(₩/$)
20×1. 11. 1	1,200	1,300(만기 6개월)
20×1. 12. 31	1,340	1,400(만기 4개월)
20×2. 4. 30	1,380	

요구사항

(주)대한이 위 거래에 대해 공정가치위험회피회계를 적용하는 경우, (주)대한의 20×1년말 재무상태표상 확정계약자산(또는 부채)은 얼마인가? 단, 현재가치 평가는 고려하지 않는다.

06 미래 예상거래에 대한 위험회피 (2023년 공인회계사 시험(1차) 수정)

(주)대한은 전기차용 배터리를 생산 및 판매하는 회사이다. (주)대한은 20×2년 3월말에 100개의 배터리를 국내 전기차 제조사들에게 판매할 가능성이 매우 높은 것으로 예측하였다. (주)대한은 배터리의 판매가격 하락을 우려하여 20×1년 12월 1일에 다음과 같은 선도계약을 체결하고, 이를 위험회피수단으로 지정하였다.

- 계약기간 : 20×1년 12월 1일~20×2년 3월 31일(만기 4개월)
- 계약조건 : 결제일에 100개의 배터리에 대해 선도거래 계약금액(개당 ₩12,000)과 시장가격의 차액을 현금으로 결제한다.
- 가격정보

일 자	현물가격(개당)	선도가격(개당)
20×1. 12. 1	₩13,000	₩12,000 (만기 4개월)
20×1. 12. 31	12,500	11,300 (만기 3개월)
20×2. 3. 31	10,500	

- 배터리의 개당 제조원가는 ₩10,000이며, 판매와 관련하여 다른 비용은 발생하지 않는다.

예측과 같이, (주)대한은 20×2년 3월말에 배터리를 판매하였다.

요구사항

위 거래(배터리 판매 및 선도계약)가 (주)대한의 20×2년도 당기순이익에 미치는 영향은 얼마인가? 단, 파생상품 평가손익 계산시 화폐의 시간가치는 고려하지 않는다.

07 이자율스왑을 활용한 위험회피회계 (2016년 공인회계사 시험(1차) 수정)

(주)한국은 20×1년 1월 1일에 만기가 3년인 차입금 ₩100,000을 'LIBOR+1%'로 차입하였다. (주)한국은 시장이자율 변동에 따른 위험을 회피하고자 다음과 같은 이자율스왑계약을 체결하고, 이를 위험회피수단으로 지정하였다.

- 이자율스왑계약 체결일 : 20×1년 1월 1일
- 만기일 : 20×3년 12월 31일
- 계약금액 : ₩100,000
- 계약내용 : 고정이자율 4%를 지급하고, 변동이자율 LIBOR를 수취함

차입금의 이자지급과 이자율스왑의 결제는 매년말에 이루어지고, 이를 결정하는 LIBOR는 직전년도말(또는 매년초)에 확정된다. 계약체결일에 수수된 프리미엄은 없으며, 확정된 LIBOR는 다음과 같다.

20×1년초	20×1년말	20×2년말
4%	5%	3%

요구사항

1. (주)한국이 이자율스왑계약에 적용할 위험회피회계 유형은 무엇인가?
2. 20×1년에 (주)한국이 당기손익으로 인식하는 이자비용(스왑계약에 따른 순결제금액 포함)은 얼마인가?
3. 20×1년말 (주)한국의 재무상태표에 계상되는 차입금의 장부금액은 얼마인가?
4. 20×1년도 (주)한국의 포괄손익계산서에는 이자율스왑평가이익이 계상되는가? 아니면 이자율스왑평가손실이 계상되는가?

고급 연습문제

08 현금흐름위험회피를 위한 통화선도계약 (2017년 공인회계사 시험(2차) 수정)

한국(주)는 20×2년 3월초에 $300의 재고자산(원재료)을 구입할 계획이며, 예상생산량을 고려할 때 매입거래가 이루어질 것이 거의 확실하다. 한국(주)는 재고자산의 매입가격이 환율변동으로 인하여 상승할 위험을 대비하고자 20×1년 10월 1일에 다음과 같은 통화선도계약을 체결하였으며, 이 거래는 위험회피요건을 충족한다.

- 통화선도계약 체결일 : 20×1. 10. 1
- 계약기간 : 5개월(20×1. 10. 1～20×2. 2. 28)
- 계약조건 : 결제일에 선도계약금액($300)에 대해 계약환율(선도환율, ₩1,010/$)과 현행환율의 차액을 현금으로 수수함

• 환율정보

일 자	현물환율(₩/$)	통화선도환율(₩/$)
20×1. 10. 1	1,000	1,010(5개월)
20×1. 12. 31	1,025	1,040(2개월)
20×2. 2. 28	1,050	

요구사항

위의 통화선도거래와 관련하여 요구되는 분개를 일자별로 제시하라. 단, 통화선도의 공정가치 등을 측정할 때 현재가치 할인효과는 반영하지 않는다.

09 선도계약의 보유목적별 회계처리

(2006년 공인회계사 시험(2차) 수정)

12월말 결산법인인 한국(주)는 다음에 제시되는 4개의 상황에서 선도계약을 이용하고 있으며 체결된 선도계약의 내용은 아래와 같다.

- 통화선도계약 체결일 : 20×1년 11월 1일
- 계약기간 : 3개월(20×1. 11. 1∼20×2. 1. 31)
- 계약조건 : US$100를 약정통화선도환율 ₩980/US$로 매입하기로 함

환율에 대한 정보는 다음과 같다.

일 자	현물환율(₩/US$)	통화선도환율(₩/US$)
20×1. 11. 1	960	980
20×1. 12. 31	1,060	1,040
20×2. 1. 31	990	990

다음에 제시되는 4개의 상황은 서로 독립적이다.

〈상황 1〉 한국(주)는 20×2년 1월 31일에 US$100의 재고자산을 구입하는 확정계약을 20×1년 11월 1일 체결하였다. 한국(주)는 확정계약 체결시부터 재고자산 구입시점까지 발생할 수 있는 환율변동위험을 회피하기 위하여 확정계약을 체결한 당일에 상기 조건의 통화선도계약을 체결하였다.

〈상황 2〉 한국(주)는 20×2년 1월 31일에 US$100의 재고자산을 구입할 계획을 세우고 있으며 예상생산량을 고려할 때 구입거래가 이루어질 것이 거의 확실하다. 한국(주)는 20×2년 1월 31일에 매입할 예정으로 있는 재고자산의 매입가격이 환율변동으로 인하여 상승할 위험에 대비하여 20×1년 11월 1일에 상기 조건의 통화선도계약을 체결하였다.

〈상황 3〉 한국(주)는 20×1년 11월 1일 US$100의 재고자산을 구입하였으며 구입대금은 20×2년 1월 31일에 지급될 예정이다. 한국(주)는 재고자산 구입대금의 환율변동위험에 대비하기 위하여 20×1년 11월 1일에 상기 조건의 통화선도계약을 체결하였다.

〈상황 4〉 한국(주)는 20×1년 11월 1일과 20×2년 1월 31일 사이에 US$의 가치가 상승할 것으로 예상하고 상기 조건의 통화선도계약을 체결하였다.

아래 각 요구사항에서 통화선도환율변동액에 대한 현재가치평가는 생략한다.

요구사항

1. 상황 1과 관련하여 20×1년 12월 31일 재무상태표에 계상할 계정과목과 금액을 제시하라. 단, 각 계정과목이 자산, 부채, 자본 중 어디에 속하는가를 나타내어야 하며, 만일 재무상태표에 계상될 과목이 없는 경우에는 '해당 없음'이라고 표시해야 한다.
2. 상황 1에서 20×2년 1월 31일 한국(주)가 재고자산의 취득원가로 계상해야 할 금액은 얼마인가?
3. 상황 2에서 한국(주)가 재고자산 취득시점에 기타포괄손익으로 인식한 통화선도평가손익을 어떻게 회계처리해야 하는지를 설명하라.
4. 상황 1~상황 4로 인하여 20×1년 당기손익에 반영되어야 하는 항목과 금액을 각 상황별로 구분하여 제시하라. 단, 당기손익에 반영될 항목이 없는 경우에는 '해당 없음'이라고 표시해야 한다.

10 통화선도계약 – 공정가치위험회피(Ⅱ)

(2008년 공인회계사 시험(2차) 수정)

12월말 결산법인인 (주)서울의 20×7년중 발생한 수출입거래는 다음과 같다.

〈상황 1〉 20×7년 12월 1일 (주)서울은 호주의 한 회사에 상품을 수출하고 수출대금인 $2,000은 3개월 후에 받기로 하였다. 동 일자에 (주)서울은 달러화($)의 원화(₩)에 대한 환율변동위험을 회피하기 위하여 3개월 후에 $2,000을 매도하는 통화선도계약을 체결하였다. 20×7년 12월 31일 현재 만기 2개월인 통화선도환율(₩/$)은 930이다.

〈상황 2〉 20×7년 12월 1일 (주)서울은 일본의 한 회사로부터 원자재를 ¥40,000에 매입하고 대금은 3개월 후에 지급하기로 하였다. 동 일자에 (주)서울은 엔화(¥)의 원화(₩)에 대한 환율변동위험을 회피하기 위하여 3개월 후에 ¥40,000을 매입하는 통화선도계약을 체결하였다. 20×8년 2월 28일 현재 현물환율(₩/¥100)은 1,020이다.

위의 거래와 관련하여 (주)서울의 20×7년 12월 1일, 20×7년 12월 31일, 20×8년 2월 28일의 재무제표항목의 계정잔액은 다음과 같다(단위 : ₩). 통화선도환율 변동액에 대한 현재가치평가는 생략한다.

	20×7. 12. 1	20×7. 12. 31	20×8. 2. 28
〈상황 1〉			
외화매출채권	1,800,000	1,780,000	–
외환이익	–	?	100,000
통화선도(자산)	–	40,000	–
통화선도평가손익	–	?	–
통화선도거래손익	–	–	?

〈상황 2〉

외화매입채무	400,000	?	–
외환이익	–	16,000	?
통화선도	–	?	–
통화선도평가손실	–	44,000	–
통화선도거래이익	–	–	32,000

아래 물음에 답하라.

요구사항

1. 상황 1과 관련하여 20×7년 12월 31일에 인식할 환율변동손익은 얼마인가? 외환손실인지, 외환이익인지 여부를 반드시 표시하라.
2. 상황 1과 관련하여 20×8년 2월 28일의 $1당 원화(₩)의 현물환율은 얼마인가?
3. 상황 1과 관련하여 20×7년 12월 1일 통화선도계약 체결시점에 만기 3개월인 통화선도환율(₩/$)은 얼마인가?
4. 상황 1과 관련하여 20×8년 2월 28일에 인식할 통화선도거래손익은 얼마인가? 통화선도거래손실인지, 통화선도거래이익인지 여부를 반드시 표시하라.
5. 상황 2와 관련하여 20×7년 12월 31일의 외화매입채무는 얼마인가?
6. 상황 2와 관련하여 20×8년 2월 28일에 인식할 환율변동손익은 얼마인가? 외환손실인지, 외환이익인지 여부를 반드시 표시하라.
7. 상황 2와 관련하여 20×7년 12월 31일 현재 재무상태표에 표시되는 통화선도가 자산인지, 부채인지 여부와 해당 통화선도의 금액을 제시하라.
8. 상황 2와 관련하여 20×7년 12월 1일 통화선도계약 체결시점에 만기 3개월인 통화선도환율(₩/￥100)은 얼마인가?

11 통화선도계약 – 확정계약의 공정가치위험회피 (2008년 공인회계사 시험(2차) 수정)

컴퓨터보안시스템을 수출하는 (주)부산은 20×7년 10월 1일에 6개월 후 두바이에 있는 고객에게 새로 개발된 보안시스템을 $1,000에 판매하는 확정계약을 체결하였다. 이 확정계약은 법적 강제력을 갖는 계약으로 불이행시에는 그에 따른 위약금을 지불해야 한다. (주)부산은 향후 환율이 하락할 것으로 예상하여 환율하락위험을 회피하기 위해 다음과 같은 통화선도계약을 체결하였다.

- 통화선도계약 체결일 : 20×7년 10월 1일
- 계약기간 : 6개월(20×7. 10. 1～20×8. 3. 31)
- 계약조건 : $1,000을 ₩1,050/$에 매도

환율에 대한 정보는 다음과 같다.

	현물환율(₩/$)	통화선도환율(₩/$)
20×7. 10. 1	1,000	1,050(만기 6개월)
20×7. 12. 31	1,100	1,120(만기 3개월)
20×8. 3. 31	1,180	

요구사항

1. 위의 확정계약이 위험회피대상으로 지정되지 않았다면 위험회피대상으로 지정된 경우에 비하여 (주)부산의 20×7년말 순자산은 얼마나 변동하는가? 만일 순자산의 변동이 없으면 '변동 없음'이라고 기재하라. 통화선도환율 변동액에 대한 현재가치평가는 생략한다.
2. 미래예상거래에 대한 현금흐름위험회피수단으로 지정된 파생상품의 평가손익 중 위험회피에 효과적인 부분을 기타포괄손익누계액으로 계상하는 논리적 근거를 3줄 이내로 제시하라.

12 선도계약 – 위험회피회계에 대한 오류수정 (2009년 공인회계사 시험(2차) 수정)

(주)한국(결산일은 12월 31일이며, 중소기업 아님)의 20×1년도 재무제표에 대하여 외부감사인이 회계감사를 수행하던 중 다음과 같은 오류를 발견하였다.

오류내용 : (주)한국은 생산에 사용할 원재료 100ton을 20×2년 3월 1일에 매입할 것이 거의 확실하다. (주)한국은 매입할 원재료의 시장가격 상승위험을 회피하기 위하여 다음과 같은 조건으로 원재료 100ton에 대한 선도계약을 체결하였다.

- 계약체결일 : 20×1년 11월 1일
- 계약기간 : 20×1년 11월 1일부터 20×2년 3월 1일까지
- 선도계약가격 : ton당 ₩6,000

원재료(100ton)의 현물가격 및 선도가격은 다음과 같으며, 현재 시점의 현물가격은 미래기대가격과 일치한다.

일 자	현물가격	선도가격	선도계약 평가손익	미래예상 현금흐름변동액
20×1. 11. 1	₩580,000	₩600,000	–	–
20×1. 12. 31	620,000	650,000	₩48,500*	₩39,000*

* 적절한 할인율로 할인한 현재가치임

(주)한국은 선도계약을 위험회피목적으로 지정하였음에도 불구하고 결산일에 아무런 회계처리도 하지 않았다.

요구사항

기업회계기준에 따라 상기 오류를 수정할 경우 재무제표 구성요소를 얼마나 증가 또는 감소시켜야 하는지 다음에 예시된 양식에 따라 표시하라. 단, 법인세비용에 대한 영향은 고려하지 않으며, 감소되어야 할 금액은 금액 앞에 (−)표시를 한다. 또한 자본은 오류수정에 따른 수익과 비용을 반영한 금액으로 표시한다.

(예시)

자산	비용	부채	자본	수익
35,000	(−)10,000	25,000	(−)10,000	−

〈풀이과정〉

13 이자율스왑에 대한 위험회피회계(Ⅰ)

(2005년 공인회계사 시험(2차) 수정)

12월 결산법인인 한국(주)는 20×1년 7월 1일에 만기가 18개월인 차입금 ₩4,000,000을 고정이자율 8%로 차입했으며, 고정이자율 8%는 차입일 당시의 LIBOR 6%에 한국(주)의 신용위험을 고려하여 결정된 것이다. 한편, 한국(주)는 시장이자율 변동에 따른 위험을 회피하기 위해서 동 일자에 고정이자율 6%를 수취하고 변동이자율을 지급하는 이자율스왑을 체결했으며 계약체결일에 수수된 프리미엄은 없다. 차입금 및 이자율스왑과 관련된 세부사항은 다음과 같다.

	이자율스왑계약	장기차입금
계약체결일 또는 차입일	20×1. 7. 1	20×1. 7. 1
만기일	20×2. 12. 31	20×2. 12. 31
계약금액 또는 원금	₩4,000,000	₩4,000,000
고정이자율	연 6% 수취	연 8% 지급
변동이자율	6개월 LIBOR 지급	−

장기차입금의 이자지급과 이자율스왑의 결제는 6월말과 12월말에 이루어지고, 이를 결정하는 LIBOR는 20×1년 7월 1일, 12월 31일 및 20×2년 6월 30일에 각각 확정된다. 확정된 LIBOR와 이에 근거한 이자율스왑의 공정가치는 다음과 같다.

이자율스왑 결제금액 확정일	6개월 만기 LIBOR	공정가치	
		이자율스왑*	장기차입금
20×1. 7. 1	6%	−	₩4,000,000
20×1. 12. 31	9%	(₩110,779)	3,889,221

* 이자율스왑계약의 공정가치는 무이표채권할인법(zero-coupon method)에 의하여 산정되었다.

요구사항

1. 한국(주)가 체결한 이자율스왑거래는 K-IFRS에 규정된 위험회피유형 중 어느 유형에 해당하는지 밝히고, 그 이유를 간략히 설명하라.
2. 한국(주)가 위의 이자율스왑과 장기차입금에 대하여 20×1년 12월 31일에 행할 분개를 제시하라. 단, 장기차입금에 대한 유동성대체분개는 생략한다.
3. 한국(주)가 위의 고정이자율 지급조건의 차입금 대신에 LIBOR+2%의 변동이자율 조건으로 차입하였으며 이자지급일과 만기일은 위와 동일하다고 가정한다. 한국(주)는 시장이자율 변동에 따른 위험을 회피하기 위하여 동 일자에 고정이자율 8%를 지급하고 변동이자율 LIBOR를 수취하는 이자율스왑계약을 체결하였으며 계약체결일에 수수된 프리미엄은 없다. 이자율스왑 결제금액 및 장기차입금 이자지급액은 20×1년 7월 1일 및 12월 31일과 20×2년 6월 30일에 각각 확정된다. 20×1년 12월 31일 현재 이자율스왑의 공정가치는 ₩36,926으로 계산되었다. 이와 같은 이자율스왑거래로 인하여 한국(주)가 20×1년에 인식할 당기손익과 기타포괄손익은 각각 얼마인가?

14 이자율스왑에 대한 위험회피회계(Ⅱ)

(2012년 공인회계사 시험(2차) 수정)

20×1년 6월 30일에 (주)분당은 만기 3년의 차입금 ₩10,000,000을 연 7% 고정금리로 차입하였다. 고정이자율은 차입일 당시의 LIBOR에 (주)분당의 신용위험을 고려 1%를 가산하여 결정되었다. 같은 날 경쟁업체인 (주)화성은 만기 3년의 차입금 ₩10,000,000을 변동금리로 차입하였다. 변동이자율은 차입일 당시의 LIBOR에 (주)화성의 신용위험을 고려 1%를 가산하여 결정되었으며, 이후 반년마다 LIBOR에 가산금리를 적용하여 조정된다. 동시에 (주)분당과 (주)화성은 다음과 같은 만기 3년의 이사율스왑거래를 체결하였다. (주)분당은 차입금 원금 ₩10,000,000에 대해 (주)화성으로부터 고정이자율 연 6%를 수취하고 6개월 LIBOR에 상당하는 변동이자율을 (주)화성에 지급한다. 이자율스왑 정산과 관련한 이자는 매해 12월 31일 및 6월 30일에 지급하며, 이를 결정하는 LIBOR는 매 기간초 확정된다. 즉, 12월 31일 스왑결제에 적용될 변동이자율은 6월 30일의 6개월 LIBOR에 의해 결정된다. 차입금과 관련한 이자율스왑의 위험회피효과는 100%이며, 차입 후 1년간 6개월 LIBOR와 이에 근거한 (주)분당의 이자율스왑의 공정가치는 다음과 같다.

일 자	6개월 만기 LIBOR	(주)분당의 이자율스왑 공정가치
20×1. 6. 30	6%	−
20×1. 12. 31	7%	(₩222,591)
20×2. 6. 30	5%	185,855

요구사항

1. 한국채택국제회계기준은 위에 제시된 이자율스왑과 같은 파생상품을 이용해 회피할 수 있는 위험을 (a) 공정가치위험 그리고 (b) 현금흐름위험으로 크게 구분하고 있다. 위의 스왑거래를 통하여 (주)분당과 (주)화성이 각각 회피하고자 하는 위험은 무엇인가?

2. 20×1년 7월 1일부터 20×2년 6월 30일까지 차입금 및 스왑과 관련하여 (주)분당과 (주)화성이 지급해야 할 순이자비용은 각각 얼마인지 계산하라.
3. (주)분당이 위험회피회계를 적용하였을 경우, 위 차입금 및 스왑 거래가 20×2년 1월 1일부터 20×2년 6월 30일까지 회계기간의 (주)분당의 ① 당기손익과 ② 기타포괄손익에 미친 영향을 계산하라.
4. (주)화성이 위험회피회계를 적용하였을 경우, 위 차입금 및 스왑 거래가 20×2년 1월 1일부터 20×2년 6월 30일까지 회계기간의 (주)화성의 ① 당기손익과 ② 기타포괄손익에 미친 영향을 계산하라.
5. (주)분당과 (주)화성이 각각 위험회피회계를 적용하였을 경우, 20×2년 6월 30일 현재 보유중인 차입금의 장부금액을 계산하라.

부 록

연습문제 해답

제 1 장 사업결합회계

01 기본개념의 이해

(1) ○	(2) ×	(3) ×	(4) ○	(5) ×	(6) ○	(7) ×
(8) ○	(9) ×	(10) ○	(11) ○	(12) ×	(13) ×	(14) ×
(15) ×	(16) ○	(17) ○	(18) ○	(19) ×	(20) ×	

* (2) 합병은 법적으로 서로 독립된 두 개 이상의 기업이 법적으로 하나의 기업으로 통합되는 사업결합이다.
 (3) 투입물과 과정은 필수적으로 포함해야 하지만 산출물은 반드시 필요한 요소가 아니다.
 (5) 모든 사업결합은 취득법으로 회계처리한다.
 (7) 자산이 계약상 권리 또는 기타 법적 권리에서 발생하거나 분리가능한 자산 중 하나에 해당하면 식별가능한 자산이라고 본다.
 (9) 취득일에 공정가치로 측정된 취득 자산에 대하여 별도의 평가충당금은 인식하지 않는다.
 (12) 이전대가가 식별가능한 취득 자산과 인수 부채의 순액을 초과하는 경우 영업권을 인식한다.
 (13) 영업권은 내용연수가 비한정인 무형자산으로 보아 상각하지 않는다.
 (14) 당기손익 또는 기타포괄손익으로 인식한다. 이전 보고기간에 피취득자에 대한 지분의 가치변동을 기타포괄손익으로 인식하였다면 해당 차손익은 기타포괄손익으로 인식한다.
 (15) 채무증권과 지분증권의 발행원가는 당해 발행증권의 발행금액에서 차감한다.
 (19) 영업권은 손상차손환입을 인식하지 않는다.
 (20) 역취득에서 법적 취득자의 자산과 부채는 취득법에 따라 인식하고 측정한다.

02 사업결합회계 – 기본(Ⅰ)

(2005년 공인회계사 시험(1차) 수정)

1. (1) 영 업 권 : (2,000주 × ₩1,000) − (₩250,000 + ₩5,000,000 − ₩3,500,000) = ₩250,000
 (2) 자 본 금 : ₩3,000,000 + (2,000주 × ₩500) = ₩4,000,000
 (3) 자본잉여금 : ₩1,000,000 + [2,000주 × (₩1,000 − ₩500)] = ₩2,000,000
 (4) 이익잉여금 : ₩2,000,000

2.

(차)	유형자산	5,000,000	(대) 비유동부채	3,500,000
	자기주식	250,000	자 본 금	1,000,000
	영 업 권	250,000	주식발행초과금	1,000,000

03 사업결합회계 – 기본(Ⅱ)

1. 10주 교부시

(차) 유동자산	40,000*	(대) 차입금	20,000
건물	70,000	자본금	50,000
기계	20,000	주식발행초과금	42,000
		염가매수차익	18,000
(차) 주식발행초과금	5,000	(대) 현금	11,500
건물	2,000		
기타비용	4,500		

* 취득일의 공정가치로 측정된 취득 자산에 대하여 별도의 평가충당금은 인식하지 않는다.

2. 15주 교부시

(차) 유동자산	40,000	(대) 차입금	20,000
건물	70,000	자본금	75,000
기계	20,000	주식발행초과금	63,000
영업권	28,000		
(차) 주식발행초과금	5,000	(대) 현금	11,500
건물	2,000		
기타비용	4,500		

04 취득 자산 및 인수 부채(Ⅰ)

(차) 유동자산	100,000	(대) 부채	100,000
유형자산	120,000	현금	14,000
매각예정자산	66,000*	유형자산	8,000***
무형자산	42,000	유형자산처분이익	4,000***
재취득한 권리(무형자산)	12,000**	염가매수차익	214,000

* 취득일에 매각예정자산으로 분류된 취득 비유동자산은 순공정가치로 측정한다.

** 재취득한 권리의 가치를 잔여계약기간에 기초하여 측정한 후 무형자산으로 인식한다.

*** 이전대가에 포함된 공정가치와 장부금액이 다른 자산은 취득일 현재 공정가치로 측정하고, 그 결과 장부금액과의 차이는 당기손익으로 인식한다.

05 취득 자산 및 인수 부채(Ⅱ)

(2023년 공인회계사 시험(1차) 수정)

• 20×1년말 FVOCI금융자산 공정가치평가

(차) FVOCI금융자산	30,000	(대) FVOCI금융자산평가이익	30,000*

* (150주 × ₩1,200) − ₩150,000 = ₩30,000

• 20×2년 1월 1일 합병분개

(차) 유동자산	200,000	(대) 부채	600,000
유형자산	1,280,000	현금	200,000
무형자산	30,000*	자본금	500,000
영업권	270,000	주식발행초과금	300,000
		FVOCI금융자산	180,000

* 분리가능한 상표권을 무형자산으로 인식한다.

06 염가매수차익

1.

(차) 현금	300,000	(대) 매입채무	100,000
매출채권	100,000	비유동부채	110,000*
재고자산	150,000	미지급비용(주식기준보상)	25,000**
건물	500,000	자본금	200,000
기계장치	200,000	주식발행초과금	400,000
토지	400,000	현금	200,000
		염가매수차익	615,000

* 피취득자의 종업원급여약정과 관련된 부채 및 자산은 공정가치가 아닌 K-IFRS 제1019호에 따라 인식하고 측정한다.

** 피취득자의 주식기준보상을 자신의 주식기준보상으로 대체하는 경우, 취득자는 관련된 부채, 지분상품을 K-IFRS 제1102호의 방법에 따라 측정한다.

2.

(차) 소송비용	150,000	(대) 미지급소송부채	150,000

(주) 측정기간이 종료된 후 발생한 회계추정의 변경으로 보아 당해 연도 비용으로 처리한다.

07 단계적 취득에 의한 사업결합

1. 사업결합으로 인식할 영업권

기존취득지분의 공정가치		₩5,000
신규취득지분의 대가	18주×@₩3,000=	54,000
사업결합대가		₩59,000
식별가능한 순자산공정가치	₩70,000−₩25,000=	(45,000)
영업권		₩14,000

2. 사업결합의 회계처리

(차) FVOCI금융자산	1,000*	(대) FVOCI금융자산평가이익	1,000

* ₩5,000−₩4,000=₩1,000

(차) 현금및현금성자산	5,000	(대) 부 채	25,000
매 출 채 권	20,000	FVOCI금융자산	5,000
재 고 자 산	9,000	자 본 금	18,000*
비유동자산	36,000	주식발행초과금	36,000**
영 업 권	14,000		

* 18주×@₩1,000=₩18,000

** 18주×(@₩3,000−@₩1,000)=₩36,000

[선택사항]

(차) FVOCI금융자산평가이익	3,000*	(대) 이익잉여금	3,000

* (₩4,000−₩2,000)+₩1,000=₩3,000

08 측정기간의 잠정 금액 조정

1. 20×1년 11월 30일(취득일)의 회계처리

(차) 유 형 자 산	60,000	(대) 부 채	30,000
기 타 자 산	45,000	현 금	80,000
영 업 권	5,000		

2. 20×1년말 재무상태표에서 유형자산과 영업권의 장부금액

① 유형자산의 장부금액

취득일에 인식할 유형자산		₩75,000
유형자산의 감가상각누계액	₩75,000÷5×1/12=	(1,250)
유형자산의 장부금액		₩73,750

② 영업권의 장부금액 또는 염가매수차익

최초 취득일에 인식한 영업권	₩5,000
유형자산의 조정금액	(15,000)
염가매수차익	(₩10,000)

3. 회계처리

• 20×1. 12. 31

(차) 감가상각비	1,000*	(대) 감가상각누계액	1,000

* ₩60,000 ÷ 5 × 1/12 = ₩1,000

• 20×2. 4. 30

(차) 유 형 자 산	15,000	(대) 영 업 권	5,000
		이월이익잉여금*	10,000
(차) 이월이익잉여금	250**	(대) 감가상각누계액	250

* 전기에 인식했어야 할 염가매수차익의 수정

** 전기 감가상각비 추가분 : (₩75,000 − ₩60,000) ÷ 5 × 1/12 = ₩250

• 20×2. 12. 31

(차) 감가상각비	15,000*	(대) 감가상각누계액	15,000

* ₩75,000 ÷ 5 = ₩15,000

09 조건부대가

(2017년 공인회계사 시험(1차) 수정)

1. 20×1년 10월 1일(취득일)의 회계처리

(차) 자 산	600,000	(대) 부 채	100,000
영 업 권	10,000	현 금	450,000
		조건부대가(부채)	60,000

2. 20×1년말 재무상태표에 보고할 영업권의 장부금액

① 영업권의 장부금액 또는 염가매수차익

최초 취득일에 인식한 영업권	₩10,000
조건부대가의 조정	20,000
영업권	₩30,000

② 20×1. 12. 31의 회계처리

(차) 영 업 권	20,000*	(대) 조건부대가(부채)	20,000

* ₩80,000 − ₩60,000 = ₩20,000

3. 20×2년말의 회계처리

(차)	조건부대가(부채)	80,000	(대) 현 금	100,000
	조건부대가상환손실	20,000		

10 측정기간 및 조건부대가

(2021년 공인회계사 시험(1차) 수정)

1. 20×1년 7월 1일(취득일)의 회계처리

(차)	현 금	50,000	(대) 매입채무	80,000
	재고자산	200,000	차 입 금	450,000
	유형자산	800,000	조건부대가(부채)	60,000
	무형자산	290,000	자 본 금	160,000
	영 업 권	370,000	주식발행초과금	960,000

2. 20×1년말 조건부대가 지급시점의 회계처리

(차)	조건부대가(부채)	60,000	(대) 조건부대가상환이익	60,000

3. 유형자산 관련 회계처리

• 20×1년 12월 31일

(차)	감가상각비	80,000*	(대) 감가상각누계액	80,000

* ₩800,000 ÷ 5 × 6/12 = ₩80,000

• 20×2년 4월 30일

(차)	유형자산	100,000	(대) 영 업 권	100,000
	이익잉여금	10,000*	감가상각누계액	10,000

* 유형자산의 취득일 공정가치가 ₩900,000으로 인식되었더라면 인식했을 6개월간의 추가 감가상각비를 기초잉여금에서 조정한다.

• 20×2년 12월 31일

(차)	감가상각비	180,000	(대) 감가상각누계액	180,000

11 취득 자산과 인수 부채의 공정가치 조정

(2019년 공인회계사 시험(2차) 수정)

1) 무형자산 ₩1,000 증가

식별가능한 연구개발 프로젝트의 공정가치는 취득 자산에 포함한다.

2) 영향 없음

집합적 노동력은 식별가능한 자산이 아니므로 별도의 무형자산으로 인식하지 않고 그 가치를 영업권에 포함한다.

3) 무형자산 ₩500 증가

생산공정에 관련된 비밀기술은 일반적으로 분리가능성 기준을 충족하므로 특허를 받지 않았더라도 식별가능한 무형자산에 포함한다.

4) 영향 없음

잠재적 계약은 그 자체로는 자산이 아니기 때문에 영업권과 분리하여 인식하지 않는다.

5) 부채 ₩300 증가

우발부채의 경우 당해 의무를 이행하기 위한 경제적 자원의 유출가능성이 높지 않더라도 충당부채로 인식한다.

6) 기타자산 ₩50 증가

보상자산은 보상대상항목(충당부채)과 동일한 근거로 인식하고 측정한다.

7) 부채 ₩300 감소

피취득자의 주식기준보상을 자신의 주식기준보상으로 대체하는 경우, 취득자는 관련된 부채 또는 지분상품을 K-IFRS 제1102호(주식기준보상)의 방법에 따라 측정(이를 '시장기준측정치'라고 함)한다. 이때, 피취득자에 대한 이전대가의 일부인 대체보상의 시장기준측정치 부분은 사업결합 전 근무용역에 귀속되는 피취득자 보상 부분과 일치한다. 그러므로 취득자는 대체보상의 시장기준측정치가 피취득자 보상의 시장기준측정치를 초과하는 금액은 사업결합 후 근무용역에 귀속시키고, 그 초과분을 사업결합 후 재무제표에 보수원가로 인식한다. 따라서 (주)민국의 시장기준측정치인 ₩1,700을 사업결합에 따른 인수 부채로 인식한다.

고급 연습문제

12 사업결합회계 – 종합(Ⅰ)

1. 합병일의 회계처리

(차)	기타자산	1,000,000	(대) 기타부채	600,000
	리스채권	15,000	사용권자산	10,000 *
	무형자산	50,000 **	운용리스자산	25,000 ***
	보상자산	40,000	손해배상손실충당부채	100,000
	영업권	500,000	현금	750,000
			보통주자본금	50,000
			주식발행초과금	50,000
			조건부대가(자본)	20,000

* 사용권자산을 리스부채와 동일하게 잔여기간 리스료의 현재가치인 ₩50,000으로 조정

** 신제품 연구프로젝트의 공정가치 ₩50,000을 식별가능 무형자산으로 인식

*** ₩10,000(운용리스자산의 불리한 계약조건) × 2.5 = ₩25,000

2. 20×1년 8월 1일의 회계처리

(차) 조건부대가(자본)	20,000	(대) 보통주자본금	10,000
		주식발행초과금	10,000

(주) 특정 주가도달은 측정기간 내 조정이 아니므로 재측정하지 않으며, 조건부대가(자본)의 후속 정산은 자본 내에서 회계처리한다.

13 사업결합회계 – 종합(Ⅱ)

1. 취득일 시점

① 현금 : ₩400,000 + ₩150,000 − ₩300,000 = ₩250,000

② 매출채권 : ₩300,000 + ₩150,000* = ₩450,000

③ 제품 : ₩500,000 + ₩300,000 = ₩800,000

④ 건물(순액) : ₩200,000 + ₩150,000 = ₩350,000

⑤ 기계(순액) : ₩200,000 + ₩150,000 = ₩350,000

⑥ 무형자산 : ₩100,000 + ₩30,000** + ₩30,000*** + ₩33,000**** = ₩193,000

⑦ 부채 : ₩1,300,000 + ₩900,000 = ₩2,200,000

⑧ 자본금 : ₩300,000 + ₩250,000 = ₩550,000

⑨ 영업권 :

이전대가(500주 × ₩700 + ₩300,000 + ₩120,000)	₩770,000
순자산공정가치(₩1,243,000 − ₩900,000)	(343,000)
영업권	₩427,000

* 취득일의 공정가치로 측정된 취득 자산에 대하여 별도의 평가충당금은 인식하지 않는다.

** 기업이 계약을 통해 고객과의 관계를 형성하는 경우 고객계약 및 고객관계는 계약적 · 법적 기준을 충족하는 무형자산이다.

*** 을(주)의 무형자산 장부금액 ₩50,000에서 재취득한 권리의 장부금액 ₩20,000을 차감한 금액

**** 재취득한 권리 : ₩11,000 × 3년 = ₩33,000

2. 20×2년 1월 1일 시점

① 건물(순액) : ₩350,000 − (₩350,000 ÷ 4 × 6/12) + ₩10,000* − (₩10,000 ÷ 4 × 6/12) = ₩315,000

② 무형자산 : ₩160,000 − (₩160,000 ÷ 5 × 6/12) + ₩33,000 − (₩33,000 ÷ 3 × 6/12) = ₩171,500

③ 영업권 : ₩427,000 − ₩10,000** = ₩417,000

* 측정기간 동안의 조정이기 때문에 사업결합의 회계처리가 취득일에 완료되었던 것처럼 잠정금액의 조정을 인식한다.

**

(차) 건 물	10,000	(대) 영 업 권	10,000
이익잉여금	1,250	건 물	1,250

14 사업결합회계 – 종합(Ⅲ)

(2012년 공인회계사 시험(2차) 수정)

1. 합병일의 회계처리

(차) 현 금	55,000	(대) 자 본 금	125,000
FVOCI금융자산	45,000	자본잉여금	250,000
건 물	250,000	현 금	150,000
토 지	150,000	FVOCI금융자산	35,000
지급수수료	4,500	현 금	16,500
자본잉여금	5,000		
건 물	7,000		
무 형 자 산	20,000		
영 업 권	40,000		
(차) 자 기 주 식	45,000	(대) FVOCI금융자산	45,000

① 매출 : ₩500,000
② 현금 : ₩200,000 + ₩55,000 − ₩150,000 − ₩16,500 = ₩88,500
③ FVOCI금융자산 : ₩0
④ 건물(순액) : ₩400,000 + ₩250,000 + ₩7,000 = ₩657,000
⑤ 무형자산(영업권 제외) : ₩20,000
⑥ 충당부채 : ₩0
⑦ 자본금 : ₩250,000 + ₩125,000 = ₩375,000
⑧ 자본잉여금 : ₩310,000 + ₩250,000 − ₩5,000 = ₩555,000
⑨ 이익잉여금 : ₩200,000 + ₩500,000 − ₩300,000 − ₩80,000 − ₩4,500 = ₩315,500
⑩ 영업권 : ₩40,000

2. ① 20×2년말에 인식할 손상차손 중 건물에 배분될 금액 : ₩20,000

과 목	장부금액	손상차손배부	배부 후 장부금액
건 물	₩120,000*	₩20,000**	₩100,000
토 지	60,000	10,000	50,000
영 업 권	30,000	30,000	0
합 계	₩210,000	₩60,000	₩150,000

* ₩150,000 × 4/5 = ₩120,000
** (₩60,000 − ₩30,000) × ₩120,000/(₩120,000 + ₩60,000) = ₩20,000

② 20×3년말에 인식할 건물의 손상차손환입액 : ₩15,000

과 목	장부금액	손상차손환입배부	배부 후 장부금액
건 물	₩75,000*	₩15,000	₩90,000**
토 지	50,000	10,000	60,000
영 업 권	0	0	0
합 계	₩125,000	₩25,000	₩150,000

* ₩100,000 × 3/4 = ₩75,000

** Min[ⓐ, ⓑ] = ₩90,000

ⓐ ₩55,000 × ₩75,000/(₩75,000 + ₩50,000) + ₩75,000 = ₩108,000

ⓑ ₩150,000 × 3/5 = ₩90,000

③ 20×3년말 손상차손환입을 인식한 후 영업권의 장부금액 : ₩0

15 사업결합회계 – 종합(Ⅳ)

(2014년 공인회계사 시험(2차) 수정)

1. 합병일의 회계처리

(차)	유 동 자 산	221,000*	(대) 부 채	100,000
	유 형 자 산	205,000**	납 입 자 본	450,000
	무 형 자 산	161,000***	현 금	100,000
	영 업 권	95,000	조건부대가(자본)	25,000
			조건부대가(부채)	7,000

* ₩220,000 + (₩8,000 − ₩7,000) = ₩221,000

** ₩200,000 + ₩5,000 = ₩205,000

*** ₩160,000 − ₩5,000 + ₩6,000 = ₩161,000

① 영업권 : ₩95,000

② 무형자산(영업권 제외) : ₩100,000 + ₩161,000 = ₩261,000

③ 부채 : ₩300,000 + ₩100,000 + ₩7,000 = ₩407,000

④ 납입자본 : ₩400,000 + ₩450,000 = ₩850,000

⑤ 기타자본 : ₩200,000 + ₩25,000 = ₩225,000

2. 조건부대가 지급시

(차)	조건부대가(자본)	25,000	(대) 자 본 금	20,000
			주식발행초과금	5,000
(차)	조건부대가(부채)	7,000	(대) 현 금	5,000
			조건부대가상환이익	2,000

① 납입자본에 미치는 영향 : ₩20,000 + ₩5,000 = ₩25,000 증가

② 당기손익에 미치는 영향 : ₩2,000 증가

보-1 현금창출단위의 손상검사

(2022년 공인회계사 시험(1차) 수정)

- A사업부에 배분된 영업권 : ₩22,000 − ₩19,000 = ₩3,000
- A사업부 기계장치의 장부금액 : ₩1,300

구 분	장부금액	손상차손배부	배부 후 장부금액
토 지	₩5,000	−	₩5,000*
건 물	8,000	₩800	7,200**
기계장치	2,000	700	1,300
영 업 권	3,000	3,000	0***
합 계	₩18,000	₩4,500	₩13,500

* 토지는 장부금액이 순공정가치 ₩5,500보다 작으므로 손상차손을 배분하지 않는다.
** 건물은 회수가능액 ₩7,200을 한도로 손상차손을 배분한다.
*** 영업권 장부금액을 전액 손상차손으로 인식한다.

보-2 영업권의 후속 측정

1. 20×2년 1월 1일의 회계처리

(차) 손 상 차 손	24,600	(대) 영 업 권	10,000
		토 지	8,000
		건 물	3,600
		기 계	3,000

(주) 20×2년초에 인식할 손상차손 및 이의 배분

- 손상차손

영업권의 장부금액	₩10,000	
식별가능한 자산의 장부금액	36,500	(= ₩20,000 + ₩9,000 + ₩7,500)*
현금창출단위의 장부금액	₩46,500	
현금창출단위의 회수가능액	(21,900)	
손상차손금액	₩24,600	

* 20×2년초 식별가능한 자산의 장부금액

	토 지	건 물	기계장치
취득금액	₩20,000	₩10,000	₩10,000
감가상각비	−	(₩1,000)(= ₩10,000 ÷ 10)	(₩2,500)(= ₩10,000 ÷ 4)
장부금액	₩20,000	₩9,000	₩7,500

- 손상차손의 배분 : 손상차손의 인식액(₩24,600) − 영업권의 손상차손(₩10,000)
  = 식별가능한 자산의 손상차손(₩14,600)

⇒ 식별가능한 자산별 손상차손의 배분

구 분	배분 전 장부금액	손상차손 배분액	배분 후 장부금액
토 지	₩20,000	₩8,000	₩12,000
건 물	9,000	3,600	5,400
기계장치	7,500	3,000	4,500
합 계	₩36,500	₩14,600	₩21,900

2. 20×3년 1월 1일의 회계처리

(차) 토 지	4,800	(대) 손상차손환입	7,920
건 물	1,920		
기 계 장 치	1,200		

(주) 20×3년초에 인식할 손상차손 환입액 및 이의 배분

• 손상차손환입 금액

현금창출단위의 회수가능액	₩27,720	
식별가능한 자산의 장부금액	(19,800)	(= ₩12,000 + ₩4,800 + ₩3,000)*
손상차손환입 인식가능액	₩7,920	

* 20×3년초 식별가능한 자산의 장부금액

	토 지	건 물	기계장치
20×2년초 금액	₩12,000	₩5,400	₩4,500
감가상각비	-	(₩600)(= ₩5,400 ÷ 9)	(₩1,500)(= ₩4,500 ÷ 3)
장부금액	₩12,000	₩4,800	₩3,000

• 손상차손환입의 배분

구 분	배분 전 장부금액	손상차손환입 배분액	배분 후 장부금액
토 지	₩12,000	₩4,800	₩16,800
건 물	4,800	1,920	6,720
기계장치	3,000	1,200	4,200
합 계	₩19,800	₩7,920	₩27,720

(주) 손상차손을 인식하지 않았을 경우의 20×3년초 식별가능자산의 장부금액(환입의 한도)

	토 지	건 물	기계장치
취득금액	₩20,000	₩10,000	₩10,000
2년 감가상각비	-	(₩2,000)(= ₩10,000 ÷ 10 × 2년)	(₩5,000)(= ₩10,000 ÷ 4 × 2년)
장부금액	₩20,000	₩8,000	₩5,000

보-3 역취득

(2011년 공인회계사 시험(2차) 수정)

1. 사업결합으로 인해 갑(주)가 보통주 300주를 발행한 결과, 을(주)의 주주는 결합기업 발행주식수의 75%(발행주식 400주 중 300주)를 소유하며, 나머지 25%는 갑(주)의 주주가 소유한다. 따라서 회계상 취득자는 법적 종속기업인 을(주)이며, 이 사업결합거래는 역취득에 해당한다.

2. ① 자산총계(영업권 포함) : ₩110,000 + ₩70,000 + ₩3,000* = ₩183,000

   * 영업권 = (50주 × ₩800) − (₩70,000 − ₩33,000) = ₩3,000

   ② 부채총계 : ₩60,000 + ₩33,000 = ₩93,000

   ③ 납입자본 : ₩30,000 + (50주 × ₩800) = ₩70,000

   ④ 이익잉여금 : ₩20,000

제 2 장 연결재무제표의 의의와 작성원칙

01 기본개념의 이해

(1) ×	(2) ○	(3) ○	(4) ×	(5) ×	(6) ○	(7) ×
(8) ○	(9) ○	(10) ×	(11) ○	(12) ○	(13) ×	(14) ○
(15) ×	(16) ×					

* (1) 지배력의 세 가지 요소가 모두 충족되어야 지배력이 인정된다.
  (4) 피투자자의 이익에 가장 유의적으로 영향을 미치는 활동을 지시하는 현재의 능력이 있는 투자자가 피투자자에 대한 힘을 보유한다.
  (5) 고정금리 지급은 변동이익에 해당한다.
  (7) 면제조건이 충족되지 않는 한, 중간지배기업도 연결재무제표를 작성해야 한다.
  (10) 보고기간종료일의 차이는 3개월을 초과할 수 없다.
  (13) 원가법, 공정가치법, 지분법 중 하나를 선택하여 회계처리한다.
  (15) 지배기업이론에서 비지배주주는 외부자로 간주되므로 내부거래에서 발생한 미실현손익 중 지배기업의 몫만 제거한다.
  (16) 종속기업의 채권자들에게는 연결재무제표가 크게 도움이 되지 못한다.

02 힘의 존재 판단

(1) 투자자의 의결권 규모와 다른 주주와의 상대적 규모는 투자자가 힘을 갖지 않는다는 결론을 내리기에 충분하다. 투자자가 피투자자의 관련활동을 지시하는 것을 못하게 하기 위해서는 오직 다른 투자자 둘만 협력할 필요가 있을 것이다.

(2) 투자자가 보유한 의결권의 절대적 규모와 다른 주주들이 보유한 의결권의 상대적 규모만으로는, 투자자가 피투자자에 대한 힘을 부여하는 충분한 권리를 가지는지 결정하기 위한 확실한 증거가 되지 못한다. 투자자가 힘을 갖거나 갖지 못한다는 증거를 제공할 수 있는 추가적인 사실과 상황을 고려해야 한다.

03 대리인 여부의 판단

(1) 펀드운용사의 2%의 투자는 펀드활동의 이익 변동에 대한 펀드운용사의 노출을 증가시키지만 펀드운용사를 본인으로 볼 정도로 유의적이지는 않다. 펀드운용사를 해임할 수 있는 다른 투자자들의 권리는 방어권으로 고려되는데, 이는 계약을 위반한 경우에만 행사가능하기 때문이다. 펀드운용사는 광범위한 의사결정권한을 가지고 있으며 자신의 지분과 보상의 이익 변동에 노출되지만, 이러한 노출은 펀드운용사가 대리인임을 나타낸다. 따라서 펀드운용사는 펀드를 지배하지 않는다는 결론을 내린다.

(2) 이 경우에 펀드운용사를 해임할 수 있는 다른 투자자들의 권리는 방어권으로 고려되는데, 이는 계약을 위반한 경우에만 행사가능하기 때문이다. 펀드운용사는 제공하는 용역에 상응하는 고정급과 성과급을 수수료로 받지만, 펀드운용사의 보상과 투자의 결합은 펀드운용사가 본인임을 나타내는 유의적인 펀드활동의 이익 변동에 노출하도록 한다. 펀드운용사의 경제적 이익(펀드운용사의 보상과 다른 지분을 전체적으로 고려)의 규모나 그와 관련된 변동이 클수록, 펀드운용사는 이러한 경제적 이익에 더 중점을 두어 분석하고 펀드운용사가 본인일 가능성이 더 높아진다.

예를 들어, 보상 및 다른 요소들을 고려할 경우, 펀드운용사는 20%의 투자로도 자신이 펀드를 지배한다고 결론을 내리기에 충분하다고 고려할 수도 있다. 그러나 다른 상황에서는(즉, 보상이나 다른 요소들이 다르다면), 지배력은 투자 수준이 다를 때 발생할 수도 있다.

(3) 펀드운용사는 제공하는 용역에 상응하는 고정급과 성과급을 수수료로 받지만, 펀드운용사의 20% 투자와 보상의 결합은 펀드운용사가 본인임을 나타내는 정도로 유의적인 펀드활동의 이익 변동에 노출하도록 한다. 그러나 투자자들은 펀드운용사를 해임할 실질적인 권리를 가진다. 이사회는 투자자들이 결정만 한다면 펀드운용사를 해임할 수 있는 제도가 된다. 이 사례에서는 펀드운용사는 실질적인 해임권에 더 중점을 두어 분석한다. 따라서 펀드운용사가 광범위한 의사결정권한을 가지며 보상과 투자에서 발생하는 펀드의 이익 변동에 노출되지만, 다른 투자자들이 갖는 실질적인 권리는 펀드운용사가 대리인임을 나타낸다. 그러므로 펀드운용사는 펀드를 지배하지 않는다는 결론을 내린다.

제 3 장 연결재무제표 작성

01 기본개념의 이해

(1) ○ (2) × (3) ○ (4) ○ (5) × (6) ○ (7) ×
(8) × (9) × (10) ○

* (2) 연결분개는 연결과정에서만 나타날 뿐 개별 회계장부에 영향을 주지 않는다.
  (5) 비지배지분을 공정가치로 측정하면 비지배지분에 속하는 영업권이 연결재무제표에 계상된다.
  (7) 지배력획득일 이후에 변동한 종속기업의 이익잉여금은 연결이익잉여금과 비지배지분에 각 지분율만큼 나눠서 귀속된다.
  (8) 종속기업이 비지배지분에 지급한 배당금은 연결실체 입장에서 배당으로 인정된다.
  (9) 비지배지분이 부(−)의 잔액이 되는 것과 무관하게, 종속기업의 당기손익은 지배기업소유주와 비지배지분에 귀속시킨다.

02 비지배지분

자 본 금	₩400,000
자본잉여금	222,000
이익잉여금	358,000
비지배지분	126,000*
	₩1,106,000

* (₩180,000 + ₩65,000 + ₩175,000) × 30% = ₩126,000

03 불완전한 연결재무제표의 완성

1. ₩210,000(= ₩120,000 + ₩90,000)
2. 서울사의 투자주식계정금액인 ₩110,000
3. ₩25,000[= ₩10,000(장부금액) + ₩15,000(미실현처분이익)]
4. ₩120,000(= ₩75,000 + ₩55,000 − ₩10,000*)
   * 연결재무상태표상의 매출채권금액이 두 회사의 매출채권의 합에서 ₩10,000(= ₩90,000 + ₩50,000 − ₩130,000)이 제거된 것으로 보아 연결대상회사간 내부거래가 있었음을 알 수 있다. 따라서 같은 금액의 매입채무도 제거되어야 한다.
5. ₩100,000

04 연결포괄손익계산서의 이해

1. 매출액 : ₩300,000 + ₩200,000 − ₩50,000 = ₩450,000

2. 매출원가 : ₩200,000 + ₩130,000 − ₩50,000 = ₩280,000

3. 감가상각비 : ₩40,000 + ₩30,000 = ₩70,000

05 지배력획득일의 연결재무제표

(1) 연결분개

(차) 자 본 금	100,000	(대) 투 자 주 식	95,000
자본잉여금	2,000	비지배지분	23,200 *
이익잉여금	14,000		
영 업 권	2,200		

* (₩100,000 + ₩2,000 + ₩14,000) × 20% = ₩23,200

(2) 연결재무상태표

연결재무상태표

20×1. 12. 31 현재

제 자 산	₩482,000	제 부 채	₩211,000
영 업 권	2,200	자 본 금	200,000
		자본잉여금	20,000
		이익잉여금	30,000
		비지배지분	23,200
자산합계	₩484,200	부채와 자본합계	₩484,200

06 연결재무제표 작성

1. 연결분개

① (차) 자 본 금	100,000	(대) 투 자 주 식	98,000
자본잉여금	2,000	비지배지분	23,800 *
이익잉여금	14,000		
재 고 자 산	1,000		
건 물	2,000		
영 업 권	2,800		

* (₩100,000 + ₩2,000 + ₩14,000 + ₩1,000 + ₩2,000) × 20% = ₩23,800

② (차) 자본잉여금 400 (대) 비지배지분 400*

* ₩2,000(당기증가액) × 20% = ₩400

(주) 20×1년초 지배력획득시점부터 20×1년말까지 증가한 자본잉여금 ₩2,000 중 비지배주주에 속하는 금액을 비지배지분에 대체한다. 지배기업의 몫인 ₩1,600은 제거하지 않음으로써 자동적으로 연결재무상태표상 자본잉여금으로 옮겨진다.

③ (차) 매출원가 1,000 (대) 재고자산 1,000

④ (차) 감가상각비 400* (대) 감가상각누계액 400

* ₩2,000 × 1/5 = ₩400

⑤ (차) 이익잉여금 2,720* (대) 비지배지분 2,720

* (₩15,000 − ₩1,000 − ₩400) × 20% = ₩2,720

2. 연결재무상태표

연결재무상태표

20×1. 12. 31 현재

제 자 산	₩543,600	제 부 채	₩234,000
영 업 권	2,800	자 본 금	200,000
		자본잉여금	21,600
		이익잉여금	63,880*
		비지배지분	26,920
계	₩546,400	계	₩546,400

* ₩53,000 + (₩15,000 − ₩1,000 − ₩400) × 80% = ₩63,880

07 염가매수차익

1. 연결분개

① (차) 자 본 금 200,000 (대) 투자주식 300,000
자본잉여금 150,000 비지배지분 210,000*
이익잉여금 50,000 염가매수차익 15,000
재고자산 25,000
토 지 50,000
건 물 50,000

* (₩200,000 + ₩150,000 + ₩50,000 + ₩25,000 + ₩50,000 + ₩50,000) × 40% = ₩210,000

② (차) 매출원가 25,000 (대) 재고자산 25,000

③ (차) 감가상각비 6,250* (대) 감가상각누계액 6,250

* ₩50,000/8년 = ₩6,250

④ (차) 이익잉여금	11,500*	(대) 비지배지분	11,500

* (₩60,000 − ₩25,000 − ₩6,250) × 40% = ₩11,500

2.

연결재무상태표

20×1. 12. 31 현재

현 금	₩85,000	매 입 채 무	₩250,000
매 출 채 권	200,000	기 타 부 채	250,000
재 고 자 산	250,000	자 본 금	200,000
토 지	550,000	자본잉여금	400,000
건 물	800,000	이익잉여금	282,250
감가상각누계액	(281,250)	비지배지분	221,500
계	₩1,603,750	계	₩1,603,750

08 연결재무상태표의 작성 – 지배력획득연도의 연결

1. 연결분개

① (차) 자 본 금	200,000	(대) 투 자 주 식	350,000
이익잉여금	100,000	비지배지분	141,000*
재 고 자 산	50,000		
건 물	100,000		
사채할인발행차금	20,000		
영 업 권	21,000		

* (₩200,000 + ₩100,000 + ₩50,000 + ₩100,000 + ₩20,000) × 30% = ₩141,000

② (차) 매 출 원 가	50,000	(대) 재 고 자 산	50,000
③ (차) 감가상각비	10,000	(대) 감가상각누계액	10,000
④ (차) 감가상각누계액	5,000	(대) 건 물	50,000
유형자산처분이익	45,000*		

* 인천(주)가 기록한 건물처분이익 = ₩300,000 − (₩500,000 − ₩50,000)/2 = ₩75,000
연결입장에서 올바른 건물처분이익 = ₩300,000 − (₩600,000 − ₩60,000)/2 = ₩30,000
따라서 수정할 금액 = ₩75,000 − ₩30,000 = ₩45,000

⑤ (차) 이 자 비 용	4,000	(대) 사채할인발행차금	4,000
⑥ (차) 매 입 채 무	70,000	(대) 매 출 채 권	50,000
		단기차입금	20,000
⑦ (차) 비지배지분	11,700	(대) 이익잉여금	11,700*

* (₩70,000 − ₩50,000 − ₩10,000 − ₩45,000 − ₩4,000) × 30% = (₩11,700)

2.

연결재무상태표

20×1. 12. 31 현재

현 금	₩175,000	매 입 채 무	₩385,000
매 출 채 권	300,000	단기차입금	20,000
재 고 자 산	400,000	사 채	400,000
건 물	1,425,000	사채할인발행차금	(16,000)
감가상각누계액	(480,000)	자 본 금	300,000
영 업 권	21,000	이익잉여금	622,700
		비지배지분	129,300
계	₩1,841,000	계	₩1,841,000

3.

① 지배기업 당기순이익		₩127,300
② 종속기업 당기순이익	₩70,000	
매 출 원 가	(50,000)	
감가상각비	(10,000)	
유형자산처분이익	(45,000)	
이 자 비 용	(4,000)	
	(₩39,000)	
지배기업 지분율	×70%	(27,300)
③ 지배기업지분순이익		₩100,000

4. 요구사항 1의 연결분개에 다음의 영업권손상차손 인식 분개를 추가한다.

(차) 손 상 차 손 11,000 (대) 영 업 권 11,000*

* (₩21,000 − ₩10,000) = ₩11,000

09 불완전자료추정

1. 지배력획득시점 연결이익잉여금 = 지배기업 이익잉여금 = ₩567,000

2. 재고자산 공정가치 = ₩330,000 − ₩200,000 = ₩130,000

3. 순자산의 공정가치 산출
   - 토지의 공정가치 = ₩180,000 − ₩100,000 = ₩80,000
   - 건물의 공정가치 = ₩620,000 − ₩400,000 = ₩220,000

   차액 : · 재고자산 ₩30,000(= ₩130,000 − ₩100,000)
   · 토 지 ₩30,000(= ₩80,000 − ₩50,000)
   · 건 물 ₩70,000(= ₩220,000 − ₩150,000)

   ∴ 순자산공정가치 = ₩150,000 + ₩170,000 + ₩30,000 + ₩30,000 + ₩70,000 = ₩450,000

4. 한국(주)의 지분율 = 1 − ₩157,500/₩450,000 = 65%

5. 지급대가 = ₩450,000 × 65% + ₩30,000 = ₩322,500

6. 연결분개

(차) 자 본 금	150,000	(대) 투자주식	322,500
이익잉여금	170,000	비지배지분	157,500
재고자산	30,000		
토 지	30,000		
건 물	70,000		
영 업 권	30,000		

10 연결재무제표의 이해(Ⅰ)

(1) 현금 : ₩70,000 + ₩30,000 = ₩100,000
(2) 매출채권(순액) : ₩430,000 + ₩120,000 − ₩45,000 = ₩505,000
(3) 재고자산 : ₩900,000 + ₩350,000 − (₩45,000 − ₩34,000) = ₩1,239,000
(4) 투자주식 : ₩0
(5) 비품(순액) : ₩2,800,000 + ₩730,000 + ₩25,000 − ₩5,000 = ₩3,550,000
(6) 영업권 : ₩1,250,000 − (₩1,195,000 + 25,000) × 100% = ₩30,000
(7) 매입채무 : ₩225,000 + ₩75,000 − ₩45,000 = ₩255,000
(8) 자본금 : ₩3,000,000
(9) 매출액 : ₩8,325,000 + ₩2,980,000 − ₩45,000 = ₩11,260,000
(10) 매출원가 : ₩5,150,000 + ₩2,010,000 − ₩34,000 = ₩7,126,000
(11) 감가상각비 : ₩302,000 + ₩85,000 + ₩5,000 = ₩392,000

11 연결재무제표의 이해(Ⅱ)

〈20×1년말 각 계정금액〉

(1) 영업권 : ₩400,000 − (₩100,000 + ₩50,000 + ₩30,000) × 60%
− (₩50,000 + ₩100,000 + ₩50,000) × 60% = ₩172,000
(2) 자본금 : ₩200,000
(3) 연결자본잉여금 : ₩20,000
(4) 지배기업지분순이익 : ₩100,000 + ₩80,000 × 60% − ₩50,000 × 60% − ₩100,000 × 1/5 × 60%
= ₩106,000

(5) 연결이익잉여금 : ₩30,000 + ₩106,000 = ₩136,000
(6) 비지배지분순이익 : ₩80,000 × 40% − ₩50,000 × 40% − ₩100,000 × 1/5 × 40% = ₩4,000
(7) 비지배지분 : (₩100,000 + ₩50,000 + ₩30,000) × 40% + ₩200,000 × 40% + ₩4,000 = ₩156,000

〈20×2년말 각 계정금액〉
(1) 영업권 : ₩172,000
(2) 자본금 : ₩200,000
(3) 연결자본잉여금 : ₩20,000
(4) 지배기업지분순이익 : ₩200,000 + ₩100,000 × 60% − ₩100,000 × 1/5 × 60% = ₩248,000
(5) 연결이익잉여금 : ₩136,000 + ₩248,000 = ₩384,000
(6) 비지배지분순이익 : ₩100,000 × 40% − ₩100,000 × 1/5 × 40% = ₩32,000
(7) 비지배지분 : (₩100,000 + ₩50,000 + ₩30,000) × 40% + ₩80,000 × 40% + (₩80,000 + ₩50,000) × 40% + ₩32,000 = ₩188,000

고급 연습문제

12 연결분개 – 피투자기업의 순자산변동

(1)	(차) 배 당 수 익	12,000	(대) 이익잉여금	20,000
	비지배지분	8,000		

(2) 1)	(차) 자 본 금	500,000	(대) 투 자 주 식	642,000
	자본잉여금	300,000	비지배지분	428,000 *
	이익잉여금	220,000		
	기타포괄손익누계액	20,000		
	영 업 권	30,000 **		

* (₩500,000 + ₩300,000 + ₩200,000 + ₩20,000) × 40% + ₩20,000 = ₩428,000
** ₩642,000 − (₩500,000 + ₩300,000 + ₩200,000 + ₩20,000) × 60% = ₩30,000

(주) 금실(주)가 은실(주)의 주식을 취득한 시점은 20×1년 1월 1일이므로 은실(주)의 20×1년 배당금은 모두 비지배주주에게 지급된다. 따라서 비지배지분 금액을 계산함에 있어서 지배력획득시점의 이익잉여금 중 ₩20,000은 별도로 구분하여 비지배지분에 대체한다.

2)	(차) 이익잉여금	28,000	(대) 비지배지분	28,000 *
	기타포괄손익누계액	1,200	비지배지분	1,200 **

* ₩120,000(20×1년 당기순이익) × 40% − ₩20,000(20×1년 배당금으로서 전액 비지배지분에 지급됨) = ₩28,000
** (₩8,000 − ₩5,000) × 40% = ₩1,200

(3)	(차) 이익잉여금	52,000*	(대) 비지배지분	52,000

* ₩130,000 × 40% = ₩52,000

13 연결재무제표상 자료의 분석

1. 20×1년 12월 31일 현재

연결재무상태표상의 비지배지분가액	₩68,000
부산(주)의 순자산공정가치(장부금액과 일치)	₩170,000

비지배지분율 = ₩68,000/₩170,000 = 0.4이므로 서울(주)의 지분율은 60%이다.

2. 20×1년 12월 31일 현재 영업권은 ₩20,000이며 주식취득일 현재 부산(주) 자산 · 부채의 장부금액과 공정가치가 일치하였다. 따라서 서울(주)는 부산(주)의 순자산장부금액보다 ₩20,000을 초과지급하였다.

3.

비지배지분순이익	₩12,000
비지배지분율	÷0.4
부산(주)의 20×1년 당기순이익	₩30,000

4. 서울(주)와 부산(주)의 개별재무상태표상의 유동자산과 유동부채의 합은 각각 ₩131,000과 ₩100,000인 데 반해, 연결재무상태표상의 유동자산과 유동부채의 금액은 각각 ₩91,000과 ₩60,000으로 나타나 있다. 이는 ₩40,000의 상호 채권 · 채무가 존재한다는 것을 보여준다.

제 4 장 내부거래와 미실현손익

01 기본개념의 이해

(1) ○ (2) × (3) × (4) ○ (5) × (6) ○ (7) ×
(8) × (9) ○ (10) × (11) ○

* (2) 하향판매나 상향판매에 관계없이 미실현손익을 전액 제거한다.
(3) 지배력획득일 전의 거래에서 발생한 미실현손익은 제거하지 않는다.
(5) 외부에 판매하기 전까지 내부에서 발생한 운반비는 재고자산원가의 일부를 구성해야 한다.
(7) 지배기업이 인식한 ₩300의 감가상각비 중 ₩100을 감소시키는 연결분개가 필요하다.
(8) 이자수익과 이자비용도 상계제거한다.
(10) 종속기업의 매입채무를 제거하고 차입금을 인식하는 연결분개가 필요하다.

02 연결분개의 수정

1. 20×1년말 현재의 내부미실현이익 : ₩12,000
20×1년중 내부거래이익 : ₩40,000(= ₩140,000 − ₩140,000/1.4)
20×1년의 내부거래이익 중 기말 현재 내부미실현이익 비율이 30%(= ₩12,000/₩40,000)이므로 20×1년중에 서울(주)에 의해 외부로 재판매된 내부거래액의 비율은 70%이다.

2. (1) 상호 내부거래로 인한 채권과 채무의 상계제거

(차) 매입채무	80,000	(대) 매출채권	80,000

(2) 재고자산 관련 내부거래 및 미실현손익의 제거

(차) 매 출	140,000	(대) 매출원가	128,000
		재고자산	12,000

3.

울산(주)의 20×1년 당기순이익	₩50,000
내부거래미실현손익	(12,000)
소 계	₩38,000
비지배지분율	×40%
비지배지분순이익	₩15,200

03 내부거래의 영향

1. 연결재무상태표상 유동자산은 ₩42,000만큼 과대계상된다. 구체적으로 재고자산이 ₩30,000만큼 과대계상되고 매출채권이 ₩12,000 과대계상된다.

2. 미실현내부이익으로 인하여 순운전자본은 ₩30,000 과대계상된다. 매출채권과 매입채무는 상쇄된다.

3. 20×2년의 연결포괄손익계산서상 당기순이익은 매출원가의 과대계상으로 인하여 ₩30,000만큼 과소계상된다.

04 연결분개 – 재고 및 차입금

(2022년 공인회계사 시험(1차) 수정)

1. 20×1년말 연결분개

①	(차) 자 본 금	100,000	(대) 투 자 주 식	140,000
	이익잉여금	50,000	비지배지분	80,000
	상 품	10,000		
	기 계 장 치	40,000		
	영 업 권	20,000		
②	(차) 매 출 원 가	10,000	(대) 상 품	10,000
③	(차) 감가상각비	5,000*	(대) 감가상각누계액	5,000

* ₩40,000 × 1/8 = ₩5,000

④	(차) 매 출	30,000	(대) 매 출 원 가	25,000
			제 품	5,000
⑤	(차) 이익잉여금	6,000*	(대) 비지배지분	6,000

* (₩30,000 − ₩10,000 − ₩5,000) × 40% = ₩6,000

2. 20×1년말 비지배지분 : ₩80,000 + ₩6,000 = ₩86,000

3. 20×2년 지배기업소유주귀속당기순이익 : ₩105,000* + (₩45,000** × 60%) = ₩132,000

* 지배기업 조정순이익 = ₩100,000 + ₩5,000(제품 실현이익) = ₩105,000

** 종속기업 조정순이익 = ₩50,000 − ₩5,000(기계장치 감가상각비) = ₩45,000

(주) 차입금 내부거래에서는 미실현손익이 발생하지 않으므로 연결당기순이익 및 지배기업소유주귀속당기순이익에 미치는 영향이 없다.

05 연결분개 – 재고 및 유형자산

① (차)	자 본 금	50,000	(대) 투 자 주 식	60,000
	자본잉여금	20,000	비지배지분	38,000
	이익잉여금	15,000		
	건 물	10,000		
	영 업 권	3,000		
② (차)	감가상각비	1,000*	(대) 감가상각누계액	1,000

* ₩10,000 × 1/10 = ₩1,000

③ (차)	매 입 채 무	10,000	(대) 매 출 채 권	10,000
	매 출	10,000	매 출 원 가	8,400
			재 고 자 산	1,600
④ (차)	토 지	1,000	(대) 토지처분손실	1,000
⑤ (차)	건 물	8,000	(대) 감가상각누계액	9,800
	유형자산처분이익	2,000	감가상각비	200
⑥ (차)	이익잉여금	5,280*	(대) 비지배지분	5,280

* (₩15,000# + ₩1,000 − ₩2,000 + ₩200 − ₩1,000) × 40% = ₩5,280

\# 소영(주) 당기순이익 = ₩30,000(20×1년말 이익잉여금) − ₩15,000(20×1년초 이익잉여금) = ₩15,000

06 연결분개 – 지배기업발행 사채취득

1. 영업권 계산

취득금액	₩210,000
순자산장부금액 = (₩200,000 + ₩80,000) × 70% =	(196,000)
영업권	₩14,000

2. 연결분개

(차)	배 당 수 익	7,000	(대) 이익잉여금	10,000*
	비지배지분	3,000		

* 20×2년 서울(주)의 배당금을 취소하는 분개

(차)	자 본 금	200,000	(대) 투 자 주 식	210,000
	이익잉여금	80,000	비지배지분	84,000*
	영 업 권	14,000		

* (₩200,000 + ₩80,000) × 30% = ₩84,000

(차) 이익잉여금	3,000*	(대) 비지배지분	3,000

* ₩10,000×30%=₩3,000

(주) 20×1년 이익잉여금 증가액의 30%를 비지배지분으로 대체한다.

(차) 이 자 수 익	5,797	(대) 이 자 비 용	5,000
AC금융자산처분이익	1,893	이익잉여금	1,690
		사채할증발행차금	1,000*

* 연결실체의 입장에서는 서울(주)의 투자사채 처분을 사채의 재발행으로 보므로 액면금액을 초과하는 처분금액 ₩1,000은 사채할증발행차금으로 인식되어야 한다.

(차) 이익잉여금	7,500*	(대) 비지배지분	7,500

* ₩25,000×30%=₩7,500

참고 사채에 대한 개별회사의 회계처리 및 연결분개

〈20×1년〉

① 각 회사 회계처리

한국(주)		서울(주)	
(차) 현 금	100,000	(차) AC금융자산	48,310
(대) 사 채	100,000	미 수 이 자	5,000
(차) 이 자 비 용	10,000	(대) 현 금	53,310
(대) 미지급이자	10,000		

② 연결분개

(차) 미지급이자	5,000	(대) 미 수 이 자	5,000
사 채	50,000	AC금융자산	48,310
		사채추정상환이익	1,690

(주) 연결실체 입장에서는 사채 ₩50,000을 ₩48,310으로 상환한 것과 같고, 미수이자 ₩5,000과 미지급이자 ₩5,000은 연결대상회사간의 채권·채무이므로 상계제거한다.

〈20×2년〉

① 각 회사 회계처리

한국(주)		서울(주)	
(차) 미지급이자	10,000	(차) 현 금	5,000
(대) 현 금	10,000	(대) 미 수 이 자	5,000
(차) 이 자 비 용	10,000	(차) AC금융자산	797
(대) 미지급이자	10,000	미 수 이 자	5,000
		(대) 이 자 수 익	5,797*

* ₩48,310×12%=₩5,797

		(차) 현　　금	56,000
		(대) AC금융자산	49,107
		미 수 이 자	5,000
		AC금융자산처분이익	1,893

② 연결분개

(차) 이 자 수 익	5,797	(대) 이 자 비 용	5,000
AC금융자산처분이익	1,893	이익잉여금	1,690
		사채할증발행차금	1,000

(주) 연결실체 입장에서는 액면금액 ₩51,000에 재발행한 것과 같다.

07 연결분개의 이해 – 사채

1. 부산(주)가 지배기업이다. 그 이유는 사채의 상환으로 인한 손익이 이익잉여금(지배기업지분)과 비지배지분으로 안분되었기 때문이다.

2. ₩4,200/(₩4,200 + ₩1,400) = 75%

3. ₩198,200 – (₩18,600 – ₩18,000*) × 2.5년 = ₩196,700

   * ₩18,000 = ₩200,000 × 9%

4. 추정상환한 사채의 서울(주) 장부금액
   = {₩520,000(= ₩500,000 × 104%) – ₩9,000(– ₩20,000 ÷ 10년 × 4.5년)} × (₩200,000/₩500,000)
   = ₩204,400
   사채추정상환이익 = ₩204,400 – ₩196,700(부산(주)의 취득금액) = ₩7,700

5. ₩70,000 – (₩18,600 – ₩17,200) × 75% = ₩68,950

6. (₩18,600 – ₩17,200) × 25% = ₩350 감소

7. 20×8년말의 연결분개

(차) 사　　채	200,000	(대) 상각후원가측정금융자산	198,800
사채할증발행차금	1,600	이 자 비 용	17,200
이 자 수 익	18,600	이익잉여금	3,150 *
		비지배지분	1,050

* {₩7,700(사채추정상환이익) – ₩1,400(이자수익과 이자비용의 차액) × 2.5년(20×5년 7월～20×7년말)} × 지배기업지분율 = ₩4,200 × 75% = ₩3,150

고급 연습문제

08 불완전한 자료 – 재고자산

1. 초과지급액 = {₩680,000 − (₩400,000 + ₩240,000)} × 75% = ₩30,000

   (주) 주어진 재무상태표를 통해 울산(주) 건물의 공정가치가 장부금액보다 ₩40,000 높음을 알 수 있으며, 이 중 지배기업에 대한 지분은 ₩30,000이다. 아울러 이후 연결포괄손익계산서에는 공정가치 조정액의 상각으로 인해 감가상각비가 ₩4,000 추가 계상된다.

   서울(주)가 지급한 금액 = (₩60,000 + ₩30,000) × 75% + ₩30,000 = ₩97,500

2. ₩180,000 + ₩110,000 + ₩40,000/10년 × 6년 = ₩314,000

3. ₩420,000 + ₩260,000 − ₩650,000 = ₩30,000

4. ₩125,000 + ₩90,000 − ₩211,000 = ₩4,000

5. 상향판매이다. 그 이유는 내부거래미실현손익이 비지배지분순이익에도 안분되었기 때문이다.

비지배지분순이익 :	종속기업의 당기순이익	₩40,000
	감가상각비(₩40,000/10년)	(4,000)
	내부거래미실현손익	(4,000)
		₩32,000
	비지배지분율	× 25%
	비지배지분순이익	₩8,000

6.

(차) 매 출	30,000	(대)	매 출 원 가	26,000
			재 고 자 산	4,000
(차) 매 입 채 무	17,000	(대)	매 출 채 권	17,000

7. 20×6년초 현재 미실현이익을 X라 하면, 다음과 같은 관계가 성립된다.
   연결포괄손익계산서상 매출원가 = (₩310,000 + ₩170,000) − ₩26,000* − X = ₩445,000
   따라서 X = ₩9,000

   * 20×6년중에 발생한 내부거래효과, 위 6.의 분개에서 감소하는 매출원가 금액과 동일

8. 서울(주)와 울산(주)의 매입채무의 단순 합계액은 ₩106,000인데 연결재무상태표상 금액은 ₩89,000이므로 ₩17,000이 내부거래로 인한 매입채무로 상계제거되었음을 알 수 있다. 따라서 서울(주)의 20×6년말 현재 매출채권 잔액은 다음과 같이 구할 수 있다.

   서울(주) 재무상태표상 매출채권
   = (₩145,000 − ₩55,000) + (₩86,000 + ₩20,000 − ₩89,000) = ₩107,000

9. ₩145,500(서울(주)의 20×6년말 이익잉여금) + ₩112,000(울산(주)의 20×6년말 이익잉여금) − ₩30,000(지배력획득시점에서 울산(주)의 이익잉여금) − ₩82,000 × 0.25(지배력획득시점부터 20×6년말까지

증가한 울산(주)의 이익잉여금 중 비지배지분 해당분) − ₩18,000(건물의 추가 감가상각비 6년분 중 서울(주)지분 해당분) − ₩3,000(20×6년말 현재 미실현이익 중 서울(주)지분 해당분) = ₩186,000

09 불완전한 자료의 완성 – 유형자산 및 사채

① ₩100,000 + ₩22,000 − ₩13,000 = ₩109,000 (연결분개 E-② 참조)

② ₩400,000

* 계산근거 : 구하는 지배(주)의 건물금액의 취득원가를 X라고 하자. 내부거래로 인해 취득원가는 ₩60,000 (= ₩125,000 − ₩65,000)만큼 감소되었는데 연결분개를 통해 이를 회복시키게 된다.

따라서 X + ₩240,000 + ₩60,000 = ₩700,000

X = ₩700,000 − ₩60,000 − ₩240,000 = ₩400,000

③ ₩185,000 + ₩94,000 + ₩73,500 = ₩352,500 (연결분개 E-① 참조)

④ ₩40,704 + (₩40,704 × 9% − ₩4,000) = ₩40,367 (연결분개 E-③ 참조)

20×4년초 취득원가에 유효이자율법에 따른 차금상각분을 가산해야 한다.

⑤ ₩55,000 − ₩45,000 + ₩2,000 = ₩12,000

연결재무상태표에 있는 미수금 금액은 지배(주)와 종속(주)의 개별재무제표상 미수금 합계액보다 ₩2,000이 작다. 따라서 내부거래로 인한 미수금과 미지급금이 ₩2,000만큼 있었음을 알 수 있다.

⑥ ₩360,000 − ₩100,000 + ₩40,000 = ₩300,000

추정상환된 사채의 액면금액을 가산해야 한다.

⑦ ₩901 − ₩360 = ₩541

추정상환된 사채의 사채할인발행차금을 차감해야 한다.

⑧ ₩150,000

⑨ ₩46,568

종속(주)의 기말 순자산장부금액 × 비지배지분율		
	(₩30,000 + ₩20,000 + ₩150,000) × 25% =	₩50,000
내부거래에 대한 조정		
• 토지(상향)관련 미실현이익	₩13,000 × 25% =	(3,250)
• 사채추정상환(종속(주)발행)관련 손실		
	(₩1,389 + ₩3,663 − ₩4,325) × 25% =	(182)
		₩46,568

⑩ ₩27,000 + ₩7,000 − ₩3,663 = ₩30,337 (연결분개 E-③ 참조)

⑪ ₩57,500 − ₩35,000 + ₩1,500 = ₩24,000

⑫ ₩7,000 + ₩1,389 = ₩8,389 (연결분개 E-③ 참조)

사채추정상환손실을 가산해야 한다.

⑬ ₩25,000 + ₩10,500 − ₩4,325 = ₩31,175 (연결분개 E-③ 참조)

참고 중요 항목에 대한 연결분개

E-①	(차) 건 물	60,000	(대) 감가상각누계액	73,500*
	이익잉여금	15,000	감가상각비	1,500

* ₩125,000/25년 × 15년 − ₩15,000/10년 = ₩73,500

E-②	(차) 이익잉여금	9,750	(대) 토 지	13,000
	비지배지분	3,250		

E-③	(차) 사 채	40,000	(대) 상각후원가측정금융자산	40,367*
	사채추정상환손실	1,389**	사채할인발행차금	360***
	이 자 수 익	3,663#	이 자 비 용	4,325##

* ₩40,704 + (₩40,704 × 9% − ₩4,000) = ₩40,367

** (₩98,287 × 40%) − ₩40,704 = (₩1,389)
20×4년초 종속(주)의 사채 장부금액 = ₩96,304 + (₩96,304 × 11% − ₩10,000)
+ (₩96,897 × 11% − ₩10,000) + (₩97,556 × 11% − ₩10,000) = ₩98,287

*** ₩901 × 40% = ₩360
20×4년말 종속(주)의 사채 장부금액 = ₩98,287 + (₩98,287 × 11% − ₩10,000) = ₩99,099
20×4년말 종속(주)의 사채할인발행차금 = ₩100,000 − ₩99,099 = ₩901

\# ₩40,704 × 9% = ₩3,663

\#\# ₩98,287 × 11% × 40% = ₩4,325

10 연결회계 – 종합(I)

1. 상품 내부거래 매출액 = (₩200,000 + ₩140,000) − ₩310,000 = ₩30,000

2. 내부거래 재고액의 매가 금액 = ₩30,000 × 0.4 = ₩12,000
   연결재무제표상 내부거래 재고액 = ₩12,000 × (1 − ₩50,000 ÷ ₩200,000) = ₩9,000

3. 내부거래 매입채무금액 = (₩28,000 + ₩19,000) − ₩42,000 = ₩5,000

4. 매각한 건물의 장부금액 = ₩36,000 − ₩12,000 = ₩24,000
   개별재무제표상의 감가상각비 합계액과 연결재무제표상의 감가상각비의 차액 ₩3,000은 유형자산처분이익 중 당기에 실현된 금액이다. 따라서 내부거래시점에서의 유형자산처분이익은 ₩3,000 × 4년 = ₩12,000이었음을 알 수 있다.

5. 상각후원가측정금융자산의 장부금액
   = ₩42,500 + ₩7,500(상각후원가측정금융자산 할인차금 상각누계액) ÷ 4년 × 2년 = ₩46,250
   관련 이자수익 = ₩50,000 × 10% + ₩1,875(상각후원가측정금융자산 할인차금 상각) = ₩6,875
   관련 이자비용 = ₩50,000 × 10% + ₩10,000 ÷ 5년 × 0.5 = ₩6,000

6. 비지배지분율의 계산

지배(주)의 지분율을 X라 하자.

	20×2년
지배(주) 당기순이익	₩22,700
종속(주) 당기순이익 중 지배(주) 지분 해당액	25,000 × X
재고자산 하향판매 미실현이익	(3,000)
건물 하향판매 미실현이익[₩3,000 × 4년 − ₩3,000]	(9,000)
사채추정상환에 따른 조정[(₩3,500 ÷ 4년) × 지분율]	(875 × X)
지배기업지분순이익	₩30,000

위의 계산내용을 다시 정리하면 다음과 같다.

₩22,700 + (₩25,000 − ₩875) × X − ₩12,000 = ₩30,000 → $X = 0.8$

지배(주)의 지분율이 80%이므로 비지배지분율은 20%이다.

11 연결회계 – 종합(Ⅱ)

(2007년 공인회계사 시험(2차) 수정)

1. (1) 당기순이익 계산

₩80,000(지배기업순이익) + ₩50,000(종속기업순이익) − ₩30,000(상향판매 미실현이익) = ₩100,000

(2) 비지배지분 계산

(₩200,000 + ₩100,000 + ₩100,000 + ₩50,000) × 40% − ₩30,000 × 40% = ₩168,000

2. (1) 사채추정상환에 대한 조정액

사채추정상환이익	₩10,000 × 50% − ₩48,310 =	₩1,690
이자수익과 이자비용의 조정	₩5,000 − (₩48,310 × 12%) =	(797)
사채추정상환에 대한 조정액		₩893

(2) 지배기업지분순이익 계산

₩80,000(지배기업순이익) + ₩50,000(종속기업순이익) × 60% + ₩893(사채추정상환에 대한 조정) = ₩110,893

(3) 비지배지분 계산

(₩200,000 + ₩100,000 + ₩100,000 + ₩50,000) × 40% = ₩180,000

3. (1) ① 건물하향판매 실현이익

건물처분이익	₩23,000 − ₩20,000 =	₩3,000
감가상각을 통한 실현(20×1)	₩3,000 ÷ 10 =	(300)
20×2년 인식할 실현이익		₩2,700

② 지배기업지분순이익 계산
₩100,000(지배기업순이익) + ₩80,000(종속기업순이익) × 60% + ₩2,700(건물하향판매 실현이익)
= ₩150,700

(2) 비지배지분 계산
(₩400,000 + ₩50,000 + ₩80,000) × 40% = ₩212,000

12 연결회계 – 종합(Ⅲ)

(2010년 공인회계사 시험(2차) 수정)

1. ① 매출채권(순액) : ₩110,000 + ₩90,000 – (₩25,000 – ₩12,000) = ₩187,000

② 재고자산 : ₩45,000 + ₩33,000 – (₩12,000 – ₩10,000) × 50% = ₩77,000

(주) 20×2년에 (주)서울이 (주)송파에 판매한 재고자산은 손상된 재고자산이므로 제거대상이 아닌 내부미실현손실에 해당한다.

③ 건물(순액) : ₩190,000 + ₩160,000 = ₩350,000

④ 영업권 : Min[ⓐ, ⓑ] = ₩48,000

ⓐ 취득 당시 영업권 : ₩700,000 – (₩1,000,000 + ₩30,000 + ₩50,000) × 60% = ₩52,000

ⓑ 20×1년말의 영업권 회수가능액 : ₩48,000

(주) 20×2년에 영업권의 회수가능액이 상승하였지만, 영업권은 손상차손환입을 인정하지 않는다.

⑤ 단기차입금 : ₩90,000 + ₩50,000 + ₩12,000 = ₩152,000

⑥ 재평가잉여금 : (₩180,000 – ₩150,000 × 9/10) × 60% = ₩27,000

⑦

		(주)서울	(주)송파	합 계
20×2년말 지배기업 이익잉여금		₩820,000		
20×1				
종속기업 순이익			₩150,000	
취득시 재고자산의 판매	₩180,000 – ₩150,000		(30,000)	
취득시 건물에 대한 감가상각비	(₩150,000 – ₩100,000) ÷ 10		(5,000)	
재고자산 과대계상분 (잔존 내부미실현이익)	(₩12,000 – ₩10,000) × 50%		(1,000)	
영업권손상차손	₩52,000 – ₩48,000	(4,000)		
20×2				
종속기업 순이익			180,000	
소 계		₩816,000	₩294,000	
지배기업 지분율			60%	
이익잉여금		₩816,000	₩176,400	₩992,400

(주) 취득시 건물에 대한 감가상각비를 1년치에 해당하는 금액만 반영하는 것은 20×1년말 재평가로 인하여 (주)송파 건물의 장부금액이 상승하여 이후 감가상각비가 증가하므로 연결실체 관점에서 감가상각비가 과소계상되는 문제가 발생하지 않기 때문이다.

⑧ 매출원가 : ₩600,000 + ₩400,000 − ₩25,000* = ₩975,000

* 본 문제의 조건에 따르면 재고자산 판매가격의 하락원인이 경쟁사 신제품 출시에서 기인한 것이므로 동 내부거래에서 발생한 손실 ₩5,000은 연결재무제표에 인식해야 하는 재고자산평가손실임을 알 수 있다. 연결실체의 관점에서 볼 때 동 재고자산의 내부거래 자체는 취소되어야 하고 동 내부거래에서 발생한 손실 ₩5,000은 재고자산평가손실로 처리되어야 한다. 재고자산평가손실은 일반적으로 매출원가에 조정되므로 다음과 같은 연결분개가 이루어진다.

(차) 매 출	25,000	(대) 매 출 원 가	30,000
재고자산평가손실(매출원가)	5,000		

따라서 매출원가에 조정되는 금액은 ₩25,000(= ₩30,000 − ₩5,000)이 된다.

⑨ 감가상각비 : ₩55,000 + ₩25,000 − (₩36,000 − ₩30,000) ÷ 5 = ₩78,800

⑩ 유형자산처분이익 : ₩11,200 + ₩6,000 − (₩36,000 − ₩30,000) ÷ 5 = ₩16,000

⑪ 비지배지분귀속당기순이익 : ₩180,000 × 40% = ₩72,000

2. 지배기업소유주귀속 영업권 : ₩700,000 − ₩1,080,000 × 60% = ₩52,000
비지배지분귀속 영업권 : (100주 × ₩11,000 − ₩1,080,000) × 40% = ₩8,000
∴ 영업권 : ₩60,000

3. (1) 차이가 발생하는 이유
비지배지분을 공정가치로 측정하는 경우 비지배지분에 속하는 영업권을 인식하나, 종속기업의 순자산공정가치에 대한 비례적 지분으로 측정시에는 영업권을 인식하지 않는다.

(2) 연결실체이론에 보다 부합하는 방법
공정가치 측정이 연결실체이론에 보다 부합한다. 연결실체이론은 비지배지분도 기업실체의 주주로서 지배기업의 소유주와 동등하게 회계처리하는 것이기에 비지배지분 역시 기업실체에 대한 영업권을 인식하는 것이 타당하기 때문이다.

13 연결회계 – 종합(Ⅳ)

(2014년 공인회계사 시험(2차) 수정)

1. 20×1회계연도의 연결분개

(1) 투자주식과 종속기업 자본의 상계 제거

(차) 자 본 금	500,000	(대) 종속기업투자주식	680,000
이익잉여금	200,000	비지배지분	164,000
상 품	14,000		
토 지	50,000		
건 물	36,000		
영 업 권	44,000		

(2) 공정가치조정액 손익효과 인식

(차) 매 출 원 가	11,200	(대) 상　　품	11,200
감가상각비(판관비)	4,000	건물(감가상각누계액)	4,000

(3) 내부거래 및 미실현손익 제거

(차) 매　　출	15,000	(대) 매 출 원 가	12,000
		상품(재고자산)	3,000

(4) 비지배지분순이익의 계상

(차) 이익잉여금	960	(대) 비지배지분	960

* (₩20,000 − ₩11,200 − ₩4,000) × 20% = ₩960

① 매출원가 : ₩650,000 + ₩280,000 + ₩11,200 − ₩12,000 = ₩929,200

② 당기순이익 : ₩75,000 − ₩11,200 − ₩4,000 − ₩3,000 = ₩56,800

③ 상품 : ₩240,000 + ₩90,000 + ₩14,000 − ₩11,200 − ₩3,000 = ₩329,800

④ 건물(순액) : ₩380,000 + ₩160,000 + ₩36,000 − ₩4,000 = ₩572,000

⑤ 영업권 : ₩44,000

2. 20×2회계연도의 연결분개

(1) 투자주식과 종속기업 자본의 상계 제거

(차) 자 본 금	500,000	(대) 종속기업투자주식	680,000
이익잉여금	200,000	비지배지분	164,000
상　　품	14,000		
토　　지	50,000		
건　　물	36,000		
영 업 권	44,000		
(차) 이익잉여금	4,000	(대) 비지배지분	4,000

(2) 공정가치조정액 손익효과 인식

(차) 매 출 원 가	2,800	(대) 상　　품	14,000
이익잉여금	8,960		
비지배지분	2,240		
(차) 감가상각비(판관비)	4,000	(대) 건물(감가상각누계액)	8,000
이익잉여금	3,200		
비지배지분	800		

(3) 내부거래 및 미실현손익 제거

(차) 이익잉여금	3,000	(대) 매 출 원 가	3,000
(차) 유형자산처분이익	6,000	(대) 비품(순액)	4,000
		감가상각비	2,000

(차) 차 입 금	200,000	(대) 대 여 금	200,000
이 자 수 익	10,000	이 자 비 용	10,000

(4) 비지배지분순이익의 계상

(차) 이익잉여금	2,840	(대) 비지배지분	2,840

* (₩25,000 − ₩2,800 − ₩4,000 − ₩6,000 + ₩2,000) × 20% = ₩2,840

① 비지배지분순이익 : ₩2,840

② 비지배지분 : ₩164,000 + ₩4,000 − ₩2,240 − ₩800 + ₩2,840 = ₩167,800

제 5 장 지분변동

01 기본개념의 이해

(1) × (2) × (3) ○ (4) ○ (5) ○ (6) × (7) ×
(8) × (9) ○ (10) × (11) ○

* (1) K-IFRS는 간주취득일에 대한 규정을 두고 있지 않다. 따라서 취득일 기준으로 지배기업의 투자주식계정과 종속기업의 자본계정을 상계제거해야 한다.
(2) 공정가치 재측정 차액은 당기손익 또는 기타포괄손익으로 인식한다.
(6) 지배기업의 지분율 변동과 자기주식 취득으로 감소하는 종속기업의 순자산금액의 상대적 차이에 따라 지배기업소유주지분은 증가할 수도 감소할 수도 있다.
(7) 지배력을 상실하지 않는 범위 내에서의 매각은 자본거래로 회계처리한다.
(8) 주주들간의 자본거래는 영업권 금액에 영향을 미치지 않는다.
(10) 종속기업과 관련하여 지배기업이 기타포괄손익으로 인식한 금액은 지배기업이 관련 자산이나 부채를 직접 처분한 경우의 회계처리와 동일한 기준으로 회계처리한다. 따라서 재평가잉여금과 관련한 기타포괄손익누계액을 그대로 유지하거나 이익잉여금으로 대체한다.

02 단계적 취득(Ⅰ)

(1) 별도재무제표상 회계처리

(차) FVOCI금융자산	15,000	(대) FVOCI금융자산평가이익	15,000*

* 20×2년말 공정가치 ₩125,000 − 20×1년말 공정가치 ₩110,000 = ₩15,000

(차) 투 자 주 식	875,000	(대) 현 금	750,000
		FVOCI금융자산	125,000

(2) 지배력획득일의 영업권

20×2. 12. 31	70%의 취득대가	₩750,000
20×2. 12. 31	현재 보유중인 명동(주) 주식 10%의 공정가치	125,000
20×2. 12. 31	비지배지분의 공정가치	220,000
	합 계	₩1,095,000
20×2. 12. 31	현재 명동(주)의 식별가능한 순자산의 공정가치	(1,000,000)
	지배력획득일의 영업권	₩95,000

03 종속기업 주식의 추가취득

(2017년 공인회계사 시험(1차) 수정)

• 20×2년말 비지배지분 : 20×2년말 종속기업 순자산공정가치 × 비지배주주 지분율
= (₩200,000 + ₩100,000 + ₩20,000 + ₩40,000) × 20% = ₩72,000

(주) 20×2년초에 갑(주)가 을(주)의 보통주식 10주를 추가로 취득하면서 지급한 대가 ₩40,000과 이로 인해 감소하는 종속기업 순자산에 대한 비지배지분 ₩32,000(= ₩320,000 × 10%)의 차이금액 ₩8,000은 지배기업 소유주에게 귀속되는 자본에서 직접 조정되므로 20×2년말 연결재무상태표상 비지배지분은 20×2년말 현재 종속기업의 순자산공정가치에 비지배주주의 지분율을 곱한 금액으로 계산할 수 있다.

04 지배력획득 후 추가취득

(1) 20×1년 연결분개

① 투자주식과 자본계정 상계제거

(차) 자 본 금	100,000	(대) 투 자 주 식	128,000
자본잉여금	50,000	비지배지분	72,000 *
이익잉여금	30,000		
영 업 권	20,000 **		

* (₩100,000 + ₩50,000 + ₩30,000) × 40% = ₩72,000

** (₩128,000 + ₩72,000) − (₩100,000 + ₩50,000 + ₩30,000) = ₩20,000

② 당기순이익 중 비지배지분순이익 계상

(차) 이익잉여금	8,000 *	(대) 비지배지분	8,000

* 20×1년 당기순이익 ₩20,000 × 40% = ₩8,000

(2) 20×2년 연결분개

① 지배력획득일 기준으로 투자주식과 자본계정 상계제거

(차) 자 본 금	100,000	(대) 투 자 주 식	128,000
자본잉여금	50,000	비지배지분	72,000
이익잉여금	30,000		
영 업 권	20,000		

② 지배력획득일 이후 직전연도까지 증가한 이익잉여금 중 비지배지분 계상

(차) 이익잉여금	8,000 *	(대) 비지배지분	8,000

* 20×1년 당기순이익 ₩20,000 × 40% = ₩8,000

③ 비지배주주로부터 청계사 주식 10%의 추가취득

(차) 비지배지분	20,000 *	(대) 투 자 주 식	25,000
자본잉여금	5,000 **		

* (₩100,000 + ₩50,000 + ₩30,000 + ₩20,000) × 10% = ₩20,000

** 취득대가(₩25,000) − 취득으로 감소한 청계사에 대한 비지배지분(₩20,000) = ₩5,000

④ 비지배지분순이익 계상 : 20×2년 당기순이익의 30%

(차) 이익잉여금	9,000*	(대) 비지배지분	9,000

* 20×2년 당기순이익 ₩30,000 × 30% = ₩9,000

05 종속기업의 자기주식 취득

(1) 20×2년말 연결분개

① 취득시점 기준으로 투자주식과 자본계정의 상계제거 및 비지배지분 설정

(차) 자 본 금	500,000	(대) 투 자 주 식	396,000
이익잉여금	100,000	비지배지분	240,000*
영 업 권	36,000**		

* (₩500,000 + ₩100,000) × 40% = ₩240,000

** (₩396,000 + ₩240,000) − (₩500,000 + ₩100,000) = ₩36,000

② B사 취득일 이후 자기주식 취득 전까지 증가한 이익잉여금을 비지배지분에 배분

(차) 이익잉여금	40,000*	(대) 비지배지분	40,000

* 20×1년 당기순이익 ₩100,000 × 40% = ₩40,000

③ 자기주식 취득으로 인해 감소한 비지배지분 인식

(차) 비지배지분	73,333*	(대) 자 기 주 식	80,000
자본잉여금	6,667**		

* (₩700,000 − ₩80,000) × (30주/90주) − ₩700,000 × 40% = (₩73,333)

** B사의 자기주식 취득으로 인한 B사에 대한 A사 지분변동액 :

자기주식 취득 후 A사 지분 : (₩700,000 − ₩8,000 × 10주) × 60주/90주 =	₩413,333
자기주식 취득 전 A사의 지분 : ₩700,000 × 60% =	(420,000)
자기주식 취득으로 인한 B사에 대한 A사의 지분가액 변동액	(₩6,667)

④ 비지배지분순이익 계상 : B사 당기순이익의 1/3

(차) 이익잉여금	60,000*	(대) 비지배지분	60,000

* 20×2년 당기순이익 ₩180,000 × 30주/90주 = ₩60,000

(2) 20×3년말 연결분개

① 취득시점 기준으로 투자주식과 자본계정의 상계제거 및 비지배지분 설정

(차) 자 본 금	500,000	(대) 투 자 주 식	396,000
이익잉여금	100,000	비지배지분	240,000
영 업 권	36,000		

(주) 20×2년 연결분개와 동일하다.

② B사 취득일 이후 자기주식 취득 전까지 증가한 이익잉여금을 비지배지분에 배분

(차) 이익잉여금	40,000	(대) 비지배지분	40,000

(주) 20×2년 연결분개와 동일하다.

③ 자기주식 취득으로 인해 감소한 비지배지분 인식

(차) 비지배지분	73,333	(대) 자 기 주 식	80,000
자본잉여금	6,667		

(주) 20×2년 연결분개와 동일하다.

④ B사 자기주식 취득 이후 증가한 이익잉여금 배분(30주/90주)

(차) 이익잉여금	60,000*	(대) 비지배지분	60,000

* 20×2년 당기순이익 ₩180,000 × 30주/90주 = ₩60,000

⑤ 비지배지분순이익 계상 : B사 당기순이익의 1/3

(차) 이익잉여금	90,000*	(대) 비지배지분	90,000

* 20×3년 당기순이익 ₩270,000 × 30주/90주 = ₩90,000

06 종속기업 주식의 처분 후 지배력 유지

(1) 20×1년 연결회계상 회계처리

① 투자주식과 자본계정 상계제거

(차) 자 본 금	500,000	(대) 투 자 주 식	490,000
이익잉여금	100,000	비지배지분	120,000*
영 업 권	10,000**		

* (₩500,000 + ₩100,000) × 20% = ₩120,000

** (₩490,000 + ₩120,000) − (₩500,000 + ₩100,000) = ₩10,000

② 비지배지분순이익 계상 : 을(주) 20×1년 당기순이익의 20%

(차) 이익잉여금	5,000*	(대) 비지배지분	5,000

* ₩25,000 × 20% = ₩5,000

(2) 1) 20×2년 개별회계상 회계처리 : 20×2년 1월 1일 을(주)주식 20% 처분

(차) 현 금	140,000	(대) 투 자 주 식	122,500*
		투자주식처분이익	17,500

* ₩490,000 × (20%/80%) = ₩122,500

2) 20×2년 연결분개

〈을(주)주식 처분으로 감소한 을(주)에 대한 갑(주)지분 순변동액〉

을(주)주식의 처분대가		₩140,000
을(주)주식 처분으로 인한 을(주)에 대한 갑(주)지분 변동액 :		
연결재무제표상 을(주) 순자산 중 처분한 지분해당액		
(₩500,000 + ₩100,000 + ₩25,000) × 20% =	₩125,000	
갑(주)가 인식한 영업권 중 처분한 지분해당액		
₩10,000 × 20%/80% =	2,500	127,500
을(주)주식 처분으로 인한 을(주)에 대한 갑(주)지분 순증가액		₩12,500

① 취득시점 기준으로 투자주식과 자본계정 상계제거

(차) 자 본 금	500,000	(대) 투 자 주 식	490,000
이익잉여금	100,000	비지배지분	120,000
영 업 권	10,000		

(주) 20×1년 연결분개와 동일하다.

② 지배력획득 후 을(주)주식 처분 전까지 증가한 을(주) 이익잉여금을 비지배지분에 배분

(차) 이익잉여금	5,000*	(대) 비지배지분	5,000

* 20×1년 당기순이익 ₩25,000 × 20% = ₩5,000

③ 투자주식 처분으로 증가한 비지배지분 인식

(차) 투 자 주 식	122,500*	(대) 비지배지분	127,500**
투자주식처분이익	17,500	자본잉여금	12,500***

* 처분한 을(주)투자주식 가액은 이미 별도재무제표상 제거되었으나 위의 분개 ①에서 최초의 취득금액을 제거함에 따라 처분한 을(주)투자주식 가액을 이중으로 제거하는 결과가 되어 이를 다시 가산해 줌.

** (₩500,000 + ₩100,000 + ₩25,000) × (40% − 20%) + ₩10,000 × (20%/80%) = ₩127,500

*** 을(주)주식 처분으로 인한 을(주)에 대한 갑(주)지분 순증가액

④ 비지배지분순이익 계상 : 을(주) 20×2년 당기순이익의 40%

(차) 이익잉여금	12,000*	(대) 비지배지분	12,000

* ₩30,000 × 40% = ₩12,000

(주) 을(주)주식 처분 후 비지배지분이 40%이므로 20×2년 당기순이익의 40%를 비지배지분에 배분한다.

(3) 20×3년 연결분개

① 취득시점 기준으로 투자주식과 자본계정 상계제거

(차) 자 본 금	500,000	(대) 투 자 주 식	490,000
이익잉여금	100,000	비지배지분	120,000
영 업 권	10,000		

(주) 20×1년 연결분개와 동일하다.

② 지배력획득 후 을(주)지분 20% 처분 전까지 증가한 이익잉여금을 비지배지분에 배분

(차) 이익잉여금	5,000*	(대) 비지배지분	5,000

* 20×1년 당기순이익 ₩25,000 × 20% = ₩5,000

(주) 20×2년 연결분개와 동일하다.

③ 투자주식 처분으로 증가한 비지배지분 인식

(차) 투 자 주 식	122,500	(대) 비지배지분	127,500
이익잉여금	17,500	자본잉여금	12,500

(주) 20×2년 연결분개와 동일하다.

④ 을(주)지분 일부 처분 후 증가한 이익잉여금 비지배지분에 배분

(차) 이익잉여금	12,000*	(대) 비지배지분	12,000

* 20×2년 당기순이익 ₩30,000 × 40% = ₩12,000

⑤ 비지배지분순이익 계상 : 을(주) 20×3년 당기순이익의 40%

(차) 이익잉여금	14,000*	(대) 비지배지분	14,000

* ₩35,000 × 40% = ₩14,000

07 종속기업 주식의 처분 후 지배력 상실(Ⅰ)

(2022년 공인회계사 시험(1차) 수정)

• 지배력 상실시점의 연결재무제표상 회계처리

(차) 현 금	200,000	(대) 순 자 산	300,000
관계기업투자주식	120,000	영 업 권	40,000*
비지배지분	60,000**	투자주식처분이익	40,000

* ₩240,000 − ₩250,000 × 80% = ₩40,000

** (₩250,000 + ₩20,000 + ₩30,000) × 20% = ₩60,000

∴ 연결당기순이익에 미치는 영향 : 이익 ₩40,000#

(주) 내부거래나 종속기업의 기타포괄손익 보고액 등이 없는 단순한 상황에서, 지배력 상실시점에 연결재무제표에 보고될 투자주식처분손익은 종속기업투자주식의 처분대가(잔여지분의 공정가치 포함)에서 종속기업투자주식의 최초 취득원가 및 지배력 유지기간 동안 지배기업소유주에게 귀속되었던 종속기업 순이익의 합산액을 차감하여 산출할 수 있다.

\# (₩200,000 + ₩120,000) − {₩240,000 + (₩20,000 + ₩30,000) × 80%} = ₩40,000

08 종속기업 주식의 처분 후 지배력 상실(Ⅱ)

1. 갑(주)의 별도재무제표상 회계처리

(차) 현 금	215,000	(대) 투자주식	490,000
관계기업투자주식	380,000	투자주식처분이익	105,000*

* (₩215,000+₩380,000) − ₩490,000 = ₩105,000

2. 20×3년 1월 1일 처분 직후의 연결분개

① 취득시점 기준으로 투자주식과 자본계정 상계제거

(차) 자 본 금	500,000	(대) 투자주식	490,000
이익잉여금	100,000	비지배지분	120,000*
영 업 권	10,000**		

* (₩500,000 + ₩100,000) × 20% = ₩120,000

** (₩490,000 + ₩120,000) − (₩500,000 + ₩100,000) = ₩10,000

② 지배력획득 후 처분 직전까지 증가한 을(주) 이익잉여금을 비지배지분에 배분

(차) 이익잉여금	11,000*	(대) 비지배지분	11,000

* 20×1년, 20×2년 당기순이익 ₩55,000 × 20% = ₩11,000

② 지배력 상실 회계처리

(차) 투자주식	490,000	(대) 제 자 산	1,000,000
제 부 채	345,000	영 업 권	10,000
비지배지분	131,000*		
투자주식처분이익	44,000**		

* ₩120,000 + ₩11,000 = ₩131,000

** (₩1,000,000 + ₩10,000) − (₩490,000 + ₩345,000 + ₩131,000) = ₩44,000

(주) 연결재무제표에 보고될 투자주식처분이익은 ₩61,000#이며, 이는 별도재무제표에서 인식한 처분이익 ₩105,000과 지배력 상실 회계처리에서 인식한 (−)처분이익 ₩44,000의 합산액이다.

\# (₩215,000 + ₩380,000) − [₩490,000 + (₩25,000 + ₩30,000) × 80%] = ₩61,000

고급 연습문제

09 단계적 취득(Ⅱ)

1. (1) 서울(주)의 개별회계상 회계처리

〈20×1년〉

① 20×1년도 종로(주)의 10% 지분 취득

(차) FVOCI금융자산	180,000	(대) 현 금	180,000

② 20×1. 12. 31 기타포괄손익-공정가치측정금융자산의 후속측정

(차) FVOCI금융자산	20,000	(대) FVOCI금융자산평가이익	20,000

〈20×2년〉

① 20×2. 1. 1 유의한 영향력 행사일에 FVOCI금융자산의 공정가치 평가

(차) FVOCI금융자산평가이익	5,000	(대) FVOCI금융자산	5,000

② 20×2. 1. 1 유의한 영향력 행사

(차) 관계기업투자주식	395,000	(대) 현 금	200,000
		FVOCI금융자산	195,000

③ 20×2년도 종로(주)의 당기순이익 보고

(차) 관계기업투자주식	60,000	(대) 지분법이익	60,000*

* ₩300,000 × 20% = ₩60,000

〈20×3년〉

① 20×3. 1. 1 종로(주)의 40% 지분을 추가취득하여 지배력획득

(차) 투 자 주 식	1,340,000*	(대) 현 금	900,000
관계기업투자주식처분손실	15,000	관계기업투자주식	455,000

* ₩900,000 + ₩440,000 = ₩1,340,000

(2) 20×4년의 연결분개

① 취득시점 기준으로 투자주식과 자본의 상계 및 비지배지분 설정

(차) 자 본 금	1,000,000	(대) 투 자 주 식	1,340,000
이익잉여금	1,100,000	비지배지분	840,000
영 업 권	80,000		

② 지배력획득일 이후 증가한 을(주) 이익잉여금을 비지배지분에 배분

(차) 이익잉여금	200,000*	(대) 비지배지분	200,000

* 20×3년 당기순이익 ₩500,000 × 40% = ₩200,000

③ 내부채권 · 채무 상계제거

(차) 장기차입금	1,400,000	(대) 장기대여금	1,400,000
(차) 손실충당금	28,000	(대) 장기대여금손상차손	28,000
(차) 이 자 수 익	140,000	(대) 이 자 비 용	140,000

④ 을(주)의 당기순이익을 비지배지분에 배분 : 당기순이익의 40%

(차) 이익잉여금	374,400*	(대) 비지배지분	374,400

* 20×4년 당기순이익 ₩936,000 × 40% = ₩374,400

2. 당기순이익

서울(주)의 당기순이익	₩1,553,600
종로(주)의 당기순이익	936,000
소 계	₩2,489,600
장기대여금손상차손 조정	28,000
이자수익 조정	(140,000)
이자비용 조정	140,000
당기순이익	₩2,517,600
지배기업소유주지분순이익	₩2,143,200*
비지배지분순이익	374,400

* (₩1,553,600 + ₩28,000 − ₩140,000 + ₩140,000) + ₩936,000 × 60% = ₩2,143,200

10 종속기업의 취득 및 처분 – 종합(I)

(2007년 공인회계사 시험(2차) 수정)

1. 영업권 계산

취득금액	₩360,000
비지배지분(공정가치)	230,000
합 계	₩590,000
을(주)의 식별가능 순자산공정가치	(550,000)
영업권*	₩40,000

* 영업권은 다음과 같이 구성된다.

– 지배기업 영업권(₩360,000 − ₩550,000 × 60%)	₩30,000
– 비지배지분 영업권(₩230,000 − ₩550,000 × 40%)	10,000
	₩40,000

2. ① 연결포괄손익계산서상 당기순이익 계산

서울(주) 당기순이익		₩280,000
부산(주)의 실현된 당기순이익 :		
부산(주)의 보고 당기순이익	₩120,000	
건물 감가상각비(₩50,000/10년)	(5,000)	115,000
연결포괄손익계산서상 당기순이익		₩395,000

② 연결포괄손익계산서상 지배기업소유주지분순이익

서울(주) 당기순이익	₩280,000
부산(주) 실현된 당기순이익 중 60%(₩115,000 × 60%)	69,000
연결포괄손익계산서상 당기순이익	₩349,000

③ 연결포괄손익계산서상 비지배지분순이익

부산(주) 실현된 당기순이익 중 40% = ₩115,000 × 40% = ₩46,000

④ 연결재무상태표상 이익잉여금

서울(주) 이익잉여금(₩500,000 + ₩280,000)	₩780,000
부산(주)의 20×1년 당기순이익 중 지배기업소유주지분	45,000*
부산(주)의 20×2년 당기순이익 중 지배기업소유주지분	69,000**
	₩894,000

* 부산(주)의 20×1년 당기순이익 중 지배기업소유주지분 :

부산(주)의 보고 당기순이익	₩100,000
재고자산 매출원가 계상	(20,000)
건물 감가상각비(₩50,000/10년)	(5,000)
부산(주)의 실현 당기순이익	₩75,000
지배기업 지분율	×60%
	₩45,000

** (₩120,000 − ₩50,000/10) × 60% = ₩69,000

3\. (1) 부산(주)주식의 처분으로 인한 서울(주) 순자산의 순변동액 = ₩40,000 − ₩33,750* = ₩6,250

* (₩550,000 + ₩100,000 − ₩20,000 − ₩5,000) × 5% + ₩30,000 × 5%/60% = ₩33,750

(2) 연결이익잉여금 및 연결자본잉여금에 미치는 영향

처분 후에도 부산(주)가 계속해서 연결대상에 속하므로 이는 자본거래에 해당한다. 따라서 당해 거래에서 발생한 차액은 서울(주) 소유주에게 귀속되는 자본(자본잉여금)에 직접 가산한다. 따라서 자본잉여금은 ₩6,250만큼 증가하며, 이익잉여금에 미치는 영향은 없다.

11 종속기업의 취득 및 처분 – 종합(Ⅱ)

(2006년 공인회계사 시험(2차) 수정)

1\. (1) 매출채권 = ₩200,000 + ₩120,000 − ₩15,000 = ₩305,000

(2) 건물(순액) = ₩140,000 + ₩100,000 + ₩35,000 − ₩35,000/5년 = ₩268,000

(3) 비품(순액) = ₩120,000 + ₩40,000 − ₩20,000 + ₩20,000/10년 = ₩142,000

(4) 영업권 = (₩250,000 + ₩90,000 + ₩395,000 × 40%) − ₩395,000* = ₩103,000

* 소영(주)의 식별가능한 순자산의 공정가치 = ₩350,000 + ₩10,000 + ₩35,000 = ₩395,000

(5) 매출 = ₩350,000 + ₩210,000 − ₩15,000 = ₩545,000

(6) 매출원가 = ₩250,000 + ₩160,000 + ₩10,000 − (₩10,000 + ₩5,000 × 60%) = ₩407,000

(7) 감가상각비 = ₩30,000 + ₩15,000 + ₩35,000/5년 − ₩20,000/10년 = ₩50,000

(8) 사채추정상환이익 = (₩53,000 − ₩3,000 × 2/5) − ₩48,500 = ₩3,300

(9) 비지배지분순이익

소영(주)의 보고 당기순이익(₩220,000 − ₩150,000 =)	₩70,000
재고자산평가차액 상각액(₩70,000 − ₩60,000 =)	(10,000)
건물평가차액 상각액[(₩160,000 − ₩125,000)/5년 =]	(7,000)
비품처분이익(₩50,000 − ₩30,000 =)	(20,000)
비품처분이익의 실현-감가상각비 조정(₩20,000/10년 =)	2,000
사채추정상환이익[(₩53,000 − ₩3,000 × 2/5) − ₩48,500 =]	3,300
사채추정상환이익의 조정(이자수익과 이자비용조정)	(1,100)*
조정 후 순이익	₩37,200
비지배지분율	40%
비지배지분순이익	₩14,880

* 이자수익(₩5,000 + ₩1,500/3년 = ₩5,500)과 이자비용(₩5,000 − ₩3,000/5년 = ₩4,400)의 차이

2. 지배력획득 후 종속기업 주식의 추가취득시 지배기업의 개별회계상으로는 추가취득원가를 투자주식에 가산한다. 한편, 연결회계에서는 연결실체가 비지배주주로부터 이미 연결실체의 일부인 종속기업 주식을 취득하는 자본거래에 해당한다. 따라서 연결회계상 종속기업 주식의 추가취득으로 발생하는 차액은 지배기업의 소유주에게 귀속되는 자본에 조정한다.

3. 소영(주)의 주식을 취득하는 거래는 대영(주)의 개별회계 입장에서 투자활동에 해당하므로 추가취득대가 ₩55,000은 별도현금흐름표에서 '투자활동 현금흐름'으로 보고한다. 하지만 연결실체의 입장에서는 자본거래에 해당하므로 동 금액에 대하여 연결현금흐름표상에서는 재무활동 현금흐름으로 보고해야 한다.

4. (1) 주식매각 후에 지배력을 유지하는 경우

(차) 현 금	180,000	(대) 투 자 주 식	169,285*
		투자주식처분이익	10,715

* (₩250,000 + ₩90,000 + ₩55,000) × 30%/70% = ₩169,285

(2) 주식매각 후에 지배력은 상실하였으나 유의한 영향력을 유지하는 경우

(차) 현 금	180,000	(대) 투 자 주 식	395,000
관계기업투자주식	250,000	이익잉여금	74,050*
투자주식처분손실	39,050		

* 소영(주) 주식 취득 후 증가한 소영(주)의 이익잉여금 중 대영(주) 지분해당액 :

20×2년 소영(주)의 조정 후 순이익 ₩37,200 × 60% =	₩22,320
20×3년 소영(주)의 조정 후 순이익 ₩73,900# × 70% =	51,730
합 계	₩74,050

\# 20×3년 소영(주)의 조정 후 순이익 :

소영(주)의 당기순이익(₩300,000 − ₩220,000 =)	₩80,000
건물평가차액 상각액((₩160,000 − ₩125,000)/5년 =)	(7,000)
비품처분이익의 실현-감가상각비 조정(₩20,000/10년 =)	2,000
사채추정상환이익의 조정(이자수익과 이자비용조정)	(1,100)
20×3년 소영(주)의 조정 후 순이익	₩73,900

(주) 별도재무제표상 직접 종속기업에 대한 지배력 상실을 회계처리하는 경우 추가적으로 종속기업 취득일 이후 발생한 종속기업의 이익잉여금 증가분 중 지배기업지분에 해당하는 금액을 이익잉여금으로 인식해야 한다. 이는 별도재무제표상 지배기업이 종속기업에 대한 투자주식을 원가법으로 회계처리함에 따라 종속기업의 취득일 이후 증가한 순자산이 지배기업의 별도재무제표에 반영되지 않았기 때문이다. 종속기업에 대한 지배력을 상실하기 직전 연결재무제표를 작성하였더라면 이는 연결재무제표에 반영되었을 부분이다.

보–1 종속기업의 유상증자(Ⅰ)

(2020년 공인회계사 시험(1차) 수정)

- 20×2년말 비지배지분

= 20×2년말 종속기업 순자산공정가치 × 비지배주주 지분율

= (20×1년초 순자산 ₩250,000 + 20×1년 당기순이익 ₩100,000 + 유상증자 납입액 ₩200,000 + 20×2년 당기순이익 ₩150,000) × 25%* = ₩175,000

* 유상증자 후 비지배주주 지분율 = (200주 + 100주)/(1,000주 + 200주) = 25%

보–2 종속기업의 유상증자(Ⅱ)

1. 발행금액이 주당 ₩6,000인 경우

〈유상증자로 인한 을(주)에 대한 갑(주)지분의 순변동액〉

• 증자로 인한 을(주)에 대한 갑(주)지분 증가액		
증자 후 갑(주)의 지분액 : (₩1,300,000 + ₩300,000) × 180주/250주 =	₩1,152,000	
증자 전 갑(주)의 지분액 : ₩1,300,000* × 70% =	(910,000)	₩242,000
• 갑(주)의 신주 취득원가 : 40주 × ₩6,000 =		(240,000)
• 유상증자로 인한 을(주)에 대한 갑(주)지분의 순증가액		₩2,000**

* 증자 전 연결재무제표상 을(주) 순자산
= 자본금 + 자본잉여금 + 이익잉여금(20×1년, 20×2년 당기순이익 포함)
= (200주 × ₩5,000) + ₩200,000 + ₩100,000 = ₩1,300,000

** 갑(주)지분의 순증가액 ₩2,000은 연결분개시 갑(주)의 자본잉여금에 가산된다.

〈유상증자 시점의 갑(주)의 개별회계처리〉

(차) 투자주식	240,000	(대) 현 금	240,000

〈20×3년 연결분개〉

① 지배력획득일 기준으로 투자주식과 자본계정 상계제거

(차)	자 본 금	1,000,000	(대) 투 자 주 식	900,000
	자본잉여금	200,000	비지배지분	366,000
	이익잉여금	20,000		
	영 업 권	46,000*		

* ₩900,000 − (₩1,000,000 + ₩200,000 + ₩20,000) × 70% = ₩46,000

② 지배력획득일 이후 유상증자 전까지 증가한 이익잉여금 중 비지배지분 계상

(차)	이익잉여금	24,000*	(대) 비지배지분	24,000

* (20×1년 당기순이익 ₩30,000 + 20×2년 당기순이익 ₩50,000) × 30% = ₩24,000

③ 유상증자로 증가한 을(주) 자본계정의 상계제거 및 비지배지분 계상

(차)	자 본 금	250,000	(대) 투 자 주 식	240,000
	자본잉여금	50,000	비지배지분	58,000*
			자본잉여금	2,000**

* 유상증자로 인한 을(주)에 대한 비지배지분 변동액(지분율이 28%로 감소) :

증자 후 연결재무제표상 을(주) 순자산 중 비지배지분	
(₩1,300,000 + ₩6,000 × 50주) × 70주/250주 =	₩448,000
증자 전 연결재무제표상 을(주) 순자산 중 비지배지분	
₩1,300,000 × 30% =	(390,000)
증자로 인한 을(주)에 대한 비지배지분 증가액	₩58,000

** 유상증자로 인한 을(주)에 대한 갑(주)지분 순증가액

④ 20×3년 당기순이익 중 비지배지분순이익 계상 : 당기순이익의 28%

(차)	이익잉여금	22,400*	(대) 비지배지분	22,400

* 20×3년 당기순이익 ₩80,000 × 28% = ₩22,400

(주) 유상증자 후 비지배지분은 28%이므로 유상증자 후 발생한 당기순이익의 28%를 비지배지분에 배분한다.

2. 발행금액이 주당 ₩6,500인 경우

〈유상증자로 인한 을(주)에 대한 갑(주)지분의 순변동액〉

• 증자로 인한 을(주)에 대한 갑(주)지분 증가액		
증자 후 갑(주)의 지분액 : (₩1,300,000 + ₩325,000) × 72%* =	₩1,170,000	
증자 전 갑(주)의 지분액 : ₩1,300,000 × 70% =	(910,000)	₩260,000
• 갑(주)의 신주 취득원가 : 40주 × ₩6,500 =		260,000
• 증자로 인한 을(주)에 대한 갑(주)지분의 순변동액		₩0**

* 180주/250주 = 72%

** 지분율이 변동하는 경우에도 유상증자의 주당 발행가격 ₩6,500이 증자 전의 주당 장부금액(= ₩1,300,000 ÷ 200주 = ₩6,500)과 일치하면 유상증자로 인한 지배기업지분의 순변동액은 발생하지 않는다.

제 6 장 다양한 소유구조

01 기본개념의 이해

(1) ○ (2) × (3) ○ (4) × (5) ○ (6) ×

* (2) 연결재무제표상 병(주)의 순이익 중 48%(＝80%×60%)는 지배기업소유주에게 귀속되며, 나머지 52%(＝1－48%)가 비지배지분에 귀속된다.
  (4) 종속기업이 보유하는 지배기업 주식을 자기주식으로 대체한다.
  (6) K-IFRS는 상호소유하는 주식에 대해 이익 배분방법을 명시하고 있지 않으나, 실무적으로는 종속기업의 이익을 상호배분하는 순환과정을 반복하거나, 한 번만 상호배분한 후의 금액을 활용한다.

02 순차적으로 성립된 연속적 지배 · 종속관계(I)

1. 종로(주)의 비지배지분순이익＝₩50,000×(1－60%)＝₩20,000

2. 서울(주)의 수정 당기순이익＝₩80,000＋₩50,000×60%＝₩110,000
   서울(주)의 비지배지분순이익＝₩110,000×20%＝₩22,000

3. 한국(주)의 연결포괄손익계산서상의 지배기업소유주지분순이익
   ＝₩100,000＋₩110,000×80%＝₩188,000

4. 한국(주)의 연결포괄손익계산서상의 비지배지분순이익＝₩20,000＋₩22,000＝₩42,000

5. 서울(주)의 영업권＝₩160,000－₩200,000×60%＝₩40,000
   서울(주)귀속이익＝₩80,000＋₩50,000×60%＝₩110,000
   지배기업소유주지분순이익＝₩100,000＋₩110,000×80%＝₩188,000
   서울(주)가 종로(주)의 보통주를 취득할 때 영업권이 발생한다 하더라도 영업권을 상각하지 않으므로 연결포괄손익계산서상 지배기업소유주지분순이익은 동일하다.

03 비순차적으로 성립된 연속적 지배 · 종속관계(I)

1. 20×1년 을(주)의 연결분개

E-① 병(주)투자주식과 병(주)의 자본계정 상계제거 및 비지배지분 설정

(차) 자 본 금(병(주))	160,000	(대) 병(주)투자주식	160,000
이익잉여금(병(주))	80,000	비지배지분	96,000 *
영 업 권	16,000 **		

* ₩240,000 × 40% = ₩96,000

** (₩160,000 + ₩96,000) − (₩160,000 + ₩80,000) = ₩16,000

E-② 병(주) 당기순이익 중 비지배지분순이익의 계상 : 당기순이익의 40%

(차) 이익잉여금	12,800 *	(대) 비지배지분	12,800

* ₩32,000 × 40% = ₩12,800

2. 20×2년 갑(주)의 연결분개

E-① 취득시점 기준으로 병(주)투자주식과 병(주)의 자본계정 상계제거 및 비지배지분 설정

(차) 자 본 금(병(주))	160,000	(대) 병(주)투자주식	192,000 *
이익잉여금(병(주))	112,000	비지배지분	108,800 **
영 업 권	28,800 ***		

* 병(주)투자주식의 공정가치

** (₩160,000 + ₩112,000) × 40% = ₩108,800

*** (₩192,000 + ₩108,800) − (₩160,000 + ₩112,000) = ₩28,800

E-② 취득시점 기준으로 을(주)투자주식과 을(주)의 자본계정 상계제거 및 비지배지분 설정

(차) 자 본 금(을(주))	320,000	(대) 을(주)투자주식	448,000
이익잉여금(을(주))	160,000	비지배지분	102,400 *
병(주)투자주식	32,000 **		
영 업 권	38,400 ***		

* (₩320,000 + ₩160,000 + ₩32,000) × 20% = ₩102,400

** 병(주)투자주식의 장부금액을 초과하는 공정가치 = ₩192,000 − ₩160,000 = ₩32,000

*** (₩448,000 + ₩102,400) − (₩320,000 + ₩160,000 + ₩32,000) = ₩38,400

E-③ 병(주) 당기순이익 중 비지배지분순이익의 계상 : 당기순이익의 40%

(차) 이익잉여금(병(주))	19,200 *	(대) 비지배지분	19,200

* ₩48,000 × 40% = ₩19,200

E-④ 을(주) 당기순이익 중 비지배지분순이익의 계상 : 수정 당기순이익의 20%

(차) 이익잉여금	18,560 *	(대) 비지배지분	18,560

* 을(주)의 보고이익	₩64,000
병(주)의 연결로 증가한 이익(₩48,000×60%)	28,800
을(주)의 수정이익	₩92,800
비지배지분율	×20%
비지배지분순이익	₩18,560

04 순차적으로 성립된 연속적 지배 · 종속관계(Ⅱ)

1. 20×1년 1월 1일의 연결재무상태표상 비지배지분 :
   (₩600,000×40%)+(₩900,000×30%)=₩510,000

2. (1) 20×1년 12월 31일 연결분개

1) 서울(주)의 강북(주)에 대한 연결분개

① 강북(주)투자주식과 자본계정의 상계제거 및 비지배지분의 계상

(차)		(대)	
자 본 금	400,000	강북(주)투자주식	380,000
자본잉여금	150,000	비지배지분	240,000*
이익잉여금	50,000		
영 업 권	20,000		

* (₩400,000+₩150,000+₩50,000)×40%=₩240,000

② 강북(주) 당기순이익 중 비지배지분순이익의 계상 : 당기순이익의 40%

(차)		(대)	
이익잉여금	12,000*	비지배지분	12,000

* ₩30,000×40%=₩12,000

2) 한국(주)의 서울(주)에 대한 연결분개

① 서울(주)투자주식과 자본계정의 상계제거 및 비지배지분의 계상

(차)		(대)	
자 본 금	600,000	서울(주)투자주식	660,000
자본잉여금	200,000	비지배지분	270,000*
이익잉여금	100,000		
영 업 권	30,000		

* (₩600,000+₩200,000+₩100,000)×30%=₩270,000

② 서울(주) 당기순이익 중 비지배지분순이익의 계상 : 수정 당기순이익의 30%

(차)		(대)	
이익잉여금	20,400*	비지배지분	20,400

* (₩50,000+₩30,000×60%)×30%=₩20,400

(2) 20×2년 12월 31일 연결분개

1) 서울(주)의 강북(주)에 대한 연결분개

① 취득시점 기준으로 강북(주)투자주식과 자본계정의 상계제거 및 비지배지분의 계상

(차) 자 본 금	400,000	(대) 강북(주)투자주식	380,000
자본잉여금	150,000	비지배지분	240,000*
이익잉여금	50,000		
영 업 권	20,000		

* (₩400,000 + ₩150,000 + ₩50,000) × 40% = ₩240,000

(주) 20×1년의 연결분개와 동일하다.

② 취득일 이후 증가한 강북(주) 이익잉여금 중 비지배지분 계상

(차) 이익잉여금	12,000*	(대) 비지배지분	12,000

* 강북(주) 20×1년 당기순이익 ₩30,000 × 40% = ₩12,000

③ 강북(주) 당기순이익 중 비지배지분순이익의 계상 : 당기순이익의 40%

(차) 이익잉여금	16,000*	(대) 비지배지분	16,000

* 강북(주) 20×2년 당기순이익 ₩40,000 × 40% = ₩16,000

2) 한국(주)의 서울(주)에 대한 연결분개

① 취득일 기준 서울(주)투자주식과 자본계정의 상계제거 및 비지배지분의 계상

(차) 자 본 금	600,000	(대) 서울(주)투자주식	660,000
자본잉여금	200,000	비지배지분	270,000*
이익잉여금	100,000		
영 업 권	30,000		

* (₩600,000 + ₩200,000 + ₩100,000) × 30% = ₩270,000

(주) 20×1년의 연결분개와 동일하다.

② 취득일 이후 증가한 서울(주) 이익잉여금 중 비지배지분 계상

(차) 이익잉여금	20,400*	(대) 비지배지분	20,400

* (₩50,000 + ₩30,000 × 60%) × 30% = ₩20,400

③ 서울(주) 당기순이익 중 비지배지분순이익의 계상 : 수정 당기순이익의 30%

(차) 이익잉여금	31,200*	(대) 비지배지분	31,200

* (₩80,000 + ₩40,000 × 60%) × 30% = ₩31,200

05 순차적으로 성립된 연속적 지배 · 종속관계(Ⅲ)

1.

	20×1. 1. 1 80%(₩8,250)		20×2. 1. 1 80%(₩3,000)	
갑(주)	⟶	을(주)	⟶	병(주)

(1) 갑(주)와 을(주)의 개별회계상 회계처리

갑(주)의 별도재무제표상 회계처리				을(주)의 별도재무제표상 회계처리		
〈20×1년〉						
① 취득시				- 분개 없음 -		
(차) 을(주)투자주식	8,250					
(대) 현 금		8,250				
〈20×2년〉						
① 취득시						
- 분개 없음 -				(차) 병(주)투자주식	3,000	
				(대) 현 금		3,000

(2) 연결분개 : 20×2년말

• 제1단계 : 을(주)가 병(주)를 연결

① 병(주)투자주식과 병(주) 자본계정의 상계제거 및 비지배지분 설정

(차) 자 본 금(병(주))	2,500	(대) 병(주)투자주식	3,000
이익잉여금(병(주))	1,000	비지배지분	700
영 업 권	200		

② 병(주) 당기순이익 중 비지배지분순이익 계상 : 병(주) 당기순이익의 20%

(차) 이익잉여금	180*	(대) 비지배지분	180

* 20×2년 병(주) 당기순이익 ₩900 × 20% = ₩180

• 제2단계 : 갑(주)가 을(주)를 연결

③ 을(주)투자주식과 을(주) 자본계정의 상계제거 및 비지배지분 설정

(차) 자 본 금(을(주))	7,500	(대) 을(주)투자주식	8,250
이익잉여금(을(주))	1,750	비지배지분	1,850
영 업 권	850		

④ 지배력획득일 이후 증가한 을(주)의 이익잉여금 비지배지분에 배분

(차) 이익잉여금	300*	(대) 비지배지분	300

* 20×1년 당기순이익 ₩1,500 × 20% = ₩300

⑤ 을(주)의 당기순이익 중 비지배지분순이익 계상 : 을(주) 당기순이익의 20%

(차) 이익잉여금	469*	(대) 비지배지분	469

* (₩1,625 + ₩900 × 80%) × 20% = ₩469

2. 20×2년도 을(주)의 연결재무상태표상 비지배지분

① 병(주) 취득일의 비지배지분 (₩2,500 + ₩1,000) × 20%	₩700
② 병(주) 취득 후 증가한 병(주) 자본 중 비지배지분 (20×2년 병(주) 당기순이익 ₩900 × 20%)	180
20×2년도 을(주)의 연결재무상태표상 비지배지분	₩880

(주) 20×2년말 을(주)의 연결재무상태표상 비지배지분은 그 시점의 연결재무제표상 병(주) 순자산에 비지배지분율을 곱한 금액과 같다 : (₩2,500 + ₩1,900) × 20% = ₩880

3. 20×2년도 갑(주)의 연결포괄손익계산서상 지배기업소유주지분순이익

① 갑(주)의 보고된 당기순이익	₩3,500
② 을(주)귀속당기순이익 중 지배기업지분 [(₩1,625 + ₩900 × 80%) × 80%]	1,876
갑(주)의 연결포괄손익계산서상 지배기업소유주지분순이익	₩5,376

06 비순차적으로 성립된 연속적 지배 · 종속관계(Ⅱ)

(2017년 공인회계사 시험(2차) 수정)

(1) 20×2년 1월 1일 연결재무상태표상 영업권 : ₩20,000 + ₩33,000 = ₩53,000

(2) 20×2년 1월 1일 (주)대한의 (주)민국 취득시점의 연결분개

① (주)서울을 연결

(차)	자 본 금	60,000	(대) (주)서울투자주식	80,000
	이익잉여금	40,000	비지배지분	40,000
	영 업 권	20,000		

② (주)민국을 연결

(차)	자 본 금	200,000	(대) (주)서울투자주식	250,000
	이익잉여금	100,000	비지배지분	93,000
	(주)서울투자주식	10,000		
	영 업 권	33,000		

07 연속적 지배 · 종속관계 및 내부거래 제거

(2019년 공인회계사 시험(1차) 수정)

• 20×1년도 비지배지분귀속당기순이익
= (주)만세의 조정순이익 × 40% + {(주)민국의 조정순이익 + ((주)만세의 조정순이익 × 60%)} × 20%
= ₩50,000 × 40% + {₩68,000* + (₩50,000 × 60%)} × 20% = ₩20,000 + ₩19,600 = ₩39,600

* (주)민국의 순이익 = ₩80,000 − 재고자산 미실현이익(₩100,000 × 30% × 40%) = ₩68,000

08 간접소유 – 합동소유

1. 서울(주)귀속순이익 = ₩170,000 + ₩230,000 × 15% = ₩204,500

2. 울산(주)의 비지배지분순이익 = ₩230,000 × {1 − (40% + 15%)} = ₩103,500

3. 서울(주)의 비지배지분순이익 = ₩204,500 × 20% = ₩40,900

4. 한국(주)의 지배기업소유주지분순이익 = ₩190,000 + ₩204,500 × 80% + ₩230,000 × 40% = ₩445,600

09 상호소유 – 기본형

1. 20×1년 1월 1일 연결분개

(차) 자 본 금	500,000	(대) 서울(주)투자주식	700,000
자본잉여금	400,000	비지배지분	440,000 *
이익잉여금	200,000		
영 업 권	40,000 **		

* ₩1,100,000 × 40% = ₩440,000

** (₩700,000 + ₩440,000) − ₩1,100,000 = ₩40,000

(차) 자 기 주 식	150,000	(대) FVOCI금융자산(한국(주))	150,000

(주) 연결실체의 입장에서 서울(주)가 보유중인 한국(주)의 주식은 자기주식으로 처리된다.

2. 20×1년 12월 31일 연결분개

(차) 자 본 금	500,000	(대) 서울(주)투자주식	700,000
자본잉여금	400,000	비지배지분	440,000
이익잉여금	200,000		
영 업 권	40,000		
(차) 자 기 주 식	150,000	(대) FVOCI금융자산(한국(주))	155,000
FVOCI금융자산평가이익	5,000		

(주) 서울(주)의 개별회계에서 인식되었을 FVOCI금융자산평가이익도 연결실체의 입장에서는 상계제거되어야 한다.

(차) 이익잉여금	40,000 *	(대) 비지배지분	40,000

* ₩100,000 × 40% = ₩40,000

고급 연습문제

10 다양한 소유구조 – 간접소유

(2017년 공인회계사 시험(2차) 수정)

1. (1) 매출액 : ₩820,000 − ₩40,000 = ₩780,000
   (2) 매출원가 : ₩640,000 − ₩31,000 = ₩609,000
   (3) 차량운반구 : ₩180,000 − ₩6,000 = ₩174,000
   (4) 영업권 : ₩16,000 + ₩40,000 = ₩56,000

〈20×1년말 연결조정분개〉

[1단계] (주)민국이 (주)서울을 연결

① 투자주식과 종속기업 자본의 상계제거

(차)		(대)	
자 본 금	60,000	종속기업투자주식	70,000
이익잉여금	30,000	비지배지분(40%)	36,000
영 업 권	16,000		

② 비지배지분순이익의 계상

(차)		(대)	
이익잉여금	6,000	비지배지분	6,000

* ₩15,000 × 40% = ₩6,000

[2단계] (주)대한이 (주)민국을 연결

③ 투자주식과 종속기업 자본의 상계제거

(차)		(대)	
자 본 금	200,000	종속기업투자주식	250,000
이익잉여금	100,000	비지배지분(30%)	90,000
영 업 권	40,000		

④ 내부거래 및 미실현손익 제거

(차)		(대)	
매 출-(주)민국	30,000	매 출 원 가	24,000
		상 품(재고자산)	6,000
매 출-(주)서울	10,000	매 출 원 가	7,000
		상 품(재고자산)	3,000
유형자산처분이익	8,000	차량운반구	6,000
		감가상각비	2,000

⑤ 비지배지분순이익의 계상

(차)		(대)	
이익잉여금	9,900	비지배지분	9,900

* (₩30,000 + ₩9,000 − ₩6,000) × 30% = ₩9,900

(차)		(대)	
비지배지분	1,740	비지배지분	1,740

* ₩3,000 × (1 − 60% × 70%) = ₩1,740

2. 연결당기순이익 = (₩70,000 + ₩30,000 + ₩15,000) − (₩6,000 + ₩6,000 + ₩3,000) = ₩100,000

(1) 지배기업귀속당기순이익

= (₩70,000 − ₩6,000) + (₩30,000 − ₩6,000) × 70% + (₩15,000 − ₩3,000) × 70% × 60%

= ₩64,000 + ₩16,800 + ₩5,040 = ₩85,840

(2) 비지배지분귀속당기순이익

= ₩6,000 + ₩9,900 − ₩1,740 = ₩14,160

11 다양한 소유구조 – 합동소유

(2014년 공인회계사 시험(2차) 수정)

1. 20×1년중 (주)민국의 (주)서울 투자주식 관련 회계처리

(차) 관계기업투자주식	20,000	(대) 현 금	20,000
관계기업투자주식	1,600	지분법이익	1,600

관계기업투자주식 장부금액 : ₩20,000 + ₩1,600 = ₩21,600

2. 20×1년 연결분개

(1) 투자주식과 (주)서울 자본의 상계제거

(차) 지분법이익	1,600	(대) 관계기업투자주식	1,600
(차) 자 본 금	60,000	(대) 종속기업투자주식	40,000
이익잉여금	30,000	관계기업투자주식	20,000
영 업 권	6,000	비지배지분	36,000

(2) (주)서울의 비지배지분순이익 계상

(차) 이익잉여금	3,200	(대) 비지배지분	3,200

* ₩8,000 × 40% = ₩3,200

(3) 투자주식과 (주)민국 자본의 상계제거

(차) 자 본 금	200,000	(대) 종속기업투자주식	250,000
이익잉여금	100,000	비지배지분	90,000
영 업 권	40,000		

(4) (주)민국의 비지배지분순이익 계상

(차) 이익잉여금	9,600	(대) 비지배지분	9,600

* ₩32,000 × 30% = ₩9,600

① 영업권 : ₩6,000 + ₩40,000 = ₩46,000

② 지배기업귀속순이익 : ₩155,000 − ₩1,600 − ₩3,200 − ₩9,600 = ₩140,600

③ 비지배지분순이익 : ₩3,200 + ₩9,600 = ₩12,800

12 다양한 소유구조 – 상호소유

(1) 소유구조

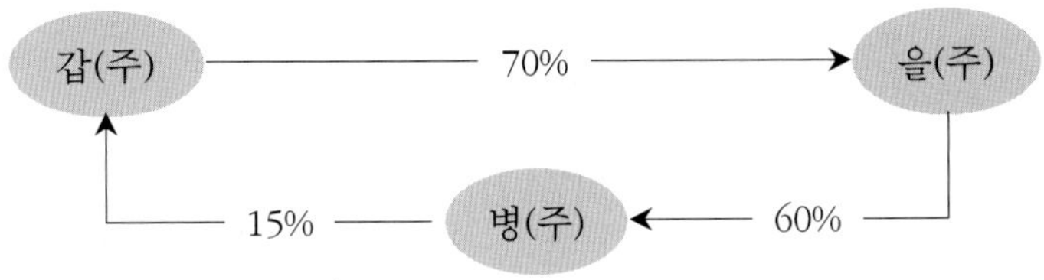

(2) 별도(개별)회계상 회계처리

갑(주)	을(주)	병(주)
〈20×1년〉 ① 취득 (차) 을(주)투자주식 28,000 (대) 현 금 28,000	(차) 병(주)투자주식 13,000 (대) 현 금 13,000	(차) FVOCI금융자산 21,000 (대) 현 금 21,000
〈20×2년〉 ② 배당수취 (차) 현 금 2,100 (대) 배 당 수 익 2,100	(차) 현 금 600 (대) 배 당 수 익 600	(차) 현 금 750 (대) 배 당 수 익 750

(3) 20×2년말 연결분개

1) 제1단계 : 을(주)의 병(주)에 대한 연결분개

E-① 당년도에 을(주)가 병(주)로부터 수취한 배당수익의 취소

(차)		(대)	
배 당 수 익	600	이익잉여금(병(주))	1,000
비지배지분	400		

E-② 취득일 기준으로 병(주)투자주식과 자본계정을 상계제거

(차)		(대)	
자 본 금(병(주))	10,000	병(주)투자주식	13,000
이익잉여금(병(주))	5,000	비지배지분	6,000*
영 업 권	4,000**		

* (₩10,000 + ₩5,000) × 40% = ₩6,000

** (₩13,000 + ₩6,000) − (₩10,000 + ₩5,000) = ₩4,000

E-③ 취득일 이후 증가한 병(주) 이익잉여금 비지배지분에 배분

(차)		(대)	
이익잉여금	1,600*	비지배지분	1,600

* 병(주)의 20×1년 당기순이익 ₩4,000 × 40% = ₩1,600

E-④ 전기 미실현이익의 당기실현액 인식(하향)

(차)		(대)	
이익잉여금	133*	매 출 원 가	133

* ₩800/1.2 × 0.2 = ₩133

E-⑤ 당기 내부거래 및 내부거래미실현이익의 제거(하향)

(차) 매 출	4,000	(대) 매 출 원 가	3,880
		재 고 자 산	120

E-⑥ 병(주)의 20×2년 당기순이익 중 비지배지분순이익의 계상 : 당기순이익의 40%

(차) 이익잉여금	1,900 *	(대) 비지배지분	1,900

* ₩4,750 × 40% = ₩1,900

2) 제2단계 : 갑(주)의 을(주)에 대한 연결분개

E-⑦ 당년도에 갑(주)가 을(주)로부터 수취한 배당수익의 취소

(차) 배 당 수 익	2,100	(대) 이익잉여금(을(주))	3,000
비지배지분	900		

E-⑧ 취득시점 기준으로 을(주)투자주식과 을(주) 자본계정의 상계제거

(차) 자 본 금(을(주))	25,000	(대) 을(주)투자주식	28,000
이익잉여금(을(주))	12,000	비지배지분	11,100 *
영 업 권	2,100 **		

* (₩25,000 + ₩12,000) × 30% = ₩11,100

** (₩28,000 + ₩11,100) − (₩25,000 + ₩12,000) = ₩2,100

E-⑨ 취득일 이후 증가한 을(주) 이익잉여금 비지배지분에 배분

(차) 이익잉여금	2,462 *	(대) 비지배지분	2,462

* (₩5,940 − ₩133 + ₩4,000 × 60%) × 30% = ₩2,462

E-⑩ 갑(주)와 을(주) 간 전기 내부거래미실현이익의 당기실현액 인식(하향)

(차) 이익잉여금	200 *	(대) 매 출 원 가	200

* ₩1,200/1.2 × 0.2 = ₩200

E-⑪ 갑(주)와 을(주) 간 당기 내부거래 및 내부거래미실현이익의 제거(하향)

(차) 매 출	5,000	(대) 매 출 원 가	4,840
		재 고 자 산	160 *

* ₩960/1.2 × 0.2 = ₩160

E-⑫ 병(주)가 갑(주)로부터 수령한 배당수익의 취소

(차) 배 당 수 익	750	(대) 이익잉여금(갑(주))	750

E-⑬ 병(주)가 소유하는 갑(주)투자주식을 자기주식으로 분류

(차) 자 기 주 식	21,000 *	(대) FVOCI금융자산	21,000

* 병(주)가 소유하는 갑(주)주식(FVOCI금융자산)을 자기주식의 계정으로 대체함

E-⑭ 비지배지분순이익의 계상

(차) 이익잉여금	2,636 *	(대) 비지배지분	2,636

* 을(주)의 수정 당기순이익 중 비지배지분
[= {₩7,974 − ₩600 + ₩133 − ₩120 + (₩4,750 − ₩750) × 60%} × 30%] ₩2,936
병(주)가 갑(주)로부터 수취한 배당수익 중 병(주) 비지배지분해당액
(= ₩750 × 40%) (300)
₩2,636

(4) 20×2년도의 연결재무제표

① 연결정산표

과 목	갑(주)	을(주)	병(주)	연결분개		연결 재무제표
				차 변	대 변	
〈포괄손익계산서〉						
매 출	65,100	38,100	19,000	⑤ 4,000 ⑪ 5,000		113,200
매출원가	(48,200)	(24,200)	(12,000)		④ 133 ⑤ 3,880 ⑩ 200 ⑪ 4,840	(75,347)
제 비 용	(11,100)	(6,526)	(3,000)			(20,626)
배당수익	2,100	600	750	① 600 ⑦ 2,100 ⑫ 750		—
당기순이익	7,900	7,974	4,750	12,450	9,053	17,227
〈이익잉여금처분계산서〉						
기초이익잉여금	45,000	17,940	9,000	② 5,000 ③ 1,600 ④ 133 ⑧ 12,000 ⑨ 2,462 ⑩ 200		50,545
당기순이익	7,900	7,974	4,750	12,450	9,053	17,227
배당처분	(5,000)	(3,000)	(1,000)		① 1,000 ⑦ 3,000 ⑫ 750	(4,250)
비지배지분순이익				⑥ 1,900 ⑭ 2,636		(4,536)
기말이익잉여금	47,900	22,914	12,750	38,381	13,803	58,986

〈재무상태표〉						
재 고 자 산	10,000	8,000	5,000		⑤ 120 ⑪ 160	22,720
을(주)투자주식	28,000	–	–		⑧ 28,000	–
병(주)투자주식	–	13,000	–		② 13,000	–
FVOCI금융자산	–	–	21,000		⑬ 21,000	–
제 자 산	75,900	38,414	23,750			138,064
영 업 권	–	–	–	② 4,000 ⑧ 2,100		6,100
합 계	113,900	59,414	49,750	6,100	62,280	166,884
제 부 채	26,000	11,500	27,000			64,500
자 본 금	40,000	25,000	10,000	② 10,000 ⑧ 25,000		40,000
이익잉여금	47,900	22,914	12,750	38,381	13,803	58,986
비지배지분	–	–	–	① 400 ⑦ 900	② 6,000 ③ 1,600 ⑥ 1,900 ⑧ 11,100 ⑨ 2,462 ⑭ 2,636	24,398
자 기 주 식	–	–	–	⑬ 21,000		(21,000)
합 계	113,900	59,414	49,750	95,681	39,501	166,884

② 연결포괄손익계산서

연결포괄손익계산서

20×2. 1. 1～12. 31

매 출	₩113,200
매 출 원 가	(75,347)
매출총이익	₩37,853
기 타 비 용	(20,626)
당기순이익	₩17,227
지배기업소유주지분순이익	₩12,691
비지배지분순이익	4,536

③ 연결재무상태표

연결재무상태표

20×2. 12. 31 현재

재고자산	₩22,720	제 부 채	₩64,500
제 자 산	138,064	자 본 금	40,000
영 업 권	6,100	이익잉여금	58,986
		자기주식	(21,000)
		비지배지분	24,398
계	₩166,884	계	₩166,884

제 7 장 연결회계와 관련된 기타 주제

01 기본개념의 이해

(1) × (2) ○ (3) ○ (4) × (5) × (6) ○ (7) ×
(8) × (9) ○ (10) ×

* (1) 종속기업의 유상증자 또는 감자는 지배기업의 종속기업투자주식계정과 상계되거나 비지배지분으로 대체되므로 연결재무상태표의 납입자본란에 표시되지 않는다.
  (4) 지배력 변동이 없는 범위에서 종속기업 주식을 추가취득하거나 처분하는 경우 당해 현금흐름은 재무활동으로 분류한다.
  (5) 관계기업으로부터 수취한 배당금은 연결현금흐름표에서 영업활동 현금흐름 또는 투자활동 현금흐름으로 표시할 수 있다.
  (7) K-IFRS에 명시적 규정은 없으나, 지배기업의 종속기업 우선주 취득은 자본거래(우선주의 소각)로 보아 우선주에 대한 투자계정과 자본계정의 차액을 지배기업에 귀속되는 자본에서 조정하는 것이 합리적이다.
  (8) 사업결합에서 장부금액을 조정하는 공정가치로 인해 발생하는 일시적차이는 이연법인세부채(또는 자산)를 인식하지만 법인세비용에는 영향을 미치지 않는다.
  (10) 내부거래의 미실현손익을 제거함으로써 발생하는 일시적차이에 대한 법인세효과는 관련 자산을 보유하고 있는 기업에 적용되는 세율을 기준으로 계산한다.

02 연결자본변동표(I)

연결자본변동표

갑(주) 및 종속기업 20×1. 1. 1～12. 31

과 목[1]	자본금	자본잉여금	이익잉여금	기타포괄손익누계액	총 계	비지배지분	총자본
20×1. 1. 1(당기초)	₩150,000	₩50,000	₩100,000	₩60,000	₩360,000	₩42,000[2]	₩402,000
배 당 금[3]			(20,000)		(20,000)	(2,000)	(22,000)
유 상 증 자	30,000	10,000			40,000	－	40,000
총포괄손익			59,000[4]	65,000[5]	124,000	18,000[6]	142,000
20×1. 12. 31(당기말)	₩180,000	₩60,000	₩139,000	₩125,000	₩504,000	₩58,000	₩562,000

* 1) 자본변동표상 구분표시되는 자본금, 자본잉여금, 이익잉여금 및 기타포괄손익 항목은 지배기업소유주에게 귀속되는 금액만 포함하며, 비지배지분에 귀속되는 금액은 비지배지분이라는 항목에 일괄표시된다.
  2) 20×1년초 비지배지분 = (₩50,000 + ₩30,000 + ₩25,000) × 40% = ₩42,000
  3) 지배기업 배당금은 지배기업소유주에게 귀속되는 이익잉여금에서 차감한다. 을(주)의 20×1년 배당금은 중간배당으로 갑(주)와 비지배주주가 지분율에 비례하여 배당금을 수취한다. 따라서 을(주)의 배당금 ₩5,000 중 40%인 ₩2,000이 비지배지분에 배분되므로 해당액만큼 비지배지분을 감소시킨다.

4) 이익잉여금을 증가시키는 총포괄손익은 지배기업의 소유주에게 귀속되는 당기순이익으로 다음과 같이 계산된다.

지배기업소유주지분순이익 = 갑(주)의 당기순이익(배당수익 제외) + 을(주)의 당기순이익 × 60%
= (₩50,000 − ₩3,000) + ₩20,000 × 60% = ₩59,000

5) 종속기업의 FVOCI금융자산평가이익 중 지배기업에 귀속되는 금액은 기타포괄손익누계액에 가산하며, 비지배지분에 귀속되는 금액은 비지배지분 항목에 일괄표시한다.

지배기업귀속기타포괄손익 = 갑(주)의 재평가잉여금 + 을(주)의 FVOCI금융자산평가이익 × 60%
= ₩50,000 + (₩25,000 × 60%) = ₩65,000

6) 비지배지분에 귀속되는 총포괄손익 증가액은 종속기업의 당기순이익 중 비지배지분에 귀속되는 금액과 종속기업의 FVOCI금융자산평가이익 중 비지배지분에 귀속되는 금액의 합계이다.

비지배지분총포괄손익 = 을(주)당기순이익 × 40% + 을(주)FVOCI금융자산평가이익 × 40%
= ₩20,000 × 40% + ₩25,000 × 40% = ₩18,000

03 연결현금흐름표(Ⅰ)

연결현금흐름표

서울(주) 20×2. 1. 1～12. 31

Ⅰ. 영업활동 현금흐름			
당기순이익		₩60,000	
현금의 유출이 없는 비용 등의 가산			
감가상각비	₩25,000		
이자비용	40,000		
법인세비용	15,000	80,000	
현금의 유입이 없는 수익 등의 차감			
이자수익	(₩35,000)	(35,000)	
영업활동으로 인한 자산·부채의 변동			
매출채권감소	₩25,000		
재고자산증가	(20,000)		
매입채무증가	120,000	125,000	
영업에서 창출된 현금		₩230,000	
이자수취액		35,000	
이자지급액		(30,000)	
법인세납부액		(15,000)	₩220,000
Ⅱ. 투자활동 현금흐름			(200,000)
토지 취득	(50,000)		
건물 취득	(150,000)		
Ⅲ. 재무활동 현금흐름			−
Ⅳ. 현금의 증가			₩20,000
Ⅴ. 기초의 현금			100,000
Ⅵ. 기말의 현금			₩120,000

04 우선주를 발행한 종속기업

〈20×1년〉

(1) 종속기업 자본의 배분

	보통주 귀속분		우선주 귀속분		합 계
자 본 금		₩1,500,000		₩500,000	₩2,000,000
자본잉여금	₩1,000,000 × 15/20* =	750,000	₩1,000,000 × 5/20 =	250,000	1,000,000
이익잉여금	₩2,000,000 × 15/20* =	1,500,000	₩2,000,000 × 5/20 =	500,000	2,000,000
합 계		₩3,750,000		₩1,250,000	₩5,000,000

* 보통주자본금비율 = 보통주자본금/(보통주자본금 + 우선주자본금)
= ₩1,500,000/(₩1,500,000 + ₩500,000) = 15/20

(2) 영업권 계산

• 취득금액	₩3,210,000	
• 비지배지분(순자산공정가치 ₩3,975,000* × 30%)	1,192,500	₩4,402,500
• 순자산공정가치		(3,975,000)
• 영업권		₩427,500

* 강남(주) 순자산공정가치 :

보통주자본금	₩1,500,000
자본잉여금 ₩1,000,000 × 보통주비율 ₩1,500,000/₩2,000,000 =	750,000
이익잉여금 ₩2,000,000 × 보통주비율 ₩1,500,000/₩2,000,000 =	1,500,000
토지의 공정가치 조정액 ₩300,000 × ₩1,500,000/₩2,000,000 =	225,000
	₩3,975,000

〈20×1년말의 연결분개〉

E-① 강남(주)의 20×1년 배당 취소

(차) 배 당 수 익	105,000*	(대) 이익잉여금-강남(주)	200,000
비지배지분	95,000**		

* 서울(주) 배당수익 = ₩150,000 × 70% = ₩105,000

** 비지배지분 귀속 배당선언액 = (₩150,000 × 30%) + ₩50,000 = ₩95,000

E-② 강남(주)투자주식과 자본계정의 상계

(차) 자 본 금	1,500,000	(대) 강남(주)투자주식	3,210,000
자본잉여금	750,000	비지배지분(보통주)	1,192,500**
이익잉여금	1,500,000		
토 지	225,000*		
영 업 권	427,500		

* 토지과소계상분 × 보통주비율 = ₩300,000 × 15/20 = ₩225,000

** (₩1,500,000 + ₩750,000 + ₩1,500,000 + ₩225,000) × 30% = ₩1,192,500

E-③ 강남(주)투자주식(우선주)과 자본계정의 상계

(차) 자 본 금	500,000	(대) 비지배지분(우선주)	1,325,000
자본잉여금	250,000		
이익잉여금	500,000		
토 지	75,000*		

* 토지과소계상분×우선주비율 = ₩300,000×5/20 = ₩75,000

(주) 지배기업이 보유하는 우선주는 없으므로 우선주지분 자본은 전액 비지배지분에 배분된다.

E-④-1) 보통주지분 당기순이익에 대한 비지배지분순이익 계상

(차) 이익잉여금	112,500*	(대) 비지배지분(보통주)	112,500

* ₩500,000×₩1,500,000/₩2,000,000×30% = ₩112,500

E-④-2) 우선주지분 당기순이익에 대한 비지배지분순이익 계상

(차) 이익잉여금	125,000*	(대) 비지배지분(우선주)	125,000

* ₩500,000×₩500,000/₩2,000,000 = ₩125,000

〈20×2년〉

(1) 종속기업 자본의 배분

	보통주 귀속분		우선주 귀속분		합 계
자 본 금		₩1,500,000		₩500,000	₩2,000,000
자본잉여금	₩1,000,000×15/20* =	750,000	₩1,000,000×5/20 =	250,000	1,000,000
이익잉여금	₩2,500,000×15/20* =	1,875,000	₩2,500,000×5/20 =	625,000	2,500,000
합 계		₩4,125,000		₩1,375,000	₩5,500,000

* 보통주자본금비율 = 보통주자본금/(보통주자본금 + 우선주자본금)
= ₩1,500,000/(₩1,500,000 + ₩500,000) = 15/20

〈20×2년말의 연결분개〉

E-① 강남(주)의 20×1년과 20×2년의 배당 취소

(차) 배 당 수 익	105,000*	(대) 이익잉여금-강남(주)	400,000
이익잉여금-서울(주)	105,000**		
비지배지분	190,000***		

* 20×2년 서울(주) 배당수익 = ₩150,000×70% = ₩105,000

** 20×1년 서울(주) 배당수익 = ₩150,000×70% = ₩105,000

*** 비지배지분 귀속 배당선언액 = [(₩150,000×30%) + ₩50,000]×2년 = ₩190,000

E-② 취득시점 현재 강남(주)투자주식과 자본계정의 상계

(차) 자 본 금	1,500,000	(대) 강남(주)투자주식	3,210,000
자본잉여금	750,000	비지배지분(보통주)	1,192,500
이익잉여금	1,500,000		
토 지	225,000		
영 업 권	427,500		

(주) 20×1년의 연결분개와 동일하다.

E-③ 강남(주)투자주식(우선주)과 자본계정의 상계

(차) 자 본 금	500,000	(대) 비지배지분(우선주)	1,325,000
자본잉여금	250,000		
이익잉여금	500,000		
토 지	75,000		

(주) 20×1년의 연결분개와 동일하다.

E-④ 취득시점 이후 증가한 이익잉여금 비지배지분에 배분

(차) 이익잉여금	112,500*	(대) 비지배지분(보통주)	112,500

* ₩500,000 × ₩1,500,000/₩2,000,000 × 30% = ₩112,500

(차) 이익잉여금	125,000*	(대) 비지배지분(우선주)	125,000

* ₩500,000 × ₩500,000/₩2,000,000 = ₩125,000

E-⑤-1) 보통주에 대한 비지배지분순이익 계상

(차) 이익잉여금	180,000*	(대) 비지배지분(보통주)	180,000

* ₩800,000 × ₩1,500,000/₩2,000,000 × 30% = ₩180,000

E-⑤-2) 우선주에 대한 비지배지분순이익 계상

(차) 이익잉여금	200,000*	(대) 비지배지분(우선주)	200,000

* ₩800,000 × ₩500,000/₩2,000,000 = ₩200,000

05 연결이연법인세와 영업권

1. 영업권 및 비지배지분의 계산

을사 투자주식의 취득원가	₩500,000
비지배지분(을사 순자산공정가치×비지배지분율)	120,000*
합 계	₩620,000
을사 순자산공정가치	(300,000)
영업권	₩320,000

* 을사 순자산공정가치×비지배지분율＝₩300,000#×40%＝₩120,000
 # 을사 순자산공정가치＝₩160,000＋₩100,000＋₩100,000－(₩200,000×30%)＝₩300,000

2. 이연법인세부채의 계산
 이연법인세부채＝(₩100,000＋₩100,000)×30%＝₩60,000

3. 20×1년말 비지배지분 및 비지배지분순이익

(1) 비지배지분순이익

을사 당기순이익 중 비지배지분(₩20,000×40%＝)	₩8,000
기계장치 감가상각비 중 비지배지분(₩100,000/5년×40%＝)	(8,000)
기계장치에 대한 이연법인세비용 감소액 중 비지배지분 (₩100,000×30%/5년×40%＝)	2,400
20×1년 비지배지분순이익	₩2,400

(2) 비지배지분

을사 취득일의 비지배지분	₩120,000
20×1년 비지배지분순이익	2,400
20×1년말 비지배지분	₩122,400

06 연결이연법인세(Ⅰ)

(2013년 공인회계사 시험(2차) 수정)

20×1년초 취득일 시점의 연결분개

(차)	자 본 금	300,000	(대) 투 자 주 식	380,000
	이익잉여금	100,000	비지배지분	87,500
	재 고 자 산	30,000	이연법인세부채	12,500
	건 물	20,000		
	영 업 권	30,000		

① 영업권 : ₩380,000－(₩450,000－₩12,500)×80%＝₩30,000

20×1년말 공정가치조정액의 손익효과 인식분개

(차) 매 출 원 가	30,000	(대) 재 고 자 산	30,000
감가상각비	2,000	감가상각누계액(건물)	2,000
이연법인세부채	8,000*	법인세비용	8,000

* (₩30,000 + ₩2,000) × 25% = ₩8,000

② 이연법인세부채 : ₩12,500 − ₩8,000 = ₩4,500

고급 연습문제

07 연결이연법인세(Ⅱ)

〈영업권의 계산〉

한국(주)의 취득금액		₩448,000
비지배지분		298,000
합 계		₩746,000
서울(주) 순자산의 공정가치 :		
장부금액(₩620,000 − 20×1년 배당금 ₩20,000)	₩600,000	
토지 공정가치 조정액	20,000	
건물 공정가치 조정액	100,000	
공정가치 조정액 법인세효과 : (₩20,000 + ₩100,000) × 30% =	(36,000)	(684,000)
영 업 권		₩62,000

〈20×1년 연결분개〉

① 배당수익 제거

(차) 비지배지분	20,000	(대) 이익잉여금	20,000

② 투자주식 및 자본 상계제거

(차) 자 본 금	400,000	(대) 투 자 주 식	448,000
이익잉여금	220,000	비지배지분	318,000*
토 지	20,000	이연법인세부채	36,000**
건 물	100,000		
영 업 권	62,000		

* 비지배지분 공정가치 ₩298,000 + 서울(주) 20×1년 배당금 ₩20,000 = ₩318,000

** 공정가치 조정액 법인세효과 : (₩20,000 + ₩100,000) × 30% = ₩36,000

③ 건물 공정가치 조정액 상각

(차) 감가상각비	20,000*	(대) 감가상각누계액	20,000
이연법인세부채	6,000**	법인세비용	6,000

* ₩100,000 × 1/5 = ₩20,000

** ₩20,000 × 30% = ₩6,000

④ 하향판매 내부거래 및 미실현이익 상계제거

(차) 매 출	20,000	(대) 매출원가	18,400
		재고자산	1,600*
(차) 이연법인세자산	480**	(대) 법인세비용	480

* 하향판매 미실현이익 제거 : ₩8,000 × 20% = ₩1,600

** ₩1,600 × 30% = ₩480

⑤ 상향판매 내부거래 및 미실현이익 상계제거

(차) 매 출	40,000	(대) 매출원가	36,800
		재고자산	3,200*
(차) 이연법인세자산	960**	(대) 법인세비용	960

* 상향판매 미실현이익 제거 : ₩16,000 × 20% = ₩3,200

** 상향판매 미실현이익 제거에 의한 법인세효과 : ₩3,200 × 30% = ₩960

⑥ 서울(주)의 실현된 당기순이익 비지배지분에 배분 : 당기순이익의 40%

(차) 이익잉여금	25,504*	(대) 비지배지분	25,504

* (₩80,000 − ₩3,200 + ₩960 − ₩20,000 + ₩6,000) × 40% = ₩25,504

〈20×2년 연결분개〉

① 배당수익 제거

〈20×1년분〉

(차) 비지배지분	20,000	(대) 이익잉여금	20,000

〈20×2년분〉

(차) 배당수익	12,000	(대) 이익잉여금	20,000
비지배지분	8,000		
(차) 이연법인세자산	3,600*	(대) 법인세비용	3,600

* ₩12,000 × 30% = ₩3,600

② 취득시점 기준 투자주식 및 자본 상계제거

(차) 자 본 금	400,000	(대) 투자주식	448,000
이익잉여금	220,000	비지배지분	318,000*
토 지	20,000	이연법인세부채	36,000**
건 물	100,000		
영 업 권	62,000		

* 비지배지분 공정가치 ₩298,000 + 서울(주) 20×1년 배당금 ₩20,000 = ₩318,000
** 공정가치 조정액 법인세효과 : (₩20,000 + ₩100,000) × 30% = ₩36,000
(주) 20×1년의 연결분개와 동일하다.

③ 서울(주)의 취득일 이후 전기까지 증가한 이익잉여금 비지배지분에 배분

(차) 이익잉여금	32,000*	(대) 비지배지분	32,000

* ₩80,000 × 40% = ₩32,000

④ 건물 공정가치 조정액 상각

(차) 이익잉여금	12,000	(대) 감가상각누계액	20,000
비지배지분	8,000		
(차) 이연법인세부채	6,000	(대) 이익잉여금	3,600
		비지배지분	2,400
(차) 감가상각비	20,000*	(대) 감가상각누계액	20,000
이연법인세부채	6,000**	법인세비용	6,000

* ₩100,000 × 1/5 = ₩20,000
** ₩20,000 × 30% = ₩6,000
(주) 분개④를 간략히 보이면 아래와 같다.

(차) 감가상각비	20,000	(대) 감가상각누계액	40,000
이연법인세부채	12,000	법인세비용	6,000
이익잉여금	8,400#		
비지배지분	5,600		

\# 매년 감가상각비 ₩20,000 × 60% × (1 − 30%) = ₩8,400

⑤ 전기 하향판매 미실현이익의 실현 인식

(차) 이익잉여금	1,120	(대) 매출원가	1,600*
법인세비용	480		

* 전기내부거래(하향판매) 실현인식
(주) 연결실체는 장부를 유지하지 않기 때문에 20×1년의 이연법인세자산은 20×2년으로 이월되지 않아 분개⑤에서 대변에 나타나지 않는다. 이는 아래의 분개⑥에서도 동일하며, 분개②에서는 20×1년과 마찬가지로 새로이 이연법인세부채 ₩36,000 전액을 인식하는 것을 볼 수 있다.

⑥ 전기 상향판매 미실현이익의 실현 인식

(차) 이익잉여금	1,344	(대) 매출원가	3,200**
비지배지분	896*		
법인세비용	960		

* (₩3,200 − ₩960) × 40% = ₩896
** 전기내부거래(상향판매) 실현인식

⑦ 서울(주)의 실현된 당기순이익 비지배지분에 배분 : 당기순이익의 40%

(차) 이익잉여금 31,296* (대) 비지배지분 31,296

* (₩90,000 + ₩3,200 − ₩960 − ₩20,000 + ₩6,000) × 40% = ₩31,296

08 연결자본변동표(Ⅱ)

연결자본변동표

20×1. 1. 1～12. 31

20×2. 1. 1～12. 31

회사명 : 서울사 (단위 : 원)

과 목	자본금	자본 잉여금	이익 잉여금	기타 포괄손익 누계액	총 계	비지배 지분	총자본
20×1. 1. 1	100,000	40,000	30,000		170,000	28,500	198,500
무 상 증 자	15,000	(15,000)			0		0
총포괄손익			35,188*		35,188	4,452**	39,640
20×1. 12. 31	115,000	25,000	65,188		205,188	32,952	238,140
20×2. 1. 1	115,000	25,000	65,188		205,188	32,952	238,140
현 금 배 당			(10,000)		(10,000)		(10,000)
무 상 증 자	20,000	(20,000)			0		0
총포괄손익			43,946#	21,000	64,946	14,994##	79,940
20×2. 12. 31	135,000	5,000	99,134	21,000	260,134	47,946	308,080

* 지배기업 보고당기순이익	₩25,000	
하향내부거래 미실현이익(= ₩1,000 × 20%)	(200)	₩24,800
종속기업 보고당기순이익	₩15,000	
상향내부거래 미실현이익(= ₩800 × 20%)	(160)	
종속기업 실현당기순이익	₩14,840	
지배기업지분율	× 70%	10,388
지배기업 실현당기순이익		₩35,188

** 종속기업 보고당기순이익	₩15,000
상향내부거래 미실현이익(= ₩800 × 20%)	(160)
	₩14,840
비지배지분율	× 30%
비지배지분변동액	₩4,452

#		
지배기업 보고당기순이익	₩30,000	
전기 하향내부거래 미실현이익의 실현(= ₩1,000 × 20%)	200	
당기 하향내부거래 미실현이익(= ₩1,200 × 20%)	(240)	₩29,960
종속기업 보고당기순이익	₩20,000	
전기 상향내부거래 미실현이익의 실현(= ₩800 × 20%)	160	
당기 상향내부거래 미실현이익(= ₩900 × 20%)	(180)	
종속기업 실현당기순이익	₩19,980	
지배기업지분율	× 70%	13,986
지배기업 실현당기순이익		₩43,946

##	
종속기업 보고당기순이익	₩20,000
전기 상향내부거래 미실현이익의 실현(= ₩800 × 20%)	160
당기 상향내부거래 미실현이익(= ₩900 × 20%)	(180)
종속기업 실현당기순이익	₩19,980
비지배지분율	× 30%
비지배지분순이익	₩5,994
FVOCI금융자산평가이익 중 비지배지분(= ₩30,000 × 30%)	9,000
비지배지분 총포괄이익	₩14,994

09 연결현금흐름표(Ⅱ)

1. 간접법에 따른 연결현금흐름표

연결현금흐름표

서울사 20×2. 1. 1∼12. 31

Ⅰ. 영업활동 현금흐름			
당기순이익		₩430,000	
현금의 유출이 없는 비용 등의 가산			
감가상각비	₩150,000*		
이자비용	75,000		
법인세비용	180,000	405,000	
현금의 유입이 없는 수익 등의 차감			
건물처분이익	(₩25,000)**		
지분법이익	(40,000)	(65,000)	
영업활동으로 인한 자산·부채의 변동			
매출채권감소	₩50,000		
재고자산증가	(115,000)		
매입채무증가	81,000	16,000	
영업에서 창출된 현금		₩786,000	
법인세납부액		(180,000)***	₩606,000
Ⅱ. 투자활동 현금흐름			
1. 투자활동으로 인한 현금유입액			
건물의 처분	₩115,000		
배당금 수취액	30,000	₩145,000	
2. 투자활동으로 인한 현금유출액			
건물의 구입	(₩375,000)		
토지의 구입	(55,000)	(430,000)	(285,000)
Ⅲ. 재무활동 현금흐름			
1. 재무활동으로 인한 현금유입액			
유상증자		₩440,000#	
2. 재무활동으로 인한 현금유출액			
이자 지급	(₩60,000)##		
배당금 지급	(116,000)###		
사채의 상환	(200,000)		
종속기업주식 추가취득	(240,000)	(616,000)	(176,000)
Ⅳ. 현금의 증가			₩145,000
Ⅴ. 기초의 현금			200,000
Ⅵ. 기말의 현금			₩345,000

* ₩1,545,000(기초잔액) − ₩90,000(당기처분) + ₩375,000(취득) − ₩1,680,000(기말잔액) = ₩150,000

** ₩115,000(처분금액) − ₩90,000(장부금액) = ₩25,000

*** 재무상태표상 선급법인세 및 미지급법인세계정이 없으므로 당기에 납부한 법인세는 당기에 발생한 법인세비용과 같다.

\# 유상증자액 계산

기말자본금 + 기말자본잉여금 = ₩1,250,000 + ₩740,000 =	₩1,990,000
기초자본금 + 기초자본잉여금 = ₩1,000,000 + ₩550,000 =	(1,550,000)
유상증자액	₩440,000

\## ₩75,000(이자비용) − ₩15,000(미지급이자 증가액) = ₩60,000

\### ₩100,000(지배기업주주에 대한 배당금) + ₩40,000 × 40%(비지배주주에 대한 배당금) = ₩116,000

(주) 종로사 주식을 20×2년초에 추가취득하였으므로 종로사의 20×2년 결산배당금 중 종로사 주식 추가취득 전 비지배지분율인 40%에 해당하는 금액이 비지배지분에 귀속된다.

2. 직접법에 의한 영업활동 현금흐름

Ⅰ. 영업활동 현금흐름	
매출 등 수익활동으로부터의 유입액	₩3,650,000*
매입 및 종업원에 대한 유출액	(1,934,000)**
기타 영업활동으로 인한 유입액	200,000#
기타 영업활동으로 인한 유출액	(1,130,000)##
영업에서 창출된 현금	₩786,000
법인세납부액	(180,000)
합 계	₩606,000

* ₩3,600,000(연결포괄손익계산서상의 매출) + ₩50,000(매출채권의 감소) = ₩3,650,000

** ₩1,900,000(연결포괄손익계산서상의 매출원가) + ₩115,000(재고자산의 증가) − ₩81,000(매입채무의 증가) = ₩1,934,000

\# ₩225,000(연결포괄손익계산서상의 기타수익) − ₩25,000(건물처분이익) = ₩200,000

\## ₩1,280,000(연결포괄손익계산서상의 기타비용) − ₩150,000(감가상각비) = ₩1,130,000

10 연결현금흐름표(Ⅲ)

(2010년 공인회계사 시험(2차) 수정)

1. ①

매출액	₩61,300
수취채권 증가(₩3,800 − ₩200* − ₩2,400 =)	(1,200)
고객으로부터 유입된 현금	₩60,100

* 추가자료 8)의 수취채권에 포함된 미수이자

② 매출원가	(₩52,000)
판매비와 관리비	(1,320)
재고자산 감소[(₩5,000 − ₩200*) − ₩6,400 =]	1,600
매입채무 감소(₩500 − ₩3,780 =)	(3,280)
공급자와 종업원 등에 대한 현금유출	(₩55,000)

* 추가자료 1)의 종속기업 취득시 취득한 재고자산은 외부로부터 매입한 재고자산이 아니므로 제외한다.

③ 이자비용	(₩800)
사채할인발행차금상각	40
미지급이자 증가(₩460 − ₩200 =)	260
이자지급	(₩500)

④ ₩1,180 − ₩80* = ₩1,100

* 추가자료 1)의 종속기업 취득시 취득한 현금은 지배기업이 활용가능한 자원이기 때문에 지배기업의 이전대가를 감소시킨다.

⑤ ₩2,760(기초이익잉여금) + ₩6,100(당기순이익) − ₩500(주식배당액) − 현금배당액
= ₩5,460(기말이익잉여금)
∴ 현금배당액 : ₩2,900

2. 이자의 수취는 영업활동 현금흐름이나 투자활동 현금흐름으로 분류한다.
이자의 지급은 영업활동 현금흐름이나 재무활동 현금흐름으로 분류한다.

11 연결회계 – 종합

(2019년 공인회계사 시험(2차) 수정)

1. ① 영업권 : ₩61,440
② 비지배지분 : ₩59,640

• 20×1년초 (주)대한의 (주)민국 주식 취득시점의 연결분개

(차)	자 본 금	100,000	(대) (주)민국투자주식	300,000 *
	이익잉여금	150,000	충 당 부 채	6,000
	기 타 자 본	5,000	이연법인세부채	10,800 **
	토 지	10,000	비지배지분	59,640 ***
	건 물	30,000		
	기 계 장 치	20,000		
	영 업 권	61,440		

* (₩7,000 × 40주) + ₩20,000 = ₩300,000
** (₩10,000 + ₩30,000 + ₩20,000 − ₩6,000) × 20% = ₩10,800
*** (₩255,000 + ₩10,000 + ₩30,000 + ₩20,000 − ₩6,000 − ₩10,800) × 20% = ₩59,640

2. ① 유형자산 : ₩524,000 + ₩370,000 + ₩10,000 + (₩30,000 − ₩3,000) + (₩20,000 − ₩15,000)
= ₩936,000

② 영업권 : ₩61,440 − ₩24,320 = ₩37,120

• 20×3년말 종속기업의 영업권 손상검사

과 목	종속기업의 영업권	식별가능한 순자산	합 계
장부금액	₩61,440	₩353,600*	₩415,040
인식되지 않은 비지배지분	15,360**	–	15,360
조정된 장부금액	76,800	353,600	430,400
회수가능액			400,000
손상차손			30,400
지배기업 귀속 영업권손상차손 : ₩30,400 × 80% =			₩24,320

* ₩320,000 + (₩10,000 + ₩30,000 − ₩3,000 + ₩20,000 − ₩15,000) × (1 − 20%) = ₩353,600

** ₩61,440 × 20%/80% = ₩15,360

③ (주)민국에 추가로 지급할 대가 관련 부채 : ₩24,000

④ 이연법인세부채 : ₩45,000 + ₩28,000 + (₩10,000 + ₩30,000 − ₩3,000 + ₩20,000 − ₩15,000) × 20%
= ₩81,400

⑤ 이익잉여금 : ₩570,000 + (₩60,000 − ₩9,600) × 80% − ₩24,320 = ₩586,000

⑥ 기타자본요소 : ₩150,000 + (₩10,000 − ₩5,000) × 80% = ₩154,000

⑦ 비지배지분 : ₩353,600 × 20% = ₩70,720

제 8 장 관계기업과 공동기업에 대한 투자

01 기본개념의 이해

(1) ○	(2) ×	(3) ×	(4) ○	(5) ×	(6) ○	(7) ×
(8) ×	(9) ○	(10) ×	(11) ×	(12) ○	(13) ×	(14) ○

* (2) 유의적인 영향력은 투자자가 피투자기업의 재무정책과 영업정책에 관한 의사결정에 참여할 수 있는 능력을 말한다.
(3) 다른 투자자의 지배력이 투자자의 유의적인 영향력 보유를 반드시 배제하는 것은 아니다.
(5) 약정의 공동지배력을 보유하는 당사자들이 약정의 순자산에 대한 권리를 보유하는 공동약정은 공동기업으로 분류한다.
(7) 공동지배력이나 유의적인 영향력이 일시적으로 의도된 경우라 하더라도 지분법이 면제되지 않는다.
(8) 배당금을 피투자기업 투자자산의 장부금액에서 차감한다.
(10) 피투자기업의 손실이 투자자의 투자지분과 같거나 초과하는 경우, 투자자는 해당 투자지분 이상의 손실에 대하여 인식을 중지한다. 즉 투자지분이 부(−)의 잔액이 되는 경우는 발생하지 않는다.
(11) 투자자는 피투자기업이 관련 자산이나 부채를 직접 처분한 경우의 회계처리와 동일한 기준으로 회계처리한다.
(13) 관계기업 투자가 공동기업 투자로 되거나 공동기업 투자가 관계기업 투자로 되는 경우, 투자자는 지분법을 계속 적용하며 잔여 보유지분을 재측정하지 않는다.

02 공정가치법과 지분법

1. 공정가치법

• 20×1. 1. 1(취득)

(차) FVPL금융자산	36,000	(대) 현 금	36,000

• 배당금 수취

(차) 현 금	2,700	(대) 배 당 수 익	2,700*

* ₩9,000 × 30% = ₩2,700

• 20×1. 12. 31(기말평가)

(차) FVPL금융자산	3,000	(대) FVPL금융자산평가이익	3,000*

* (₩1,300 − ₩1,200) × 30주 = ₩3,000

• 20×2. 1. 1(처분)

(차) 현 금	14,000	(대) FVPL금융자산	13,000*
		FVPL금융자산처분이익	1,000

* ₩1,300 × 10주 = ₩13,000

2. 지분법

• 20×1. 1. 1(취득)

(차) 관계기업투자주식	36,000	(대) 현 금	36,000

• 염가매수차익을 전액 지분법이익으로 인식

(차) 관계기업투자주식	18,000	(대) 지분법이익	18,000*

* (₩36,000 − ₩180,000 × 30%) = (₩18,000)

• 순이익 보고

(차) 관계기업투자주식	9,000	(대) 지분법이익	9,000

• 배당금 수취

(차) 현 금	2,700	(대) 관계기업투자주식	2,700

• 20×2. 1. 1(처분)

(차) 현 금	14,000	(대) 관계기업투자주식	20,100*
관계기업투자주식처분손실	6,100		

* (₩36,000 + ₩18,000 + ₩9,000 − ₩2,700) × 10주/30주 = ₩20,100

03 지분법 – 기본형

① 20×1년도

• 투자주식 취득

(차) 관계기업투자주식	800,000	(대) 현 금	800,000

• 당기순이익 보고

(차) 관계기업투자주식	200,000	(대) 지분법이익	200,000*

* ₩500,000(강남(주)의 20×1년 당기순이익) × 40% = ₩200,000

• 강남(주) 순자산의 장부금액을 초과하는 매수원가의 회계처리

(차) 지분법이익	28,000*	(대) 관계기업투자주식	28,000

* ₩20,000(재고자산) + ₩8,000(건물) = ₩28,000

• 초과지급액 = ₩800,000 − ₩1,500,000 × 40% = ₩200,000

[초과지급액 배분]

재고자산 = (₩150,000 − ₩100,000) × 40% = ₩20,000(20×1년중에 모두 판매됨)

건 물 = (₩600,000 − ₩500,000) × 40% = ₩40,000(5년에 걸쳐 매년 ₩8,000씩 감가상각됨)

토 지 = (₩450,000 − ₩300,000) × 40% = ₩60,000

영 업 권 = ₩200,000 − ₩20,000 − ₩40,000 − ₩60,000 = ₩80,000

② 20×2년도

- 현금배당 수령

(차) 현　　금	40,000	(대) 관계기업투자주식	40,000

- 당기순이익 보고

(차) 관계기업투자주식	160,000	(대) 지분법이익	160,000*

* ₩400,000(강남(주)의 20×2년 당기순이익)×40%=₩160,000

- 초과지급액 회계처리

(차) 지분법이익	8,000*	(대) 관계기업투자주식	8,000

* 건물의 감가상각에 해당하는 금액 : ₩8,000

04 비화폐성자산의 출자

(2023년 공인회계사 시험(1차) 수정)

20×1년도 당기순이익에 미치는 영향=₩10,000－₩2,000＋₩3,000=₩11,000 증가

- 현물출자

(차) 현　　금	10,000	(대) 토　　지	20,000
관계기업투자주식	20,000	토지처분이익	10,000
(차) 토지처분이익	2,000*	(대) 관계기업투자주식	2,000

* ₩10,000×2/3(보통주 수취분)×30%=₩2,000

- 당기순이익 보고

(차) 관계기업투자주식	3,000	(대) 지분법이익	3,000*

* ₩10,000×30%=₩3,000

05 관계기업투자주식의 장부금액

부분포괄손익계산서

서울(주)　　20×2년 1월 1일부터 20×2년 12월 31일까지

…	
지분법이익	₩4,000
당기순이익	10,000
기타포괄이익 : 지분법기타포괄이익	6,000*
총포괄이익	₩16,000

* ₩30,000×20%=₩6,000

부분재무상태표

서울(주)	20×2년 12월 31일 현재		
…		…	
비유동자산		자 본	
관계기업투자주식	₩213,000	지분법기타포괄이익누계액	₩6,000

(주) 관계기업투자주식의 장부금액
- 관계기업투자주식 취득일의 차이 : ₩200,000 − ₩700,000 × 20% = ₩60,000
- 관계기업투자주식 취득일의 차이의 안분 및 상각

구 분	과소평가액	투자자지분	차이 상각		
				20×1년	20×2년
건 물	₩200,000	₩40,000	₩40,000 ÷ 10 =	₩4,000	₩4,000
영 업 권		20,000			
합 계		₩60,000		₩4,000	₩4,000

⇒ 관계기업투자주식의 장부금액 :

취득금액		₩200,000
순자산 변동액 중 투자자 지분액	(₩40,000 + ₩65,000) × 20% =	21,000
취득일의 차이 중 상각누계액	₩4,000 + ₩4,000 =	(8,000)
관계기업투자주식의 장부금액		₩213,000

06 지분법 적용의 중지와 그 이후

① 20×1년

- 투자주식의 취득

(차) 관계기업투자주식	500,000	(대) 현 금	500,000

- 당기순이익 보고

(차) 관계기업투자주식	80,000	(대) 지분법이익	80,000*

* ₩200,000(종로(주)의 당기순이익) × 40% = ₩80,000

- 종로(주) 순자산의 장부금액을 초과하는 매수원가의 회계처리

(차) 지분법이익	12,000*	(대) 관계기업투자주식	12,000

* ₩8,000(재고자산) + ₩4,000(건물) = ₩12,000

- 초과지급액 = ₩500,000 − ₩1,000,000 × 40% = ₩100,000

[초과지급액의 배분]

재고자산 : (₩120,000 − ₩100,000) × 40% = ₩8,000

건 물 : (₩400,000 − ₩300,000) × 40% = ₩40,000(10년에 걸쳐 감가상각)

차액(영업권) : ₩100,000 − ₩8,000 − ₩40,000 = ₩52,000

② 20×2년

- 당기순이익 보고

(차) 지분법손실 200,000* (대) 관계기업투자주식 200,000

* (₩500,000, 종로(주)의 당기순손실)×40%=(₩200,000)

- 초과지급액 회계처리

(차) 지분법손실 4,000* (대) 관계기업투자주식 4,000

* 건물의 감가상각에 해당하는 금액 : ₩4,000

③ 20×3년

- 당기순이익 보고

(차) 지분법손실 364,000* (대) 관계기업투자주식 364,000

* 20×3년 당기순손실에 대한 지분법손실 인식 전 투자주식의 계정잔액 :
₩500,000+₩80,000−₩12,000−₩200,000−₩4,000=₩364,000
20×3년 당기순손실에 대한 지분법손실 중 투자주식의 가액이 ₩0이 될 때까지만 지분법손실을 인식하고 지분법적용을 중지한다. 따라서 미인식손실은 다음과 같이 ₩40,000으로 산출된다.
(₩1,000,000×40%−₩364,000)+₩4,000(건물감가상각 미계상분)=₩40,000

④ 20×4년

- 당기순이익 보고

(차) 관계기업투자주식 160,000 (대) 지분법이익 160,000*

* ₩500,000(종로(주)의 당기순이익)×40%=₩200,000
→ 지분법이익 인식액=₩200,000−₩40,000(미인식손실)=₩160,000

- 초과지급액 회계처리

(차) 지분법이익 4,000* (대) 관계기업투자주식 4,000

* 건물의 감가상각에 해당하는 금액 : ₩4,000

07 지분법 – 내부거래

(2019년 공인회계사 시험(1차) 수정)

1. 20×1년말 관계기업투자주식 장부금액=₩360,000+₩45,000−₩1,050=₩403,950

- 투자주식의 취득

(차) 관계기업투자주식 360,000 (대) 현 금 350,000
지분법이익 10,000*

* (₩1,200,000×30%)−₩350,000=₩10,000

(주) 염가매수차익은 취득일에 당기이익으로 인식한다.

• 당기순이익 및 기타포괄이익 보고

(차) 관계기업투자주식	45,000	(대) 지분법이익	30,000 *
		지분법기타포괄이익	15,000 **

* ₩100,000((주)민국의 당기순이익) × 30% = ₩30,000
** ₩50,000((주)민국의 기타포괄이익) × 30% = ₩15,000

• 내부거래 미실현이익

(차) 지분법이익	1,050 *	(대) 관계기업투자주식	1,050

* (₩25,000 − ₩20,000) × (₩17,500/₩25,000) × 30% = ₩1,050

2. 20×2년도 당기순이익에 미치는 영향 = (−)₩30,000 + ₩1,050 = ₩28,950 감소

• 당기순이익 및 기타포괄이익 보고

(차) 관계기업투자주식	3,000	(대) 지분법기타포괄이익	33,000 **
지분법손실	30,000 *		

* (−)₩100,000((주)민국의 당기순이익) × 30% = (−)₩30,000
** ₩110,000((주)민국의 기타포괄이익) × 30% = ₩33,000

• 내부거래 미실현이익의 실현

(차) 관계기업투자주식	1,050 *	(대) 지분법이익	1,050

* (₩25,000 − ₩20,000) × (₩17,500/₩25,000) × 30% = ₩1,050

08 지분법 – 내부거래 미실현손익

1. ① 초과지급액의 계산 – ₩1,530,000 − ₩3,600,000 × 0.3 = ₩450,000
② 초과지급액의 배분

	총차이	초과지급액 (지분율 : 30%)	당기상각액
재고자산	₩300,000	₩90,000	₩90,000
기타유동자산	(60,000)	(18,000)	(18,000)
유형자산	900,000	270,000	27,000
사채	60,000	18,000	6,000
소계		₩360,000	
차액(영업권)		90,000	
총계		₩450,000	₩105,000

→ 지분법이익 = ₩900,000 × 30% − ₩105,000 = ₩165,000
관계기업투자주식 = ₩1,530,000 + ₩165,000 = ₩1,695,000

2. (1) 재고자산

① 미실현이익 : ₩200,000 × 20% × 30% + ₩100,000 × 20% × 30% = ₩18,000

② 관계기업투자주식 계정잔액 : ₩1,695,000 − ₩18,000 = ₩1,677,000

③ (차) 지분법이익 18,000 (대) 관계기업투자주식 18,000

(2) 유형자산

① 미실현이익 : (₩600,000 − ₩500,000) × 30% = ₩30,000

감가상각을 통한 당기실현분 : ₩30,000 × 1/10 = ₩3,000

제거해야 할 미실현이익 : ₩30,000 − ₩3,000 = ₩27,000

② 관계기업투자주식 계정잔액 : ₩1,695,000 − ₩27,000 = ₩1,668,000

③ (차) 지분법이익 27,000 (대) 관계기업투자주식 27,000

09 지분법 – 내부거래가 자산의 순실현가능가치의 감소에 대한 증거를 제공하는 경우

① 한양(주)의 주식 취득

(차) 관계기업투자주식 3,060,000 (대) 현 금 3,060,000

② 한양(주)의 당기순이익 보고

(차) 관계기업투자주식 540,000 (대) 지분법이익 540,000*

* ₩1,800,000 × 30% = ₩540,000

③ 취득시 장부금액을 초과하는 공정가치의 상각

(차) 지분법이익 198,000* (대) 관계기업투자주식 198,000

* {(₩4,260,000 − ₩3,780,000) + (₩4,800,000 − ₩3,000,000)/10년} × 30% = ₩198,000

④ 재고자산의 상향거래에서 발생한 미실현손익 제거

(차) 지분법이익 15,000* (대) 관계기업투자주식 15,000

* 상향거래 미실현손익 : (₩600,000 − ₩500,000) × (₩300,000/₩600,000) × 30% = ₩15,000

(주) 서울(주)가 한양(주)에 판매한 재고자산의 하향거래에서 발생한 미실현손실은 다음과 같은 이유에서 제거하지 않는다. 서울(주)는 한양(주)에 재고자산을 판매하는 시점에 다음과 같은 회계처리를 통하여 ₩300,000의 손실을 인식하였을 것이다.

(차) 현 금 1,000,000 (대) 매 출 액 1,000,000
(차) 매 출 원 가 1,300,000 (대) 재 고 자 산 1,300,000

한양(주)는 기말에 매입한 재고자산을 전액 보유하고 있으므로 서울(주)가 인식한 손실은 미실현손실이다. 그러나 위의 재고자산 거래가 재고자산의 순실현가능가치 감소를 반영한 것이므로 내부거래로 인한 손실은 제거하지 않고 전액 인식한다. 이는 서울(주)가 한양(주)에 재고자산을 판매하지 않고 보유하고 있더라도 재고자산의 순실현가능가치 감소액을 전액 재고자산평가손실로 인식하였을 것이기 때문이다.

10 지분법 – 관계기업투자주식의 처분

(2017년 공인회계사 시험(1차) 수정)

① 20×1년

• 투자주식의 취득

(차) 관계기업투자주식	150,000	(대) 현　　금	150,000

• 당기순이익 및 기타포괄이익 보고

(차) 관계기업투자주식	51,000	(대) 지분법이익	36,000 *
		지분법기타포괄이익	15,000 **

* ₩120,000((주)민국의 당기순이익) × 30% = ₩36,000

** ₩50,000((주)민국의 기타포괄이익) × 30% = ₩15,000

② 20×2년

• 관계기업투자주식 처분 및 재분류

(차) 현　　금	130,000	(대) 관계기업투자주식	201,000
FVOCI금융자산	65,000	관계기업투자주식처분이익	9,000 *
지분법기타포괄이익	15,000		

* (₩130,000 + ₩65,000) − ₩201,000 + ₩15,000(지분법기타포괄이익) = ₩9,000

고급 연습문제

11 비화폐성자산의 출자

(2018년 공인회계사 시험(2차) 수정)

1. 20×1년말 관계기업투자주식의 장부금액

① 상업적 실질이 결여된 경우

투자주식 취득금액		₩400,000*
20×1년 지분법손익	((−)₩200,000 − ₩25,000 − ₩30,000) × 30% =	(76,500)
20×1년말 장부금액		₩323,500

* 상업적 실질이 결여된 경우 투자자산의 취득금액은 토지의 장부금액으로 측정하고 토지의 출자로부터 발생한 손익은 전액 미실현된 것으로 보아 인식하지 않는다.

② 상업적 실질이 결여되지 않은 경우

투자주식 취득금액		₩480,000
토지처분이익의 차감	(₩480,000 − ₩400,000) × 30% =	(24,000)*
20×1년 지분법손익	((−)₩200,000 − ₩25,000 − ₩30,000) × 30% =	(76,500)
20×1년말 장부금액		₩379,500

* 비화폐성자산의 출자로 인해 발생한 손익 중 투자자의 지분에 해당하는 부분은 인식하지 않고 투자자산의 취득원가를 감소시킨다.

2. 20×2년말 재무상태표에서 관계기업투자주식과 대여금의 장부금액

① 관계기업투자주식 : Min[(₩400,000 − ₩429,000*), ₩0] = ₩0

* 20×2년 지분법손익 : ((−)₩1,400,000 − ₩30,000) × 30% = (−)₩429,000

② 대여금 : ₩50,000 − ₩29,000* = ₩21,000

* 피투자기업의 손실 중 투자주식의 장부금액을 초과하는 부분은 관계기업에 대한 순투자자산에 추가로 반영(손실 인식)한다.

12 관계기업투자주식의 손상차손 인식 및 환입

(1) 20×1년의 회계처리

(차) 관계기업투자주식	600,000	(대) 현 금	600,000
(차) 지분법손실	120,000*	(대) 관계기업투자주식	120,000

* ① 20×1년 1월 1일 영업권의 계산

관계기업투자주식 취득대가	₩600,000
청계(주) 순자산의 장부금액 × 지분율 = ₩1,400,000 × 40% =	(560,000)
영업권	₩40,000

② 20×1년말 한강(주)가 인식할 지분법손실
= (₩100,000 − ₩400,000) × 40% = (₩120,000)

(차) 관계기업투자주식	40,000	(대) 지분법기타포괄손익	40,000*

* (₩400,000 − ₩300,000) × 40% = ₩40,000

(차) 관계기업투자주식손상차손	80,000*	(대) 관계기업투자주식	120,000
지분법기타포괄손익	40,000		

* ① 20×1년말 지분법적용 후 관계기업투자주식의 장부금액
= ₩600,000 − ₩120,000 + ₩40,000 = ₩520,000

② 관계기업투자주식손상차손
= ₩520,000 − ₩400,000 − ₩40,000(지분법기타포괄손익) = ₩80,000

(2) 20×2년의 회계처리

(차) 관계기업투자주식	70,000	(대) 지분법이익	70,000*

* 청계(주)의 당기순이익 : (₩300,000 − ₩100,000) × 40% =	₩80,000
내부미실현이익 : ₩100,000 × (₩100,000/₩400,000) × 40% =	(10,000)
한강(주)가 20×2년말에 인식할 지분법(손)익	₩70,000

(차) 관계기업투자주식	30,000	(대) 관계기업투자주식손상차손환입	30,000*

* Min(₩590,000#, ₩500,000##) − ₩470,000### = ₩30,000

\# 손상차손을 인식하지 않았을 경우 20×2년말에 계상되었을 장부금액 :

20×1년말 지분법적용 후 관계기업투자주식의 장부금액	₩520,000
+20×2년 지분법적용으로 인식하는 지분법이익	70,000
손상차손을 인식하지 않았더라면 계상된 장부금액	₩590,000

\## 20×2년에 추정된 회수가능액

\### 20×1년의 손상차손 인식 후 장부금액에 손상차손환입액을 제외한 당기 지분법손익을 인식한 금액 : ₩400,000 + ₩70,000 = ₩470,000

(주) 관계기업투자주식의 회수가능액(₩500,000)이 손상차손을 인식하지 않았을 경우의 장부금액(₩590,000)보다 작으므로 증가된 회수가능액 ₩30,000 전액을 환입한다.

13 관계기업투자주식의 처분

[상황 1]

〈20×1년 1월 1일〉

(차) 현 금	40,000	(대) 관계기업투자주식	30,000 *
		관계기업투자주식처분이익	10,000

* ₩90,000 × 10%/30% = ₩30,000

(주) 민국(주)의 FVOCI금융자산평가이익에 기초하여 인식한 지분법기타포괄이익은 당기손익으로 재분류하지 않는다. 또한 잔여 보유지분은 지분법을 계속 적용하며 재측정하지 않는다.

〈20×1년 12월 31일〉

(차) 관계기업투자주식	7,000	(대) 지분법이익	7,000 *

* 지분법이익

민국(주)의 당기순이익 중 지분액	₩40,000 × 20% =	₩8,000
순자산 과소평가액 중 상각액	₩7,500 ÷ 5 × 20%/30% =	(1,000)
지분법이익		₩7,000

[상황 2]

〈20×1년 1월 1일〉

(차) 현 금	80,000	(대) 관계기업투자주식	60,000 *
		관계기업투자주식처분이익	20,000

* ₩90,000 × 20%/30% = ₩60,000

(차) FVOCI금융자산	40,000	(대) 관계기업투자주식	30,000 *
		관계기업투자주식처분이익	10,000

* ₩90,000 × 10%/30% = ₩30,000

〈20×1년 12월 31일〉

(차) FVOCI금융자산	10,000	(대) FVOCI금융자산평가이익	10,000 *

* ₩50,000 − ₩40,000 = ₩10,000

14 지분법 – 종합(Ⅰ)

1) 20×1년

• 투자주식의 취득

(차) FVOCI금융자산	250,000	(대) 현 금	250,000

• 기말투자주식평가(공정가치법)

(차) FVOCI금융자산	50,000	(대) FVOCI금융자산평가이익	50,000 *

* ₩300,000 − ₩250,000 = ₩50,000

2) 20×2년

• 투자주식 취득

(차) FVOCI금융자산	15,000	(대) FVOCI금융자산평가이익	15,000 *

* 주식 10%의 시가는 ₩315,000이므로 ₩15,000만큼 평가이익을 인식해야 한다.

(차) 관계기업투자주식	945,000	(대) 현 금	630,000
		FVOCI금융자산	315,000

• 당기순이익 보고

(차) 관계기업투자주식	120,000	(대) 지분법이익	120,000 *

* ₩400,000(종로(주)의 당기순이익) × 30% = ₩120,000

• 초과지급액 회계처리

(차) 지분법이익	13,667 *	(대) 관계기업투자주식	13,667

* ₩6,000(재고자산) + ₩7,667(건물) = ₩13,667

(주) 초과지급액 = ₩945,000 − ₩2,300,000 × 30% = ₩255,000

[초과지급액의 배분]

재고자산 : (₩120,000 − ₩100,000) × 30% = ₩6,000

건 물 : (₩500,000 − ₩270,000) × 30% = ₩69,000

⇒ 매년 감가상각액 = ₩69,000 / 9년 = ₩7,667

차액(영업권) : ₩255,000 − ₩6,000 − ₩69,000 = ₩180,000

• 미실현이익 제거

(차) 지분법이익	7,500	(대) 관계기업투자주식	7,500 *

* ₩100,000 × 25% (매출총이익률) × 30% = ₩7,500

3) 20×3년

• 투자주식 취득

(차) 관계기업투자주식	350,000	(대) 현 금	350,000

(주) 초과지급액 = ₩350,000 − ₩2,700,000 × 10% = ₩80,000

[초과지급액의 배분]

건　　물 = (₩400,000 − ₩240,000) × 10% = ₩16,000(8년 동안 감가상각)

⇒ 연간 감가상각액 = ₩16,000 / 8년 = ₩2,000

차액(영업권) = ₩80,000 − ₩16,000 = ₩64,000

• 종로(주)의 FVOCI금융자산평가이익 증가

(차) 관계기업투자주식 120,000 (대) 지분법기타포괄이익 120,000*

* ₩300,000 × 40% = ₩120,000

• 당기순이익 보고시

(차) 관계기업투자주식 160,000 (대) 지분법이익 160,000*

* ₩400,000(종로(주)의 당기순이익) × 40% = ₩160,000

• 초과지급액 회계처리

(차) 지분법이익 9,667* (대) 관계기업투자주식 9,667

* ₩7,667(20×2년 취득분, 건물) + ₩2,000(20×3년 취득분, 건물) = ₩9,667

• 미실현이익 실현

(차) 관계기업투자주식 7,500 (대) 지분법이익 7,500*

* ₩100,000 × 25%(매출총이익률) × 30% = ₩7,500

4) 20×4년

• 당기순이익 보고

(차) 관계기업투자주식 200,000 (대) 지분법이익 200,000*

* ₩500,000(종로(주)의 당기순이익) × 40% = ₩200,000

• 초과지급액 회계처리

(차) 지분법이익 9,667 (대) 관계기업투자주식 9,667

• 투자주식 처분

(차) 현　　금 1,200,000 (대) 관계기업투자주식 1,396,499*

관계기업투자주식처분손실 196,499

* ₩1,861,999(관계기업투자주식 계정잔액) × 3,000주/4,000주 = ₩1,396,499

• 계정재분류

(차) FVOCI금융자산 400,000 (대) 관계기업투자주식 465,500*

관계기업투자주식처분손실 65,500

* ₩1,861,999 − ₩1,396,499 = ₩465,500

• 지분법기타포괄손익의 자본내 대체(선택사항)

(차) 지분법기타포괄이익 120,000 (대) 이익잉여금 120,000

15 지분법 – 종합(Ⅱ)

1. (주)영동 투자주식 취득원가에 포함된 영업권
   ₩180,000(취득금액) – {(₩390,000 + ₩6,000 + ₩30,000 + ₩9,000) × 30%}(순자산공정가치에 대한 지분액)
   = ₩49,500

2. 지분법이익
   (₩52,000 – ₩6,000 – ₩3,000) × 30% = ₩12,900

참고 (주)영동이 보고한 기타포괄손익 ₩10,000 중 30% 상당액인 ₩3,000은 '지분법기타포괄이익' 항목으로 계상함

3. 배당금 수령시

(차) 현 금	4,500	(대) 관계기업투자주식	4,500

4. 관계기업투자주식의 장부금액
   ₩65,000(취득금액) – ₩2,000(내부거래 미실현이익) + ₩5,000(염가매수차익)
   + ₩3,750(당기순이익에 대한 지분액) = ₩71,750

5. 관계기업투자주식처분손익
   ₩12,000(처분금액) – ₩14,000(장부금액) + ₩500(지분법포괄이익 중 처분액) = (–)₩1,500

보–1 공동약정

(2016년 공인회계사 시험(2차) 수정)

1. 공동영업자의 회계처리

(차) 현 금	40,000	(대) 토 지	30,000
토지에 대한 지분	12,000*	현금에 대한 지분	16,000**
		토지처분이익	6,000***

* {₩40,000(토지취득원가) × 40%(갑(주) 지분)} – {(₩10,000(토지처분이익) × 40%(갑(주) 지분)}
= ₩16,000 – ₩4,000 = ₩12,000

** ₩40,000(토지취득원가) × 40%(갑(주) 지분) = ₩16,000

*** ₩10,000(토지처분이익) × 60%(을(주) 지분) = ₩6,000(실현이익)

(주) 공동영업자는 공동영업에 판매한 하향거래에서 발생하는 손익 중 다른 당사자의 지분에 해당하는 부분만 인식한다. 또한 공동영업자가 공동영업에 판매한 토지 중 공동영업자의 몫을 계산할 때에는 인식하지 않은 자신의 몫에 해당하는 손익은 차감한다.

① 현금 : ₩100,000 + ₩40,000 – ₩16,000 = ₩124,000

② 토지 : ₩50,000 – ₩30,000 + ₩12,000 = ₩32,000

③ 공동기업투자주식 : ₩0

2. 공동영업자의 회계처리

(차) 현 금	25,000	(대) 토 지	30,000
토지에 대한 지분	10,000*	현금에 대한 지분	10,000*
토지처분손실	5,000**		

* ₩25,000(토지취득원가) × 40%(갑(주) 지분) = ₩10,000

** ₩30,000 − ₩25,000 = ₩5,000(토지처분손실 전액)

(주) 공동영업자가 공동영업에 자산을 판매한 거래가 당해 자산의 손상차손의 증거를 제공하는 경우에는 거래에서 발생한 손실 전부를 인식한다.

① 현금 : ₩100,000 + ₩25,000 − ₩10,000 = ₩115,000

② 토지 : ₩50,000 − ₩30,000 + ₩10,000 = ₩30,000

3. 공동기업투자자의 회계처리

(차) 공동기업투자주식	53,333	(대) 현 금	20,000
		토 지	30,000
		토지처분이익	3,333*

* (₩40,000 − ₩30,000) × 1/3(을(주) 지분) = ₩3,333

(주) 공동기업투자자가 공동기업에 비화폐성자산을 출자하는 경우 상업적 실질이 결여되어 있지 않다면, 비화폐성자산의 처분손익 중 해당 공동기업에 대한 지분과 무관한 손익까지만 인식한다.

① 현금 : ₩100,000 − ₩20,000 = ₩80,000

② 토지 : ₩50,000 − ₩30,000 = ₩20,000

③ 공동기업투자주식 : ₩53,333

제 9 장 환율변동효과

01 기본개념의 이해

(1) × (2) × (3) ○ (4) × (5) ○ (6) × (7) ×
(8) ○ (9) × (10) ○ (11) ○ (12) ×

* (1) 기업이 재무제표를 표시할 때 사용하는 통화는 표시통화이다.
 (2) 외화는 기능통화가 아닌 다른 모든 통화이다.
 (4) 보고기간말의 화폐성 외화항목은 마감환율로 환산한다.
 (6) 기능통화 변경에 따른 효과는 "전진" 적용하여 회계처리한다.
 (7) 자본의 환산방법에 대해서는 명시적 규정이 없으나, 일반적으로 거래일의 환율을 적용한다.
 (9) 기능통화는 초인플레이션 경제의 통화이지만 표시통화가 초인플레이션 경제의 통화가 아닌 경우에는 비교되는 전기 재무제표는 전기에 보고한 금액으로 표시한다.
 (12) 보고기업의 별도재무제표에서는 당기손익으로 인식하되, 연결재무제표에서는 기타포괄손익으로 인식한다.

02 외화거래의 회계처리(Ⅰ)

6월 1일 : (차) 매 입 1,050,000 (대) 매입채무 1,050,000*
 * £1,000 × ₩1,050/£ = ₩1,050,000

5일 : (차) 매 입 2,110,000 (대) 매입채무 2,110,000
 (주) 따라서 외상매입금은 £2,000(= ₩2,110,000 ÷ ₩1,055/£)이다.

7일 : (차) 매출채권 3,600,000* (대) 매 출 3,600,000
 * $4,000 × ₩900/$ = ₩3,600,000

15일 : (차) 매입채무 525,000* (대) 현 금 512,500**
 외환이익 12,500
 * ₩1,050,000 × 50% = ₩525,000
 ** £500 × ₩1,025/£ = ₩512,500

20일 : (차) 매입채무 2,110,000 (대) 현 금 2,080,000*
 외환이익 30,000
 * £2,000 × ₩1,040/£ = ₩2,080,000

25일 : (차) 매입채무 105,000* (대) 매입환출 105,000
 * £100 × ₩1,050/£ = ₩105,000

28일 : (차)	현 금	3,440,000 *	(대) 매출채권	3,600,000
	외환손실	160,000		

* $4,000 × ₩860/$ = ₩3,440,000

30일 : (차)	매입채무	420,000	(대) 현 금	412,000 *
			외환이익	8,000

* £400 × ₩1,030/£ = ₩412,000

03 외화거래의 회계처리(Ⅱ)

(2010년 공인회계사 시험(2차) 수정)

1.

(차) 현 금	1,020,000 *	(대) 매출채권	1,040,000 **
외환손실	20,000		

* $1,000 × ₩1,020/$ = ₩1,020,000
** $1,000 × ₩1,040/$ = ₩1,040,000

2. 재고자산

Min[①, ②] = ₩1,000,000

① $1,000 × ₩1,000/$ = ₩1,000,000

② $980 × ₩1,040/$ = ₩1,019,200

(주) 외화를 기준으로 하면 손상차손을 인식해야 하나 기능통화를 기준으로 하면 손상차손을 인식하지 않는 경우에 해당한다.

3. 유형자산처분이익

$5,000 × ₩1,020/$ − $12,000 × ₩1,000/$ × 1/4 = ₩2,100,000

4. 유형자산처분이익

$5,000 × ₩1,020/$ − $13,000 × ₩1,040/$ × 1/4 = ₩1,720,000

(주) 외화유형자산을 재평가모형에 의해 공정가치로 측정한다면 공정가치가 결정된 날의 환율을 적용하여 기능통화로 환산해야 한다.

5.

(차) 현 금	7,140,000 *	(대) 금융자산	6,240,000 **
		금융자산처분이익	900,000

* $7,000 × ₩1,020/$ = ₩7,140,000
** $6,000 × ₩1,040/$ = ₩6,240,000

04 후속 보고기간말의 보고 – 화폐성항목

(1) 외화매출채권의 환산

(차) 매 출 채 권	15,000	(대) 외 환 이 익	15,000 *

* $500 × (₩1,080/$ − ₩1,050/$) = ₩15,000

(2) 외화차입금의 환산

1) 이자비용 인식

(차) 이 자 비 용	107,000	(대) 미지급비용	107,000 *

* $2,000 × 10% × 6/12 × ₩1,070/$ = ₩107,000

2) 외화차입금 일부 상환

(차) 차 입 금	1,050,000 *	(대) 현 금	1,134,000 **
미지급비용	53,500 ***		
외 환 손 실	30,500		

* $1,000 × ₩1,050/$ = ₩1,050,000

** ($1,000 + $1,000 × 10% × 6/12) × ₩1,080/$ = ₩1,134,000

*** ₩107,000/2 = ₩53,500

3) 외화차입금 환산

(차) 외 환 손 실	30,500	(대) 차 입 금	30,000 *
		미지급비용	500 **

* $1,000 × (₩1,080/$ − ₩1,050/$) = ₩30,000

** ($1,000 × 10% × 6/12) × (₩1,080/$ − ₩1,070/$) = ₩500

05 후속 보고기간말의 보고 – 비화폐성항목

(1) 외화표시 토지의 공정가치 평가

(차) 토 지	6,600,000	(대) 재평가잉여금	6,600,000 *

* ($25,000 × ₩1,080/$) − ($20,000 × ₩1,020/$) = ₩6,600,000

(2) 외화표시 재고자산의 평가

(차) 재고자산평가손실	34,800	(대) 재 고 자 산	34,800 *

* 재고자산의 20×1년말 장부금액 = Min($1,000 × ₩1,050/$, $940 × ₩1,080/$)
= Min(₩1,050,000, ₩1,015,200)
= ₩1,015,200

재고자산평가손실 = ₩1,050,000 − ₩1,015,200 = ₩34,800

06 외화표시 자산 · 부채의 후속측정 (2017년 공인회계사 시험(1차) 수정)

• 20×1년 당기순이익에 미치는 영향 : ₩1,500* + ₩3,000** − ₩2,500*** = ₩2,000 이익

* FVPL금융자산 : ($30 × ₩1,000/$) − ₩28,500 = ₩1,500

** 매출채권 : ($200 × ₩1,000/$) − ₩197,000 = ₩3,000

*** 재고자산 : ($310 × ₩1,000/$) − ₩312,500 = (−) ₩2,500

(주) 선수금은 비화폐성부채로서 후속측정하지 않는다.

07 기능통화의 변경

	US$	US$1 = ₩1,200	₩
현 금	5,000	× ₩1,200	6,000,000
수 취 채 권	20,000	× ₩1,200	24,000,000
재 고 자 산	10,000	× ₩1,200	12,000,000
유 형 자 산	200,000	× ₩1,200	240,000,000
자산 합계	235,000		282,000,000
매 입 채 무	15,000	× ₩1,200	18,000,000
미지급비용	3,000	× ₩1,200	3,600,000
장 기 부 채	120,000	× ₩1,200	144,000,000
자 본 금	50,000	× ₩1,200	60,000,000
이익잉여금	47,000	× ₩1,200	56,400,000
부채와 자본 합계	235,000		282,000,000

(주) 기능통화 변경 후 비화폐성항목은 원화로 환산된 금액이 새로운 역사적원가가 된다. 즉, 비품은 당초에 파운드화로 구입되었다 하더라도 기능통화 변경 후 금액인 ₩47,520,000(=US$39,600 × ₩1,200)과 ₩23,760,000(=US$19,800 × ₩1,200)이 각각 새로운 취득원가와 장부금액이 된다. 다만 화폐성 외화항목은 외화표시 금액이 그대로 유지된다. 즉, 장기외화차입금 ₩21,600,000(=US$18,000 × ₩1,200)은 여전히 £10,000로 표시되며, 20×1년 1월 1일 이후부터는 파운드화 대비 원화의 환율로 환산될 것이다.

08 외화거래 및 표시통화로의 환산 (2024년 공인회계사 시험(1차) 수정)

(1) 외화매출채권의 환산

(차) 외 환 손 실	30*	(대) 외화매출채권	30

* (£300 × ₩1.1/£) − $360 = ($30)

(2) 표시통화로의 환산(원화표시 시산표 작성)

자 산	$6,970* × 1,400 =	₩9,758,000	부 채	$4,500 × 1,400 =	₩6,300,000
비 용	3,030** × 1,340 =	4,060,200	자 본 금	1,500 × 1,300 =	1,950,000
			이익잉여금	–	–
			수 익	4,000 × 1,340 =	5,360,000
			환 산 차 이		208,200
합 계		₩13,818,200	합 계		₩13,818,200

* $7,000 – $30 = $6,970

** $3,000 + $30 = $3,030

(3) 총포괄이익 : 수익 ₩5,360,000 – 비용 ₩4,060,200 + 환산차이 ₩208,200 = ₩1,508,000

09 보고기업의 기능통화재무제표를 표시통화로 환산(Ⅰ)

(1) 포괄손익계산서의 환산

	기능통화	평균환율	표시통화
매 출 액	$10,000	×1,040	₩10,400,000
매 출 원 가	(9,400)	×1,040	(9,776,000)
기 타 수 익	240	×1,040	249,600
기 타 비 용	(610)	×1,040	(634,400)
당기순이익	$230		₩239,200

(2) 재무상태표의 환산

	20×0			20×1		
	기능통화	환 율	표시통화	기능통화	환 율	표시통화
현 금	$100	×1,000	₩100,000	$150	×1,080	₩162,000
수 취 채 권	1,600	×1,000	1,600,000	1,000	×1,080	1,080,000
재 고 자 산	900	×1,000	900,000	750	×1,080	810,000
유 형 자 산	2,000	×1,000	2,000,000	2,950	×1,080	3,186,000
총자산	$4,600		₩4,600,000	$4,850		₩5,238,000
유 동 부 채	$1,800	×1,000	₩1,800,000	$1,570	×1,080	₩1,695,600
비유동부채	800	×1,000	800,000	1,050	×1,080	1,134,000
총부채	$2,600		₩2,600,000	$2,620		₩2,829,600
자 본 금	$500	× 820	₩410,000	$500	× 820	₩410,000
이익잉여금	1,500		1,380,000	1,730		1,619,200*
환 산 차 이			210,000			379,200**
부채 및 자본	$4,600		₩4,600,000	$4,850		₩5,238,000

* 기초이익잉여금 ₩1,380,000 + 20×1년 당기순이익 ₩239,200 = ₩1,619,200

** 환산차이 :

자본금 환산차이($500 × (₩1,080 − ₩820))	₩130,000	
이익잉여금 환산차이(($1,730 × ₩1,080) − ₩1,619,200)	249,200	
	₩379,200	

(주) 환산차이 변동액은 다음과 같이 계산된다.

당기말 환율에 의한 기초순자산($2,000 × ₩1,080)	₩2,160,000	
전기말 환율에 의한 기초순자산($2,000 × ₩1,000)	(2,000,000)	₩160,000
손익항목을 마감환율로 환산($230 × ₩1,080)	₩248,400	
손익항목을 평균환율로 환산($230 × ₩1,040)	(239,200)	9,200
당기에 증가한 환산차이		₩169,200

10 보고기업의 기능통화재무제표를 표시통화로 환산(Ⅱ)

(1) 매출액 : $5,000 × ₩1,050/$ = ₩5,250,000

(2) 매출원가 : $3,950 × ₩1,050/$ = ₩4,147,500

(3) 당기순이익 : $490 × ₩1,050/$ = ₩514,500

(4) 수취채권 : $2,400 × ₩1,100/$ = ₩2,640,000

(5) 재고자산 : $1,800 × ₩1,100/$ = ₩1,980,000

(6) 유형자산 : $7,080 × ₩1,100/$ = ₩7,788,000

(7) 유동부채 : $3,768 × ₩1,100/$ = ₩4,144,800

(8) 자본금 : $1,200 × ₩700/$ = ₩840,000

(9) 이익잉여금 : ($250 × ₩720/$) + ($420 × ₩760/$) + ($472 × ₩820/$) + ($520 × ₩950/$) + ₩514,500
= ₩1,894,740

(10) 환산차이 : $1,200 × (₩1,100/$ − ₩700/$) + ($2,152 × ₩1,100/$ − ₩1,894,740) = ₩952,460

11 해외종속기업 재무제표의 환산

1. 원화표시 시산표의 작성

현 금	€40,000 × 1,120 =	₩44,800,000	매 입 채 무	€60,000 × 1,120 =	₩67,200,000
매 출 채 권	20,000 × 1,120 =	22,400,000	자 본 금	100,000 × 1,300 =	130,000,000
재 고 자 산	60,000 × 1,120 =	67,200,000	이익잉여금		58,500,000
유 형 자 산	100,000 × 1,120 =	112,000,000	매 출	180,000 × 1,150 =	207,000,000
매 출 원 가	110,000 × 1,150 =	126,500,000			
감가상각비	20,000 × 1,150 =	23,000,000			
기타영업비	50,000 × 1,150 =	57,500,000			
해외사업환산차이		9,300,000			
합 계		₩462,700,000	합 계		₩462,700,000

2.

매 출 액	€180,000 × ₩1,150/€	=	₩207,000,000
매 출 원 가	110,000 × 1,150	=	(126,500,000)
매출총이익			₩80,500,000
감가상각비	20,000 × 1,150	=	(23,000,000)
기타영업비	50,000 × 1,150	=	(57,500,000)
당기순이익(손실)			₩0

3.

재무상태표

현 금	€40,000 × 1,120 =	₩44,800,000	매 입 채 무	€60,000 × 1,120 =	₩67,200,000
매 출 채 권	20,000 × 1,120 =	22,400,000	자 본 금	100,000 × 1,300 =	130,000,000
재 고 자 산	60,000 × 1,120 =	67,200,000	이익잉여금		58,500,000
유 형 자 산	100,000 × 1,120 =	112,000,000	(당기순이익 ₩0)		
			해외사업환산차이		(9,300,000)
합 계		₩246,400,000	합 계		₩246,400,000

4. 해외사업환산차이 도출

마감환율로 환산한 순자산 (€160,000 × ₩1,120)		₩179,200,000
재무상태표상 자본의 환산 후 가액 :		
자본금(€100,000 × ₩1,300)	₩130,000,000	
이익잉여금(₩58,500,000 + ₩0)	58,500,000	188,500,000
해외사업환산차이(손실)		(₩9,300,000)

고급 연습문제

12 외화거래 및 후속측정

(2017년 공인회계사 시험(2차) 수정)

1. ① 20×1년 당기손익에 미치는 영향 : ₩24,000 증가

   = (₩1,010 × $100 − ₩80,000) + (₩1,040 − ₩1,010) × $100

   ② 20×2년 당기손익에 미치는 영향 : ₩2,000 감소

   = (₩1,020 − ₩1,040) × $100

〈회계처리〉

1) 20×1년 11월 1일

(차)	외화매출채권	101,000	(대) 매 출	101,000
	매 출 원 가	80,000	상 품	80,000

2) 20×1년 12월 31일

(차) 외화매출채권 3,000 (대) 외 환 이 익 3,000

3) 20×2년 2월 28일

(차) 현 금 102,000 (대) 외화매출채권 104,000

외 환 손 실 2,000

2. ① 20×1년 당기손익에 미치는 영향 : 영향 없음

② 20×1년 기타포괄손익에 미치는 영향 : ₩13,400 증가

=($220 × ₩970) − ($200 × ₩1,000)

(주) 비화폐성항목에서 생긴 공정가치평가손익을 기타포괄손익으로 인식하는 경우에는 환율변동손익을 기타포괄손익으로 인식한다.

3. ① 이자수익 : ¥718 × ₩11 = ₩7,898

② 외환이익 : ¥8,969 × (₩12 − ₩10) + ¥718 × (₩12 − ₩11) = ₩18,656

〈외화(¥)기준 회계처리〉

1) 20×1년 1월 1일

(차) 상각후원가측정금융자산 8,969 (대) 현 금 8,969

2) 20×1년 12월 31일

(차) 현 금 400 (대) 이 자 수 익 718 *

상각후원가측정금융자산 318

* ¥8,969 × 8% = ¥718

〈기능통화(₩)기준 회계처리〉

1) 20×1년 1월 1일

(차) 상각후원가측정금융자산 89,690 (대) 현 금 89,690

2) 20×1년 12월 31일

(차) 현 금 4,800 (대) 이 자 수 익 7,898 *

상각후원가측정금융자산 3,816 외 환 이 익 718

* ¥718 × ₩11 = ₩7,898

(차) 상각후원가측정금융자산 17,938 (대) 외 환 이 익 17,938 *

* ¥8,969 × (₩12 − ₩10) = ₩17,938

4. 기타포괄손익-공정가치측정금융자산평가이익 : ₩1,356

=(¥9,400 − ¥9,287) × ₩12 = ₩1,356

〈외화(¥)기준 회계처리〉

(차) FVOCI금융자산 113 (대) 현 금 113

* (¥9,400 − ¥9,287) = ¥113

〈기능통화(₩)기준 회계처리〉

(차) FVOCI금융자산	1,356	(대) FVOCI금융자산평가이익	1,356 *

* ¥113 × ₩12 = ₩1,356

13 외화표시사채 – 오류수정

(2009년 공인회계사 시험(2차) 수정)

〈변동효과〉

자산	비용	부채	자본	수익
–	128,400	128,400	(–)128,400	–

〈풀이과정〉

1) 회사의 회계처리

(차) 이 자 비 용	48,000	(대) 현 금	48,000 *

* $1,000 × 4% × ₩1,200/$ = ₩48,000

2) 한국채택국제회계기준의 회계처리

(차) 이 자 비 용	82,800 *	(대) 현 금	48,000
외 환 손 실	3,600	사채할인발행차금	38,400 **

* $900 × 8% × ₩1,150/$(평균환율) = ₩82,800

** {($900 × 8%) – ($1,000 × 4%)} × ₩1,200/$(마감환율) = ₩38,400

(차) 사채할인발행차금	10,000 *	(대) 사 채	100,000
외 환 손 실	90,000		

* ($1,000 – $900) × (₩1,200/$ – ₩1,100/$) = ₩10,000

3) 오류수정 분개

(차) 이 자 비 용	34,800	(대) 사 채	100,000
외 환 손 실	93,600	사채할인발행차금	28,400

보–1 해외종속기업 재무제표의 환산과 연결(I)

(1) 포괄손익계산서의 환산

매 출 액	$370	×	₩800/$	=	₩296,000
매 출 원 가	(200)	×	800		(160,000)
매출총이익					₩136,000
기 타 비 용	(120)	×	800		(96,000)
당기순이익	$50				₩40,000

(2) 재무상태표의 환산

재무상태표

20×2. 12. 31 현재

현 금	$140 × ₩820/$ = ₩114,800	매 입 채 무	$30 × ₩820/$ = ₩24,600
매 출 채 권	80 × 820 = 65,600	자 본 금	300 × 810 = 243,000
재 고 자 산	160 × 820 = 131,200	이익잉여금	184,600*
유 형 자 산	180 × 820 = 147,600	해외사업환산차이	7,000**
	₩459,200		₩459,200

* $140 × ₩810 + $40 × ₩780 + $50 × ₩800 = ₩184,600

** $440 × (₩820 − ₩810) + $40 × (₩820 − ₩780) + $50 × (₩820 − ₩800) = ₩7,000

(3) 연결분개

〈20×1년〉

1) 취득일 기준으로 종속기업투자주식과 자본계정의 상계제거

(차)	자 본 금	243,000	(대) 종속기업투자주식	226,800
	이익잉여금	113,400	비지배지분	149,040 **
	건 물	16,200 *		
	영 업 권	3,240 ***		

* ($100 − $80) × ₩810 = ₩16,200

** ($300 + $140 + $20) × 40% × ₩810 = ₩149,040

*** US$로 표시된 영업권 :

($280(= ₩226,800/₩810) + $184(= $460 × 40%)) − ($300 + $140 + $20) = $4

원화로 표시된 영업권 :

$4 × ₩810 = ₩3,240 혹은 ₩226,800 − ($300 + $140 + $20) × 60% × ₩810 = ₩3,240

2) 건물의 상각 및 건물관련 항목의 환산

(차)	감가상각비	3,120 ***	(대) 건 물	800 *
	비지배지분	304 #	감가상각누계액	3,080 **
	해외사업환산차이	456 #		

* ($100 − $80) × (₩770 − ₩810) = (₩800)

** $20/5년 × ₩770(마감환율) = ₩3,080

*** $20/5년 × ₩780(평균환율) = ₩3,120

\# 비지배지분(해외사업환산차이) = (₩800 + ₩3,080 − ₩3,120) × 40%(60%) = ₩304(₩456)

3) 영업권을 마감환율로 환산

(차)	해외사업환산차이	160	(대) 영 업 권	160 *

* ₩3,240/₩810 × (₩770 − ₩810) = (₩160)

(주) 지배기업지분에 대해서만 영업권을 계상하였으므로 영업권에서 발생한 해외사업환산차이는 전액 지배기업에 부담시킨다.

4) 내부거래 및 미실현이익의 조정

① 하향 내부거래의 제거

(차) 매 출	47,000	(대) 매출원가	44,180 *
		재고자산	2,820 **

* ₩47,000 − ₩2,820 = ₩44,180

** $60 × 20% × 30% × ₩783[내부거래일의 환율 ₩47,000/$60] = ₩2,820
또는 ₩47,000 × 30% × 20% = ₩2,820

(주) 내부거래 및 미실현이익은 거래일의 환율로 환산한 금액으로 제거하는 방법을 선택한다.

② 채권채무의 상계제거

(차) 매입채무	15,400 *	(대) 외화매출채권	15,400 **

* $20 × ₩770[종속기업 재무제표를 환산한 마감환율] = ₩15,400

** $20 × ₩770[지배기업이 화폐성외화자산 환산에 이용한 마감환율] = ₩15,400

(주) 종속기업에 대한 외화매출채권으로부터 발생한 환율변동손익은 제거하지 않고 연결손익계산서상에서도 당기손익으로 인식한다.

5) 비지배지분순이익의 계상

(차) 이익잉여금	11,232	(대) 비지배지분	11,232 *

* ($40 × ₩780 − ₩3,120) × 40% = ₩11,232

6) DH Corp의 재무제표 환산에서 발생한 해외사업환산차이 비지배지분에 배분

(차) 비지배지분	7,200	(대) 해외사업환산차이	7,200 *

* [$440 × (₩770 − ₩810) + $40 × (₩770 − ₩780)] × 40% = (₩7,200)

〈20×2년〉

1) 취득일 기준으로 투자주식과 자본계정의 상계제거

(차) 자 본 금	243,000	(대) 투자주식	226,800
이익잉여금	113,400	비지배지분	149,040
건 물	16,200		
영 업 권	3,240		

(주) 전년도 연결분개와 동일하다.

2) 취득일 이후 증가한 이익잉여금 비지배지분에 배분

(차) 이익잉여금	12,480	(대) 비지배지분	12,480 *

* ($40 × ₩780) × 40% = ₩12,480

3) 건물의 상각 및 건물관련 항목의 환산

① 전년도 건물 상각분

(차) 이익잉여금	1,872 *	(대) 감가상각누계액	3,120
비지배지분	1,248 *		

* $20/5년 × ₩780(20×1년 평균환율) × 60%(40%) = ₩1,872(₩1,248)

② 당년도 건물 상각분

(차)	감가상각비	3,200*	(대) 감가상각누계액	3,200

* $20/5년 × ₩800(20×2년 평균환율) = ₩3,200

③ 건물관련 환산

(차)	건 물	200*	(대) 해외사업환산차이	120
			비지배지분	80

* ($100 − $80) × (₩820 − ₩810) = ₩200(마감환율로 환산한 금액과 취득시 환율로 환산한 금액을 비교해야 함)

④ 감가상각누계액의 환산(20×1년분과 20×2년분 모두 환산해 줌)

(차)	해외사업환산차이	144	(대) 감가상각누계액	240*
	비지배지분	96		

* $20/5년 × (₩820 − ₩780) + $20/5년 × (₩820 − ₩800) = ₩240

4) 영업권을 마감환율로 환산

(차)	영 업 권	40	(대) 해외사업환산차이	40*

* $4 × (₩820 − ₩810) = ₩40

5) 전기 내부거래 미실현이익의 실현

(차)	이익잉여금	2,820	(대) 매 출 원 가	2,820*

* $60 × 20% × 30% × ₩783[내부거래일의 환율 ₩47,000/$60] = ₩2,820

(주) 전년도에 제거한 미실현이익에 해당하는 금액을 실현이익으로 인식한다.

6) 당기 내부거래 및 미실현이익의 조정

① 하향 내부거래의 제거

(차)	매 출	70,300	(대) 매 출 원 가	66,082*
			재 고 자 산	4,218**

* ₩70,300 − ₩4,218 = ₩66,082

** $90 × 20% × 30% × ₩781[내부거래일의 환율 ₩70,300/$90] = ₩4,218
또는 ₩70,300 × 30% × 20% = ₩4,218

② 채권채무의 상계제거

(차)	매 입 채 무	24,600*	(대) 외화매출채권	24,600**

* $30 × ₩820[종속기업 재무제표를 환산한 마감환율] = ₩24,600

** $30 × ₩820[지배기업이 화폐성외화자산 환산에 이용한 마감환율] = ₩24,600

7) 비지배지분순이익의 계상

(차)	이익잉여금	14,720	(대) 비지배지분	14,720*

* ($50 × ₩800 − ₩3,200) × 40% = ₩14,720

8) DH Corp의 재무제표 환산에서 발생한 해외사업환산차이 비지배지분에 배분

(차) 해외사업환산차이 2,800 (대) 비지배지분 2,800 *

* [$440 × (₩820 − ₩810) + $40 × (₩820 − ₩780) + $50 × (₩820 − ₩800)] × 40% = ₩2,800

보-2 해외종속기업 재무제표의 환산과 연결(Ⅱ)

(2019년 공인회계사 시험(2차) 수정)

1. (1) (주)ABC 포괄손익계산서의 환산

매 출 액	$1,500	×	₩1,050/$	=	₩1,575,000
매 출 원 가	(1,200)	×	1,050		(1,260,000)
매출총이익					₩315,000
기 타 비 용	(250)	×	1,050		(262,500)
당기순이익	$50				₩52,500

(2) (주)ABC 재무상태표의 환산

현 금	$30 × ₩1,100/$	=	₩33,000	부 채	$50 × ₩1,100/$	=	₩55,000
매 출 채 권	170 × 1,100	=	187,000	자 본 금	500 × 1,000	=	500,000
재 고 자 산	200 × 1,100	=	220,000	이익잉여금	150		152,500*
유 형 자 산	300 × 1,100	=	330,000	해외사업환산차이			62,500
			₩770,000				₩770,000

* $100 × ₩1,000 + $50 × ₩1,050 = ₩152,500

(3) 20×1년말 연결분개

1) 취득일 기준으로 종속기업투자주식과 자본계정의 상계제거

(차) 자 본 금	500,000	(대) 종속기업투자주식	500,000
이익잉여금	100,000	비지배지분	122,000
기 계 장 치	10,000 *		
영 업 권	12,000 **		

* $10 × ₩1,000 = ₩10,000

** US$로 표시된 영업권 : $500 − ($500 + $100 + $10) × 80% = $12

원화로 표시된 영업권 : $12 × ₩1,000 = ₩12,000

혹은 ₩500,000 − ($500 + $100 + $10) × 80% × ₩1,000 = ₩12,000

2) 기계장치의 상각 및 관련 항목의 환산

(차) 감가상각비	2,100 *	(대) 기계장치(순액)	1,200 **
		해외사업환산차이	720 #
		비지배지분	180 #

* $10/5년 × ₩1,050(평균환율) = ₩2,100
** $10 × (₩1,100 − ₩1,000) − $10/5년 × ₩1,100(마감환율) = (₩1,200)
# 비지배지분(해외사업환산차이) = ₩900 × 20%(80%) = ₩180(₩720)

3) 영업권을 마감환율로 환산

(차) 영 업 권	1,200*	(대) 해외사업환산차이	1,200

* $12 × (₩1,100 − ₩1,000) = ₩1,200

4) (주)ABC의 재무제표 환산에서 발생한 해외사업환산차이 비지배지분에 배분

(차) 해외사업환산차이	12,500	(대) 비지배지분	12,500*

* ₩62,500 × 20% = ₩12,500

5) 비지배지분순이익의 계상

(차) 이익잉여금	10,080	(대) 비지배지분	10,080*

* (₩52,500 − ₩2,100) × 20% = ₩10,080

① 영업권 : $12 × ₩1,100 = ₩13,200 혹은 ₩12,000 + ₩1,200 = ₩13,200
② 해외사업환산차이 : ₩62,500 + ₩720 + ₩1,200 − ₩12,500 = ₩51,920
③ 비지배지분 : ₩122,000 + ₩180 + ₩12,500 + ₩10,080 = ₩144,760
④ 비지배지분순이익 : ₩10,080

2. 해외사업환산차이누계액의 회계처리

① (주)대한이 (주)ABC의 지분 65%를 처분하여 지배력을 상실하는 경우 : 당해 해외사업장과 관련하여 기타포괄손익과 별도의 자본항목으로 인식한 해외사업환산차이를 지분의 처분시점에 자본에서 당기손익으로 재분류한다.

② (주)대한이 (주)ABC의 지분 20%를 처분하였으나 지배력을 계속 보유하는 경우 : 당해 해외사업장과 관련하여 기타포괄손익으로 인식한 해외사업환산차이 중 비례적 지분을 그 해외사업장의 비지배지분으로 재귀속(대체)시킨다.

제10장 파생상품회계

01 기본개념의 이해

(1) ○	(2) ×	(3) ○	(4) ×	(5) ○	(6) ×	(7) ○
(8) ×	(9) ×	(10) ○	(11) ×	(12) ○	(13) ×	(14) ×

* (2) 일반적으로 금융보증계약은 파생상품회계의 적용대상이 아니다.
  (4) 당기손익-공정가치측정 비파생금융자산이나 비파생금융부채도 위험회피수단으로 지정할 수 있다.
  (6) 연결실체 내 개별기업 사이의 거래는 해당 거래기업의 개별(또는 별도)재무제표에서 위험회피대상항목으로 지정할 수 있다.
  (8) 위험회피회계를 적용하기 위해서는 신용위험의 효과가 위험회피대상과 위험회피수단의 경제적 관계로 인한 가치변동보다 지배적이지 않아야 한다.
  (9) 파생상품의 공정가치 변동은 변동이 발생한 기간의 당기손익으로 인식한다.
  (11) 고정금리부 대여금에 대해 고정금리를 지급하고 변동금리를 수취하는 이자율스왑으로 위험을 회피하면 이는 공정가치위험회피 유형에 해당한다.
  (13) 위험회피에 효과적인 부분은 기타포괄손익으로 인식하며, 효과적이지 않은 부분은 당기손익으로 인식한다.
  (14) 해외사업장순투자의 위험회피는 현금흐름위험회피와 유사하게 회계처리한다.

02 통화선도거래 – 위험회피목적이 아닌 경우

<table>
<tr><th>선매입(long position)의 경우</th><th>선매도(short position)의 경우</th></tr>
<tr><td colspan="2">① 20×1년 11월 1일(계약체결일) : 분개 없음(비망기록)
* 선도계약의 권리와 의무의 공정가치 순액이 '0'이므로 자산 또는 부채로 계상할 금액이 없음.</td></tr>
<tr><td>② 20×1년 12월 31일(회계연도말) :
(차) 통화선도계약 30,000
(대) 통화선도평가이익 30,000*
* $1,000 × (₩770 − ₩740) = ₩30,000</td><td>
(차) 통화선도평가손실 30,000*
(대) 통화선도계약 30,000</td></tr>
<tr><td>③ 20×2년 1월 31일(계약실행일) :
(차) 현 금(외화) 780,000
(대) 현 금 740,000
통화선도계약 30,000
통화선도거래이익 10,000*
* $1,000 × (₩780 − ₩770) = ₩10,000</td><td>
(차) 현 금 740,000
통화선도계약 30,000
통화선도거래손실 10,000*
(대) 현 금(외화) 780,000</td></tr>
</table>

03 파생상품의 보유목적에 따른 회계처리

(1) 당기손익에 반영되는 금액

₩100,000(매매목적) + ₩150,000(공정가치위험회피) − ₩10,000*(현금흐름위험회피) = ₩240,000

* 파생상품 3에서 20×1년에 발생한 파생상품평가이익 ₩220,000은 위험회피대상의 현금흐름변동으로 인한 손실 ₩200,000을 ₩20,000만큼 초과하므로 동 초과액은 20×1년의 당기손익에 보고된다. 그러나 20×2년말 시점에서는 파생상품 3으로부터 2년간 발생된 평가이익누적액은 ₩360,000이고 위험회피대상의 현금흐름변동으로 인한 손실누적액은 ₩350,000이므로 위험회피에 효과적이지 못한 부분은 ₩10,000이다. 따라서 20×1년에 당기손익으로 반영하였던 ₩20,000 중에서 ₩10,000은 20×2년도에 기타포괄손익으로 계상함과 동시에 동액을 20×2년의 파생상품평가손실로 계상해야 한다.

(2) 재무상태표 기타포괄손익누계액에 표시되는 금액

파생상품 3으로부터 발생한 평가이익누적액 ₩360,000 중에서 위험회피에 효과적인 ₩350,000이 20×2년말 재무상태표에 기타포괄손익누계액으로 계상된다.

04 통화선도계약 – 공정가치위험회피(Ⅰ)

1. 회계처리

(1) 일반상거래에 관한 회계처리

• 20×1. 10. 1

(차) 매출채권	2,100,000*	(대) 매 출	2,100,000

* $2,000 × ₩1,050 = ₩2,100,000

• 20×1. 12. 31

(차) 외환손실	100,000*	(대) 매출채권	100,000

* $2,000 × (₩1,050 − ₩1,000) = ₩100,000

• 20×2. 3. 31

(차) 현 금	2,260,000*	(대) 매출채권	2,000,000
		외환이익	260,000

* $2,000 × ₩1,130/$ = ₩2,260,000

(2) 통화선도거래에 관한 회계처리

• 20×1. 10. 1 : 공정가치가 '0'이므로 분개 없음

• 20×1. 12. 31

(차) 통화선도	78,857*	(대) 통화선도평가이익	78,857

* $2,000 × (₩1,100 − ₩1,060)/1.0145 = ₩78,857

• 20×2. 3. 31

(차) 현　　금	2,200,000	(대) 현　　금($)	2,260,000
통화선도거래손실	138,857	통 화 선 도	78,857

2. 환율변동손익
   (1) 일반상거래를 통해 2회계연도 동안 실현한 환율변동이익
   = ₩260,000 − ₩100,000 = ₩160,000
   (2) 통화선도거래를 통해 2회계연도 동안 실현한 환율변동손실
   = ₩138,857 − ₩78,857 = ₩60,000

3. 금선도거래와 관련된 기타포괄손익 및 당기손익계상액
   (1) 기타포괄손익으로 처리할 금선도평가이익 : min[₩80,000, ₩70,000] = ₩70,000
   (2) 당기손익으로 처리할 금선도평가이익 : 0

05 확정계약의 위험회피

(2024년 공인회계사 시험(1차) 수정)

• 20×1년말 확정계약부채 : $2,000 × (₩1,400 − ₩1,300) = ₩200,000

〈관련 회계처리〉

일 자	확정계약	파생상품
20×1. 11. 1	분개 없음	분개 없음
20×1. 12. 31	(차) 확정계약평가손실　200,000* 　(대) 확 정 계 약　200,000 * (₩1,400 − ₩1,300) × $2,000 = ₩200,000	(차) 통 화 선 도　200,000 　(대) 통화선도평가이익　200,000* * (₩1,400 − ₩1,300) × $2,000 = ₩200,000
20×2. 4. 30	(차) 확 정 계 약　40,000 　(대) 확정계약평가이익　40,000 (차) 선　　박　2,600,000 　확 정 계 약　160,000 　(대) 현　　금　2,760,000	(차) 현　　금　2,760,000 　통화선도거래손실　40,000 　(대) 현　　금　2,600,000 　　통 화 선 도　200,000

06 미래 예상거래에 대한 위험회피

(2023년 공인회계사 시험(1차) 수정)

(1) 회계처리

① 20×1. 12. 1(계약체결일) : 분개 없음

② 20×1. 12. 31(결산일)

(차) 상 품 선 도	70,000*	(대)	현금흐름위험회피적립금 (기타포괄손익)	50,000**
			상품선도평가이익	20,000

* 상품선도의 공정가치 : (₩12,000 − ₩11,300) × 100개 = ₩70,000

** 예상현금흐름변동액 : (₩13,000 − ₩12,500) × 100개 = ₩50,000

③ 20×2. 3. 31(계약실행일)

(차) 상 품 선 도	80,000	(대)	현금흐름위험회피적립금	100,000*
상품선도평가손실	20,000**		(기타포괄손익)	

* 선도계약의 누적평가이익은 ₩150,000이고 동 기간에 위험회피대상과 관련하여 발생한 누적현금흐름변동액은 (₩10,500 − ₩13,000) × 100개 = (₩250,000)이다. 따라서 누적평가이익 전액을 현금흐름위험회피적립금으로 계상한다.

** 20×1년말의 상품선도평가이익 중 위험회피에 효과적이지 못한 부분으로 분류되었던 ₩20,000이 누적기준으로 다시 평가되면서 20×2년의 상품선도평가손실로 계상된다.

(차) 현 금	150,000	(대) 상 품 선 도	150,000*

* (₩12,000 − ₩10,500) × 100개 = ₩150,000

④ 20×2. 3. 31(배터리 판매일)

(차) 현금(또는 매출채권)	1,050,000	(대) 매 출	1,050,000
(차) 매 출 원 가	850,000	(대) 재 고 자 산	1,000,000
현금흐름위험회피적립금	150,000		

(2) 20×2년 당기손익에 미치는 영향 : ₩1,050,000 − ₩850,000 − ₩20,000 = ₩180,000 증가

07 이자율스왑을 활용한 위험회피회계

(2016년 공인회계사 시험(1차) 수정)

1. 변동금리를 고정금리로 대체한 스왑계약이므로 현금흐름위험회피회계를 적용한다.

2. 스왑계약을 통해 5%의 고정금리를 부담하므로 20×1년의 이자비용은 ₩5,000이다.

3. 변동금리부 차입금의 장부금액은 항상 ₩100,000이다.

4. 20×1년말 현재 변동금리가 상승하였으므로 변동금리를 수취하는 이자율스왑계약의 공정가치가 증가하여 이자율스왑평가이익이 계상된다.

고급 연습문제

08 현금흐름위험회피를 위한 통화선도계약 (2017년 공인회계사 시험(2차) 수정)

① 20×1. 10. 1(계약체결일) : 분개 없음

(주) 계약체결시점에서 통화선도계약의 공정가치는 '0'이므로 별도로 회계처리하지 않는다.

② 20×1. 12. 31(결산일)

(차) 통 화 선 도	9,000*	(대)	현금흐름위험회피적립금 (기타포괄손익)	7,500**
			통화선도평가이익	1,500

* 통화선도의 공정가치 : (₩1,040/$ − ₩1,010/$) × $300 = ₩9,000

** 누적미래예상현금흐름변동액 : (₩1,025/$ − ₩1,000/$) × $300 = ₩7,500

(주) 통화선도평가이익 ₩9,000은 누적미래예상현금흐름변동액의 현재가치 ₩7,500을 초과하므로 범위 내의 금액인 ₩7,500만 현금흐름위험회피적립금(기타포괄손익)으로 계상하고 잔액 ₩1,500은 당기이익으로 처리한다.

③ 20×2. 2. 28(계약실행일)

(차) 통 화 선 도	3,000*	(대)	현금흐름위험회피적립금 (기타포괄손익)	4,500**
통화선도평가손실	1,500***			

* 통화선도계약의 체결일부터 실행일까지 발생한 누적평가손익은 ₩12,000{=(₩1,050/$ − ₩1,010/$) × $300}인데 20×1년 12월 31일에 통화선도계정에 인식한 금액이 ₩9,000이었다. 따라서 ₩3,000만큼 추가로 계상한다.

** 통화선도계약의 체결일부터 실행일까지 누적평가이익은 ₩12,000이고 동 기간 동안 위험회피대상 예상재고매입과 관련하여 발생한 현금흐름변동액은 (₩1,000/$ − ₩1,050/$) × $300 = (₩15,000)이다. 통화선도거래의 누적평가이익 ₩12,000은 (₩15,000) 이내이므로 전액을 현금흐름위험회피적립금으로 계상한다. 따라서 ₩4,500이 기타포괄손익으로 추가계상된다.

*** 20×1년 12월 31일 선도거래평가이익 중 ₩1,500은 위험회피에 효과적이지 못한 부분으로 분류하여 이익에 반영하였다. 그러나 누적기준으로 볼 때 누적평가이익 ₩12,000 전액이 누적예상현금흐름변동액 이내이므로 ₩1,500을 다시 기타포괄손익으로 계상하는 동시에 동액을 20×2년의 통화선도평가손실로 계상해야 한다.

(차) 현 금	12,000	(대)	통 화 선 도	12,000*

* (₩1,050 − ₩1,010)/$ × $300 = ₩12,000

차액결제조건에 의해 통화선도거래의 계약환율과 현행환율의 차액 ₩12,000을 현금으로 수령한다. 또한 현금흐름위험회피적립금(기타포괄손익누계액) ₩12,000은 재고자산 취득원가에 반영하거나 위험회피대상 예상거래가 손익에 영향을 미치는 회계연도에 손익으로 인식해야 한다. 본 연습문제에서 이에 대한 회계처리는 생략한다.

09 선도계약의 보유목적별 회계처리

(2006년 공인회계사 시험(2차) 수정)

1.

과 목	금 액	구 분
확정계약	₩6,000	부채
통화선도	6,000	자산
확정계약평가손실	6,000	해당 없음*
통화선도평가이익	6,000	해당 없음*

* 손익항목임

〈관련분개〉

일 자	확정계약	파생상품
20×1. 11. 1	분개 없음	분개 없음
20×1. 12. 31	(차) 확정계약평가손실 6,000* (대) 확 정 계 약 6,000 * (₩1,040 − ₩980) × $100 = ₩6,000	(차) 통 화 선 도 6,000 (대) 통화선도평가이익 6,000* * (₩1,040 − ₩980) × $100 = ₩6,000
20×2. 1. 31	(차) 확 정 계 약 5,000 (대) 확정계약평가이익 5,000 (차) 재 고 자 산 98,000 확 정 계 약 1,000 (대) 현 금 99,000	(차) 현 금 99,000 통화선도거래손실 5,000 (대) 현 금 98,000 통 화 선 도 6,000

2. 상황 1 : 재고자산의 취득원가 = ₩980 × $100 = ₩98,000

3. 상황 2의 관련분개

일 자	예상거래	파생상품
20×1. 11. 1	분개 없음	분개 없음
20×1. 12. 31	분개 없음	(차) 통 화 선 도 6,000 (대) 현금흐름위험회피적립금 6,000 (기타포괄손익)
20×2. 1. 31	(차) 재 고 자 산 99,000 (대) 현 금 99,000 (차) 현금흐름위험회피적립금 1,000 (기타포괄손익누계액) (대) 재 고 자 산 1,000	(차) 현금흐름위험회피적립금 5,000* (기타포괄손익) (대) 통 화 선 도 5,000 (차) 현 금 1,000 (대) 통 화 선 도 1,000

* 통화선도평가이익

구 분	파생상품 평가손익	위험회피대상 평가손익	파생상품평가손익	
			당기손익	자본항목
20×1년	① ₩6,000	② (₩10,000)	−	₩6,000
20×2년	(5,000)	7,000	−	(5,000)
20×2년 누적	③ ₩1,000	④ (₩3,000)	−	₩1,000

① (₩1,040 − ₩980) × $100 = ₩6,000
② (₩960 − ₩1,060) × $100 = (₩10,000)
③ (₩990 − ₩980) × $100 = ₩1,000
④ (₩960 − ₩990) × $100 = (₩3,000)

4.

구 분	당기손익 항목	금 액
상황 1	확정계약평가손실	₩6,000
	통화선도평가이익	6,000
상황 2	해당 없음	−
상황 3	외화환산손실	10,000
	통화선도평가이익	6,000
상황 4	통화선도평가이익	6,000

〈상황 3의 분개〉

일 자	현물거래	파생상품
20×1. 11. 1	(차) 재고자산 96,000 (대) 외화매입채무 96,000	- 분개 없음 -
20×1. 12. 31	(차) 외화환산손실 10,000 (대) 외화매입채무 10,000	(차) 통화선도 6,000 (대) 통화선도평가이익 6,000
20×2. 1. 31	(차) 외화매입채무 106,000 (대) 현 금 99,000 외환이익 7,000	(차) 현 금 99,000 통화선도거래손실 5,000 (대) 현 금 98,000 통화선도 6,000

〈상황 4의 분개〉

• 20×1. 12. 31

(차) 통화선도 6,000 (대) 통화선도평가이익 6,000

• 20×2. 1. 31

(차) 현 금 99,000 (대) 현 금 98,000
통화선도거래손실 5,000 통화선도 6,000

10 통화선도계약 – 공정가치위험회피(Ⅱ)

(2008년 공인회계사 시험(2차) 수정)

1. 외환손실 : ₩1,800,000 − ₩1,780,000 = ₩20,000

2. 현물환율 : (₩1,780,000 + ₩100,000) ÷ $2,000 = ₩940/$

3. 통화선도환율 : {($2,000 × ₩930/$) + ₩40,000} ÷ $2,000 = ₩950/$

4. 통화선도거래손실 : $2,000 × (₩940/$ − ₩930/$) = ₩20,000

참고 〈상황 1〉의 각 일별 환율정보

	20×7. 12. 1	20×7. 12. 31	20×8. 2. 28
현물환율	₩900/$#	₩890/$##	₩940/$(요구사항 2)
선도환율	₩950/$(요구사항 3)	₩930/$(문제자료)	

₩1,800,000 ÷ $2,000 = ₩900/$

₩1,780,000 ÷ $2,000 = ₩890/$

5. 외화매입채무 : ₩400,000 − ₩16,000 = ₩384,000

6. 외환손실 : ¥40,000 × ₩10.2/¥ − ₩384,000 = ₩24,000

7. 통화선도(부채) : ₩44,000

   (주) 통화선도평가손실로 ₩44,000을 인식하였으므로 상대계정인 통화선도(부채)로 동액을 인식하게 된다.

8. 통화선도환율 : {¥40,000 × (₩1,020 − 통화선도환율)/¥100} = − ₩44,000 + ₩32,000

   따라서 만기 3개월인 통화선도환율(₩/¥100) = ₩1,050/¥100

참고 〈상황 2〉의 각 일별 환율정보

	20×7. 12. 1	20×7. 12. 31	20×8. 2. 28
현물환율	₩10/¥#	₩9.6/¥##	₩10.2/¥(문제자료)
선도환율	₩10.5/¥(요구사항 8)	₩9.4/¥###	

₩400,000 ÷ ¥40,000 = ₩10/¥

₩384,000 ÷ ¥40,000 = ₩9.6/¥

(¥40,000 × ₩10.5/¥ − ₩44,000) ÷ ¥40,000 = ₩9.4/¥

11 통화선도계약 – 확정계약의 공정가치위험회피 (2008년 공인회계사 시험(2차) 수정)

1. (1) 위험회피대상으로 지정된 경우

확정계약 및 구매거래	통화선도
① 20×7년 10월 1일(상품구매와 통화선도계약 체결일) :	
- 분개 없음 - (주) 구매계약은 기록하지 않기 때문임	- 분개 없음 - (주) 통화선도의 공정가치는 '0'임
② 20×7년 12월 31일(결산일) :	
(차) 확 정 계 약 70,000* (대) 확정계약평가이익 70,000 * (₩1,120 − ₩1,050) × $1,000 = ₩70,000	(차) 통화선도평가손실 70,000 (대) 통 화 선 도 70,000

∴ 순자산에 미친 영향 : 없음

(2) 위험회피대상으로 지정되지 않은 경우

확정계약 및 구매거래	통화선도
① 20×7년 10월 1일(상품구매와 통화선도계약 체결일) :	
- 분개 없음 - (주) 구매계약은 기록하지 않기 때문임	- 분개 없음 - (주) 통화선도의 공정가치는 '0'임
② 20×7년 12월 31일(결산일) :	
- 분개 없음 - (주) 위험회피대상으로 지정되지 않아 위험회피회계가 적용되지 않기 때문임	(차) 통화선도평가손실 70,000* (대) 통 화 선 도 70,000 * (₩1,120 − ₩1,050) × $1,000 = ₩70,000

∴ 순자산에 미친 영향 : ₩70,000 감소

(3) 위험회피대상으로 지정되지 않았다면, 위험회피대상으로 지정된 경우에 비하여 20×7년 순자산은 ₩70,000 감소한다.

2. 위험회피대상인 미래현금흐름변동이 회계상 인식되는 시점까지 이연시켰다가 상계처리하여 위험회피대상항목과 위험회피수단의 손익을 각각 동일한 회계연도에 당기손익으로 인식하기 위함이다.

12 선도계약 – 위험회피회계에 대한 오류수정

(2009년 공인회계사 시험(2차) 수정)

〈변동효과〉

자산	비용	부채	자본	수익
48,500	–	–	48,500	9,500

(주) 자본은 수익과 비용의 오류수정을 반영한 금액임.

〈풀이과정〉

1) 회사의 회계처리 : 없음

2) 한국채택국제회계기준의 회계처리

(차) 원재료선도계약	48,500	(대) 현금흐름위험회피적립금(자본)	39,000 *
		선도계약평가이익(손익)	9,500

* 위험회피에 효과적인 금액, min[선도계약평가손익, 미래예상현금흐름변동액]

3) 오류수정 분개 : 2)의 분개와 동일

13 이자율스왑에 대한 위험회피회계(I)

(2005년 공인회계사 시험(2차) 수정)

1. 고정이자율지급조건의 차입금은 시장이자율이 변동함에 따라 차입금의 공정가치가 변동하게 된다. 따라서 한국(주)가 체결한 이자율스왑 거래는 공정가치위험회피에 해당한다.

2. ① 20×1년 12월 31일 이자율스왑 회계처리

(차) 이자율스왑평가손실	110,779	(대) 이자율스왑	110,779

② 20×1년 12월 31일 장기차입금 회계처리

(차) 이 자 비 용	160,000	(대) 현 금	160,000
(차) 장기차입금	110,779	(대) 장기차입금평가이익	110,779

3. 현금흐름위험회피회계가 적용되므로 이자율스왑평가이익 ₩36,926을 기타포괄손익(현금흐름위험회피적립금)으로 인식한다. 위험회피에 비효과적인 부분은 없으므로 당기손익으로 인식하는 금액은 ₩0이다.

14 이자율스왑에 대한 위험회피회계(Ⅱ)

(2012년 공인회계사 시험(2차) 수정)

1. (주)분당은 고정금리 차입금의 공정가치 변동위험을 회피하기 위하여 스왑거래를 이용하고 있으므로 (a) 공정가치위험회피에 해당하며, (주)화성은 변동금리 차입금과 관련된 향후 이자지출액의 변동위험을 회피하기 위하여 스왑거래를 이용하고 있으므로 (b) 현금흐름위험회피에 해당한다.

2. ① (주)분당의 차입금 및 스왑 관련 순이자비용
   = ₩10,000,000 × 7% × 12/12 − ₩10,000,000 × (6% − 7%) × 6/12 = ₩750,000
   ② (주)화성의 차입금 및 스왑 관련 순이자비용
   = ₩10,000,000 × (6% + 1%) × 6/12 + ₩10,000,000 × (7% + 1%) × 6/12
   + ₩10,000,000 × (6% − 7%) × 6/12 = ₩700,000

3. ① 당기손익에 미친 영향 : (−) ₩400,000
   이자비용 = ₩10,000,000 × 7% × 6/12 − ₩10,000,000 × (6% − 7%) × 6/12 = ₩400,000
   ② 기타포괄손익에 미친 영향 : ₩0
   * 공정가치위험회피회계를 적용함에 따라 차입금의 공정가치평가손익은 스왑거래평가손익을 통해 100% 상쇄된다. 따라서 차입금과 스왑 거래에 따른 이자비용만이 당기손익에 영향을 미치며, 기타포괄손익에 영향을 미치는 요인은 없다.

4. ① 당기손익에 미친 영향 : (−) ₩350,000
   이자비용 = ₩10,000,000 × 8% × 6/12 + ₩10,000,000 × (6% − 7%) × 6/12 = ₩350,000
   ② 기타포괄손익에 미친 영향 : (−) ₩185,855 − ₩222,591 = (−) ₩408,446
   * 현금흐름위험회피회계를 적용함에 따라 차입금과 스왑 거래에 따른 이자비용은 당기손익에 반영되고, 스왑거래평가손익은 전액이 위험회피에 효과적이므로 기타포괄손익에 계상한다.

5. ① (주)분당의 차입금 장부금액 : ₩10,185,855
   ② (주)화성의 차입금 장부금액 : ₩10,000,000
   * (주)분당은 공정가치위험회피회계를 적용함에 따라 차입금을 공정가치로 평가하는 반면, (주)화성은 현금흐름위험회피회계를 적용하므로 차입금을 장부금액(상각후원가)으로 유지한다.

찾아보기

저자소개

▌황 문 호

경희대학교(학사, 회계학석사)
고려대학교(경영학박사)
전, 삼일회계법인 회계사
전, K-IFRS 질의 · 회신 연석회의 위원
현, 금융감독원 회계심의위원회 위원
현, 경희대학교 회계 · 세무학과 교수

K-IFRS 회계원리(교육과학사, 2024) 공저
K-IFRS 현대회계학개론(신영사, 2012) 공저
“유상증자 유형에 따른 차별적 이익조정”(회계학연구, 2015)
“내부자거래 공시에 대한 시장반응과 그 결정요인”(경영학연구, 2015) 등

▌안 성 희

고려대학교(경영학학사)
경희대학교(경영학석 · 박사)
전, 삼일회계법인 회계사
전, KDI 전문위원
전, K-IFRS 질의 · 회신 연석회의 위원
전, 공인회계사 시험 출제위원
현, 가톨릭대학교 회계학과 부교수

K-IFRS 재무회계(탐진, 2021) 공저
“Determinants of initial goodwill overstatement in affiliated and non-affiliated mergers”(Journal of Business Finance & Accounting, 2020)
“연결재무제표 작성시 실질지배력 적용과 경영성과”(회계와정책연구, 2020)
“연결대상 종속회사의 특성과 재무분석가의 특성이 재무분석가의 연결이익 예측에 미치는 영향”(회계정보연구, 2019)
“해외종속기업이 연결이익의 질에 미치는 영향”(회계학연구, 2016) 등

제 7 판 K-IFRS 고급재무회계

2009년 9월 10일 제 1 판 1쇄 발행
2024년 8월 10일 제 7 판 1쇄 인쇄
2024년 8월 20일 제 7 판 1쇄 발행

저 자 황문호 · 안성희
발 행 인 권 영 섭
발 행 처 (주)신 영 사

경기도 파주시 심학산로 12(출판문화단지)
등 록 : 1988. 5. 2 / 제406-1988-000020호
전 화 : 031)946-2894(代)
F A X : 031)946-0799
e-mail : sys28945@naver.com
홈페이지 : http://www.shinyoungsa.co.kr

정가 **37,000**원 ISBN 978-89-5501-869-1